U0901754

姜伯勤教授八秩华诞
颂寿史学论文集

向群　万毅　编

SPM
南方出版传媒
广东人民出版社
·广州·

图书在版编目（CIP）数据

姜伯勤教授八秩华诞颂寿史学论文集 / 向群，万毅编. —广州：广东人民出版社，2019. 1

ISBN 978-7-218-13275-4

Ⅰ. ①姜… Ⅱ. ①向… ②万… Ⅲ. ①中国历史－文集 Ⅳ. ①K207－53

中国版本图书馆 CIP 数据核字（2018）第 276900 号

JIANGBOQIN JIAOSHOU BAZHI HUADAN SONGSHOU SHIXUE LUNWENJI

姜伯勤教授八秩华诞颂寿史学论文集

向群　万毅　编

出 版 人：肖风华

责任编辑：张贤明　柏　峰
装帧设计：彭　力
责任技编：周　杰　易志华　吴彦斌

出版发行：广东人民出版社
地　　址：广州市大沙头四马路 10 号（邮政编码：510102）
电　　话：（020）83798714（总编室）
传　　真：（020）83780199
网　　址：http：//www. gdpph. com
印　　刷：珠海市鹏腾宇印务有限公司
开　　本：787mm×1092mm　1/16
印　　张：33. 25　　**插　页**：10　　**字　数**：430 千
版　　次：2019 年 1 月第 1 版　2019 年 1 月第 1 次印刷
定　　价：100. 00 元

编委会

姜伯勤先生

1953年，姜伯勤先生（后排左一）与父母、兄弟姊妹合影

1959年7月，大学毕业时的姜伯勤先生

姜伯勤先生与夫人李学敏女士

姜伯勤先生与夫人李学敏女士、女儿姜帆

1980 年 10 月，姜伯勤先生在敦煌莫高窟千佛洞

1980 年秋，姜伯勤先生（前）在敦煌、新疆考察时留影，后排中为朱雷先生，右为陈国灿先生

姜伯勤先生参加第七届全国政协会议

1985 年 4 月 30 日，姜伯勤先生（左起）与周一良先生、土肥义和先生、池田温先生在日本合影

1985年8月7日，姜伯勤先生与周一良先生（前排中）、王永兴先生（前排右）、宿白先生（前排左）、邓文宽先生（后）考察时留影

1989年春节期间，姜伯勤先生与学生李郁（左起）、傅京芳、张金铣、程存洁、向群、王承文

1988 年 8 月 20 日，姜伯勤先生在北京参加中国敦煌、吐鲁番学术讨论会时合影。前排右三起为常书鸿先生、季羡林先生、唐长孺先生

1990 年夏，姜伯勤先生在西北考察时与法国年鉴派史学大师勒高夫教授（中）交流。左侧翻译者为刘文立教授

左起：姜伯勤先生与张泽咸先生、朱雷先生、张弓先生

1990 年，姜伯勤先生主持“纪念陈寅恪教授国际学术研讨会”。报告者为石泉先生

1990 年 10 月 10 日，姜伯勤先生与柴剑虹（右起）、项楚、郑阿财、王三庆先生

1993 年，姜伯勤先生与章文钦（右）、谭世宝（左）先生在澳门普济禅院

1995 年 6 月 15 日，姜伯勤先生在中山大学永芳堂前与到访的韩国磐先生（右四）、郑学檬先生（左四）、郭锋先生（左二）合影，其余为姜先生的学生（右起）刘波、向群、马德、万毅（左一）

1995 年 12 月 28 日，姜伯勤先生参加唐研究基金会时与池田温先生（右二）、朱雷先生（中）、荣新江先生（右一）、张涌泉先生（左一）

姜伯勤先生与史苇湘先生

姜伯勤先生与贺世哲、施萍婷先生

1998 年 5 月，姜伯勤先生在北京香山参加庆祝北京大学建校一百周年“汉学研究国际会议”时，与季羡林先生（中）、王邦维先生（右）

姜伯勤先生主持中山大学历史系博士学位论文答辩。前排右为蔡鸿生先生

1997 年 7 月 20 日，姜伯勤先生考察山西介休祆神楼。左为学生万毅

姜伯勤先生在中山大学永芳堂教研室查阅《艺术史研究》

姜伯勤先生与学生（从左至右）马德、湛如、刘波在敦煌考察

1999年6月27日，姜伯勤先生与饶宗颐先生在中山大学永芳堂贵宾室，左、右分别为学生王惠民、李清泉

2000年7月，姜伯勤先生在北京参加“汉唐之间——文化互动与交融”国际学术研讨会时与巫鸿先生

2000年7月，姜伯勤先生在北京参加“汉唐之间——文化互动与交融”国际学术研讨会时与丁爱博先生（右二）、杨泓先生（左二）及学生李清泉（左一）

2000年8月3日，姜伯勤先生在“纪念敦煌藏经洞发现一百周年国际学术研讨会”主席台上，前排从左至右为孟列夫先生、樊锦诗先生、段文杰先生、韦陀先生，后左一为朱雷先生

2000年8月，姜伯勤先生在“纪念敦煌藏经洞发现一百周年国际学术研讨会”上讲话，前排右起：周一良先生，牧田谛亮先生、吴芳思女士

2005 年，姜伯勤先生在澳门接受时任澳门特别行政区行政长官何厚铧先生颁发的首届澳门人文社会科学研究优秀成果奖

2007 年 7 月 15 日，姜伯勤先生与胡守为先生（左一）、蔡鸿生先生（右一）在中山大学欢宴来访的陈高华先生（右二）

目　录

佛教与道教

墓葬、图像艺术中的历史

我所认识的姜伯勤先生（代序）

朱　雷（武汉大学历史学院）

现在回忆起来，那还是四十余年前的1977年元月，在北京故宫城隍庙的大殿内——当时是文物出版社领导下的几个出土文书整理组共同办公之地，见到一位穿着十分得体，颇有风度的先生正在与领导文书整理工作的胡绳武先生谈话，推荐中山大学历史系的姜伯勤先生参加吐鲁番文书整理组工作，说到姜为人好，业务能力强，是岑仲勉先生的硕士研究生。后来才知道这位“伯乐”就是中山大学历史系的胡守为先生。

当时，正值“四人帮”垮台，“拨乱反正”开始之时，种种原因使得整理组一些参加者要回原单位，或投考研究生，这时还有人自愿参加到这项不知何年何月才能完成的“苦行僧”工作。当年春节前，我就知道有两位，一位是中国人民大学历史系的沙知先生，原是武汉大学本科生，后转学到北京大学历史系，毕业后分到中国人民大学历史系工作，家在北京，孩子也大了。另一位姜伯勤先生，家在广州，孩子还幼小，困难多多。

1977年春节过后，姜先生来到北京。见面交谈后，才知年龄、学历、兴趣、爱好均与我相仿。而且1949年前家住汉口咸安坊，正好与我当时所住的车站路11号颇近，我因小学同学有住咸安坊的，也常去玩耍。

谈到看电影，去一家名叫上海电影院看美国西部片，战争片……同时又都爱看话剧，那是当时比较高雅的东西。谈到在兰陵路的文化剧场观看俄国老奥斯托洛夫斯基的《大雷雨》，经过回忆、交流，我把剧中的插曲也回忆起来了：

> 顿河的哥萨克，饮马在河流上。有一个少年的痴子，站立在门旁，因为他想着怎样去杀死他的妻子，所以站立在门旁暗自思量。他的妻子投身跪在他的脚下，对他是这样高声叫道：孩子们的父亲我的丈夫哟，我知道你有一副慈善的心肠哟，我求你，求你！动手要晚一点，不要把孩子们从梦中惊醒，也免得惊醒了左右的街坊。

这个话剧颇类同中国南北朝的《古诗为焦仲卿妻作》。刘兰芝美丽贤淑，然不容于婆婆，就如同瓦尔瓦娜，也是不容于婆婆。

吐鲁番文书的整理工作是辛苦的，但也因老姜的到来，变得丰富多彩了。因为老姜的艺术修养比我们强，他经常关注音乐演出，告诉我们，在劳动人民文化宫周末有歌唱表演。一些年轻的当时尚未成名的演员，如远征、成方圆……经常献艺。并多次说到这批青年人中，会出现不少名演员的。到了 80 年代果如他言。

在交谈中，感到老姜最可贵之处，在于他经历虽和我们同样，但他并没因“左”的教育路线，影响他多少。如外语，他不仅俄语没丢，而英语、法语、日语多少也会一些。1983 年我去日本参加国际学术会议，他知我日语水平差得太远，临时抱佛脚也无补救，所以特别为我设计了简单对话的一问一答，好似当年流行的英语九百句，颇有应用价值。

老姜投入文书整理工作，唐长孺师和整理组的同志都表示欢迎。老姜是科班出身，又得到陈寅恪、岑仲勉、刘节等先生的亲炙，加上个人的努力，早已着手敦煌“寺户”的研究，对文书的识文及研究，都有基础，故参加吐鲁番文书的整理，很快就能熟知规律进入角色，也就成为唐长孺师的整理工作得力助手之一。其实老姜在当研究生时，教育部召开的一次历史教师会在中山大学召开，唐长孺师当时也参加会议去了中山大学，正好老姜“奉召”任接待员，见到唐师，并多次请益治学之道。

他的成绩也得到领导的肯定，所以至 1980 年 10 月，批准我们去吐鲁番和敦煌等地参观考察。其实整理文书的人哪能不去此二地“朝圣”？再说也是一种奖励吧！由于此前我三到新疆一到敦煌，就由我带路。这时拨乱反正已初见成效，所以铁路交通明显好转，物质供应也有改观，我们也顺利到达新疆乌鲁木齐，并在新疆博物馆安排下，游览了大小天池。

当然，吐鲁番的高昌、交河两座古城遗址和地区博物馆是此行的重点。在高昌古城遗址中，我们探讨、交谈，何处是当年玄奘到高昌王都受到麹文泰接待之所？在交河古城上观察城旁的“空心马面”，并遥想唐代交河及乌孙前王庭之盛况。见土砌之寺院遗址、官府机构、平民居址……居民居然在如此的城中，尚掘有水井。而城在两河交汇处点上因而似刀削，一面有斜坡可上，此处犹可见碎石击打遗址，想是当年守城者以石块击打攻城者，但却不知何年何月发生的？只能留给我们这些“中年痴子”去回味历史的真相。

高昌、交河之行，也结识了吐鲁番地区文管会的岑云飞，他是江苏南通人，50 年代远离江南水乡，献身吐鲁番的文化工作，结识了老姜。故当年年底，岑云飞到北京办事，见到老姜。老姜与我商议应宴请以谢在吐鲁番之接待，我遂推荐到前门的一家卖本帮菜的老正兴，大致口味近南通，以表谢意。

后面就是去敦煌了，这是“朝圣”的最后一站。由于我 1973 年去过，还是我带路，火车到达柳园站，下火车换汽车到敦煌县城。又换乘千佛洞的车，直去“圣城”。

这时的千佛洞生活条件大有改善，唯饮水犹如 1973 年一样苦涩，饮用后，腹部微痛，泻下。这是初来乍到千佛洞者面临的考验。但老姜既到“圣地”，也就不在乎这种考验，很快就要上洞窟看古代绘画、泥塑，更要结识千佛洞的精英们，那就是敦煌研究院的段文杰，史苇湘、欧阳琳夫妇，贺世哲、施娉婷夫妇，樊锦诗……可惜，我到敦煌第三天，就接到电报，嘱我立刻回京，我也就失去继续留在这所圣地聆听他〔她〕们讨论问题的高见，也就失去一次学习的机会。特别是在 1974 年新疆看到日本大庭修《关于敦煌发现的张君义文书》，但不知此件文书下落，此次来敦煌，承施娉婷女士拿出馆藏文物——《张君义勋告》，正想借此机遇，加强识文，辨认书法字体等，与大家请教，而一纸电文促我急回北京而中断了。

《吐鲁番文书》的出版（包括释校本 10 册，图文本 4 册），都有他的一份功劳。虽然 1983 年他因系里工作需要，提前返校投入教学工作，我也少了一个益友。还记得他回广州后发现《魏书》中有一条史料，是记前凉张俊世治“石田”的，遂恭正抄录寄赠于我。虽早在 1974 年在乌鲁木齐做文书整理时，已将正史诸书有关史料搜集，已有此条，但我仍然从内心感谢老姜的关心。

此后，虽已各自回校，但总因改革开放之春风吹拂，所以见面的机会多了。也为他在科研新作，研究生培养取得的诸多成果，而为他高兴。

特别是他在选择研究生方面的慧眼识人，是很难有匹敌的。决无不敬地说，从个人研究方向来说是有“僧”有“道”有“俗”，个个都有特长，有成果。而且他们都尊师重道，当老姜因病不良于行时，全靠他的这些弟子的精心照护。作为一名教师，到了晚年能有如此的境遇，也使人感到欣慰。

2018 年 6 月

姜伯勤先生的学术人生

姜伯勤先生对丝绸之路研究的贡献

荣新江（北京大学中国古代史研究中心）

引子：自20世纪90年代以来，姜伯勤先生对步入学界不久的笔者，颇为关照，引领提携，不一而足。而他对敦煌吐鲁番文书、丝绸之路等方面的研究，也对笔者有很多启发和指导，其著作之外，常有机会在北京、广州、香港见面，言谈话语之间，受益匪浅。今逢其80华诞，谨撰此文，表彰其学术贡献之外，兼祝身体健康，吉祥如意。

一、敦煌吐鲁番文书与丝绸之路研究

姜伯勤先生是“文化大革命”一结束就崭露头角的学者，那时在我们眼里还是很年轻的学者。他曾对我说过自己跟随岑仲勉先生治学时，曾对突厥史料下过苦功。我们从他1987年出版的《唐五代敦煌寺户制度》中不难看出，他对敦煌文书也下过功夫，包括各种书刊中披露的官私文书、寺院账簿等，都一一辑录，分类编排，纳入到他以某种经济理论架构的历史脉络中去叙述，让纷纭复杂的敦煌残片，有条理地阐述出唐五代敦煌寺院经济的历史场景①。

从1978年开始，姜伯勤先生有缘参加到唐长孺先生在国家文物局主持的“吐鲁番文书整理小组”，在马雍先生的建议下，开始关注敦煌、吐鲁番文书中的丝绸之路史料。而他参与整理的1959—1973年间吐鲁番出土的文书中，正好有数量较多的相关资料。姜先生在“吐鲁番文书整理小组”所积累的材料，后来陆续撰写成一系列文章，最后辑成《敦煌吐鲁番文书与丝绸之路》一书，1994年2月由文物出版社出版。

这本小32开、不到300页的“小书”，现在如果放在书店里，一定很不起眼，但其每个章节，却都是内涵丰富，整体覆盖面很广博的“大著”。现参考其他论著，对其

① 姜伯勤：《唐五代敦煌寺户制度》，北京：中华书局，1987年初版；北京：中国人民大学出版社，2011年增订版。

成就略加表彰。

第一章《拜占廷通往敦煌吐鲁番之路》，首先把吐鲁番文书中的“金钱”记录，与丝路沿线出土的拜占廷金币结合起来，证明金币曾在西北地区流行；进而从高加索地区（古代阿兰）出土的汉文文书，讨论8—9世纪间从中国，经西突厥、粟特，越阿拉尔海、里海北岸，过伏尔加河，至北高加索的阿兰、可萨突厥，再越黑海，到君士坦丁堡的道路；又根据敦煌发现的《慧超往五天竺国传》，指出唐宋时期有一条从中国经吐火罗（阿富汗）、波斯、小拂临（叙利亚）到大拂临（拜占廷）的道路；最后讨论敦煌吐鲁番保存的有关拜占廷“胡锦”的记载和实物。过去有关中国与拜占廷关系的研究基本停留在传世史料层面，姜先生此章发掘出更多的东西方出土文书中的有关记载，把问题深入一步。

第二章《波斯通往敦煌吐鲁番的“白银之路”》，首先利用大量的吐鲁番文书所记“银钱”交易的材料，证明高昌王国到唐西州时期西北地区波斯萨珊银币的流通，而吐鲁番地区长期保持银钱本位制，是为了适应国家的丝路贸易。这项研究把过去主要是从钱币学角度对萨珊银币的讨论推进了一大步。此文还进一步分析了吐鲁番文书中有关唐高宗时期的“波斯道”行军问题，以及敦煌文书所记10世纪归义军官府招待的“波斯僧”为景教教士。更为重要的是，他发现敦煌写本P. 4071《康遵批命课》所引《聿斯经》或《都利聿斯经》与中古波斯文《班达希申》中的星占书相通，从而揭示出波斯占星文化对中国的影响①，较饶宗颐先生的研究更进一步②。后来我在研究执掌长安天文星占的波斯人李素时，更加确证姜先生的看法之正确③。最后，姜先生用大量篇幅讨论吐鲁番文书中的“波斯锦”与吐鲁番出土的萨珊联珠纹织锦之间的关系，并旁及敦煌石窟联珠纹边饰的流行，以及联珠纹纹样的宗教内涵。对此，他还撰写有更深入的讨论文章，即《莫高窟隋说法图中龙王与象王的图像学研究——兼论有联珠纹边饰的一组说法图中晚期犍陀罗派及粟特画派的影响》④。这一研究开启了在讨论联珠纹织锦时，不可忽视吐鲁番文书中所记的“波斯锦”问题。

第三章《敦煌吐鲁番与丝绸之路上的突厥人》，证明了他对突厥史料的熟悉，故此可以把麹氏高昌王国文书中另一译名系统的突厥部族、官称、人物与传世史料对勘，从而指出不同时期不同突厥汗国对高昌王国的控制情形。此外，他还把隋唐之际铁勒

---

① 此节曾以《敦煌与波斯》为题，发表于《敦煌研究》1990年第3期，第3—15页。

② 参看饶宗颐：《论七曜与十一曜》，收入《选堂集林·史林》，香港：中华书局，1982年，第771—793页。

③ 参看荣新江：《一个入仕唐朝的波斯景教家族》，叶奕良主编：《伊朗学在中国论文集》第2集，北京：北京大学出版社，1998年，第82—90页。

④ 季羡林等主编：《敦煌吐鲁番研究》第1卷，北京：北京大学出版社，1996年，第139—159页。

控制高昌及其在丝路上扮演的角色通过吐鲁番文书揭示出来，也讨论到唐开元年间突骑施与唐之间金帛马驼的贸易往来，并利用敦煌文书及其他材料，指出突骑施的衰落，使得唐朝“天可汗”失去西方的屏障，大食人乘机占领中亚地区，从而改变了丝路贸易形势。姜先生讨论任何问题，都可以从具体的文书着手，最后落实到当时丝绸之路的宏伟叙事当中，有关突厥、铁勒的讨论，就是如此。

第四章《敦煌吐鲁番通往印度的香药之路与法宝之路》，根据敦煌吐鲁番文书，讨论佛教寺院中天竺香药的使用，以及敦煌吐鲁番市场上的印度香料；又据《慧超往五天竺国传》，指出大食占领中亚后，汉地僧侣仍由陆上丝路往返于印度；他还据刘铭恕辑录的敦煌材料指出，五代宋初经过敦煌前往印度求法巡礼的僧人仍不绝於途。虽然姜先生一向不批评别人，但这里有关中印交往的论断，对于前人有关中唐以后陆上丝路断绝的说法给予了有力的批判。我也曾更广泛地收集相关材料，撰写《敦煌文献所见晚唐五代宋初中印文化交往》一文，得出相同的结论。姜先生这一章的主要部分，原题“敦煌吐鲁番与香药之路”，与拙文都是奉献给《季羡林教授八十华诞纪念论文集》的①，可以说不谋而合。

第五章《敦煌吐鲁番与丝绸之路上的粟特人》无疑是姜先生用力最深的部分，他区分出敦煌吐鲁番文书所见的著籍粟特人与不著籍粟特商人，特别具体分析了吐鲁番文书中所见麴氏高昌王国和唐西州时期两类粟特人的不同身份和地位，以及粟特商人在中转贸易中所起的重要作用。由此进一步讨论了敦煌吐鲁番地区以及一直到粟特本土和阿兰地区流通的银币和“胡锦”与粟特人的关系，指出丝路上流行着属于东伊朗的粟特锦②。最后，探讨了粟特聚落的“萨宝”体制，以及粟特胡人信奉的祆神进入敦煌吐鲁番地区的情形，他还极有见地的辨识出敦煌 P. 4518（24）纸画上的神像是粟特神祇，功能是用于赛祆。这篇文章曾经分作三部分，由池田温教授翻译成日文，发表在《东西交涉》上。姜先生对粟特商人研究的一个重要贡献，就是他揭示了粟特人是中古时期“东西方贸易的担当者”③。

本章涉及的相关问题，姜先生后来有的又写有专论，如萨宝制度问题，有《萨宝府制度源流论略——汉文粟特人墓志考释之一》④；与粟特图像对比研究，则有《敦煌

---

① 李铮、蒋忠新主编，段晴、钱文忠编：《季羡林教授八十华诞纪念论文集》，南昌：江西人民出版社，1991 年。姜文载第 837—848 页，拙文载第 955—968 页。

② 有关这一问题的更详细考察，见姜伯勤：《敦煌文书所见胡锦番锦毛锦考》，敦煌研究院编：《敦煌学国际研讨会文集》（石窟考古篇），沈阳：辽宁美术出版社，1995 年，第 279—290 页。

③ 姜伯勤撰：《敦煌・吐鲁番とシルクロード上のソグド人》（1）（2）（3），池田温译，《东西交涉》第 5 卷第 1 号，1986 年，第 30—39 页；第 2 号，1986 年，第 26—36 页；第 3 号，1986 年，第 28—33 页。

④ 饶宗颐主编：《华学》第 3 辑，北京：紫禁城出版社，1998 年，第 290—308 页。

壁画与粟特壁画的比较研究》[1]；对于敦煌祆教神祇的考订，则有《敦煌白画中的粟特神祇》[2]；而对于高昌、敦煌的祆寺和祆神，也有专论发表[3]。

姜伯勤先生有关丝绸之路上伊朗民族的研究，还有《广州与海上丝绸之路上的伊兰人：论遂溪的考古新发现》一文[4]，利用广东遂溪发现的南朝时期（420—589 年）金银器和波斯萨珊银币窖藏，论证了包括粟特人在内的伊兰人经海上丝绸之路而来岭南的事实。后来其中一件银碗上原来笼统定为伊兰文的题记，由吉田豊指出是粟特文，意为“（此碗属于）石国（即塔什干）的［ ］*sp*（人名残），（重）42 斯塔特（staters）”[5]，更加证明了姜先生的论断。

俄文是姜伯勤先生那个时代的学者所必学的外文，但与苏联断绝关系以后，许多人把俄文也丢掉了。但姜先生在对丝绸之路的研究中，充分利用了俄文资料中苏联学者有关中亚地区考古、历史、宗教研究的成果。“文化大革命”后中国敦煌学刚刚起步，他就撰写过《沙皇俄国对敦煌及新疆文书的劫夺》一文[6]，标题不免还带有时代的特征，但从中不难看出他利用孟列夫（L. N. Men’sikov）所编目录中有限的材料，捕捉其中重要的学术信息。在进入粟特问题的研究时，他也专门撰写了《俄国粟特研究对汉学的意义》一文[7]，提示前苏联及俄罗斯学者对粟特研究的贡献。

二、入华祆教艺术研究

在上述姜伯勤先生关于丝绸之路的研究中，就有大量关于艺术图像的探讨，如波

---

① 敦煌研究院编：《1987 年敦煌石窟研究国际讨论会文集》（石窟艺术编），沈阳：辽宁美术出版社，1990 年，第 150—169 页。

② 中国敦煌吐鲁番学会编：《敦煌吐鲁番学研究论文集》，上海：汉语大词典出版社，1991 年，第 269—309 页；收入氏著《敦煌艺术宗教与礼乐文明》，北京：中国社会科学出版社，1996 年，第 477—508 页；又另一著作《中国祆教艺术史研究》，北京：生活·读书·新知三联书店，2004 年，第 237—248 页。

③ 姜伯勤：《论高昌胡天与敦煌祆寺》，《世界宗教研究》1993 年第 1 期，第 1—18 页；收入氏著《敦煌艺术宗教与礼乐文明》，第 477—508 页。

④ 广东省社会科学院编：《广州与海上丝绸之路》，广州：广东省社会科学院，1991 年，第 21—33 页。

⑤ Y. Yoshida, “Additional Notes on Sims - Williams’ article on the Sogdian Merchants in China and India”, *Cina e Iran da Alessandro Magno alla Dinastia Tang*, ed. A. Cadonna e L. Lanciotti, Firenze, 1996, pp. 73 - 75.

⑥ 姜伯勤：《沙皇俄国对敦煌及新疆文书的劫夺》，《中山大学学报》（社会科学版）1980 年第 3 期，第 33—44 页。

⑦ 北京大学中国传统文化研究中心编：《文化的馈赠——汉学研究国际会议论文集》（史学卷），北京：北京大学出版社，2000 年，第 201—208 页。

斯、粟特锦纹样的考察，敦煌与粟特壁画的对比研究，祆神图像的比定等等。由此步入对中国祆教美术的全面探讨，是顺理成章的学术发展取向。而姜先生的这一学术转向，正好得到了连续而来的考古新发现的助力，证明了他的远见卓识。

1995 年，法国举办盛大的“西域：佛陀之地，丝绸之路艺术千年”展览，其图录收录了姜伯勤先生考证出来的 P. 4518（24）祆神纸本画像，葛勒耐（F. Grenet）与张广达先生合撰的解说词，确定其中之一是娜娜女神[①]。姜伯勤先生在此基础上又撰写了《敦煌白画中的粟特神祇图像的再考察》，进一步申论自己的观点，确定其中之一是娜娜女神[②]。

对祆教图像的探索，驱使着姜伯勤先生于 1997 年 7 月带着他的学生万毅前往山西介休考察，因为据说介休城关大街东端还存在着一座祆神楼。这一考察结果，就是 1999 年用中文撰写的《山西介休祆神楼古建筑装饰的图像学考察》[③] 和用日文发表的《介休祆神楼与宋元明时代山西的祆教》[④]，揭示了后代已经演变成“三义庙”的建筑，在宋代时曾经是祆神楼，其楼上的雕刻和寺院保存的石碑，结合宋人的有关祭拜记录，可以肯定这座楼与祆教有关。同行的万毅，后来也撰写了《西域祆教三联神崇拜与山西介休祆神楼》[⑤]，进一步申论姜先生的观点。根据同一年在山西太原发现的《虞弘墓志》所记“大象末，左丞相府，迁领并、代、介三州乡团，检校萨保府”，说明介州（今介休）曾经有胡人聚落，立有萨保府，也间接证明了姜先生考证的结果[⑥]。

然而，对于研究入华粟特人祆教美术最重要的材料，还是出土的石棺床画像石[⑦]，

---

① Jacques Giès & Monique Cohen, *Sérinde, Terre de Bouddha: Dix siècles d' art sur la route de la Soire*, Paris: Éditions de la Réunion des musées nationaux, 1995, pp. 293 - 294. 详细讨论，参看 F. Grenet and Zhang Guangda, “The last refuge of the Sogdian religion: Dunhuang in the ninth and tenth centuries”, *Bulletin of the Asia Institute* 10 (Studies in Honor of Vladimir Livshits), 1998, pp. 175 - 186.

② 中山大学艺术史研究中心编：《艺术史研究》第 2 辑，广州：中山大学出版社，2000 年，第 263—291 页；收入氏著《中国祆教艺术史研究》，第 249—270 页。

③ 姜伯勤：《山西介休祆神楼古建筑装饰的图像学考察》，《文物》1999 年第 1 期，第 56—66 页；收入氏著《中国祆教艺术史研究》，第 285—294 页。

④ 姜伯勤撰：《介休の祆神楼と宋元明代山西の祆教》，池田温译，《东洋学报》第 80 卷第 4 号，1999 年，第 1—28 页；收入《中国祆教艺术史研究》，第 271—284 页。

⑤ 载荣新江、李孝聪编：《中外关系史：新史料与新问题》，北京：科学出版社，2004 年，第 259—269 页。

⑥ 参看荣新江：《北朝隋唐粟特人之迁徙及其聚落补考》，原载《欧亚学刊》第 6 辑，北京：中华书局，2007 年；此据荣新江：《中古中国与粟特文明》，北京：生活 · 读书 · 新知三联书店，2014 年，第 37—38 页。

⑦ 按，以下讨论的胡人首领墓葬的葬具形制不一，有的是围屏石榻，有的是石棺床，还有的是石椁，学界对此尚无统一名称。本文姑且笼统称之为“石棺床”，或视具体情况，称“围屏石榻”或“石椁”。

这其中最早进入学者眼帘的是20世纪20年代在安阳发现而被倒卖到欧美的一套石棺床，后分藏在巴黎吉美博物馆、科隆东亚美术馆、波士顿艺术博物馆、华盛顿弗利尔美术馆。对此，姜伯勤先生早就有所观察，并经过细心的收集和研究，特别是在1997年底前往日本滋贺Miho美术馆观察另外一套粟特石棺床后，受到启发，于1999年发表《安阳北齐石棺床画像石的图像考察与入华粟特人的祆教美术》①，重构了石棺床上画像石的位置，并对其中的出行图和宴饮图做了详细的阐释。安阳石棺床图像经斯卡格里亚（G. Scaglia）考证确定为粟特系统后②，长期没有太多进步，只有马尔沙克（B. I. Marshak）对其出行图的解说有所贡献③。姜先生的文章，据中国石棺床围屏的排列，对这些已经分散的画像石做了推补复原，又对火坛祭司、葡萄园赛祆、植物祭祀等具体图像，以及整个石棺床画像石的“图像程序”与入华粟特人葬式风俗的变迁，都做了仔细研究，贡献颇多。正因为如此，当时在北京创办西文刊物《中国考古艺术摘要》的陶步思（Bruce Doar）让我帮忙编一期祆教研究专号时，我极力推荐姜先生这篇长文，这就是该刊第4卷第1期上的英文文章《入华粟特人的祆教美术》④。

与此同时，姜伯勤先生又对亲自考察过原物的Miho美术馆藏石棺床画像石做了分析研究，特别是其上的四臂娜娜女神像、伊兰人与突厥人会盟图、丧仪图、墓主宴乐图，指出汉式双阙的意义，撰成《图像证史：入华粟特人祆教艺术与中华礼制艺术的互动——Miho博物馆所藏北朝画像石研究》一文，结论是入华粟特人的祆教艺术风格，系由安息、波斯、粟特的祆教图像和中国汉画像石两个传统结合而成的⑤。

正是在姜伯勤先生开始系统讨论粟特石棺床图像的时候，1999年7月，山西太原发现了虞弘墓，墓主人是出身鱼国的胡人首领，后来入仕北周，任检校并、代、介三州萨保府的官员。姜先生随即前往太原考察，在翌年7月巫鸿教授在北京大学主持的“汉唐之间文化艺术的互动与交融”国际学术研讨会上，提交了《隋检校萨宝虞弘墓石

---

① 中山大学艺术史研究中心编：《艺术史研究》第1辑，广州：中山大学出版社，1999年，第151—186页；收入氏著《中国祆教艺术史研究》，第33—62页。

② G. Scaglia, “Central Asians on a Northern Ch'i Gate Shrine”, *Artibus Asiae*, XXI, 1958, pp. 9 - 28.

③ B. I. Marshak, “Le programme iconographique des peintures de la ‘Salle des ambassadeurs’ a Afrasiab (Samarkand)”, *Arts Asiatiques*, XLIX, 1994, pp. 1 - 20.

④ Jiang Boqin, “The Zoroastrian Art of the Sogdians in China”, *China Archaeology and Art Digest*, 4.1: Zoroastrianism in China, December 2000, pp. 35—71.

⑤ 中山大学艺术史研究中心编：《艺术史研究》第3辑，广州：中山大学出版社，2001年，第241—259页；收入氏著《中国祆教艺术史研究》，第77—94页。

椁画像石图像程序试探》一文①，对比中亚资料，讨论石椁底座上的对鸟火坛图像以及石椁四周图像的程序问题。随后在2000年和2002年先后两次往太原考察虞弘石椁图像，又撰写了《隋检校萨宝府虞弘墓祆教画像石图像的再探讨》②，继续讨论上述主题外，还认为石椁内正中位置墓主夫妇对饮的两侧，分别站立的男女四天神，是祆教的“四永生者”神像。

幸运的是，2000年5月，陕西西安又发现了粟特首领、同州萨保安伽的墓葬，其中的围屏石榻上描绘了墓主生前宴饮、狩猎、乐舞、出行等场景，墓门上方，则有祆教祭司图像。2001年末，在成都开完唐研究基金会的年会后，我曾陪姜先生专程到西安，在陕西考古研究所参观了安伽墓的围屏石榻。随后，他就发表了《西安北周萨宝安伽墓图像研究——北周安伽墓画像石图像所见伊兰文化、突厥文化及其与中原文化的互动与交融》一文③，他特别注意到突厥人与伊兰人会盟的图像，论证人头鹰身神与祆教赫瓦雷纳神的关系，强调安伽墓的祆教色彩，以及入华粟特人采用“石坟”葬式的观点。

与此同时，姜先生也把注意力放到洛阳发现的唐朝安菩墓的三彩骆驼图像上，力图指出其与祆教的关系，此即《唐安菩墓所出三彩骆驼所见“盛于皮袋”的祆神——兼论六胡州突厥人与粟特人之祆神崇拜》一文④。另外，他还应邀撰写过《祆教画像石——中国艺术史上的波斯风》⑤《中国艺术上的波斯风》⑥ 等较为通俗一些的文章，都是在强调这些画像石的祆教色彩和波斯伊朗风格。

作为对粟特系统石棺床的整体研究，姜伯勤先生在2003年又发表了《天水隋石屏

---

① 收入巫鸿主编：《汉唐之间文化艺术的互动与交融》，北京：文物出版社，2001年，第29—50页；又载氏著《中国祆教艺术史研究》，第121—138页。

② 中山大学艺术史研究中心编：《艺术史研究》第4辑，广州：中山大学出版社，2002年，第183—198页；收入氏著《中国祆教艺术史研究》，第139—154页。

③ 饶宗颐主编：《华学》第5辑，广州：中山大学出版社，2001年，第14—37页；收入氏著《中国祆教艺术史研究》，第95—120页。

④ 荣新江主编：《唐研究》第7卷，北京：北京大学出版社，2001年，第55—70页；收入氏著《中国祆教艺术史研究》，第225—236页。

⑤ 姜伯勤：《祆教画像石——中国艺术史上的波斯风》，《文物天地》2002年第1期，第34—37页。

⑥ 许虹、范大鹏主编：《最新中国考古大发现——中国最近20年32次考古新发现》，济南：山东画报出版社，2002年，第139—144页。

风墓胡人“酒如绳”祆祭画像石图像研究》[①]《青州傅家北齐画像石祆教图像的象征意义》[②] 两篇文章，前者是对1982年甘肃天水发现的隋画像石上日月祭拜、密斯拉神接引等图像的解说，特别是参照《敦煌廿咏·安城祆咏》，指出其中粟特人以酒祭祀雨神的祆祭场景；后者是对1971年山东青州发现的北齐画像石上的森莫夫（Sēnmurv）、赫瓦雷纳（Hvarenah）鸟的象征意义的解说，特别指出其中的“象戏图”实为祆教万灵节场景，最后申论北齐的胡化问题。同年又发表《中国祆教画像石所见胡乐图像》一文[③]，利用当时已经发现的安阳、虞弘、安伽等图像材料，指出其上的乐舞图实为祆教节日或祭祀的组合图像，在音乐史研究上富有重要意义。

姜伯勤先生对这一系列中国出土粟特系石棺床或石椁的研究到2004年似乎已经画上一个句号，因此他发表了《中国祆教画像石的“语境”》[④]，对此系列研究加以总结，从萨宝的胡臣身份体制，指出中国祆教画像石是汉地陵寝艺术与粟特祆教艺术的结合。

然而，就在姜伯勤先生把他这一系列论文结集为《中国祆教艺术史研究》一书于2004年4月由北京三联书店出版之际，2003年6—8月西安发现的粟特凉州萨保史君墓的材料又渐次发表出来。对此，姜先生很快发表《北周粟特人史君石堂图像考察》[⑤]，对此新发现的图像做了通盘解说。与此同时，在《入华粟特人萨宝府身份体制与画像石纪念性艺术》一文中[⑥]，再次阐述自己对入华粟特首领墓志的性质，做了总结性的说明。

对于90年代末从偏重敦煌吐鲁番文书研究转向偏重入华粟特人图像研究的姜伯勤先生来说，虞弘、安伽、史君墓石棺床或石椁画像石的发现，以及Miho、青州等石棺床图像的发表，无疑提供了非常好的机遇。而姜先生此前对粟特、敦煌壁画图像和吐鲁番出土文物图像资料的熟悉，为这一研究奠定了基础。他在短短的几年内，系统研究了现存所有的粟特系统的石棺床或石椁图像，这些文章构成《中国祆教艺术史研究》

---

① 姜伯勤：《天水隋石屏风墓胡人“酒如绳”祆祭画像石图像研究》，《敦煌研究》2003年第1期，第13—21页；收入氏著《中国祆教艺术史研究》，第155—170页。

② 中山大学艺术史研究中心编：《艺术史研究》第5辑，广州：中山大学出版社，2003年，第169—188页；收入氏著《中国祆教艺术史研究》，第63—76页。

③ 郑培凯主编：《九州学林》第1卷第2期，上海：复旦大学出版社，2004年，第116—141页；收入氏著《中国祆教艺术史研究》，第299—314页。

④ 荣新江、李孝聪编：《中外关系史：新史料与新问题》，第233—238页；收入氏著《中国祆教艺术史研究》，第25—32页。

⑤ 中山大学艺术史研究中心编：《艺术史研究》第7辑，广州：中山大学出版社，2005年，第281—298页。

⑥ 荣新江、华澜、张志清主编：《粟特人在中国——历史、考古、语言的新探索》，北京：中华书局，2005年，第43—48页。

的上编，其总结性的标题是“萨宝体制下中国祆教画像石的西胡风格及其中国化”。与此同时，他把丝绸之路上出土、保存的其他相关材料也都做了梳理，除上面提到的介休祆神楼、安菩墓三彩骆驼俑、敦煌祆神纸画外，他还讨论过新疆出土的纳骨瓮、于阗木板画、敦煌壁画中的密特拉神及畏兽等等，这些文章汇合为《中国祆教艺术史研究》的下编，题为“丝绸之路上祆教艺术与新疆及河西等地区艺术的互动”。

由此可见，姜伯勤先生的这项研究，首先是通过一系列粟特首领墓葬中的画像石材料，揭示了中国曾经存在的“祆教艺术”，这一鲜明的定性，是姜先生的最大贡献。其次是他把这些入华粟特首领的墓葬，放到相应的“语境”下考察，指出他们是作为萨宝、胡臣身份体制下的人物，所以是粟特祆教艺术与中国汉地陵寝艺术的结合产物。再次就是他把丝绸之路沿线所见各种祆教遗迹，特别是图像材料一一考辨、梳理，旁及音乐、舞蹈、建筑等方面，全面展现祆教艺术的流传及其与中国各地艺术的互动。最后，他对中国祆教艺术的类型学和风格史做出分析，并把祆教艺术纳入中国礼制艺术当中，来强调中国祆教艺术在整个中国艺术史上的意义，这就是《中国祆教艺术史研究》最后一章的主旨。

三、其他贡献（附记三本大著的感谢词）

姜伯勤先生是才华横溢的学者，他除了隋唐史、敦煌吐鲁番文书研究之外，旁及佛教、道教等许多方面，笔者学力所限，无法一一表彰。他有关丝绸之路研究的一些篇章，还收录在《敦煌艺术宗教与礼乐文明》（中国社会科学出版社 1996 年版）一书中，如《论呾密石窟寺与西域佛教美术中的乌浒河流派》《莫高窟隋说法图中龙王与象王的图像学研究》《敦煌壁画与粟特壁画的比较研究》《敦煌悉磨遮为苏摩遮乐舞考》等，可以和上述两书的部分章节相呼应。此外，他有关大汕禅师的研究，也涉及澳门、南海航行、唐船贸易等问题①。

我因为对敦煌吐鲁番文书、丝绸之路、粟特、祆教抱有同样的兴趣，因此与姜伯勤先生交往颇多，时常有机会向他讨教。

1988 年北京敦煌吐鲁番学会举办国际研讨会，我第一次正式参加学术会议，所以提交了《归义军节度使称号研究》，受到姜先生的表扬。他曾说，这篇文章是他案头常用的“工具”。1992 年去香港路经中山大学，姜先生邀我做个讲座，我讲西域探险，因为那时我刚刚参加瑞典斯文赫定基金会穿越塔里木盆地的考察，所以有很多亲身感受。姜先生听了颇为激动，甚至哽咽得说不出话来，就用粉笔在黑板上写：我们要学

---

① 姜伯勤：《石濂大汕与澳门禅史——清初岭南禅学史研究初编》，上海：学林出版社，1999 年。

习荣先生这种探险精神。大概这段时间与姜先生的学术交流多一些，所以他在 1994 年出版《敦煌吐鲁番文书与丝绸之路》的《缘起》中写道：“在本稿付印过程中，荣新江先生的指教帮我避免了若干疏误……再一次感谢他们的好意。”我已经忘记指出的是什么问题了。

1994—1995 年前后，正好是罗杰伟在北京创办唐研究基金会，成立了学术委员会，姜先生和我都在其中。此后每年的年末，罗杰伟从美国来中国，我们也同时召开基金会学术委员会，地点每次不一，但都是与唐朝有关的古都或胜迹。这样我向姜先生问学的机会更多了，相互之间有不少学术交流。当时的基金会学术委员会的工作，主要是评审每年资助的学者专著，其中姜先生的《敦煌艺术宗教与礼乐文明》也入选其中，这无疑是呈现他在敦煌学许多方面的重要著作。作为审稿人之一，我一方面全力支持这部书纳入基金会丛书出版，同时也要对基金会负责，认真审定，所以也坦诚地对书稿中的个别篇章提出一些疑问和建议。姜先生虚怀若谷，不以小子狂妄为意，而是按我的建议，做了彻底的修改，这就是 1996 年该书出版时跋语中所说：“荣新江先生多年来一直帮助我熟悉国际敦煌研究的最新成果，并通读了本书手稿，提出一些宝贵意见，促使我对三篇文章作了通盘改写。”充分表现了一个学术大家的谨严和谦虚。

1990 年以后，我把比较多的精力放在入华粟特人的迁徙和聚落的研究上，姜先生有关敦煌吐鲁番文书所记粟特人的研究，是我时常翻阅的案头之书，给我很多启发和教益。他精通俄语，对前苏联中亚（包括粟特地区）的考古发现颇有研究，但地处南方，对西文论著中有关粟特、祆教的研究成果，则很难获得。那时他是全国政协委员，记得每年三月初他来京参加政协会议，下飞机后第一件事，是到我这里来“收集”资料。我因为时常有出国机会，粟特、祆教也是我收集的对象，所以姜先生一到，我就把一年来收集的相关论著，特别是一些有关粟特艺术史方面的西文文章，展示给姜先生，得到他的首肯后，就把这些材料给他复印。这就是 2004 年姜先生在《中国祆教艺术史研究》跋文中所说：“多年以来，我在收集祆教美术参考文献方面，还得到荣新江先生无私的援助，我从荣先生处复印了大量参考论文，谨致谢忱。”

很幸运地在姜先生有关丝绸之路的三本专著中都感谢了我的帮助，其实他给我的教导，他给我的启发，他给我的帮助要多得多。我从敦煌吐鲁番文书研究转入中外关系史研究，在某种程度上也是受到姜伯勤先生的影响。而在我的研究过程中，又常常得到他的具体指导和帮助。不论在北京，还是在香港；不论在高昌，还是在敦煌，他的谆谆教诲，永志不忘。

（2018 年 7 月 7 日完稿于海德堡，7 月 17 日定稿于北京）

开启书仪研究的礼乐新声

——为姜伯勤先生八十寿辰而作

吴丽娱（中国社会科学院历史研究所）

印象之中，姜伯勤先生是中国大陆最早接触书仪，并将之与礼仪研究相结合的学者之一。记得90年代中，姜先生有一次来到北京大学，对在京的唐史学者发表讲演时专意提到礼的重要，和彼时礼研究在大陆的被忽视。在场大多数人对礼尚无概念，或感觉陌生，包括我在内，从未想过能与自己的研究发生联系，所以对姜先生所说并没有多少理解。但是姜先生讲话本就感染力极强，讲到后来，竟至声泪俱下，令全场动容。那一次给我的感觉极为震撼，每常提起姜先生，便会不由自主地想起当时场景。及至自己也开始接触书仪，并因之得稍窥其豹，才逐渐理解姜先生的深意。

姜先生个人的书仪研究，大约即是从80年代初发表的《唐敦煌“书仪”写本中所见的沙州玉关驿户起义》一文开始①。此文以S. 1438v书仪为中心，通过书仪反映的一次震动沙州的驿户起义，论证吐蕃占领时期汉族人民反对蕃人统治者的斗争及其成因，及其与张义潮收复沙州和甘、凉、瓜、肃的关系。如果说，此篇文章主要还是就书仪所涉历史事件的讨论，那么之后的书仪研究，却愈来愈多地与礼仪发生密切的关系。1992年台湾出版的《敦煌社会文书导论》第一章就是姜先生所写的《礼仪》②。他在第一节“总论”中强调仪注的重要性，提出“仪注偏重于日常社会生活中的礼数，其特色因时代而‘通变’，以及敦煌书仪作为市民生活中吉凶仪注的存在”，总结“仪注的流行反映了礼制的通俗化、平凡化和简约化”的特点。第二节以S. 1725文书中的祭文为主，介绍“吉礼：沙州祭社稷、释奠及祭诸神”，也即沙州地方奉行中朝制度的吉礼祭祀。第三节从P. 3552等多卷文书出现的《儿郎伟》，讨论“军礼：沙州傩礼与祭享先牧”，是从地方民俗所见凶礼。第四节“嘉礼与婚仪”则是从P. 3909、S. 1725和P. 2646等书仪所见，讨论“士大夫婚仪与《开元礼》”以及“书仪所见超逸于《开元

① 姜伯勤：《唐敦煌“书仪”写本中所见的沙州玉关驿户起义》，《中华文史论丛》1981年第1辑，上海：上海古籍出版社，第157—170页。

② 姜伯勤：《敦煌社会文书导论》第一章《礼仪》，台北：新文丰出版公司，1992年，第1—28页。

礼》”的婚礼婚俗。第五节“凶礼与丧仪”是从P. 4024所见《丧服仪》、P. 2967《丧服图》以及S. 6537V和P. 3442等多卷书仪所见，研究丧礼丧仪与《开元礼》的关系，及丧礼书对《开元礼》的变通。事实上不仅介绍，也已经全面展开了对书仪中相关礼仪制度和地方民间礼俗的讨论，其中的某些内容观点在他的诸多礼仪论著中又有深化。

1996年姜先生的代表作《敦煌艺术宗教和礼乐文明》问世，其书《礼乐篇》收入他关于书仪和礼乐的研究多篇①。《礼乐篇》分为上编和下编，上编《敦煌礼论》共四篇，收入他结合书仪和其他敦煌资料论礼的文章四篇（详下）；下编《敦煌乐论》亦为四篇。下编虽与书仪关涉不多，却也是结合敦煌发现及存世史料，对敦煌和西域流传音乐、乐舞乃至唐朝音乐史的研究。姜先生涉猎广泛，虽然数量不多，却都是以点带面的精深问题研究，且是礼乐的完美结合，但限于学力和研究范围，本文所讨论的仅仅是礼的部分，而且主要是个人最感兴趣的与书仪相关的问题。

姜先生关于书仪的研究对我个人启发最大，另外自20世纪80年代初始至90年代中，周一良先生也先后发表书仪文章数篇，他们都是书仪研究的先行者和领路人。但是，直至1998年张弓先生组织“敦煌典籍与唐五代历史文化”的课题，将书仪的部分分给了我，我才有机会细读二位先生的文章，而借助他们的引导以及赵和平先生全面细致的整理复原，方能够源源不断从中汲取营养，领略书仪的深厚内涵，从而找到书仪研究的门径。

两位先生的一个共同点是研究书仪均从礼仪出发，这也许是因为他们都极为敏感地意识到礼在构建书仪的基础与核心作用，但两人擅长的方面似乎不同。周先生重在书仪的分类和礼仪来源，尤重社会风习及人情，喜欢从细处挖掘线索及根源，是一种非常传统，但根底极其厚重的学问。例如他在对《刺史书仪》的研究中，即讨论了不见于《唐六典》的牓（榜）子、门状和名纸的使用流行，及唐宋乃至明清社会在文书程序上的继承，让人体会到的是那种习见的官场旧俗②。周先生很注意书仪的用语、句式和某些特殊的习惯，包括书信的封皮、题写等等，这在他关于《朋友书仪》和《吉凶书仪》的研究也是一样。例如他讨论了《朋友书仪》的不同文体，从书法、句式乃至文辞论述索靖《月仪帖》与《朋友书仪》的联系。他指出南朝书仪与王谢高门的关系，讨论了不同类型书仪的渊源，搜寻了不同时代以及中国和日本文献中的书仪记

---

① 姜伯勤：《敦煌艺术宗教与礼乐文明——敦煌心史散论》，北京：中国社会科学出版社，1996年。

② 周一良：《敦煌写本书仪考（之一）》，《敦煌吐鲁番研究论集》，北京：中华书局，1982年；收入周一良、赵和平：《唐五代书仪研究》，北京：中国社会科学出版社，1995年，第53—70页。

载①，由此而奠定了书仪研究的基础。给我印象深刻的还有他对婚丧礼俗的研究，其中有对婚丧各种仪节的考释，例如婚礼的亲迎告庙、奠雁、婚礼用夜及围绕“合卺”的仪式，周先生都是从各种史书记载中找出有趣的描写和情节，结合书仪以作说明。其中许多细节，例如交杯酒、铺房、花钗、却扇、却扇诗，甚至新妇登车之前的“姆加景（幜）”，都有极丰富而有趣的考证②。给人的印象是绵绵密密，礼俗交融，千古一线，虽然都是细节，却表现了对中国社会礼俗人情的深刻理解。我在最初接触书仪时，并不知道从何入手，但是周先生的论著让我认识到研究书仪当注重细节和体会中国社会那种渊深厚重的风习人情，唯有将两者结合才可能认识到书仪这类作品的特殊价值。而后来我对书仪所涉礼仪仪节、书体、文体，包括官称、行第等的发掘，无不是受周先生启发和试图向他的方式靠拢的结果。

但是姜先生的文章给我的是另一种收获和感觉。姜先生的特长和注意点不是对各种礼仪细节的具体考据，而是在深入思考基础上关乎书仪和礼的理性思维。1993 年发表的《唐礼与敦煌发现的书仪》一文，副标题“《大唐开元礼》与开元时期的书仪”③，即表明重在在二者的关系和特征。文中阐明了他在《敦煌社会文书导论》中已经提到的重要观点，即“仪注”问题。他指出仪注之学与“三礼”注疏之学的分别，认为仪注学从汉代已形成，其著名如东汉卫宏之《汉旧仪》。如姜先生所说，“仪注内容一方面是五礼操作中的制度的细节及变通；一方面是谒见及上书时的语言规范。”而按照这一标准，《大唐开元礼》与开元时期的书仪，在目录学上都可以归入“仪注”类，而事实上在《隋书·经籍志》《新唐书·艺文志》和《文献通考·经籍考》中，也将它们都列在史部仪注类。

姜先生提出的礼经和仪注类著作的分别，笔者觉得是一个重大的发现。这不仅指出了两种礼书在内容、功能上的区别，而且对上古礼书和中古礼书进行了时代的划分，第一次明确提出了中古时代礼书的概念，注意到仪注与《大唐开元礼》和书仪的对应性，这实际是对两者关系及中古礼书面貌的准确认识和描述。也正是在姜先生观点的

---

① 周一良：《敦煌写本书仪考（之二）》，《敦煌吐鲁番研究论集》第 4 辑，北京：北京大学出版社，1987 年；《唐代的书仪与中日文化关系》，《历史研究》1984 年第 1 期；收入周一良、赵和平：《唐五代书仪研究》，第 71—93 页。

② 周一良：《敦煌写本书仪中所见的唐代婚丧礼仪》，《文物》1985 年第 7 期；《书仪源流考》，《历史研究》1990 年第 5 期；并见《唐五代书仪研究》，第 285—301、94—108 页。

③ 姜伯勤：《唐礼与敦煌发现的书仪——〈大唐开元礼〉与开元时期的书仪》，第 34 届亚洲与北非研究国际学术会议，香港，1993 年；收入氏著：《敦煌艺术宗教与礼乐文明》，第 425—441 页。

感召之下，笔者于《敦煌写本书仪中丧服图与唐礼》一文中①，进一步讨论了唐礼与古礼的关系，也就是“礼”与“五礼”——礼经与史部仪注之学的分合同异。我个人认为，“礼”乃礼中之经，而“五礼”乃礼中之史。这之中就包含着《大唐开元礼》。目录书的划分，其实代表了传统的划分观念，也涉及如何看待“礼”以后的著作，而在这一点上，姜先生关于“仪注与礼学有密切关系，但却又只能视作经学中礼学的一种变通”的看法更切合实际。

也正因为此，我们认识唐礼，就必须通过仪注，也就是当代的礼书。在这方面，《大唐开元礼》与书仪是有共同性的。姜先生非常注重书仪所见礼俗与《大唐开元礼》的比较。诚如他所指出：“我们把作为‘仪注’的《大唐开元礼》和开元时期的敦煌书仪联系起来分析，是为了探讨唐礼在当时实际社会生活中的意义。”所以开元间的书仪就反映了两个方面，一是书仪对南北朝士族家礼旧仪的改造；姜先生认为开元中杜氏书仪对旧仪的革新，表现出礼制用轻的简约化、庶民化倾向。二是礼与法的结合。认为《显庆礼》“其文杂以令式”的说法在 S. 1725 书仪中有所体现，而《大唐开元礼》虽然改变了在礼仪仪注中杂以令文的倾向，但不仅在《大唐开元礼》的五服制度方面仍杂以唐令，而且开元的 P. 3637 杜友晋《新定书仪镜》的《律五服》条，仍有着律令对五服制度的强制。书仪说明五服制度成为礼令的一个交叉点，认为开元时礼仪仪注的法典化已愈益精确及合乎规范。此外，姜先生还讨论了《大唐开元礼》婚仪与书仪中婚仪的不同，指出《大唐开元礼》只是规定了婚礼中六礼的大纲，而细节部分则由书仪载明，同期的两者是相辅相行的。而通过早期书仪中的婚仪不见于官颁礼书，可以见出《大唐开元礼》法典化的编成对流行婚俗的整理、扬弃和提升的意义。

窃认为，虽然礼书本身的性质还值得进一步思考，但姜先生所总结的《大唐开元礼》及书仪的特点都是方向性的，特别是五服制度作为律令交叉点的意义以及礼法合流的表现及关系，引起我后来的不断思考，这对我研究丧礼及服制，都发生了深远的影响。

周先生和姜先生对于礼与书仪的研究，还有一个重要的共同点，就是永远会看到时代和社会变迁的因素对礼和书仪的作用。周先生曾指出随着时代的进展和社会风习的变化，各时期流行的书仪也不相同②，而姜先生更注重的是书仪和礼本身所反映的社会变化。他的《唐贞元、元和间礼的变迁》一文指出：“唐礼的发展大体可分为贞观礼、显庆礼、开元礼、‘开元后礼’等四个阶段。所谓‘开元后礼’的流变，尤以唐

---

① 吴丽娱：《敦煌写本书仪中丧服图与唐礼》三“唐礼与古礼”，《中国社会科学院历史研究所学刊》第1集，北京：社会科学文献出版社，第220—232页。

② 周一良：《书仪源流考》，收入周一良、赵和平：《唐五代书仪研究》，第96页。

德宗贞元（785—804 年）至唐宪宗元和（806—820 年）年间的变动引人注目。”①

我想，唐礼经《贞观礼》《显庆礼》《大唐开元礼》三次修订，从而可分不同阶段的事实恐怕是大家都知道的，然而“开元后礼”的概念却是由姜先生首次指出。在此之前，从无人讨论过唐礼的分期问题，也无人意识到在《大唐开元礼》之后唐礼还有新的发展，而姜先生却通过书仪敏锐地感知了这一点，并准确地将这一礼仪变化的焦点定在贞元元和。文中他除了讨论贞元元和间“变礼”的时代背景，主要通过《大唐郊祀录》《礼阁新仪》《曲台新礼》和《续曲台礼》几部重要礼书以及朝廷遵行的郑余庆《元和新定吉凶书仪》论证礼仪的变迁。虽然仍从文献出发，但并非仅按以往的目录学讨论形式体裁，而是深入其产生背景内容，探讨变礼的内容及特色。认为唐宋围绕五礼之学的两个问题，一为是否应在“五礼”之书中“删去礼仪旧文而益以新事”，二是怎样解决礼仪与实际社会脱节的问题。而贞元、元和“五礼”之学的发展，有两条线索回答了两大问题，“一条线索是通过郊祀礼、宗庙禘祫制度的整备及简约化，进一步强调王朝正统性及中央政权绝对性的象征意义”，“一条线索是将士族家礼、家训和通行习俗纳入‘五礼’中的吉凶书仪，使礼仪庶民化、实用化及不与社会实际生活脱离。用国家提倡的意识形态来提升日常生活习俗，通过建立新规范来巩固统治”，后者事实上是他不断强调的。

在个人看来，姜先生所提出对唐礼的认识无疑是带有根本性的，因为他关于“开元后礼”以及贞元、元和变礼的看法将整个唐代社会的变化发展联系起来，不仅涉及唐礼的本质、经学和礼仪概观的变化，同时也点明了礼制与现实密切结合的社会价值。尽管以今天的眼光来看，贞元、元和的变礼涉及太多的观念礼法问题，其中的线索二条虽精辟却较简单，涉及的变化细节以及成因还值得深究，而且这些也都牵涉唐宋变革与中古史分期等问题。然而姜先生的思想实在不仅对礼，即对整个唐代史的研究都有极大启发意义。也正是因为姜先生的提示，这个问题长久以来萦绕脑际，以至成为我后来研究《大唐开元礼》和唐后期礼的一个基本思想。我在 2015 年发表的《皇帝“私”礼与国家公制：“开元后礼”的分期及流变》一文开头即引述了姜先生关于礼分阶段的文字，并说明：“姜先生的文章精辟地指出了唐后期礼的发展线索和特色。在此之后，笔者曾撰文响应姜先生的观点，并具体分析了《开元礼》以后的变化，以及唐后期特别是贞元、元和之际在强调《开元礼》原则的同时却不断修改、补充、创建新礼仪注的过程，认为《开元礼》被参照、吸收与被舍弃、取代构成了唐后期关于《开

① 姜伯勤：《唐贞元、元和间礼的变迁——兼论唐礼的变迁与敦煌元和书仪文书》，黄约瑟、刘建明编：《隋唐史论集》，香港大学亚洲研究中心，1993 年。收入氏著：《敦煌艺术宗教与礼乐文明》，北京：中国社会科学出版社，1996 年，第 442—458 页。

元礼》的两个方面，是唐礼不断革新的写照。”[①] 而这篇“开元后礼”的小文继续讨论礼制变化的内容和阶段性，以及天宝以后围绕皇帝礼仪、皇帝制度为中心的特点，试图从中揭示礼所表现的皇帝与国家关系，也完全是对姜先生观点的一点说明和补充。

周、姜二位先生都极重社会风俗和民情，世俗礼仪与国家礼制成为其论说中并行不废的两个方面。而姜先生收在书中的另两礼仪篇《沙州傩礼考》[②] 和《高昌胡天祭祀与敦煌祆祀——兼论其与王朝祭礼的关系》[③]，即是专门针对敦煌地方礼俗的考释。而如果说上述前两篇的宗旨是集中于“正礼”和国家制度，那么这后两篇中心则在俗礼和地方风习之演变，二者恰与姜先生所总结两大线索暗合。其《沙州傩礼考》文较之在导论一书的介绍更详细。其文指出：“我们从研究中发现，如果说唐代大傩仍然是载于国家礼典中的一种正式的‘军礼’，那么，至宋代，驱傩已演变为不载于正史《礼志》的市井及民间的风俗。敦煌资料的重要意义在于，它提供了九至十世纪‘大傩’从古礼、军礼的国家礼制向世俗化的‘市傩’以及‘傩近于戏’的情势衍变的证据。”文章对比《大唐开元礼》规定的《诸州县傩》和敦煌《儿郎伟》反映的敦煌驱傩礼，从《儿郎伟》的驱傩“音声”“傩词”和“儿童咒愿”，“沙州大傩礼所见诸神谱与群鬼谱的变迁”等考察从《大唐开元礼》向民间礼俗过渡的巨大变化。并从“傩礼与傩戏的分野”论证大傩军礼的蜕变，认为敦煌的大傩礼既合乎《大唐开元礼》的规模，又融入了中唐以来的一些风俗，像中世纪宗教不可避免地世俗化一样，中国祭礼在发展中也有不可避免地世俗化的命运。“祭礼的世俗化就意味着其神圣水平的下降”，但傩礼的世俗性在唐代后期有增无减，以致被宋史《礼志》完全排除，已从国家礼典的规制下降为一种民间沿袭的风俗。“因此，沙州大傩文献不仅提供了大傩礼衰落时期的难得的第一手资料，同时，它对于研究中国过于晚出的戏剧如何从‘礼’的统治和‘乐’的规范中破壳而出，也提出了值得进一步考究的课题。”可知本文的中心在于讨论国家礼制与地方风俗的结合及其世俗化的过程。

《高昌胡天祭祀与敦煌祆祀——兼论其与王朝祭礼的关系》一文，考察高昌地区的“胡天”也即祆神祭祀与王朝祭祀的关系。此篇文章结合敦煌地区的宗教、民族特征，在充分参考西方学者的论述成果的基础之上，姜先生进行了细致的考索。他通过高昌文书中“萨薄”一名以及“大坞阿摩”也即“胡天”出现，追踪它们的语源及与火祆

---

① 吴丽娱：《皇帝“私”礼与国家公制：“开元后礼”的分期及流变》，《中国社会科学》2015 年第 4 期，引文及说见 160—161 页。

② 姜伯勤：《沙州傩礼考》，收入氏著：《敦煌艺术宗教与礼乐文明》，第 459—476 页。

③ 姜伯勤：收入氏著：《高昌胡天祭祀与敦煌祆祀——兼论其与王朝祭礼的关系》，《敦煌艺术宗教与礼乐文明》，第 477—505 页。

教和粟特人的关系，结合文书与南北朝史书和《通典》关于“萨宝”品级职能的规定，论证“萨薄”并非单纯的教职而是兼理民事与宗教的胡户聚居区的“大首领”；以及“大坞阿摩”即祆神胡天而由粟特人等胡人供奉。由此指出祆神崇拜作为一种外来宗教，在六世纪中叶即参与了麴氏地方政权依中原礼制进行的祭祀。文章还考察了敦煌祆祀及其神主图像，以及来自异域的粟特天神残余中国汉地固有礼祭——雩祭祈雨事实，更包括敦煌大傩礼及赛祆活动中“安城大祆”的出席。文章通过高昌胡天（祠）与敦煌祆寺的天神系统与粟特及中亚马兹达教天神的关系，提出中古中国宗教文化与西胡系宗教文化方面的两点启示：一点是早期中国西来宗教的传播，不少系经由中亚的“间接传播”，符合陈寅恪先生所说文化“间接传播”的理论；另一点是祆教与中国礼制及祠部的特殊关系，充分地证明了历史上中华文化的辐射力。这印证了史学大家汤恩比关于中国文化具有吸引力，能够结合东亚世界，而引进的外来文化很难完全保持其本来面目的理论。由是可以体悟到姜先生此文一开始所说：“以礼为中心的思想文化与意识形态，作为中华文化的一个组成部分，对外来文化有一种强大的统合力。这一奇观所蕴含的理论意义，或许比我们所能理解到的要深远得多。”

本文前面曾经说过，姜先生关于礼乐，是以点带面的问题性研究。但读姜先生的文论，会有一种动态的感觉。会感到其中不仅有对材料艰苦细微的搜集和精密的考据，更有一种在深入思考和层层论证基础上活跃丰富的思维和大局观。这种大局观不限一时一事，而是可以以小见大，见微知著，而不乏对礼仪、民族、国家甚至是世界性问题的联系和整体思考。

以上不过是笔者从书仪向姜先生学习的一点体会，所涉也仅仅是姜先生论著精华的一小部分，并不全面。但有一点可以肯定，即姜先生和周先生一样，是中古礼研究的开拓者和领路人。他们通过书仪打开迈向礼乐和礼制研究的门径，其间或以细微的考据，或以富有理性的思维启发灵感，引导和带动了后学者的探寻以及今天礼制史研究的逐步昌盛。虽然，在此基础上我们确实可以拓展研究的范围和思路，甚至找到更多的命题，然而他们开辟的道路、应用的方式却是无法忽视和背离的。他们的研究，打破了仅仅将礼作为文本的文献学局囿，而通过书仪将之与国家社会、历史变革结合，从而指出了中古礼的发展及研究方向，也使礼仪史、礼乐史的研究日益登堂入室，展现其在中古史中的特殊地位。在这方面，他们作为先行者的作用和学术地位是无可替代、无可超越的。

众所周知，两位先生都兼通东西之学，熟知学术史以及西方和日本的研究，而姜先生尤善于将这一优势融化于自身的研讨中。这使他在应用传统方式的同时能够兼容并蓄，高屋建瓴，从而体现出开阔的视野、唯美的艺术情结和崇高的思想境界。特别在他的上述研究中，也有不少应用西方图像学、文化学、宗教学等的内容，这在老辈历史学者中并不多见。然而尽量吸收之下，仍是“不忘其本来民族之地位”[①]。所以我觉得他的研究并非背离中国传统，而是一种传统意义之上的新旧结合。从这一点出发，姜先生可称是陈寅恪学术思想的真正继承者。他的文章令人感到，也许学者最须的独立精神和自由思想，其实是要通过对历史和传统的深入理解来实现。陈寅恪先生曾谓研究历史遗存的残余断片必须具备艺术家欣赏古代绘画雕刻之眼光及精神[②]，而姜先生的做法或者就是对这一说法的力行和实践。这不仅在于他研究的对象就包括敦煌的艺术史，更在于他对包括礼乐在内的论述也有着艺术性的独到见解和发挥。从他的文风中不难感受到那种知性的、智慧的、灵动的锋芒，而这在国内的历史学者中，也是不多见的。所以个人以为，姜先生自身的创获既是中古礼制史和礼乐研究的先声，也可以说是他所一再强调、一再企望探明的心史。这样的心史力图追踪“中国文化繁荣时期心灵的历程，一个大时代的心灵提升的轨辙”，并通过对敦煌和唐代艺术、宗教、礼乐的探讨，展现对人文精神和对于中国智慧的追求，展现对中国社会文化源流和发展道路的深刻认识。心史也是作者本身的心灵之作，它的价值自将被未来的历史所证明。

---

① 陈寅恪：《冯友兰中国哲学史下册审查报告》，《金明馆丛稿二编》，上海：上海古籍出版社，1980年，第250页。

② 参见陈寅恪：《冯友兰中国哲学史上册审查报告》，《金明馆丛稿二编》，第250页。

史与诗的完美结合

——姜伯勤老师史学论著学习心得之一

程存洁（广州市博物馆）

这几年，我一直在重温姜伯勤老师的史学论著，并偶有些学习心得，值此姜老师八十大寿之际，谨以此文敬祝老师生日快乐，健康长寿！

姜伯勤老师是国际著名唐史大家、敦煌学大家。他的学术贡献和史学成就主要体现在隋唐史、敦煌学和岭南禅学史等领域，集中反映在他撰写的《唐五代敦煌寺户制度》（中华书局 1987 年版）及增订版（中国人民大学出版社 2011 年版）、《敦煌社会文书导论》（台北新文丰出版公司 1992 年版）、《敦煌吐鲁番文书与丝绸之路》（文物出版社 1994 年版）、《敦煌艺术宗教与礼乐文明》（中国社会科学出版社 1996 年版）、《石濂大汕与澳门禅史——清初岭南禅学史研究初编》（学林出版社 1999 年版）、《中国祆教艺术史研究》（三联书店 2004 年版）、《饶学十论》（齐鲁书社 2012 年版）等论著中。他的学术贡献和史学成就的取得，既来自他个人的天赋才情，更来自他的勤奋，来自他自强不息的敬业精神。他常说："勤能补拙"，是一位极为勤奋的大学者。

通过学习姜老师的史学论著，我深刻地感受到，姜老师不仅具有十分广阔的国际性学术视野，而且拥有日新又新的创新精神，他对科学真理的追求始终充满激情和真情；他在探讨每一个学术问题时，始终能站在国际学术前沿，在重大历史问题上与国际学界进行对话，在学术上"预流"；他的每一部史学论著不仅立意高超、考证严谨、新意迭出，而且都是"论、证、文"的有机统一，辞章、行文有如诗一般的流畅和优美，是史与诗的完美结合。每次读后，我总是心潮澎湃，回味无穷，总能从中获得启迪。

以下，我将从学术贡献、学术方法及语言艺术等三个方面，简要地谈一点个人的学习心得。

一、学术贡献

作为国际著名的敦煌学专家，姜伯勤老师从二十世纪六十年代起，即已开始密切关注敦煌学的国际学术发展动态。他积极“汲取域外智慧，开拓本土资源”，深入开展敦煌文书和吐鲁番文书的研究，积极探讨唐宋之际敦煌寺户制度的历史演变和封建社会经济结构阶段性变更的历史趋势，梳理出地处文明交汇十字路口的敦煌、吐鲁番地区所见丝路上“东西方贸易担当者”的各种历史相，探明“民族心灵历史象征”的敦煌心史，发掘中国遗存的祆教艺术等诸多学术问题。与此同时，姜老师还十分关注十七、十八世纪之交“民族大悲剧”时代的岭南禅学发展情况。简言之，姜老师的学术思路和研究的着眼点，早期主要集中在隋唐史、封建社会形态阶段性的生产关系、丝绸之路上不同文明的交融互鉴等领域，后期主要集中在对象征民族心灵历史的敦煌心史和地处“民族大悲剧”时代的岭南禅学等领域的探究。姜老师通过探讨上述学术问题，取得了以下若干项重大学术贡献。

——通过对敦煌文书进行抽丝剥茧式的分析和解读，揭示了唐宋之际敦煌寺户制度的历史演变和封建社会经济结构的变化，以及社会形态阶段性变化的历史规律。

姜老师在马克思主义经济学理论的指导下，从敦煌寺院里的地产结构、寺户编制形式、寺户地租形态和寺户依内律所规定的地位等方面着手研究，从而认识到寺户是生长在中国土地上的农奴式人口，寺户制下的敦煌寺院经济构成具有非常突出的闭塞性，盛行着自给自足的自然经济。寺户制度在历经吐蕃管辖时期和归义军时期，不可避免地走向没落。“原来由寺户番役和寺奴常役所支撑的封闭的寺院经济体制，仿佛遭到了一次雪崩。仰给于寺户上役的看硙、看梁、畜牧、匠役、车役、煮酒役等工种，多已不能再由寺户上役实现。这些部门原来的寺户执役，都逐渐被寺院的各种租户和雇工所代替。这个过程涉及归义军时期与寺院经济有关的各种生产者身份的变化。它不仅从一个侧面反映了寺户劳役制的没落；而且，还从广阔的领域里提供了一幅寺院经济结构改变的清晰图景。”① “寺户制的没落的确意味着一个时代的终结：在经济基础方面，以寺户劳役制为支柱的寺庄经济结构，让位于以高利贷、租佃制和出租加工业相结合的寺院经济体制”；“这在反映了寺院经济寄生性日益增长的趋势的同时，也不能不反映出唐宋之际生产力进步和封建社会经济结构阶段性变更的历史趋势。”②

——通过深挖敦煌文书和吐鲁番文书留下的蛛丝马迹，结合历史文献记载，展现了一幅与“东西方贸易担当者”有关的动人的丝路实况。

姜老师在研究中发现，不仅从敦煌吐鲁番往西存在一条“白银之路”和“香药之路”，而且“重新发现并认识粟特人作为‘商业民族’、作为队商活跃在丝路上的真情实景，看到了与之相关的拜占廷与波斯两个大国在丝路贸易上的利益冲突，也看到了

---

① 姜伯勤：《唐五代敦煌寺户制度》（增订版），北京：中国人民大学出版社，2011 年，第 147 页。

② 姜伯勤：《唐五代敦煌寺户制度》（增订版），第 279—281 页。

粟特人与草原民族西突厥人、铁勒人、突骑施人在丝路利益上的相互依傍，并看到与粟特人相关的中国丝绸市场的各种历史相。”①

——通过敦煌吐鲁番文书和莫高窟石窟艺术，探明了一个大时代下中国文化的心灵历程以及中国智慧。

中古时期是中国文化的一个繁盛时期，各种文明涌进中国、交流互鉴。通过研究敦煌吐鲁番文书及莫高窟石窟艺术，姜老师情深意切地感受到：“莫高窟石窟艺术与石室写卷的世纪性发现，本世纪国际性敦煌学研究的进展，都一一表明：敦煌的文明历史，以缩影的形式显示了一个民族心灵的提升和追寻超越智慧的历程，以一斑而得以窥见一个当时正是处于开花季节的伟大民族的心史。”他从艺术、宗教和礼乐文明入手，用心尽力去探索“民族心灵历史象征”的敦煌心史，探索“四至十四世纪以敦煌石窟艺术及石窟所出文书等载体所显现的中国文化繁盛时期的心灵的历程，一个大时代的心灵提升的轨辄；探讨敦煌所见的唐代前后的艺术、宗教和礼乐中所显示的思想超越性、所显示的人文精神和对于中国智慧的追求。”“而敦煌心史中所凝聚的悲怆，又总是不断地唤起中国人自强不息的心志。”②

——“频频出土的祆教画像石，是中国美术考古史上的奇葩。”③ 姜老师通过诠释新发现的波斯琐罗亚斯德教中国版本“祆教”图像文本，以及对琐罗亚斯德教天宫建制中国版的考察，重现了中国祆教艺术及其传播路径，即“生成于两河流域和伊朗高原的波斯祆教艺术，经过在粟特地区的变异，这一变异融合了波斯艺术、印度艺术、粟特本土艺术、草原及哌哒艺术等多种因子，在来到敦煌以后，又和汉地艺术交流。……这里，既表现出东方艺术的多样性，又显示出多种外来因子在中国大地上的融合，这一耀眼的历程，在中国艺术史上放射着不灭的光辉。”④

祆教是中古时期入华的三夷教之一。姜伯勤老师关于中国祆教艺术的研究成果，“发前人所未发”⑤，“使波斯琐罗亚斯德教的‘中国版’空前地明朗化了”。⑥ 其研究成果揭示了“佛教输入中国带来了印度——希腊风的犍陀罗艺术，而祆教的艺术则为中国带来了艺术史上的波斯风”，“反映了中国文明与伊兰及中亚文明的互动”。⑦

蔡鸿生教授在为《中国祆教艺术史研究》一书所撰“序”文里高度评价：“《中国

① 姜伯勤：《敦煌吐鲁番文书与丝绸之路》，北京：文物出版社，1994 年，第 2 页。

② 姜伯勤：《敦煌艺术宗教与礼乐文明》，北京：中国社会科学出版社，1996 年，第 1—2 页。

③ 姜伯勤：《中国祆教艺术史研究》，北京：生活・读书・新知三联书店，2004 年，第 315 页。

④ 姜伯勤：《中国祆教艺术史研究》，第 270 页。

⑤ 蔡鸿生：《序（代序）》，姜伯勤：《中国祆教艺术史研究・序》，第 3 页。

⑥ 姜伯勤：《中国祆教艺术史研究・序》，第 2 页。

⑦ 姜伯勤：《中国祆教艺术史研究》，第 315、328 页。

祆教艺术史研究》是一部从艺术遗存来研究中国祆教的专著，为伯勤先生多年潜研精神之独结，具有很高的原创性。他广泛参阅近百年来俄国、日本和欧美的相关论著，对文献、文书和文物进行竭泽而渔式的搜罗，在缺乏汉译祆教遗经可作文本分析的情况下，匠心独运，博综贯串，终于从中古遗存的图像和唐宋时代的民俗中辨认出祆教神祇若隐若现的身影，发现了‘波斯式的天宫建制’在东亚的遗痕，包括琐罗亚斯德教的大神和女神，这是极其难能可贵的。”① 李明伟先生在《粟特：雾里看花——评姜伯勤〈中国祆教艺术史研究〉》一文里也给予了很高评价，认为“2004 年 4 月三联书店出版了一部装帧精美、图文并茂、大开本的《中国祆教艺术史研究》。这部凝聚了姜伯勤先生多年心血的新著，是他对丝绸之路研究、宗教艺术史研究的重大贡献”。②

——饶宗颐先生指出：“明之亡，志士逃禅者众，就中不少魁奇特立之士……至若大汕其人，久遭讥诃蒙诟，至今仍为问题人物。”③ 姜伯勤老师从艺术、文化与时代生活三者的结合，紧扣石濂大汕与清初澳门及岭南禅史这一主题，解决了“至今仍为问题人物”的大汕其人的若干问题，展现了大汕周围的人文世界，“反映了中国精神史上的南方风格”。④

饶宗颐先生对《石濂大汕与澳门禅史——清初岭南禅学史研究初编》一著给予了高度评价，认为此书“网罗宏富，立义公正，抉离六之真相，存澳门之信史。……建树不磨，足与山川同寿。”⑤

此外，姜老师的学术贡献还体现在他对中古城市史和礼制史、饶学等诸多领域均有独到的学术贡献，发前人所未发。

二、研究方法

姜老师非常重视前人的学术研究成果。他的每一部论著和每一篇论文，均会使用一定量的篇幅，认真细致地梳理出一份学术史。他在《唐五代敦煌寺户制度》一著“引言”里特别强调：“科学上的每一步求索，总是在前代人的积累的基础上进行的。”他总是要先详细梳理和介绍前人的学术成果，然后再在此基础上提出自己将要解决的

① 姜伯勤：《中国祆教艺术史研究·序》，第 1—2 页。

② 李明伟：《粟特：雾里看花——评姜伯勤〈中国祆教艺术史研究〉》，《敦煌研究》2005 年第 1 期，第 108 页。

③ 饶宗颐：《石濂大汕与澳门禅史——清初岭南禅学史研究初编·序》，上海：学林出版社，1999 年，第 1 页。

④ 姜伯勤：《石濂大汕与澳门禅史——清初岭南禅学史研究初编》，第 588 页。

⑤ 姜伯勤：《石濂大汕与澳门禅史——清初岭南禅学史研究初编·序》，第 2 页。

学术问题。因此，他在探索每一个学术问题时，都是极其认真地按照上述这一学术路径来开展科学研究的。这是一种非常严谨的治学态度，也是一种极为难得的学习和研究方法。

敦煌学业已成为一门国际显学，敦煌文书是二十世纪最伟大的文化发现之一。姜老师在从事敦煌文书和吐鲁番文书的研究过程中，既充分重视利用古文书学方面的研究成果，注意解读好文书中涉及的字、词等含义，又特别遵循“研究唐代文书是为了在重大历史问题的认识上取得突破”这一学术理念，力求站在更宏阔的国际学术视野去俯视中国历史发展规律，在更大的历史背景里去总结敦煌寺户制度的演变历程，从而揭示出四至十四世纪中国封建社会经济结构的变化规律。

在深入研究敦煌吐鲁番文书和莫高窟石窟艺术时，姜老师独出心裁，开拓了用“图像证史”的学术新方法，并取得了重大学术成果。这种新方法的运用，成就了姜老师的又一部鸿篇巨制《中国祆教艺术史研究》一书。

事实上，早在二十世纪八十年代，姜老师即已开始运用“图像证史”这一学术新方法。他在通过一系列严谨而细致的“图像证史”案例后，总结出敦煌艺术的发展规律，认为“在敦煌艺术史上，在佛教、祆教、摩尼教、景教、犍陀罗艺术和波斯艺术等外来文化不断引入的同时，却始终牢固保持着中华文化的传统，其奥秘即在于：敦煌艺术渗透着中国礼乐文明”。[①] “中国礼俗图像和乐制图像的大量融入莫高窟佛教艺术，这本身就意味着‘礼以节事’的重要功能。中国传统礼乐文明在与外来文化相遇时，对外来文化进行了节制、选择、扬弃和消化，从而保存了中国礼乐文明的主导地位。使印度传来的佛教艺术，终于演变为中国式的大乘佛教艺术。”[②]

在运用“图像证史”这一学术新方法时，姜老师不忘警醒学人：“为了避免对图像的‘天马行空’的解释，我们要尽量避免不考虑图像志历史轨迹而单纯从经文文本对图像作想象性的解释。”[③] 同时，姜老师告诫我们“图像程序问题，是艺术史研究与图像研究中一个不可忽视的问题”。[④]

李明伟先生在《粟特：雾里看花——评姜伯勤〈中国祆教艺术史研究〉》一文里谈到，姜老师“使我们得以从新的角度重新认识贡布里希（E. H. Gombrich）和哈斯克尔（F. Haskell）所提出的艺术史研究方法‘图像学’等理论在研究其他历史领域问题时的价值”。“《中国祆教艺术史研究》在研究的方法和技术路线上有许多值得赞

① 姜伯勤：《敦煌艺术宗教与礼乐文明》，第55页。

② 姜伯勤：《敦煌艺术宗教与礼乐文明》，第73页。

③ 姜伯勤：《中国祆教艺术史研究》，第269页。

④ 姜伯勤：《中国祆教艺术史研究》，第126页。

赏的创新。例如对图像程序的重视。”①

无论是对敦煌寺户制度的研究，还是对不同文明交流史和敦煌心史等的研究，姜老师都是以极为严谨的科学态度来对待。他在《敦煌吐鲁番文书与丝绸之路》一著中发出了“力图以夏鼐先生的科学态度作为榜样”的誓言，指出“夏鼐先生的文章具有严谨的科学性与广阔的世界文化视野，既没有半殖民地的奴颜媚骨，也没有积重难返的前近代的‘天朝’心态”。② 姜老师在《饶学十论》一书里也反复强调饶宗颐先生具有“独到的世界性学术视野”和“十分广阔的国际性学术视野”。而这些“广阔的世界文化视野”和“国际性学术视野”也正是姜老师所具备的学术素养，是他特别强调和使用的研究方法。

正是由于姜老师始终不忘将敦煌艺术放在世界文化视野中去认识、去研究，因而他取得了非凡的学术成果。这种研究思路和研究方法也为后人进一步探讨敦煌艺术打开了新的思路。他在《论呾密石窟寺与西域佛教美术中的乌浒河流派》一文里写道：“‘乌浒派美术’的倡说，为我们将敦煌美术与西域美术进行比较研究时，打开了广阔的天地。以往我们曾以敦煌美术与犍陀罗美术、秣菟罗美术、笈多式美术、阿玛拉瓦提美术进行比较，取得了许多丰硕的成果。如今，我们将一至五世纪的大贵霜时代及小贵霜时代的阿姆河流域的独特美术流派与敦煌比较，获得许多新的认识，如北凉、北魏敦煌美术中‘土红涂地’的大红地仗，即源至此五百年间的乌浒派美术，由此并可进一步追溯中亚古代的尼萨等地。又如，哈达式的着右袒袈裟的立佛，同样见于敦煌，而贝格拉姆之派特瓦佛像背光中的化佛和火焰纹，则在敦煌亦有异曲同工的表现。小贵霜时期的乌浒派美术，又与哌哒时期前后的粟特画派相连结，在敦煌北周及隋代连珠文壁画中，亦看到乌浒美术余支粟特画派的影响。总之，随着‘乌浒河美术’或‘乌浒流派’的倡说，使我们在敦煌艺术的比较研究中，有可能作出许多新的探索。”③

人文主义精神的追求，可谓是姜老师史学研究中另一个十分重要的方法。他的《石濂大汕与澳门禅史——清初岭南禅学史研究初编》一著就是“本着强烈的人文主义关怀，追求一种对历史理性和人文精神的理解和体验”。④ 通过这种关怀和追求，他展现了一个绚丽多姿的历史时代和惊心动魄的文化气象，“大汕与长寿寺被埋没了的历史，是研究‘文艺复兴’式的中国人文主义复兴的绝佳史料。明清之际是大汕所说的

---

① 李明伟：《粟特：雾里看花——评姜伯勤〈中国祆教艺术史研究〉》，第 110 页。

② 姜伯勤：《敦煌吐鲁番文书与丝绸之路》，第 4 页。

③ 姜伯勤：《敦煌艺术宗教与礼乐文明》，第 121 页。

④ 刘志伟：《引论：区域史研究的人文主义取向》，姜伯勤：《石濂大汕与澳门禅史——清初岭南禅学史研究初编》，第 5 页。

‘天坍地塌’的充满剧烈社会变迁的大时代，出现了大汕一类有‘野性’、追求‘动荡气息’的人。……明清之际，大量士人由于鼎革之际的变动而进入禅僧队伍，这样也把上层的雅文化、精致文化或曰士大夫文化引入禅林。又由于一些旧日享有高官厚禄的士人在急剧变动中跌到社会底层，使一部分雅文化的代表人物接触了‘街头莲花落’式的俗文化或大众文化，以致从中产生了未来新文化的最初萌动。而从下层市井中通过禅院而进入上层文人雅士的禅僧，又把工艺化的民间文化与上层雅文化进行交流。十七、十八世纪之交在岭南禅僧中发生的雅文化与俗文化的交流，又表现为南方禅学的俗世化进程。”①

在重温姜老师学术论著的过程中，我的脑海里时时闪现出我在中山大学历史系问学期间，姜老师教导我们如何掌握治学方法、治史方法的那一幕幕情景。

我记得姜老师曾给我们讲过“岭南文化研究的出路”一堂课。在课堂上，他谈到了进行研究的具体方法：收集文献，研究理论，掌握文化区域理论，发现新史料，仔细分析。姜老师反复告诫我们，读书一定要从阅读名著开始，一定要精读，要从阅读中发现问题，要从大学者的著作里寻找问题，找出前人尚未解决的问题。这一学习方法，也正是他反复强调的“科学上的每一步求索，总是在前代人的积累的基础上进行的”具体表现。

我还记得，从 1987 年入学研究生的第一学期起，我们就开始接受姜老师的“特殊”史学训练。姜老师先后安排了“唐代史料选读及讨论”“唐文化史讨论”“唐文化与岭南文化讨论”等专题，组织我们开展每周一次的沙龙，指导我们阅读史料、撰写读书心得，并在讨论会宣读、交流、讨论。参加沙龙的人员，既有姜老师指导的研究生，也有历史系、中文系和哲学系其他有兴趣的学生。沙龙一般是安排在晚上，有时也会安排在白天。我依据残存笔记，可知 1989 年第一学期的唐代文化史讨论课是安排在每周的星期五晚上（具体时间是 3 月 3 日、10 日、17 日、24 日、31 日，4 月 7 日、14 日、21 日、28 日，5 月 5 日、12 日、19 日、26 日，6 月 2 日、9 日、16 日、23 日、30 日）进行，讨论地点是在陈嘉庚纪念堂；姜老师主讲有“敦煌学四十年”（3 月 3 日晚）、“沙州道门亲表部落释证”（3 月 10 日晚）、“列宁格勒所见乘恩帖考证”（4 月 7 日晚）、“国外敦煌学研究趋向”（4 月 21 日晚）等。一学期的沙龙结束时，姜老师会作小结。这种训练前后达两年时间，培育和锻炼了我们，引导我们早日迈入史学门槛，使我们掌握了一些史学研究方法。

① 姜伯勤：《石濂大汕与澳门禅史——清初岭南禅学史研究初编》，第 582—583 页。

三、语言艺术

我在学习姜老师的学术论著时，时时都能感受到姜老师心中所充满的那股诗人般的激情。他说：“我永远忘不了在莫高窟的那些日子。入夜，从大泉河边的层层石窟走过，静夜衬映着庄严。隐隐听见的，那是天籁。间或，被九层楼上窟檐的铁马悬铃声打断。间断地，交响着白杨林的沙沙声。莫高窟，于是成为我们心中的清明之境，成为一座心中升起的中国智慧的巍峨丰碑。”①

姜老师是一位勇于求索的史学家。他以高度的历史责任感和敏锐的智性思考，在古老的敦煌历史中穿行，在中国与世界间体悟，将敦煌艺术所显示的中华民族的智慧和胸襟熔铸笔端，全景式地展现了处于青春时期的民族的健康心态的立体画卷。他倾情抒写敦煌的风采：“敦煌的文化遗存，是如此之深地牵动着世人之心，这鸣沙余韵的魅力，究竟在哪里？也许，它就在敦煌文物所展示的一种清明气象中。在敦煌文物里，人们看到了盛唐前后几个世纪中国民族心理中那种开敞的胸襟；感受到一个民族处于青春时期的健康心态；体味到开阔的前‘理学’时代的中国情怀。”② “正是敦煌遗产所给予我们的宝贵启示：一个没有超越智慧的民族，决不会站在人类文明的前列。敦煌遗产对我们的另一个启示是，敦煌已经成为中国情怀的一种象征。”③ 由此，他豪情万丈，充满自信：“展望未来的世界，那将是一个人文精神勃兴的世界。敦煌所体现的中国人追寻超越智慧和各大文明学会互相礼敬的历史经验，必将对未来世纪的人类文明，作出应有的贡献。”④

他满怀激情，积极投身祖国的学术事业。他告诉读者，他投身敦煌学研究，“之能有勇气从事这项探索，是出自祖国敦煌学终将复兴的执着信念。我对敦煌的迷恋可以溯自少年时代”。“1964 年春，我又有幸听到向达教授在南方所作的‘敦煌学六十年’的讲演。这位当时处于逆境的耿直学者，以一种赤子般的爱国热情，再次煽起了我心中的火焰，坚定了我‘再困难也要研究敦煌’的决心。”“人到中年，倍感青年时期胸中升起的爱国激情和使命感是如此值得珍惜！也许，正是青年人的那种不计成败的理想主义，少年人的那种寻梦式的热情才使你获得一种闯入科学殿堂的‘地狱之门’的

---

① 姜伯勤：《敦煌艺术宗教与礼乐文明》，第 9—10 页。

② 姜伯勤：《敦煌艺术宗教与礼乐文明》，第 592 页。

③ 姜伯勤：《敦煌艺术宗教与礼乐文明》，第 598 页。

④ 姜伯勤：《敦煌艺术宗教与礼乐文明》，第 599 页。

胆量。”①

在论及吐蕃管辖时期的敦煌寺户制度时，姜老师有一段如诗如画般的描述：“绵延三四百年之久的寺户制度，在八、九世纪之交，在吐蕃占据的敦煌，又仿佛进入了一次回光返照式的‘胜境’。然而，物盛则衰，固其变也。这个处于暮年时期的古旧制度，不久，亦终于走到了它的尽头。”② “在吐蕃统治时期，已经出现寺户的极端贫困和寺院所需力役的无法维持。暴露出寺户制度和劳动地租衰微的历史趋势。”③ “根据生产力总是要突破陈旧生产关系而打开前进道路的历史必然性，寺户制度已经处在一场激烈变动的前夜了。”④

在谈起归义军时期寺户制度的没落时，姜老师这样描述：“这个时期，是敦煌寺户制走向没落的年代，也是敦煌寺户仍以‘常住百姓’的名称而发展流变的时代。”⑤ “这些斗争，汇成了一股不可阻遏的历史潮流，冲击着各种奴役制，从而为生产力的发展打开了出路。”⑥ “在沙州，虽然会昌毁佛的浪潮未曾波及，但是，张议潮进行了放免寺户、分割都司产业、调查寺产等一系列改革。慑于会昌浪潮，慑于张议潮的种种兴革，敦煌诸寺遂把寺产一般都安上‘常住’的名目。于是寺田被称为常住的‘厨田’，寺户亦改称为‘常住百姓’。他们用和尚也要吃饭（‘用为僧饭资粮’）的理由，千方百计地把寺院对地产和人户的占有保存下来。”⑦ “回想一下一百年前即九世纪末《敦煌诸寺奉使衙帖处分常住文书》（P. 2187）之‘亲伍礼’关于常住百姓的苛酷的人身依附的规定；再看看一百年后即十世纪末 S. 1946 号契文所见常住百姓朱愿松的实际的经济地位，两相比较，不禁觉察出其间仿佛有云泥之隔，进而不能不惊视这一个世纪的巨大变化!”⑧

在对隋代虞弘墓祆教画像石进行细致研究后，姜老师认为：“本组画像石人物造型有很高的成就，这与北齐、北周至隋，曹仲达、杨子华一类大画家的成就，及其在并州即今太原地区所具有的重要影响中反映出来。这从娄睿墓墓室壁画和最近发现的北齐徐显秀墓室壁画所显示的高度艺术水平即可得见。也与当时中原画人与粟特等地的频繁艺术交流有关。与此同时，本组画像石在反映传入中国的祆教教义方面，也十分

---

① 姜伯勤：《唐五代敦煌寺户制度·跋》（增订版），第 282—284 页。

② 姜伯勤：《唐五代敦煌寺户制度》（增订版），第 103 页。

③ 姜伯勤：《唐五代敦煌寺户制度》（增订版），第 111 页。

④ 姜伯勤：《唐五代敦煌寺户制度》（增订版），第 114 页。

⑤ 姜伯勤：《唐五代敦煌寺户制度》（增订版），第 115 页。

⑥ 姜伯勤：《唐五代敦煌寺户制度》（增订版），第 116 页。

⑦ 姜伯勤：《唐五代敦煌寺户制度》（增订版），第 128 页。

⑧ 姜伯勤：《唐五代敦煌寺户制度》（增订版），第 144 页。

突出。如果说不少中国祆教画像石反映一般粟特人节庆生活场景较多，则本组画像石深刻地反映出的《阿维斯陀》中关于‘最后审判’和‘最终复活’的神学内容也甚为详赡。所以，本组画像石是研究中国中古中原文化与中亚、西亚文化互动的绝佳材料，也在中国画史上放射着引人注目的魅力。……我们坚信，对虞弘墓画像石的不懈研究，对于认识此种‘独自的价值’一定有着非常之大的重要性。”① “随着对虞弘墓所见‘图像志’研究的深入，不仅对中国中古美术史研究、对中外美术交流史研究有重要意义，对重建、复兴和重新认识萨珊伊朗及粟特本土的图像学和图像志，也有极为重要的认识价值。”②“由于北周至隋期间，与突厥人结盟是关系到粟特人生死存亡和保持丝路利益的悠悠大事，故以神意作背景写入陵寝画像石这样的纪念性建筑物中，这些画像石当然脱离不了祭祆。如 Miho 之祭娜娜、安伽之祭火坛、豪摩，而虞弘墓画像石则纪念了整个天国的神界。”③

姜老师的史学论著，不仅高屋建瓴、论证严谨、逻辑性强，而且语言优美。中山大学人类学系刘文锁教授在《姜伯勤〈中国祆教艺术史研究〉学记》一文中从学术境界、研究方法、问题研究之精深及文笔辞章等四个方面阐述了姜老师在中国祆教艺术史领域所取得的巨大贡献。刘教授在谈及“文笔辞章”时指出，“过去桐城派学术主张义理、考证和辞章”，而“姜先生的《中国祆教艺术史研究》，于斯三者具足矣。”④ 这一鲜明特点亦见于姜老师的其他史学论著中。

今天，我们重温姜老师的史学论著，就是要学习他求真务实的学风、严谨的治学态度和勤奋刻苦的精神；学习他始终站在国际学术前沿，以国际学术视野研究历史，力求在重大历史问题上有所突破、有所创新的治学精神。

---

① 姜伯勤：《中国祆教艺术史研究》，第 154 页。

② 姜伯勤：《中国祆教艺术史研究》，第 321 页。

③ 姜伯勤：《中国祆教艺术史研究》，第 320 页。

④ 刘文锁：《姜伯勤〈中国祆教艺术史研究〉学记》，《西域研究》2004 年第 3 期。

闻君气节高，开卷更识君

——贺姜伯勤先生八十寿兼述广州图书馆姜伯勤先生藏书

方家忠（广州图书馆）

富者赠人以金，智者赠人以言，私以为姜伯勤先生就是这样一位智者。在学术领域耕耘了一生，隐退之际仍不忘将自己毕生所藏的文献财富献之于公众。先生一心为公之德风，令人钦佩！

藉先生赠书之际，有缘承教于先生，先生卓越之学术成就、高尚之道德文章，我深感敬佩。适逢先生八十寿诞，应向群兄之约，忝作书稿，既是为了酬谢先生惠赠藏书于我馆，更是为先生淡泊名利、视学术为公器的高尚风范所动。因之缘，受之托，贺之意，慕之心，尽见诸文中。

广州图书馆与姜伯勤先生专藏之缘起

广州图书馆姜伯勤先生系列藏书工作始于 2012 年。这一年，随着新馆投入使用，广州图书馆正式进入了新的发展阶段。基于多元化发展理念，新馆逐步建成了一批主题鲜明、定位明确的特色馆区，其中就包括姜伯勤先生藏书所在的广州人文馆。

广州人文馆的定位是保存地方文献，展示地方文化名人风范和优秀文化传承，开展本土文化交流。广义的地方文献泛指与地方有关的一切资料。虽然围绕其范围与界定，图书馆学界的争论一直没有停息，但大体遵循的仍是杜定友先生所提出的“地方文献应包括三个部分：史料、人物、出版”的理论框架，这是如今公认的地方文献构成与分类准则。

广州人文馆的建设正是遵循上述理论，同时秉着“人物是地方文化的核心和灵魂”的理念，除花大力气搜集和整理传统地方文献资料外，也从一开始就将发展地区名人专藏摆在突出位置，试图通过收集整合广州乃至岭南地区文化名人与家族的出版物、稿件、个人藏书和相关研究等资料，寻找岭南文化的核心与灵魂。经过几年的努力，广州人文馆先后收录了欧初、王贵忱、刘逸生刘斯奋家族、苏华林镛家族、戴裔煊、李龙潜、姜伯勤、蔡鸿生等多位文化名人与世家藏书。

2012 年与姜伯勤先生接洽时，广州图书馆的名人专藏工作还处在起步阶段，名人专藏工作急需打开新局面。

经过章文钦教授引荐，我们对姜伯勤先生藏书产生了浓厚的兴趣，主要原因有三点：一是因为姜先生是岭南、中国乃至蜚声国际的史学名家，学术地位尊崇。二是所藏书籍数量大，专业性极强，藏书中又有丰富之未发行资料，具有独特的文献收藏价值。三是姜伯勤先生藏书以敦煌学、中西交通史等为大宗，与广州图书馆以多元文化作为馆藏与服务特色目标相契合。总之，姜先生藏书代表着一种鲜明的地方文化特色，这对于提升广州图书馆名人专藏系列的广度与深度有着极大的帮助。

近代以来，岭南地区史学成就斐然，梁启超、陈寅恪、陈垣、岑仲勉、刘节、梁方仲、陈序经等一大批历史学家和著述集中出现，构成了一种颇具地方特色的社会现象和文化现象，成为广东近代学术史中浓墨重彩的一页篇章。姜伯勤先生在学统上承接诸位史学大师，承继和发展了其诸位师长的治学路径，专攻之处更有精进，业已成为岭南当代史学代表人物，建立姜伯勤先生专藏不仅可以彰显姜伯勤先生的学术成就，更可以展现历史学科的独特魅力，进而揭示近代岭南文化的独特光辉。

赠书过程中所见的姜伯勤先生

2012 年 10 月，在中山大学蒲园餐厅，我和同事见到了姜伯勤先生。陪同先生前来的是向群兄与几位年轻的学生，他们是后来赠书工作主要的联络人和执行者。

虽说当时身体状况已不如前，出入需要乘坐轮椅，但先生气色很好，脸上带着笑容，对我们几位晚辈后学随和平易。除了向我们了解藏书能否得到有效保护和利用外，先生还讲了一些学术和生活上的趣事，与我们闲话家常，这些举动都让我们倍感亲切。此次面谈非常顺利，采编部门很快便安排专门的工作小组进驻中山大学艺术史研究中心与先生住所，与先生门下弟子一起开始了藏书清点与目录编制工作。而我再见到姜伯勤先生已是 2013 年年初了。

那是我与同事前去先生住所签订协议。先生的住所位于中山大学西区教职楼，小区略显老旧，也并没有电梯，先生身材高大，又需乘坐轮椅，迎接我们上楼极其不便，过程中先生还是一如既往地保持微笑。我与同事非常感念先生礼遇。

后来参加移交工作的同事告诉我两件事：一是验收过程中在艺术史小楼中发现有数百册的藏书未收入目录，还有一幅字画也未收录，先生颇为爽快地将其一并赠予我馆。二是先生于笔记中特意留下一册散文集，希望可以继续撰写。

以上就是赠书过程中我与先生的交往。先生给我的印象极为深刻，脸上总是带有笑容，热情、亲和，待人接物总有一股赤子般的纯真，更为可贵的是，先生不论身处何种情境，总有一种儒雅淡然的学人气质氤氲在身，如春风化雨般温暖人心。数量如此之多的藏书，为六十余年学术生涯不断积累所至，其间藏书人付出的心血、时间和财富可想而知。这批珍藏“若其心爱名，则为贵者所夺；若其心好利，则为富者所售”，淡泊名利，而将自己毕生所藏献之于公众，先生的选择实在令人敬佩。

姜伯勤先生藏书之特点

2013 年 6 月，广州人文馆正式设立姜伯勤先生藏书专区并向读者提供阅览服务。开设至今，专藏借阅量共计达 1000 余人次，仅去年便有 250 余位读者享受到了这份“学术福利”。此外，姜伯勤先生藏书对于完善《广州大典》特定部分的编修以及推进相关问题研究也大有益处。例如，先生所藏的《岭南文学史》一书，就为研究屈大均、王隼、陈恭尹、陈子升等明清时期岭南地区文学家提供了资料和线索。

总体说来，姜伯勤先生藏书具有以下几点突出特征。

第一，藏书数目量大，内容丰富，充分体现了收藏者广博而专深的学术志趣。据统计，姜伯勤先生惠赠的图书共计 5000 余种、7100 余册，手写稿件 740 余件，打印、抽印和复印件 2700 余件，笔记散件 240 余件，古籍 10 种，书画 8 幅。这批数目众多的藏书尤以晋唐诸史、敦煌学、佛、道、祆等宗教史、艺术史、中古时段西域文明与中西交通史等方面为收藏重点，囊括原始资料、期刊资料和经典论著，具有很强的侧重性。同时，姜伯勤先生的藏书也绝不局限于其专精领域，藏书中同样也可以看到不少政律、语言、音乐、考古和文学等门类的书籍，虽然涉猎繁多，但藏书中其他门类之书籍同样具有较强的专业性，这些显示了先生横跨众多领域、博采精取的宏大学术格局与纯粹求知的学人风范。

第二，藏书具有很强的资料性和实用性，体现了收藏者扎实深厚的学术功底。姜伯勤先生之藏书大多因循其治学领域，所藏之书反之又成为其治学的工具。凡先生关注之领域，有代表性的重要文献和研究论著在藏书中均有收录，藏书中的许多资料出版年代已久，有些已经难以见到，对于有着一定学术基础或者立志求此专门之学的读者来说，这些专业性极强的图书无疑是一笔宝贵的财富，可以为其提供系统性的专业阅览。

第三，藏书中有大量的国外著作，体现了收藏者与国际汉学对话的高姿态学术格局。受时代和形势影响，“汉学”成为世界性显学已久，在漫长的学术传承下，西方与东亚国家诞生了众多的“中国学”专家，这在姜伯勤先生的治学领域尤为突出。二十世纪八十年代前中国学术界长期处于较为封闭之状态，而姜先生以严谨的学术态度，从六十年代开始就通过不同途径与方式尽力追踪和搜集国际学术界在相关领域的研究资讯和进展，长期的积累使得姜伯勤先生藏书中有着颇为丰富的“汉学”著作，其中不少还是原文著作，收录的广度和深度都可堪称道。仅以日本学人为例，先生之藏书就收录有池田温、竺沙雅章、砺波护、堀敏一、土肥义和等权威专家和大津透、关尾史郎、高田时雄、森安孝夫、荒川正晴、任大熙等后起之秀的大量著述，其中有些著作，出版年代久远，出版量极小，如今不仅在国内，甚至在日本也很难找到。文献中时有自书批注之处，足可见先生所下之苦功，将海外汉学与中国本土学术连接，在洞悉中国文化的深层奥秘基础之上，积极与世界前沿学术接轨，这是姜伯勤先生治学的独特底蕴。

第四，藏书集中关切了丝路有关问题，资料性与启发性并存，具有特殊的收藏价值。西北史地与南洋交通是清末以来岭南学术中的重要问题，姜伯勤先生承继师传，治学路径上注重对新出土文物和新发掘文书资料与已有传世文献材料进行有机结合，藏书中有关敦煌吐鲁番学、丝绸之路史、南洋诸史方面的基础文献资料和重要论述相当丰富。围绕特定问题，藏书中有许多笔记与论著稿件，如姜先生早期学术著作，得到国内外学术界高度评价和称誉的《唐五代敦煌寺户制度》手稿等就位列其中，众多稿件之上常常附有先生或其学友批注，比之于出版之成果，这些稿件中蕴含着更多的灵感与思路，集中体现了一代学人关于丝路相关问题的思索与探求。

第五，藏书中赠书较多，体现了收藏者广泛而深厚的学术交谊。姜伯勤先生的藏书有很大一部分来自赠书，多由其师友、同辈学人和学生所赠，赠书者大多是国内外文史界知名学者，许多受赠书籍和稿件还有作者的签名留言，有些更附有作者手书笔记，具有很高的文献收藏价值。姜伯勤先生还捐赠了近400封信札、200余张合影照片。所赠8幅字画，虽然不多，但很珍贵，均系王伯敏、饶宗颐、陈永正以及欧阳琳等友人所赠，皆为传世真迹，具有较高的艺术价值。这些见证和记录了姜伯勤先生漫长卓越的学术生涯和特殊的学术经历，其学术意义与文化意义难以估量。

针对这座“宝藏”，如何使普通读者与专业机构更加高效、便捷地获取藏书资源，如何更好地整合各类稿件、笔记等特殊文献，如何围绕藏书开展有效的服务活动，都是我们需要继续思考的问题。

自古以来，藏书者多矣，可真正为后人便，若干年后仍能使读者“祇回留之不能去”者又有多少？这样说来，姜伯勤先生不正称得上是一位“非常倜傥”的智者吗？最后，我谨代表广州图书馆全体同事，为姜伯勤先生八秩华诞献上最诚挚的祝福，希望先生乐享遐龄，寿福永续。

姜伯勤先生与《饶学十论》

章文钦（中山大学历史学系）

一、引言

2012年7月，姜伯勤先生的大作《饶学十论》作为《香港大学饶宗颐学术馆研究丛书》第一辑中的一种，由齐鲁书社出版刊行①，十篇文章对饶宗颐先生的学术和艺术成就做了精彩阐发。

饶宗颐先生有言："学术是一种缘分。"笔者同饶先生的缘分不深，但有几件事令人没齿不忘。1993年，在澳门"东西方文化交流国际学术研讨会"上，经姜伯勤先生介绍，初次见到了饶先生。

次年，乘饶先生赴穗之便，随姜先生到白天鹅宾馆拜谒。当时笔者受澳门普济禅院住持机修法师之托，在普济禅院筹建一座诗碑栏，负责选诗和征集名家书法作品。笔者向饶先生汇报，提到入选的诗篇有清初岭南遗民僧释成鹫的作品，先生爽快地说："那我就写最后一首。"很快就托郑炜明兄送来自书诗《读澹归丹霞日记》墨宝。

2003年，笔者选笺的《澳门诗词笺注》出版，饶先生和梁披云、李鹏翥先生皆题词卷首，以资鼓励，饶先生的题词为："扇南国之风流，征濠镜之故实。"2008年，笔者经邓伟雄兄和芬姐，恳请先生惠赐文天祥题潮阳海门莲花峰"终南"二字墨宝，交由零丁洋上珠海桂山岛文天祥纪念馆珍藏，所得润笔资助汕头大学一位在贫病中成长的学生。

2001年，笔者追随姜伯勤先生和林悟殊学长，参加在广州艺术博物院举行的饶先生八十五华诞学术研讨会，并欣赏饶先生"造化心源"书画展。笔者为研讨会提交论文《饶宗颐先生画学渊源略论》。2006年，又随姜伯勤先生赴香港和潮州，参加饶先生九十华诞国际学术研讨会，提交论文为《吴渔山绘画之拟古脱古》。

2009年9月初，笔者尚随姜先生赴澳门，参加在艺术博物馆举行的"清初明遗民

---

① 姜伯勤：《饶学十论》，济南：齐鲁书社，2012年。

书画国际学术研讨会”，并陪他去了普济禅院，见了机修法师，还到禅院后山诗碑栏欣赏饶先生《读澹归丹霞日记》及其他名家的诗碑，姜先生随口说了一句：“来了这次，不知以后还能不能来。”令笔者心中不无凄凉之感。返回广州，至 9 月下旬，姜先生在家中跌倒，此后一直行动不便。林悟殊学长近年亦甚少外出，退休后在广州南湖家中，奉母著述，他的母亲已经一百零三岁，还很健康。2015 年年末，欣逢饶先生百岁华诞国际学术研讨会在港举行，可惜姜伯勤先生和林悟殊学长未能赴会。笔者虽在年初接到邀请，先是忙于马士（H. B. Morse）《东印度公司对华贸易编年史》中译本新版的校注，近日又赴澳门科技大学授课，迟迟未交论文。今匆匆草成拙文，既为纪念今年年初仙逝的饶宗颐先生，亦为姜伯勤老师八十华诞颂寿。

二、关于《饶学十论》著者姜伯勤先生

姜伯勤先生是笔者大学时代的老师和博士学位论文答辩委员会主席。在中山大学历史系，除了业师戴裔煊先生和蔡鸿生先生，姜先生是笔者亲炙并获得教益最多的一位师长。

1981 年，笔者读大学三年级，姜先生为我们讲授“敦煌学概论”，四十出头的姜老师，才华横溢又充满激情，课堂上“敦煌在中国，敦煌学在日本，中国人要争气!”这几句话令人至今记忆犹新。从青年时代起，在几十年的岁月中，姜先生正是以一往无前的精神，坚韧不拔的努力，在敦煌学研究上做出引人注目的业绩，赢得了包括日本学者在内的国际敦煌学界的尊重。我的那本课堂笔记，后来借给当年在广州美院攻读美术理论研究生的李伟铭兄，他对姜先生的学问由衷敬佩，认定要从事美术理论研究，就应该照姜先生研究敦煌艺术的路子走。这与他后来同姜先生乃至饶先生在艺术史研究上结下颇深缘分恐怕不无关系。

1982 年，笔者大学毕业，担任戴裔煊先生的学术助手。戴先生是姜先生大学时代的老师，也是姜先生尊敬的一位师长。当时姜先生对笔者说：“中山大学历史系，陈寅恪、岑仲勉、刘节、梁方仲诸先生，都是以第一流的才学，第一等的勤奋，才取得卓越的学术成就。今天，在历史系，才学和勤奋能够与这四位先生相比的只有一个人，就是戴裔煊先生。”笔者从 1983 年起追随戴先生研究澳门史，姜先生有鉴于戴先生自 1956 年开始研究澳门，曾经独自一人坐了二十多年的冷板凳，又对笔者说：“对于一个具有重大价值的学术研究领域，作为一个学者，难能可贵之处在于，当这种价值还未被普遍认识的时候，能够独自一人进行长期潜心的研究。”

戴先生也十分器重姜先生。1985 年，姜先生晋升教授，由戴先生做学术鉴定，给予极高的评价。当时戴先生因长女从北京来穗出差，不幸病逝，心绪十分恶劣，仍然

由他口授，笔者笔受，反复修改，完成这篇字数不多的学术鉴定。

1988 年 9 月，戴先生病逝。笔者因“学历问题”，虽然 1991 年晋升副教授还算顺利，到晋升教授却举步维艰。1998 年秋天的一个晚上，笔者打电话给姜先生，结果在电话里谈了一个多钟头，他一再重复这样几句说：“我帮不了你，你去读一个学位吧！现在大家都认这个，你就当被人打崩了牙齿带血吞！”笔者在担任戴先生学术助手期间，三度放弃攻读博士学位的机会，至此却被“学历问题”卡住，颇有抵触情绪，故姜先生一再以此为言。说话之间，一再听到姜先生的女儿在旁边说：“收线了，收线了，不要再说了！”最后一次只听他的女儿说：“妈妈已经说不出话了！”就把电话挂断。后来才知道，这是姜先生已逝的夫人李学敏老师第一次中风，姜先生一转身，立即送医院抢救，幸而当时抢救及时，没有留下偏瘫之类的后遗症。

经历了这件事，笔者才下定决心：去读个博士！1999 年 4 月，考取了蔡鸿生先生的博士生，以明清之际的文化遗民吴渔山作为研究课题。同年 6 月，在姜先生和许锡挥等先生的帮助下，笔者顺利晋升教授，博士还是继续读下去。有一次，姜先生来到我家，我对他说：“姜老师，我是跟您学的，学了一点点，就是要历史、文学、艺术、宗教整合起来，一起做。”这是笔者从姜先生的论著学到的从事吴渔山研究的一点体会。最终在蔡鸿生先生的指导下，完成文献整理的《吴渔山集笺注》和博士学位论文《吴渔山及其华化天学》。2006 年 6 月，笔者又顺利通过博士学位论文答辩，答辩结束时，姜先生宣读答辩委员会的评定意见，结语为：“将对吴渔山这一学术领域的研究，向前推进了一大步。”令笔者深受鼓舞而暗下决心：“我还要继续努力。”

姜先生是一位良师。他对笔者说过：“我不愿意带太多学生，带一个学生就得割给他一块肉。”他带的博士生、硕士生虽然不多，但都是可造之材，他付出了心血，把他们培养成才。这同时下自己当老板，把学生当打工仔，割学生的肉，对学生进行潜规则的“明星”教授，实在不可同日而语。

2002 年，蔡鸿生先生为姜先生的专著《中国祆教艺术史研究》作序，以这样的文字为序言结语：“伯勤先生的精勤笔耕，并不是安乐椅上的甜蜜事业。若干年来，由于亲人的病痛，曾几度置他于困境。在治学、治生和治病的三股张力中，他奋然前行，为亲人尽心，为学术竭虑，坚毅地回应命运的挑战。……伟大的艺术家罗丹，在他的名著《法国大教堂》中说过如下的话：‘精神必得经受痛苦才能释放思想。’我愿将这句金玉良言奉献给姜伯勤先生，以志多年友谊，并作为今后共同从事精神生产的座右铭。”

蔡先生和姜先生的友谊，可以追溯到二十世纪五十年代在中山大学历史系读书期间。而笔者想起清初江南明遗民徐枋为遗民僧弘储继起《灵岩树泉集》作序的一段名言：“事之从欢喜赞叹中得者，其事不立；道之从安乐愉悦中得者，其道不明。……苟道从吾而明，前吾之圣，相得益章；后吾之圣，示之周行。则九死犹生也，千百世犹生也。而欲安常处顺，饱食暖衣以希之，吾知其没世而无遇也。”似可与蔡先生引以同姜先生共勉的金玉良言相印证。

姜先生自2009年9月跌伤后一直坐轮椅，在精神生产的事业中仍然奋然前行，执着于学术理念的追求。2010年和2011年，他将主要精力投入《饶学十论》的写作，每天早晨三四点钟起床，一直写作到八点，进早餐后再小睡。此书完成后，又计划写两部书，一部是拟就陈寅恪先生诗集和手稿为基本资料研究陈寅恪先生的专著，一部是《石濂大汕与澳门禅史》的续篇，重点探讨大汕与方以智的关系。

为此，姜老师在年近七旬时主动退出国务院学科评议组，拟将有限的余生尽可能投入于学术的追求。他就此事对笔者说：“我这是跟王蒙学的，王蒙有句话，叫做‘放弃换取自由’。”笔者说：“‘放弃换取自由’的精义，就在陶渊明的《归去来兮辞》中。”

这就是笔者亲炙和认识的姜伯勤先生：一位本色学人，性情中人。中华民族是一个具有优秀文化传统的民族，古往今来，中国的杰出学人以学问、人品、风骨融铸成完美的人，姜伯勤先生足以当之。他对《饶学十论》的撰述，是别人所无法代替的。

三、关于《饶学十论》

学术文化不同于流行文化和时尚文化，具有文化积累之价值，是一个民族自立于世界的重要精神支柱。学术没有国界，却又为国家民族命脉之所系，是一种世代相传的事业。中华民族是一个具有优秀文化传统的民族，中华学人以世代相承的努力，来体现本民族的文化精神和发展水平，体现这个具有悠久文明的泱泱大国自立于世界民族之林的能力。域外中国学家的努力，足以收他山之石之效，不容忽视；中华文化的传承和发扬光大，学术文脉的传续和延伸，则主要依靠中华学人的努力。

二十多年前，姜伯勤先生在广东《学术研究》杂志发表了一篇研究饶宗颐先生的论文，便对笔者说：“饶先生数十年来的努力，就是为了探索中华民族的文化精神。”又说：“学术文脉的延续，从来都是一脉单传。”正是传续中华文脉的巨大责任感，促使他锲而不舍地从事对饶宗颐先生的研究。饶先生的学问才艺精审博赡，要作一较为全面带总结性的研究绝非易事，姜先生依然是奋然前行，为了研究饶先生的琴学，他甚至带着病痛学习古琴，终于用苦汁酿成甜酒，呈献给学术界的这本《饶学十论》，为他近三十年来亲炙饶先生，研究饶先生作了一个总结，也是他饶学情结的真诚流露。

2003年，《饶宗颐二十世纪学术文集》出版后，笔者曾从林悟殊学长处借到，复印了其中的大部分，并大略拜读，汲取营养，用于吴渔山研究。此文撰于旅次，手头乏书，只能就《饶学十论》谈两点学习心得。

《饶学十论》伍《〈西南文化创世纪〉与近东巴比伦创世纪的比较研究》二《固庵先生曾力辟汉文化“西来说”》一节，起首言：“1987 年，饶宗颐先生在《十六至十八世纪中国与欧洲会议主题讲辞》中对十八、十九世纪曾经滥觞一时的‘中国文化西来说’的原委进行了梳理：‘一七三二年法国学士院德梅朗致书北京耶稣会传教士巴多明，指陈中、埃文化有十二点之类似，谓埃及入华非无可能。’”“一七三五年九月巴多明回书德梅朗，逐项予以驳斥，并谓两国文化各自发生，偶有雷同，不相关涉。”“一七五八年 J. De Guignes 在法国铭文学院撰文，提出中国人为埃及殖民的论证。”①

复引饶先生《古史上天文与乐律关系之探讨——曾侯乙钟律与巴比仑天文学无关涉论》所说：“但是一般谈起中国天文，每每有中国出于巴比伦的误解……只有法国的马伯乐他最反对这种说法，他认为两国的天文学根本没有什么关系，我觉得非常合理。”“在建立音乐上的和谐观念和喜欢结合天文观念来解释乐律的事，彼此之间有许多雷同之处，但只是表面上的类似，不能轻易便认为这种律制是从巴比伦传入中国的。”②

在世界四大文明古国中，只有中国保持了历史和文化发展的连续性，今天的中国人，尤其是汉族，正是文明古国时期原住民的后代，作为中华民族文化主体的汉文化，则与文明古国时期的文化一脉相承。其他三大文明古国，尤其是埃及和巴比伦，其现代的居民早已不是文明古国时期原住民的后代，其文明古国的文化与近现代文化之间，出现了一个相当大的历史断层。随着地理大发现和西方资本主义的发展，对东方殖民地的占领，欧洲的东方学家似乎掌握了对这些文明古国研究的话语权。

十八、十九世纪“中国文化西来说”的一个历史背景，当为直至二十世纪前期仍然流行的“欧洲中心论”，持此论点的东方学家，对东方学的研究刚刚起步，将偶然发现的类似和雷同，加以附会和类比，所得出的结论往往站不住脚。笔者承乏马士《东印度公司对华贸易编年史》（*The Chronicles of the East India Company Trading to China*, 1635—1834）中译本校注，该书即有饶先生所引：“中国文化西来说”的同类记载，只是时间稍后：1762 年，英国东印度公司董事部应皇家学会的请求，向英公司广州管理会寄发查询函件，“为了证实埃及文字与中国文字之间的近亲关系，推想他们实际上是同一种语言”。1764 年，英公司董事部秘书詹姆斯（Secretary Robert James）转寄广州管理会一封重要信函，该函件是皇家学会会员兼秘书查尔斯·莫顿博士（Dr. Charles Morton）寄来的，詹姆斯通知说：“我国有几位大学问家，认为中国文字与埃及文字有共同之处，或甚至是同一的文字，在这项研究工作上，希望得到有关方面的帮助。”莫顿博士在信上请求“设法搜集一两本详细注释的中国语言文字的辞典，和其他一些权

---

① 姜伯勤：《饶学十论》，第 74—75 页。J. De Guignes 又作 Joseph De Guignes，汉名德金，法国汉学家。

② 姜伯勤：《饶学十论》，第 76 页。

威的中国著作……最希望能搜集下列性质的著作，人文及自然的历史、法律学、地理学及宗教上的基本原理”。1802 年，英公司董事部又致函广州特选委员会，送来一套从古巴比伦遗址发掘的楔形文字的铭刻古物，请求转送在北京供职的法国天主教传教士南弥德（Pére L'Amiot）及其同寅，“设法解释此种文字或符号的意义”。马士对此事的评论谓：“这时的英伦对于中国事物普遍无知，不仅在未受教育者中如此，即使在学者中也一样。皇家亚洲学者直到 1823 年才获准注册。从古巴比伦遗址发现的一些碑铭，使国内的学者迷惑。”① 当年的某些英国汉学家，与法国同行一样持先入之见，便是中国文字起源于古埃及和巴比伦。好在其中的有识之士，能够不断搜集学习中国古代文化典籍，来破解心中的迷惑，求得学术的进步。

笔者以为，这种现象，似可从佛教传入中国初期格义方法之兴废得到解释。陈寅恪先生《支愍度学说考》一文，揭示了当年援儒入释，援老庄入释，以本土义格外来义的文化现象。② 汤用彤先生《汉魏两晋南北朝佛教史》第九章《释道安时代之般若学》有《竺法雅之格义》一节，略谓：“大凡世界各民族之思想，各自辟途径。名辞多独有含义，往往为他族人民所不易了解。而此族文化输入彼邦，最初均牴牾不相入。及交通稍久，了解渐深。于是恍然于二族思想固有相同之处，因乃以本国之义理，拟配外来思想。此晋初所以有格义方法之兴起也。迨文化灌输既甚久，了悟更深，于是审知外族思想自有其源流曲折，遂了然其毕竟有异，此自道安、罗什以后格义之所由废弃也。”③

“中国文化西来说”盛行于域外中国学界对中华传统文化尚未有深入系统的研究之时，对中国古代文化的认识片面肤浅，自不待言，故只能用类比、附会一类有同于格义之法，发挥其一孔之陋见。巴多明为自康熙年间即供职北京宫廷的耶稣会士，马伯乐为法国东方学尤其是中国学的巨子，其学养足以破中国文化起源于巴比伦之陋见。而在这一方面最有发言权的应当是扎根于中国本土文化而又具有世界性学术视野的中国学者，饶先生正是代表中国学者行使发言权。

饶先生的《符号、初文与字母——汉字树》一书，1998 年在香港出版不久，姜先生就将其中大意惠告笔者。近日捧读《饶学十论》，第六论《新世纪著作的先声》即论述“汉字树”。该篇引用饶先生 1962 年在巴黎用法文发表的《汉字与诗学》的前瞻

---

① H. B. Morse, *The Chronicles of the East India Company Trading to China* 1635 – 1834, Oxford 1926, vol. 1, p. 300; vol. 2, p. 398; Oxford 1929, vol. 5, p. 117; 中译本新版马士著:《东印度公司对华贸易编年史，1635—1834 年》，区宗华译，林树惠校，章文钦校注，广州：广东人民出版社，2016 年。

② 陈寅恪:《金明馆丛稿初编》，上海：上海古籍出版社，1980 年，第 120、141、143 页。

③ 刘梦溪主编:《中国现代学术经典·汤用彤卷》，石家庄：河北教育出版社，1996 年，第 174—175 页。

性发想："语言学在西方，目前几乎居于其他学术的领导地位，汉语与文字由于是处于游离状态之下，语言的重要性反不如文字。中国靠文字来统一，尽管方言繁多，而文字却是共同而一致的。这显示中国文化是以文字为领导，中国是以'文字→文学'为文化主力的，和西方之以'语言 = 文字→文学'情形很不一样。这说明纯用语言学方法来处理分析中国文学，恐有扞格之处；尤其是诗学，困难更多。至若轻易借用西方理论来衡量汉诗，有时不免有削足就履的毛病了。"①

而姜先生论曰："'汉字树'是进入新世纪的人类文化中一棵常青的大树，而'汉字树'在学理上的创说，也凝结着巨大的智慧，富有前瞻性。""笔者要再一次引用《汉字树》的警句：'造成中华文化的核心是汉字，而且成为中国精神文明的旗帜。没有汉字就没有文学和艺术，尤其是书法艺术!'如前已述《汉字树》首先出版了日译本，可以视为另一个良有深意的隐喻。""从'汉字树'观察，我们看到了中国书法和日本书道的艺术精神，这种跨越了具象艺术与抽象艺术的人间奇迹，这种涵盖了民族文化精神和千差万别的个人风格的艺术品，这种影响到我们审美判断力的精灵，将作为伟大的人类文明而永存。我们仰望着'得大自在'的《汉字树》一书，正是在这里，显示了'饶宗颐二十一世纪文集'的先声。"②

自十六、十七世纪之交利玛窦编《葡华字典》，金尼阁作《西儒耳目资》，用罗马字母为汉字注音，至十九世纪末威妥玛加以改进，出现汉字拼音，二十世纪五十年代出现新的汉字拼音，于是学界中有人断言：中国语言要走汉字拼音化即罗马化的路数，汉字最终将为汉语拼音文字所代替。饶先生的《汉字树》，树立了一株支撑中国文化的特立独支的大树，使上述漠视中国文化精神的隔膜之论无所遁形。

更有论者，四十多年前，笔者在韶关制药厂当工人，一位来自潮州的工友告以潮州自古有三年一度选"潮州才子"的风俗，入选者必须具备十般文武艺：诗、词、歌、赋、文，琴、棋、书、画、拳。笔者以为，饶先生就是一位空前，恐怕也是"绝后"的"潮州才子"，这十般文武艺他都精通。而且这十颗中国文化的果实，全都结在"汉字树"上。由于生长在同一本根，相互之间呈现共存共荣的和谐局面。如诗画相通：画为无声之诗，诗为有声之画。如书画相通：工书者必善画，以古篆籀入画。又如吴渔山所谓"画之取意，犹琴之取音"，为以琴喻画；"画不以宋元为基，如弈棋无子"，为以棋喻画。③

---

① 饶宗颐：《饶宗颐史学论著选》，上海：上海古籍出版社，1993 年，第 320 页。

② 姜伯勤：《饶学十论》，第 97、99—100 页。

③ （清）吴渔山：《墨井画跋》。

力辟“中国文化西来说”，揭起中国精神文明旗帜的“汉字树”，在这一破一立之中，体现了饶先生探索中华民族文化精神的重要创获。

四、结语

在姜伯勤先生的卧室，悬挂着饶宗颐先生书赠的一副对联：“万古不磨意；中流自在心。”他的绝大多数藏书和字画都已转移到广州图书馆的专藏室，只有这副对联同他朝夕相伴。

对于这副对联，姜先生作如下诠释：“‘万古不磨意’，即追寻一种超越时空、历久弥新的境界。季羡林先生盛赞选堂先生不断创造‘新颖’。季先生指出：饶先生治学方面之广，应用材料之博，提出问题之新颖，论证方法之细微，这些都是我们应当从他的学术著作中学习的。季先生的结语写道，要‘放眼世界’，‘创新、创新、再创新’。”①

“故此‘中流自在心’，也可以说是‘本土心智’的大发扬。朱子有云，‘屹立若中流之砥柱’。则‘中流’犹言在水流中央，在大潮之中，在主流之中。而‘通达无碍’谓之‘自在’，亦可理解为一种超越性智慧，则‘中流自在心’，亦即立足于学术主流，与时俱进地追寻中国学术赖以生发的本土心智，追寻博大而超越性的大智慧。”②

姜先生的诠释精当而周密，笔者只有赞赏。略有一点补充的是，朱子诗《观书有感二首》之二云：“昨夜江边春水生，蒙冲巨舰一毛轻。向来枉费推移力，此日中流自在行。”揭示读书达到一种豁然开朗，“得大自在”的境界。著书与读书密不可分，饶先生对联下句，当从朱子此诗化出而移用于治学。故这副对联可追寻到从饶先生到姜先生两代中华学人对发扬本土心智，臻于立言不朽之境的执着追求。

陈永正学长在2006年曾与姜先生及笔者参加饶先生九十华诞的盛会，可惜今次也未能赴会。永正兄近年有言：“如今人越来越长寿，为老先生祝寿，应当说：‘健康长寿，百岁以上！’”已逝的饶先生在百岁以上的岁月中，继续嘉惠学林，沾溉后学；以大智慧和大自在，继续揭示着中华民族的文化精神。作为后学，我辈还当继续努力。笔者也在此借花献佛，祝愿姜先生在经过一些时间的休养之后，得以康复，继续在精神生产的事业中奋然前行。

（2015年12月1日至3日凌晨草于澳门大潭山下旅舍，2016年5月12日定稿于广州河南康乐园）

---

① 季羡林：《饶宗颐史学论著选·序》；姜伯勤：《饶学十论》，第104页。

② 姜伯勤：《饶学十论》，第105页。

姜伯勤先生对我的帮助和指导

刘进宝（浙江大学历史学系）

姜伯勤先生是著名的历史学家，尤其在敦煌学研究方面成就卓著，是他们那代学者中从史学方面研究敦煌学最杰出的学者。

我知道姜伯勤先生的大名是在读大学三年级时，1982年6月，《敦煌研究》试刊号由甘肃人民出版社出版，其中就有姜伯勤先生的大作《论敦煌寺院的“常住百姓”》，虽然读了几遍，对内容也不是很懂，但姜先生的大名却印入了我的脑海之中。

和姜先生的第一次见面，是1983年8月在兰州举行的中国敦煌吐鲁番学会成立大会和1983年全国敦煌学术讨论会上。当年我大学刚毕业留在西北师范学院（今西北师范大学）敦煌学研究所，而西北师范学院是大会主办单位之一，我作为主办单位的工作人员参加了会议的接待服务工作，姜先生则是作为专家学者参加会议。在当年参加会议的专家学者中，姜先生是45岁的副教授，还是属于年轻的专家，但已经是非常“有名”了。他不仅提交了《敦煌的“画行”与“画院”》的学术论文，尤其是在15日的大会开幕式上被选举为大会主席团成员。主席团成员共19人：

于忠正：甘肃省教育厅副厅长

王朝闻：中国艺术研究院副院长、研究员

马济川：国家文物局副局长

宁　可：北京师范学院历史系副主任、教授

伏耀祖：甘肃省社会科学院院长

任继愈：中国社会科学院宗教研究所所长、研究员

沙比提：新疆维吾尔自治区文化厅文物处处长兼博物馆副馆长

陆润林：兰州大学副校长、教授

杨敏政：西北师范学院副院长

季羡林：北京大学副校长、教授

段文杰：敦煌文物研究所所长、研究员

赵友贤：甘肃省文化厅副厅长

姜伯勤：中山大学副教授
饶宗颐：香港中文大学教授
流　萤：中共甘肃省委宣传部副部长
唐长孺：武汉大学历史系主任、教授
常书鸿：文化部文化艺术委员会委员、研究员
章学新：教育部高教一司处长
黄文焕：西藏社会科学院宗教研究所所长

主席团成员由主管、主办单位的领导和专家学者代表组成，这里面姜伯勤先生的年龄最小（45 岁），职称最低（副教授），也是唯一没有任何行政职务的学者。

我在会上做接待服务工作，但由于没有见过世面，非常胆小，根本不敢与这些著名专家学者交流。虽然在分组讨论时我与姜先生在同一个组（遗书组），但可能与姜先生没有单独说过话。

虽然在以后的 1985 年新疆、1988 年北京敦煌吐鲁番学术研讨会上，都与姜先生见面，但基本上没有单独交流。与姜先生比较密切的接触是在 1993 年，当年，我们赴香港参加第 34 届亚洲北非人文科学大会，敦煌组的召集人是香港中文大学的饶宗颐教授，国内敦煌学界的代表是在广州集中，然后坐火车赴香港。那次会议中国大陆高校的代表不多，只有姜伯勤、项楚、陈国灿、张涌泉、荣新江和我等不多的几位。在广州就住在中山大学校内，具体就是由姜先生安排接待的。

这时候姜先生的地位已经非常高了，1990 年被国务院学位委员会批准为中国古代史专业的博士生导师，随后又成为国务院学位委员会第三届学科评议组成员。

在香港到广州的火车上，我与姜先生坐在一起聊天，无意中姜先生谈到了考博士之事。姜先生说：你如果要报考我的博士，外语要争取过关。我前面已经招收了一名外语不过关的考生，我是专门找学校领导谈的，也提出了具体的理由，学校领导给我面子同意了。我再不好意思第二次为外语成绩找学校，就算我找了，学校也不一定再次给我这个面子。

虽然由于各种原因我没有报考姜先生的博士，但姜先生对我的厚爱，我是铭记在心的。

1998 年，我考取了武汉大学朱雷先生的博士研究生。由于姜先生曾随唐长孺先生整理吐鲁番文书，与朱雷老师有着非常好的友谊和私交，对我也自然有了亲近感。1999 年，姜先生赴兰州公干时，住在西北师范大学专家楼，当我与姜先生聊天时，姜先生知道我正在帮朱雷老师整理编辑和出版《敦煌吐鲁番文书论丛》时说：你无私地帮老师做这些很实在的事，老师怎能不将他的真本事教给你呢！后来我的博士论文

《归义军赋役制度研究》请姜先生评议，姜先生提出了很好的建议和意见。在我以后从事归义军经济史研究时，姜先生当面或电话中多次提醒我：刘进宝，你一定要将归义军史放在全国和世界的视野中，绝对不能做成甘肃地方史或河西地方史，那样的话就是死路一条。姜先生的教诲我一直铭记，在研究归义军经济史时，一直注意将其置于唐宋之际经济的传承与演变中。当我的《唐宋之际归义军经济史研究》出版后，姜先生仍然十分关心我的后续研究，认为我应该开辟一个新的方向。这个新方向，既要与我的能力相匹配，就是说我要有能力完成，又尽量与工作环境和条件相结合，他曾在电话中说让我好好谋划一下，他也帮我考虑考虑。后来我们在敦煌见面时姜先生又主动谈到了这一话题，最后他说：唐长孺先生写过《南北朝期间西域与南朝的陆道交通》。你现在在南京，又是甘肃人，对西北比较熟悉，有条件也有能力做西域、敦煌与南朝的关系。虽然由于我学术兴趣的转移，后来将精力放在了敦煌学学术史方面，但对姜先生的关怀是无法忘怀的。

经过几年的思考，2007 年年初，我有了在敦煌学百年之际（2009 年），对敦煌学学术史进行总结与探讨的设想，就想先从自己熟悉的历史学方面组织一组学术笔谈，而姜先生是历史学界研究敦煌学的代表人物，自然不能没有姜先生。当我在电话中向姜先生详细汇报了自己的设想后，姜先生表示支持，从而有了我组织的第一组敦煌学学术史笔谈：池田温、姜伯勤、樊锦诗、郝春文、荣新江、刘进宝 6 位的稿件。正是因为有了这组文章，使我想更加全面地回顾和总结敦煌学研究的状况，就开始向国内外著名敦煌学家约稿，于 2009 年在敦煌学百年之际，编辑出版了《百年敦煌学：历史、现状、趋势》（甘肃人民出版社）。

姜伯勤先生的学术著作主要有《唐五代敦煌寺户制度》《中国祆教艺术史研究》《敦煌艺术宗教和礼乐文明》《敦煌吐鲁番文书与丝绸之路》《敦煌社会文书导论》《石濂大汕与澳门禅史——清初岭南禅学史研究初编》《饶学十论》等。

姜先生的著作我都有，也基本上读了，当然，因我没有明清史和禅史的基础，像《石濂大汕与澳门禅史》这样的著作我是根本读不懂的。在姜先生的著作中，对我影响最深，或我认为最好的一本是《唐五代敦煌寺户制度》。有次与姜先生通电话时，我们聊到了这一话题，姜先生曾问道：“你认为我的那部著作最好?”我毫不犹豫地说是《唐五代敦煌寺户制度》，姜先生否定了，他自己觉得最好的是《石濂大汕与澳门禅史》。我回答说：可能是我不懂禅宗，也不熟悉明清史的缘故，可能看不懂《石濂大汕与澳门禅史》，所以认为《唐五代敦煌寺户制度》最好。

我早年在《敦煌研究》试刊号读到姜伯勤先生的论文《论敦煌寺院的“常住百姓”》，就是《唐五代敦煌寺户制度》中的一节。而姜先生在 1983 年的中国敦煌吐鲁番学会成立大会和 1983 年全国敦煌学术讨论会上当选为主席团成员，可能正与他的敦煌寺户研究有关。《唐五代敦煌寺户制度》的初稿写于 1972 到 1977 年，1978 到 1980 年又进行了重写，1981 到 1982 年又进行了重订，一本书整整写了 10 年。姜先生在 2011 年中国人民大学出版社的增订本“重印后记”中说：“本书撰写正式开始于 1972 年，其时我刚从五七干校回到中山大学历史系。1977 年年底在国家文物局吐鲁番文书组忝陪末座，得到唐长孺先生指导，并承马雍先生、朱雷先生、王尧先生、黄振华先生多有指教。1980 年在整理组资助下，得以去敦煌请益，并得到段文杰、史苇湘诸先生教导。在敦煌，有幸读到宿白先生《敦煌七讲》，深受教益。”

当 1983 年召开学会成立大会和学术讨论会时，《唐五代敦煌寺户制度》已交中华书局等待出版。而当时全国正在流行“敦煌在中国，敦煌学在日本”的传说，而姜先生关于敦煌寺户的研究，代表了国际学术前沿，被认为是改变此前“敦煌在中国，敦煌学在日本”状况的代表性论著。在季羡林所作的大会筹备工作报告中谈到我国敦煌吐鲁番学研究的状况时说：“姜伯勤先生的《敦煌寺院经济》等专著也即将出版。”《唐五代敦煌寺户制度》于 1987 年由中华书局纳入《中华历史丛书》出版，2011 年又被收入《当代中国人文大系》，由中国人民大学出版社出版了增订本。

2009 年 8 月 13 日，我与姜先生通电话时，姜先生正在看中国人民大学出版社新版的《唐五代敦煌寺户制度》校样。就对我说：你原来说我的著作中《唐五代敦煌寺户制度》最好，我当时不同意。现在我又一次看校样读这本书时，感觉你的看法是对的，我有 6 本书，最好的是《唐五代敦煌寺户制度》和《石濂大汕与澳门禅史》。

姜先生曾在电话中对我说：他虽然身体很差，但还在一直努力工作，要写两本书，一本是《石濂大汕》二编，另一本是研究陈寅恪的，书名是《陈寅恪的独立精神与自由思想——陈寅恪先生治学路径与俗谛学》，题目中的文字都是陈寅恪在王观堂挽词上的。关于陈寅恪先生，虽然姜先生已经发表了《陈寅恪先生与敦煌学》《〈柳如是别传〉与读书方法》《论陈寅恪先生“新方法”“新材料”之史学“试验”——陈寅恪先生〈书信集·致刘铭恕〉解析》《试论陈寅恪先生〈李义山无题诗试释〉评语与学术理性精神》《杜国庠先生与陈寅恪先生——兼释陈寅恪先生诗“西天不住住南天”句》等学术论文，但由于近年来姜先生的身体原因，他所说《陈寅恪的独立精神与自由思想——陈寅恪先生治学路径与俗谛学》一书一直没有着手进行。2015 年底，为编辑朱雷先生八秩荣诞祝寿集，我与孙继民、程存洁师兄到姜先生府上请教。姜先生对我们编辑朱老师的祝寿文集很高兴，不仅给我们签名赠送了《饶学十论》，而且还提供了一篇新作贡献文集，这就是收在《敦煌吐鲁番文书与中古史研究——朱雷先生八秩荣诞祝寿集》首篇的《唐开元间吐鲁番文书所见的“作人”——与麹氏高昌时期与部曲相似的“作人”的比较》，因为朱先生发表过非常有影响的《论麹氏高昌时期的“作人”》一文，姜先生的大作就是对朱老师论文的深化和补充。

不论是读姜伯勤先生的论著，还是与姜先生谈话聊天，都是一种精神上的享受。我真心盼望姜先生身体健康！希望正在编辑的《姜伯勤文集》尽快出版，以嘉惠学林。

理性与情怀

——跋姜伯勤先生手订著述存目二篇

向　群（中山大学历史学系）

姜伯勤教授幼承父训，弱冠之时即已负笈中山大学历史学系，从学于陈寅恪、岑仲勉、刘节、梁方仲等前辈史家，由此开启了其历经艰辛而又多姿多彩的半个多世纪的学术人生。据姜师手订之个人学术著述编年所记，自1957年于中山大学校报发表其第一篇学术论文《论张衡的反图谶思想》，其后近半个世纪筚路蓝缕，历经艰辛而初心不改，在隋唐史、敦煌学、宗教史、艺术史等诸多领域建树卓越，成为中外学界一致推重的史学名家。上海古籍出版社因此有意出版汇聚其全部学术成果的巨著《姜伯勤文集》，我们亦有幸躬逢其盛，参与了这部文集的有关整理与编纂工作。在搜集整理姜师论著文稿的过程中，留意到姜师所拟书稿存目二份，虽最终未能成书，但从中亦窥见作者学术生涯晚期的心路历程与远大情怀。值此姜师八秩华诞之际，笔者不揣冒昧将之录出（见文末附录）以飨同好，并试为解读，以昭作者“烈士暮年，壮心不已”之心迹。

第一份存目题为《鸣沙山房丛稿——敦煌吐鲁番文书研究》，这是作者继二十世纪九十年代末期闪耀学界的厚重之作——《敦煌艺术宗教与礼乐文明》之后，在进入新世纪之初于敦煌吐鲁番学领域所酝酿形成的又一新的学术构想与研究计划。与前作侧重于思想文化艺术等精神史意义和范畴的探讨不同，从该存目的篇章结构及内容来看，这一研究计划转向了经济社会史领域，这令我们不由得回想起姜师于二十世纪八十年代中期发表的第一部同样在当时引起了学界关注和重视的名著《唐五代敦煌寺户制度研究》。一两年后，姜师又草拟了第二份新的专著篇目，即《敦煌吐鲁番文书与中古社会转型》，全书基本结构拟分为上、下两篇，上篇全文收录其二十世纪九十年代初所著《敦煌社会文书导论》，下篇题为“新见文书文献与两晋唐宋社会史变迁”，则是在整合辑录作者历年来所发表的有关经济社会史研究的专题论文的基础上，编之以未刊存稿及拟研究撰写的若干新作结构而成。

此二份著作拟目，由于作者的健康原因而未能最终成书，但在一定程度上足以反映姜师在其学术生涯的晚期所思所想所做的工作与研究旨趣，及其永不止步的学术抱负。仔细比较两份存目，不难发现其中的异同：二者的篇目内容多有交叉互见，同文异目的现象不在少数，然而其“问题意识”和学术视角却又有各自不同的定位。但在作者眼中，这些同文或同题异目所涉及的课题，显然具有多重学术视角与背景的前沿价值与意义。何以如此？

两份存目均以敦煌吐鲁番文书的深入研究为学术根基，前者着眼于丝路交通与贸易的格局对于相关地域空间经济社会和文化的影响，后者则是以敦煌吐鲁番为视角探讨唐宋社会转型变迁中的若干重要的历史脉络及其走向。也就是说，前者旨在进一步发现敦煌的“存在感”，而后者则更侧重阐发敦煌的“代表性”或“标本”意义。然而尽管背景与视角有异，但却也具备一个共同的出发点，即对敦煌中古时代经济社会变迁的认识与观察，这或许是二者内容篇目多有重复互见的学理因缘。

二十世纪二十年代，一代史学大师陈寅恪先生于《敦煌劫余录序》中首倡“敦煌学”一说后，近百年来敦煌学逐渐发展成一门国际学术前沿的显学。姜师于二十世纪五十年代末的大学本科期间曾受业于陈先生的课程，1963 年遂以向达先生亲临中山大学举办有关敦煌学讲座为契机，立志于敦煌学研究，备尝艰辛，“衣带渐宽终不悔”。1978 年至 1980 年期间又曾进入唐长孺先生主持的国家文物局“吐鲁番文书整理组”，磨砺有年；1984—1985 年，姜先生获得赴国外访问研究一年的机会，但也面临着美国和日本两个目的地，不同的研究领域和方向的选择，他毫无动摇地选择了去日本，继续其对敦煌学的执念！这是姜师漫长学术旅程中的又一次重大选择，以其早年的学术重心及一贯敏锐的学术前沿意识而言，这无疑是一个具有远见和理性态度的决定。姜师日后于敦煌学领域的卓越成就及学术盛誉亦由此而拉开了帷幕。而从另一个角度看，近百年来的中国敦煌学史就是一部近代以来的中国学人历经艰辛、不断努力以追赶和缩小与国际学术前沿差距的沉重篇章，姜先生早年立志，即或身处动荡岁月亦从未放弃对心中这份学术理想的追求和坚守，故而这一选择又何尝不是一种学术信念与理想情怀的体现！姜师从敦煌学与中古史领域出发，其学术格局日渐宏大，其治学范围广涉政治史、宗教史、社会文化史、艺术史及中西交通史等诸多领域，时空跨度由中古至明清，硕果累累，誉满学林。而本文所介绍的上述两份著述存目则显示：姜先生在其学术生涯的晚期，正计划回归其学术生涯的始发港——敦煌学的相关领域，这是否可以视为其学术理性与人文情怀的又一次并非偶然的邂逅呢？

细品两份存目，可以从中感受到作者在近半个世纪的“学术苦旅”中所凝炼践行的具有鲜明个性的治学风格和特点。

1. 立意高远的宏观视野

姜先生时常提及重温唐长孺先生的重要教示：研究敦煌吐鲁番文书是为了解决中古史领域的重大问题。回顾其学术生涯几乎所有具有代表性的论著及成果，均随处可见这种志存高远的学术理念与情怀。在姜先生的学术天地里，文书学精细而缜密的严谨工作从来都只是一种工具和方法，它只是研究者追寻并到达价值理性彼岸的桥梁。所以我们能够看到：《唐五代敦煌寺户制度》的终极关怀在于中古社会变迁中身份体制的变化；《敦煌艺术宗教与礼乐文明》则致力于以敦煌的视角重构中古时代华夏民族的精神世界；《敦煌吐鲁番文书与丝绸之路》所涉及的学术背景则转换为中古中国与外部世界的联系及物质文明的交流；同样的宏观视野亦无例外地体现于两份存目中，《鸣沙山房丛稿》旨在通过敦煌的视角进一步探讨丝路交通上的贸易体制与特定地域社会发展的关系，而《敦煌吐鲁番文书与中古社会转型》则通过敦煌的标本意义力图揭示和梳理中古社会变迁的脉络与轨迹。二者与姜先生此前的学术理念实则一脉相承。

2. 厚积薄发的理论观照

学术研究的深度和广度很大程度上与研究者自身的理论素养及其运用能力密切相关。姜先生深知史学研究能否实现透过现象看本质的旨趣，往往取决于研究者的理论视野与思想高度，他在评价唐长孺先生的学术成就与治学理念时，以“历史和逻辑的高度统一”① 这一精辟论断概括其学术特色及其有关中国中世社会封建化进程中的理论建树，事实上，在姜先生自己的相关研究和学术贡献中亦同样体现出与此类似的学术价值取向。在其关于敦煌寺户制度的研究中，“封建化”的理论基因同样贯穿始终；而《敦煌社会文书导论》一书，如作者在引言中所云：“东西方中世纪社会史有许多共同的课题，如研究身份体制，研究从属纽带的形成，研究中世纪的各种社会团体，从僧团、同族组织到同业行会，等等。”② 则显示出比较史学与全球史视野下的学术格局与气象，亦体现出作者曾致力于亚欧封建社会比较研究的学术经历所形成的深厚积累和理论造诣。两份存目的理论架构亦由此而水到渠成。

3. “小中见大”的研究范式

两份存目除《敦煌吐鲁番文书与中古社会转型》的上篇以直接收录《敦煌社会文书导论》的形式构成，其余篇目均以专题研究的论文结构而成。而所有这些专题研究的一个共同特点即是将具体问题的研究置于相关领域的全局性背景或全景式格局中加以考察，并力求以局部问题研究的深度带动和推进对相关领域重大问题的认识和进展。如《从判文看唐代市籍制度的终结》一文，通过“以文证史”的方式，以长时段的历史眼光考察了在中古社会变迁中唐宋城市转型的背景下，针对工商阶层带有歧视性、身份性色彩的城市居民管理体制——市籍制度没落和瓦解的进步意义。又如《〈氾达德

---

① 姜伯勤：《寻求历史与逻辑的统一：试论唐长孺先生的史学风格》，《魏晋南北朝隋唐史资料》第二十一辑，2004 年。

② 姜伯勤：《敦煌社会文书导论》，台北：新文丰出版公司，1992 年，第 1 页。

告身〉与门阀衰落中勋官的崛起》，从敦煌所出唐代告身文书的考订与解决出发，其视角深入中古社会变迁中庶民阶级兴起的宏大背景，见解独到，令人叹为观止。这种“小中见大”的研究范式充分显示出作者特有的具有超越性的学术洞察力，其睿智的思想魅力及充满情怀的学术境界又怎能不令人神往！

4. 脚踏实地、志存高远的工匠精神

综观两份存目的篇目内容，从其中已完成的部分的专题论文来看，就时间跨度而言，较早期的论文如《敦煌文书所见唐代的“行客”》等发表于二十世纪七十年代末，最晚的如《论敦煌“守庄农作型外庄”与“合种”制经营》等发表于2006年，不难发现其间相隔近三十年，若是从作者对相关领域问题的关注及材料搜集整理时算起或已逾四十年！这份对学术理想矢志不渝的执着精神与脚踏实地，一步一个脚印，积小胜为大胜的理性态度的完美结合才能最终孕育出藏之名山的学术经典。即如姜先生的代表作之一《中国祆教美术史研究》，据其回忆研究的起点始于二十世纪六十年代初对苏联有关中亚地区粟特壁画的俄文考古发掘报告的关注，八九十年代陆续发表粟特入华美术的学术论文，经过漫长的岁月及阶段性研究成果的积累，至结集成书时已届四十年！而两份存目同样经历了漫长岁月的磨砺，其丰厚的学术积累本已应到瓜熟蒂落、果实飘香的收获季节。

两份存目均来自作者在敦煌学领域的多年研究积累，这也是作者学术生涯所涉诸多领域中用功最勤、成果最为丰硕的领地，在某种意义上，亦可以视为作者一生学术视野的总结性著作。然而如果我们回顾姜先生于敦煌学领域的学术功业，似乎可以读出一条有鲜明历史语境及时代印记的脉络。姜先生的学生时代，正是战后唯物史观在学术界的影响风起云涌的时代，国外如日本的京都学派即是这一背景下的产物，法国学者谢和耐于二十世纪五十年代所发表的《中国五至十世纪的寺院经济》亦绝非偶然，这一汉学史上的经典名著对中国学界影响深远。而国内特定的政治环境中的学术主流亦导向于社会经济史领域。存在决定意识，姜师学术生涯早期侧重佛教寺院经济的研究与上述历史语境应有内在关联，《唐五代敦煌寺户制度研究》亦缘此而来。八十年代的“文化热”，随着年鉴学派及一系列“新史学”理论的输入，中国史学研究的空间领域得以极大地拓展，在这一背景下，姜先生的敦煌学研究亦因此进入了一个新的学术格局，从社会经济领域扩展至社会史、宗教史、艺术史等新史学领域，由文书学兼及图像学，我们也因此而目睹了《敦煌社会文书导论》《敦煌艺术宗教与礼乐文明》等重要成果的问世。由此来看两份存目与当下学术语境所为人关注的经济社会史、唐宋变革论①等前沿热点是否也存在着某种内在联系？综上所述，姜先生在其学术经历中

① 参见李华瑞编：《“唐宋变革论”的由来与发展》，天津：天津古籍出版社，2010年。

对学术前沿的高度关注与敏锐回应，无不令其在相关领域研究的可持续性得以增强并体现出“历久而弥新”的魅力。另一方面姜先生于敦煌学研究领域于不同时代的几次“转型”，亦在某种层面上折射出中国现当代学术发展轨迹的嬗变。

姜师拟此二份存目时，已年逾古稀，能否如愿以偿难以预知，存目的文本结构与形式或许可视为一生学术追求理性思考的结果，然而理性的背后却深藏着一份“明知其不可为而为之”的不老情怀！

附录：

一、鸣沙山房丛稿（存目）

鸣沙山房丛稿
——敦煌吐鲁番文书研究

林磊序
（代前言）敦煌寻梦
出版说明

第一辑　丝路都会敦煌吐鲁番

丝绸之路与香药之路（附通往大夏之路）
丝路民族：粟特（旁及厌哒、吐火罗）
萨宝府制度源流论略——汉文粟特人墓志考释（《华学》第3期）
　　一　引论
　　二　“萨宝”原是粟特昭武九姓本土贵族政治中的职官
　　三　入华萨宝制度的发展与萨宝府制度的法典化
　　四　“萨宝府”开府制度的几个来源
敦煌文书所见胡锦、番锦与毛锦（稿本）
　　一　胡锦
　　二　番锦
　　三　毛锦
　　四　后论
吐鲁番考古新发现的“金钱”与“银钱”（稿本）
　　一　金钱与金钱仿制品
　　二　波斯系银币
　　三　金钱之路与银钱之路——关于与拜占廷及两河流域的交通
北周粟特人史君石堂图像考察（艺术史研究第7辑）

城人、城主与市人
城人、城局、城主考——吐鲁番文书研究（稿本）
　　一　关于城人
　　二　城局的职能
　　三　论城主

唐代城市史与礼与令（《唐研究》第十卷，2004 年）

一　引言

二　唐代城市史与唐礼

三　唐代城市史与唐令

四　后论：作为礼乐文明象征的唐代城市与“市法”对初级市场发育的制约

唐敦煌城市的礼仪空间与变礼（《文史》2001 年）

一　导言

二　沙州城市结构与礼仪

三　沙州敦煌县祭社稷

四　沙州祈诸神与敦煌县祈诸神

五　先蚕祭祀与马祖祭祀：对动物生命的礼敬

六　毬场：身份制下的公共礼乐空间

从判文看唐代市籍制的终结（《历史研究》1990 年第 3 期）

一　市籍登录与“市人”

二　市籍与名田

三　市籍与远役

四　市籍与贡举

五　市籍与服色

六　市制的终结与市籍制的终结

市籍制度的衰落和城乡连续体

流动人口与驿路

敦煌文书中的唐五代行人（《中国史研究》1979 年第 2 期）

一　问题的提出

二　关于“行人部落”

三　《行人转贴》中的“行人”

四　结语

新疆、敦煌文书所记的唐代“行客”（《出土文献研究续集》，北京，1990 年）

一　研究史述略

二　“行客”与“百姓”对举

三　论“诸色行客”

四　“行客”“游客”与“羁客”

五　“行客”中的远行商客

六　“括行客”的意义

七　“行客”的税钱与上役

八 后论——“行客”性质的多样性

唐敦煌写本所见沙州玉关驿户起义（《中华文史论丛》1981 年 1 期）

一 年代考

二 关于“驿户”

三 驿户起义与沙州节儿

四 起义对河西局势的影响

法藏 P. 4648 号巡行记研究

第二辑 绿洲农业与外庄田园——新出吐鲁番文书中的绿洲农业

高昌墓主图像中的田园经营——兼与敦煌“河西大族”“园田家客”经济比较（稿本）

论敦煌“守庄农作”型外庄与“合种”制经营（《敦煌研究》2006 年第 6 期）

《牛定相辞》与初唐地子（《考古》1978 年第 3 期）

一 “辞”：庶人上行文书

二 关于地子：“配地出子”与“据地税子”

三 关于“老退田”与“口分部（田）”

上海藏本敦煌所出河西支度营田使文书研究（《敦煌吐鲁番文献研究论集》第 2 集，北京大学出版社）

一 河西支度营田使

二 关于“营田户”

三 关于“营田傔募”制度

突地考（《敦煌学辑刊》1984 年第 1 期）

一 “突”与“突地”

二 “突田”与“突税”

三 “突课”的意义

唐代吐鲁番地区租佃关系的发展（稿本）

一 佃人与佃户

二 从典贴看佃农队伍的扩大

三 官田的抑配性租佃

四 佃农租佃的两种地租类型

五 从租佃关系的发展看土地所有制的演变

敦煌新发现文书所见唐开元之间岭南土地制度（稿本）

一 前言

二 因官置庄及抑买百姓田园

三　子弟“逋薮”夷僚户——逋逃的归首与编附

四　岭南给田问题

五　岭南按察使与经略使

六　后论

论武周高昌勘田簿

新获吐鲁番文书研究

第三辑　门阀制度衰落下的社会变动

高昌世族门阀及其衰落——吐鲁番出土高昌鞠氏王朝考古资料的综合研究（《中国社会历史评论》第4辑，南开大学，商务印书馆，北京，2002年）

一“官人、首望”——高昌的世族门阀

二　高昌世族门阀等级制与经学世家

三　高昌世族大土地所有制——世族地主与“手力”依附人口的对立

四　高昌世族与寺院地产

五　高昌世族的几种经济特权

六　高昌世族门阀的衰落

敦煌科举制的社会功能——兼论与门阀制衰落的关连［《中山大学学报》（哲学社会科学版）2001年第3期］

一　敦煌写本中的社会史料及其分类

二　敦煌科学文书

2.1 科举制度文书

2.2 科举制风俗文献

2.3 科举教育文书

2.4 进士文学或科举文学文书

三　后论

《汜达德告身》与门阀衰落中勋官的崛起

一　关于授勋告身与勋官制度

二　从告身看唐维护统一的战争

三　门阀衰落下勋官的崛起

第四辑　敦煌佛教道教景教祆教论萃

高昌佛教与北凉佛祠制度——吐鲁番文书中的北凉佛祠

普寂与北宗禅风的西旋敦煌

敦煌本宋文明道教佚书研究

敦煌本《本际经》与中国智慧

敦煌本《升玄内教经》释论

敦煌本南朝道论残卷中的“四非空观”——P. 2390 号文书考释

跋灵宝系道经杂问残卷（P. 3180）

《玄都律》年代及所见道官制度

敦煌本《坛经》所见慧能在新州的说法——兼论《历代法宝记》（CS. 516）

惠能自性说论略

玄都律年代及所见道官制度

跋《驱傩安城火祆咒文》（P. 2569）

二、敦煌吐鲁番文书与中古社会转型（存目）

上篇　《敦煌社会文书导论》，台北：新文丰出版公司，1992 年。

下篇　新见文书文献与两晋唐宋社会史变迁

第一章　门阀制度衰落下的社会变动

高昌世族门阀及其衰落——吐鲁番出土高昌鞠氏王朝考古资料的综合研究（《中国社会历史评论》第 4 辑，北京：商务印书馆，2002 年）

一　“官人、首望”——高昌的世族门阀

二　高昌世族门阀等级制与经学世家

三　高昌世族大土地所有制——世族地主与“手力”依附人口的对立

四　高昌世族与寺院地产

五　高昌世族的几种经济特权

六　高昌世族门阀的衰落

高昌墓主图像中的田园经营——兼与敦煌“河西大族”“园田家客”经济比较（稿本）

论敦煌“守庄农作”型外庄与“合种”制经营（《敦煌研究》2006 年第 6 辑）

《牛定相辞》与初唐地子（《考古》1978 年第 3 期）

一　“辞”：庶人上行文书

二　关于地子：“配地出子”与“据地税子”

三　关于“老退田”与“口分部（田）”

上海藏本敦煌所出河西支度营田使文书研究（《敦煌吐鲁番文献研究论集》第 2 集，北京大学出版社）

一　河西支度营田使

二　关于“营田户”

三　关于营田"募"制度

突地考（《敦煌学辑刊》1984 年 1 期）

一　"突"与"突地"

二　"突地"与"突税"

三　"突科"的意义

唐敦煌写本所见沙州玉关驿户起义（《中华文史论丛》1981 年 1 期）

一　年代考

二　关于"驿户"

三　驿户起义与沙州节儿

四　起义对河西局势的影响

敦煌文书中的唐五代行人（《中国史研究》1979 年第 2 期）

一　问题的提出

二　关于"行人部落"

三　《行人转贴》中的"行人"

四　结语

新疆、敦煌文书所记的唐代"行客"（《出土文献研究续集》，北京，1990 年）

一　研究史述略

二　"行客"与"百姓"对举

三　论"诸色行客"

四　"行客""游客"与"羁客"

五　"行客"中的远行商客

六　"括行客"的意义

七　"行客"的税钱与上役

八　后论——"行客"性质的多样性

唐代吐鲁番地区租佃关系的发展（稿本）

一　佃人与佃户

二　从典贴看佃农队伍的扩大

三　官田的抑配性租佃

四　佃农租佃的两种地租类型

五　从租佃关系的发展看土地所有制的演变

敦煌新发现文书所见唐开元之间岭南土地制度（稿本）

一　前言

二　因官置庄及抑买百姓田园

三　子弟"逋薮"夷僚户——逋逃的归首与编附

四　岭南给田问题

五　岭南按察使与经略使

六　后论

敦煌科举制的社会功能——兼论与门阀制衰落的关连［《中山大学学报》（哲学社会科学版）2001 年第 3 期］

一　敦煌写本中的社会史料及其分类

二　敦煌科举文书

2.1 科举制制度文书

2.2 科举制风俗文献

2.3 科举教育文书

2.4 进士文学或科举文学文书

三　后论

《汜达德告身》与门阀衰落中勋官的崛起

一　关于授勋告身与勋官制度

二　从告身看唐维护统一的战争

三　门阀衰落下勋官的崛起

第二章　　市籍制度的衰落和城乡连续体

从判文看唐代市籍制的终结（《历史研究》1990 年第 3 期）

一　市籍登录与“市人”

二　市籍与名田

三　市籍与远役

四　市籍与贡举

五　市籍与服色

六　市制的终结与市籍制的终结

城人、城局、城主考——吐鲁番文书研究（稿本）

一　关于城人

二　城局的职能

三　论城主

萨宝府制度源流论略——汉文粟特人墓志考释（《华学》第 3 期）

一　引论

二　“萨宝”原是粟特昭武九姓本土贵族政治中的职官

三　入华萨宝制度的发展与萨宝府制度的法典化

四　“萨宝府”开府制度的几个来源

敦煌文书所见胡锦、番锦与毛锦（稿本）

一　胡锦

二　番锦

三　毛锦

四　后论

吐鲁番考古新发现的“金钱”与“银钱”（稿本）

一　金钱与金钱仿制品

二　波斯系银币

三　金钱之路与银钱之路——关于与拜占廷及两河流域的交通

论敦煌吐鲁番的香药之路（稿本）

结语

第三章　礼与令：与社会转型的关连

唐代礼法研究与中华人文精神（稿本）

一　唐代礼乐文明与中华人文精神

二　关于礼制史与“新史学”

三　唐礼研究与中华人文精神的弘扬

四　后论：关于敦煌的礼与令

唐代城市史与礼与令（《唐研究》第十卷，2004 年）

一　引言

二　唐代城市与唐令

三　唐代城市史与唐令

四　后论：作为礼乐文明象征的唐代城市与“市法”对初级市场发育的制约

唐敦煌城市的礼仪空间与变礼（《文史》2001 年）

一　导言

二　沙州城市结构与礼仪

三　沙州敦煌县祭社稷

四　沙州祈诸神与敦煌县祈诸神

五　先蚕祭祀与马祖祭祀：对动物生命的礼敬

六　毬场：身份制下的公共礼乐空间

唐代户婚律与敦煌邈真赞所见婚姻史料（稿本）

天圣令所见唐宋身份法与唐宋社会转型

一　天圣令的发现与研究

二　天圣令所见唐宋之际的身份法

三　身份法的变迁反映了唐宋社会转型

后论

简牍学与律令制

岳麓秦简（四）所见秦祠令考*

曹旅宁（华南师范大学法学院）

陈松长先生在2009年3期《文物》发表《岳麓书院藏秦简概述》中指出岳麓秦令中有“祠令”一种。2016年8月在长沙吴简国际学术研讨会上发表《岳麓秦简中的几个令名小识》指出：“在岳麓秦简篇题简中，还出现了两次有连词‘及’的令，它们分别是：2154：‘卜祝酌及它祠令　甲。’2001：‘. 卜祝酌及它祠令　乙。’实际上就不是一条具体的令名，而只是这一组一篇有关卜祝祷的令文和相关祠令的总合标题而已。”① 2016年11月在华东政法大学举办的出土文献与法律史学术研讨会上发表《岳麓秦简中所见秦令令名订补》一文中指出岳麓秦简中有“祠令”这一律令名，0129：“. 祠令　甲”。这比最早陈先生“概述”一文中所描述的祠令更为详细。据此，我们认为《岳麓书院藏秦简（四）》中排入“内史郡二千石官共令”中的秦令应归属“祠令”。其在原先排序为：

0316：内史郡二千石官共令　第已

0624：如下邽庙者辄坏，更为庙便地洁清所，弗更而祠焉，皆弃市。各谨明告县道令丞及吏主

J47：吏，五日壹行庙。令史旬一行，令若丞月行庙□□□□

0549：丞相议。□

0467：祠焉。廷当：嘉等不敬祠，当……□

0055（2）—3：泰上皇祠庙在县道者……□

0327：令部吏有事县道者循行之，毋过月归（?），当缮治者辄缮治之，不□□者□□□□有不□□

---

* 本文承国家社会科学基金重点项目“新出秦汉令与中国法制文明的形成”（17FAX005）资助

① 《文物》2016年第12期。

0617：内史郡二千石官共令　　第庚①

此外，新近出版的《岳麓书院藏秦简（伍）》中“1170+1172”：令曰：县令所给祠，吏、黔首、徒隶给事祠所，齋者，祠未阕而敢奸，若与其妻、婢奸并□，皆弃市，其□□。”②

该令规定违背了祠祭主体包括史、黔首、徒隶时必须斋戒，不能有男女之事，包括与妻婢及其他女性两个层次犯奸的禁忌，故对违犯者双方均要处以“弃市”极刑！检《汉官六种》中《汉官仪》二卷：“北海周泽为太常，斋有疾，其妻怜其年老被病，窥内问之，泽大怒，以为干斋，掾史叩头争之，不听。遂送诏狱，并自劾谢。论者非其激发不实，不听。谚曰：居世不谐为太常妻，一岁三百六十日，三百五十九日斋，一日醉如泥，既作事，复低迷。”周泽东汉永平五年十月拜太常，事见《后汉书·儒林传·周泽传》。由此可见东汉初年斋者犹要断酒及断色，以致夫妻两性生活不和。

我们还注意到里耶秦简中恰好有一组简文与岳麓秦简（四）上述简文对读，整理小组未采择入注释当中：

廿六年六月壬子，迁陵口［丞］敦狐为令史更行庙诏：令史□失期。行庙者必谨视中□各自署庙所质日。行先道旁曹始，以坐次相属Ⅱ

8-138+8-174+8-522+8-523 十一月己未，令史庆行庙。AⅠ\

十一月己巳，令史應行庙。AⅡ

十二月戊辰，令史阳行庙。AⅢ

十二月己丑，令史夫行庙。AⅣ

□□□□，令史韦行。BⅠ

端月丁丑，令史應行庙。BⅡ

□□□□，令史庆行庙。BⅢ

□月癸酉，令史犯行庙。BⅣ

□二月壬午，令史行行庙。CⅠ

二月壬辰，令史莫邪行庙。CⅡ

二月壬寅，令史扣行庙。CⅢ

四月丙申，史戎夫行庙。CⅣ

---

① 陈松长主编：《岳麓书院藏秦简（肆）》，上海：上海辞书出版社，2015年，释文图版见第201—204页，注释见第226页。

② 陈松长主编：《岳麓书院藏秦简（伍）》，上海：上海辞书出版社，2017年，释文图版见第200页。

五月丙午，史扣行庙。DⅠ

五月丙辰，令史上行庙。DⅡ

五月乙丑，令史□□□行庙。DⅢ

六月癸巳，令史除行庙。DⅠV8－138背＋8－174背＋8－522背＋8－523背[①]

陈伟等校释“诏”为“告知”。现在看来当为奉秦始皇诏令而为，“诏”应为“诏令”之诏。据岳麓秦简（四）J47轮流行庙规定“令史旬一行，令若丞月一行”，正与里耶秦简所见一致。由此J46所载秦令颁行之日可能为秦始皇廿六年六月左右。再者，睡虎地秦简《法律答问》有若干关于祠祭的解说。里耶秦简祠先农简及“祠律”的律名也值得一并联系起来探讨。[②]

（2018年1月23日）

---

① 陈伟主编：《里耶秦简校释》第1卷，武汉：武汉大学出版社，2012年，第78页。

② 拙撰《里耶秦简祠律考述》，《史学月刊》2008年第8期。

长沙走马楼吴简“许迪割米案”相关文书的集成研究：三国时期基层司法制度管窥之一*

王　彬（中国社会科学院历史研究所博士后流动站）

一、前言

汉魏六朝时代的传世文献大多以朝廷的视角俯视基层，少量可辑佚的州郡地志重在异物风光，郡国书则主要记载人物，① 它们对乡里世界和县级政权运作都较少关注。受益于二十世纪以来地不爱宝，出土资料不断地涌现，以及研究视角的转换。学界开始重视自下而上地观察基层政权和百姓生活。同时，有前辈学者认为汉末三国、魏晋时期是中国历史上社会性质、政权结构发生转折的重要时期，强调百姓的身份和生存状态都构成变革的基础。② 不过，对于这一时期的基层，无论是百姓生活还是官府行政，过去只能拼凑传世文献的吉光片羽来推测，因而论证存在缺环，相关结论也有待验证。1996 年湖南长沙走马楼出土了十余万枚三国吴简，至今二十年间已经刊布《嘉禾吏民田家莂》及《竹简》七册，虽然这些簿籍和文书大多局限在黄龙和嘉禾年间，但也让我们得以近距离地观察临湘侯国日常行政及其管理之下百姓生活的某些侧面。若再联系近年出土的东牌楼东汉简牍、五一广场东汉简、尚德街东汉简牍，则以长沙地域为中心重新讨论中古早期中国历史的变与常，亦存在可能。

---

* 本研究是“第 63 批中国博士后科学基金面上资助”（2018M631677）的阶段成果，接受“出土文献与中国古代文明研究协同创新中心博士创新资助项目”的资助。

① 胡宝国：《汉唐间史学的发展》，北京：北京大学出版社，2014 年，第 169 页。关于郡国志、耆旧传等专记地方人物的史料性质，参见［日］永田拓治：《「先賢伝」「耆旧伝」の歴史的性格：漢晋時期の人物と地域の叙述と社会》，《中国：社会と文化》21 号，2006 年，第 70—92 页；《「状」と「先賢伝」「耆旧伝」の编纂：「郡国書」から「海内書」へ》，《东洋学报》91 卷 3 号，2009 年，第 1—32 页。

② 这一问题的讨论在中国学界与魏晋封建论关系较深，见唐长孺：《魏晋南北朝隋唐史三论・综论》，北京：中华书局，2011 年，第 457—473 页。在日本学界则与分期论相关，见［日］谷川道雄：《中国的中世——六朝隋唐社会与共同体》，《中国中世社会与共同体》，马彪译，北京：中华书局，2002 年，第 61—106 页。

吴简数量庞大，包含多种簿籍和文书，内容涉及侯国日常统治中民政、军事、司法诸方面。如果以简牍、册书指向的事务性质划分，吴简粗可分为定期文书和不定期文书两类。[①] 前者以常规性的簿籍为中心，后者则因应上级要求而制成，以临时性的各类文书为主。[②] 在不定期文书中，学界对围绕盗割余米的许迪案尤为关注，迄今已经积累了丰富的成果。综观先行研究，大致呈现出以下三种不同的思路：

（1）对相关木牍牍文的刊布和释读。[③]

（2）关注牍文的某些片段，推测与此相关的盐米比价、拷问方法、考实时间及犯罪性质等问题。[④]

（3）从文书学的角度，复原案件相关文书运作，并在此基础上总结审判流程、归

---

① 定期文书和不定期文书的说法，最初由永田英正提出，后来经过大庭脩的批评，永田放弃这一看法，改用簿录和文书这两个名词。不过，侯旭东在研究永元器物簿时指出：根据悬泉所出简牍，确实存在按照上级命令，形成的不定期簿书，永田前说具有更好的涵盖性，见《西北所出汉代簿籍册书简的排列与复原——从东汉永元器物簿说起》，《史学集刊》2014 年第 1 期，第 61 页，注释 1。因此，本文参考汉简研究，在一级分类上，采用这种方法。

② 关于吴简簿书的种类，整理组、胡平生、李天虹和关尾史郎都有基于不同标准的分类方案，见长沙市文物考古研究所、中国文物研究所、北京大学历史系：《长沙走马楼二十二号井发掘报告》，《长沙走马楼三国吴简·嘉禾吏民田家莂》，北京：文物出版社，1999 年，第 30—35 页；胡平生、李天虹：《长江流域出土简牍与研究》，武汉：湖北教育出版社，2004 年，第 604—621 页；［日］关尾史郎：《史料群としての長沙呉簡・試論》，《木簡研究》(27)，2005 年，第 250—266 页。但考虑到看似常规的簿书也可能是应上级命令制作，比如"隐核州、军吏父兄子弟簿"，从书写格式的角度看，与一般的名籍很接近，但是如果将其与呈文编连起来，则可见这种簿书是根据上级命令（"被书"）制作的。相关研究参见凌文超：《走马楼吴简隐核州、军吏父兄子弟簿整理与研究——兼论孙吴吏、民分籍及在籍人口》，北京吴简研讨班讨论稿，2014 年 9 月 14 日。因此，某类簿籍划入定期或不定期文书需要结合其内容和相关呈文判定，不可一概而论。

③ 文字释读的推进主要围绕 J22 - 2540 号木牍展开。其中，包括对"若"的隶定问题，相关争论参见胡平生、李天虹：《长江流域出土简牍与研究》，武汉：湖北教育出版社，2004 年，第 607—611 页；王素：《长沙走马楼三国孙吴简牍三文书新探》，《文物》1999 年第 9 期，第 47—48 页。最近，王素、宋少华又据红外线图版，对此木牍进行了重释，见《长沙吴简〈录事掾潘琬白为考实吏许迪割用余米事〉释文补正》，《文史》2015 年第 1 辑，第 279—282、218 页。

④ 王子今：《走马楼许迪割米案文牍所见盐米比价及相关问题》，《长沙三国吴简暨百年来简帛发现与研究国际学术研讨会论文集》，北京：中华书局，2005 年，第 99—106 页。［日］籾山明：《中国古代诉讼制度研究》，李力译，上海：上海古籍出版社，2009 年，第 88—91 页。王素、宋少华：《长沙走马楼三国吴简的新材料与旧问题》，《中华文史论丛》2009 年第 1 期，第 1—26 页。

纳制度特点。[①]

应该说，目前对许迪割米案的研究已经逐渐从文字学、文书学进入历史学层面。其中，文书学的研究又是史学研究的基础，而2015年《竹简〔捌〕》的刊布，又使我们发现对应Ⅱ－C－㊴号揭剥图，坨内集中了401枚可能与许迪案相关的竹简。因此，笔者认为借助发掘考古信息，结合此前公布的木牍，可以使用集成法对此坨内许迪割米案相关册书进行文书学研究。

以往，对吴简文书学意义上的研究，学者的注意力多集中于簿书，其中尤以名籍类和仓、库吏账簿类方面的成果最为集中，核心是单独簿书的复原。[②] 一般而言，簿书复原首先要全面了解考古学整理信息和简牍遗存信息，然后根据簿书的存留情况，综合二者展开复原。[③] 但是，对于《竹简〔捌〕》里许迪案相关竹简而言，Ⅱ－C－㊴号揭剥图不能成卷，而且掺杂了很多无序、不同种类的簿籍和文书。因此，仿照以往吴简簿书复原法，利用考古信息、揭剥图和简文来复原出某一件或几件册书，难度很大。

不过，在汉简研究中，册书复原只是文书学的一部分，这种方法强调竹简出于同一地点、具有同一书写格式和笔迹，对简册的保存状况要求严格，因而在可复原的简牍数量上受到很大限制。[④] 从这个角度来说，永田英正采用集成法，突破了笔迹难以判定的问题，的确大大拓展了汉简研究的范畴，使更多简牍发挥了历史资料的作用。具体而言，永田集成的“破城子出土的簿籍简牍”，就是“甲渠候官所存的簿籍总览”，“一般而言，所积存的文书和簿籍的构成，反映了其所在组织的结构，因此如果对所集

① 王彬：《吴简许迪割米案相关文书所见孙吴临湘侯国的司法运作》，《文史》2014年第2辑，第73—91页。徐畅：《走马楼吴简竹木牍的刊布及相关研究述评》，《魏晋南北朝隋唐史资料》第三十一辑，上海：上海古籍出版社，2015年，第33—36、60—63页；《新刊长沙走马楼吴简与许迪割米案司法程序的复原》，《文物》2015年第12期，第71—83页。

② 侯旭东：《长沙走马楼吴简〈竹简〉〔贰〕“吏民人名年纪口食簿”复原的初步研究》，《中华文史论丛》2009年第1期，第57—93页。［日］关尾史郎：《長沙呉簡吏民簿の研究（上）「嘉禾六（二三七）年廣成郷吏民簿」の復元と分析》，《人文科学研究》第137辑，2015年，第27—98页。凌文超这方面的研究部分收入《走马楼吴简采集簿书整理与研究》，桂林：广西师范大学出版社，2015年。邓玮光：《走马楼吴简三州仓出米简的复原与研究——兼论“横向比较复原法”的可行性》，《文史》2013年第1辑，第231—254页；《对三州仓“月旦簿”的复原尝试——兼论“纵向比较复原法”的可行性》，《文史》2014年第2辑，第5—35页；《走马楼吴简“出米简”的复原与研究》，《简帛研究》二〇一五（春夏卷），桂林：广西师范大学出版社，2015年，第201—217页；《走马楼吴简采集簿书的复原与研究》，博士学位论文，南京大学历史系，2012年。

③ 凌文超：《吴简文书学研究刍议》，收入《走马楼吴简采集簿书整理与研究》，第465页。

④ 册书复原方法最经典的研究一是鲁惟一复原了43件册书，见《汉代行政记录》，于振波、车金花译，桂林：广西师范大学出版社，2005年，第151—526页。二是大庭脩对“元康五年诏书册”的复原，见《秦汉法制史研究》，林剑鸣等译，上海：上海人民出版社，1991年，第193—212页。

成的成果再进行书写格式的分类，就可以对该机构的活动获得系统、整体的认识。”①

当然，由于研究旨趣侧重集成，永田在复原过程中主要关心出土地、内容和格式，对字迹、简长等形制信息注意较少，所以这种集成存在混淆不同簿书、无法勾勒册书间关系的缺陷。然而，长沙古井简的埋藏条件与西北烽燧简存在很大差异，走马楼吴简是成坨出土的，这保证了坨内文书间具有某种关联的可能性。而且，如前所述，已有多种类型的簿书得到成功复原。因此，本文能够以集成整理为基础，参考册书复原，充分利用考古信息和既有复原成果，推测许迪割米案相关文书的数量、种类、性质，并基于此，对这些文书如何汇集在一起、吴简文书归属等问题做初步探讨。

二、《竹简〔捌〕》中“许迪割米案”相关竹简的集成

循着前文对吴简文书的分类，Ⅱ－C－㊴这一份揭剥图内亦包含定期与不定期文书两种，其中，不定期文书根据简文识读，基本可以确定与许迪案有关，因此可以先从此类文书着手集成。

如前所述，Ⅱ－C－㊴号揭剥图内竹简排布不规则，而且，简文内容不断重复，明显包含多个近似的简册。因此，揭剥图或简文内容实际都无法帮助我们复原一件完整的简册。但是，通过总结既刊四件木牍所载考实许迪的文书行文特点，并参考汉简文书的书写格式，笔者能够集成此坨内带有谦辞的竹简。一般而言，一件上呈文书内的谦辞数量较为固定，是一种带有标识性的关键词。因此，在此基础上还可以推测本坨内残存多少件与审判许迪相关的上呈文书。兹引木牍释文如下：②

牍 1.　录事掾潘琬死罪白：关启：应府曹召，坐大男许迪见督军支辞，言不割食所领盐贾米一百一十二斛六斗八升。郡曹启府君，执鞭录事掾陈旷一百，杖琬卅，勑令更五毒考迪。请勑旷及主者掾石彭考实迪，务得事实。琬死罪死罪。

① 永田英正的经典集成研究见《居延汉简集成——破城子出土的简牍》，收入《居延汉简研究》，张学锋译，桂林：广西师范大学出版社，2007 年，第 42—158 页。对日本汉简文书学的总结和评价见［日］籾山明：《日本居延汉简研究的回顾与展望》，顾其莎译，《中国古代法律文献研究》（第九辑），北京：社会科学文献出版社，2015 年，第 154—175 页。

② 这四件木牍释文在王彬《吴简许迪割米案相关文书所见孙吴临湘侯国的司法运作》一文后，王素、徐畅陆续根据红外图版进行订正，录文今从王、徐说。见前引《长沙吴简〈录事掾潘琬白为考实吏许迪割用余米事〉释文补正》，第 280—281 页；《走马楼吴简竹木牍的刊布及相关研究述评》，第 33—36 页。编号及顺序则采用徐畅文。

然考人当如官法，不得妄加毒痛。（浓墨大字）

五月七日壬申白（224，J22－2539）

牍2.　录事掾潘琬死罪白：被勑，重考实吏许迪坐割盗盐米意。状言：案文书，重实

录，迪辞：卖余盐四百廿六斛一斗九升八合四勺，得米二千五百六十一斛六斗九升，前列草

言郡，但列得米二千四百卌九斛一斗（升），余米一百一十二斛六斗八升，迪割用饮食。前见

都尉，虚言用备擿米，迪实割用米。审实。谨列迪辞状如牒，乞曹列言府。

琬诚惶诚恐，叩头死罪死罪。

诣金曹

十一月廿八日白（34）

牍3.　录事掾潘琬叩头死罪白：过四年十一月七日，被督邮勑，考实吏许迪。辄与核事吏赵谭、

都典掾烝若、主者史李珠，前后穷核考问。迪辞：卖官余盐四百廿六斛一斗九升八合四勺，得米

二千五百六十一斛六斗九升已。二千四百卌九斛一升，付仓吏邓隆、谷荣等。余米一百一十二斛六斗八升，迪割

用饮食不见。为廖直事所觉后，迪以四年六月一日，偷入所割用米毕，付仓吏黄瑛受。

前录见都尉，知罪深重，诣言：不割用米。重复实核，迪故下辞，服割用米。审。前后搒押迪凡百

卅下，不加五毒，据以迪今年服辞结罪，不枉考迪。乞曹重列言府。傅前解，谨下启。琬诚

惶诚恐，叩头死罪死罪。

若（浓墨草书）

二月十九日戊戌白。（50，J22－2540）

牍4.　中贼曹掾陈旷叩头死罪白：被曹勑，考实大男许迪，知断用所卖官盐贾米一百一十二斛六斗

八升，与不言。案文书，被勑，辄考问。迪辞：所领盐贾米一百一十

二斛六斗八升，迪自散用饮食[尽]。

县前结迪斩罪，惧怖罪重，[支]辞[虚]言，[以][米][雇]擿，令弟冰持草归家改定。迪手下辞：不以米

雇擿，自割食米。审实，谨列见辞[状]如牒，请以辞付本曹，据科治罪，谨下启白。旷诚惶诚

[恐]，叩头死罪死罪。

若（浓墨草字）

四月廿一日白（353，J22－2673）

观察上引四件木牍，我们总结出许迪案相关的上呈文书有以下两个行文特点：1. 发文官吏在文书首写全本人职名和姓名；文书尾则只署名，不署姓和职名。2. 文书首常用“叩头死罪”做谦辞，文书尾用“惶恐”为谦辞。此外，还有些简的格式虽存在“名＋叩头死罪”，但吏名前的信息不是年月，不能归入文书首的行列，这类文书的原貌可以通过汉简进行推测，兹引长沙东牌楼出土的东汉《光和六年诤田自相和从书》为例：

牍5.　光和六年九月己酉[朔][十]日戊午，监临湘李永例：督盗贼殷何叩头死罪敢言之

中部督邮掾治所檄曰“[民]大男李建自言，大男精张、精昔等母姃，有田十三石。前置三岁，[田]税禾当为百二下石。持丧葬皇宗

事以，张、昔今强夺取田八石。比晓，张、昔不还田。民自言。辞如牒。张、昔何缘强夺建田？檄到，监部吏役摄张、昔，实核[田]

所畀付。弹处罪法，明附证验，正处言。”何叩头死罪死罪：“奉桉檄，辄径到仇重亭部，考问张、昔，讯建父升。辞皆曰

升，罗。张、昔，县民。前不处年中，升娶（得）取张同产兄宗女姃为妻，产女替、替弟建、建弟颜、颜女弟条．昔则张弟男．宗病物

故，丧尸在堂，后姃复物故。宗无男，有余财田八石种。替、建[皆]尚幼少，张、升、昔供丧葬宗讫，升还罗。张、昔自垦食宗

田。首核张为宗弟，建为姃敌男。张、建自俱为口，分田。以上广二石种与张，下六石悉畀还建。张、昔今年所[畀]

建田六石当分税。张、建、昔等自相和从，无复证调。尽力实核。辞有

后情，续解复言。”何诚惶诚

恐叩头死罪死罪敢言之。

监临湘李永例督盗贼殷何言：实核大男李建与精张诤田自相和从书。

诣在所

九月　其廿六日发（五号封检，出土编号 1001）

这件文书是监临湘李永向中部督邮汇报李建与精张、精昔争田案的审理过程和结果，而实际负责调查审理的是督盗贼殷何，殷何在上报文书中首先引用了“中部督邮掾治所檄”（即 2—4 行），之后又重新写上“何叩头死罪死罪”这样的谦白词。[①] 类似的文书还可见于同出长沙的五一广场东汉简中，如 CWJ13③：325－4－43（四九）号木牍显示理讼掾伉、史宝、御门亭长广也是先引用“廷留事”，然后再以“伉、宝、广叩头死罪死罪”开头，继续汇报勘查董少财产的证辞和过程。[②] 对应这样几个叠加起来的文书，笔者可以明确吴简册书中“名＋叩头死罪”的情况系出现在文书中段。综合以上归纳的文书谦白词特点及其所属文书段落，按照文书署名人一致的原则，将不定期文书中的相关册书列表如下：

（一）不定期文书

A. 定名不明的上呈文书

Ⅰ署名发出人是君的文书

释文编号	释文	图版长宽（厘米）	所属文书段落
4014	应言君叩头々々死罪々々案文书被书辄部核事掾赵谭考实迪	24.4×1.6	文书中
4068	部忠良大吏平心部决正处不得枉纵言君叩头々々死罪々々案文书	23.4×1.5	文书中

① 这枚封检的刊布情况，参见长沙市文物考古研究所、中国文物研究所：《长沙东牌楼东汉简牍》，北京：文物出版社，2006 年，图版见第 14 页，释文见第 73—74 页。对于此份文书的先行研究和结构分析，见侯旭东：《长沙东牌楼东汉简〈光和六年诤田自相和从书〉考释》，黎明钊编：《汉帝国的制度与社会秩序》，香港：牛津大学出版社，2012，第 251 页。释文的校定亦从侯文。

② 长沙市文物考古研究所、清华大学出土文献研究与保护中心、中国文化遗产研究院、湖南大学岳麓书院：《长沙五一广场东汉简牍选释》，上海：中西书局，2015 年，图版见第 18 页，释文见第 159 页。

续上表

释文编号	释文	图版长宽（厘米）	所属文书段落
4160	谭言谨列言乞 傅 前 解 君 诚 惶 诚 恐 叩 头 死 罪 々々 敢 言 之	23.7×1.6	文书尾
4174	府增异言君叩头々々死罪々々案文书今狱具科□□迪□□□□	23.1×1.6	文书中
4210	实是科正非记到 据 科行迪军法言君叩头々々死罪々々 案 文 书	23.1×1.2	文书中
4215	君 叩 头 死罪死罪案文书辄考实迪辞本下隽县民少失父 逊 与 母妾妻 小 子 男 奸 让 男	24.4×1.2	文书中
4253	列上与不诡责八冰 为 迪入加臧谨答言君 诚 惶 诚恐叩头死罪々々敢 言 ▨	下残×1.6	文书尾
4263	答所问君叩头々々死罪々々 案 文书 前 部 核 事 掾 赵 谭 考 实	23.3×1.6	文书中
4309	君诚惶诚恐叩头死罪々々敢言之	23.5×1.4	文书尾
4310	部易机将师 张 山消目 遣 ……复 言 君 诚 惶 诚恐叩头死罪々々敢言之	23.3×1.3	文书尾

上表中署名发文之人是“君”。关于“君”，按照一般理解应是名为“君”的临湘吏，但是在吴简公文书用语中，“君”常常指临湘侯国相。根据“·右连年逋空杂米三千五百二斛三斗八升□合□侯相郭君丞区让（肆·1230）”和“相郭君丞唐（?）祁录事主者周岑石彭谢进”（肆·1297），似乎曾有一位叫做“郭君”的人任职临湘侯国相。① 那么，这里所谓“君”指的就是“郭君”吗？其实不然。首先，吴简还可见“赵君”和“羊君”的称呼，分别见于“侯相赵君送柏船”（柒·4239）和“嘉禾三年十一月癸巳朔日主簿羊君叩头死罪敢言之”（肆·1267）。当然，不能完全排除此三人同名为“君”的情况，但两任侯相皆名为“君”，这也提醒我们注意“君”作为敬称的可能。其次，从许迪案相关文书内部出发，“君”上呈的文书包含这样两件：“应言君叩头々々死罪々々案文书被书辄部核事掾赵谭考实迪”（4014）和“答所问君叩头々々死罪々々案文书前部核事掾赵谭考实”（4263），说明赵谭考实许迪是“君”做出的安排。同时，“临湘侯相管呰叩头死罪白重部核事掾赵谭实核吏许迪”（4139），提示我

① 凌文超曾有类似推测，见《走马楼吴简举私学簿整理与研究》，《文史》2014年第2辑，第86—87页。

们管砦作为临湘侯国相也部署了赵谭考实许迪。因此，笔者推测以上所举文书中的“君”并不专指郭君，而应该与“君教”之“君”一样泛指临湘侯相。我们不清楚在审理许迪割米案过程中有多少位侯相上任，但至少包括管砦。

此外，前列诸简“君”前常有“言”字，有一些可以与“言”前文字连读（如4014、4174、4253、4310），但“不得枉纵言”（4068）和“行迪军法言”（4210）却似乎不能如此处理。其实，前引《光和六年诤田自相和从书》即有“正处，言”一语（牍5），长沙五一广场简中亦有“书到，亟处，言，会，急疾如律令”（J1③：325－1－140），“报到，有增异，正处，复言”（CWJ1①：86），“明分别正处，言”（CWJ1③：325－2－3），“亟实核奸诈，明正处，言”（CWJ1③：325－4－46）等文书用语。[①] 以J1③：325－1－140号简为例，“书到”后包含有“亟处”“言”“会”“急疾如律令”四个命令，[②] 以此推论，前引吴简中的“言”有些也属于上级命令的一部分，可单独句读成句。

以上各简中，4310言“部易机将师”，所谓“将师”，又见“其一户将师”（柒·243）。根据记录格式推测，柒·243应属于《吏民户数口食人名年纪簿》的一部分，[③] 参照《兵曹徙作部工师及妻子簿》记载的师佐名称，[④] “易机将师”应该是某种师名，但其与许迪案有何关联，其实并不清晰。4253下端残断。除此之外的八枚竹简则相对完整，或许存在编连的可能性。这八枚简中六枚都处于文书中段，需要将其与其他两枚文书尾（4160、4309）的竹简按照简长、字迹、容字的标准逐一配对。关于简长，

---

① J1③：325－1－140公布在长沙市文物考古研究所：《湖南长沙五一广场东汉简牍发掘简报》，《文物》2013年第6期，图版见图一七、第15页，释文见第22页。CWJ1①：86（三），《长沙五一广场东汉简牍选释》，图版见第3页，释文见第124页；CWJ1③：325－2－3（五四），图版见第20页，释文见第162页；CWJ1③：325－4－46（六五），图版见第23页，释文见第170页。

② 关于J1③：325－1－140的句读问题，学界仍有争议，陈伟、刘乐贤认为应断作“书到，亟处言会，急疾如律令”，简报和李均明认为应断为“书到，亟处，言会，急疾如律令”。从CWJ1①：86号简可见，与“言”对应，存在“复言”，“会”如一般汉简文书，应是期会的意思，因此笔者仍倾向简报和李均明的意见，只是根据“会”别为另一指令，将其独立句读出来。见李均明：《长沙五一广场东汉简牍考证八则》，台北：“史料与法史学”学术研讨会，2014年3月26－28日；陈伟：《五一广场东汉简牍校释》，简帛网http://www.bsm.org.cn/show_article.php?id=1912；刘乐贤：《长沙五一广场出土东汉王皮木牍考述》，《中山大学学报》（社会科学版）2015年第3期，第58页。

③ 对于《吏民户数口食人名年纪簿》的示范性复原，参见凌文超：《户籍簿及其类型与功能》，收入《走马楼吴简采集簿书整理与研究》，第96—120页。

④ 关于师佐籍，对师佐工种的研究参见韩树峰：《长沙走马楼三国吴简所见师佐籍考》，《吴简研究》（第一辑），武汉：崇文书局，2004年，第167—189页。《兵曹徙作部工师及妻子簿》的复原则参见凌文超：《兵曹徙作部工师及妻子簿与征伐武陵蛮》，收入《走马楼吴简采集簿书整理与研究》，第170—282页。

从汉简的整理经验看，即使同属一件册书的各简长度也可能不尽一致，而且吴简作为古井浸水简，脱水处理后简长也会缩短。[①] 不过，鹫尾祐子在研究《竹简〔贰〕》“吏民人名年纪口食簿”时发现不同里制作的文书长短不一致，说明吴简中测量简册长度仍对判断是否同卷有一定帮助。[②] 每简容字在典籍类简牍上的表现较为稳定，差异不会太大；但文书简的文字疏密程度没有成规，一件册书内的单简容字量差异不小，只能作为旁证。[③]

从内容上看，4160 号简首云“谭言”，则其前面可能是对赵谭上言的转述。案 4014 号简有“被书辄部核事掾赵谭考实迪”，4263 号简有“前部核事掾赵谭考实”，这两枚简都可能与4160 号相连。查验图版，这三枚简的字迹很接近，并无明显区别，形制方面相距也不大，较难确定哪两枚竹简可以缀合成一件册书。4309 号简除了与 4210、4215 这两枚简在结字大小、形制上有异外，亦无法明确编连关系。

Ⅱ署名发出人是廖咨的文书

释文编号	释文	图版长宽（厘米）	所属文书段落
4034	备入官米谨表上臣咨诚惶诚恐顿首死罪死 罪	23. 3 × 1. 3	文书尾
4046	嘉禾四年八月丁未朔十八日甲子从史位廖咨顿首死罪々	23. 3 × 1. 6	文书首
4062	嘉禾四年八月丁未朔十八日甲子从史位臣廖咨顿首死罪十八……	23. 7 × 1. 7	文书首
4156	文书到复上臣咨顿首死罪死罪案文书规郡各口	23. 6 × 1. 6	文书中
4178	咨诚惶诚恐顿首死罪々々上	34. 1 × 1. 6	文书尾

---

① 李均明、刘军：《简牍文书学》，南宁：广西教育出版社，1999 年，第 92 页。

② ［日］鹫尾祐子：《长沙走马楼吴简连记式名籍简的探讨——关于家族的记录》，《吴简研究》第三辑，北京：中华书局，2001 年，第 65—87 页；《示意図簡冊搆成簡の検討と戶人の制度》，《長沙吳簡研究報告 2010 年度特刊》，新潟：2011 年 12 月，第 33—46 页。侯旭东进一步指出鹫尾所谓“长简”在 24. 2 – 24. 8 厘米之间，短简在 23. 9 厘米以下，多为 23. 5 厘米左右。

③ 陈梦家：《由实物所见汉代简册制度》，《汉简缀述》，北京：中华书局，1980 年，第 293—294 页。李均明、刘军：《简牍文书学》，第 98 页。

关于廖咨及其与许迪割米案之间的关系，学界研究已多。所谓“从史位”，此职秩位与列曹掾、史视齐，但没有固定职守，跟随长官处理一些临时事务。[①] 另外，笔者注意到廖咨上书有称臣的现象，这与吴简目前已知的上呈文书都不同，称臣或许是“从史位”和临湘侯国相之间较为特殊的“君臣关系”的体现。[②]

4034 号简与 4046 号结字都不是特别端正，带有草书的风格，或许可以编连。4062 号与 4156 号简每行容字量差别太大，不太可能是同一简册。4178 号简长度超过其他四枚一厘米以上，应与它们都不属于一件文书。

Ⅲ署名发出人是赵谭、这贵的文书

释文编号	释文	图版长宽（厘米）	所属文书段落
4081	嘉禾四年十一月丙子朔九日甲申核事掾赵谭这贵叩头死罪敢言之	24.1×1.3	文书首
4208	臧没入县官谨据言谭贵诚惶诚恐叩头死罪死罪敢言之	23.4×1.3	文书尾

4081 号简尾部磨损严重，但字迹较为纤细，4208 号则较为粗大，或分属两件文书。

Ⅳ署名发出人是管呰的文书

释文编号	释文	图版长宽（厘米）	所属文书段落
4139	临湘侯相管呰叩头死罪白重部核事掾赵谭实核吏许迪	23.4×1.6	文书首
4159	临湘侯相管呰叩头死罪白重部吏潘琬核校陆口卖盐	24.1×1.7	文书首

这两枚简都是文书首，必然是两件文书。

① 《汉书》卷 58《兒宽传》云：“宽为人温良，有廉知自将，善属文，然懦于武，口弗能发明也。时张汤为廷尉，廷尉府尽用文史法律之吏，而宽以儒生在其间，见谓不习事，不署曹，除为从史，之北地视畜数年。”师古曰：“从史者，但只随官僚，不主文书。”北京：中华书局，1982 年，第 2628—2629 页。周鼎：《曹魏正始五年〈石门铭〉所见职官释证》，《中国国家博物馆馆刊》2016 年第 4 期，第 78—80 页。

② “臣某”的意义和君臣关系，参见［日］尾形勇：《中国古代的“家”与国家》，北京：中华书局，2010 年，第 119—140 页。相关研究史的整理和反思，参见王德权：《“臣某与唐代君臣关系——学说史的检讨”》，《台湾师大历史学报》第 52 期，第 1—44 页。

关于管呰，目前确知其担任临湘侯国相的时间是嘉禾五年（236）二月，[①] 在他之前嘉禾元年（232）的侯相名为“赵靖”。[②] 除此，另有上文提及的郭姓侯相。许迪割米案的审理至少跨越了嘉禾四至六年（235—237）这三个年头，目前还未发现这期间有管呰以外的其他侯相履任临湘侯国。

Ⅴ署名发出人是潘琬的文书

释文编号	释文	图版长宽（厘米）	所属文书段落
4321	▨ □事录事掾潘琬叩头死罪白 ▨	残	文书首

Ⅵ署名发出人是概称侯相君丞的文书

释文编号	释文	图版长宽（厘米）	所属文书段落
4218	嘉禾六年四月丁卯朔廿七日癸巳□□临湘侯相君丞叩头死罪敢言之	23.2×1.6	文书首
4239	嘉禾四年十一月丙子朔□日临湘侯相君丞叩头死罪敢言之	24.4×1.6	文书首
4248	嘉禾四年十一月丙子朔廿一丙申日临湘侯相君丞叩头死罪敢言之	23.4×1.2	文书首

综上所述，如果按照严格的标准，即使参照揭剥图上各简的位置，我们也很难确切地复原出任何一个册书。因此，笔者只能退一步推断本坨内存在15件左右的上呈文书，但是考虑到文书有叠加和附录的情况，这些文书里很可能还掺杂了嵌套的小文书

① 嘉禾五年二月壬辰朔□□临湘侯相管君叩头死罪白被纸（捌·43646），转引自杨芬：《“君教”文书牍再论——以长沙五一广场东汉简牍和长沙走马楼三国吴简为主考察》，长沙简牍博物馆编：《长沙简帛研究国际学术研讨会论文集》，上海：中西书局，2014年，第184页。

② ▨ □侯相赵□副言部都□□□□部收责起四月一日讫（壹·4439）及▨ 禾元年九月乙丑朔廿日甲戌临湘侯相靖丞祁叩头死罪敢言之（壹·4396正）似乎提示侯相“靖”为赵姓。更重要的是，以上两枚简都出自《竹简〔壹〕》第11盆，而有关侯相“靖”的简绝大部分也出自此盆，细忖此盆所出简文，有不少是关于“靖”处理地僦钱过程中与督邮的文书往来。因此，可推测嘉禾元年的侯相是“赵靖”。在没有公布采集简具体考古信息和盆号时，罗新亦曾有同样推测，见《走马楼吴简整理工作的新进展》，《北大史学》2000年第7期，第339页。盆号和采集简原始状态之间的关系，参见宋少华：《长沙三国吴简的现场揭取与室内揭剥——兼谈吴简的盆号和揭剥图》，《吴简研究》（第三辑），北京：中华书局，2011年，第1—8页。

（即某件文书的一部分）。

B. 下行文书

本坨内还有一些简具有下行文书的书写特征。其一是“如诏书（旁书）科令”。在汉简中，有“如诏书”“如律令”“如某某律令”。王国维最初认为“如律令一语不独诏书，凡上告下之文皆得用之”。不过，随着简牍出土的日益增多，我们发现不只是上行文书，平行和下行文书都可以使用“如律令”用语。① 因此，对“如诏书（旁书）科令”类文书的传送方向还需要借助简内其他命令动作的文书用语进行判断。

“写移”的情况亦大致相同。从本意上说，写就是抄写，移就是传送，不一定专指上行、平行或下行文书。② 从汉简的实例来看亦是如此，如“谓甲渠候官：写移，书到，会五月旦，毋失期，如律令。/掾要、守属延、书佐定世”（《合校》42·20A）便是写移的下行文。而居延新简的“建武三年三月丁亥朔己丑城北隧长党敢言之。乃二月壬午病加两脾雍種，匈胁丈满，不耐食饮，未能视事，敢言之。三月丁亥朔辛卯，城北守候长匡敢言之。谨写移隧长党病书如牒，敢言之。今言府请令就医（浓墨草字）”（E. P. F22: 80－82）③，简文的 1—3 行是建武三年（27）三月城北隧长党向上级报告自己从二月以来生病不能视事的情况，4—5 行是城北守候长匡又于三月辛卯日向甲渠候官呈报此事的说明，第 5 行的草字则是甲渠候官相应主官的批示，④ 说明此件标有“写移”的文书其实是上行文书。

在综合分析简文内容的基础上，归纳两类下行文书如下：

Ⅰ“如诏书（旁书）科令”类

释文编号	释文	图版长宽（厘米）
4000	谇让承书区处[皆][处]言会月廿日皆如诏书科令	23.7×1.3
4040	别函言勿失限会日[如]督军都尉[旁][书][科][令]	23.5×1.2
4276	应遣主者[考][实][不][得][稽]留[如][诏][书][科][令]	24.4×1.7

① 汪桂海：《汉代官文书制度》，南宁：广西教育出版社，1999 年，第 103—105 页。［日］鹰取祐司：《秦漢官文書の基礎的研究》，东京：汲古书院，2015 年，第 157—168 页。

② 李均明、刘军：《简牍文书学》，第 170—171 页。

③ 甘肃省文物考古研究所、甘肃省博物馆、中国文物研究所、中国社会科学院历史研究所编：《居延新简》，北京：中华书局，1994 年，释文见上册第 213 页，图版见下册第 494 页。定名参见薛英群、何双全、李永良：《居延新简释粹》，兰州：兰州大学出版社，1988 年，第 130—131 页。

④ 对整件简册的解读见邢义田：《汉代简牍公文书的正本、副本、草稿和签署问题》，《“中央研究院”历史语言研究所集刊》第八十二本第四分，2011 年，第 609—611 页。

续上表

释文编号	释文	图版长宽（厘米）
4024	临湘丞掾写移书到亟促部吏据科正[处]迪罪法所[应][不][得][稽][留][言][如][府][旁][书][科][令]	23.8×1.3

Ⅱ“写移”类

释文编号	释文	图版长宽（厘米）
4049	临湘丞掾写移书到[亟]促[部][吏][考][核]迪[务][得][事]实据	24.0×1.6
4176	临湘丞掾写移书到[亟][促]考核迪[务]得奸情据[科][弹][正][罪]	24.1×1.6
4180	口长沙督军都尉[郡][大]守丞掾写移书到[敕]郡口迪口口	24.2×1.5

以上各简都规定了具体的命令，表面上看，其性质无疑是下行文书的一部分。但是，还有一个问题需要注意：如前所述，上行文书中也会嵌套有下行文书。例如牍5引用了中部督邮的檄，这部分檄文书是下行文书，而整件木牍仍是李永汇报案件审理的上行文书。因此，这里罗列的下行文书无法排除是嵌套于整件文书之内的引用文书，其性质只是暂时拟定。

C. 君教类文书（暂定名）

吴简中发现有大量的君教小木牍，这类简最常见的格式是以“君教”开头，以期会/录事掾“校”，主簿/主记史“省”结束，末尾还会简要描述要汇报的事务。① 本坨内尚有为数不少的简采用相同的书写格式，兹整理如下：

释文编号	释文	图版长宽（厘米）
4172	君教　嘉禾[四]年[十][一][月][十][四][日][己][丑][书]	24.1×1.5
4311	口君[教]　嘉禾[五]（?）[年]……	23.7×? 右侧断裂
4111	丞缺	24.5×1.6
4251	[丞]（?）[缺]（?）	23.5×1.3

① 据徐畅统计，收入《长沙走马楼三国吴简》第十卷《竹木牍》的“君教”木牍有78枚，竹牍数量还在统计；益阳兔子山简亦发现写有“君教”二字的公文木简，见《释长沙吴简“君教”文书牍中的“掾某如曹”》，《简帛研究》二〇一五秋冬卷，桂林：广西师范大学出版社，2015年，第227、236—237页。此外，长沙五一广场东汉简中也有类似的“君教”文书。对“君教”简文书格式的总结和已刊部分的集成，见徐畅：《走马楼吴简竹木牍的刊布及相关研究述评》，第41—47页。

续上表

释文编号	释文	图版长宽（厘米）
4141	丞（?）缺（?）	24.6×1.2
4164	⧄□□曹掾邓□校	上残×1.6
4230	录事掾潘琬校　⧄	23.8×? 左侧断裂
4271	录事掾潘琬校	22.6×1.5
4290	录事掾番琬校	23.1×1.5
4115	门下功曹史烝若省	24.0×1.6
4280	主簿　省	23.0×1.5
4303	⧄　主簿　省　⧄	下残×1.5
4267	……嘉禾六年四月廿日金曹掾□□□□□都盐食□□ □盐贾□米一百一十二斛六斗八升军法草	23.2×1.7
4307	……嘉禾四年十一月十七日兼金曹□李珠白言郡吏 许迪割盗盐米一百一十二斛六斗八升结正罪法	24.0×1.6

4267和4307这两枚简上侧编痕以上位置有浓墨，或本来有字，或是故意涂画。从揭剥图上看，两枚简相距较远，不太可能是临近沾染的。4307这枚简“结正罪”后存在明显的编痕，或本有“草”字，后被磨灭。

（二）定期文书

除了不定期文书，Ⅱ－C－㊴号揭剥图对应的这坨竹简还包含几种定期文书，主要是仓吏的账目及吏民人名年纪口食簿。根据笔者的整理，仓吏账目有《嘉禾元年七月受米莂》《嘉禾二年十月受米莂》《嘉禾二年十一月受米莂》《嘉禾二年八月受米莂》《嘉禾二年九月受米莂》和《嘉禾四年六月出（受）米莂》《某年十二月旦簿》（捌·4331是承余简）及少量不明年份乡丘的《吏民人名年纪口食簿》。《嘉禾四年六月出（受）米莂》只有一枚简，据简文应与割米案有关，此简处于揭剥图边缘，其他部分散断到何处，无法确知，罗列于下。但是，其他出入米记录与许迪案的关系不明确。参照与Ⅱ－C－㊴相邻的揭剥图，同样含有嘉禾二年的出入米莂，有一种情况是这些簿书皆为阑入简。同时，据“尚书前言长沙郡所领嘉禾二年官盐簿溠口典盐吏许迪卖盐”（捌·4082），似乎也存在审判许迪过程中调集嘉禾二年相关簿册的可能性。依照严格的标准，暂不集成这些关系不明的竹简。

A. 仓吏账目

Ⅰ嘉禾四年六月一日讫卅日黄瑛所出（受）米莂

释文编号	释文	图版长宽（厘米）
4076	出郡吏许迪所领三年盐贾吴平斛米一百一十二斛六斗八升擿量　嘉禾四年六月一日关邸郭嵩付仓吏黄瑛受	23.8×1.0

这枚简记录了许迪出（入）米的数量和经手的吏名。从书写格式看，应属于出（受）米莂。以本幅揭剥图涉及的竹简为例，这类莂券完整的书式是

入西乡嘉禾二年租米五斛▆[嘉][禾][二]年十月十五日锡丘男子高祺关邸阁李嵩付仓吏黄讳史番虑受　[中]（捌·4098）

此外，尚有一些莂券在剖除时发生错位，如“[╱][禾]二年租米五斛▆嘉禾二年十月廿五日
……大男娄宜关邸阁李嵩付仓吏黄讳史
坪中丘大男娄宜关邸阁李嵩付仓吏黄讳史”（捌·3986），说明这些简应是同时抄写两到三份，而后剖开，由不同人持以为凭证。①

但是，这枚莂券与常见的受米莂在简文和物理性质上仍有些不同。其一，据牍3简文所述“迪以四年六月一日，偷入所割用米毕，付仓吏黄瑛受”，则简中“出”米实为“入”米。其二，此简虽有模糊的编连痕迹，但没有标明破莂符号。其三，一般而言，入税米莂长度多在24.7—25.9厘米之间，形制较为特殊，② 而本简却不符合这样的形制特征。因此，此“出（受）米莂”的制作过程值得重新考虑。

首先，由于许迪将割用米交给黄瑛是后来偷入的，因而经手人有可能发生误书，并使用了与惯常形制有异的竹简，这是对以上诸问题的一种解释。不过，《竹简〔捌〕》中完全不见“黄瑛”受米的其他记录，且此简也无法与本坨内的其他竹简进行编连。当然，细检揭剥图，该出（受）米莂位于本坨的边缘，与它原有编连关系的竹简可能发生了位移。但是，按照平视图（图1）和侧视图（图2），择出此简前后左右关系的简文，可见皆为文书而非簿册。那么，这枚出（受）米莂或许是负责的县吏为了调查许迪割米，自原来成卷的受米莂中抄出来，与某些特定文书编连在一起，因而形制与常见莂券不同。此为另一种解释。

---

① 侯旭东：《长沙三国吴简三州仓吏“入米簿”复原的初步研究》，《吴简研究》第2辑，武汉：崇文书局，2006年，第2页。

② 侯旭东：《湖南长沙走马楼三国吴简性质新探——从〈竹简（肆）〉涉米簿书的复原说起》，《长沙简帛研究国际学术研讨会论文集》，第64页。

三、“许迪割米案”相关文书的性质与汇集

以上对许迪割米案相关的不定期和定期文书做了集成研究，下面结合各类文书的特点，对案件涉及的簿籍、文书的性质与汇集做些分析。

首先，关于文书性质。牍1、牍3、牍4三件木牍皆有批示。因此，对于制作文书的临湘吏而言，它们无疑是正本。

定名不明的上呈文书内则存在大量草稿。如前所述，署名发出人是君的文书中所谓“君”，并不专指某位临湘吏，而应该是对临湘侯国相的敬称。但是，为何一件上行文书没有遵循“自卑而尊人”的规范称名，却对签署人采用敬称呢？笔者推测这些署名为“君”的文书应该是临湘侯国小吏替侯国相草拟的草稿，因此还保留有了敬称。在正式的上呈文书中，“君”会被替代成侯相的姓名。①

本坨内还有一些简的内容和书写格式几乎完全一样，有些简的编号距离很近，在揭剥图上位置相连，字迹、形制则有异有同。兹征引如下：

释文编号	释文	图版长宽（厘米）
4188	结罪应斩小让[illegible]	23. 2×1. 3
4189	状结罪应斩小让黵没入为生口妾于科不坐八冰等别居	24. 2×1. 6
4192	录迪考实辞情据科弹治罪法所应摄录家属	23. 5×1. 6
4202	情据科弹正罪法所应遣主者□□□解诣府□□□	23. 4×1. 5
4203	辞情据科弹治罪法所应摄录家属……	24. 1×1. 6
4245	⧄……一千五百迪凡臧十六万九千廿案辛丑科罪	上残×1. 2
4268	□□斛直钱一千五百迪凡臧十六万九千廿案辛丑科罪□⧄	下残×1. 2
4061	尚书前言长沙郡所列嘉禾二年官盐簿溹口典盐掾	23. 2×1. 4
4082	尚书前言长沙郡所领嘉禾二年官盐簿溹口典盐吏许迪卖盐	23. 9×1. 5

产生以上这种现象的原因有两种可能性：其一是这些简从属的文书存在嵌套或者附录的情况，那么在不同的文书流程中可能反复抄写某些相同内容，这些简文就是此

① 汉简中存在用“厶”符号代替长官之名的草稿，相关研究参见邢义田：《汉代简牍公文书的正本、副本、草稿和签署问题》，《“中央研究院”历史语言研究所集刊》第八十二本第四分，2011年，第655页。

类被重复的内容。其二，它们也可能是尚在作业中的发文，因为一些特殊原因没有使用而被废弃。[1]

此外，笔者还注意到本坨内有多枚竹简提到“傅前解”或“解书”，计有“罪无应坐者乞傅前解答言书　诣⧄”（捌·4143）、“谭言谨列言乞傅前解君诚惶诚恐叩头死罪々々敢言之”（捌·4160）、“已列言乞傅前解诣司盐曹”（捌·4193）、“一十二斛六斗八升具服依科结正罪法尚解书诣府口口”（捌·4232）、“前已列言乞傅前解行迪军法乞严下隽隐核迪家中人悉如⧄”（捌·4255）、“如牒乞傅前解行迪军法录事掾潘琬校……”（捌·4278）。从牍3的简文看，一件文书一般只登录一次“傅前解”的请求。据此推测，许迪案应该形成了大量的“解书”或“解状”，[2] 以作为上呈文书的附录。所谓“解状”，是官府送报上级的公文，内容当有囚犯姓名、罪状以及主官的判案。[3] “解”的前身可能是应对汉简中的“解何”（即来自上级的验问质询）而来，本来是临时性的文书应答，常态化之后就形成了“解状”。[4] 目前，笔者还无法确定本坨内哪些简可以归属为“解”，但考虑到“解书”数次附录，而前引表格内的散简反复出现，某些简文似乎也符合从传世文献得来的对“解”的认识。会不会有一部分竹简是解书的内容，还需要做进一步推定。

君教简是县廷在日常运作中产生，汇总诸吏工作，以供侯相批示的一种文书。而以往发现的这种文书多以牍的形式出现，[5] 在牍前应附有相关事务的文书或簿册。[6] 然而，本坨所见君教类文书是以竹简形式出现，角谷常子在研究居延简的时候，提出草

---

① 邢义田：《汉代简牍公文书的正本、副本、草稿和签署问题》，第627—628页。

② 王素、宋少华亦有类似推测，见《长沙吴简〈录事掾潘琬白为考实吏许迪割用余米事〉释文补正》，第279页。

③ 唐长孺：《读史释词·释解》，收入《魏晋南北朝史论拾遗》，北京：中华书局，1983年，第261—265页。唐先生的结论是在分析《三国志》卷41《杨洪传》注引《益都耆旧传杂记》述何祗事之后得出，乃诸郡向牧府汇报的公文。

④ 关于牍3里“解”与“傅前解”的分析，参见王彬：《吴简许迪割米案相关文书所见孙吴临湘侯国的司法运作》，第78—79，88—91页。汉简里的“解何”，参见刘晓满：《关于“解何”与“验问”：汉代行政质询考》，《北京师范大学学报》（社会科学版）2012年第3期，134—137页。沈刚：《居延汉简语词汇释》，北京：科学出版社，2008年，第267页。

⑤ 关尾史郎也注意到牍之外有竹简形式的君教，见《从出土史料看〈教〉——自长沙吴简到吐鲁番文书》，魏晋南北朝史的新探索——魏晋南北朝史学会第十一届年会暨国际学术研讨会，北京，2014年10月12－15日。

⑥ 关于君教简的性质和编连，参见侯旭东：《湖南长沙走马楼三国吴简性质新探——从〈竹简肆〉涉米簿书的复原说起》，第70—72页。

稿用单行简的情况较多，也有使用两行的情况，视是否修改而定，正本则使用两行。① 但是，捌·4230、捌·4271、捌·4290、捌·4115这四枚简皆有签署，其字迹不同于文书正文，与已知简例十分接近（图3）。② 那么，这些简应是已经形成的正式文书，其前缀的文书明确有两件，分别是嘉禾六年四月廿日（捌·4267）和嘉禾四年十一月十七日（捌·4307）制成。同时，在前举A·Ⅵ“署名发出人是概称侯相君丞的文书”中，有两枚简显示制作时间是嘉禾六年四月廿七日（捌·4281）和嘉禾四年十一月廿一日（捌·4248），恰好就在前举那两枚君教简日期之后数日。或许，捌·4281和捌·4248所涉上行文书正是县吏根据长官的批示，在捌·4267和4307对应的君教文书基础上，草拟的侯国相向长沙郡汇报的文书草稿。

前文笔者简要地分析了许迪割米案相关文书的性质，在此基础上，还需要对产生这些文书的行政过程进行讨论。

按照简牍总平面分布图，可见竹木牍多集中在《竹简〔捌〕》整理区位的南侧。③ 如果默认吴简遗弃井中的位置与竹简在使用中的保存状态存在一定对应关系，那么，Ⅱ-C-㊴号揭剥图涵盖的这坨简与四枚木牍应分属不同的文书处理环节，具有不同的性质，因而也分开收贮为档案。从前文分类集成的诸种文书看，本坨竹简内有相当一批是县吏以君或侯相丞名义拟定的呈文草稿。君教简则是草拟的基础文件和依据。其他一些署名发出人是廖咨、赵谭、这贵、潘琬的文书原应与君教简编连起来，是请示文书的一部分。下行文书可纳入上行文书的嵌套之内。所以，笔者推测《竹简〔捌〕》涉及的许迪割米案相关文书应该只有侯相向长沙郡汇报的呈文草稿和君教简两类。如果把视野从文书投映到行政过程，还可发现：虽然许迪割米案在审理时设置了“专案组”，④ 但文书行政仍要经过诸曹系统，这从木牍中反复出现的“乞曹列言府”（牍2、3）、“请以辞付本曹”（牍4）、“诣金曹”（牍2）可以得到证明。大概“专案组”接受各级命令，负责考实、验问许迪割米的情节，先以木牍的方式要求将审理结果上呈郡府（牍2、3），得到侯相“若”的批准之后，再由参与审判的县吏以君教简的形式编缀相关卷宗、向侯相请示意见，并在批示的基础上，形成以侯相名义制作的上行文

① ［日］角谷常子：《秦漢時代の簡牘研究》，《东洋史研究》55卷1号，1996年，第211—224页。同氏《簡牘の形狀における意味》，富谷至编：《邊境出土木簡の研究》，京都：朋友书店，2003年，第89—118页。

② 君教上的签署问题，参见王彬：《汉晋间名刺、名谒的书写及其交往功能》，《出土文献》（第八辑），北京：中西书局，2016年，第230页。

③ 据长沙简牍博物馆宋少华先生介绍，牍1-4与《竹简〔捌〕》中许迪案相关竹简不是从同一区位出土，具体发掘位置待定。

④ 王彬：《吴简许迪割米案相关文书所见孙吴临湘侯国的司法运作》，第74—79页。

书草稿，呈交给门下机构查验、清定，从而形成了本坨竹简。① 因此，考虑《竹简〔捌〕》涉及的许迪割米案文书至少跨越了三个年头，则其最初保存时应不是按照时间的原则。而木牍与竹简的分开放置，提示我们门下的主簿或主记史是按照文书流程的不同步骤，给“专案组”审理许迪时产生的文书进行归档的。

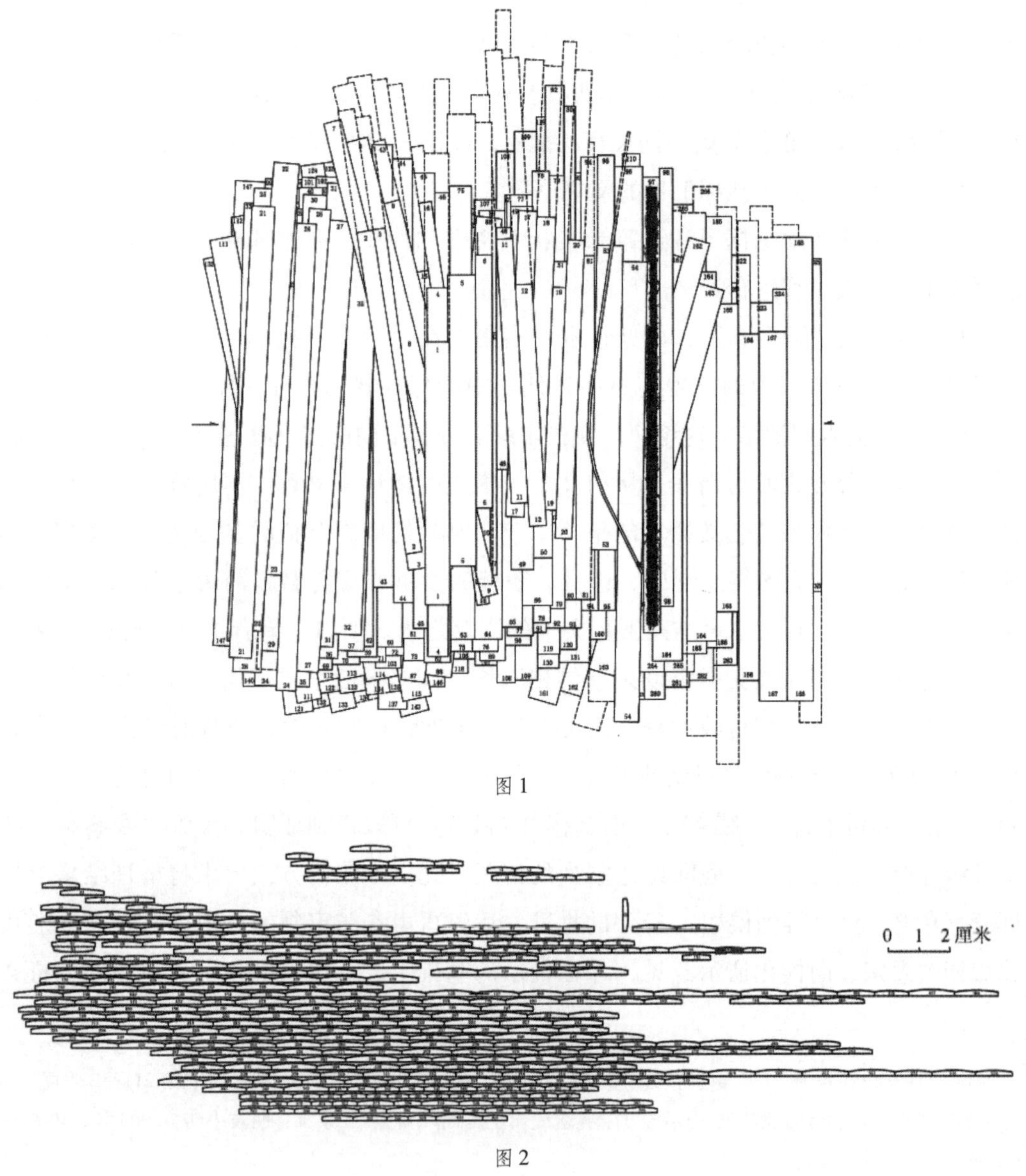

图 1

图 2

① 门下机构接受诸曹草拟文书的问题，侯旭东曾以涉米簿书这类定期文书为线索加以说明，见侯旭东：《湖南长沙走马楼三国吴简性质新探——从〈竹简肆〉涉米簿书的复原说起》，第 72—78 页。

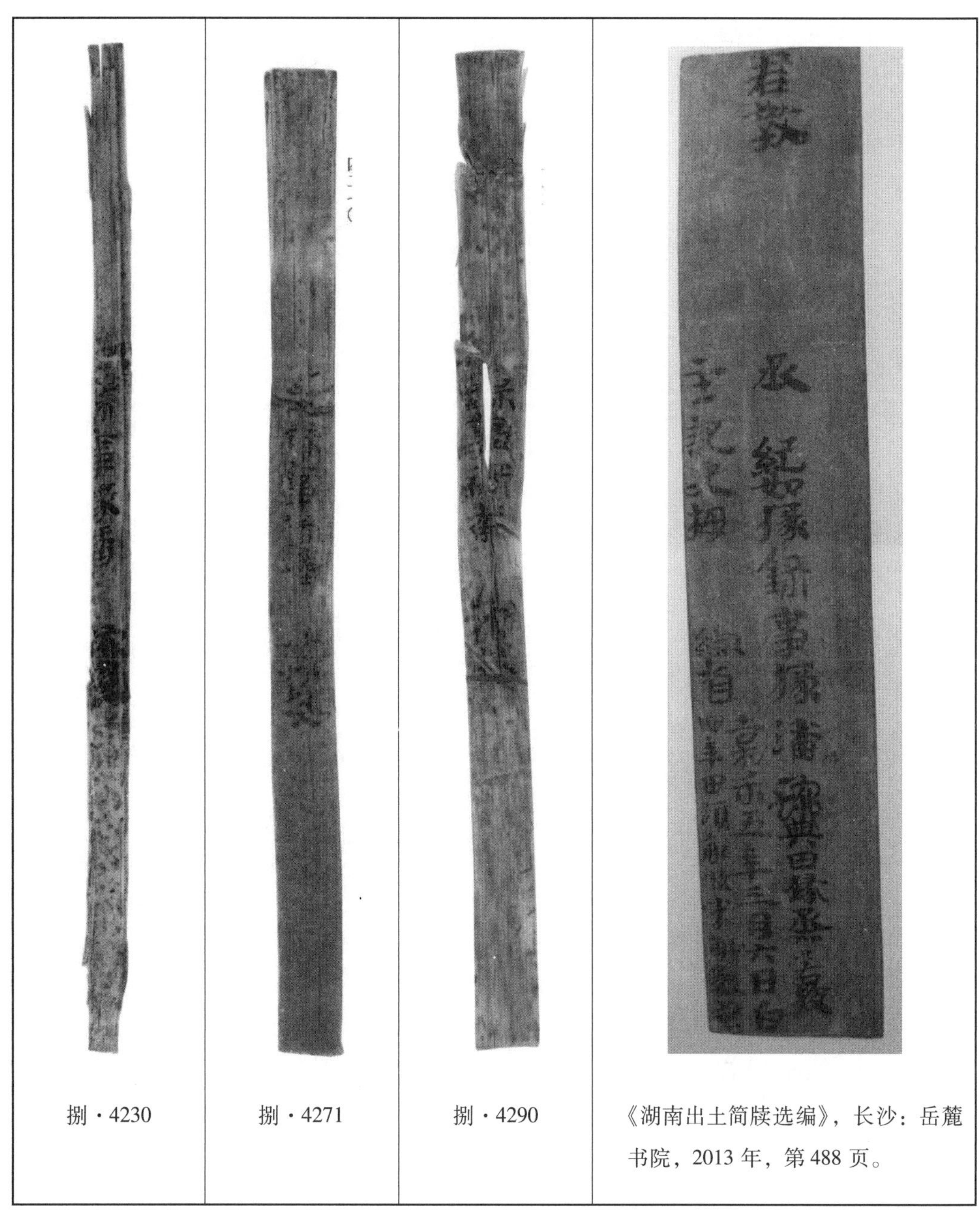

捌·4230	捌·4271	捌·4290	《湖南出土简牍选编》，长沙：岳麓书院，2013 年，第 488 页。

图 3

附记：本文曾在“纪念走马楼三国吴简发现二十周年长沙简帛研究国际学术研讨会”（2016 年 8 月）和“清华大学史学沙龙”上提交讨论，写作修改过程中先后得到了侯旭东、魏斌、阿部幸信、王振华、郭伟涛等先生的指正。

文书学与文献学视野下的中古以降社会变迁

最早的"玉门关"故址研究史最新述评

——敬献此文以贺姜伯勤先生八十大寿

谭世宝（澳门理工学院）

引　言

姜伯勤先生年届杖朝，及门弟子与好友要出一本学术论文集以贺之。予忝列"七七级"之籍，为先生指导的首位优秀学士学位论文之徒，献上一篇"精心"的拙作为先生祝寿，实属义不容辞。回想当年入学之时，予年已廿八。此前，于初中三年级就被全国进行的停课革命运动"辍学"了三年。随后于1968年末被卷入"上山下乡"之浪潮，到英德硫铁矿当过八年矿工。期间曾自学先秦诸子百家、唐诗宋词，以及《史记》《汉书》《资治通鉴》等中国古代文献，写过一些反对当时"革命"潮流的评论儒家、法家之文。后期还以"知识青年"的工人身份，参加过广东省修订《辞源》的编纂工作。承蒙在社会工作中所结识先生的一位同窗好友黄绍衣①之推介，故能于入读中大历史系之初，便慕先生之名而时常登堂入室，请益问学。先生既知予在治学为人方面的独立不羁性格而友待之，不断以其丰富的为人治学之经验点拨之。使予在读书做学问之外，还知道一些当代已故著名学者例如陈梦家先生的悲惨命运故事，更知先生当时内心最看重的同行学者，有哪几位最为出类拔萃。令予在历史转折的复杂学术环境中，知所警惕借鉴，有所师法学习。予亦因此而从先生治前所未闻之敦煌学，并且率先致函日本敦煌学大师池田温先生求教并求取研究参考资料，从池田先生的回信而知先生在敦煌学界乃至东洋敦煌学界的影响。最后，予在先生指导下，完成了研究敦煌文书的学士学位论文《西魏大统十三年计账户籍文书之研究》。此文后来获山东大学王仲荦先生垂青，收入其所主编的《历史论丛》第6辑（济南：齐鲁书社，1986年），并且以此作为1987年破格录取予直接成为其博士研究生的一个重要因素。

---

① 黄绍衣是潮汕地区著名留日教育家、中山大学早年之中文数学两系教授黄际遇先生的嫡孙，其曾在1956年与姜伯勤、江升日组成科研小组，在刘节先生指导下，做了一部《张衡传》。见姜伯勤：《杜国庠先生与陈寅恪先生——兼释陈寅恪先生诗"西天不住住南天"句》，《广东社会科学》2009年第6期。

常言道：授人以鱼，不如授人以渔。回忆姜先生授予治学之门径方法既正大光明，且详细具体，令予少走弯路而直接探骊取珠。其最令予终身恪守而受大益，永志不忘而要与大家分享者，就是先生谆谆诲予：凡著论发文，必须对别人之新成果、新观点充分了解和尊重，必须在有关研究史论述清楚。对于老师或同学首先提出的新观点和新资料，不论是私下口述的还是正式发表于书刊论著的，都不能暗中取作自己的东西发表，只能作公开说明的转引，而且必须公开表示感谢。在学术道德的底线时被挑战的当下，更觉先生当年所授予金玉良言之可贵可宝！特此记述，既表对先生永远的衷心感谢，又望能永流广传，供同仁分享。

先生八十，予亦“奔驰（七）”。孔子曰：“父母之年，不可不知也，一则以喜，一则以惧。”予于此际，喜惧交集。唯愿祝寿之文与贺寿之会，可以去惧增福添喜。皆大欢喜，同庆共享姜先生的生辰快乐！特献贺诗，以作此引之结：

贺姜伯勤先生八十大寿

壮岁识荆得益多，暮年颂柏九如歌。
良朋好友同声贺，八十明星耀银河。

一、本论文之缘起

今人在介入已经有相当多人研究并有重大争论的历史疑难问题时，都必须首先充分研究清楚相关的原始文献资料，以及前人的研究历史过程与成果，才可以撰写出有新资料及新见解之论著。否则，就会违反历史学术研究的基本学术道德规范，写出无意或有意地遗漏或掩没或误解或否定前人成果的伪创新劣作。

最近，笔者与洪光慧女士合撰《西汉初设的“玉门关”故址新探》一文，① 参加了“玉门、玉门关与丝绸之路历史文化学术研讨会”，并在大会作了主题发言。② 我们之所以撰写此文，是因为自1940年以来，并无一全面记述有关研究史的文章。故我们在较为全面研究有关历史文献资料和前人成果的基础上，重点编写了《厘清历年学者有关玉门关故址的歧见源流简介表》，③ 以列表的方式把有关学者的论著罗列并略加点

---

① 中共玉门市委、玉门市人民政府、酒泉市文物管理局、甘肃省敦煌学学会、甘肃省历史学会等主办的《玉门、玉门关与丝绸之路历史文化学术研讨会文集》（以下简称《玉门关研讨会文集》）稿本第17—33页，甘肃玉门市，2017年8月。

② 中共玉门市委、玉门市人民政府、酒泉市文物管理局、甘肃省敦煌学学会、甘肃省历史学会等主办的“玉门、玉门关与丝绸之路历史文化学术研讨会”会议主题发言，2017年8月27日上午。

③ 见同上《玉门关研讨会文集》稿本，第20—26页。

评，对早期向达、夏鼐等人的观点以及近年流行将最早的玉门关遗址定在嘉峪关的石关峡之看法，都略加剖析，重新确立王国维以二重证据法所定最早玉门关遗址在西汉玉门县的正说。① 鉴于此文远未能做到题无剩义，前人旧作仍有遗珠，而今人之新文不断，故对前文《厘清历年学者有关玉门关故址的歧见源流简介表》再加补充完善，对有关研究史作更全面深入述评的基础上，提出一系列新观点，就教于学术界内外的同仁。

二、 民初以来有关最早的玉门关故址诸家论著简介表

为了便于大家详细地了解相关研究史，现将《西汉初设的“玉门关”故址新探》之表增补，把最早从二十世纪初的斯坦因至2017年本次会议的百年来，诸家有关最早玉门关故址的歧见衍变源流的论著列表简介如下（按出处时间为序，以斯坦因最初所主东汉玉门关位于敦煌 T. XIV 遗址即东汉小方盘城为“一说”；以沙畹所主位于敦煌以东为“二说”，王国维所主位于汉及今之玉门县为“二说之一”，以其余大同小异者递增为“二之某说”；以向达、夏鼐所倡西汉玉门关一直在敦煌，并无所谓西迁或东迁之论为三说，以其余大同小异者所主位于敦煌的其他地方者递增为“三之某说”。）：

序次	姓 名	对玉门关初地之见及派别	文题或书名及出版资料
1	［英］斯坦因（Aurel Stein）	创一说。约在1907年4月20日，其据T. XIV的古城遗址考古发现得出新结论，认为东汉时期的玉门肯定位于这个地方。其于22日研究新发现的文物后又再次重申：公元后的前200年（谭案：即西汉末至东汉以后）间，这个要塞和砾石遍布的山丘就是玉门所处之地。在敦煌附近西北的小方盘城。（注意：斯坦因原文“Jade Gate”的汉语原意为“玉门”，巫新华译本多作“玉门”，有时作“玉门关”）。	Aurel Stein：*Ruins of Desert Cathay*：*personal narrative of explorations in Central Asia and westernmost China*（有直译为：《沙漠契丹［谭案：*Cathay*应译为中国而非契丹］废墟记——在中亚和中国西陲考察纪实》）. VOL. II. pp. 118、120－122，London ：Macmillan and Co. 1912. 巫新华、伏霄汉译：《斯坦因中国探险手记》第三卷646、649—650页，沈阳：春风文艺出版社，2004年。

① 见同上《玉门关研讨会文集》稿本，第26—33页。

续上表

序次	姓　名	对玉门关初地之见及派别	文题或书名及出版资料
2	［法］沙畹	拟补正一说，而提出两说。其先据《史记·大宛列传》：“太初二年……天子闻之大怒，而使使遮玉门曰：军有入者辄斩之。贰师恐，因留敦煌。”以证太初二年（前103）前之玉门关尚在敦煌之东某地，其徙敦煌西北，则为日后之事。此虽未明确提及玉门关在敦煌之东何处，但已被王国维吸收发展而创立二说之一。然沙氏又提出自相矛盾的可能之说，“疑九十四度稍西之废址，为太初以前之玉门关”。王氏否定此一疑说，认为九十四度稍西之废址仍在敦煌以西。日后诸家聚讼，由此滥觞。	沙畹之论原见沙畹转译并出版：《文书 奥雷尔·斯坦因从中国新疆大沙漠所获汉文文书》（异译作《斯坦因在东土耳其斯坦沙漠所获中国文书考释》）的序论，伦敦：克拉伦登出版社，1913 年。（*Documents Les documents chinois découverts par Aurel Stein dans les sables du Turkestan oriental*, publiés et traduits Par Édoudar Chavannes. Oxford, Clarendon Press, 1913.）去年笔者与大多数人一样未见沙畹原书，主要参考王国维的《流沙坠简序》所述沙畹此论。现在已经找到原书并查看了其序论。
3	王国维	运用其倡导的二重证据法，确立二说之一，具体证明太初以前玉门关当在酒泉郡玉门县。认为西汉玉门县位于酒泉至敦煌的孔道上，太初二年以前的玉门关当置于此，而后晋高居诲所说的玉门关实即自汉迄今之玉门县也。又以清光绪十七年（1891）陶保廉著《辛卯侍行记》所述里程为主据，认为距敦煌城“西北百［按：《观堂集林》本误漏此“百”字］六十里之大方盘城”“则当九十四度稍西之废址，实为太初以后之玉门关。而当九十三度三十分者［按：即小方盘城遗址］，当为玉门以西之他障塞”。	罗振玉、王国维：《流沙坠简》的王《序》（撰于民国甲寅正月晦日，即1914 年 2 月 24 日），日本京都：东山学社，1914 年。1934 年修订后再版。1993 年，北京中华书局据 1934 年版加《出版说明》及阿拉伯数字新页码，重新影印出版。这与当今大多数学者引用的《观堂集林》（成于 1921 年）的《流沙坠简序》有很多差异。前者为 3—12 页，每页 15 行，每行 34 字，后者为 819—834 页，每页 13 行，每行 24 字。前者记撰序时至日，后者记撰序时至月。
4	王国维	二说之一的发展，以所见斯坦因“纪行”修补完善二说之一。	王国维：《观堂集林》第 834—839 页的《流沙坠简后序》，撰于甲寅三月（1914 年 3 月 27 日—1914 年 4 月 24 日）间，《流沙坠简》不载此序。

续上表

序次	姓　名	对玉门关初地之见及派别	文题或书名及出版资料
5	王国维	二说之一的发展，主旨同上。据斯氏原文图所记汉简发现地“东迄于九十四度二十分”，修正王序所据沙畹序录称斯氏“汉简之地迄于东经九十四度三十分”之误。	王国维：《流沙坠简》第249—250页的《跋》，撰于甲寅上巳日之后二日（1914年4月20日），《观堂集林》不载此《跋》。
6	王国维	主旨同上，以所见斯坦因“纪行”的简牍编号及发现地等情况列表，修补完善二说之一及以前考释之漏误。	王国维：《流沙坠简》第283—294页的《附录》，撰于甲寅4月7日（1914年5月1日），《观堂集林》不载此附录。
7	［英］翟理斯（Lionel Giles，又译作翟林奈、吉尔斯、吉列斯）	以唐末《敦煌录》（S. 5488）的传说为据，主张最早的玉门关就在阳关，反对二说，实为后出的三说之滥觞。其方法与结论，皆被斯坦因否定。（参见下引巫新华等译：《西域考古图记》第2卷第359、413页；赵燕等译：《从罗布沙漠到敦煌》第142—144页。）	*Tun Huang Lu*: *Notes on the District of Tun-huang*. Journal of the Royal Asiatic Society, 1914, pp. 703-728.
8	斯坦因	王国维的二说之一具体深入的发展。主要受王国维的影响，加上其于1914年的考古新发现，而衍生出最早（公元前103年以前）的玉门关位置的两种可能的判断：其一是在于今玉门镇以北约十五英里的石河屯（Shih-êrh-tun，正译为十二墩）村附近（地图85. A.2）；其二是在布隆吉（Bulungir）和安西（Anhsi）之间的一处关隘（地图83. B.2）。认为是在后来的几年间（至迟在公元前96年）才一度将玉门关延伸到敦煌以西的T. XIV（又称小防［方］盘城）的遗址处。	原书名：*Serindia*: *detailed report of explorations in Central Asia and westernmost China*, Oxford: Clarendon Press, 1921. 原名简译为：塞林堤亚，全译为《西域——中亚及中国西部地区探察之详尽报告》，巫新华等译改称《西域考古图记》，引文见其第2卷第391—395页、409—411页，桂林：广西师范大学出版社，1998年。又赵燕等译：《从罗布沙漠到敦煌》（基本是前书的第14—19章的异译），故有译其391—395页这部分，而没有译前书第20章的409—410页这后一部分的两种可能的判断。见其书第48—49页的图13、图14，236、254、260—272页，桂林：广西师范大学出版社，2000年。

续上表

序次	姓　名	对玉门关初地之见及派别	文题或书名及出版资料
9	斯坦因	继续在前述西域考古图记的观点上作补正发挥。例如，中译本将前书误译的石河屯（Shih－êrh－tun）改正为“十二墩”。对十二墩一带的西汉长城遗址的历史地理与文物作了更详细的记述。并且将此地的小方盘城等与敦煌以西的同类建筑作了比较研究。	原书名：*Innermost Asia：Detailed Report of Explorations in Central Asia，Kansu and Eastern Īrān*，Oxford：Clarendon Press，1928. 原名中文全译为《亚洲腹地——在中亚、甘肃和伊朗东部考察的详尽报告》，巫新华等译改称《亚洲腹地考古图记》，桂林：广西师范大学出版社，2004 年，有关内容见第 1 卷第 524、527、529、533、542—544 等页。
10	斯坦因	受沙畹尤其是王国维的影响，承认公元前 108 年时的玉门关应“远在敦煌以东稍远的地方”［此为巫新华译文，向达译作“在敦煌稍东的地方”，有点失准。而下文对后出的敦煌以西的玉门关遗址的地点年代的译注皆相当含糊（要费劲研究其前后文，才知其年代约在公元 1 世纪初）。所附注照片又都全部省略，不知所云。巫新华等译文则较为清楚而附有全部照片，明确注明其在小方盘城］，这就显得有点自相矛盾。而且下文又说“玉门县就是从后来的玉门关得名的”，也不知所云。	斯坦因的通俗演讲录单行本：*ON ANCIENT CENTRAL－SIAN TRACKS*. London：Macmillan and Co. Limited，1933. 向达译：《斯坦因西域考古记》第 126—127 页、134—135 页，上海：中华书局，1936 年；巫新华译：《沿着古代中亚的道路：斯坦因哈佛大学讲座》第 186 页正文、187 页插图 73，以及 197—199 页，桂林：广西师范大学出版社，2008 年；向达译本有略为增改的插图本，收入杨镰主编：《西域探险考察大系》，乌鲁木齐：新疆人民出版社，2010 年；还有删节书名为《西域考古记》的加插图兼加边注原外文页码，后加索引之本，北京：中华书局，2016 年。
11	张维华	最早据向达译《斯坦因西域考古记》第十一章，正确指出玉门关原在敦煌以东，酒泉以西某处，后随国防线伸展而移动。何时移至喀喇淖尔以西，无考。	《汉置边塞考略》，《齐鲁学报》1941 年第 1 期，第 55—77 页。

续上表

序次	姓　名	对玉门关初地之见及派别	文题或书名及出版资料
12	劳　榦	在完全不提研究史的情况下，直接提出含糊的二之二说，以汉玉门县不同于今玉门县，试图修正完善王国维二之一说，认为汉玉门关可能在赤金峡或嘉峪关。两者不易抉择。	《两关遗址考》，《中央研究院历史语言研究所集刊》11 本第 287—296 页，1943 年。
13	向　达	对斯坦因和王国维之说的源流变化缺乏全面了解，只作片面而错误简介，就否定二说及其衍生的各说。将史记所记最早的玉门解为只指玉门县而不指玉门关，再取斯坦因说的前部分创造出第三说，力主西汉玉门关一直在敦煌，并无所谓西迁或东迁。	《两关杂考——瓜沙谈往之二》，原署名方回，题名《玉门关阳关杂考》，载《真理杂志》1944 年第 1 卷第 4 期，第 389—398 页，1945 年修改本载《唐代长安与西域文明》第 373—392 页，北京：三联书店，1957 年。
14	贺昌群	较为系统地介绍沙畹书及王国维的前后书文，原本力赞王国维考释之精审。后受向达解《史记》的“玉门”非玉门关的影响，转而是向说而否王说。	《〈流沙坠简〉校补》，原载《图书季刊》第 2 卷第 1 期，1935 年，论及玉门关部分有受 1945 年向达之文影响而增改，收入《贺昌群文集》第 1 卷第 98—115 页，北京：商务印书馆，2003 年。
15	方诗铭	在正确综述斯坦因、沙畹、王国维、劳榦的论点源流与影响的基础上，指出“并世学者对其（沙畹）说仅有所修订而无所非难”，反对向达对史记的曲解及对沙、王等说的否定，重点维护沙说。同时维护王说，肯定史记初载的玉门即玉门关，在汉及今玉门县内。	原题：《太初二年前玉门关位置在敦煌西北说献疑》，1947 年 1 月 7 日、14 日天津《民国日报·史与地周刊》；约同时发表大同小异之文：《玉门（谭案：或误衍“关”字）位置辨》，《西北通讯》1947 年第 1 卷第 1 期，第 14—16（或误作 17—23）页。

续上表

序次	姓　名	对玉门关初地之见及派别	文题或书名及出版资料
16	夏作铭（鼐）	自称因其将史记的“玉门”判定为非指玉门关之说告诉向达，向才撰文创三说。故其力主三说而否二说。重点否定方诗铭之说。但是却又改口同意《史记》的“玉门”是指玉门关，而另找他证，继续否二说，是三说。暴露其长于考古而短于二重证据的综合研究。	《太初二年以前的玉门关位置考》，原载1947年12月1日《中央日报》（南京）《文史周刊》第70期；《新获之敦煌汉简》，原撰于1947年，补加附录2于1948年，（略本载《中央研究院历史语言研究所集刊》第19本，1948年）。后皆载《夏鼐文集》中册，北京：社会科学文献出版社，2000年。
17	向　达	坚持三说，与夏鼐互为支持，否定二说及其劳榦、方诗铭之说。	《跋太初二年以前的玉门关位置》，1947年9月30日撰，原载《中央日报》（南京）《文史周刊》第71期。后附载于同上书夏鼐之文后。
18	夏作铭（鼐）	继续与向达互为支持，是三说而否二说。	《新获敦煌之汉简》，刊《中央研究院历史语言研究所集刊》第19本，1948年。后载《考古学论文集》，北京：科学出版社，1961年。又载同上载《夏鼐文集》中册。
19	阎文儒	支持向达、夏鼐，是三说而否二说。	《敦煌史地杂考》，《文物参考资料》1951年第5期，第96—125页，具文见114—117页。
20	［日］比野丈夫著，王蕾译	对前人研究得失有较多评论。既反对斯坦因说最早玉门关的第二种可能位置是在布隆吉尔和安西之间。又质疑否定沙、王等说。其虽然未读向文，却力主三说。不足为训。	《汉代的西方经略和两关设置年代考》，原载日本京都：《东方学报》27册第31—58页，1957年第3期，译载《西夏研究》2015年第1期，第92—104页。
21	劳　榦	在肯定其12文的前提下肯定二说的正确，不再提其原本具体主张的二之二说。对前述向达、夏鼐之说提出进一步的否证。	《论汉代玉门关的迁徙问题》，《清华学报（台湾新竹）》，1960年5月新2卷第1期，第49—52页。

续上表

序次	姓　名	对玉门关初地之见及派别	文题或书名及出版资料
22	陈梦家	创三之二说，断玉门关口应在 T14 古城之西或西北，即 T11 - 12 或 T13 - 14a 之间。否二说，认为敦煌以西的玉门关与以东的玉门县可以同时并存。	《玉门关与玉门县》，《考古》1965 年第 9 期，第 469—477 页。
23	马　雍	对三说有所质疑修正，创三之三说。推测西汉玉门关应在小方盘城以西。否二说及三说。并认为玉门关在唐以前已东迁至双塔堡附近。	《西汉时期的玉门关和敦煌郡的西境》，《中国史研究》1981 年第 1 期，后载《西域史地文物丛考》，北京：文物出版社，1990 年，第 11—15 页。
24	吴礽骧	创三之四说，认为玉门关应在今马圈湾与羊圈湾之间一高地，位东经 93°45′，北纬 40°21′。	《玉门关与玉门关候》，《文物》1981 年第 10 期，第 9—14 页及 32 页。引文见第 11 页。
25	赵永复	质疑马雍之文，否定向达、夏鼐的西汉玉门关一直在敦煌之说。虽较倾向王国维之说，但认为彻底解决问题，尚待地下文物的进一步发现。	《汉代敦煌郡西境与玉门关考》，《历史地理》1982 年第 2 辑，第 88—91 页。
26	阎文儒	与上文的敦煌史地杂考大同小异，支持向达、夏鼐，是三说而否二说。	《河西考古杂记（上）》，《社会科学战线》1986 年第 4 期，第 135—147 页。
27	吴礽骧	衍三之 4 说，但暗中将其 23 文推定玉门关位置的文字微改为：在“东经 93°44′，北纬 40°41′”处的羊圈湾。	《汉代玉门关及其入西域路线之变迁》，《中亚学刊》第 2 辑，北京：中华书局，1987 年，第 1—15 页。引文见第 1 页。
28	李并成	只笼统罗列三、二两说（实际是三大派，而且别说甚多，以致误把先后持一、二说的斯坦因归入三说）的主要学者论著，而不论是非。认同三说：主张汉始设玉门关在敦煌西北，并误断所有学者都认为太初二年后至汉亡，玉门关位置都未有改易。还创五代宋初玉门关由唐玉门关（双塔堡）东移至今嘉峪关市石关峡之说。	《五代宋初的玉门关及其相关问题考》，《敦煌研究》1992 年第 2 期，第 89—116 页，同上

续上表

序次	姓　名	对玉门关初地之见及派别	文题或书名及出版资料
29	赵评春	没有引述斯坦因的论著，通过他人的论著误以为斯坦因只有一说。将研究史简单归结为早期持三说的学者对二说的否定。在否定三说的基础上创二之三说，认为玉门关在今陈（谭案：应是玉）门县西北赤金堡一带，与二之二说的赤金峡大同小异。尤其反对吴礽骧三之四说。	《西汉玉门关、县及其长城建置时序考》，《中国历史地理论丛》1994 年第 2 期，第 45—57 页。
30	李并成	其书的“玉门关及其变迁”一节，不提斯坦因的四部书，只论及二、三两说诸家之文。质疑否定其 28 文原本所持之三说各家，改从二说，具体是由劳榦的二之二说的第二种假设的可能，衍生出二之四说：认为汉代最早的玉门关应即道宣所谓“故玉门关”，位于今嘉峪关市西北约 10 公里的石关峡（又名水关峡、黑山峡）。其最大的问题是没有说明根据同样的实地考察和文献资料，何以会由 28 文之说突然转变为此文之说。	《河西走廊历史地理》，兰州：甘肃人民出版社，1995 年，第 237—241 页。
31	纪宗安	不谈研究史，直接用所谓“众所周知”的“汉玉门关在敦煌西，唐玉门关在今安西东”之说。	《丝绸之路新北道考实——兼谈玉门关址的东迁》，《敦煌学辑刊》1996 年第 1 期，第 96—108 页。
32	李正宇	不谈研究史，直接沿用三说，认为玉门位于龙勒县西北一百八十里，建于西汉武帝时，约废于东汉光武帝建武二十七年。	《新玉门关考》，《敦煌研究》1997 年第 3 期，第 1—13 页。

续上表

序次	姓　名	对玉门关初地之见及派别	文题或书名及出版资料
33	刘兴义	对研究史的简述有很大误漏，未提及与其大同小异的李并成30文，而其实也是由劳榦的二之二说的第二种假设的可能，衍生出二之四说a：认为最早的玉门关在今酒泉城北35公里的石关峡，峡长8公里。其后移至玉门县，再移至敦煌的小方盘城。其说粗疏（如将前106年初至105年初的元封六年注为前103年），加上所发刊物的学术级别较低，故一直被错误的研究史记述者隐没，不为人知。	《最古老的玉门关》，《阳关》1998年第4期，第45—47页。
34	吴礽骧	为其24文与27文之说的混合结果，认为西汉玉门关应在羊圈湾高地（方位东经93°44′，北纬40°41′）。	《河西汉代驿道与沿线古城小考》，《简帛研究（2001）》，第336—357页，桂林：广西师范大学出版社，2001年。
35	李并成	是其30文之说与刘兴义33文之说的综合发展，与刘说大同小异。	《汉玉门关新考》，《敦煌文献论集——纪念敦煌藏经洞发现100周年国际学术讨论会文集》，沈阳：辽宁人民出版社，2001年，第129—138页。
36	侯玉臣	反三说，实际是由一说假设的第二种可能创二之五说：主张玉门关始设于瓜州布隆吉附近。	《汉玉门关与西域南北道》，《甘肃社会科学》2002年第1期，第41—42页及52页。
37	侯晓星	主据悬泉置遗址的新发现，力主王国维的二之一说，质疑否定向达的三说。	《西汉玉门关遗址质疑》，《宁夏大学学报》2002年第2期，第63—66页。
38	何双全	完全不顾《史记》最早的“玉门（关）”的记载，单靠年代较后的简牍，否二说而断定汉武帝至昭帝时，玉门关及玉门都尉府驻小方盘城。其后曾由小方盘城往西马圈湾及往东T6B和T5的三次迁移，范围皆在敦煌西北。实为三说与三之四说的混合变种。	《论西汉敦煌玉门关的三次变迁》，《简牍学研究（三）》，兰州：甘肃人民出版社，2002年，第247—262页。

续上表

序次	姓　名	对玉门关初地之见及派别	文题或书名及出版资料
39	纪忠元 纪永元	此文有关研究史的记述，虽提及斯坦因的1、8、9三书而遗漏其第10书，但却将第8书称为《西域考古记》，比通行的译名少了一个“图”字，与第10书的中译名容易混淆。其最大失误是片面地误称斯坦因确认“小方盘城为汉玉门关遗址”。导致上述漏误的主因，就在于他们主编《敦煌阳关玉门关论文选萃》一书“编辑前言”所反映的主流偏见，借口斯坦因及沙畹的书“篇幅甚大”，“其主要观点和材料，在后人的论著中被多次反复引用和申述，不予选收似乎不会有大的妨碍”。其后文在二十世纪九十年代遗漏了李并成30文、刘兴义33文；在2000年遗漏了36—38之文。最后之误是把2001年李并成35文与其1992的28文说成是观点一致可作互证。对于诸家各说，其最后的看法模棱两可，同时肯定李并成与吴礽骧的分歧研究结果。	《两关研究之思考》，纪忠元、纪永元主编：《敦煌阳关玉门关论文选萃》，“编辑前言”第1页，及正文第347—356页，兰州：甘肃人民出版社，2003年。
40	李并成	放弃其第30、35文之说，兼修正其28文的太初二年后至汉亡，玉门关一直在敦煌西北之说，只笼统承认西汉玉门关位于小方盘城或以西等说为学界公认之说。并重申玉门关于东汉由西往东迁至安西县双塔堡附近，五代宋初玉门关由唐玉门关（双塔堡）东移至今嘉峪关市石关峡之说。	《东汉中期至宋初新旧玉门关并用考》，《西北师范大学学报》2003年第4期，第103—106页。

续上表

序次	姓　名	对玉门关初地之见及派别	文题或书名及出版资料
41	潘发俊 潘竟虎	对前人的研究只具体提及斯坦因、侯晓星、侯玉臣。误说斯坦因“认定小方盘城即西汉玉门关”。不提李并成30、35及刘兴义33之文，而其文实由刘兴义的二之4说a衍生二之4说b，主张西汉玉门关即今嘉峪关市内的嘉峪石关。	《汉玉石障地理位置及玉门关变迁考》，教育部科技发展中心：《中国科技论文在线》2004年4月26日。
42	李正宇 李树若	不述研究史，先入为主地认定三说。而其反斯坦因等传播玉门关因西域贡玉而得名之说，认为玉门与金关皆据古典成语命名，言之成理。	《玉门关名义新探——金关、玉门二名互匹说》，《敦煌学辑刊》2005年第1期，第122—127页。
43	李并成	放弃其28、40文所持之说，再次改用和发展其30文而衍生二之4说，主张最早及最晚的玉门关址，都在今嘉峪关市区西北约长10公里的石关峡。同样不提与其说大同小异的刘兴义33文。	《石关峡：最早的玉门关与最晚的玉门关》，《中国历史地理论丛》2005年第2期，第120—124页。
44	潘发俊 潘竟虎	完全没有提及研究史，此文乃其41文之延续。主要以唐宋清文献为据，主张西汉始设玉门关位于距肃州70或75里的嘉峪山石关。又称西汉玉门关、北朝石门、明清石关，乃不同历史时期的同一地名词。	《西汉玉门关地理位置考》，《兰州教育学院学报》2006年第2期，第10—13页。
45	李岩云 傅立诚	虽然对研究史的介绍涉及较多人和论著（包括斯坦因第二书的节译：《从罗布沙漠到敦煌》），但是却笼统地误把从斯坦因到李正宇等八人归为敦煌西北一派，把从沙畹到李并成等七人归为敦煌之东一派。进而改进三之各说，创三之五说，认为玉门关关口和关城应在小方盘城西侧150米处的南北长城线上。	《汉代玉门关址》，《敦煌研究》2006年第4期，第67—73页。

续上表

序次	姓　名	对玉门关初地之见及派别	文题或书名及出版资料
46	李殿元	对研究史的概述，基本沿用李并成28文的误说，实际采纳三说而否定二说及其衍生之说。	《阳关、玉门关、嘉峪关考察》，《文史杂志》2011年第1期，第20—23页。
47	李正宇	其中部分涉及西汉玉门关的前人研究，只参考向达之文，而且只提及沙畹《斯坦因在东土尔其斯坦沙漠所获中国文书考释·序论》、王国维《流沙坠简·序》及向达《两关杂考》，即断定沙、王之说已被向说驳倒。	《新玉门关考》，《瓜州文化遗产学术研究专辑》2011年第18期，第1—13页。
48	潘竟虎 潘发俊	对研究史的记述虽较前人稍详而有重要误漏，能提及1982年以来的25、27、36、37、38等文以及本世纪的李并成40、43文。但没有提及斯坦因的一系列论著及其观点的源流，也不提刘兴义33文。既否三说，又否二之一说，还反对李并成的二之四说，仍主其二之四说b。	《汉玉门关地理位置再考》，《思茅师范高等专科学校学报》2012年第4期，第59—64页。（据此文说，其可能较李并成33及38文早投而迟发，两家竞争最早的玉门关在石关峡的发现权，其实较早应为李并成的30文，只是其先28文及后40文有两次反复自相矛盾而已）
49	段新生	承用吴礽骧23文之三说，定玉门关在今马圈湾遗址西南0.6公里之高地。但最终误把向达的三说作为各家的共识。	《丝甘肃境内长城起点及玉门关略考》，《丝绸之路》2012年第14期，第33—35页。
50	潘竟虎 潘发俊	沿袭其40、44、48等文之说。以清乾隆二十七年《重修肃州新志·关隘》为主据，主张西汉始设玉门关位于距肃州75里的嘉峪山石关。	《汉代以后玉门关位置及丝路古道变迁考》，《普洱学院学报》2013年第5期，第33—40页。
51	潘竟虎 潘发俊	对研究史的记述及所主观点与其48文大同小异。唯增加潘发俊《玉关来远》（《嘉峪关广播电视报》2000年第4.6.），及《嘉峪史话》（甘肃人民出版社，2000），以示其最早发表有关观点。	《西域道“四路五关”考略》，《克拉玛依学刊》2014年第3期，第3—10页。

续上表

序次	姓　名	对玉门关初地之见及派别	文题或书名及出版资料
52	王　蕾	其中硕士论文中的《玉门关的位置及其东汉迁移说的质疑》一节，片面引述斯坦因《西域考古图记》391 页之说，而不提 409—410 页之说。对其后各派别的一些研究论文有较多浅表述评，而笼统主张“玉门关始置于敦煌以西”之说。	《汉唐河陇关津与东西交通》，兰州大学历史文献学硕士学位论文，2014 年。
53	李并成	在不论述研究史的情况下，只强调本文与其 28 文及 43 文之承继关系，实际上此文与其 28 文及 40 文之说相反，故只是其 43 文之论的延续，再证其二之 4 说，否定三与二的各说。	《玉门关历史变迁考》，《石河子大学学报》2015 年第 3 期，第 9—16 页。
54	潘竟虎 潘发俊	仍主二之四说 b，更具体说汉玉门关在距肃州 70 里的嘉峪山石关儿口，在其外则是长 20 里的石关峡。	《认识保护“两关”文化 传承创新华夏文明》，《克拉玛依学刊》2015 年第 3 期，第 33—40 页。
55	刘常生	引用赵平春 29 文之说，认为最早的玉门关就在现玉门市赤金古玉门县附近的赤金峡口。	《玉门与古玉门关新考》，《酒泉文史》2015 年第 10 辑（转引刘常生：《玉门简史》附录第 205—216 页，兰州：甘肃文化出版社，2017 年）。
56	［美］林健	主承二说。认后世玉门县治与辖域多次变化，但并未离开现今玉门市方圆百余公里的辖域。狭义的玉门地理概念是指现今玉门市辖域。	《玉门学作为地方学的研究意义初探》，《新西部（理论版）》2015 年第 12 期，第 27—29 页；又载《玉门、玉门关与丝绸之路历史文化学术研讨会文集》（下简称《玉门研讨会文集》稿本，2017 年）第 3—9 页；兰州：《丝绸之路 · 玉门、玉门关与丝绸之路历史文化学术研讨会专刊》2017 年 8 月，第 10—13 页。

续上表

序次	姓　名	对玉门关初地之见及派别	文题或书名及出版资料
57	梁秉合	不述研究史，承继沙畹、王国维等人之说，反对向达、陈梦家等人之说。其论与刘常生相同，主“玉门关应在古玉门县（今赤金镇地区）的赤金峡”。	《再说玉门关——民族融合史中流动的国门》，《火烧沟与玉门历史文化研究文集》，兰州：甘肃人民出版社，2015年；又载同上《丝绸之路》第71—75页。
58	杨永生	对研究史有较全面的记述，罗列古今30多家之说，仍有不少遗漏。而最大之失是错解劳榦之文，误说斯坦因“认定小方盘城为西汉玉门关。”其结论为各说的大杂烩：“我倾向于玉门关关址为：嘉峪关市石关峡、敦煌市小方盘城周围地区、瓜州县马圈古城、瓜州县‘六工古城’、嘉峪山麓西北余脉处等5处。”	《玉门关设置时序变迁学术观点归辑与推论》，《中国（瓜州）第五届玄奘文化国际学术研讨会论文集》稿本第15—21页，2016年9月，瓜州；又刊同上《丝绸之路》第39—42页；同上《玉门研讨会文集》第85—92页。
59	刘常生	仍主其55文之说，故将该文收入此书。	《玉门简史》，兰州：甘肃人民出版社，2017年，第45—51页、205—216页。
60	李并成	同样在不论述研究史的情况下，凸显自己的研究，对其个人有关研究史作了很多遗漏而失实的概述，既不提自己的30等文及刘兴义33文之说，只提及自己28、43与53等文的创新发展成果。自称“笔者曾考得，嘉峪关市区西北约10千米的石关峡，为历史上设置最早的玉门关与最晚的玉门关，为之撰文《五代宋初的玉门关及其相关问题考》……”实际其28文与43、53等文乃持相反之说。故本文之弊同样是歪曲了研究史，未能清楚交代其观点反复变化的原因理据。	《有关玉门、玉门关研究中几个重要问题的再探讨》，同上《丝绸之路》第10—13页；又刊同上《玉门研讨会文集》第10—16页。

续上表

序次	姓　名	对玉门关初地之见及派别	文题或书名及出版资料
61	谭世宝 洪光慧	首先对研究史作了较为全面正确的述评。将从斯坦因到林健等人45项论著的主要观点的述评记入“厘清历年学者有关玉门关故址的歧见源流简介表”。最重要的贡献是把前人遗漏误解的斯氏四书的基本观点都作了简述，说明沙畹、王国维是对斯氏首书之说基本认同的补充发展，而斯氏后三书对沙、王之说基本接受。纠正前人大多数在未见斯氏四书而将其列作与沙、王对立的一派首领之失。前人因研究史不清而提出的各种误说，尤其是将后出陈言作为先出新论，一人无理据而前后反复矛盾之作，都可以从中看得一清二楚。由此得出王国维之说为最正确的结论，此文此表实为本文本表的基础。	《西汉初设的“玉门关”故址新探——以厘清各说的源流及破误立正为中心》，同上《玉门研讨会文集》第17—33页。
62	何艳杰	虽然对研究史记述简略多漏误，但正确支持二说，进而续证二之二说的“玉门关首置玉门赤金峡”的观点。	《饴盐之贡与玉门关初设新探》，同上《玉门关研讨会文集》第34—48页。
63	周运中	同样在不论述研究史的情况下，直接就有关《史记》《释迦方志》等文献的不同解读，质疑否定“石关峡是汉代玉门关”之说，并否定三说，认同二说，具体认为“最早的玉门关可能在今玉门市东南的黑山之南”。	《西汉玉门关最初在今玉门市考》，同上《玉门研讨会文集》第56—64页；又刊同上《丝绸之路》第61—64页。
64	周运中	以1183年及其后绘的地图证明古玉门关在今玉门市，开当代中国学者之先，有独特意义。然作者未见斯坦因四部书，故不知斯氏第二部书414页已经转引了沙畹收集的约1040年绘，1137年刻的地图《华夷图》论玉门关位置的变迁。	《宋代地图证明古玉门关在今玉门市》，同上《玉门研讨会文集》第65—70页。

续上表

序次	姓　名	对玉门关初地之见及派别	文题或书名及出版资料
65	高　荣	这也是对玉门关研究的最新述评之一，其最大的缺陷也是没有提及斯坦因的四部书，只论及二、三两说诸家之文。其对20世纪90年代以后的述评，遗漏甚多。例如，只论及李并成的30、35、43、53等文，因而没有评及其观点前后两次反复的问题；又只论及潘发俊、潘竟虎的44、48两文。其基本倾向于三说而对个别说法有所质疑，但对二说诸家则提出诸多质疑否定。	《汉代玉门关研究述评》，同上《玉门研讨会文集》第75—84页。
66	郜惠莉	虽然也是最新综述有关研究史的专论，但是漏误甚多。例如对斯坦因只提及其考古报告《西域考古记》一书，而且把他归入主张“玉门关在敦煌西北”一派之首。而且不按时序归纳另一派为“沙畹、方铭诗、王国维、劳榦、赵永复、李并成、潘发俊、潘竟虎等学者认为玉门关应在敦煌之东”。	《玉门关研究综述》，同上《玉门研讨会文集》第93—97页。
67	张怀德	缺乏对原始资料及前人论著的研究，用不正确的方式转述陈梦家等人的观点，例如，主要转述赵评春的片面之词，误称斯氏认为“敦煌西北八十公里的小方盘城遗址，即为汉玉门关址”。连带对沙畹、王国维之说也作了类似误述。虽然记述了纷纭的众说，并无自己的判断，其结论只是“以后出土的大量文物会将玉门关最早的建置进一步得到证实”。	《玉门关和河西屯田并重的关系》，同上《玉门研讨会文集》第106—112页。

续上表

序次	姓　名	对玉门关初地之见及派别	文题或书名及出版资料
68	王　璞	不涉及前述研究史的任何论著，只据赤金峡的一些“形胜遗迹”，以及转述“几则清代及民国时期文献记载及名人记述”，以证赤金峡被“部分学者考证为西汉最早的玉门关位置，也是有其道理的”。	《玉门赤金峡地望小考》，同上《玉门研讨会文集》第121—137页。
69	魏　杰	有关研究史只罗列了斯坦因以来几十个人名，没分清源流。而对史料及几派代表意见的分析与结论，持之有故言之成理。否定三说及二之四说等，力主劳榦的二之二说第一种可能推测：最早的玉门关“在赤金峡的可能性较大”。	《最早的玉门关位置再辩》，同上《玉门研讨会文集》第138—143页。
70	魏　杰	根据对《释迦方志》《高居诲使于阗记》等文献的不同解读，质疑否定李并成“最早的玉门关在嘉峪关的石关峡”之说。	《〈释迦方志〉所记玉门关是最早的玉门关吗?》同上《玉门研讨会文集》第144—149页。
71	杨瀚林	缺乏考古资料及研究史的基本研究，仅凭汉至清的史籍的理解，及2006年李岩云、傅立诚45文的总结，误认为：“由此学界一度倾向于小方盘城即汉玉门关。”然后列举二、三两说而作抉择说：“可以确定的是，西汉时期的玉门关位于敦煌郡境内。”	《试论西汉时期玉门关与玉门县的关系》，同上《玉门研讨会文集》第163—166页。

幸赖各国网络的电子资料库及友朋的帮助，上表诸文除第2、第7、第8、第9、第20之书文未能检索外语原文，转述他人所译述之外，均为笔者已经检索到原文并且作了初步的研究。虽然难免仍有遗珠，但是已经可以看清有关研究史的基本情况和发展过程：（1）在二十世纪初至四十年代初的三十多年，占主流的是修补发展斯坦因含糊的一说而产生的沙畹、王国维、斯坦因、劳榦等人之二说或其衍生的各说。尤其是王国维的二说之一，成为当时公认的正说。（2）由四十年代中至2000年以前，则为由对

斯坦因的一说曲解，以及对其二说视若无睹，或对其一、二说皆一无所知者创造衍生的三说诸家，质疑否定二说，而与二说及其派生的各说反复论争较量的阶段。三说及其派生的各说，曾一度略占人多势众之优。（3）在2000年后至2016年，是二说反超三说的阶段，其中由二说衍生的二之四的各说，将最早的玉门关位置误定在今嘉峪关市的石关峡或石关（儿口），一度成为最流行的新说。其影响最大之例，就是著名的敦煌历史地理专家李并成，在两度反复否定三说及部分二说，并自我改变观点之后，将最早及最晚的玉门关位置都定在今嘉峪关市的石关峡。嘉峪关市据此在石关峡建立“最早及最晚的玉门关遗址”纪念碑。（4）2016年至今，是二说开始复兴的阶段，尤其是玉门市2017年8月举办了“玉门、玉门关与丝绸之路历史文化学术研讨会”，二说复兴成为主流的趋势已经形成。

三、斯坦因等人的论著得失及影响

上表较为全面地记述了二十世纪初至2017年8月间，玉门关遗址问题的研究史。既展示了各说的派别源流与目前的走向，又对有关论著略加点评。下面先对斯坦因、沙畹、王国维等人的论著作较为具体的分析。

1. 略论斯坦因有关考古与研究成果的取得与发展

斯坦因在清末民初多次组织有中外人员参加的考古发掘测绘研究队（其中有懂古文的中国翻译蒋孝琬、印度的专业测绘员、一群中国人组成的运输挖掘工作人等），在中国西北地区探险考古。特别是其中两次对敦煌至嘉峪关、肃州一带的长城及周边的遗址作了当时最高水准的科学考古研究，这是在当时当地的自然与人文地理方面尚保留了很多历史人文环境风貌、遗迹与文物等等，而对外软弱无知的中国各级官员与民众，都缺乏自我保护、保存与发掘、研究长城的历史遗址文物的意识，给予外国探险家大开方便之门，并提供各种支持的情况下进行的。虽然我们为大量国宝文物因此而流失到外国感到万分悲愤，但是对其成果则不可不高度重视，认真研究。因为在斯氏每次满载考古成果回英国之后，都直接或间接邀请世界各国的各种专家学者助其作研究，发展扩大其成果。对其1906—1908年及1913—1916年的考古成果作出研究贡献的除沙畹、罗振玉、王国维、翟理斯等人之外，还有当时研究汉、梵、佉卢、于阗、粟特、回鹘、蒙、藏、突厥等文字及其他方面的专家学者拉普森（E. J. apson）、森奈特（M. E. Senart）、博耶（Abbe Boyer）、巴尼特（L. barnett）、伯森（L. de la Poussin）、瑞丁（C. M. Ridding）、托马斯（F. W. Thomas）、弗兰克（A. H. Francke）、汤姆森（V. Thomsen）、勒柯克（A. von Lecoq）、丹尼森·罗斯（E. Denison Ross）、米勒（F. W. K. Muller）、考利（A. Cowley）、果肖特（R. Gauthiot）、马伯乐、霍普金斯（L. C. Hopkins)、西尔文·列维（Sylvain Levi）、兰茨（W. Lentz）等人。[①] 正如孟凡人曾指出：斯坦因的有关著作“既是斯坦因的专著，又是集体智慧的结晶，代表了当时该研究领域的最高水平”[②]。

窃以为，斯坦因、沙畹与王国维的有关论著，厘清玉门关遗址之年代与位置变迁史的研究成果，可谓尚是后无来者的。特别是斯氏最初在1907年4月20—22日根据小方盘遗址发掘的汉简等物提出的一说，其后经过沙畹、王国维运用《史记》等文献记载与斯氏的简牍文物新见的综合研究，提出了对一说补充发展的二说。最后，再由斯氏吸收二说，并经其再到敦煌至嘉峪关、肃州一带的长城遗址考古研究验证，使得二说成为主要由中外三位大师合作，运用二重证据乃至三重证据研究的集大成的成果。当然，这是在极其短暂的一个特殊历史条件下取得的特殊成果。可以说在他们之后，再也不可能有这样特别超卓的国际人才的组合。而且随着国内外政治形势的变化，中国西北自然地理与人文地理的变化，也就没有那么多残存的古代历史人文环境风貌、遗迹与文物可供学者去考察、挖掘与研究了。而在二十多年之后，处于抗战刚过而内战继起之艰难境地的一些中国学者，才开始陆续步王国维、斯坦因后尘，撰发有关最早的玉门关遗址问题的论文，其所见所论，多有偏颇。所作玉门关的新作新论者，大都只是将前人对王国维等人的片言只语之误解作重复扩大化，并对斯坦因的观点作了片面的错误归类分析，多数结果都只是在王、斯等人已经研究过的某一点或两三点作正确或错误的重复劳动。如上表所述，斯坦因1912年出版的*Ruins of Desert Cathay: personal narrative of explorations in Central Asia and westernmost China*，记述其于1907年4月22日对最早在敦煌西北发现的T. XIV古城（小方盘城）遗址的判定：是东汉时期的“Jade Gate”（玉门关）。经沙畹及王国维对其提出补充发展意见之后，加上其于1914年再次实地考古测绘地图的新发现，故在1921年出版的*Serindia: detailed report of explorations in Central Asia and westernmost China*，提出了对汉代不同位置的玉门关年代先后的新判定：最早（前103年以前）的玉门关位置的两种可能的判断：其一是在于今玉门镇以北约15英里的Shih - êrh - tun（十二墩）村附近（地图85. A. 2）；其二是在布隆吉（Bulungir）和安西（Anhsi）之间的一处关隘（地图83. B. 2）。从而判定敦煌以西的T. XIV（又称小防［方］盘城）的遗址是在其后的几年间（至迟在前96年），长

① 参考斯坦因1911年11月3日撰《〈沙埋中国废墟记〉前言》，载同上表第1的巫新华、伏霄汉译：《斯坦因中国探险手记》卷1；1927年8月25日撰《〈亚洲腹地——在中亚、甘肃和伊朗东部考察的详尽报告〉引言》，载同上表第9的巫新华等译：《亚洲腹地考古图记》卷1。斯坦因本人只提及沙畹等西方学者而没有提及罗振玉与王国维的贡献，是严重失当的。

② 孟凡人2004年2月7日撰《〈沙埋中国废墟记〉序》，载同上表第1的巫新华、伏霄汉译：《斯坦因中国探险手记》卷一。

城由东方向向西方扩展延伸的结果。

2. 斯坦因的主要观点产生发展过程述评

在此，有必要补述被人们忽视、错述的斯坦因主要观点的产生发展过程，兼略评斯氏与诸家异说如下：

（1）1912年之说在上表已经转述，毋庸赘引。

（2）上表斯氏1921年书的原文详引（唯有关注文删略）如下：

> ……我已结合自己的实地考古调查和地形勘察，列举了有关的年代学材料，认为T. XIV遗址应即公元前96年及其以后玉门关址之所在，只是年代似乎有些偏早。但沙畹的观点与我有所不同，他在充分研究之后认为，如果司马迁的一段记载不误，则这一遗址当不是玉门关最初的所在地。这一段记载与贰师将军李广利有关，公元前103年，李广利第一次远征大宛以失败而告终，他带着阵容不整的军队回撤时经过玉门关，“天子闻之，大怒，而使使遮玉门曰：军有敢入者，辄斩之。贰师恐，因留敦煌”。（见《史记·大宛列传》——译者）
>
> 显然司马迁暗示玉门关在公元前103年时仍在敦煌以东的某地。今天，我们在史书中只能看见公元前102—前101年在敦煌以西修建长城烽燧的记载，而不见公元前103年以前的记载，这种情况为司马迁的说法提供了强有力的支持。但是，这些情况还是不足以使我们弄明白公元前103年以前的玉门关的确切地点。从我1907年实地考察的情况和1914年对肃州和安西之间烽燧遗址的实地考察的结果来看，这条线上似乎只有两个地点的地形情况适合于设置这么一个重要的关塞：一个在今玉门镇以北约15英里的石河屯［谭案：后改正为“十二墩”］（Shih－êrh－tun）村附近（地图85. A. 2），长城从北部的肃州延伸到这里，并从这里开始傍着疏勒河向西延伸。可能为玉门关的那处遗址便正好位于疏勒河折向西流的河湾处。……
>
> 另一有可能为前103年以前玉门关址的地点是位于布隆吉（Bulungir）和安西（Anhsi）之间的一处关隘（地图83. B. 2）。疏勒河从光秃秃的王［谭案：异译作万］山子（Wan－shan－tzŭ）山脚流过，它的左岸紧贴王山子山，右岸则是王山子山的余脉。这也是疏勒河自源流以下全程中唯一的一处关隘。这里既适于瞭望，又易于固守。显然，由于有这样优越的地理条件，汉武帝的军事官员将此地选为长城跨越疏勒河的地点。……
>
> 在汉代长城尚未修到疏勒河盆地最西端的时候，如果要设立一个大型关塞，以保护从塔里木方向来的交通干线的话，我认为上述关隘便是一个绝佳的地点。实地观测的结果为这一论点提供了两个有力的证据。首先是我在距这一关隘以东

约12英里的地点，发现了规模很大、已遭废弃的布隆吉古城遗址，这一城址在满洲（Manchu）时代甚至在清朝收复新疆地区以后，一直驻防有一支有相当规模的守卫部队。其次，在王山子山脚路边，靠近疏勒河左岸的地方，有一群中国式庙宇建筑的废墟，包括老君庙等。这些建筑在东干人叛乱时期被破坏，但仍被当地人视为圣地。它们的地点，距今天的聚居地很远，但却靠近预示着神灵的古遗址。今天当地人们进行朝拜的地点总是靠近古代烽燧遗址外侧的交通路线，它们之所以成为圣地，是由于它们靠近古代的“玉门关”。

不管公元前103年的玉门关到底设在什么地点，有一点可以肯定，这一重要关塞在随后的几年内，曾一度被推进到敦煌以西烽燧沿线的T. XIV遗址处。……①

以上之论，清晰表明斯坦因1921年的书根据《史记》《汉书》的记载，首先认为玉门关在“公元前103年时仍在敦煌以东的某地”，其主要理据就在于当时的长城只建到玉门（关）一带，而长城的修建推进到敦煌以西是在公元前102—前101年之后，故说：“我们在史书中只能看见公元前102—前101年在敦煌以西修建长城烽燧的记载，而不见公元前103年以前的记载”。然后又根据其“1907年实地考察的情况和1914年对肃州和安西之间烽燧遗址的实地考察的结果来看”，确定103年以前的玉门关的确切地点可能有两处：“一个在今玉门镇以北约15英里的Shih - êrh - tun（十二墩）村附近（地图85. A. 2）”；“另一有可能……的地点是位于布隆吉（Bulungir）和安西（Anhsi）之间的一处关隘（地图83. B. 2）”。

（3）斯氏1928年的书对玉门关在万山子的十二墩村一带的理由有更进一步的补充发展，其说如下：

无疑，从地形上和军事上来看，在汉长城被推进到敦煌之前，从万山子末端的这一点可以很方便地戍卫两翼的长城。这在一定程度上可能会支持。我于《西域考古图记》中作出的假设：来自玉门县和肃州的道路所经过的这个峡谷，可能曾是个类似于古玉门关或现代嘉峪关那样的“关隘”。那样的话我们大概就可以解释为什么在这里会出现一座废庙。……

……如附图所示，从十二墩村来，到T. XLI. o去，并进而与欧布罗柴夫发现的另一条去哈密的路相连的小道，就是从这个小堡垒地下经过。……在这两条路进入北山的沙漠区之前，十二墩村肯定历来就是它们经过的最后一个垦殖区。考虑到这一点，我觉得自从修了长城，这个小堡垒的位置很可能就是一个关隘。上

① 见同上表第8巫新华等译：《西域考古图记》第2卷，第410页。

述的两条道实际穿越长城线的地方，离这个“关隘”还有一段距离。而敦煌西边古代玉门关的位置跟这是完全一样的。

我们在此提出的关于此地从前面目的假设，在当地找到了两个证据：其一，我在别处曾经说过，当地人把这里也叫作“小方盘城”，跟古代玉门关遗址的当地名字完全一样，这是很值得注意的。其二，我曾反复指出过，凡是道路穿越长城线的地方，当地保留着拜神的传统。而就在小堡垒和小溪之间（这条小溪把堡垒同十二墩村的田地隔开来），在上述那两条到会合在一起的地方有一座小庙（见地图），跟在古代“关隘”常看到的小庙一样。①

以上1928年的书之论，斯氏进一步从十二墩村一带的“小方盘城”的地名，及其地形上和军事上，以及垦殖区、小堡垒和小溪、庙宇与汉长城的“关隘”的关系等，补充证明其为最早的玉门关所在地。

（4）斯氏1933年的书所说如下：

我们从《汉书》知道到公元前108年（汉武帝元封三年），自肃州远至玉门一带，建立了连续不断的一长线驿站同小堡。那时的玉门关还是在敦煌稍东的地方。到了公元前102年至101年（太初三年至四年），汉武帝第二次远征塔里木盆地成功以后，“于是自敦煌西至盐泽往往起亭障”。这些亭障的用意就在保障政治使节以及商队的安全和供给他们沿路的给养。《汉书》上所有关于我所发现的这一段城墙同亭障的记载，取自中国历史鼻祖司马迁当时的记录，一定是确实可信的。②

这是明确以班固《汉书》有关汉长城两次向西北扩建的记载（斯氏认定其为源出于司马迁记录的信史）为证，其一为“公元前108年（汉武帝元封三年），自肃州远至玉门一带，建立了连续不断的一长线驿站同小堡。那时的玉门关还是在敦煌稍东的地方”；其二为“公元前102年至101年（太初三年至四年），汉武帝第二次远征塔里木盆地成功以后，‘于是自敦煌西至盐泽往往起亭障’”。窃以为，斯氏此说，虽不中亦不远矣！由于斯氏本人不懂汉文，靠师爷蒋孝琬翻译和沙畹、王国维等人的注释与研究论著，而得知《汉书》《史记》之说，故其对一些时间的判定有微误。请看斯氏未引较为原始《史记·大宛列传》的原文说：“天子发兵令（王）恢佐（赵）破奴击破之，

① 同上表第9巫新华等译：《亚洲腹地考古图记》第1卷，第529—543页。

② 同上表第10向达译：《斯坦因西域考古记》（1936年上海中华版）第126—127页；（2010年新疆版）第153—154页；（北京中华2016年版）第177—178页。

封恢为浩侯（《集解》：徐广曰：捕得车师王，元封四年封浩侯），于是酒泉列亭、鄣（障）至玉门矣。”[①] 可证此事约在王恢封侯的元封四年（前107）或之后一两年间。[②] 但是，其最终的见解已经超越了沙畹及王国维之说。请看王氏之《序》称：

> 秦之长城西迄临洮，及汉武帝时，匈奴浑邪降汉，以其地为武威、酒泉郡（元狩三年）。后又分置张掖、敦煌郡（元鼎六年）。始筑令居以西，列四郡，据两关焉。此汉代筑城事之见于史者，不言其迄于何地也。[③]

以上王氏之论，仅转述《汉书·西域传》有关“始筑令居以西，列四郡，据两关”的笼统记述为证，而得出“此汉代筑城事之见于史者，不言其迄于何地也”之错误结论。其下文又仅据沙畹所证玉门关始设的时间下限及方位说：

> 惟《史记·大宛列传》云：“太初二年，贰师将军李广利伐大宛，还至敦煌，请罢兵，益发而复往。天子闻之，大怒，而使使遮玉门曰：‘军有敢入者辄斩之！’贰师恐，因留敦煌。”沙畹博士据此以为太初二年前之玉门关尚在敦煌之东，其徙敦煌西北则为后日之事。其说是也。

这是将玉门关始设时间推定在太初二年（前103）以前，而据前引斯坦因所增的第一项书证，不仅变沙、王的孤证为双证，而且将玉门关始设时间推定在元封四年（前107）或之后一两年间以前，比沙、王之证起码推前了两年。而王《序》下文引述《汉书·西域传》之证又说：

> ……则当九十四度稍西之废址，实为太初以后之玉门关。而九十三度三十分者，当为玉门关以西之他障塞。盖汉武伐大宛后，“西至盐泽，往往起亭”。……今据斯氏所得木简，则有武帝大［太］始三年玉门都尉护众文书（《屯戍丛残》第一页）。其时关城当已西徙于此，上距太初二年不过十载。是其西徙，必在李广利伐大宛之后（太初四年），西起亭至盐泽之时也。

---

① 司马迁撰、裴骃集解、司马贞索隐、张守节正义：《史记》卷123《大宛列传》第六十三，文渊阁《四库全书》扫描电子本（以下同此本不另注）。又据《汉书·景武昭宣元成功臣表》载王恢封侯的元封四年正月甲申。

② 同上表第13向达：《两关杂考》断在“元封三四年间”；第15方诗铭：《玉门关位置辨别》认为“列亭障至玉门，当在元封四五年间”。

③ 同上表第3王国维之《序》文。

这个最后所引“西至盐泽，往往起亭”的证明，基本正确。斯坦因的最终贡献，就是把这个证明与前述元封年间的第一项史证结合，使得这个原本看来似乎也是孤证之说，都变成了与太初二年的史证结合，成为可以互证的三项铁证。请再看上引斯氏所据《汉书》原文如下：

> 自贰师将军伐大宛之后，西域震惧，多遣使来贡献。汉使西域者益得职。于是自敦煌西至盐泽，往往起亭。而轮台、渠犁皆有田卒数百人，置使者校尉领护，以给使外国者。①

而其未据《史记·大宛列传》原文说：

> 是岁太初元年也……
>
> 贰师将军军既西过盐水，当道小国恐，各坚城守，不肯给食。攻之不能下。……引兵而还。往来二岁。还至敦煌，士不过什一二。使使上书言：“道远多乏食；且士卒不患战，患饥。人少，不足以拔宛。愿且罢兵，益发而复往。”天子闻之，大怒，而使使遮玉门，曰军有敢入者辄斩之！贰师恐，因留敦煌。
>
> ……
>
> 汉已伐宛，立昧蔡为宛王而去。岁余，宛贵人以为昧蔡善谀，使我国遇屠，乃相与杀昧蔡，立毋寡昆弟曰蝉封为宛王，而遣其子入质于汉。汉因使使赂赐以镇抚之。
>
> 而汉发使十余辈至宛西诸外国，求奇物，因风览以伐宛之威德。而敦煌置酒泉都尉，西至盐水，往往有亭。而仑头有田卒数百人，因置使者护田积粟，以给使外国者。

足证这是说自“敦煌置酒泉都尉”这个时间开始（而非《汉书》所谓“自敦煌”城这个地点起），西至盐水（泽）建一系列“亭”的工程，是在西元前101年之后（约天汉二三年间即前99—前98年）进行，与前一项酒泉列亭、障至玉门的工程约有六七年之差。故可推定：在前一工程之前便已经存在的玉门关城，肯定在敦煌以东而不在敦煌以西。

① （汉）班固撰，（唐）颜师古注：《前汉书》卷96上《西域传》，文渊阁《四库全书》扫描电子本（以下同此本不另注）

四、二十世纪四十年代以来诸家对前人研究的误论及后果略评

下面，对二十世纪四十年代以来诸家对研究史及前人研究的误论及后果，略作评论，以达到匡谬正俗。

1. 由于缺乏对上表所述的有关书文的系统研究，最初介入此问题讨论的劳榦不但完全没有提及斯坦因、沙畹、王国维的论著的撰写与发表过程，且没有列出参考文献资料。其直接用不准确的方式转述王国维对沙畹观点的评论以及斯坦因后发现的资料来展开讨论，显然只会得出错误的结论。劳榦既将王国维的原话曲解为“现在的玉门县即是汉魏以来的玉门县”，又以汉玉门县不同于今玉门县为由，企图修正王国维所倡西汉玉门关位于汉及今（谭按：王氏的“今”乃指清末）的古今玉门县之说，是不能成立的。因为汉与清的玉门县治不一，但是其县辖范围重叠。即使现在没有玉门县，而只有玉门市，但是玉门市的范围涵盖了汉与清的玉门县范围。如《玉门市志》载汉武帝元狩二年（前121），“是年设玉门县（今赤金镇）一带”。引述载阚骃《十三州志》：“玉门县置（谭按：此句常为当今论著转引，或有加字作‘玉门县汉置’，有关增减字及标点之具体勘误见下文第五之第3.），长三百里。”又转述清光绪三十四年(1908)《甘肃新通志》载：玉门县治“东至肃州界一百四十五里，西至安西州界二十里”。又载1987年“玉门市辖区东西长114公里”。又载清宣统元年（1909）区划：赤金堡在县城东110里；赤金峡在县城东90里。[①] 由此可见，汉与清的玉门县辖区东边皆与肃州为界，故范围基本相同。而且西汉玉门县在今赤金镇一带，已经包含了赤金堡及赤金峡在内。显然，劳榦所谓“汉玉门县尚在现在的玉门县以东二百里以外”之说是毫无根据的。不可简单地列为王国维说的支持者。目前学术界的主流意见皆认为西汉玉门县治在今赤金堡。[②] 由此足证，劳榦对王国维的批评是错误的。而上表第56林健之文虽然并非考据论文，但其有关汉玉门县与今玉门市及玉门学的主张，可谓切合王国维之意。

2. 在劳榦之后，率先公开提出三说而反对王国维二说之一为向达。例如，斯坦因有关考古发现的最早报告，是1912年出版的*Ruins of Desert Cathay*: *personal narrative of explorations in Central Asia and westernmost China*，而其考古文献资料的全面学术报告，

---

① 玉门市地方志编纂委员会编：《玉门市志》，北京：新华出版社，1991年，第12、49—51、54页。

② 见同上表第22陈梦家：《玉门关与玉门县》；第29赵评春：《西汉玉门关、县及其长城建置时序考》；谭其骧主编：《中国历史地图集》第二册，北京：地图出版社，1982年。

则是在1921年的*Serindia*及1928年出版的*Innermost Asia*。但向达在迟至1934年的译书中，似乎既没有读过上述斯坦因的三本书，又似乎没有读过1913年出版的沙畹整理注释的《文书 奥雷尔·斯坦因从中国新疆大沙漠所获汉文文书》，故其翻译的这本1933年才出版的通俗性的斯坦因自传《斯坦因西域考古记》颇为失真。虽然其自称“大概照原文逐句直译”，其实颇多讹误与文字及图片的删略。如该书所译斯坦因的原序说“我三次中亚探险”，而向达自撰的译序却是“斯坦因综合他四次中亚探险的结果，写成的一部通俗著作。”其实《斯坦因西域考古记》的原书*ON ANCIENT CENTRAL－ASIAN TRACKS*，是在2008年才被严谨的学者汉译为《沿着古代中亚的道路》。[①] 只要把此新译本与向达的旧译本对照，就很清楚其不但图片全部删除，而且文字讹漏甚多。在这样的情况下，其撰于1944年而改定于1945年之《两关杂考——瓜沙谈往之二》，对有关研究史简介说：

> 清光绪季叶，英国人斯坦因（Sir M. A. Stein）考古于我西陲，在敦煌北古长城废塞发见汉代简牍千余枚，经法国沙畹（E. Chavannes）及我国罗叔言与王静安先生先后为之刊布遗文，予以考释（原注：斯坦因所著有*Serindia*及*Innermost Asia*诸书。关于斯氏所获汉晋简牍之考释，法国沙畹著有*Les documents chinois découverts par Aurel Stein dans les sables du Turkestan oriental*一书，我国罗叔言及王静安先生据以作《流沙坠简考释》，俱可参看）。不仅汉代西陲史事因而重光，即汉玉门关故址亦复显于世，诚近代中国史学及考古学上一盛事也。[②]

作为翻译过斯坦因1933年出版的*ON ANCIENT CENTRAL－ASIAN TRACKS*一书的著名学者，且曾于1935—1938年间赴欧洲英法搜集有关资料，既不提斯坦因最早于1912年出版的*Ruins of Desert Cathay*：*personal narrative of explorations in Central Asia and westernmost China*一书，又不提其本人最早译为中文的《斯坦因西域考古记》及其原书，只提及斯坦因1921年的*Serindia*及1928年的*Innermost Asia*诸书，并将它们标于沙畹、罗振玉及王国维的论著之前，而且在其后文即以此后出的二书资料批评王国维误会斯坦因之说。[③] 其实，王国维之书文几经修改，其最后的修订本是作于1934年，已经参考了斯坦因的1921年及1928年之书。而斯坦因在*Serindia*及*Innermost Asia*都已经公开而有保留地承认了沙畹的一个正说，并在实际上利用了王国维的具体判断，提出

① 见同上表第10巫新华译：《沿着古代中亚的道路：斯坦因哈佛大学讲座》。

② 见同上表第13向达：《唐代长安与西域文明》，第373、388页。

③ 见同上表第13《真理杂志》1944.1卷4期第391页，另载《唐代长安与西域文明》，第377页。

了自己的新看法。斯氏在 *Serindia* 中的《敦煌汉长城的历史与文献》一章中已指出，具见前引。

由此可见，斯坦因在 1921 年的 *Serindia* 实际上已经接受了沙畹尤其是王国维的正说，承认比 T. XIV 遗址早的是《史记》所载公元前 103 年以前位于敦煌以东的玉门关，其位置有两个可能：其一是在于今玉门镇以北约 15 英里的石河屯“十二墩”（Shih－êrh－tun）村附近（地图 85. A. 2）；其二是在布隆吉（Bulungir）和安西（Anhsi）之间的一处关隘（地图 83. B. 2）。这具体位置的判断，其实就是受王国维说影响的变异结果。由于斯坦因的后出论著并没有清楚交代其观点变化的过程及其所接受王国维的影响，而且常常把几次考古的资料与认识混为一谈，这是向达未能看清斯坦因本人的有关研究史，而对全体的研究史作出错误简述的原因。鉴于受向达的影响，目前流行的研究史概述甚多颠倒先后的误漏，有必要继续列举近年一些例子，略评如下：

3. 吴礽骧《玉门关与玉门关候》说：

> 1906—1908 年，英国人斯坦因考察敦煌西北的汉代长城烽燧，在其所绘的敦煌地图上，于东经 93°54′、北纬 40°22′稍南处标有一古城（按，即小方盘城），编号 T14（《流沙坠简》作敦十四），认为此城即汉代玉门关［原注：参看斯坦因：《亚洲腹部（谭案：“部”应作“地”）考古（谭案：漏“图”字）记》，后附地图］。沙畹、王国维均同意此说……（原注：沙畹：《斯坦因在东土耳其斯坦沙漠所获中国文书考释》；王国维：《流沙坠简序》。）

文中不提 1912 年出版的《斯坦因中国探险手记》，而将 1928 年出版的所谓《亚洲腹部考古记》的观点，列为 1913 年出版的沙畹之书和 1914 年 2 月 24 日王国维所撰《流沙坠简序》认同的观点。而实际上如笔者上表所示，是沙畹补正了斯坦因 1912 年的书之说，王国维又进一步补正了沙畹之说，斯坦因则在其后 1921 年及 1928 年之书皆采纳了王国维之说。根本不存在所谓沙畹、王国维均同意所谓斯坦因 1906~1908 年考察所绘图之说的情况。

4. 赵评春《西汉玉门关、县及其长城建置时序考》说：

> 关于汉玉门关位置，斯坦因认为：敦煌城西北八十公里的小方盘城遗址，即为汉玉门关址。沙畹、王国维等补正玉门关城是由敦煌以东向西迁至小方盘城；夏鼐、向达及陈梦家等先生否定王氏等玉门关西迁说。

5. 李岩云、傅立诚《汉代玉门关址》说：

从上个世纪初期以来，学界有关此问题的研究和讨论已近百年，斯坦因、向达、夏鼐、阎文儒、陈梦家、马雍、吴礽骧、李正宇等学者认为最早的玉门关在敦煌西北，不是从敦煌东边迁过来的，后才东迁至敦煌以东。沙畹、方诗铭、王国维、劳榦、赵永复、赵评春、李并成等学者认为最早的玉门关应在敦煌之东，后才迁至敦煌西北，隋唐时期玉门关又东迁至现安西境内。两派学者对玉门关址争论的焦点莫不过围绕最早的汉代玉门关是在敦煌西北，还是从敦煌之东迁至敦煌西北而展开。

以上4、5两说与2、3说都有重要的漏误。首先，他们都片面地将斯坦因定为首位判定西汉最早的玉门关位于敦煌西北的小方盘城遗址之人，故可以随便举其后出的某书为证。其实，斯坦因是探险考古家而非历史研究家，长于寻找文物而短于研究文物。其本人不懂汉文，而且其随身参与考古现场的汉文翻译蒋师爷则是懂汉文而不懂汉代历史之人，加上其回英国首先直接倚重的英国汉学家翟理斯的中国古典历史语言文献的阅读水平太低，竟然连斯坦因搜集的古文书《敦煌录》的断句都搞错，[①] 故导致斯坦因对有关简牍文书的最初看法非常肤浅，而没有结合《史记》的有关记述作具体深入的研究分析。请大家注意：如前文所述，斯坦因最初对有关文书的年代判定都是在公元1世纪以后的东汉时代，故只是简单地说公元后的200年间，玉门关在敦煌附近西北的小方盘城，并没有提及别处的玉门关遗址，更没有涉及它们的位置及年代先后问题。[②] 其后出的几本书，都更明确说，有关长城最西端的城堡、烽燧等遗址都是东汉时期的建筑。[③] 其所证明的玉门关亦即T. XIV（小方盘城）的古城遗址的年代是公元一二世纪的东汉而非西汉。[④] 但是，在同书下文则明确说敦煌一带的城墙与烽火台和肃州和酒泉的玉门关之间的哨所一样，是大约建于公元前110年。[⑤] 这表明不懂古汉语及历史文献的斯坦因，最初对有关简牍文书所能证明的玉门关的最初年代与位置的判断处于矛盾混乱的状态。这是沙畹与王国维先后对其说加以补正的原因。而其后来出版的论著对以上最初的说法有所补充修改，主要就是受到沙畹与王国维的意见一些影响，但是仍处于矛盾混乱中。例如，其在1921年出版的*Serindia*中，将T. XIV的古城遗址的年代

---

① 见王冀青：《胡适与翟理斯关于〈敦煌录〉的讨论》，《敦煌学辑刊》2010年第2期，第54—64页。

② 见同上表第1巫新华、伏霄汉译：《斯坦因中国探险手记》卷3，第649—650页。

③ 同上《斯坦因中国探险手记》卷3，第588—589、592页。

④ 见同上表第1的*Ruins of Desert Cathay* VOL. II. P. 122；《斯坦因中国探险手记》卷3，第646、649页。

⑤ 同上《斯坦因中国探险手记》卷3，第635页。

修改为公元前1世纪初（属于西汉武帝时）至东汉末年。[①] 这违背了其同书上文自称“获得了确定无疑的证据，即纪年文书说明长城最早是在公元1世纪建造的”之说。[②] 而在1933年出版的哈佛大学演讲录中，他又根据《汉书》的记载认为最初的玉门关设在敦煌以东的地方。[③] 此说是其1912年的Ruins of Desert Cathay所无，这显然是吸收了沙畹与王国维的意见，后来增改的。

其次，后来有关研究者共同的最大错误，就是把沙畹、王国维、劳榦等都说成是斯坦因说的反对者，沙畹等人之论与斯坦因之说长期始终处于对立论争状态。而实际上沙畹与王国维的论著所论及而要补充完善的，只是斯坦因最早公开出版的论著即1912年的*Ruins of Desert Cathay*。窃以为，王国维所创之二说之一实为大师经典之论，虽然经历百多年的众说质疑否定，仍然可以说是基本成立而不倒。前人对王国维说之修正或批评反对，或对斯坦因的一说之支持，多为片面粗疏之见。例如，连汉文标点都错漏百出的翟理斯，竟然以唐末《敦煌录》（S.5488）为据，支持一说，反对二说，就是不足为训之例。又如，很多人其实并没有深入研究王国维的有关论著就对他妄加评论，最明显之弊就是大都只提及王国维《观堂集林》本的《流沙坠简序》，而不涉及其对此《序》有所补充、修正的《流沙坠简》本的《序》《后序》及《跋》文等，显然有失全面公允。

6. 潘竟虎、潘发俊是近年力主西汉玉门关遗址在嘉峪山石关者，发表论文多篇，其对研究史的记述虽然比前人较为全面准确，但也有相当多错漏，现录引如下：

> 1907年斯坦因在敦煌西北90公里的小方盘城挖出一批汉简，声称撞到了玉门关，中外学者纷至沓来，或申其说或辟其说。王国维、沙畹（谭案：发文应是沙畹先于王国维）补正玉门关是从敦煌以东西迁来的；夏鼐、向达、陈家梦（谭案：发文应是向达先于夏鼐，陈家梦应为陈梦家）否定西迁说，使玉门关始于敦煌说成为主流观点。1982年赵永复质疑玉门关始于敦煌，争论再起。赵评春认为始于敦煌以东“石门周匝”之地，太初三年西迁；侯晓星认为始于疏勒河玉门市一线，终西汉之世并未西迁；侯玉臣认为始于瓜州布隆吉附近，汉唐两代都未西迁；李正宇坚持始于敦煌，东汉永平十七年东迁瓜州。进入21世纪，当地文史工作和业余作者收集地方志和民间口传史料并实地考查，考出了汉玉门关的具体地点。潘发

---

① 见同上表第8赵燕等人译：《从罗布沙漠到敦煌》，第264页。

② 见同上书第113页。

③ 见同上表第10巫新华译：《沿着古代中亚的道路：斯坦因哈佛大学讲座》，第186页；向达译：《斯坦因西域考古记》，第126页。

> 俊认为西汉玉门关于元鼎二年初置于嘉峪关市嘉峪山石关，东汉永平十八年西迁敦煌；刘兴义认为石关峡是最古的玉门关；李并成认为玉门关始于敦煌，其时也说始于石关峡，太初年西迁。①

上文的最大误漏，首先是所述斯坦因之说其实是引自向达于1934年对斯坦因1933年才出版的通俗读物 *ON ANCIENT CENTRAL – SIAN TRACKS* 的讹译：《斯坦因西域考古记》。而对斯坦因在此书前后的一系列论著的观点变化源流毫无触及。其次，就是其接着的"中外学者纷至沓来，或申其说或辟其说"之总结，不知所云。请看："王国维、沙畹补正玉门关是从敦煌以东西迁来的"，并无完全排除斯坦因原说之意，显然不能说是"辟其说"。而夏鼐、向达、陈家梦否定西迁说，显然也不能说是"辟其说"。由于对劳榦之说略而不提，故无法说明潘发俊、刘兴义等人的玉门关最初位于嘉峪关石关峡之说，其实源于上表所列第2篇的劳榦《两关遗址考》所提出的两种假设可能的第二种，其实就是劳榦认为可能性不大的一种假设。其最重要的错误，就是不提刘兴义1998年《最古老的玉门关》一文，而只提及参考刘兴义2004年的《论最古玉门关在酒泉玉门之间》。可见，这是由于未能全面掌握和记述清楚研究史，而把大多数前贤基本放弃的假设，甚至在其多年之前，已经有人发表过的误说，当作自己的重要新发现。

五、 四十年代以来诸家对汉至清的历史文献错解刊正

（1）首先要纠正的错误，是向达、夏鼐、日比野丈夫以及陈梦家等人，他们将《史记》《汉书》所载太初二年的"玉门"曲解为敦煌西北的玉门关。② 此说显然与前文所论斯坦因第二项证据矛盾。其中最明显的一点，就是如果元封年间已经列亭、障至敦煌以西约八十公里的玉门关，那么第二项的证据所说"敦煌置酒泉都尉，西至盐水，往往有亭"，就应该改为"敦煌置玉门都尉，西至盐水，往往有亭"，以便解释为从敦煌以西的玉门关起至盐水，再设一系列的亭。因此，赵永复虽然没有看到斯氏此文，但是也能较为正确转引《汉书》之证指出："大宛之役后，置亭障'敦煌［西］至盐泽'。"③ 同样，最近玉门本地学者魏杰也作了更具体的独立研究论证，也是较为具体正确地指出：

---

① 见同上表第48潘竟虎、潘发俊：《汉玉门关地理位置再考》。

② 见同上表第17、18、20、22的向达、夏鼐、比野丈夫、陈梦家之文。

③ 见同上表第25赵永复：《 汉代敦煌郡西境与玉门关考》。

> 假如最早的玉门关在敦煌西小方盘城一带……太初四年（前101）“汉已伐宛，……而敦煌置酒泉都尉，西至盐水，往往有亭”。元封四年（前107）“……封恢为浩侯。于是酒泉列亭障至玉门矣”就存在如下问题：一是玉门关已在敦煌西的小方盘城一带，敦煌必已建郡，敦煌既然已为郡，就与酒泉郡为平级，为何要在敦煌置酒泉都尉？……二是“敦煌置酒泉都尉，西至盐水，往往有亭”如何理解？一种理解就是敦煌至罗布泊往往有亭障，第二种理解就是敦煌这个地方的酒泉都尉以西到罗布泊往往有亭障，但不论怎样理解都有问题，……公元前107年的亭障已至玉门关，那么6年之后的公元前101年时说“西至盐水往往有亭”的起始地就应是“玉门关”而不能是“敦煌”或“敦煌这个地方的酒泉都尉”，如果此条中的起始地真的是敦煌，那么敦煌至玉门关的90公里（173汉里）亭障就是重复的，这样的重复明显是一种巨大的浪费，不可能。①

这可以说是暗合斯坦因之说而又有新的发展，尤其是出于玉门市党史办的学者之手笔，虽然其对时间的推定仍不够精准，但已经十分难能可贵。以往具有这样正确见解者实在鲜见，例如，赵评春将上述史文错误转述为“由酒泉列亭障而始置玉门”；② 刘兴义据《汉书》断其时为元封三年春，但认为在此及之前最古的玉门一直在今酒泉城西北35公里处的石关峡；③ 段新生先误断其为元封四年由酒泉至敦煌西北的玉门关的工程，后又自相矛盾地认为“元鼎或元封中，‘酒泉列亭障至玉门’玉门关当随之而设”；④ 李并成先称玉门关始建于“元封四年（前107）际”，“位于敦煌郡龙勒县境”，⑤ 后又改称其最早位于“嘉峪关市石关峡”，“置关时间约为元鼎六年（前111）或稍后；⑥ 潘发俊等也主张该关位于嘉峪关市石关，初置时间为元鼎二年（前115）初；⑦ 侯晓星将“酒泉列亭障至玉门矣”的“至”误引为“于”，而断“当时玉门的规模为亭障”。⑧ 其实狭义的“亭、障”是大小不一的两种边防建筑组织，例如《史记·匈奴列传》的《正义》引“顾胤云：障，山中小城；亭，候望所居也。”⑨ 故此，应该标点为“亭、

---

① 同上表第69魏杰：《最早的玉门关位置再辩》。

② 同上表第29赵评春：《西汉玉门关、县及其长城建置时序考》。

③ 同上表第33刘兴义：《最古老的玉门关》。

④ 见同上表第49段新生：《甘肃境内长城起点及玉门关略考》。

⑤ 同上表第35李并成：《汉玉门关新考》。

⑥ 同上表第53李并成：《玉门关历史变迁考》。

⑦ 同上表第48潘竟虎、潘发俊：《汉玉门关地理位置再考》。

⑧ 同上表第37侯晓星：《西汉玉门关遗址质疑》。

⑨ 同上《史记》卷110《匈奴列传》第五十。

障”。这里的“障”既有学者正确解作“塞上小城”,[①] 也有学者以“障”有泛义指称“长城”(其实是指长城的某一部分),来错误否定其与“亭”连用时的狭义。[②] 而与“障”相关的“亭”乃边防军人候望所居之岗“亭”,[③] 与十里设一亭的最低级行政居民组织不同。而且据《史记》的文意可推断,当时的“玉门”应该是在此之前已经设立的相当县级的军事关塞城障管辖和治理的地区,此后在原有的酒泉郡、县城往其最西边玉门城障地区“列亭、障”的军事工程,理应是由比县高级的酒泉郡级的军政长官酒泉都尉主管。其方略和目的就是先用“列亭、障”来建立的一系列的军事屯田区,再经过若干年的巩固发展,又设立新的县和郡、国,从而将汉朝的西部疆域一直拓展到今新疆的西域地区。因此,可以推定东晋十六国(凉)阚骃(《十三州志》)所说“汉罢玉门关屯,徙其人于此,故曰玉门县”,[④] 应是在前106—105年之间之事。在此必须澄清一点,就是有学者将此事误解为“罢玉门关”而设县,[⑤] 其实是罢玉门关的军事屯田戍区而在当地建立军民兼治的玉门县,只是将屯田戍区内原本由军事都尉管辖的农民人户都转移为玉门县长管治而已,是“徙其人”而非徙其关,故玉门关并不会因此而废除或迁移。

(2)第二个重要工作,就是要纠正诸家对玉门县以西的亭障与郡县的继续建设的史料的纷纭误说。例如,高荣因为认同最早玉门关在敦煌以西之说,又把西汉分时分段修筑令居以西的长城亭障混为一谈,以致提出如下之说:

> ……三是汉朝自令居以西筑塞工程浩大,前后历时十多年,在修筑时大致分为令居以西至酒泉、酒泉至玉门、敦煌至盐泽和居延泽上塞四个区间。其中的“玉门”无疑应在敦煌境内,惟其如此,下一段亭障才可称为“自敦煌西至盐泽”。如果玉门在石关峡一带,不仅“酒泉至玉门”间距太小,而且会出现玉门至敦煌间巨大的缺口,这是难以置信的。[⑥]

---

① 同上表第12劳榦:《两关遗址考》。

② 同上表第41潘发俊、潘竟虎:《汉玉石障地理位置及玉门关变迁考》。

③ 当然,汉语词的解释,必须按照具体情况而论。有时复词取其偏义,如“兄弟”通常兼指兄和弟,有时则偏指兄或弟。反之,也可以偏指全,例如称“西至盐水,往往有亭”,这里的“亭”实际兼代指了城、障等。有不少“亭”后来甚至可与“县”互为转变,具体例证见下文之注。

④ 同上《前汉书》卷28下《地理志》第八下“酒泉郡”;乐史撰:《太平寰宇记》卷152《陇右道》三“肃州”。

⑤ 例如,同上表第63周运中:《西汉玉门关最初在今玉门市考》曾有此误解,而以“汉朝未曾罢玉门关”的事实来否定阚骃《十三州志》的有关记述。

⑥ 同上表第65高荣:《汉代玉门关研究述评》。

其实，高荣引证的“下一段亭障才可称为‘自敦煌西至盐泽’”之文，出于《汉书》。窃以为应该以《史记》“敦煌置酒泉都尉，西至盐水，往往有亭”的原始记述为准。据笔者近年的新研究，曾认为其时敦煌尚未设郡，但已经设县。[①] 而现在根据“敦煌置酒泉都尉”的时间是在太初四年完成伐宛之后，又过了“年余”的天汉二年（前99），则可以再作细微的改进推定，敦煌设县应在此后一两年间（前97—前96）实行。正如上文已经论证，“玉门”是先有实行军事屯田的玉门关屯田区，然后再将其改为玉门县。这种先建边防要塞的城、障，再将部分城、障建县的过程，是汉武帝向西北开疆拓土的惯例。例如，早在太初三年（前102）“彊弩都尉路博德筑居延泽上”的“遮虏障”，[②] 此事在别处记作“益发戍甲卒十八万酒泉张掖北，置居延、休屠以卫酒泉”对此《集解》载“如淳曰：立二县以卫边也，或曰置二部都尉以卫酒泉。”[③] 窃以为应是先“置二部都尉以卫酒泉”，而“立二县”是其后两三年间之事。又如比玉门设县稍后的，就是后来属于敦煌郡的效谷县，其前身为渔泽障，[④] 肯定是在元封六年（前105）之后才建县。而方诗铭以《汉书·孙宝传》载哀帝时唐林曾任“敦煌渔泽障”，以及“敦煌简簿书六一”有“永平十八年正月”的“渔泽尉印”的文字，认为“元封六年改渔泽障为效谷之说已不足为信”，并由此认为“元封六年前有渔泽障之说亦殊难令人置信也”。[⑤] 窃以为此说难以成立，因为在原有障塞的地方设置县乃至郡，大多数不会因此而将原有关障塞城拆毁并将主管军官罢免，或将有关军官与其管辖的关障一起迁移别处。汉在酒泉、玉门、渔泽等关障之地设县，皆如此。现知汉武帝曾于元鼎三年冬，应数有大功之楼船将军杨仆之请求，“徙函谷关于新安”，并“以故关为弘农县”。[⑥] 此将著名的函谷关徙关于外县，而以故关辖地另设新名之新县，乃史书特别注明的特例。故不可如李并成那样，视作与玉门关名不变，而在原关管辖的近地设同名之县的情况相同。[⑦] 至于敦煌设郡，则应照《汉书·地理志》的记载，是迟至后元元年

---

① 见谭世宝：《燉煌的词源再探讨》，《敦煌研究》2014年第1期，参考文见第123—124页。

② 同上《史记》卷110《匈奴列传》第五十。

③ 同上《史记》卷123《大宛列传》。

④ 同上《前汉书》卷28下《地理志》第八下“敦煌郡”。王国维曾证“效谷县本渔泽障”乃班固自注，非颜师古之注，同上表第4王国维：《流沙坠简·后序》。

⑤ 同上表第15方诗铭：《玉门位置辨》。

⑥ 同上《前汉书》卷6《武帝纪》第六。

⑦ 李氏此论见同上表第35李并成：《汉玉门关新考》。西汉有很多由亭建设为同名之县，在王莽时又改异名而复称亭。诸如酒泉郡的乐涫县、玉门县，王莽改称为乐亭、辅平亭；安定郡的乌氏县、三水县，王莽改称为乌亭、广延亭；此类例子甚多。同上《前汉书》卷28下《地理志》第八下“酒泉郡”“安定郡”。

（前88）才完成。[①] 因为据当今专家考证，司马迁编写《史记》在公元前91年就基本完成了，并且是在“大概过一二年或者三四年，他死了”。[②] 故笔者认为《史记》所载“敦煌”之名，充其量都只是县名而非郡名。

按常规，“酒泉都尉”为郡都尉，其原本驻守于酒泉郡城。[③] 如今却在并未设县的“敦煌置酒泉都尉”，而且随即进行“西至盐水，往往有亭”的军事工程，显然是要为随后的敦煌设县，然后再设郡作领导指挥。因此，不能按《汉书》之文，理解此次“亭（、障）”的系列工程是由敦煌郡城或县城开始往西建设。同样，元封四年（前107）或之后一两年间“酒泉列亭、障至玉门”的工程，也不应如大多数前人那样解释为到达当时的玉门关城为止，而应理解为到达酒泉都尉管辖的最西边境。[④] 正如后来移到敦煌所设的酒泉都尉辖境范围是无限制地向西拓展，故可以是“西至盐水”的一系列“亭（、障）”，则其之前的酒泉都尉的辖境范围也应是无限制地向西拓展，直到西至后来设敦煌县之地的一系列亭、障。据《后汉书》所载：汉朝“边郡往往置都尉及属国都尉，稍有分县治民，比郡。”[⑤] 可知太初四年“敦煌置酒泉都尉”，先是要“分县治民，比郡”，亦即要将酒泉郡的玉门县分割出敦煌部分，先作“比郡”亦即相当于郡的管治，以便建设新的郡县。故笔者认为，将本在酒泉的郡都尉移置于敦煌，并在此后建设“西至盐水”的一系列“亭（、障）”，实为后来将大酒泉郡分地于敦煌建郡的筹备工作。前引王国维的《序》所说的“今据斯氏所得木简，则有武帝大［太］始三年玉门都尉护众文书”，应该可以推断出与王氏略为不同的结论，就是由西元前101年至前94年“酒泉玉门都尉”设在敦煌城，其时小方盘城等亭、障、城堡都是其管辖下分关支口，都可以泛称为玉门的关口，这与原本在玉门县城及其附近的城门关口被称为玉门关，并不矛盾。这样，就不存在所谓“玉门至敦煌间巨大的缺口”的“难以置信”问题。

（3）第三个重要工作，就是关于西汉初设的玉门县的级别与管辖的东西范围与户、口数目的特殊情况，也是今人没有注意提及，以致误说纷纭，还导致了一些按常规看问题的学者对最早的玉门关址的误判，以及相关的一系列史料的错解。

首先，必须纠正一些地方史志以及今人论著对《太平寰宇记》转引阚骃《十三州志》有关玉门县的一段话的错误增删与误解错点。在此，笔者先对其原文作新标点

---

① 同上《前汉书》卷28下《地理志》第八下“敦煌郡”。

② 见《史记》“史记出版说明”，北京：中华书局，1982年。

③ 例如，同上《前汉书》卷6《武帝纪》载：太始三年秋，匈奴派军“入张掖、酒泉，杀都尉。”

④ 参考陈梦家曾正确指出“《（史记·大宛列）传》曰：‘于是酒泉列亭障至玉门’，指自酒泉西至玉门都尉的亭障”（见同上表第22《玉门关与玉门县》）。

⑤ 《后汉书》卷38《百官志》第二十八“百官”五。

如下：

> 玉门县，西二百里，一乡，本汉旧县也，属酒泉郡。《十三州志》云："玉门县置长，三百里石门周匝山间，裁（才）经二十里，众泉流入延兴。汉罢玉门关屯，徙其人于此，故曰玉门县。"①

以上之文，其意首先说明西汉初设的玉门县城位于肃州城西二百里，原本辖下只有一乡。由此再据《后汉书》所载："县万户以上为令，……减万户为长"。"县大率方百里，其民稠则减，稀则旷，乡、亭亦如之。"② 又东汉"应劭《汉官》曰：'《前书·百官表》云：万户以上为令；万户以下为长。三边始孝武皇帝所开，县户数百而或为令。……'。"故可以推定初设的玉门县所治的户数也可以少至只有一两百，可见其为当时西边地最为广阔，户口最为稀少的一个县。③ 因此，其下文引《十三州志》为证，说明当时玉门县官是比"令"低级的"长"。前人不解此意，都误将县长的"长［zhǎng］"，解读作长短的"长［cháng］"。故或减其"置"字，并误点其文为"玉门县长三百里……"；④ 或增"汉"字，并误点其文为"玉门县汉置［也有作'玉门县，汉置'］，长三百里……"；⑤ 或仅误点作"玉门县置，长三百里。"⑥ "玉门县置长三百里，……"；⑦ "玉门县，置长三百里，……"。⑧ 以上的增减及误点导致很多人的多错解，就是将当时西边未有界限的玉门县误解为东西长三百里。

其实原文"三百里石门周匝山间"，是指绵延三百里的金山有石门周匝其间。后句的"裁（才）经二十里，众泉流入延兴"，是指其中一个石门只有二十里长，很多泉

---

① 乐史撰：《太平寰宇记》卷152《陇右道》三"肃州"。

② 同上《前汉书》卷19上《百官公卿表》。

③ 同上表第29赵评春：《西汉玉门关、县及其长城建置时序考》曾以西汉后期"酒泉郡各县平均人口约8500余人"为由，误认为"仅以（敦煌以西的）玉门关所有戍卒也不足以因此置县"，来否定阚骃的"汉罢玉门关"而置玉门县之说。

④ （康熙至乾隆初）《钦定大清一统志》卷213《安西州·玉门废县》；（乾隆）《钦定皇舆西域图志》卷8《疆域》一"金山"。

⑤ 同上表第12劳榦：《两关遗址考》；同上表第22陈梦家：《玉门关与玉门县》；同上表第29赵评春：《西汉玉门关、县及其长城建置时序考》；同上表第48潘竟虎、潘发俊：《汉玉门关地理位置再考》；同上表第60李并成：《有关玉门、玉门关研究中几个重要问题的再探讨》。

⑥ 玉门市地方志编纂委员会编：《玉门市志》，北京：新华出版社，1991年，第49页。

⑦ 同上表第59刘常生编著：《玉门简史》，第211页。

⑧ 同上表第63周运中：《西汉玉门关最初在今玉门市考》。

水由此“流入延兴”。可见此“石门”位于靠近后来东汉所设的延寿（北周改为延兴）县，[①]（位于玉门县城西）。按上引《太平寰宇记》在下文又载：“《十三州志》云：‘延寿县在郡西，金山在其东，至玉石障，是亦汉遮虏障也。”又据《大清一统志》载：“金山，在玉门县赤金所东，《元和志》：在玉门县东六十里，出金。《寰宇记》（引）《十三州志》云：金山在延寿县，有玉石障。”又载：西儿马河［谭按：康熙时地图作“西稽马河”，陶保廉注为“赤金河”之异名。[②]窃以为“西”为番言土语“赤”字的音变，“稽（几）马”乃“金”字的译音回译，“金”字的韵尾－m与前面的声母韵腹分开变成“马”，而前面部分就变成“稽（几）”，其理与“晋”音译为梵语再回译为汉语“支那”相同。[③]此外，陶保廉接着还注明“赤金堡旧名西吉木。”这里的“吉木”和“稽（几）马”一样是“金”译音回译］，在玉门县赤金所西。源出所南草地，有数派会流……注于阿拉克池，池周数十里。按《寰宇记》：玉门县，有众泉北流入延兴海［谭按：《寰宇记》原文无“海”字，明清时人改延兴为赤金，多称之为“赤金湖”，其实“无湖”。故可推断清人所加“海”字应为此“湖”或“河”的异称[④]］，即此。”[⑤]又《甘肃通志》载：“延寿废县，在肃州西南，今靖逆卫东南。后汉置，属酒泉郡。”[⑥]再据《钦定皇舆西域图志》载：

> 金山在玉门县北，靖逆城东九十里。环县东西北三面，绵亘二百余里，其西北境山峡曰赤金峡。赤金湖自县南北流经峡中，其下流入阿拉克池当山之南麓。[⑦]

上文的赤金湖显然是漫长的河流。其将玉门县的金山由三百里缩减为二百余里，原因是清代的玉门县范围缩减了。其下文在转引了《元和志》《寰宇记》的有关记载后，加解释说：

---

① 同上《玉门市志》，第13页。

② 陶保廉著：《辛卯侍行记》第5卷，光绪二十三年（1897）养树山房刊本，第31页。

③ 参考谭世宝：《澳门历史文化探真》，北京：中华书局，2006年，第420—422页；《马交与支那诸名考》，香港：香港出版社，2015年，第440—442页。

④ 同上《钦定大清一统志》卷212《肃州·白亭海》说：“方俗之间，河北得水便名为河；塞外有水便名为海。”又有说“（赤金）城东之河或称为湖，故俗亦称赤金湖也”，见梁份著、赵盛世等校注：《秦边纪略》，西宁：青海人民出版社，1985年，第251页。或认为赤金湖既非湖亦非河，乃土语指“下隰多草”之地，见同上陶保廉著：《辛卯侍行记》第5卷第三十页。今人阎文儒采用陶说，见同上表第19阎文儒：《敦煌史地杂考》。

⑤ 同上《钦定大清一统志》卷213《安西州·玉门县》。

⑥ （雍正）《甘肃通志》卷23《古迹·玉门废县》。

⑦ 同上《钦定皇舆西域图志》卷8《疆域》一“金山”。

> 按《（大清）一统志》载：金山在赤金所东，又称赤斤山，在赤金所西三十里，似属两山。今以形势求之，山在玉门县北而亘乎东西，盖一山而异名者。自赤金峡折而北，东经县城，与《寰宇记》所云“玉门县长三百里，石门周币山间”者相合，是则县名玉门，卫名赤金，皆取义于此。

由此可见，金山其实又称“赤斤（金）山”，“赤斤”又有异写作“齐勤”，[①]“齐”为“赤”的音转，蒙、满语无－m韵尾，所译汉语－m都转为－n，故将“金”转译再回译为汉语就成了“斤”或“勤”。陶保廉在后文解释元朝的“赤斤站”说：“赤斤疑是乾齐之音转”，[②]实误。《甘肃通志》所载洪武年间的“齐勤站”，[③]才是“赤斤站”之音转。又“赤金蒙古”又有“齐勤蒙古”“赤斤蒙古”的音转异写。[④]这清楚说明：西汉最早的玉门县名取自其境内的“石门”又名“玉石障”。足证《十三州志》所载的延寿县的金山及玉石障，在西汉及清代都是属于玉门县，在今天则属于玉门市，具体就在赤金镇附近的（赤）金山赤金峡。[⑤]

六、新出主流观点商榷

刘兴义、李并成、潘发俊等人所主最早的玉门关在“嘉峪关市石关峡”说，是最后出而在当今占据主流之观点。例如，杨永生以《汉书·西域传》等史籍有关“设（谭案：‘设’原文为‘列’）四郡，据两关”的笼统记述为主据，误断这些史籍都主张“西汉玉门关开设于元鼎六年（前111），地点在敦煌西北90公里处小方盘城地区”。并且进一步将斯坦因、向达、陈梦家、夏鼐等人都归入认同这种观点的一派。其实，真正主张这种观点，就是其最后之说所列：2014年“国家文物局向联合国世界遗产委员会提交的‘丝绸之路：长安——天山廊道的路网’申遗文本，认同玉门关设于西汉元鼎六年（前111），设在距敦煌市西北90公里的疏勒河边。”[⑥]实际上，四郡与两关的开设时间不一，根本无法得出上述结论。而杨氏文章的“摘要”说：“玉门关自西汉王朝‘设四郡，据两关’以来，已有2100多年历史。”似乎赞同此观点。但是，

---

① 同上《甘肃通志》卷23《古迹·齐勤蒙古卫》。

② 同上陶保廉著：《辛卯侍行记》第5卷，第33页。

③ 同上《甘肃通志》卷23《古迹·齐勤蒙古卫》。

④ 同上《钦定大清一统志》卷213《安西州·赤斤山》；《甘肃通志》卷23《古迹·齐勤蒙古卫》；张廷玉等修：《明史》卷330《西域》二“沙州卫”。

⑤ 参考同上《玉门市志》的《玉门市行政区划图》及第53—66页所载《行政区划》。

⑥ 同上表第58杨永生：《玉门关设置时序变迁学术观点归辑与推论》。

其最后的结论则是采用了前述李并成、潘发俊等人之说，主张最早的玉门关在“嘉峪关市石关峡”。而对其所片面引称李并成主张的时间为元封四年（前107），潘发俊等主张的时间为元鼎二年（前115），却未加具体讨论，便抉择最早的玉门关址说：“我倾向于玉门关关址为嘉峪关市石关峡”。

青年学者周运中，在此玉门关会议提交三篇论文，都颇有新意，可谓“后生可畏”，予在大会作点评时已经作了充分肯定。他在其中一文试图纠正上述主流误说，反对“有学者提出玉石障在今黑山之东的嘉峪关市境内的石关峡”。但是如前所述，因误解而以“汉朝未曾罢玉门关”的事实来否定阚骃《十三州志》的记述。故在后文只能简单地提出如下驳论：

> 即使玉石障是最早的玉门关，也应该在交通要道，在今铁路、公路经过的地方，在今玉门东站附近，不应在黑山之东。汉代的玉门县城在今赤金镇，就在大路和河流交汇处。从酒泉到敦煌，不需要经过石关峡。
>
> 石关峡不是东西大路所经，也不属于延寿县境，阚骃《十三州志》在延寿县下说到玉石障，说明玉石障是延寿县境。
>
> 现代有人证明石关峡是汉代玉门关的证据，都不能成立。……①

其论虽然较为正确，但是尚欠火候。属于公说公理，婆说婆理，未能收一剑封喉，切中敌论要害之效。笔者反复研究，发现刘兴义、李并成、潘发俊等人之论的要害处，有必要分别纠正如下：

1. 刘兴义说，如上表所述，首先提出最早的玉门关在嘉峪关的错误假说是劳榦，他率先将《十三州志》“延寿县在郡西，金山在其东，至玉石障”这段话，错解为“即金山在郡西延寿东，相传即在嘉峪关”。② 刘说乃较早将劳榦此一假说发展为一篇专论，其文说：

> 石关峡，位于今酒泉城西北35公里处。……《元和志》：“金山在玉门县东六十里，出金。”……《寰宇记》引《十三州志》云：“延寿县在酒泉郡西，金山在其东，至玉石障，是亦汉遮虏障也”。……足证今日之石关，即汉之玉石障，是最古老的玉门关。③

---

① 同上表第63周运中：《西汉玉门关最初在今玉门市考》。

② 同上表第12劳榦：《两关遗址考》。

③ 同上表第33刘兴义：《最古老的玉门关》。

显而易见，此论之曲证，就是将玉门县东六十里（30公里）的金山，与酒泉城西北35公里的金山混为一谈。同时，也就把靠近延寿（延兴）县城（谭案：刘在下文认为在今骟马城西）的山间长达10公里的石门，说成是只有8公里长的石关峡。由于金山横跨数县，绵延东西三百里，“周匝山间”之石门甚多，不可把今嘉峪关以西的玉门县（延寿县）的金山玉石障，说成就是嘉峪关西北“最近处距关约14公里”的黑山（古称洞庭山）的石关峡。[①] 吴礽骧则说石关峡“长约4公里，汉玉石障似位于东隘口”。“峡口东南距”“明嘉峪关城7.5公里”。[②] 而清代的权威史志则引载明末清初梁份《西陲今略》（后改名《秦边纪略》）说：“（嘉峪）关西北五十里有石关儿，石硖（峡）天险。硖外有扇（骟）马营，去州（谭按：应以《秦边纪略》所记‘州’作‘关’为准）一百六十里。”[③] 由此可证，石关儿的石峡即石关峡，其位于明嘉峪关西北五十里而非十五里。

此外，刘氏下文还对五代后晋高居诲《使于阗记》作改字之曲证，就是否认“天门关”的存在，硬说该天字是玉字的古体被后人误抄所致，从而断言高氏所说“天门关”就是“玉门关”亦即石关峡。而出天门关之后“‘又西百里至（出）玉门关’，实即指玉门县，今赤金堡地方”。这样的结果，就是先改一字，使得高氏之文变成出了两个玉门关，而将前一个玉门关曲解为石关峡，后一玉门关曲解为位于赤金堡地方的玉门县。如此改字兼改义的曲证，极为罕见。因为原文写明由“肃州渡金河西百里，出天门关”，可见肃州至金河再至天门关，距离共有一百几十里，与距离肃州70里的石关峡不合。这显然应属于石关峡以西，玉门县东边的一个关口。天门关的存在，不容否定。明代李应魁《肃镇华夷志》、清初梁份《秦边纪略》都曾引述高氏此文，[④] 近年编纂的《嘉峪关市志》，也曾引证清末陶保廉《辛卯侍行记》载“五代有天门关”。[⑤]

今据较早且多宋元文献的记载，高居诲原名应作平居诲。[⑥] 作高居诲（少数作晦）

---

① 黑山石关峡方位见《嘉峪关市志》编纂委员会编：《嘉峪关市志》，兰州：甘肃人民出版社，1990年，第49页。

② 吴礽骧：《河西汉代驿道与沿线古城小考》，载《简帛研究二〇〇一》，桂林：广西师范大学出版社，2001年。

③ 同上《钦定大清一统志》卷212《肃州·关隘》；同上赵盛世等校注：《秦边纪略》，第236、250页。

④ 李应魁著，高启安、邰惠莉点校：《肃镇华夷志》，兰州：甘肃人民出版社，2006年，第162页；同上赵盛世等校注：《秦边纪略》，第252页。

⑤ 同上《嘉峪关市志》，第1页。

⑥ 程大昌撰：《演繁露》卷1《陷河沈》；唐慎微撰：《证类本草》卷1，载苏颂：《本草图经序》；陆友仁撰：《研北杂志》卷下；陶宗仪撰：《说郛》卷30上。（四库全书本）

者，宋唯欧阳修，其余元至清人为多，但姓高与名居诲之义无关，而姓平与名居诲之义可谓珠联璧合。其书名原应为《于阗国行程记》,[①] 或作《使於（于）阗行程记》。[②] 以“晋高居诲使于阗记”作书名并加书名号为〔晋高居诲使于阗记〕，见于《钦定皇舆西域图志》卷八《疆域》一《古阳关》，其实不伦不类。王国维之《序》引高氏之文为主证，原本并未对此句加书名号，[③] 唯今人加新标点之本作“后晋高居诲《使于阗记》”,[④] 其实因为欧阳修所记高氏使于阗并作记录的原文说：“居诲记曰：……至肃州，渡金河，西百里，出天门关。又西百里，出玉门关，经吐蕃界。”[⑤] 王国维以居诲所记之文为西汉及清的玉门关在玉门县的主要证据之一，其实是沿用了清初官修钦定的史志之定说。例如同上书《古阳关》之前的《古王（玉）门关》也引高氏之文，并加解释说：“是即玉门县，西关距酒泉郡仅二百余里。”又同上书《古阳关》之后的《玉门县治》也在引高氏之文后加按语说：“即故县也，据此则玉门县之东关，亦称王门关，与敦煌县西之古玉门关无涉。”笔者认为，应以古玉门县之东关为玉门关。例如，清《玉门县志》的《疆域形胜》称：“赤金（镇）”为“东障玉门之屯，西阻金山之硖（峡）”。“玉门（关）”在清代是“玉门东障，出入全省之咽喉；石硖西峙；表里极边之锁钥。”[⑥] 足证清代玉门县城在西汉玉门县城（赤金镇及相连的古玉门关）以西，而金山之硖（即玉石障）更在西汉玉门县城（赤金镇及相连的古玉门关）东六十里。

2. 李并成之说，虽然较刘兴义更早主张此说，但后来的观点却有反复，最后成为此说的最有影响者。原本在其最早的1992年之文，是用一系列史料研究与实地考察，来创立五代宋初玉门关由唐玉门关（双塔堡）东移至今嘉峪关市石关峡之说。[⑦] 在2001年却用同样的史料研究与实地考察，得出反1992年之文的新观点，[⑧] 在2003年又

---

① 托克托等修：《宋史》卷204《艺文志》第一百五十七“艺文”三，四库全书本。

② 同上陆友仁撰：《研北杂志》卷下。

③ 同上表第3王国维：《流沙坠简·序》。

④ 见王国维著，彭林整理：《观堂集林（外二种）》，石家庄：河北人民出版社，2003年，第408页。

⑤ （宋）欧阳修撰：《五代史》卷74《四夷附录》第三“于阗国”；康熙：《御定渊鉴类函》卷237《于阗》三。今有将清代史志加插的解释文字误引作高氏原文标点作“出玉门关即故县也……”见同上《玉门市志》第745页所附录［清］手抄《玉门县志》之标点文。

⑥ 手抄《玉门县志》影印本，台北：成文出版公司，1971年，第4—5页。

⑦ 同上表第28李并成：《五代宋初的玉门关及其相关问题考》。

⑧ 同上表第35李并成：《汉玉门关新考》。

重用 1992 年文之说。[①] 从 2005 年至 2017 年再重用 2001 年文之说。[②] 在此择其至今所持之论略评如下：

（1）李氏较早的 2001 年之文认为《十三州志》所说的汉延寿县治今玉门市清泉乡骟马城，其东之“金山”为今嘉峪关黑山，“因除此山外这里别无他山可考，则‘玉石障’正是今石关峡。”同时也认为《辛卯侍行记》所载天门关为玉门关之误。其竟然说：“顾祖禹《读史方舆纪要》卷 63 早就指出，此处的天门关即玉门关。”[③] 李氏其后几年之文虽然持论反复，但至 2015 年之文又重用 2001 年之文的上述观点。[④] 如此考证实在粗疏武断，因为顾氏原文说：“高居诲使于阗，记自肃州西渡金河百里，出天门关。又西百里出玉门关，亦即玉门城矣。”[⑤] 可见陶与顾都正确理解了居诲所述之意，是指肃州西二百多里的玉门县城就是玉门关。只是顾氏肯定和补明居诲之说，反而陶氏其实是误认居诲所述为五代时的误说，[⑥] 窃以为于此问题是顾正而陶误。此外，陶氏在前文记载延寿县玉石障俱在嘉峪关西，接着又记天门关“故址盖在关外黑山湖左右大道，旧在黑山下也。”其后文记述其出嘉峪关城西门的具体行程说：“一里道左石碑题‘天下雄关’（原注：嘉庆十四年立），迤西碛阜更多，……三十三里。道北数理长，岭上有大烽墩，其下设黑山湖军塘（原注：……道北高山为黑山）”。[⑦]《嘉峪关市志》采用此说并作微改说：“唐及五代时，在今嘉峪关北的黑山脚下建有‘天门关’。”[⑧] 这可能是由于今嘉峪关的范围向西扩大了很多，故黑山脚由原来位于关嘉峪关西北三十三里，变成了就在其北。由此可见，此天门关位于清嘉峪关西门以西起码三十三里的黑山下，肯定不是石关儿口。又如前所述，金山横跨数县，绵延东西三百里，李氏竟然以“除此山外这里别无他山可考”为由，舍近求远，将玉石障推到玉门县之外远离骟马城 160 多里的嘉峪关。此外，要纠正之误还有一点，就是把只有 16 里长的石关峡，说成长 20 里，以吻合《十三州志》所说长 20 里的石门。其余之误与上文所

---

① 同上表第 40 李并成：《东汉中期至宋初新旧玉门关并用考》。

② 同上表第 43 李并成：《石关峡：最早的玉门关与最晚的玉门关》；同上表第 53 李并成：《玉门关历史变迁考》；同上表第 60 李并成：《有关玉门、玉门关研究中几个重要问题的再探讨》。

③ 同上表第 35 李并成：《汉玉门关新考》。

④ 同上表第 53 李并成：《玉门关历史变迁考》。

⑤ 同上顾祖禹撰：《读史方舆纪要》卷 63《陕西》十二“肃州卫·玉门”。

⑥ 同上陶保廉著：《辛卯侍行记》第 5 卷，第 30 页。

⑦ 同上陶保廉著：《辛卯侍行记》第 5 卷，第 27 页。此黑山湖与赤金湖一样，都不是通常意义的湖。参考 http://www.smdfwan.com/2015/12/29/%E5%98%89%E5%B3%AA%E5%8F%B2%E8%AF%9D-%E7%9F%B3%E5%85%B3%E5%B3%A1/所载《嘉峪史话》；http://www.xiaogushi.com/diy/baixinggushi/58029.htm 所载《神秘的黑山湖》。（2018.1.8. 下载）

⑧ 同上《嘉峪关市志》，第 399 页。

评刘兴义基本相同，不赘。

（2）李氏2017年最新之文对《十三州志》有关玉门县的记述虽然有错标误解，但所述“石门周匝”的情形为“被众多的石门（山间峡谷、沟壑）环绕”，较为正确。可惜结论是“这些山地范围似乎并不太大，‘裁（才）经二十里’”。① 这是把其中一个石门的长二十里，取代了当时整个玉门县被三百里的“众多的石门环绕”的情况。② 而其下文又有如下自相矛盾之说：

> 查今赤金镇一带地势……周围山丘环列，山间的确石峡、石门广布。绿洲南部祁连山脉北麓自东向西有白杨河石门、石油河石门……昌马水峡口等；绿洲北部有赤峡、峡台，西部有沙山子红柳峡，正东约70公里又有黑山峡。正可谓“石门周匝”。这些石峡石门除石油河谷与白杨河谷较长外，余皆为山前小沟、小河，一般长10余公里许，故曰“裁经二十里”。石油、白杨二河汇纳沿途诸泉水顺自然地势东北流，又与向东流去的北石河、南石河（疏勒河支流）一同汇入延兴海，即今干海子。陈梦家《玉门关与玉门县》（《考古》1965年9期）将延兴海比定为今赤金堡北13里的赤金湖，误。可见赤金绿洲一带的地理状况与《十三州志》所记颇为吻合，玉门县确应置于这里。

此说较为具体正确论述了“今（实际也是古）赤金镇”的“周围山丘环列……石门广布”的情况。至于陈梦家则是正确引述《辛卯侍行记》之说，并没有误说赤金堡北13里为赤金湖，而是明确说：“赤金湖……有驿……驿西南至赤金营堡二十里”。又说：“赤金驿东稍南二十里至赤金堡”，足证其说赤金堡东北20里为赤金湖。如前所述，在玉门等西北的古方言中，湖与河、海（子）时有混用。又由于玉门与延寿、延兴、赤金等在当地是古今同地异名，故古文献方志所记的赤金湖（河）也可称海（子）。陶保廉还给“赤金河”解说：“……西北流经鸦儿河口……红山寺、赤金堡、赤金峡，折东北入阿拉克鄂谟，即花海子也。”其后文又于赤金峡驿说：“（赤金峡）驿东稍南二十里至赤金堡，旧名西吉木……驿东北九十里花海子，康熙时作阿拉克鄂谟，即白海也。后人急呼之变阿拉克三字，为华。”并由此纠正徐松的“华（花）为蒙古语黄也”之误说，指出前人的“译语之难持如此，今土人皆呼花海子。”③ 又据清初史志载：“西儿马河在玉门县赤金所西，源出所南草地，有数派会流而北，又折东

---

① 同上表第60李并成：《有关玉门、玉门关研究中几个重要问题的再探讨》。

② 同上表第59刘常生编著：《玉门简史》第12页也有类似把多门与一门混淆之说。

③ 同上陶保廉著：《辛卯侍行记》第5卷，第31页。

北，流三百里，注于阿拉克池。”又说：“阿拉克池，池周数十里，按《寰宇记》：玉门县有众泉，北流入延兴海，即此。”[①] 可见“赤金河（湖）”的上游在赤金堡、赤金峡的东南，在向西北流经赤金堡、赤金峡之后，再折向东北流九十里才入花海子，也就是李氏所说的“今干海子”。而陶保廉曾明确指出“《寰宇记》：‘玉门县，有众泉北流入延兴（海）’，盖指是峡也。”在其前的《钦定皇舆西域图志》已经指出：“赤金湖自县南北流迳峡中”。可见以流经赤金峡的“赤金湖（河）”指为五代的延兴（海），并无大错。陈梦家并无将陶氏所说的赤金峡的延兴（海）误作九十里之外的干海子。倒是李氏也是没有读清楚陶保廉的原文及陈氏的引文而作误批。窃以为，陶保廉是将亲身的行程见闻与相关的历代史志文献来结合，对从甘州往西至新疆哈密的沿途的古今历史地理情况作了非常详细而基本正确的记述，与斯坦因的考古论著是各有所长，而可以互为补正的。

（3）李氏还引明初陈诚《西域行程记》为证，陈书原文说：“十七日，晴。过嘉峪关，关上一平岗，云即古之玉门关，又云榆关，未详孰是。”[②] 显然，陈诚所记为两可存疑之民间传说，其一说是指嘉峪关上的平岗是“古玉门关”，不足为训。而且所说“平岗”位于嘉峪关上，而非关外十多里的石关峡的山岗。李氏也称此岗“即明嘉峪关城楼所在之山岗”,[③] 却以其可以远望石关峡为由，而引作此峡口为古玉门关之证，可谓又一曲证。因为清末陶保廉也说“（嘉峪）关北平岗为嘉峪山”,[④] 其可能认为，有关嘉峪关北的明城为古玉门关之传说过于无稽，故不予记录置评。

（4）李氏对有关城镇的距离估计如下：“赤金到骟马古城计约35公里”，“由骟马古城经……至嘉峪关石关峡约35公里”，“由石关峡再向东到酒泉城又约35公里”，总共是三天约105公里（210里）。显然，这是脱离历史实际行程的主观估计。因为据陶保廉在清末远较西汉武帝初开酒泉至玉门时的路途交通要好很多的情况下，从酒泉城的“肃州试院启程”，到玉门县城南门，是由初三日至初六日，共行了四天，累计里程为共350里（175公里）。[⑤] 须知，陶氏乘马车走驿道，首日行程只有六十里，原因是沿途多河沟沙滩山坡，其中讨来河与沙河都长达二里。在西汉及五代的路途应该更加崎岖曲折，要花的时间更多。由此可见，李氏在对有关史料误解并对有关城镇的距离作出错误估计的基础上，对西汉最早的玉门关位置的判定难免错误。

---

① 同上《钦定大清一统志》卷213《安西州・玉门县》。

② 陈诚撰，周连宽点校：《西域行程记》，北京：中华书局，2000年，第33页。

③ 同上表第35李并成：《汉玉门关新考》。

④ 同上陶保廉著：《辛卯侍行记》第5卷，第27页。

⑤ 同上陶保廉著：《辛卯侍行记》第5卷，第27—32页。

3. 潘竟虎、潘发俊之说，虽然后发而文多，也有相当误导影响。其所有文章都主张一个与众不同的一个误说。例如，其2004年之文认为陶保廉、刘兴义等人之说皆误。其结论说：“天门关乃肃州南道天山之门冰沟口，‘又’西百里的玉门关乃‘另’一条路即北道玉石山之门石关。”① 2006年之文则进一步解释高（平）居诲有关肃州至玉门关的行程说：

> 后晋高居诲《使于阗记》说：“至肃州，渡金河，西百里，出天门关。又，西百里，出玉门关，经吐蕃界。”金河即讨赖河，沿河向西偏南到达南山冰沟口，这个隘口是进入天山（祁连山）之门，故名天门关；肃州向西偏北是另一条路，可达北山嘉峪石关，这个隘口是进入玉石山（黑山）之门，故名玉门关。②

首先，将“又”字解释为“另”，实在有违居诲后文所用于行程道路间之“又”字义，可以说是“断章释‘又’”。因为居诲的书为自灵州经肃州往于阗的定向起讫行程记录，根本没必要介绍肃州有两条路分别去天门关与玉门关。显而易见，该书于两三条路之间的“又”字，都是作路程的连接词。如其下文说：“自仲云界西，始涉醲碛……又西，渡……又西，至绀州……又行二日至军安州，遂至于阗。”③ 故可以断定居诲是记述其从肃州往西去天门关后，接着又从天门关往西去玉门关。他没有理由先往西南的天门关，再折回北面起码有近二百里的所谓黑山的石关儿口（即其所改称的玉门关）。如果天门关之路只是说而不走的，则其直接从肃州到石关儿口的距离，正如所有史志如《辛卯侍行记》所载，以及潘氏下文所说，只有七十五里，与居诲所记金河以西的百里就有二十五里之差。加上从唐五代至清代的肃州城都没有西门，要从北门出城，绕道向西才能到达金河（后来又名北大河、讨来河），金河本身起码有二里宽，则由肃州渡金河再去天门关的行程，起码有一百二三十里。故前述陶保廉考定天门关在黑山湖军塘，可谓不刊之论。

七、结语

通过以上讨论，二十世纪初以来关于最早之玉门关地理位置问题庶几可得以正本清源，兹略述其要如下：

---

① 同上表第41潘发俊、潘竟虎：《汉玉石障地理位置及玉门关变迁考》。

② 同上表第44潘发俊、潘竟虎：《西汉玉门关地理位置考》。

③ 同上欧阳修撰：《五代史》卷74《四夷附录》第三“于阗国”。

1. 汉武开河西，通西域，首设酒泉、玉门诸城障塞关。事关重大，而首创纪传体之《史记》，将其及相关之事分作几条“碎片”，载于不同的纪传。《汉书》继起而体例沿之，所载几条“碎片”而又增加了一些模糊与矛盾。此后两千多年的朝代兴亡更替，相关政区与城镇的立废与变迁频仍，加上自然变化损毁，汉代酒泉与敦煌间的玉门关与其他一系列的城障关塞，都逐渐化为残垣乃至踪迹全无。其间唯十六国凉阚骃《十三州志》、五代石晋平（高）居诲《辛卯侍行记》留下一两条同样“碎片”而较有价值新资料。两宋力弱而西北边界大收缩，宋人记述河西地名之变化，纯属隔靴搔痒，不仅于史无补，反增混乱。蒙元疆域虽广，然诸帝汉化过低，史志之河西及西域地名多为汉蒙转译再回译为汉文，多难与汉唐地名挂钩，古今变化之轨迹，再被模糊。至明朝重新经营西北，古今地名之混乱不清多沿元代，如明人陈诚《西域行程记》也记嘉峪关北城的平岗为古玉门关之传说，却不加考证。其所作《狮子赋》又称“发酒泉郡，出玉门关，道燉煌、月氏……”① 都未能在史地研究方面提供有价值的资料观点，难怪纪昀于《四库总目提要》称其书“见闻未广，大都传述失真，不足征信”②。综上所述，可知最古的玉门关遗址，由汉魏以后至元明，便逐渐成为千古难解之谜案。

2. 清代前期的文治武功直追汉唐，汉帝唐宗之风骚文采，皆稍逊略输于清代乾隆。康雍乾时期对河西州县至西域边疆的重新经营，成就清朝三百余年连续不断的有效管治，已经超唐越汉，实有赖于同时期诸帝及地方长官以及文人学者一直对历代西北史地变迁之特别关注与研究。同时，他们还吸收了西洋的地图学，加上公私出版印刷业之发达，官修的方志地理图书的编纂印行，以及私家研究的史地论著的出版，质和量也都后来居上，超越历代。例如，由康雍乾三帝审定的《钦定皇舆西域图志》卷八《疆域》一《安西南路》，先记录和考证“嘉峪关”“玉门县治”在历代史籍所载之源流，再记录和考证“古玉门关”的源流。首先记述之说称：“古玉门关在呼罗苏台西南，党河之西，东距敦煌县治一百五十里，汉武帝时置。关外有五峰，为赴车师前庭及疏勒之道，所谓北道也，关今无存。”然后再引汉唐正史以及清代《肃州新志》的有关记载，以证所谓北道的“古玉门关”应在靠近党河的龙勒县，否定了在“东距敦煌县治一百五十里”之说。然后再进一步考证最古的玉门关为汉代玉门县西关，其说如下：

又汉班超《疏》言：“（生）不敢望到酒泉郡，但愿生入玉门关。”酒泉郡即今玉门县地，在党河东七百六十里。超当时自疏勒东归，先由玉门而后至酒泉，

① 同上陈诚撰，周连宽点校：《西域行程记》，第118页。

② 转引同上书第161页。

语意亦合五代高居诲《使于阗记》：“肃州渡金河，西百里出天门关，又西百里，出玉门关。”是即玉门县西关，距酒泉郡仅二百余里。

又土尔番有玉门口，或谓即古玉门关，旧舆图谓玉门关近伊犂，两说远近大殊，皆与古传志方隅形势不合，未足为据也。

此文对东汉玉门关址仍在玉门县之考定，非常重要，也涉及后来两晋南北朝的玉门关址问题，本文暂不展开讨论。只是要纠正一些流行的误解，这就是今人或误以超《疏》此句为玉门关在敦煌以西之证，① 或误以为在新考证出的隋常乐县，具体在今桥子乡西北的马圈古城遗址。② 其原因都是不知上文早已明确考定东汉班超《疏》文的“玉门关”，与五代高（平）居诲所述玉门关皆为“玉门县西关”。又《甘肃通志》也论及此问题，而将班超、阚骃及高（平）居诲所述玉门关及玉门县考定“在今齐勤（赤金）境”（也就是在今玉门市境内）。③ 但是直到清末，有关问题仍未有定论。陶保廉（1862—1938）的《辛卯侍行记》（撰于1891，刊于1897），乃民国以前有关西北史地文献研究的集大成之作。作者身为贵介公子，以“读万卷书，行万里路”的方式来撰写此书。其于1891年随侍省级高官的父亲陶模，由陕西经甘肃赴乌鲁木齐就任新疆巡抚，随带行李就有九箱书籍，沿途在马车中边看城镇古今之迹，边看书查对而边写作此行记。虽然所乘马车设备在当时算是相当高级，但是难逃冬冷夏热，西北风雪伤人之苦；所走驿道也可说是当时的“高速公路”，也不免沿途颠簸之苦；食宿则常在荒野简陋破旧的小驿站、行馆，有时在“荒邨茅店”，“借灶煮粥”。④ 其实际的研究与写作环境，非常艰苦。请看其于十一月初五（1897年11月28日）经惠回堡的行程下写道：

初五日，朱思斋以病辞归，盖不耐寒也。（原注：自九月下旬以后，备受风雪之苦。塞外益寒……所谓手在袖而欲坠，口嘘气而冰重者也。）一里经惠回堡之北入戈壁……半里下坡过冰沟，骡马汗出成冰，如垂丝如糁粉。（原注：余所坐车席棚，毡裹羊皮，门帘左右缝两袋盛笔墨、罗经、书图。常将车帘挂起，以便左右望。今日大风砭肌，呼吸间寒气入鼻如刺，不得不垂帘。两旁虽有玻璃，人气着之成冰成霜，暗无所见。身披重裘，足着棉袜。又屈皮褥三分之一，以盖两腿，

① 同上表第41潘发俊、潘竟虎：《汉玉石障地理位置及玉门关变迁考》。

② 同上表第32及47李正宇：《新玉门关考》。

③ 同上《甘肃通志》卷3下《靖逆厅》。

④ 同上陶保廉著：《辛卯侍行记》第5卷，第36页。

仍冻欲僵。遥想守塞士卒，荷戈冰天雪窟中，更当若何艰苦？……）①

正如其友王树枏为之序曰：

> ……吾常怪司马子长氏以通博有识之儒，其所为《史记》立体大备，独于图焉阙而弗载。班、范而后，相沿相袭。以至于今，卒未有能悟之者，可叹也已！拙存（陶氏）夙精于图学，其记是书也，独能于古图亡灭之后，躬履其地，一一详究，以求其一当。其大旨以山为经，以水为纬；以古书之方向里数，定土地之沿革；以方言土音之转变，证古名之是非。自汉唐巨儒迄今，鸿学赡才，精研地理之士，凡其言之参差舛牾，不合于古而络于今者，皆综核而析辨之，旷然如迷者之获康途。……每一披览，犹喟然想见当日，怀铅握椠于风沙雨雪中，踌躇四顾时也。②

窃以为陶氏已用了二三重证据法，来记述考证秦汉至明清的西北城镇亭障与驿站的变迁问题，弄清了很多同名异地，同地异名的情况。但仍然将敦煌以西的玉门关看作最早的玉门关，③ 殊为可惜，足见此问题难度极大。至民初王国维既对中国汉至清有关玉门的历史文献烂熟，又兼受陶保廉、斯坦因以及沙畹的考古研究成果之启发，终能以中西兼通的精博学识，自觉运用二重乃至多重证据法，言简意赅地论证了最早的玉门关就在汉及清的玉门县。这反过来又启发了斯坦因推出新著，作了更多重证据的论证，使得王国维所创之说，在中外史坛成为独领风骚三十年的不刊之论。由此而言，有关研究史实应上溯至清代，将清初有关史志及清末陶保廉之书文补入本文第二节之《表》。但是拙稿已基本草成，无暇作全文的改动，且留一点个人研究进展之痕迹，故仅在此补加说明，对前文只作微调而不作大动。

3. 王国维撰《序》时，其继承发展与对话的对象，主要就是陶保廉与斯坦因、沙畹，能读其书文者，也仅限于十分狭小的学术圈内少数一流学者，故可以言简意赅地微改中外两三大家之说，便推出新的定论。而予于其百年之后，全民的文化教育大普及大提高，就连博士教育也大跃进，学校及民间读书撰文论学者至近二十年间突飞猛增，可谓多于清末民初千万倍。既目睹前贤后俊为最早玉门关遗址之问题聚讼纷纭，异见迭出，所须对话商榷讨论之文，经精选仍有 71 篇之多。又深知自上世纪四十年代

① 同上陶保廉著：《辛卯侍行记》第 5 卷，第 29 页。

② 同上书《王序》。

③ 同上书第 5 卷，第 30、32 页。

以来，从没有认真记述有关研究史者，以致后来不能居上，后出不能转精，重复陈说误论之文比比皆是。最甚者，有的人连自己个人的研究史也没有讲清楚。故此，予不能不痛下决心，殚精竭虑，把民初以来百多年间，乃至上溯至清代三百余年的研究史都作一总结厘清。也就需要宏微兼观，大题小作兼小题大作，草此长篇之文稿。

书不尽言，言难尽意！容后有便，再作续论。

（2018年6月15日定稿于退而不休之书斋）

鸣谢：

感谢妻子洪光慧老师全力协助撰文，全程陪同参加敦煌及玉门会议，予在从敦煌赴玉门会议期间，疲劳加外感，微恙三天而得迅速康复，全赖贤妻照顾。

感谢门人山东大学历史文化学院讲师胡孝忠博士提供玉门会议资讯，并代为收集一些难得的资料。

感谢主办2017年8月玉门会议的玉门市文广局曾福军局长、博物馆王璞馆长给予的多方关照，尤其感谢王馆长亲自陪同我和妻子自玉门市前往嘉峪关石关峡考察，确证该处不可能是西汉玉门关故址。

元威遗骨证实拓跋鲜卑源出东胡

韩　昇（复旦大学历史学系）　　吕思静（华中师范大学历史文化学院）

隋代元威夫妇墓，2010 年发掘于咸阳市底张镇。受陕西省考古研究院的委托，复旦大学现代人类学教育部重点实验室对元威遗骨做了 Y 染色体单倍型测序，其详情请参考《隋代鲜卑遗骨反映的拓跋部起源》。[①] 具体结论为：隋代元威遗骨的 Y 染色体单倍型为 C3b－F1756 型。元威所属的 C3b－F1756 型单倍型人群，约在 5500 年前开始自外贝加尔—呼伦贝尔地区扩散。本文旨在接续《隋代鲜卑遗骨反映的拓跋部起源》一文的研究，讨论四个问题：①元威家族的特殊经历；②元威 Y 染色体单倍型 C3b－F1756 的历史学意义；③拓跋鲜卑起源地和迁徙路线的推测；④北魏皇室构建家世追祖黄帝的原因。

一

隋代元威夫妇墓出土的墓志铭，为我们确定了元威的身份。元威墓志铭记述其家世，说道：

> 大隋使持节、仪同三司、潞县公元使君之墓志……公讳威，字智威，代郡桑乾人也……昭成帝之余苗……左贤王之后胤……曾祖奚六拔，羽真、殿中尚书、散骑常侍、临胪公，谥曰恭王。祖安周，平北将军、上洛太守、京兆尹。考普贤，镇西大将军、恒州刺史。[②]

据此墓志铭，元威一家是有着独特经历的北魏皇族后裔，不仅著籍代郡桑乾，还

---

① 韩昇、蒙海亮：《隋代鲜卑遗骨反映的拓跋部起源》，《学术月刊》2017 年 10 期。

② 陕西省考古研究院，咸阳市文物考古研究所：《隋元威夫妇墓发掘简报》，《考古与文物》2012 年第 1 期。

自称是“左贤王之后胤”。目前还没有在史书和墓志铭中，找到具有类似经历的北魏元姓宗室，因此值得我们详加考索。

元魏王朝对北中国的统治，从公元386年至557年，超过150年，本应繁衍出庞大的皇族群体。然而，随孝文帝南迁的北魏皇族，先在建义元年的河阴之变遭到尔朱荣的屠杀，朝廷百官自皇太后、皇帝、诸王以下被杀2000余人；后来又在北齐天保十年遭到高洋的屠杀，以至北魏开国君主道武帝后代在北齐者靡有孑遗。直到今天，“元”仍然是个小姓，富藏家谱的上海图书馆，竟然没有收藏元姓家谱。存续于世的北魏皇族大多属于远支宗室代国王什翼犍（追封昭成帝）的后代，彼此之间亲属关系疏远，不能构成为统一的元氏家族。

元威家族是如何躲过屠杀而幸存下来的呢？元威的籍贯著于代郡桑乾县，这在存世众多的元姓墓志中是绝无仅有的。在南北朝语境中“桑乾”是平成旧都的代称，[①] 这意味着元威家族并没有随孝文帝南迁，而是留在旧都。[②] 因此，元威先祖躲过了河阴之变。《元威墓志》所述“代郡桑乾”，应当是对北魏前期桑乾县尚属于代郡管辖的模糊追忆。[③]

元威曾祖父突六拔的官职“羽真、殿中尚书”，应是孝文帝改革北魏官制前的官名；其爵位“临胪公”更是随意命名，并非出于任何确凿的郡县地名，显然其受封应在孝文帝太和十六年（492）改革爵位制度之前。突六拔的爵位在太和十六年依例当降，故其家人标示先前之临胪公爵位以自高。西魏立国后，滥封北魏皇族爵位，并追封一批王爵，突六拔大约在此时被追“谥曰恭王”。

特别值得注意的是“突六拔”这个名字，按照罗新关于北族名号为官名＋官称的分析法，[④] 可以将其拆分为突六＋拔两个部分。“突六拔”的语尾“拔”是北族常见官称“bag”的对译；而“突六”的中古音则可以拟作duatliuk[⑤]，大约是“tuluk”或“turuk”的译音。在魏晋时代，类似构成的姓名还有拓跋、莫护跋、贺拔、拔拔等。作

① 如《魏书》卷19中《景穆十二王中·任城王云附元顺传》记载：“桑乾旧都，根本所系。”北京：中华书局，1974年，第482页。《宋书》卷95《索虏传》记载：“遂王有中州，自称曰魏，号年天赐。九年，治代郡桑乾县之平城。”北京：中华书局，1974年，第2321页。

② 参见王静：《咸阳出土隋元威夫妇墓志考说》，《碑林集刊》19，2013年。

③ 参见张穆著，安介生辑校：《〈魏延昌地形志〉存稿辑校》，《〈魏延昌地形志〉分目》记载，桑乾县在北魏后期属桑乾郡辖下。济南：齐鲁书社，2011年，第17页。

④ 参见罗新：《论拓跋部之得名》，《中古北族名号研究》，北京：北京大学出版社，2009年，第49—79页。

⑤ 参见郭锡良：《汉字古音手册》，北京：商务印书馆，2000年，第166—167页。

为族群的匈奴，在古回鹘文献中被记作“türk yocul bodun”（游牧的突厥人，自由的突厥人）。[①] 据此推测，草原上将作为族群的匈奴记作“türk”，并作为突厥语族各族的祖先来看待的。“türk”与“突六”的拟音“tuluk”或“turuk”有着很大的相似性。“突六拔（türk bag）”这个名字的原意，大约是管理突厥人（匈奴人）的长官，由一个官号而演变为人名被记录下来。北魏在其建国过程中，征服了大量突厥语族的高车、铁勒、丁零部落，并将其安置在漠南草原及河套地区，所谓的“六镇鲜卑”或“北镇鲜卑”，许多人就出自这些高车、铁勒、丁零部落。突六拔作为北魏皇室成员，或许奉命管理这些被征服的部族，也因为与这些突厥语部族（türk）的历史联系，而产生了一种自己源出匈奴左贤王后胤的错觉。

元威祖父元安周的结衔为“平北将军、上洛太守、京兆尹”，京兆尹是北周时复设的。北魏首都的长官，先后称为“代尹”和“河南尹”。至北周明帝二年（559）才改京兆郡为京兆尹[②]。在北周，京兆尹乃八命高官，平北将军也有正七命，这两个结衔显然都出自北周时的追授。很可能在534年东西魏分立之际，元威的祖父元安周适任上洛太守，在西魏一侧，因此入关加入西魏一方。考虑到元安周的年岁，他或许在入关后不久去世。

元威的父亲元普贤没有任何实职，其结衔为“镇西大将军、恒州刺史”。西魏至北周灭齐之前，实无一日领有过雁北恒州之地，[③] 除了少数北边将领外，恒州刺史不过是一种美赠。元普贤作为前朝皇族，虽得到了新朝北周的恩养，但没有执掌重兵捍边的可能。考虑到镇西大将军是九命高官，恒州又是元威家族的籍贯，因此追赠“镇西大将军、恒州刺史”算得上是极尽哀荣了。元威的父亲元普贤可能以元魏宗室的身份，作了一辈子没有实职的政治花瓶。直到元威这代，因为获得北周执政者晋荡公宇文护的信任，才获得了不错的仕途发展。

从昭成帝什翼犍到元威曾祖父突六拔的世次有缺环，不可详考。但传至隋唐之世，

---

① 雅森·吾守尔：《古代汉文文献中“匈奴”等名称的回鹘语译名》，《民族语文》2006年1期。

② 《周书》卷4《明帝纪》“明帝二年”记载：“（三月）改雍州刺史为雍州牧，京兆郡守为京兆尹……诏曰：‘三十六国，九十九姓，自魏氏南徙，皆称河南之民。今周室既都关中，宜改称京兆人。’”北京：中华书局，1971年，第54页。王仲荦：《北周地理志》卷1《京兆郡》说：“京兆郡治长安，旧置……北周都长安置尹。”北京：中华书局，1980年，第4—5页。

③ 西魏曾短暂侨置过三个恒州，以处兵户，但时间均很短暂，很快即被撤销，也没有地方官可考。《隋书》卷29《地理志上·京兆郡》记载：“盩厔后周置周南郡及恒州，又有仓城、温汤二县，寻并废。”北京：中华书局，1973年，第808页。同书《地理志上·北地郡》记载：“三水西魏置恒州，寻废。”第810页。同书《地理志上·弘化郡》记载：“归德西魏置恒州，后周废。”第812页。

北魏昭成帝后裔以常山康王素（素连）这一支最为庞大，几乎占去昭成帝后代的一半。常山王康素后代元保洛一家经历与元威家族很类似，元保洛一家也没有南迁洛阳。其墓志记载：

> 唯大魏永平四年岁次辛卯二月丁卯朔廿六日壬辰。
>
> 照成皇帝后。曾祖故素连……常山王，得铜虎符，谥曰康王。祖故货敦，内三郎。
>
> 父故太拔侯，出身城阳王府法曹参军，后除并州铜鞮令。
>
> 身出身高阳王行参军，后除恒州别驾，督护代尹郡元保洛铭。①

元保洛一家居留旧都，元保洛本人长期任职代郡，元威一家有可能是元保洛的同族。

二

由于Y染色体只在父子间代代相承，不因通婚混血而改变，因此成为追溯父系祖先的可靠证据。通过分子生物学手段对Y染色体特定点位的测序，能够准确获得唯一的Y染色体单倍型数据。元威遗骨的Y染色体单倍型为C3b－F1756，Y染色体单倍型C，在蒙古高原、东北亚及中亚地区有着广泛的分布，是蒙古语族和满—通古斯语族各族中的高频类型。单倍型C型人群分布的最高频区域是外贝加尔至大兴安岭的蒙古高原东北部地区。这里也是拓跋鲜卑、室韦、蒙古等东胡系蒙古语部族的发源地。单倍型C型人群大约4万年前即已来到东亚地区，后受到其他人群的挤压，被迫向南和向北迁移。大约15000年前，来到外贝加尔—大兴安岭地区。少数单倍型C型人群，从这里一直向北迁徙，最终越过白令海峡到达美洲。

① 赵超：《汉魏南北朝墓志汇编》所收北魏《元保洛墓志》，天津：天津古籍出版社，2008年，第59页。

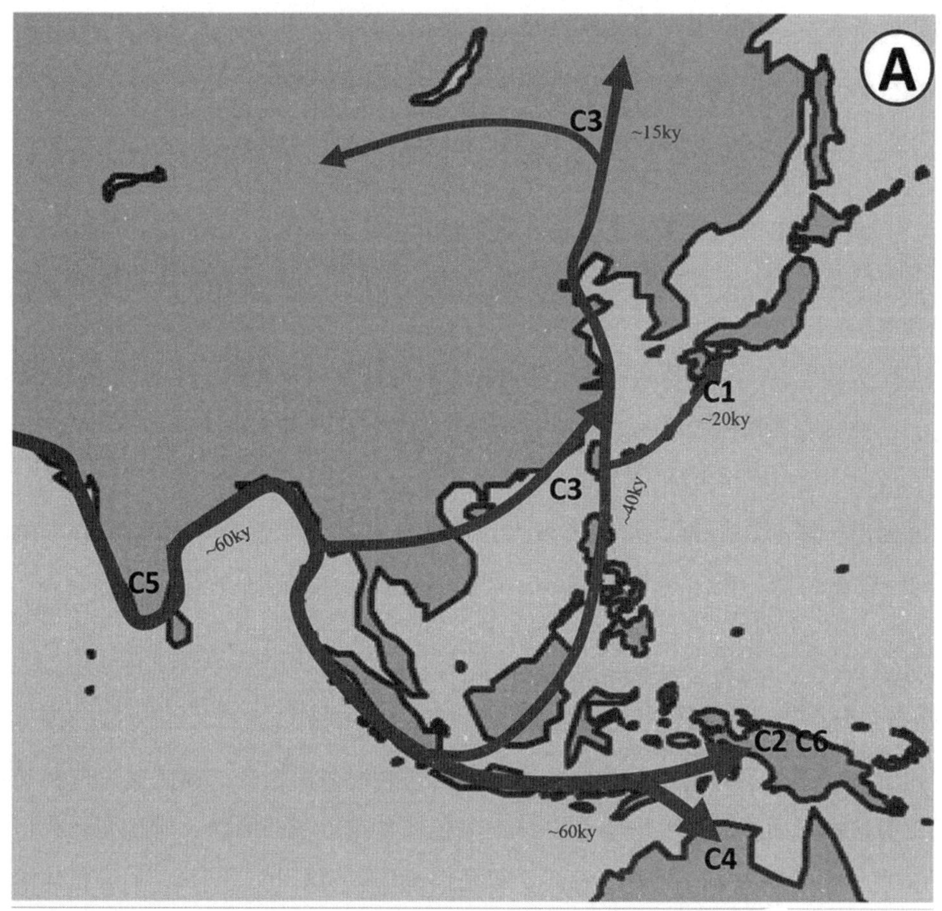

图 1 东亚 Y 染色体单倍型 C 型人群的推测迁徙过程①

具体到元威所属于的 Y 染色体单倍型 C3b－F1756 型，是单倍型 C3 项下的一个重要分支，在今天已成蒙古语族和满—通古斯语族各族的核心高频人群。历史上单倍型 C3b－F1756 型人群，对中国历史和世界历史的进展都起过重大作用。如《隋代鲜卑遗骨反映的拓跋部起源》所述，从约 5500 年前起由外贝加尔—大兴安岭地区开始向外扩张。时至今日，单倍型 C3b－F1756 已广泛分布于蒙古族（Mongolian）、布里亚特蒙古族（Mongolian－Buryats）、哈萨克族（Kazakh）、满族（Manchu）、锡伯族（Xibe）、赫哲族（Hezhe）、北方汉族（Han，Northern）、裕固族（Yugur）、回族（Hui）等民族中。

① Chuan－Chao Wang，Hui Li，"Inferring human history in East Asia from Y chromosomes"，*Investigative Genetics*，vol. 4，no. 1 (June 2013)，p. 11.

└C3b1a1a1a- F1756, and 76 equivalents		
├C3b1a1a1a2- F10011, …	F-GSH208	Hui
└C3b1a1a1a1- F3830, and 23 equivalents		
├C3b1a1a1a1*- SK1081	HGDP01244	Xibe
├C3b1a1a1a1*- SK1082	HGDP01296	Han, Northern
├C31a1a1a1a- F3889, and 10 equivalents		
├C3b1a1a1a1a1- F12439		
├C3b1a1a1a1a1*- …	F-Kaz65	Kazakh
└C3b1a1a1a1a1*- …	HLB-072	Mongolian
├C3b1a1a1a1a2- F9373, and 10 equivalents		
├C3b1a1a1a1a2a- F9388, and 21 equivalents		
├C3b1a1a1a1a2a*- …	HLB-071	Mongolian_Buryats
└C3b1a1a1a1a2a*- …	HLB-147	Mongolian_Buryats
└C3b1a1a1a1a2b- …	F-NYG394	Yugur
└C3b1a1a1a1a3- F4022		
├C3b1a1a1a1a3*- …	YCH176	Manchu
└C3b1a1a1a1a3*- SK1083	HGDP01237	Hezhen
└C3b1a1a1a1b- F8497, and 33 equivalents		
├C3b1a1a1a1b*- …	TJA-033	Hui
└C3b1a1a1a1b1- F11387, F11690		
├C3b1a1a1a1b*- …	TJA-034	Hui
└C3b1a1a1a1b*- …	Altain22440	Altai-Kizhi

图 2　Y 染色体单倍型 C3b－F1756 的基因树①

大致而言，上述这颗 C3b－F1756 基因树上的各分支人群，都有着 5500 年前的共同祖先。伴随着历史上鲜卑和蒙古民族的扩张，单倍型 C3b－F1756 也扩散到了中国华北地区、中亚地区乃至南俄草原。

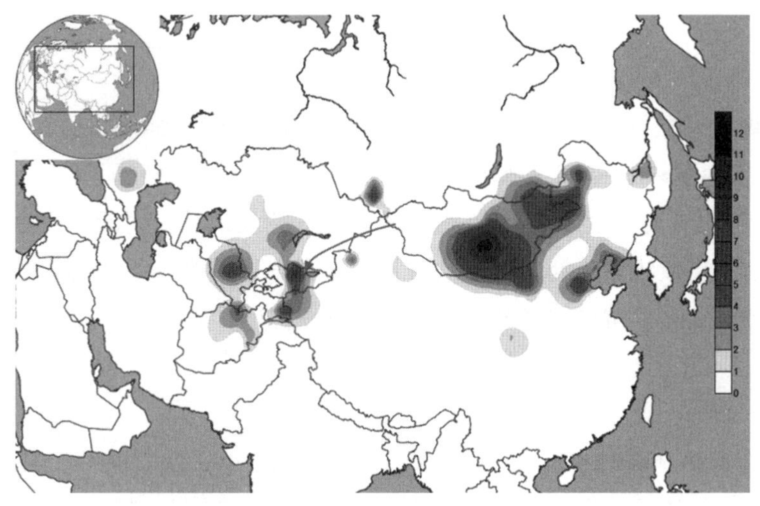

图 3　Y 染色体单倍型 C3b－F1756 型人群的分布频率②

① Lan－Hai Wei, Yun－Zhi Huang, Shi Yan, Shao－Qing Wen, Ling－Xiang Wang, Pan－Xin Du, Da－Li Yao, Shi－Lin Li, Ya－Jun Yang, Li Jin, Hui Li, "Phylogeny of Y－chromosome haplogroup C3b－F1756, an important paternal lineage in Altaic－speaking populations", *Journal of Human Genetics*, (2017), pp. 1－4.

② Lan－Hai Wei, Yun－Zhi Huang, Shi Yan, Shao－Qing Wen, Ling－Xiang Wang, Pan－Xin Du, Da－Li Yao, Shi－Lin Li, Ya－Jun Yang, Li Jin, Hui Li, "Phylogeny of Y－chromosome haplogroup C3b－F1756, an important paternal lineage in Altaic－speaking populations", *Journal of Human Genetics*, (2017), pp. 1－4.

代国王什翼犍（追封昭成帝）的后代元威 Y 染色体单倍型 C3b－F1756，证明了北魏皇室（元氏、拓跋氏）出身东胡系蒙古语族，进而证实拓跋鲜卑的核心家族出身东胡，同时说明单倍型 C3b－F1756 是判定古民族鲜卑的可靠指标。以元威为锚定，可以判断和检验草原上古墓葬的主人族属，是否属于东胡和鲜卑系统。

拓跋鲜卑及其分支秃发鲜卑一直被怀疑是匈奴系杂胡，而非东胡系鲜卑正宗，“其非纯粹之鲜卑族可知”。① 这种怀疑并非毫无道理，拓跋鲜卑长时间活跃于阴山南北的匈奴故地，据《后汉书》和《三国志》裴注的记载，有十余万落的匈奴部众融入了后来的鲜卑族群。② 这些匈奴部众并非不可考索，在拓跋鲜卑的大共同体内确实包含有不少匈奴系突厥语部族的成分，如献帝邻（北魏追封）七分国人后所形成的宗族十姓中，“纥骨氏，后改为胡氏”，“乙旃氏，后改为叔孙氏”；而高车之族，有护骨氏和乙旃氏，铁勒有纥骨部。

南朝史书《宋书》和《南齐书》更是直接称拓跋鲜卑（索头虏）是“匈奴种”，仅仅是“亦谓鲜卑”。③《南齐书》还编造出一个西汉投降匈奴的将军李陵，其后代与一位名叫“托跋”的匈奴姑娘成婚，后代随母姓为“托跋”的传奇故事：

> 初，匈奴女名托跋，妻李陵，胡俗以母名为姓，故虏为李陵之后，虏甚讳之。④

马长寿作《乌桓与鲜卑》时，将上述敌国传闻里“匈奴女名托跋”，“胡俗以母名为姓”这一合理内核提取出来，得出“在草原西部出现了鲜卑父胡母的拓跋鲜卑”这一著名论断。⑤ 马长寿并论说道：“拓跋鲜卑的祖先南迁以后，不断与草原中部和西北部的敕勒、匈奴诸族错居杂处，接触频繁，所以在草原内产生了很多‘胡父鲜卑母’的铁弗或铁伐匈奴和‘鲜卑父胡母’的拓跋或秃发鲜卑。所以拓跋魏的‘拓跋’之名

---

① 姚薇元：《北朝胡姓考》内篇第一《宗族十姓·元》，北京：中华书局，2007 年，第 4 页。

② 《后汉书》卷 90《鲜卑传》记载：“和帝永元中，大将军窦宪遣右校尉耿夔击破匈奴，北单于逃走，鲜卑因此转徙据其地。匈奴余种留者尚有十余万落，皆自号鲜卑，鲜卑由此渐盛。”北京：中华书局，1974 年，第 2986 页。《三国志》卷 30《鲜卑传》裴注引《魏书》记载：“匈奴及北单于遁逃后，余种十余万落，诣辽东杂处，皆自号鲜卑兵。”北京：中华书局，1959 年，第 837 页。

③ 《宋书》卷 95《索虏传》记载：“索头虏姓托跋氏，其先汉将李陵后也。陵降匈奴，有数百千种，各立名号，索头亦其一也。”第 2321 页。《南齐书》卷 57《魏虏传》记载：“魏虏，匈奴种也，姓托跋氏……猗卢入居代郡，亦谓鲜卑。被发左衽，故呼为索头。”北京：中华书局，1972 年，第 983 页。

④ 《南齐书》卷 57《魏虏传》，第 993 页。

⑤ 马长寿：《乌桓与鲜卑》第一章《总叙》，桂林：广西师范大学出版社，2006 年，第 3 页。

是后起的，是匈奴和鲜卑融合的结果。”[①] 五十多年来，这一论断在史学界被反复引用，已成为我们今天对于拓跋鲜卑的基本认识。

拓跋鲜卑因其与魏晋时代的匈奴系杂胡有着这样的渊源，因此有人怀疑“鄂尔多斯高原才是拓跋魏真正的发祥地……拓跋鲜卑本为‘西部鲜卑’的一个部落，先祖曾为匈奴奴隶部落”。[②] 现在，随着元威 Y 染色体单倍型的确定，拓跋鲜卑从父系上说，确定属于东胡系鲜卑，与蒙古语族诸族亲近。早前吉林大学对考古学推定的拓跋鲜卑遗骸，作了母系遗传 DNA 线粒体单倍型测序。其结果是：“拓跋鲜卑首先表现出与鄂伦春人之间有更近的亲缘关系，其次是蒙古人、鄂温克人，再次是达斡尔人”，[③] 说明现有证据倾向于证明拓跋鲜卑母系遗传同样以东胡为主。

我们在《隋代鲜卑遗骨反映的拓跋部起源》中推测，Y 染色体单倍型 C3b－F1756 大规模扩张的起点位于外贝加尔地区，时间约为 5500 年前。这一人群在距今 5500 年至 3000 年这段时期，活动于外贝加尔—呼伦贝尔地区。呼伦贝尔地区因而有着最多样的 C3b－F1756 下游分型，显示这里是 C3b－F1756 型人群扩张的起点。从距今约 3000 年前，C3b－F1756 型人群由呼伦贝尔地区开始向蒙古草原东部及大兴安岭地区扩张。在扩张的过程中 Y 染色体单倍型 C3b－F1756 又分化出了众多的下游分支。由于元威遗骨和井沟子墓地遗骨在 Y 染色体单倍型上的相似，为我们推测拓跋鲜卑的早期活动乃至鲜卑族的起源提供了帮助。[④]

借助元威遗骨这个参照，我们能够确认井沟子墓地是与元威大致同族的东胡系鲜卑先民的墓葬。内蒙古赤峰市林西县井沟子墓地的年代大约是距今 2500 年前的战国时代，这证实了《史记》所记载的战国时代活跃于我国北方燕、赵两国塞外的东胡，与元威同族是鲜卑族的祖先。以单倍型 C3b－F1756 为标志的东胡人群，约自距今 3000 年前开始由呼伦贝尔地区南迁，不久就到达漠南草原和华北塞外，并被中原华夏先民记录下来。

---

① 马长寿：《乌桓与鲜卑》第一章《总叙》，第 26 页。

② 李志敏：《嘎仙洞的发现与拓跋魏发祥地问题》，《中国史研究》2002 年第 1 期。

③ 于长春、谢力、张小雷、周慧、朱泓：《拓跋鲜卑与四个少数民族间亲缘关系的遗传学分析》，《东北师大学报》（自然科学版）2007 年 12 月。

④ 受限于遗骨的保存状况和基因测序的技术手段，我们目前对古遗骸的测序还不能如现代人血样那样精确，对元威遗骨的测序只达到 Y 染色体单倍型 C3b－F1756 这一精确程度。对井沟子墓地遗骨测序的精确程度只达到 C3－F3918（C3b－F1756 是 C3－F3918 主要的下游类型，也是唯一分布在亚洲的下游类型）。

三

东胡的面貌，大约于战国中期开始在历史记录上清晰起来，其时代正与井沟子墓地的时代相当。现代人类学测序告诉我们东胡的来历，历史文献则记载了东胡向北退却的过程。战国时，东胡受到赵国和燕国的打击，特别是燕国，在其名将秦开“袭破走东胡，东胡却千余里……燕亦筑长城……置上谷、渔阳、右北平、辽西、辽东郡”①之后，才真正得以跻身战国七雄的行列。至西汉初年，冒顿统治下的匈奴强盛，攻灭东胡，东胡余众远窜塞外退保群山，从中瓦解出乌桓、鲜卑等民族来。

鲜卑族的得名，极为可疑。《风俗通》《后汉书》、王沈《魏书》《晋书》、魏收《魏书》② 等都记载鲜卑族是因为“鲜卑山（大鲜卑山）”而得名的。然而，对传说的“鲜卑山”，却有很多不同的记载。似乎辽西地区有鲜卑山③、辽西塞外有鲜卑山④、大兴安岭北段有大鲜卑山⑤，甚至西北黄河上游也有鲜卑山⑥。众多的鲜卑山提示我们，必须反过来看问题，即并非鲜卑族得名自鲜卑山，而是鲜卑族聚居的地方，会被命名为鲜卑山。历史上这种由于人群迁徙而带来的地名变迁，经常可见。永嘉南渡以后，随着北方流民的南下，许多北方地名就被带到中国了南方。如果将各处的鲜卑山，看作是同源的鲜卑人群迁徙的足迹的话，那么，拓跋鲜卑和慕容鲜卑就有着共同起源的可能。

而且，拓跋鲜卑的先世传说，几乎是慕容鲜卑的翻版和复写，让人感到惊异。慕

---

① 《史记》卷110《匈奴列传》，北京：中华书局，2013年，第3468页。

② 虞世南：《北堂书钞》卷45记载：“《风俗通》云：秦始皇遣蒙恬筑长城，徒士犯罪，依止鲜卑山，后遂繁息。”天津：天津古籍出版社，1988年，第158页。《后汉书》卷90《鲜卑传》记载：“鲜卑者，亦东胡之支也。别依鲜卑山，故因号焉。”第2985页。《三国志》卷30《魏书·鲜卑传》裴注引《魏书》记载：“《魏书》曰：鲜卑，亦东胡之余也。别保鲜卑山，因号焉。”第836页。《晋书》卷108《慕容廆载记》记载：“秦汉之际为匈奴所败，分保鲜卑山，因以为号。”北京：中华书局，1974年，第2803页。《魏书》卷1《序纪》记载：“受封北土，国有大鲜卑山，因以为号。”第1页。

③ 《通典》卷178《古冀州上·营州》记载：“柳城有龙山、鲜卑山，在县东南二百里，棘城之东塞外亦有鲜卑山，在辽西之北一百里，未详孰是。”北京：中华书局，1988年，第4716页。

④ 《太平寰宇记》卷71《营州·柳城县》记载：“棘城之东城塞外又有鲜卑山在辽西之西北一百里与此异山而同名。”北京：中华书局，2007年，第1433页。

⑤ 《魏书》卷1《序纪》记载：“受封北土，国有大鲜卑山，因以为号。”第1页。参考嘎仙洞的位置，因确定为大兴安岭北段。

⑥ 郦道元撰，陈桥驿校正：《水经注校正》卷2《河水注》记载：“《释氏西域记》曰：牢兰海，东伏流龙沙堆，在屯皇东南四百里，阿步干鲜卑山。”北京：中华书局，2007年，第51页。

容鲜卑得名自其先祖“莫护跋”，拓跋鲜卑号为“拓跋”；慕容鲜卑的祖先记忆，从曹魏时代慕容廆上溯至乾罗有11代人，[①] 而拓跋鲜卑的祖先记忆也从曹魏时代神元皇帝力微上溯至成皇帝毛有14位首领（或者少于14代人）；[②] 慕容鲜卑的先世“以君北夷”“分保鲜卑山，因复以为号”，拓跋鲜卑的先世“受封北土”“国有大鲜卑山，因以为号”。

我们可以大胆推测鲜卑族的扩展过程：原生活在呼伦贝尔地区Y染色体单倍型C3b－F1756的东胡系鲜卑人群，其中一支大约于3000年前开始南下。战国时代受燕国和赵国崛起的阻碍，这一人群的脚步停在了塞外以辽河（西拉木伦河）上游为中心的蒙古草原东部地区，并参加了松散的东胡早期政权。受到冒顿匈奴政权的打击，东胡政权瓦解，分化出一支自称“鲜卑”的人群。这支鲜卑族或许在东胡政权还存在时就已生活在大兴安岭山区，并以嘎仙洞或类似这样的洞穴为自己的营地。几百年间，拓跋部的先民“啖牛羊……捕六畜，善驰走，逐水草”，[③] 其生活细节已不可详考。游牧民族在山麓和山坡间长距离迁移是生活常态，实在不必执着他们到底保聚在哪个山头。北魏皇室所认可的嘎仙洞，确实能遮蔽风雪且附近薪柴、猎物都很丰富，是个不错的营地选项。但也很难想象逐水草而居、以狩猎为副业的游牧部落，[④] 会千百年重复使用这个营地而不迁徙挪动。

按照黄烈、田余庆和姚大力的研究，拓跋部在宣帝（追封）推寅的带领下，离开大鲜卑山南迁大泽，时间约在始祖力微前百余年，也就是东汉桓帝时期（147—167）。[⑤] 因此，当王沈《魏书》记录下“鲜卑山”这个名字时，拓跋鲜卑关于“鲜卑山”的记忆还是鲜活的。即使到北魏太武帝遣使祭祀嘎仙洞时，距离拓跋部南迁也只不过300

---

① （宋）李昉编：《太平御览》卷356记载：“《述异记》曰：乾罗者，慕容廆之十一世祖也。著金银襦铠，骑白马，金银鞍勒，自天而坠，鲜卑神之，推为君长。”北京：中华书局，1960年，第1635页。《北堂书钞》卷126、129，《太平御览》卷695亦引《述异记》这段记载。

② 黄烈认为：“从力微到什翼犍，在位首领十四人，实际不过五代人……如比照力微以后十四位首领历时一百五六十年，则力微前九位首领不过相距百多年而已”。见黄烈：《中国古代民族史研究》第五章《拓跋鲜卑早期国家的形成》，北京：人民出版社，1987年，第278页。

③ 《晋书》卷113《苻坚载记上》，第2899页。

④ 围山狩猎是拓跋鲜卑的一项重要副业，兹举两个例子：《魏书》卷14《穆帝长子六修传》记载：“帝因大猎于寿阳山，陈阅皮肉，山为变赤。”第348页。同书卷25《长孙嵩传》也记载：“校猎阴山，多杀禽兽，皮肉筋角，以充军实，亦愈于破一小国。”第644页。

⑤ 黄烈：《中国古代民族史研究》第五章《拓跋鲜卑早期国家的形成》，第278页。田余庆：《北魏后宫子贵母死之制的形成和演变》，收入《拓跋史探》，北京：生活·读书·新知三联书店，2011年，第9页。姚大力：《论拓跋鲜卑部的早期历史——读〈魏书·序纪〉》，收入《北方民族史十论》，桂林：广西师范大学出版社，2007年，第6—8页。

年而已，不算久远。考虑到拓跋部的先世记忆只保存了14位首领名号，那么，嘎仙洞所在的大兴安岭北段山区，很可能是拓跋部南下大泽地区的前一站。拓跋部先民从嘎仙洞所在的大兴安岭北段山区迁移到大泽所在的呼伦贝尔草原，而他们到底是从哪里迁移到嘎仙洞所在的大兴安岭北段山区的，则已无法回忆起来，不能确指了。如果《魏书》所记的大泽真的是呼伦湖的话，那么拓跋鲜卑可以说是终于回到了祖宗勃兴地，这也从侧面说明呼伦贝尔草原优越的自然条件，适合于草原游牧民族从这里繁衍扩张。

诱导鲜卑人群走出鲜卑山向辽阔草原扩张的，是东汉中期北匈奴政权在东汉打击下的瓦解。鲜卑人群的活动范围，因这个机遇而扩大，人群开始分化并逐次南迁，最终到达漠南草原。这种分化和南迁的结果，是曹魏时期两个自称“鲜卑”的部落来到塞外，分别是辽西地区的慕容鲜卑和雁北地区的拓跋鲜卑。慕容鲜卑和拓跋鲜卑，应当是较晚走出大兴安岭的人群，他们没有赶上檀石槐鲜卑的辉煌时刻，但却是魏晋时代漠南草原上最终的胜利者。曹魏至西晋时期（3世纪中期至4世纪初期），拓跋鲜卑分化出秃发鲜卑，慕容鲜卑分化出吐谷浑，随着这些鲜卑部族的迁徙，鲜卑山之名也随之迁移到了他们的新居地。

四

在这里，我们还有必要探讨一下慕容鲜卑和拓跋鲜卑为什么要攀附远古的圣王。在魏晋南北朝时期活跃于整个中国北方的鲜卑族，没有留下原生态的起源神话和图腾印记，这种情况实属罕见。慕容鲜卑把自己的祖先追溯至高辛氏少子厌次，① 拓跋鲜卑则把自己的祖先追溯到黄帝之子昌意。② 由此看来，这两个族群的谱系源流似乎自古以来就互不相干。尽管没有什么研究者会相信这种攀附，但它毕竟给后人带来困扰。慕容鲜卑和拓跋鲜卑这样做并不是因为“能不囿于民族的偏见”也不是为了“向华夏姓氏靠拢”，③ 而仅仅是为了使自己的王朝家世符合五德始终、五行历运的要求，为其统治北中国的汉地披上一层“次膺符历”的合法外衣。④

《魏书·礼志》收录了一份高闾所排定的五行历运：

---

① 《太平御览》卷121记载：“崔鸿《十六国春秋·前燕录》曰：慕容廆，字奕洛环，昌黎棘城人。昔高辛氏游于海滨，留少子厌次以君北夷，世居辽左，号曰东胡。”第583页。

② 《魏书》卷1《序纪》记载：“昔黄帝有子二十五人，或内列诸华，或外分荒服；昌意少子，受封北土，国有大鲜卑山，因以为号。其后，世为君长，统幽都之北广漠之野。”第1页。

③ 李凭：《黄帝历史形象的塑造》，《中国社会科学》2012年第3期。

④ 参见何德章：《北魏国号与正统问题》，《历史研究》1992年第3期。罗新：《十六国北朝的五德历运问题》，《中国史研究》2004年第3期。

魏承汉，火生土，故魏为土德；
晋承魏，土生金，故晋为金德；
赵承晋，金生水，故赵为水德；
燕承赵，水生木，故燕为木德；
秦承燕，木生火，故秦为火德。
……
以魏承秦，魏为土德……考氏定实，合德轩辕，承土祖未，事为著矣。①

参考顾颉刚所编制的《全史五德始终表》，② 慕容燕既居木德，故合为帝喾高辛氏之后。北魏承前秦为土德，那么有两个选择可供构建自己的祖先，亦即黄帝轩辕氏或者帝舜有虞氏。因为当时与北魏匹敌的后秦姚氏已先行称帝并自居帝舜有虞氏之后，③ 故北魏初年唯一合理的政治选择，就是将自己的王朝家世归于黄帝之后，以便占据土德。

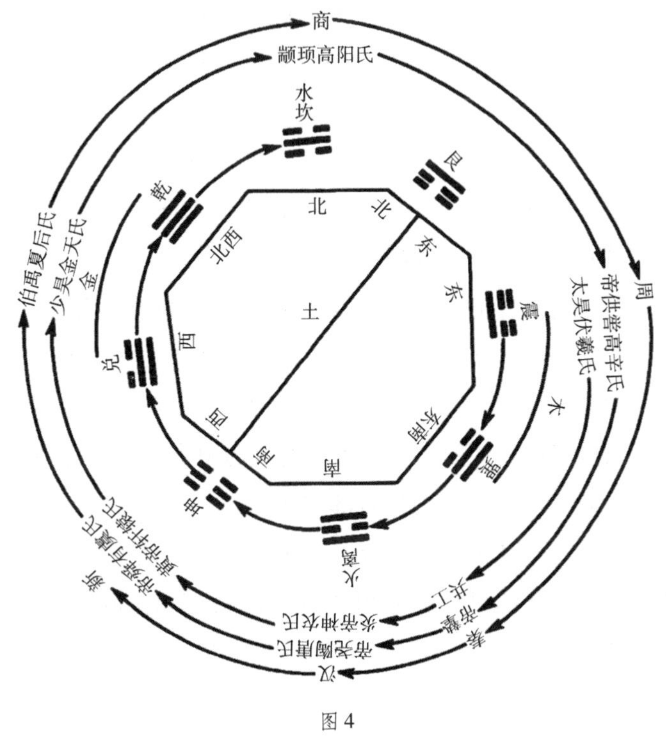

图 4

① 《魏书》卷 108 之 1《礼志一》，第 2745 页。

② 顾颉刚：《五德始终下的政治和历史》二二《〈全史五德始终表〉的定本》，《顾颉刚全集》第二册，北京：中华书局，2010 年，第 416 页。

③ 《晋书》卷 116《姚弋仲载记》记载："姚弋仲，南安赤亭羌人也。其先有虞氏之苗裔。禹封舜少子于西戎，世为羌酋。" 第 2959 页。

考虑到曹魏皇室曾经为了汉魏禅代的需要，居然“以一代之君，而三易其祖，岂不可笑?”① 并有强行把帝舜抬入太庙供为始祖的非礼行为，我们就能明白，攀附一个古代圣王，更多是出自“次膺符历”的政治需要，而跟考镜家族源流没有千真万确的关系。尽管我们不清楚这些中原大地的征服者，在其鲜卑语的世界里是如何传颂自己的先祖。但拨去这层五行历运的浮尘便能够发现，拓跋鲜卑和慕容鲜卑的起源是可以归同的。

五

汉语文献中的历史民族，如匈奴族或者鲜卑族，其信息以文字形态传承下来。虽然蒙古草原及其周边地区已经出土了不少古代游牧民族墓葬，但由于没有文字资料，并不能直接和文献中的古民族勘同。考古工作者过去根据地层学和器物学的知识将这些墓葬的主人判定为匈奴或是鲜卑，从根本上说也是在间接证据的基础上作出的推测和判断。考古学上所识别的古文化与历史记载上的古民族之间，毕竟存在着隔膜。仅仅依靠考古学判断，就归纳出匈奴文化和鲜卑文化的人骨遗传学和考古器物学特征。这样的研究方法，虽是出于史料匮乏的无奈，但也带有“先验论”的色彩。由于在确定墓主人族属这一根本性问题上，缺少坚实可靠的科学证据，大量考古学成果的历史学意义难以确认，进而得到充分的阐释。

对元威遗骨的 Y 染色体单倍型测序，尽管只是类似研究的开端，但已从根本上改变了这个状况。Y 染色体单倍型测序，得到的结论不是“史料”而是“事实”。元威遗骨的 Y 染色体单倍型得以确定，就是为人类学和历史学研究奠定了一个良好的基础，在此之上，我们可以重新检视史料，并作出更符合历史真实的研究成果。

本文上承《隋代鲜卑遗骨反映的拓跋部起源》的研究，讨论元威 Y 染色体单倍型和拓跋鲜卑的起源。作为北魏宗室的元威，其 Y 染色体单倍型 C3b－F1756 是蒙古语族和满—通古斯的高频类型，这证明拓跋鲜卑族源出自东胡。属于东胡族系、自称为鲜卑的单倍型 C3b－F1756 型人群，最初分布于外贝加尔—呼伦贝尔地区，大约 3000 年前开始向外扩散。

内蒙古西拉木伦河流域林西县的 2500 年前井沟子墓地遗骨与元威 Y 染色体单倍型相同，这证明《史记》所记载的战国时代燕、赵两国塞外的东胡，确实包含鲜卑先民在内。

---

① 顾炎武撰，黄汝成集释：《日知录集释》卷 23《氏族》，栾保群、吕宗力点校，上海：上海古籍出版社，2006 年，第 1283 页。

已经南迁至漠南草原，并包含在东胡之内的鲜卑先民，西汉初年受勃兴的匈奴打击，远窜至塞外退保群山。随着鲜卑族群的游牧狩猎迁徙，在不同的地点留下了“鲜卑山（大鲜卑山）”这个指标性的地名。

拓跋鲜卑与慕容鲜卑的先世记忆高度相似，并且具有对于“鲜卑山（大鲜卑山）”的执着记忆，他们可能有着共同的起源。拓跋鲜卑与慕容鲜卑能够追溯的先世世次相当，他们或是从近似的时刻开始向南迁徙，并在曹魏时代，迁移到辽西和雁北塞外。

本文从元威 Y 染色体单倍型 C3b－F1756 出发，重新审视了关于鲜卑族起源的历史记载，并作了新的探索，期待今后有更多古代遗骸 Y 染色体单倍型测序结果，能帮助人类学和历史学研究取得新进展。

后记：本文写作得到了复旦大学现代人类学教育部重点实验室博士后蒙海亮，北京师范大学历史文化博士后董刚的大力帮助，谨此致谢。

总材山考

李锦绣（中国社会科学院历史研究所）

贞观四年（630），唐太宗大规模派兵征讨颉利可汗（Il Qaγan，620—630 年在位），东突厥第一汗国（581—630）灭亡。开耀元年（681），裴行俭平定突厥阿史那伏念和阿史德温傅的反叛，余党骨咄禄（Qutluq）“乃啸亡散，保总材山，又治黑沙城，有众五千，盗九姓得畜马，稍强大，乃自立为可汗”，[①] 复兴了东突厥汗国。

作为东突厥第二汗国的发祥地和根据地，总材山无疑具有举足轻重的地位。判明总材山所在地，不仅是突厥历史研究中的首要课题，而且对唐与突厥关系史、隋唐历史研究亦具有重要意义。总材山位于何处？中外学者研究了百余年，众说纷纭。本文根据唐代史籍、出土墓志、敦煌文书和地志资料，结合突厥碑铭，重新对总材山的位置提出解说，请方家指正。

一、突厥碑铭中的čoγay

1889 年，俄国伊尔库茨克地理学会以雅德林采夫（N. M. Yadrintsev）为首的蒙古考古队，在今蒙古国鄂尔浑河支流科克辛—鄂尔浑（Kokshin-Orhon）河谷的和硕柴达木（Kocho Tsaïdam）湖畔发现了《阙特勤碑》和《毗伽可汗碑》。1897 年，克莱门茨夫妇（D. A. Klements 和 E. Klements）在今蒙古国土拉河上游右岸、乌兰巴托东 60 公里的巴彦楚克图（Bayin-tsokto）发现了《暾欲谷碑》。这三大碑都有以如尼字母刻写突厥语铭文。突厥碑铭的发现和解读，使突厥历史研究进入了新的时代。[②]

在《暾欲谷碑》和《阙特勤碑》中，都记载了阿史那骨咄禄（Ašïna Qutluγ）最早在čoγayy聚集兵马事。《暾欲谷碑》第 1 石第 7 行（西面）写道：

čoγayy quzïn，qara qumuγ olurur ärtimiz.

---

① 《新唐书》卷 215 上《突厥传》，第 6044 页。

② 耿世民 2005A，第 5—17 页。

（我们住在čoγayy山北坡和黑沙。）

《阙特勤碑》南面第6—7行（《毗伽可汗碑》北5行）写道：

türk bodun üläsiking biryä čoγayy yïš tügültün yazï qonayïn

（突厥人民，当你们一部分不仅要右面住在čoγayy山林，并且要住在平原时[①]）

如尼文𐰲𐰆𐰍𐰖，换写为čwγy，其元音“w”可转写为“o”或“u”。故而有的学者转写为“čoγayy”，[②]而更多学者则转写为“čuγay”。[③]本文根据čoγay与“总材”的对音关系，转写为čoγayy。

对čoγayy的含义及其方位的研究，已有百余年的历史。

最早释读碑铭的拉德洛夫和汤姆森试图从字义上进行解释。拉德洛夫将《阙特勤

---

① 突厥碑铭图版见Malov 1951，pp. 20，56，Alyılmaz 2005，p. 30，34，139。突厥碑铭的转写和翻译见耿世民2005B，第94—96、118、169页；并参考了Ross 1930A；Ross 1930B；Tekin 1968，pp. 231，249，262，283；Clauson 1971。下同，不再一一出注。

② 汤姆森最早解读突厥碑铭、阙特勤碑铭时，转写为čoγaj（Thomsen，1896，p. 117）。1914年，伯希和引用鄂尔浑碑铭时转写为čuγay或čoγayy（Pelliot 1914，pp. 231，note 3）。汤姆森之后的转写则改为čuγay（见Thomsen 1924—1925，pp. 126，172，笔者据E. Denison Ross译自丹麦语的英译本，见Ross 1930A，p. 862；Ross 1930B，p. 38）。冯加班与之类似，其最初转写为čoγayy（Gabain 1950，pp. 33－34），但在《古突厥语法》中，改为čuγay（见Gabain 1974，pp. 272，335。此书有耿世民中译本，见耿世民2003，第261页）。勒内·吉罗（见Giraud 1960. 本文据耿昇中译本，见耿昇1984年，第232页）、泽格莱迪（Czeglédy 1962，pp. 55－69）、塔拉特·特肯（Tekin 1968，pp. 263，283；Tekin 1994，p. 5）、芮传明（芮传明1990；芮传明1998，第1—26页）和铃木宏节（Suzuki Kōsetsu 2008，pp. 59，61）等都转写为čoγayy。

③ 拉德洛夫最早换写为čogj，转写为 Чуђai（Radloff 1894A，p. 35；Radloff 1899，p. 5）。马洛夫在《阙特勤碑中》转写为 Чуђaï（Malov 1951，p. 28），在《暾欲谷碑》中转写为čuγaï（Malov 1951，p. 61），克利亚什托内转写为 Чугай（Kljashtornyj 1964，此据李佩娟1991，第22页）。奥尔昆在《阙特勤碑》中转写为çoγay（Orkun 1936，p. 24），但在《阙特勤碑》的翻译《暾欲谷碑》的转写中，则使用了çuγay（Orkun 1936，pp. 25，102）。朱延丰转录为Cuyai（朱延丰1943，第9页）。汤姆森（Thomsen 1924—1925，pp. 126，172）、Jakob Taube（Taube 2002，p. 336）、Erhan Aydın（Aydın 2012A，pp. 41，107；Aydın 2012B，pp. 72－73）、Mehmet Ölmez（Ölmez 2013，pp. 81，129，177）等转写为çugay。岩佐精一郎（Iwasa Seiichi 1936，pp. 106－118）、小野川秀美（Ongawa Hidemi 1943，pp. 35，70）、岑仲勉（岑仲勉1958，第858、890页）、冯加班（Gabain 1974，pp. 272，335）、Volker Rybatzki（Rybatzki 1997，p. 45）、Semih Tezcan（Tezcan 1995）、耿世民（耿世民2005B，第95、118，169页）、艾尔肯·阿热孜（艾尔肯2014，第67、158页）转写为čuγay（čuγai）。刘义棠则认为čuγay、čoγayy均可（刘义棠1990，第610—611页）。Pentti Aalto转写为a čuγay（Aalto 1958，pp. 32－33，52），Volker Rybatzki已指出其误（见Rybatzki 1997，p. 86，Note 233）。Berta Árpád转写为čwγay（Árpád 2004，pp. 47，129）在翻译时写为Csugaj（Árpád 2004，pp. 76，190）。

碑》中的čuγay释为密（diche），而释čuγay yïš 为茂密山林（der dichte Bergwaldes）;① 汤姆森则主张čoγaj即čoγa，意为阴影（ombra）。② 伯希和在考察突厥语中“纺”及“纺织物品”时，认为č(a)γay 可能为一种类似亚麻的植物；由于这个词的第一个元音不确定，他也指出如果将元音读为č(u)γay 或č(o)γay，则可将之与鄂尔浑碑中的čuγay－yos 或čoγayy-yos 联系起来。③ 奥尔昆据伯希和所论，认为čuγay可能为一种植物（bir nebat adı?）。④ 勒内・吉罗则将čoγayy直译为肥皂草（Saponires），⑤ 显然认同了此词为植物说。1962 年，泽格莱迪根据丹尼（J. Deny）关于突厥语后缀-ay，-ey 的研究，čoγa的辅助形式为čoγayy，⑥ 再次提出čoγayy的字义为阴影，并援引突厥语中的 quz 和汉语中的“阴”为证。⑦ 克劳森在《突厥词源字典》中，引用了泽格莱迪的阴影说，指出有这种可能性，但因证据贫乏而令人怀疑；他虽未明确标示çŏgay为地名，却明确提出此词只在地名中出现。⑧

尽管对字义有不同的解说，大多数突厥碑铭研究者对čoγayy quzï、čoγayy yïš 中的čoγayy，还多视为地名。而对čoγayy的所在地，中外学者却有不同比对和推测，其结论相距数千里。综合而言，关于čoγayy方位的研究，主要有漠北说、漠南说两大类。⑨

漠北说将čoγayy比定为今蒙古杭爱山南端或杭爱山东南分支。拉德洛夫在 1899 年释读《暾欲谷碑》时，即将čuγay解释为杭爱山南部（der südlieche Theil des Ghangai Gebirges）。⑩ 此后杭爱山南麓说一度成为学界主要观点。夏德没有考证čuγay在何处，但论“黑沙”（Qara qum）之地，他指出：

> 我很认同克莱门茨先生（D. A. Klementz）基于个人观察而得出的结论，杭爱山南麓，Orok－nor 和 Tsagan－nor 北岸产黑沙岩，风化的岩石就是史料中所谓的“黑沙”。我认为拉德洛夫的结论也是正确的，他在克莱门茨先生观点的基础上进一步指出 čuγay quzï 指 Tuin－gol 河、Tana 河、Arguin－gol 河上游地区，这一观点

---

① Radloff 1894B, p. 132.

② Thomsen 1896, p. 117, p. 169.

③ Pelliot 1914, pp. 230—231, Note 3.

④ Orkun 1941, p. 155. 但伯希和并没有明确指出čuγay为植物。

⑤ Giraud 1960, pp. 169—174；耿昇 1984，第 229—232 页。

⑥ Deny 1937, pp. 301—302, 312.

⑦ Czeglédy 1962, pp. 57—58.

⑧ Clauson 1972, pp. 412—413.

⑨ 芮传明 1998，第 2—5 页；《中国历史大辞典》，第 2271 页；Árpád 2004, pp. 48。

⑩ Radloff 1899, p. 100.

是正确的。[①]

夏德似亦赞同čuγay拉德洛夫的杭爱山南麓之说。汤姆森认为 Qara qum 在杭爱山南部分支，[②] čuγai quzï 是杭爱山脉南部的平原。[③] 奥尔昆čuγay为杭爱山森林（Hangay dăg ormanları）。[④] 冯加班指出，“如汤姆森一样，我想将čuγay认定为杭爱山，尽管不指南面山麓”[⑤]（至 1974 年，在《古突厥语法》中，冯加班仍将其释为杭爱山林地区[⑥]）。勒内·吉罗则认为čoγayy yïš 是杭爱山东南山林区。[⑦] 可以说，čoγayy quzï 位于漠北、在杭爱山南麓的观点被早期突厥碑铭研究者广为接受。

与上论并列的是阴山说。日本学者岩佐精一郎最早将čuγai 比定为阴山。他从黑沙（Qara qum）入手，考证黑沙城在大漠之南，进而指出čuγai yïš 为漠南沿唐边境延伸的阴山山脉，čuγai quzï 大体在今归化城北的阴山地区；关于čuγay语源，他认同汤姆森的“阴影”说，认为与阴山古名的“阴”字相当。[⑧] 韩儒林也认为čughai “当为阴山之突厥译文”。[⑨] 小野川秀美、[⑩] 铃木宏节[⑪]等均沿袭了岩佐精一郎之说。岑仲勉最早将čuγay比对为汉文史籍中涿邪（朱邪），[⑫] 释涿邪意为阴影，倾向认为涿邪山在大漠之北；[⑬] 但之后他修订旧说，认为“韩儒林考为阴山，自属可信，地不在漠北也”[⑭]。

泽格莱迪对碑铭中的Čoγay-quzï、Qara-qum 和 Kök-Öng 做了细致研究：他结合汉文史籍中对突厥起兵和活动的记载，将Čoγay-quzï 和 Qara-qum 的范围定在漠南。他从古突厥语词源上进行比勘，认为čoγayy相当于汉语的“阴”（北麓，阴面），quz 为阳光照

---

① Hirth 1899, p. 32—33. 中译文见陈浩：《跋暾欲谷碑——以汉文史料为中心的东突厥汗国史》，待刊于《欧亚译丛》第 3 辑。陈浩博士将未刊译文寄给我参考，谨此致谢！

② Thomsen 1916, p. 80.

③ Thomsen 1924—1925, p. 172.

④ Orkun 1941, p. 155.

⑤ Gabain 1950, pp. 33—34.

⑥ Gabain 1974, p. 335. 但耿世民中译本作“总材山地区”，见耿世民 2003，第 316 页。

⑦ 耿昇 1984，第 229—232 页。

⑧ Iwasa 1936, pp. 106 - 119.

⑨ 韩儒林 1937，第 83 页。

⑩ Ongawa 1943, p. 144.

⑪ Suzuki 2008, pp. 61—62.

⑫ 岑仲勉 1937，第 251 页。

⑬ 岑仲勉 1958，第 891 页。

⑭ 岑仲勉 1958，第 869 页。

不到的山坡，Čoγay-quzï 为阴山北麓，čoγayy则被比对为阴山。[①] 泽格莱迪所论，对欧美突厥学研究者影响较大。哈密顿将 Qara-qum 置于大漠南部，[②] 克劳森、[③] 克利亚什托内、[④] 特肯[⑤]等也肯定了阴山说。

刘义棠赞同阴山说，但对čoγayy一词本义，有不同解说，今详引之如下：

> 总材山，应为突厥碑文之Čughai-quzï，Čuγai-quzï，其名见于《暾欲谷碑》西七行及《阙特勤碑》南六行。V. Thomsen 称：“Čughai平原。似在杭爱山麓南部。”（《禹贡》六卷七期，《突厥文暾欲谷碑译文》）韩儒林称：“Hirth 作暾欲谷碑跋，以为总材即Čughai之对音。儒案：Čughai，突厥文原意为‘阴影’（见 W. Bang, Über die Köktürkische Inschrift, P. 12），当为阴山之突厥译文。”（《禹贡》七卷八九合期，《绥北的几个地名》，P. 83）Hirth 与韩儒林之说应属可信，Čughai 为平原则似不妥。按Čughai 一字，或即چوغاى之音译，亦可读作Čoghai，事实上根据突回语文不可两个元音相连之特征，以国际音标标之，应该为 tʃughaj，tʃoghaj，tʃuGaj。tʃoGa，以土耳其音标则为 cŭgay，çŏgay，其义为“最高的”“最大的”“极大的”；再考阴山山脉之阳陡峭，山阴则地势平坦，故以čughai，čoghai之义形容阴山，亦甚合理，特此提供参考。[⑥]

刘氏将Čoγay释为“最高的”“极大的”，未举出史料来源，故而此说在学界少有反响。

1995 年，土耳其学者 Semih Tezcan 又提出新解，他认为čuγay这个词在图瓦（Tuw）语中意为“石灰”，《突厥碑铭》中的čuγay也应解释为石灰。杭爱山虽然不是由石灰构成的山，但因雨水沉淀形成了石灰岩。因而，他解释说：čuγay quzı 为石灰北坡，čuγay yıš 为石灰山牧场，而将čuγay 勘同为杭爱山。[⑦]

Tezcan 之新说在学界并未获得较多支持。Volker Rybatzki 赞成 Tezcan 对čuγay词义

---

① Czeglédy 1962, 57—61.

② Hamilton 1986，地图。

③ 克劳森没有直接翻译čoγayy为阴山，但他认为 Qara-qum 在阴山之北，显然认同了čoγayy quzï 为阴山北坡的观点。见 Clauson 1971, p. 127.

④ 李佩娟 1991，第 20 页。

⑤ Tekin 1994, p. 57.

⑥ 刘义棠 1981；刘义棠 1990，第 610—611 页，注 294。

⑦ Tezcans 1995, pp. 230—231.

的解释，但认为《暾欲谷碑》中突厥居住的čuγay quzï 和 qara qum 在戈壁以南，是进军 Ötükän（杭爱山）之前的事，因而 Čuγay 和毗邻的 Qara-qum 只能在阴山附近。[①] 耿世民、[②] İsenbike Togan、[③] Erhan Aydın、[④] 艾尔肯·阿热孜[⑤]等都将čuγay 比定为阴山。故而虽有 Tezcan 杭爱山说的异议，但自 20 世纪 60 年代以后，漠南的阴山说得到大多数学者的肯定，成为广泛认同的观点。

芮传明赞同漠南说，但反对将čoγayy定为阴山。1990 年，他撰文提出čoγayy一名为外来语，相当于蒙古语中的 zagan（白色的），在汉文史籍中写作“总材”“总管材”“草心”山，位于今内蒙古白云鄂博周近地区。[⑥] 芮传明跳出此前分庭抗礼的杭爱山和阴山解释框架，突破了仅从突厥语探讨čoγayy字义的思维模式，提出čoγayy为其他语言借词的可能性，进而超越前贤研究的局限性，扩展了研究视野和范围。虽然其说未见采信，但其研究论述，具有方法论上的意义。

以上为《突厥碑铭》中čoγayy一词的研究状况。百余年来，中外学者众说纷纭，解说多样，主要形成漠北杭爱山、漠南阴山、漠南白云鄂博西部之山三种观点，近年来阴山说获得了大多学者的支持。芮传明更广泛利用汉文文献，提出新说，也昭示了汉文史籍可能是čoγayy方位研究的一个突破口。

二、čuγay 与总材山

《新唐书·突厥传》记载了骨咄禄起兵建立第二汗国的经过，其文云：

> 骨咄禄，颉利族人也，云中都督舍利元英之部酋，世袭吐屯。伏念败，乃啸亡散，保总材山，又治黑沙城，有众五千，盗九姓畜马，稍强大，乃自立为可汗，以弟默啜为杀，咄悉匐为叶护。[⑦]

夏德最早利用这段史料，将碑铭中的čoγayy比对为汉文史料中的“总材山”。夏德在《跋暾欲谷碑》中指出：

---

① Rybatzki 1997, pp. 86—87, note 233.

② 耿世民 2005B，第 109、143 页。

③ Togan 2006, pp. 77—79.

④ Aydın 2012A, p. 161; Aydın 2012B, pp. 72—73.

⑤ 艾尔肯 2014，第 354 页。

⑥ 芮传明 1990；芮传明 1998，第 16—25 页。

⑦《新唐书》卷 215 上《突厥传》，第 6044 页。

碑铭里的čuγay quzïn[①] 对应于汉文里的"总材山"，虽然语音上并不完全吻合。[②]

最早的《突厥碑铭》研究者罕通汉语，故而夏德的比对，沉寂数十年。1936 年，岩佐精一郎最早接受夏德之论，认为čuγai quzï 与总材山可能为同一地。[③] 其后，虽朱延丰、[④] İsenbike Togan[⑤] 认为这一比对"仍在存疑之列"，但冯加班、[⑥] 刘茂才、[⑦] 岑仲勉、[⑧] 刘义棠、[⑨] 耿世民、[⑩] 芮传明、[⑪] 铃木宏节、[⑫] Mehmet Ölmez[⑬] 等中外学者多从夏德之说。[⑭] 将čoγayy与"总材山"联系起来，无疑推进了čoγayy地理位置及突厥第二汗国初兴时期历史研究的深入。

笔者赞同čoγayy yïš 为总材山林说，čoγayy为"总材"的音译。原因如下：

第一，关于夏德提出的对音不完全吻合问题，似可换个角度思考。

笔者认为，čoγayy的第一个辅音字母为č，突厥语中以这一字母为词首的单词多为外来语借词，因而čoγayy一词的字母构成昭示了其为外来语的可能性。"总材"古音，可复原为［tzong-dzə］，tzong 韵母-ṅ 收声消失，可转为čo；dzə 的哈摄读为 ay，但 dz-并不能转为 γ-。据牙音腭化规律，γ-可变成 dz-，但却不能相反。由于突厥语中čoγayy意义不明，而汉文中的"总材"与其地貌符合并有蒙古语义译为证（详见本文第三部分），因而笔者不认为汉文"总材"是突厥语čoγayy的音译，而是正好相反；但突厥语中的čo-γay 一词，可能不是直接借自汉语的"总材"，而是经过了其他语言的中介。这种中介语言是否为粟特语？待考。

---

① 按："－n"为突厥语位格的后缀，碑铭中的名词原形应为"čuγay quzï"。

② Hirth 1899, p. 31.

③ Iwasa 1936, p. 107.

④ 朱延丰 1943，第 9 页。

⑤ Togan 2006, p. 223.

⑥ Gabain 1950, p. 34.

⑦ Liu 1958, p. 591.

⑧ 岑仲勉 1958，第 870 页。

⑨ 刘义棠 1990，第 610 页。

⑩ 林干 1988，第 246、254 页；耿世民 2005B，第 109 页。

⑪ 芮传明 1990，第 152 页；芮传明 1998，第 4 页。

⑫ Suzuki 2008, p. 61.

⑬ Ölmez 2013, p. 347.

⑭ 如中国学者多将俄文中的 Чугай－куз 译成"总材谷"，见李佩娟 1991，第 22 页；杨讷 1997，第 57 页。

第二，《暾欲谷碑》与唐史籍记载事实符合。

《暾欲谷碑铭》西 2 行记载：

türk bodun qanïn bolmayïn. tabγa čda adrïltï. qanlantï. qanïn qodup tabγa čqa yana i čikdi.

（突厥人民没有自己的汗。脱离了唐朝，有了汗。他们又弃其汗而臣属于唐朝。）

这里记述的是阿史那泥孰匐、阿史那伏念起兵叛乱被杀的事。据《旧唐书·高宗纪》和新、旧《唐书·突厥传》可知：调露元年（679）冬十月，单于大都护府突厥阿史德温傅及奉职二部相率反叛，立阿史那泥熟匐（Ašina Näšä Bäg）为可汗，二十四州首领皆响应，反叛唐朝。在裴行俭的打击之下，调露二年（680）三月，阿史那泥熟匐为其部下所杀，奉职被擒，阿史那泥熟匐部下投降。[①] 这是突厥人第一次抛弃自己的可汗。永隆二年（681），阿史德温傅又从夏州迎来颉利族子阿史那伏念，渡过黄河，将其立为可汗，再次得到突厥各部回应。但在裴行俭的进攻和反间计下，阿史德温傅和阿史那伏念互相猜疑，闰七月，阿史那伏念捆绑阿史德温傅投降。[②] 这是第二次因可汗和其统领的部众之间内乱而使反叛失败。《暾欲谷碑》没有直接指责阿史那伏念可汗，只说突厥人弃其可汗而臣属唐朝，有为尊者讳之意。但碑文所叙述的突厥起兵的历史与唐代文献记载是相符合的，可以作为信史来看。

第三，中文史籍反映了暾欲谷逃亡在山林中的生活。

《资治通鉴》卷二一一“开元四年（716）十月”条记载：

---

① 《旧唐书》卷 5《高宗纪》，第 105—106 页，卷 84《裴行俭传》，第 2803—2804 页，卷 194 上《突厥传》，第 5166 页；《新唐书》卷 3《高宗纪》，第 75 页，卷 108《裴行俭传》，第 4087—4088 页，卷 215 上《突厥传》，第 6042—6043 页；《资治通鉴》卷 202，第 6392—6394 页；《通典》卷 198《突厥中》，第 5433 页；《唐会要》卷 94《北突厥》，第 2003—2004 页；《册府元龟》卷 358，第 4242 页，卷 366，第 4355 页，卷 986，第 11580 页。具体考证，详见吴玉贵 2009，第 445—471 页。

② 《旧唐书》卷 5《高宗纪》，第 107—108 页，卷 83《程务挺传》，第 2784—2785 页，卷 84《裴行俭传》，第 2804 页，卷 194 上《突厥传》，第 5166 页；《新唐书》卷 3《高宗纪》，第 76—77 页，卷 108《裴行俭传》，第 4088 页，卷 111《程务挺传》，第 4147 页，卷 215 上《突厥传》，第 6043 页；《资治通鉴》卷 202，第 6399—6405 页；《通典》卷 198《突厥中》，第 5433 页；《唐会要》卷 94《北突厥》，第 2004 页；《册府元龟》卷 434，第 5168 页，卷 443，第 5255 页，卷 986，第 11580 页，卷 951，第 11190 页。详见吴玉贵 2009，第 472—489 页。

> 毗伽又欲筑城，并立寺观，暾欲谷曰：“不可。突厥人徒稀少，不及唐家百分之一，所以能与为敌者，正以逐水草，居处无常，射猎为业，人皆习武，强则进兵抄掠，弱则窜伏山林，唐兵虽多，无所施用。若筑城而居，变更旧俗，一朝失利，必为所灭。释、老之法，教人仁弱，非用武争胜之术，不可崇也。”毗伽乃止。①

在这里，暾欲谷说的“弱则窜伏山林，唐兵虽多，无所施用”，正是他与骨咄禄早年躲藏潜伏在总材山林与唐作战的写照。暾欲谷与骨咄禄当年正是“窜伏山林”，让唐兵无法剿灭，赢来了突厥的复兴。暾欲谷对毗伽可汗说的话，是对其早年经历的回忆，也是对突厥获胜经验的总结。暾欲谷和骨咄禄窜伏的山林，是总材山林，亦即čoγayy山林。

第四，中文史籍文献中关于总材山位置的记载，与突厥第二汗国复兴之初的军事战争状况相符合。

第五，《暾欲谷碑》所暗示的čoγayy地貌特征及物产，与唐史记载的总材山特征相符。以上两点详见下论。

下面我们先探讨中文史籍中的总材山方位和“总材”的含义。

三、总材山的方位与“岚胜之木”

中文史籍中，清晰记载了总材山的所在地。

近年出土的《大周故左羽林卫将军上柱国定阳郡开国公右北平阳君（玄基）墓志铭并序》记载：

> 永淳元年，加壮武将军、太子左清道率，奉敕于岚州总材山守捉。弯弧累扎，穿兕洞胸；舞戟双飞，挥蛟断骨。频破突厥有功，弘道元年，制加三品，授左骁卫将军。②

阳玄基墓志明确记载总材山在河东道岚州（今山西岚县）。阳玄基守捉岚州总材山，连

---

① 《资治通鉴》，第6722页。参《旧唐书》卷194上《突厥传》，第5174页；《通典》卷198《边防十四·突厥中》，第5440页。

② 图版见《洛阳新获墓志续编》，第75页；录文见《全唐文补遗》第8辑，第330—331页；参吕九卿2008。

续击败突厥。

《资治通鉴》也有突厥在岚州活动的记载，卷二〇三弘道元年（683）条云：

> 六月，突厥别部寇掠岚州，偏将杨玄基击走之。①

这里的“杨玄基”，即墓志中的“阳玄基”。将史籍与墓志相对，可知墓志记载是准确的。墓志中的“岚州总材山”，表明永淳、弘道年间总材山在岚州。

敦煌文书中也有岚州山林的相关记载。P. 2511“诸道山河地名要略”文书略云：

> 136. 岚州
>
> 153. 山名：岢岚。
>
> 154. 管涔山。
>
> 155. 惣林。玉龙（二山名。山在岢岚军西北三百里，上多松木，所谓岚胜之木，是之也。）②

文书中的“惣林”，即“总材”；“惣”为“总”的异体字，“林”“材”形近致误（如《文献通考》即将“总材”误为“总林”③）。④ 文书记录了岚州总材山的位置及特点，弥足珍贵。

位于河东道的岚州，所辖范围在黄河以东。《元和郡县图志》卷一三《河东道三·岚州》条云：

> 州境：东西三百一十里，南北二百七十八里。
>
> 八到：南至上都取太原路一千五百八十里，隰路一千三百七十五里。东南至

---

① 《资治通鉴》，第6415页。

② 唐耕耦1986，第75页；郑炳林1989，第179页；王仲荦1993，第105页。岑仲勉（岑仲勉1958，第891页）在探讨čuγay方位时，最早引录了这条史料，将总材山方位研究推进了一步，但岑先生以之证明čuγay与涿耶山的关系，惜与事实相违。

③ 《文献通考》卷343《四夷考二十·突厥中》（第2691页）云：“骨咄禄者，颉利之疏属，其父本是单于右厢云中都督尉舍利元英下首领，代袭吐屯啜。伏念既破，骨咄禄鸠集亡散，入总林山，聚为盗，有众五千余人。又抄掠九姓，得羊马甚多，渐至强盛，乃自立为可汗。”这里的“总林山”，显系“总材山”之误。

④ 正因为文书将“总材”误为“总林”，敦煌地志文书研究者多认为总林无考，如郑炳林在此条下注云：“惣林山、玉龙山：诸志并不载。”见郑炳林1989，第194页。

> 东都一千二百一十里。东至忻州二百四十里，西至黄河一百八十里。河上有合河关，从关西至麟州一百二十里。南至石州二百四十里，东北至朔州三百七十四里。东南至太原府三百三十里。东北至代州三百里。[①]

岚州东西横亘310里。从岚州治所宜芳县西至黄河180里，故而位于岢岚军西北300里的总材山，则在黄河以西，严格说并不在河东道，而是在关内道地域。所谓“岚州总材山”，需要岚州越过黄河管辖，对岚州而言，属于“越界捉”。[②]

据“诸道山河地名要略”文书，总材山在岢岚军西北300里。唐岢岚军镇之置废，屡有变化。[③]“岢岚军，在岚州北百里”，[④]其前身岢岚镇，在岚州治所宜芳县“北九十八里”。[⑤]宋代复置的岢岚军，“东南至岚州宜芳县九十里……西南至岚州合河县一百七十里”。[⑥]岢岚军西北300里，当在合河县西北百余里处，显然也不在黄河之东。

根据唐、宋地志，可以推测岢岚军西北300里之地，与唐开元天宝时设置的麟州所在地位置相当。《元和郡县图志》卷四《关内道四·麟州》记载：

> 东至岚州一百八十里。东至岚州界黄河一百二十里。河上有合水关。[⑦]

结合上引卷一三“岚州条”记载，可知从麟州东至黄河上隶属岚州的合河关120里，从合河关至岚州治所180里。自麟州至岚州要自合河关渡黄河，[⑧]总里程为300里，故而《太平寰宇记》记载岚州“西至麟州三百里”；[⑨]《通典》记新秦郡（麟州）“东至楼烦郡（岚州）三百二十里”，[⑩]亦庶几近之。岢岚军在岚州之北，从岢岚军至麟州，也要先至岚州边界的合河关，宋岢岚军据岚州合河县170里，加之自合河关至麟州的120里，亦与300里之数接近。故而推测在岢岚军西北300里的总材山，在唐代麟州

---

① 《元和郡县图志》，第395—396页。

② P. 2005《沙州都督府图经》，第189、197、202、206行，唐耕耦1986，第10页；郑炳林1989，第11页；王仲荦1993，第124页。

③ 冻国栋1996。

④ 《旧唐书》卷38《地理志》，第1387页。

⑤ 《元和郡县图志》，第396页。

⑥ 《太平寰宇记》卷50《河东道十一·岢岚军》，第1054页。

⑦ 《元和郡县图志》，第108页。

⑧ 严耕望1985，第294—302页，并参图6。

⑨ 《太平寰宇记》卷41《河东道二·岚州》，第872页。

⑩ 《通典》卷173《州郡三·新秦郡》，第4529页。

（今陕西神木）地区，应距唐麟州治所不远。

清代地志，也记载了总材山的位置。《嘉庆重修一统志》卷四〇八《鄂尔多斯》云：

> 总材山，在〔鄂尔多斯〕右翼前旗东南一百四十里，蒙古名磨多图。[①]

鄂尔多斯右翼前旗，“驻套内巴哈池，在敖西喜峰西九十里，东西距一百八十里”。[②] 右翼前旗驻所至葭州神木县[③]的距离，远远超过140里，但如果理解为总材山在鄂尔多斯右翼前旗界东南140里，则其当在清神木县西不远处，与我们根据唐宋地志推算出的结论出入不大。

值得注意的是，清《一统志》记录了总材山的蒙古名“磨多图”。此词为蒙古文ᠮᠣᠳᠣᠲᠤ，转写为modotu，蒙古语意为“有木头的”。[④] 这也为我们理解“总材山”的含义，提供了多重例证。

“总材”之义，可从唐宋字书和唐人注释考之。“总”，《说文》云：“聚束也。（谓聚而缚之也。）”[⑤] 聚而缚之成束，是“总”字的本义，在此基础上，又引申出“合”“皆”“众”等多种含义。《广雅》卷三下《释诂》：总，“皆也”；[⑥] 卷六上《释训》，总总，“众也”。[⑦]《宋本广韵》卷三《董第一》：“总，聚束也，合也，皆也，众也。”[⑧] 此为唐宋时期“总”字的四种字义。《史记》卷二三《礼书》“功名之总也”条张守节《史记正义》注云：“总，合也，聚也。”[⑨] 可见唐人认为“总”的含义即为“合”，“聚”。

“材”，《说文》云：“木梃也。（梃，一枚也。材谓可用也……材方三尺五寸为一橦。材引申之义，凡可用之具皆曰材。）”[⑩] “材”的本义即“木梃”，如《宋本广韵》

---

① 《嘉庆重修一统志》第33册，第26753页。

② 《嘉庆重修一统志》，第33册，第26750页。

③ 《嘉庆重修一统志》卷239《榆林府》，第11901页。

④ 此承青格力教授告知，特此致谢！

⑤ 《说文解字注》，第647页。

⑥ 《广雅疏证》，第365页。

⑦ 《广雅疏证》，第729页。

⑧ 《宋本广韵》，第216页。《宋本玉篇》卷二七作：“总，子孔切，合也，聚束也，皆也，结也，众也。”（第489页）

⑨ 《史记》，第1380页。

⑩ 《说文解字注》，第252页。

卷一《咍第十六》亦云："材，木梃也。"[①] 梃，《说文》云："一枚也。（凡条直者曰梃。梃之言挺也。"一枚"疑当作"木枚"。）"[②]《宋本玉篇》云："梃，达顶切，木也。"[③] 可知"梃"即条直的木料。《史记》卷一《五帝本纪》"节用水火材物"张守节《正义》曰："材，木也。"[④] 唐代在长安、洛阳附近山区的"出材之所"设置百工、就谷等监，"掌采伐材木"，[⑤] 可见"材"即指"材木"，建筑修造"所须材干之具"，[⑥] 就来自这些材木。

据上论可知，"总材"二字的本义，即堆积成捆的条直木材，也可引申为众多木材。故而"总材山"即木材成捆之山，亦可谓皆是木材或木头众多之山。这与蒙古语"磨多图"的含义是相同的。敦煌《诸道山河地名要略》文书，描述了总材山"上多松木"，可见总材山确实多木，名不虚传。"总材山"因多木材而得名，蒙古语"磨多图"为汉文中的"总材"的义译。

总材山之木，并不是默默无闻的木头或一般的山林木材，而是名满天下的"岚胜之木"。唐开元《水部式》规定，黄河上的蒲津、大阳等四处，"造舟为梁"[⑦]，其中"大阳、蒲津桥船，于岚、石、隰、胜、慈等州折丁采木，浮送桥所，役匠造供"[⑧]。岚、胜等州砍伐的木材，沿黄河漂流至大阳、蒲津桥所，作为建造浮桥的原料，表明岚胜之木质坚耐用。作为大型建筑木料，"岚胜之木"更为有名。[⑨] 贞元中，"因计料造神龙寺，须用长七十尺松木"，德宗对裴延龄说："人云：开元天宝中，近处求觅五六丈木，尚未易得，皆须于岚、胜州采造。"[⑩] 可见岚胜州多高大松木，为两京附近名山所无，即使官府采造木材机构百工、就谷监，也有所不及。这种松木，即"岚胜之木"。

《诸道山河地名要略》中的"所谓岚胜之木，是之也"，表明岚胜之木，即总材山、玉龙山之木。二山以盛产建筑巨材闻名，总材山甚至因高大松木众多而得名。总

---

① 第79页。《宋本玉篇》卷一二，第243页。

② 《说文解字注》，第249页。

③ 《宋本玉篇》，第233页。

④ 《史记》，第11页。

⑤ 《旧唐书》卷44《职官志》，第1896—1897页。

⑥ 《唐六典》卷23《将作监》，第598页。

⑦ 《唐六典》卷7《水部》，第226页。

⑧ 王永兴1986，第48页。

⑨ 史念海1981，第272—273页。

⑩ 《太平广记》卷239《谄佞一·裴延龄》，第1844页。参《旧唐书》卷135《裴延龄传》，第3721—3722页；《新唐书》卷167《裴延龄传》，第5107页。

材、玉龙二山之木，为何又被称为“岚胜之木”？这一问题尚需进一步论述。

笔者认为，以“岚胜”称之的“岚胜之木”，正点出了总材山的所在。唐代麟州设置，《新唐书》卷三七《地理志》略云：

> 麟州新秦郡，下都督府。开元十二年析胜州之连谷、银城置，十四年废，天宝元年复置……县三。新秦，（中。开元二年置，七年又置铁麟县，十四年州废，皆省。天宝元年复置新秦。）连谷，（中下。贞观八年以隋连谷戍置。）银城。（中下。贞观二年置，四年隶银州，八年隶胜州。）①

《旧唐书》卷三八《地理志》略云：

> 麟州，下。天宝元年，王忠嗣奏请割胜州连谷、银城两县置麟州，其年改为新秦郡。乾元元年，复为麟州。领县三……新秦，天宝元年，分连谷、银城二县地置。连谷，旧属胜州，天宝元年来属。银城，旧属胜州，天宝元年来属。②

开元十二年（724），张说招纳党项，“奏置麟州”，③ 割胜州的连谷、银城两县隶属之；连同开元二年（714）设的新秦县，开元七年（719）设的铁麟县，④ 建置了麟州。《新志》并未记载新秦、铁麟原属何州，从其与总材山的关系看，推测新秦之地应原属岚州。开元十四年（726）麟州废；⑤ 天宝元年（742），王忠嗣再次奏置麟州，新秦、连谷、银城三县构成与开元中相同。⑥ 麟州三县，自岚州、胜州地割属，因而在未设麟州时，这一地区属于岚胜二州。故而位于麟州，长时间隶属岚州的总材山之木，被称为“岚胜之木”。而总材山有“岚胜之木”的称谓，正表明总材山位于岚州、胜州之间。

如果将历史镜头向后推移，我们可以看到“岚胜之木”的悠久影响。今陕西神木，正得名于唐之神松。道光《神木县志》卷二《舆地志下·古迹》神松条载：

---

① 《新唐书》，第975页。

② 《旧唐书》，第1419—1420页。

③ 《新唐书》卷125《张说传》，第4407页；《旧唐书》卷97《张说传》，第3053页。《唐会要》卷70《州县改置上·关内道》作：“麟州，开元十二年闰十二月二十九日置，十四年十月九日废。”（第1247页）

④ 《唐会要》卷70《州县改置上·关内道》作：“铁麟县，开元七年五月一日，于新秦县置铁麟县。开元十四年六月十三日，州废，皆省。”（第1247页）

⑤ 《旧唐书》卷8《玄宗纪》，第190页；参《通典》卷173《州郡三·新秦郡》，第4529—4530页。

⑥ 《元和郡县图志》卷4《关内道四·麟州》，第108—109页。

神松：在县东北杨家城，即古麟州城。相传城外东南约四十步，有松树三株，大可两三人合抱，为唐代旧物，人称神木。金以名寨，元以名县，明初尚有遗迹，今已无存。①

神木之“神松”，明代尚存。《大明一统志》卷三六《延安府·古迹》记载：“神松（在神木县西一十五里杨家城内，有二株）。”② 此二株高大松木，传说为唐代孑遗，“神木”寨、县等，因之得名。只是这二株“岚胜之木”的化身和余响，也在清代荡然无存了。

岚、胜二州间的总材山多木的特点，与《暾欲谷碑》关于čoγayy yïš 的记录，也是相符合的。《暾欲谷碑》中，还有以下文字涉及骨咄禄在čoγayy地区活动，今引之如下。《暾欲谷碑》西面4行云：

ïda tašda qalmïšï qubranïp yäti yüz boltï.

（留在树木中、石头中的，聚合起来为七百人。）

骨咄录在čoγayy地区汇集了700多人，这些人是躲在树木（ï）与石头（taš）中被聚集起来的，石头即山石，而多高大的便于躲藏的树木，正是čoγayy山的特征。碑铭记载的čoγayy树木，就是总材山的松木。

《暾欲谷碑》第1石8行（南面）又云：

käyik yäyü，tabïšγan yäyü olurur ärtimiz. Bodun boγzï toq ärti.

〔我们吃野鹿和兔子度日，人民的肚子（喉咙）是饱的。〕

流亡在čoγayy山林中，骨咄禄等人只能吃野鹿（käyik）③ 和兔子（tabïšγan）。这表明čoγayy山中并没有丰美水草，没有放牧的牛羊，他们只能吃山中的野兽。这显然不是在风吹草低见牛羊的草原游牧地区。而骨咄禄、暾欲谷们赖以为食的野鹿和野兔，正是总材山的特产。《通典》卷六《食货六·赋税下》云：

---

① 《神木县志》，页1a。

② 《大明一统志》，第639页。参《万历陕西通志》卷20《延安府·古迹》，第436页。

③ Käyik 指四蹄野生动物，见 Clauson 1972，p. 755。本文这里译成“野鹿”。

> 新秦郡：贡青地鹿角二具，鹿角三十具。今麟州。[①]

麟州进贡大量鹿角，表明麟州多鹿。这些鹿可能就分布在总材山中，在骨咄禄等流亡之时，变成了他们的猎物。

而总材山的野兔，史籍中有更趣味生动的记载。《太平广记》卷四四三《杂畜十·兔》引《朝野佥载》云：

> 永淳年，岚、胜州兔暴，千万为群，食苗并尽。不知何物变化。及暴已，即并失却，莫知何所。异哉！[②]

这一灾异现象被记录在《新唐书》卷三五《五行志》中，以为“毛虫之孽”，其文云：

> 永淳中，岚、胜州兔害稼，千万为群，食苗尽，兔亦不复见。[③]

这里的“岚、胜州”，与“岚胜之木”一样，指的是岚、胜之间的区域，亦即开元、天宝后的麟州之域。岚、胜州野兔成灾，反映了总材山野兔之丰富，故而骨咄禄等能够以野兔为果腹之食。值得注意的是，岚、胜州野兔害稼及其后消失不见，正是在“永淳中”。开耀元年闰七月，裴行俭平定阿史那伏念之叛，骨咄禄等逃亡到总材山中，逐渐积蓄力量。至永淳元年（682）十二月“入寇并州北境”，[④] 骨咄禄等已经潜伏在总材山一年有余。这时骨咄禄等的主要食物就是野鹿和野兔。这虽不是游牧民族日常饮食，但山中无牛羊，只有野鹿与野兔，骨咄禄等不得已食之，以免于饥饿。据《暾欲谷碑》，骨咄禄在总材山中聚集的兵士有700多人。这些人以野兔为生，势必破坏了野兔的生态环境，于是野兔逃离山林，转食禾稼。其后，这些史籍中记载“亦不复见”的野兔，可能大多变成了骨咄禄等的盘中餐。

根据唐人记载，我们可以知道，《暾欲谷碑》中的 käyik yäyü，tabïšγan yäyü，都是写实之语。正因为总材山中野鹿、野兔成群，骨咄禄及其聚集的士兵才能赖以生存，口腹均饱。《暾欲谷碑》的文字与总材山林特征相符，也为我们考论čoγayy的方位，提供了新的论据。

---

① 《通典》，第113页。《新唐书》卷37《地理志·麟州》：“土贡：青他鹿角。”（第975页）

② 《太平广记》，第3627页。

③ 《新唐书》，第922页。

④ 《旧唐书》卷5《高宗纪》，第110页。

综上所论，作为突厥第二汗国根据地的总材山，位于黄河之西，在唐岚、胜州之间。总材山因山多巨材松木而得名，开元以前隶岚州，天宝以后属麟州；清代属鄂尔多斯右翼前旗。因而《突厥碑铭》中的čoγayy（总材山的音译），既不是指杭爱山，也不是指阴山①。čoγayy yïš（总材山林）在今内蒙古、陕西、山西省区的交界处，最可能位于今陕西神木。

四、突厥在总材山周边的活动及唐军事建置

开耀元年秋，“（阿史那）伏念既破，骨咄禄鸠集亡散，入总材山，聚为群盗，有众五千余人”。② 唐人盛传骨咄禄在总材山聚集的5000多人，③ 实际上根据上引《暾欲谷碑》“yäti yüz boltï”，知当时突厥骑兵、步兵加起来只有700多人。《暾欲谷碑》所记应更接近真实数字；唐人所谓“有众五千余人”，显然是地方官员推脱无法迅速剿灭之责而上报的夸大数字。骨咄禄在总材山召集兵马，建立可汗机制后，开始冲出总材山，劫掠唐州县。因而从永淳年间骨咄禄活动的地区，也可以推测总材山的大致范围。

骨咄禄最先进攻当时总材山所隶属的岚州。《资治通鉴》卷二〇三永淳元年记载：

> 是岁，突厥余党阿史那骨笃禄、阿史德元珍等招集亡散，据黑沙城反，入寇并州及单于府之北境，杀岚州刺史王德茂。④

《通鉴》乃于年末综合言之，实际上，突厥并不是一次进攻了岚州、并州和单于府北境三地，其进攻时间不同，路线也不同。《新唐书》卷三《高宗纪》云：

---

① 关于阴山在突厥语中的表达，Nurlan Kenzheakhmet又提出新解，他认为《阙特勤碑》北1行（KT N1）和《毗伽可汗》东29行（BQ E29）的“Tamuγ－Ïduq baš”为阴山，因为Tamuγ有地狱（hell）之意，可以指代黑色的；而Ïduq baš为神圣的顶峰（the holy summit）。见Kenzheakhmet 2014，p. 306.

② 《通典》卷198《边防十四·突厥中》，第5434页。参《旧唐书》卷194上《突厥传》，第5167页；《新唐书》卷215上《突厥传》，第6044页。

③ 《南郭生墓志》记载，“又属小月不宾……遂命公检校定襄道左果毅，挑战五千，横行十万”（图版见《隋唐五代墓志汇编》洛阳卷第7册，第47页；录文见《全唐文补遗》第2辑，第337—338页；《唐代墓志汇编》证圣006，第870页）。关于“十万”的典故，见吴玉贵2009，第496页。而“五千”，则指突厥骨咄禄“有众五千余人”，以之指代突厥。可见唐对骨咄禄在总材山聚集五千多人之说，深信不疑。

④ 《资治通鉴》，第6412页；参《新唐书》卷215上《突厥传》，第6044页。

（永淳元年）六月甲子（3 日），突厥骨咄禄寇边，岚州刺史王德茂死之。[①]

骨咄禄出山劫掠，岚州首当其冲。值得注意的是，骨咄禄进攻岚州的时间是盛夏六月，而不是黄河冰封时期。骨咄禄的进军路线应是从总材山东南下，渡黄河向东南进发，攻击岚州。岚州合河县北 35 里河上有合河津，河东置合河关，[②] 为麟、岚间交通要道。[③] 开元九年（721），六胡州康待宾叛，“叛胡与党项连结，攻银城、连谷，以据仓粮。[张] 说统马步万人出合河关掩击，大破之。”[④] 可见从太原至岚州，取合河关渡河至麟州，再西南行入银州，为唐关内河东两道见极重要之交通路线。[⑤] 宋以后，麟州仍为自河东渡河进入关中的入口。宋熙宁三年（1070）十二月丙子（20 日），赵卨上言：“河东兵由麟州神木砦趁生界，度十五日仅得至银州。”[⑥] 可见河东兵进入银州，要由麟州神木渡黄河，与张说出兵路线同。明末陕西流民反叛，崇祯三年（1630），“王嘉胤掠延安、庆阳间，杨鹤抚之，不听，从神木渡河犯山西。”[⑦] 府谷义军统率王嘉胤之所以选择从神木渡河，是因为“山西自河曲至蒲津千五百里，俱邻陕西，河最狭，而于神木渡河为尤易”。[⑧] 因而，分割关内与河东两道的黄河，并不是不可逾越的天堑，而在唐麟州（神木），一苇可渡，此为沟通黄河东西的枢纽。唐将黄河以西的总材山划归岚州，正因不论冬夏，从岚州至总材山均交通之便利，往来通畅，故而置于一个行政区域中。中和二年（882），“河东节度增领麟州”，[⑨] 也表明麟州与河东的边防一体性，可隶属于同一军事区划，构成一个防御体系。这与天宝以前岚州越河捉总材山是一样的。

骨咄禄从总材山南东行渡河，势如破竹，不但杀死岚州刺史王德茂，而且突入河东，开始持续数年蹂躏河东及河套地区。

永淳元年（682）十二月，“突厥余党阿史那骨笃禄、阿史德元珍等，招集亡散，

---

① 《新唐书》，第 77 页。

② 《元和郡县图志》卷 14《河东道三 · 岚州》，第 397 页。

③ 严耕望 1985，第 294 页。

④ 《旧唐书》卷 97《张说传》，第 3052 页；参《新唐书》卷 125《张说传》，第 4407 页；《资治通鉴》卷 212“开元九年七月”条，第 6746 页。

⑤ 严耕望 1985，第 294—300 页。

⑥ 《续资治通鉴长编》卷 218，第 16 册，5306 页。

⑦ 《明史》卷 309《流贼 · 李自成、张献忠》，第 7949 页。

⑧ 《山西通志》卷 9《关隘一 · 兴县》。

⑨ 《新唐书》卷 65《方镇表》，第 1825 页。

寇并州，代州都督薛仁贵将兵击之”，[①] 之后，薛仁贵“又率兵击突厥元珍等于云州”。[②] 突厥进攻并州、云州的时间是冬季十二月，此时黄河巨浪已封冻为冰川，自关内道北入河东道朔、云诸州可畅通无阻。因而此次骨咄禄进入河东，可能兵分两路：一路由总材山至岚州，从岚州南下太原；另一路从其所居总材山北坡北上，在胜州跨越黄河冰川，经单于都护府北，进攻云州。薛仁贵先击进入并州的一支，后回戈反击攻入云州者。骨咄禄两路兵都从总材山出发，表明总材山是其最早根据地。

永淳之后，突厥攻势逾炽。自弘道元年（683）至垂拱三年（687），突厥多次进攻唐河东、关内地区。[③] 尤其是占领黑沙城[④]（Qara qum）之后，在黄河北建根据地，“连寇朔、代，掠吏士”，[⑤] 攻略范围向东延伸至河北定州、幽州，向西横行丰州，更加势不可挡。垂拱二年（686）五月，[⑥] 唐将原置于黄河北岸云中故城的安北都护府（在今内蒙古托克托）移于甘州北同城（今甘肃省山丹县），消极放弃了黄河以北、阴山以南以的广大地区。

攻占黑沙城后，如《暾欲谷碑》所记：“čoγayy quzïn，qara qumuγ olurur ärtimiz（我们住在总材山北坡和黑沙）。”总材山和黑沙分别成为骨咄禄等的冬、夏营地。上引《资治通鉴》卷二〇三记载，弘道元年“六月，突厥别部寇掠岚州，偏将杨玄基击走之。”“别部”一词值得注意。此时突厥已占领黑沙城，其政治中心北移；总材山成为冬季营地，故而夏季留守总材山者被唐称为“突厥别部”。阳玄基负责岚州总材山守捉，击退渡河劫掠岚州的总材山留守者，正是其职责范围。同年十一月，唐大举招讨骨咄禄等。《旧唐书》卷五《高宗纪》记载：

---

① 《唐会要》卷94《北突厥》，第1691页。《会要》作“十月”，据《旧唐书》卷5《高宗纪》（第110页）改，见吴玉贵2009，第493页。

② 《旧唐书》卷83《薛仁贵传》，第2783页。《册府元龟》卷393《将帅部·威名二》，第4436页。

③ 详见《资治通鉴》卷202至卷204，第6413—6446页；《旧唐书》卷5《高宗纪》，第110—111页，卷6《则天皇后记》，第116页，卷194上《突厥传》，第5167页；《新唐书》卷3《高宗纪》，第78页，卷4《则天皇后传》，第83—86页，卷215上《突厥传》，第6044页；《通典》卷198《边防十四·突厥中》，第5434页；《唐会要》卷94《北突厥》，第1691页。

④ 《旧唐书》卷5《高宗纪》：“突厥余党阿史那骨笃禄等招合残众，据黑沙城。”（第110页）。关于黑沙城方位，见笔者另文《黑沙城考》（待刊），此不赘。

⑤ 《新唐书》卷215上《突厥传》，第6044页。

⑥ 《资治通鉴》卷203“垂拱元年（685）六月”条作：“敕侨置安北都护府于同城以纳降者。”（第6435页）《元和郡县图志》卷4《关内道四·丰州》“天德军”条作：“垂拱元年，置同城镇，其都护权移理删丹县西南九十九里西安城。”（第113页）本文据《陈子昂集》卷6《燕然军人画像铭序》和卷8《上西蕃边州安危事（三条）》“伏见今年五月敕，以同城权置安北府”（第191页）句，定为垂拱二年五月。并参严耕望：《唐代安北单于两都护府考》，见严耕望1985，第331—332页。

（永淳二年十一月）戊戌（十五日），命将军程务挺为单于道安抚大使，以招讨总管材①山贼元珍、骨笃禄、贺鲁②等。

随程务挺前行的是高质。《高质墓志》云：

永隆二年，制除左威卫将军，又奉敕单于道行。文明年中，充银胜道安抚副使。③

《陈子昂集》卷三《为乔补阙庆武成殿表》，有“臣以今月日，奉敕于武成殿，唤臣入问骨笃禄等贼请降事”句，④ 可知永淳末，唐有招降骨咄禄之举。故而程务挺为单于道安抚大使，而所谓“招讨总材管山贼”，即安抚银胜道。总材山在银、胜州之间，高质奔赴银胜道安抚的对象，正是在总材山的骨咄禄等。永淳二年十一月至第二年年初，骨咄禄在总材山，表明总材山是骨咄禄等的冬营地。

唐招抚突厥之策失败后，又派兵进击，继续围剿总材山。《新唐书》卷二一五上《突厥传》云：

嗣圣、垂拱间，连寇朔、代，掠吏士。左玉钤卫中郎将淳于处平为阳曲道总管，将击贼总材山。至忻州，与贼遇，鏖战不利，死者五千人。⑤

淳于处平任阳曲道行军总管在垂拱元年（685）二月，⑥ 同时还派“副中郎将蒲英节率

① 《旧唐书》卷5《校勘记》五云：“‘讨’字各本原作‘材’，据《册府》卷一一九改。”（第113页）案：《宋本册府元龟》卷986《外臣部·征讨五》作：“（永淳）二年十一月，命右武卫将军程务挺为单于道安抚大使，招讨总材管山贼元珍、骨笃禄、贺名君等。”（第3956页）则《旧唐书》与《册府元龟》此条根据同一史料，衍“管”字，将“总材山”误为“总材管山”。不过“总材管山贼”也可以说得通，可以理解为总材守捉所管之山贼。

② “贺鲁”二字亦衍。《资治通鉴》卷203“弘道元年十一月”条作：“戊戌，以右武卫将军程务挺为单于道安抚大使，招讨阿史那骨笃禄等。”（第6415页）是。

③ 《全唐文补遗》（千唐志斋新藏专辑），第80页。

④ 《陈子昂集》，第59页。

⑤ 《新唐书》，第6044页。

⑥ 《新唐书》卷4《则天皇后纪》，第84页；《资治通鉴》卷203，第6433页；《册府元龟》卷986《外臣部·征讨五》，第11414页。

兵赴援”。[①] 阳曲县在太原北，“南至府七十里”。[②] 淳于处平从阳曲出发，至岚州围剿总材山，解突厥寇朔、代北之危。时初春，骨咄禄政治中心仍在冬营地。围剿无功后东返，四月行至忻州，与劫掠代北之突厥回兵相遇，淳于处平大败，唐对总材山的征讨也告失败。

总材山在唐腹心之地。对此心腹之患，唐除派兵征讨外，也建立了军事设置，以期构筑围剿、防御体系。《新唐书》卷三九《地理志》略云：

> 岚州楼烦郡，下……县四。（有府一，曰岚山。有守捉兵。）……岚谷。（中。长安三年析宜芳置，神龙二年省，开元十二年复置。有岢岚军，永淳二年以岢岚镇为栅，长安三年为军，景龙中，张仁亶徙其军于朔方，留者号岢岚守捉，隶大同。）[③]

《新志》岚州下注“有守捉兵”，与岚谷县下注“留者号岢岚守捉”不同，岚州的“守捉兵”，可能就是指总材山守捉。《新唐书》将不同时间资料列于《地理志》中，故而记录了两处岚州守捉。“岢岚守捉”详见后论，岚州“有守捉兵”指的就是《阳玄基墓志》中的“岚州总材山守捉”。总材山守捉是为对付在总材山的骨咄禄等而临时增设的，其兵力可能抽调自岢岚镇兵。《唐会要》卷七八《节度使》云：

> 岢岚军，武德中为镇。永淳二年，改为栅。隶平狄军。[④]

永淳二年（683），岢岚镇改为栅，级别降低。在与突厥战争如火如荼之时，岢岚镇改栅，与唐在总材山军事部署密切相关。岢岚镇为隋“压草城川贼路”[⑤] 而置，武德年间因之为镇，但在总材山周围并无军事防御机构。永淳中，唐发觉骨咄禄等进入总材山后，临时派兵征讨，最可能的是调动岚州的军事力量，即岚山府兵和岢岚镇兵。随着骨咄禄等立足总材山，建营为根据地，唐将岢岚镇兵西移，长期至总材山守捉，兵力空虚的岢岚镇降为栅，徒具防守功能而已。从阳玄基击走攻岚州的“突厥别部”看，新设的总材山守捉发挥了一定的作用，但总材山守捉并不能阻止骨咄禄对河东与关内

---

① 《通典》卷198《边防十四·突厥中》，第5434页；《旧唐书》卷194上《突厥传》，第5167页；《册府元龟》卷443《将帅部·败衄》，第4995页。

② 《元和郡县图志》卷13《河东道一·太原府》，第374页。

③ 《新唐书》，第1005页。

④ 《唐会要》，第1426页，并参上引《新唐书·地理志》，第1005页。

⑤ 《元和郡县图志》卷14《河东道二·岚州》，第397页。

道北部的凌厉攻势。

正如《阙特勤碑》和《毗伽可汗碑》所云："tängri kűc birtük űcün qangïm qaγan süsi böri täg ärmiš, yaγïsï qoñ täg ärmiš（由于上天赋予力量，我父可汗的军队像狼一样，敌人像绵羊一样）。"[①] 骨咄禄等冲出总材山，横扫河朔，如入无人之境。唐无抵抗力，"朝议欲废丰州，迁其百姓于灵、夏"，[②] 以避其锋，连威震北疆的安北都护府也因之西移。直到垂拱三年（687）七月，黑齿常之"大破突厥于〔朔州〕黄花堆，追奔四十余里，突厥皆散走碛北"[③]。《暾欲谷碑》记载："kök öngüg yoγuru ötükän yïšγaru uduztum ingäk kölükin（过 kök öng，我率领众人带着乳牛和驮畜到达于都斤山）。"[④] 唐将突厥赶到漠北，骨咄禄在漠北于都斤山建立政治中心，唐总材山之危才得以解除。

骨咄禄等离开总材山后，岚州军防重心又转到岢岚。"大足（701）中，加兵三千"，长安三年（703），"李迥秀又加兵至六千人"，[⑤] 岢岚军建立。[⑥] 景龙二年（708）三月，朔方道大总管张仁愿"乘虚夺取漠南地，于河北筑三受降城，首尾相应，以绝其南寇之路"，于是"拓地三百余里……自是突厥不敢渡山畋牧，朔方无复寇掠"。[⑦] 岚州军事压力也得以缓解，岢岚军被移到朔方，"留一千人充守捉"。[⑧] 大中九年（855）韦澳编纂的《诸道山河地名要略》[⑨]（敦煌 P. 2511 文书）云："开元后废之。议者以地为突厥之北冲，不可久废。"而由于中宗至玄宗时期，唐河东、朔方一带边防线已向北推移，[⑩] 防线在黄河以北，岚州已经不再是突厥北冲。大中年间议者之论，因过去而言，开元后直至唐后期，岚州已不是防卫突厥的重镇了，这与骨咄禄在总材山时岚州的军事地位是不可同日而语的。

永淳至垂拱三年，突厥以总材山为中心，频繁进攻劫掠唐府州县，河东道及关内道北部，成为骨咄禄与唐作战的主战场。唐"银胜道安抚"使之设，分岢岚镇兵至

---

① 《阙特勤碑》南 12 行，《毗伽可汗碑》东 11 行，耿世民 2005B，第 124、153 页。

② 《资治通鉴》卷 203"弘道元年（683）五月乙巳"条，第 6414 页。参《新唐书》卷 3《高宗纪》，第 78 页。

③ 《资治通鉴》卷 204，第 6445 页。参见《通典》卷 198《边防十四·突厥中》，第 5434 页；《新唐书》卷 4《则天皇后纪》"垂拱三年"条，第 86 页，卷 215 上《突厥传》，第 6044 页；《旧唐书》卷 194 上《突厥传》，第 5167 页。

④ 《暾欲谷碑》南 15 行，耿世民 2005B，第 98 页。

⑤ P. 2511《诸道山河地名要略》144—145 行。

⑥ 《新唐书》卷 39《地理志》："长安三年为军。"（第 1005 页）

⑦ 《资治通鉴》卷 209，第 6621 页。

⑧ 《唐会要》卷 78《节度使》，第 1426 页。

⑨ 《新唐书》卷 169《韦澳传》，第 5156 页；《资治通鉴》卷 249"大中九年五月"条，第 8057 页。

⑩ 冻国栋 1996，第 104 页。

“岚州总材山守捉”，唐岢岚镇、岢岚军置废的变化，都围绕骨咄禄在总材山周边的活动进行。突厥在总材山周边的活动，正体现了总材山所在的位置，也是对本文上论总材山方位的反证。

余论

天宝元年（742），唐复置麟州，时年二月，“天下诸州改为郡”，[①] 因而新置者名为新秦郡。天宝四载（745），著名诗人王维出使经过新秦郡，望山上之松木，有感而吟曰：

> 青青山上松，
> 数里不见今更逢。
> 不见君，心相忆，
> 此心向君君应识。
> 为君颜色高且闲，
> 亭亭迥出浮云间。[②]

天宝初，突厥在漠北日趋式微，四载，“回纥怀仁可汗击突厥白眉可汗，杀之，传首京师”，于是回纥“尽有突厥故地”。[③] 漠北政权更迭似乎未影响到岚胜之间，刚设置不久的新秦郡仍是一派平和景象。麟州位于游牧、农耕民族生活交界地，位于华戎分界，兵家必争是其难以逃脱的历史命运。从这个角度解读王维诗中的“不见君，心相忆”，更多了一份历史的沉重，也更理解了王维见到“青青山上松”的激动欣喜与写此诗的深意。

天宝初，总材山中唐与突厥的战争已平息百余年，这座一度为突厥根据地，曾让骨咄禄等“窜伏山林，唐兵虽多，无所施用”的群山，又回到松木参天的本来面貌。世易时移，沧海桑田。随着这一地区的沙漠化，森林退缩，“岚胜之木”与“总材”之名，都逐渐退出历史舞台。明清以来，只留下了关于神松的传说和根据传说得名的神木。幸存王维这首脍炙人口的诗，为后人描绘了一个可以成为永恒的历史镜象：总材山硝烟散去，唯有岚胜之木，依然高耸入云。

---

① 《旧唐书》卷9《玄宗纪》，第215页。

② 《王维集校注》卷3，第246页。

③ 《资治通鉴》卷215“天宝四载正月”条，第6863页。

参考文献

一、中文

1. 中文史籍

《册府元龟》，(宋) 王钦若等（编），周勋初等（校订），凤凰出版社，2006年。

《陈子昂集》，(唐) 陈子昂（著），徐鹏校，中华书局，1960年。

《大明一统志》，(明) 李贤等（撰），三秦出版社，1990年。

《广雅疏证》，(清) 王念孙（撰），上海古籍出版社，1983年。

《嘉庆重修一统志》，中华书局，1986年。

《旧唐书》，(后晋) 刘昫等（撰），中华书局，1975年。

《洛阳新获墓志续编》，洛阳市第二文物工作队、乔栋、李献奇、史家珍（编著），科学出版社，2008年。

《明史》，(清) 张廷玉等（撰），中华书局，1974年。

《全唐文补遗》（千唐志斋新藏专辑），吴钢（主编），三秦出版社，2006年。

《全唐文补遗》第2辑，吴钢（主编），三秦出版社，1995年。

《全唐文补遗》第8辑，吴钢（主编），三秦出版社，2005年。

《山西通志》，(清) 觉罗石麟（总裁），(清) 朱曙孙（监修），四库全书本。

《神木县志》，(清) 朱埙（撰），(清) 张琛（补编），清道光二十一年（1841）刻本。

《史记》，(汉) 司马迁（撰），中华书局，2014年（点校本二十四史修订本）。

《说文解字注》，(汉) 许慎（撰），(清) 段玉裁（注），上海古籍出版社，1981年。

《宋本册府元龟》，(宋) 王钦若等（编），中华书局影印，1989年。

《宋本广韵》，(宋) 陈彭年等（修订），中国书店影印，1982年。

《宋本玉篇》，(宋) 陈彭年等（修订），中国书店影印，1983年。

《隋唐五代墓志汇编》，同总编辑委员会（编），天津古籍出版社，1991—1992年。

《太平广记》，(宋) 李昉等（编），中华书局，1961年。

《太平寰宇记》，(宋) 乐史（撰），王文楚（点校），中华书局，2007年。

《唐代墓志汇编》，周绍良、赵超（主编），上海古籍出版社，2001年。

《唐会要》，(宋) 王溥（撰），中华书局影印，1955年。

《唐六典》，(唐) 李林甫等（撰），陈仲夫（点校），中华书局，1992年。

《通典》，(唐) 杜佑（撰），王文锦等（点校），中华书局，1984年。

《万历陕西通志》，（明）李思孝（修），（明）冯从吾等（纂），陕西省地方志办公室（整理），国家图书馆出版社，2017 年。

《王维集校注》，（唐）王维（撰），陈铁民（校注），中华书局，1997 年。

《文献通考》，（元）马端临（撰），中华书局影印，1986 年。

《新唐书》，（宋）欧阳修、宋祁（撰），中华书局，1975 年。

《续资治通鉴长编》，（宋）李焘（撰），中华书局，上海师范大学古籍整理研究所、华东师范大学古籍整理研究所（点校），1993 年。

《元和郡县图志》，（唐）李吉甫（撰），贺次君（点校），中华书局，1983 年。

《资治通鉴》，（宋）司马光（编著），（元）胡三省（音注），中华书局，1976 年。

2. 中文与民族语文论著（包括译著）

艾尔肯·阿热孜、艾尔汗·阿伊登：《古突厥文碑铭：维吾尔文》，新疆人民出版社，2014 年。

岑仲勉：《跋突厥文阙特勤碑》，《辅仁学志》第 6 卷第 1、2 合期，1937 年，第 249—273 页。

岑仲勉：《突厥集史》，中华书局，1958 年。

陈浩：《跋暾欲谷碑——以汉文史料为中心的东突厥汗国史》，待刊于《欧亚译丛》第 3 辑。

冻国栋：《唐代前期的岢岚镇与岢岚军－读敦煌所出〈诸道山河地名要略〉残卷札记之一》，《魏晋南北朝隋唐史隋唐史资料》第 14 辑，1996 年，第 100—107 页。

耿世民 2005A. 耿世民：《古代突厥文碑铭的发现和解读研究》，《西北民族研究》2005 年 1 期，第 5—17 页

耿世民 2005B. 耿世民：《古代突厥文碑铭研究》，中央民族大学出版社，2005 年。

耿世民（译），冯加班（著），呼格吉勒图（审校）：《古代突厥语语法》，内蒙古教育出版社，2003 年。

韩儒林：《突厥暾欲谷碑译文》，《禹贡半月刊》第 6 卷 7 期，1936 年，第 21—30 页。

韩儒林：《绥北的几个地名》，《禹贡半月刊》第 7 卷 8、9 合期，1937 年，第 81—88 页。

耿昇（译），勒内·吉罗（著）：《东突厥汉文碑铭考释》，新疆社会科学院历史所，1984 年。

李佩娟（译），С. Г. 克利亚什托内（著）：《古代突厥鲁尼文碑铭——中亚细亚史原始文献》，黑龙江教育出版社，1991 年。

林幹：《突厥史》，内蒙古人民出版社，1988 年。

刘义棠:《突回研究》，台北：经世书局，1990 年。

刘义棠:《新唐书突厥传考注》,《边政年报》第 12 期，1981 年。

吕九卿:《试探武周阳玄基墓志中的若干问题》，载王双怀、郭绍林编:《武则天与神都洛阳》，中国文史出版社，2008 年

芮传明：《čoγayy 和 Kara Kum 方位考》，《西北民族研究》1990 年第 2 期，第 151—160 页。

芮传明:《古突厥碑铭研究》，上海古籍出版社，1998 年。

史念海:《历史时期黄河中游的森林》，载《河山集》（二集），三联出版社，1981 年，第 232—313 页。

唐耕耦:《敦煌社会经济文献真迹释录》第 1 辑，书目文献出版社，1986 年。

王永兴:《敦煌写本唐开元水部式研究》，载北京大学中古史研究中心编:《敦煌吐鲁番文献研究论集》第 3 辑，北京大学出版社，1986 年，第 41—67 页。

王仲荦:《敦煌石室地志残卷考释》，上海古籍出版社，1993 年。

吴玉贵:《突厥第二汗国汉文史料编年辑考》，中华书局，2009 年。

严耕望：《唐代交通图考》第 1 卷，台北："中央研究院"历史语言研究所，1985 年。

杨讷（译），A·伯恩什达姆（著），郝镇华（校）:《6 至 8 世纪鄂尔浑叶尼塞突厥社会经济制度》，新疆人民出版社，1997 年。

郑炳林:《敦煌地理文书汇辑校注》，甘肃教育出版社，1989 年

中国历史大辞典编纂委员会:《中国历史大辞典》，上海辞书出版社，2000 年。

朱延丰:《突厥暾欲谷碑铭译文笺证》,《志林》第 4 期，1943 年，第 1—9 页。

二、外文论著

Aalto , P. ,"Materialien zu den alttürkischen Inschriften der Mongolei. Gesammelt von G. J. Ramstedt, J. G. Granö und Pentti Aalto", *Journal de la Société Finno-Ougrienne* 60:7, 1958, pp. 1 -91.

Alyılmaz, C. ,*Orhon yazıtlarının bügünkü durumu*, Ankara: Kurmay yayınları, 2005.

Árpád, B. , *Szavaimat jól halljátok... A türk és ujgur rovásírásos emlékek kritikai kiadása*, Szeged, 2004.

Aydın 2012A. Aydın, E. ,*Orhon Yazıtları* (*köl tegin*, *Bilge Ka čan*, *Tonyukuk*, *Ongi*, *Küku çor*), Kömen Yayınları, 2012.

Aydın 2012B. ——*Eski Turki Yer Adlari*, Kömen Yayınları, 2012.

Clauson, G. , "Some Notes on the Insscription of Tońuquq",*Studia Turcica*, Budapest, 1971, pp. 125 -132.

——*An Etymological Dictionary of Pre-Thirteenth Century Turkish*, 1972.

Czeglédy, K., "Čoγay-Quzï, Qara-Qum, KökK-Öng",*Acta Orientalia Academiae Scientiarum Hungaricae*, Vol. 15, No. 1/3 (1962), pp. 55 – 69.

Deny, J.,*Annuaire de l'Institiut de Philogie et d'Historire Orientales et Slaves* (*Mélanges Émile Boissacq*), Bruxelles, 1937.

Gabain, A. von, "Steppe und Stadt im Leben der ältesten Türken", *Der Ialam* 29, 1950, pp. 30 – 62.

——*Alttürkische Grammatik*, Wiesbaden: Otto Harrassowitz, 1974.

Giraud, R.,*L'Èmpire Des Turcs Celestes Les Règnes D'Èlterich*, *Qapghan et Bilgä* (680 – 734), *Contribution á L'histoire des Turcs d'Asie Central*, Paris: Librairie d'Amerique et D'orient, 1960.

Hamilton, J. R., *Manuscrits ouïgours du IXe – Xe siècle de Touen-Houang*, I-II, Paris, 1986.

Hirth, F., "Nachworte zur Inschriet des Tonjukuk: Beiträge zur Geschichte der Ost-Türken im 7. und 8. Jahrhundert nach Chinesischen Quellen", *Die alttürkischen Inschriften der Mongolei*, Zweiter Folge, St. Petersburg: Neudrruck der Ausgabe, 1899.

Iwasa Seiichi 岩佐精一郎:《突厥の復興に就いて》,《岩佐精一郎遺稿》, 1936 年, 第 77—107 页。

Kenzheakhmet, N., "Ethnonyms and Toponyms of the Old Turkic Inscriptions in Chines Sources", *Studia et Documenta Turcologica*, Nr. 2, Cluj-Napoca: Preas Universitară Clujeană, 2014.

Kljashtornyj, S. G. (С. Г. Кляшторный), *Древнетюркие рунические памятники как источники по истории Средней Азии*, Издательство《Наука》, Москва, 1964.

Liv, Mau-Tsai,*Die chinesischen Nachrichten zur Geschichte der Ost-Türken* (*T'u-küe*), Wiesbaden: Otto Harrassowitz, 1958.

Malov S. E., *Памятнки древнетюркской письменности. Тексты и исследования.* Издательство Академии Наук СССР. Москва, Ленинград, 1951.

Ölmez, M., *Mo čolistandaki Eski Türk Yazıtları*, Ankara: BilgeSu, 2013.

Ongwa Hidemi 小野川秀美:《突厥碑文译注》,《满蒙史论丛》4, 1943 年, 第 1—177 页。

Orkun H. N., *Eski Turki Yazıtları*, İstanbul, 1936.

—— *Eski Turki Yazıtları*, İstanbul, 1941.

Pelliot, P., "La version ouigoure de l'histoire des princes Kalyāṇaṃkara et Pāpaṃkara", *T'oung Pao*, Vol. 15, 1914, pp. 225 – 272.

Radloff 1894A. Radloff, W. ,*Die alttürkischen Inschriften der Mongolei*, Erste Lieferung, St. Petersburg: Neudrruck der Ausgabe, 1894.

Radloff 1894B. ——*Die alttürkischen Inschriften der Mongolei*, Zweite Lieferung, St. Petersburg: Neudrruck der Ausgabe, 1894.

——*Die alttürkischen Inschriften der Mongolei*, Zweite Folge, St. Petersburg: Neudrruck der Ausgabe, 1899.

Ross1930A. Ross, E. D. , "The Orkhon Inscriptions: Being a Translation of Professor Vilhelm Thomsen's Final DanishRendering", *Bulletin of the School of Oriental Studies*, University of London, Vol. 5, No. 4, 1930, pp. 861 – 876.

Ross1930B. ——"The Tonyukuk Inscription: Being a Translation of Professor Vilhelm Thomsen's Final Danish Rendering", *Bulletin of the School of Oriental Studies*, University of London, Vol. 6, No. 1, 1930, pp. 37 – 43.

Rybatzki, V. ,*Türk Dilleri Kütüphanesi: Die Tońuquq – Inschrift*, Szeged, 1997.

Sprengling, M. "Tonyukuk's Epitaph: An Old urkish Masterpiece Introduction, Text Annotated Scientific Translation, Literary Translation and Transliteration", *The American Journal of Semitic Languages and Literatures*, Vol. 56, No. 1, 1939, pp. 1—19.

Suzuki Kōsetsu 鈴木宏節:《突厥トニュケケ碑文劄記——斥候か逃亡者か——》,《待兼山論叢》第 42 号, 2008, 第 55—80 页。("Notes on the Turlic Inscription of Tonuquq: Does an Unsolved Word Mean 'Scout' or 'Fugitive'?", *Machikaneyama Ronso*, 42, 2008, pp. 55 – 80.

Taube J. ,"Eine runentürkische Inschrift (Tonyukuk, 01 – 16) im Lichte von Jean Gebsers Geschichte der Bewußtwerdung (Mit einem Nachtrag zu Tonyukuk 17 – 32)", *Splitter aus der Gegend von Turfan. Festschrift für Peter Zieme anläßlich seines* 60. *Geburtstags*, İstanbul · Berlin, 2002, pp. 333 – 365.

Tekin, T. ,*A Grammar of Orkhon Turkic*, Bloominoton: Indiana University, 1968.

——*Tunyukuk Yazıtı*, Ankara, 1994.

Tezcan, S. , "Tonyukuk yaztnda Birka dzeltme", *Türk Dili Aratramlar Yll-Belleten* 1975—1976, Ankara, 1976.

—— "Über orchon-türkisch čuɣay", *Sonderdruck aus Beläk Bitig*, *Sprachstudien für Gerhard Doerfer zum* 75. *Geburtstage*, Wiesbaden: Harrasowitz Verlag, 1995, pp. 223 – 231.

Thomsen, V. ,*Inscription de l'Orkhon Déchiffrées*, Helsingfors: Imprimerie de la Société de Littérature Finnoise, 1896.

——*Turcica. Études concernant l'interpretation des iscriptions turques de la Mongolie et de la*

Sibérie (= *Mémoires de la Société Finno-Ougrienne* 37), Helsingfors, 1916, p. 80.

—— "Alttürkische Inschriften der Mongolei", in Übersetzung und mit Einleitung, *Zeitschrift der Deutchen Morgenländischen Gesellschaft*, LXXVIII, 1924—1925, pp. 121 - 175.

Togan, İ, *Çin Kaynaklarında Türkler*: *Eski T'ang Tarihi* (*Chiu T'ang-shu*), *Açı klamalı Metin Neşri*, Ankara: Türk Tarih Kurumu, 2006.

后记：本文在撰写过程中，承 Peter Zieme 教授、Melek Özyetgin 教授、中田裕子女史、陈浩博士、孙昊博士惠赠资料，承周伟洲教授、乔建军教授帮助安排在陕西榆林地区的实地考察，谨致谢忱！在阅读外文论文时，得到 Peter Zieme 教授、艾力·吾甫尔研究员和周思成、陈晓春博士的帮助，特此致谢！在使用突厥碑铭资料时，运用了中央民族大学张铁山教授在“古代突厥文献选读”课上传授的知识，谨此对张老师致以衷心感谢！

胡名盘陀考

王丁（上海外国语大学全球文明史研究所）

玄奘在西行求法途中，在瓜州曾经得到一个少年胡人的向导指路，此人名石槃陀（《大慈恩寺三藏法师传》卷一）。石姓指中古时期昭武九姓之一的石国人，古代中原人根据“以国为姓”的惯例，将来自石国的人统称为石姓。槃陀（* bwan da）是粟特语人名 *βntk* 的音译，意思是“奴、仆人；奴隶”。

在粟特胡名研究刚起步的时期，盘陀即成为受到关注的一个问题，复合名-*βntk* 的问题就已经被提出，应作为“特别的一组来考察，因为正是这个出现在人名中的词 *βntk*，它也以‘奴、仆’的意思作为一个普通名词有广泛的应用。”（Weber 1972，194 n. 14）

在目前著录的千余个粟特语人名中，盘陀是一个常见名，有独立出现的 *βntk*，但更多的情况下是作为一个构成成份出现在 X+*βntk* 这一形式的由两节合成的复合人名中。Pavel Lurje（卢湃沙）《粟特语文献中的人名》（*Personal names in Sogdian texts*, Wien 2011）对这两类名字形式的实例都做了广泛的汇辑，本文即以这部资料书为基础，摘录汇集有关人名，补充该书出版之后新发现的粟特人名资料，同时特别对汉文记载中的有关汉字形态的“盘陀/奴名”加以全面的搜讨，按音译、义译、音义合璧、女性名等四大类分别讨论。

一、粟特语盘陀名

本节先列出盘陀名的粟特语形式，出处标注 Lurje 氏《粟特语文献中的人名》的词条序号（LNo.），再给出目前已经吉田丰教授等专家以及本人考订出来的汉字对应形式。【说明：《粟特语文献中的人名》是《伊朗语人名集成》（*Iranisches Personennamenbuch*，缩写：*IPNB*）丛书的一个分册，体例也是按该丛书的一贯做法著录人名，其著录方式为：词条由三部分组成，即（1）B（= Beleg）：词形著录情况，（2）P（= Person）：人物身份，（3）D（= Deutung）：语源语义说明。词形著录项逐一列举一个名字目前现存的书写形式，给出详细出处；人物身份项给出该人的生平、事功信息；

语源说明则是对该名字的释义。有些词条下还有附记，一般是编者就以上事项存在的不同意见展开的进一步讨论。】

Lurje 先生推测 *βntk* 或许是“一个复合名字的简化形式”，乃是基于 X + *βntk* 型复合名的大量存在。该书第 295 条 *βntk* 如下：

A⁰. *βntk* (LNo. 295)

/Vande, Vandak? / 阳性：**书证 1**，本民族写法（national script）：*βnt(k)*｜*ZK* (*r*)*z* (*m'nc*)：见于印度河上游岩壁行客题名，*UI*1（《印度河上游崖壁行客题刻》卷一），No. 288 (36：72)；(*βn*)*tk*｜---：*UI*1，No. 328A (37：3)，参前书，p. 222；*βntk*｜*ZK rz*(*m'nc*))｜*BRY*：UI2（《印度河上游崖壁行客题刻》卷二），No. 637（Dadam Das，38：3）；*βntk ZK*｜*rz*(*m'nc*)*BRY*：UI2，No. 654（Thalpan，III，64）。**人物 1**：Shatial，Dadam Das，Thalpan 过访三个地点并留下题名的人，其父名 *rzm'nc*（本书词条 1055：1）。**书证 2**，本民族写法：－ －*'mn*（?）*ZK*｜*βntk*（?）：UI2，No. 659（Thalpan III，无签名）。**人物 2**：- - *'mn*（本书词条 1584）之父。**书证 3**，本民族写法：*βntk*｜(*β*- - - -) *BRY*：UI2，No. 664（Hunza-Haldeikish）．**人物 3**：过访 A Hunza-Haldeikish，其父名 β - - - - (#355：1)。**书证 4**，本民族写法：*βn*(*t*?)*k*：*Graff.*，No. 15。**人物 4**：约 8 世纪中期的一枚钱币（Buxārxudāh drachm）上的习字。**语源**：来源于粟特语 *βntk*“奴隶、仆人”一词，在此或许是一个复合名字的简化形式，有可能是小称、昵称 *βntk* + *'kk*，Sims-Williams 在 UI2，p. 46 已作 *βnt'kk*（见本书词条 294）解说。该名见于其他语言中的有：巴克特里亚语 *Bανδαγο*，中古波斯语 *Bandag*，巴比伦语写作 *Ban-dak-ku*。汉语中有石槃陀（中古音 buân dâ），是玄奘西行出关时的向导（参吉田丰为《伊朗学百科全书》所写的粟特语人名词条）。此外安盘陁，见于敦煌文书《天宝九载差科簿》（参池田温，1965，第 649 页）。

以上是盘陀的词源 *βnt*(*k*) 的语言学解释、书证等事项。详细说明见本文二。

A1. *'βy'mnβntk*, *'βy'mββntk* (LNo. 51)

义为“*'βy'mn*(*yw*) 之奴”或“servant of the god Avyāman（= Wahman?）”，Wahman 是一个古代波斯宗教词语，义为“善思”。参：Yoshida/Kageyama 2005，no. 3。其音译形式为“浮夜门槃陁”（B17）。

A2. *'n'xtβntk* (No. 95)

义为“*'n'xt* 之奴”（“Slave of Anāhitā”，Weber 1993，600）；音译形式为“安诺槃陀”（B23）。史载安诺槃陀为“酒泉胡”，大统十一年（545）受北周文帝派遣出使突厥土门部落。

A3. *'prwtβntk*, *pr'wtβntk* (LNo. 119)

义为“(ʾ)pr(ʾ)wt 之奴”，音译形式有两种：(1)“富卤多(槃陀)”(B"4)，系未译 βntk/槃陀部分的省译形式，见于史君墓志，史君第三子。(2)不六多(B"1，B"2)/不吕多(B"3)，均见于吐鲁番文书。

A4. ʾrtyxwβntk (LNo. 139)

据 Lurje，义为“Ašiš-vaŋuhi 之奴”。

A5. ʾxšwmβntk (LNo. 212)

据 Lurje，义为“ʾxšwm 神之奴”，ʾxšwm 为粟特历法月名系列的第 12 月的名字。参见 Weber 1972，194 n. 14.

A6. ʾzβntkk (LNo. 264)

Lurje 认为 ʾz 的语源颇不确定。案：吐鲁番文书 TCW I/359 高昌曹莫门阤等名籍中的“(曹)阿致畔阤”，显然是该名的转写(B16)。音义合璧形式为“致奴”(D9)。

A7. βγrywβntk (LNo. 281)

义为“阿了(Rēw)神之奴”，此名完整的汉文音译形式未见，但有义译“富奴”(C6)。粟特语人名中的 ryw，在吐鲁番、敦煌文书中音译为“阿了”〔康阿了，TCW III/349-350《唐垂拱元年(685)康尾义罗施等请过所》案卷；康阿了，P. 3559《敦煌从化乡差科簿》〕。此外译音形式还有“阿留”“阿塯”“阿溜”“阿僚”“阿辽”等，见：王 2011，237 页。

A8. βγyβntk，βγβntk- (LNo. 287)

义为“神奴”，βγyβntk 中 βγy 为复数，所以确切而言，这个名字的意思是“众神之仆”。相应的单数形式 βγβntk- 的音译为“婆何畔阤”(B24)(TCW I/450 高昌内藏奏得称价钱帐)，参：吉田 1989，97 页；Yoshida 1991，p. 242。这个名字的义译形式为“神奴”(C9)；音义合璧形式为“婆奴”(D7)。

A9. βrʾyšmnβntk (LNo. 303)

义为“Vrēshman 之奴”。这个粟特人名见于史君墓志，同样见于该墓志汉语部分的是准音译形式“毗沙”(B'1)，显系模拟佛教的毗沙门而制，但是音韵并不契合，语义恐也无关。参：吉田 2004，30。

A10. cytβntk (LNo. 408)

义为“cyt-(精、鬼)之奴”。音义合璧形式：“叱奴”(D2)。

A11. δr(smtβn)tk (LNo. 437)

这是一个漫漶不全的人名，拟补的正确性尚不确定。Lurje 认为，不能排除可以根据首尾字母相同的另一个名字 δrymtβntk(No. 443，本文 A13)复原。

A12. *δrwʾspβntk*, *δrwʾsβntk*, *δrwspβnt* (LNo. 438)

义为“Druuāspā（神）之奴”，语义不详。

A13. *δrymtβntk* (LNo. 443)

义为“Demeter（丰饶神）之奴”。Demeter 是古希腊信仰中的地母，参：N. Sims-Williams, *Bactrian Documents* I, Oxford 2000, p. 190。另一个可能是此名直接来自粟特历的第十一月的月名 Zhēmat（“servant of the god Zhēma”, Yoshida/Kageyama 2005, no. 01）。音译形式为“射勿盘陁”（B25、B26）、“射蜜畔陁”（B27）。另一个不严格的音译“维摩”，见于史君的次子 *δrymtβntk* 的汉字名（B'2）。

A14. *mʾxβntk* (LNo. 643)

义为“月（神）之奴”。音译形式为“莫畔陁”（B19），音义合璧形式为“末奴/默奴/莫奴”（D5）。

A15. *nβyγβntk* (LNo. 774)

义为“*nβyγ* 之奴”。Sims-Williams（UI2, 59）推测，这个见于印度河上游岩壁题名的行客名字中包含了一个目前未知的神名 *nβyγ*，Lurje 将东晋时代因遣使来朝见诸汉文史料记载的康居国王那鼻（*na bi）与此联系起来，但也考虑另一个粟特名 *ʾnʾxtβntk*（A2，即安诺盘陀的源词）的换位变形的可能性（**naγvande*）。

A16. *nnyβntk* (LNo. 787)

义为“那你（神）之奴”。*nny* 在西方传统文献中写作 Nanaia，是起源于古代两河流域的一尊女主神，后来融入波斯古代信仰，以其地位重要，在多种东方语言的人名中都有反映（参：G. Azarpay, “Nanâ, the Sumero-Akkadian Goddess of Transoxiana”, *Journal of the American Oriental Society*, Vol. 96/4, 1976, pp. 536-542；王丁《南太后考——吐鲁番出土北凉写本〈金光明经〉题记与古代高昌及其毗邻地区的那那信仰与祆教遗存》，荣新江等主编《粟特人在中国——历史、考古、语言的新探索》，中华书局，2005 年，第 430—456 页；杨巨平《娜娜女神的传播与演变》，《世界历史》2010 年第 5 期，第 103—115 页），中国学术界现在一般据学术界的平易写法 Nana 译为“娜娜”。其实，这个神名在 7 世纪吐鲁番文书中有“那你”（康郍你延、翟那你潘）、“那宁”（安那宁畔、曹那宁潘、康那宁材、翟那宁昏）的完整音译形式，敦煌文书中“宁宁”（曹宁宁、米宁宁、石宁宁以及复合名罗宁宁忿）和“尼尼”两种，文书和史籍中还有“那”“宁”“泥（埿）”“尼”等单音节译法，译名颇不固定，透露出这个名字所反映的宗教文化背景当时在汉文化生活中并不广为人知，有关的宗教经典没有汉文翻译，容易造成这种“译音无定字”的结果。

现在 *nnyβntk* 的汉文对应形式已在新发现的粟特语汉语双语游埿埿槃陁及妻康纪姜

墓志中得到确认：“逻逻槃陁”（Bi-Sims-Williams-Yan 2017，5）（B21）。游逻逻槃陁的身份为相州商客，娶妻康纪姜，墓志年代为北周大象二年（580）。*nnyβntk* 还有另一个可能的汉语形式“泥奴”（王泥奴，大谷文书 2392 西州高昌县给田文书，大谷文书 2888 西州高昌县欠田文书），是一个音译义译合璧的形式。王为汉姓，泥奴为胡名。有关汉姓胡名现象，请见本文八。

A17. *nnyH-βntk* （LNo. 805）

语义同上（A16），粟特语词形上的区别在于 *nnyH* 有一个阴性名词标志符 *-H*。

A18. *pr'wtβntk* （LNo. 119）

'prwtβntk（A3）的异写。

A19. *rštβntk* （LNo. 1019）

义为“真（神）之奴”，音译形式为“阿史盘陁”（B15）。

A20. *rywβntk* （LNo. 1049：1）

与 ***βγrywβntk***（A7）应是同一名字的简繁不同形式。义为“财富（神）之奴”。这个名字的完整音译形式未见，但是 Rēw 的单体名有“阿了”“阿辽”“阿留”等（参 A7 注）。由 Rēw 组成的复合名有（安/史）了延（P. 3559 敦煌从化乡差科簿）。*rywβntk* 义译为“富奴”（C6）。

A21. *txs'ycβntk* （LNo. 1274）

义为“得悉（神）之奴”。隋书 · 曹国传：“曹国，都那密水南数里，旧是康居之地也。国无主，康国王令子乌建领之。都城方三里。胜兵千余人。国中有得悉神，自西海以东诸国并敬事之。”参：F. Grenet & B. Marshak，“Le mythe de Nana dans lart de la Sogdiane”，avec appendice par X. Tremblay，“L'étymologie et le sens du théonyme *Txsyc*”，*Arts Asiatiques*，1998，No. 53，pp. 5-20.

A22. *tyδrβntk* （LNo. 1277）

义为“*tyδr* 之奴”（？）。Weber 1993，600：“*tyδrβntk* seems to be an inverse spelling for the name *Tištriya*”. 案：*Tištriya* 为古波斯宗教中的雨神。

A23. *wn'yptβntk* （LNo. 1318）

义为“*wn'ypt* 之奴”。语义不详，汉字形式未见。

A24. *wxwšβntk*，*wxšβntk*，*wxwšwβntk* （LNo. 1364）

义为“乌浒（水神）之奴”，此名未见音译形式和翻译名，但以 *wxwš*-、*wxš*-、*wxwšw*-“乌浒”为构成词素的胡名有握廋延（*ɔk ʂuw jian，TCW II/2 高昌条列出藏钱文数残奏）、乌廋延（*ʔɔ ʂuw jian，TCW I/461 高昌虎牙元治等传供食帐）、（康）沃休延（*ʔawk xuw jian，康业墓志，康业长子；沃，或读汳，见《西安北周康业墓发掘简报》,《文物》2008 年第 6 期第 34 页;《北周康业墓志考略》,《文物》同上期第 82 页),均应为 * *wxwšwyn* 的音写,意思是“乌浒(水)之恩赐”。参:王 2012b, 183—186 页。

A25. *xšwrδH-βntk* (LNo. 1426)

义为“胡数剌之奴”。Lurje 引述 Livtschiz 说,推测也许是波斯信仰中的美惠女神(a theonym of gratitude, mercy, forgiveness)。Yoshida & Kageyama 2005, no. 26 对(何)胡数剌的语源做了另外一种解说:Ghōsh-rāt “given by the god Ghōsh (= 14th day)”。完整音译形式未见。案:*xšwrδH* 的音译形式见于吐鲁番文书的人名,(何)胡数剌(* ɦɔ ʂɨ ǝ̆lat), TCW III/350 垂拱元年(685)康尾义罗施等请过所案卷。

A26. *xwt'wβntk* (LNo. 1458)

义为“胡到奴;王之奴”。P. 4979v 唐天宝十载(751)酒行安胡到芬牒有(安)胡到芬 * ɦɔ taw pʰun = 粟特语 *xwt'wfrn*,参:吉田 1990, 69。

A27. *xwt'ynβntk* (LNo. 1462)

“王后之奴”,Lurje 推测此王后或指女神“那你”(Nanaia)。音译形式为“呼典畔陁”(B18)。参:吉田 1990, 69。

A28. *zrwmβntk* (LNo. 1564)

“*zrwm* 之奴”,语义不详。

粟特语奴名的其他形式

A'1. *δyβδ's* (LNo. 461) 来源于梵语 *Devadāsa*。这个名字出现在巴基斯坦境内的印度河谷上游岩壁上的行客题名,临近地方题名的绝大多数是粟特人的粟特名,其父名也许是 *nnyznc*,“Song of Nanaia”(字面义“那你之歌”),倘若如此,父名是佛教的“天奴”,儿子有一个波斯文化系统的那你信仰名。义译形式为“天奴”(D8)。

A'2. *pwttδ's* (LNo. 965) 来源于梵语 *Buddhadāsa*。这个名字也出现在巴基斯坦境内的印度河谷上游岩壁上的行客题名,临近地方题名的绝大多数也是粟特人的粟特名,这个名字显得有些突兀,但是该人的父亲名 *kwš'nk'nk* “贵霜人”(No. 600),命名都属印度传统,而该地区在当时实已属巴克特里亚辖治。义译形式为“佛奴”(D3-1)。

二、汉文史料中所见的“盘陀”音译名

盘陀,作为粟特语人名 *βntk* 的音译,是汉文史料和出土文书里出现最多的一个胡

名。吉田丰教授曾经对这个名字做过一个总结："汉文史料就粟特语人名因素 *βntk* 记录了三种转写形式，(a) 盘陀，(b) 槃陀，(c) 畔陀，三种写法有别，中古读音相同：*b'uân d'â。畔陀仅见于吐鲁番文书，盘陀见于石刻铭文和敦煌文书，而槃陀则是隋唐史籍，如三藏法师（玄奘）传以及史射勿墓志。"（Yoshida 2005，61 n. 8）随着新材料的发现与研究的推进，现在知见的书写形式有所增加，计有"盘陀""槃陁""磐陁""畔陁""饭陁""烦陁"等五种写法。此外还有"畔德"，现考知为来自 *βntk* 的附加后缀昵称形式 *βnt'kk*。

这个名字集中出现于中古时期。有关人名写法（人名转写采用严式隶定，保留繁体）条列于下：

B1. 安盤陁（*bwan da）=***βntk***（**A⁰**）。P. 3559 天宝九载（750）敦煌从化乡差科簿。

B2. 安畔陁（*bwan da）=***βntk***（**A⁰**）。TCW III/189 唐诸户口配田簿（甲件）；TCW III/196 唐诸户丁口配田簿（丙件）。

B3. 曹槃陁（*bwan da）=***βntk***（**A⁰**）。TCW III/466 唐史到何等户名籍。

B4. 曹飯陁（*buan da）=***βntk***（**A⁰**）。甘肃藏敦煌文献二，第 99—100 页敦研 341 张君义勋告，籍贯依州。

B5. 何磐池（陁）（*bwan da）=***βntk***（**A⁰**）。《文物》1988/9/56《宁夏盐池唐墓发掘简报》墓志摹本录文/全唐文补遗 6/349 页 大周久视元年（700）□□□都尉何府君墓志铭并序。墓主名字磨灭，大夏月氏国人，祖乙未，父磐池。案：池，当系陁字讹误。

B6. 敬槃陀（*bwan da）=***βntk***（**A⁰**）。隋书 63/1492、北史 76/2596，绛郡贼敬槃陀、柴保昌等阻兵数万，汾、晋苦之。

B7. 康煩陁（*buan da）=***βntk***（**A⁰**）。唐代墓志汇编 1511；全唐文补遗 4/438 页康庭兰墓志，父烦陁，云麾将军、上柱国。开元廿八年（740）。

B8. 劉盤陀（*bwan da）=***βntk***（**A⁰**）。北齐书 21/296，天平（534—537）中"山东旧贼"。又见校订本册府元龟 694/8005。

B9. 石槃陀（*bwan da）=***βntk***（**A⁰**）。大慈恩寺三藏法师传卷一，"瓜州少胡"。

B10. 史槃陁（*bwan da）=***βntk***（**A⁰**）。固原南郊隋唐墓地 68 页；全唐文补遗 7/284—285 页史诃耽墓志。

B11. 史盤陁（*bwan da）=***βntk***（**A⁰**）。全唐文补遗 2/325—326 页。唐长寿二年（693）安府君（怀）及夫人史氏合葬墓志。安怀妻祖父，唐扬州新林府车骑将军，呼仑县开国公。

B12. 翟槃陁（*bwan da）= ***βntk***（**A⁰**）。S. 367 沙州伊州地志（885 年抄本），隋末唐初伊吾火祆庙祆主。

B13. 鄭盤陁（*bwan da）= ***βntk***（**A⁰**）。河南荥阳人，郑岩六世祖。天宝十一载（752）郑岩墓志。参：赵振华《唐代少府监郑岩及其粟特人祖先》，《中国国家博物馆馆刊》2012 年第 5 期，第 69 页（中田裕子译日文本《唐代少府監鄭岩とそのソグド人祖先》，《内陸アジア言語の研究》2011 年，177—191 页）；唐太和六年（832）故潭州湘乡县令郑府君（钴）墓志铭并序。钴九代祖。唐研究第 19 卷，2013 年，第 590 页。

B14. 竹畔德（*bwan tək）= ***βntʾkk***（Lurje No. 294），即 *βntk* + 昵称后缀 *-kk*。TCW III/537 唐神龙三年（707）高昌县崇化乡点籍样。

B15. 史阿史盤陁（*ʔa ʂi bwan da）= ***rštβntk***（**A19**）。参：吉田丰 2004，第 30 页。北周史君墓第 45—46 页，为史国萨保，史君的祖父。

B16. 曹阿致畔陁（*ʔa ʈji banʰ da）=***ʾzβntkk***（**A6**），语义不明，Lurje no. 264 推测为一个未知的神名。TCW I/359 高昌曹莫门陁等名籍。音义合璧形式“致奴”（D9）。

B17. 曹浮夜門畔陁（*buw jia mwən bwan da）=***ʾβyʾmnβntk***（**A1**）。Yoshida 1991, 239；参：吉田 1990，69 - 70；吉田 1998, 39。TCW I/359 高昌曹莫门陁等名籍。

B18. 翟呼典畔陁（*hɔ tɛn bwan da）= ***xwtʾynβntk***（**A27**），义为“女王之奴”（王妃の僕/queen's slave”），参：吉田 1990，69；Yoshida 2006。TCW I/339 高昌延昌二十七年（567）六月兵部条列买马用钱头数奏行文书。

B19. 莫畔陁（*mak bwanda）= ***mʾxβntk***（**A14**）。TCW I/418 高昌令狐等传供食帐，金师。音义合璧形式“莫奴/默奴/末奴”（D5）。

B20. 曹摩顛畔陁（*ma tɛn bwan da）=？ + ***βntk***。TCW I/359 高昌曹莫门陁等名籍。

B21. 游埿埿槃陁（*ɳji ɳji bwan da）= ***nnyβntk***（**A16**），义为“那你/尼尼之奴”（“Nanaia's servant”）。北周大象二年（580）游埿埿槃陁及妻康纪姜墓志，相州商客。参：Bi - Sims-Williams - Yan 2017, 1-14.

B22. 康牛何畔陁（*ŋuw ɣa bwanda）=？ + *βntk*。TCW I/453 高昌内藏奏得称价钱帐。

B23. 安諾槃陀（*nak bwan da）=***ʾnʾxtβntk***（**A2**）。北史 99/3286；周书 50/

908。大统十一年（545）受北周文帝派遣出使突厥土门部落的酒泉胡人。Yoshida 1994, 391.

B24. 康婆何畔陁（*bwa ɣa bwan da）= ***βγβntk-***（**A8**）。参：吉田 1989, 97; Yoshida 1991, 242。TCW Ⅰ/450 高昌内藏奏得称价钱帐。音义合璧形式为“婆奴”（D7）。

B25. 安射勿盤陁（*ʑia mut bwan da）= ***δrsmtβntk*, *δrymtβntk***（**A13**），“Demeter（丰饶神）之奴”。参：Yoshida 1994, 391 “I venture to suppose that **žymtβntk*（Upper Indus *δrsmtβntk*, *δrymtβntk*）lies behind（安）射勿盘陀”。P. 3559 敦煌从化乡差科簿。

B26. 史射勿盤陁（*ʑia mut bwan da）= ***δrsmtβntk*, *δrymtβntk***（**A13**），“Demeter（丰饶神）之奴”。固原南郊隋唐墓地史射勿墓志，名射勿，字槃陁。609 年。

B27. □射蜜畔陁（*ʑia mit bwan da）= ***δrsmtβntk*, *δrymtβntk***（**A13**），“servant of the god Zhēmat (= 11th month)”, Yoshida & Kageyama 2005, no. 01。TCW Ⅰ/451 高昌内藏奏得称价钱帐。

B28. 康烏提畔陁（*ʔɔ dɛj bwan da） =？ + ***βntk***。TCW Ⅰ/451 高昌内藏奏得称价钱帐。

B29. 何炎蜜畔陁（*ɦjiam mit bwan da）= ***Yām-vandak*** “servant of Yima”, Yoshida & Kageyama 2005, no. 37。TCW Ⅰ/451 高昌内藏奏得称价钱帐。

B30. 炎畔陁（*ɦjiam bwan da）= ***Yām-vandak*** “servant of Yima”, Yoshida & Kageyama 2005, no. 17。TCW Ⅰ/414《高昌竺佛图等传供食账》，其人作为西突厥栈头大官的使节经行麴氏高昌国。

附考一：两个奇异的准音译 *βntk* 名

B'1.（史）毗沙（*bi ʂɨ）≠ *βrʾyšmnβntk*（**A9**）。详下条。

B'2.（史）維摩（*jwi ma）≠ *δrymtβntk*（**A9**），这个名字的常规音韵转写是“射勿盘陁”（*ʑia mut bwan da），“Demetra（丰饶神）之奴”。Demeter 是希腊神祇，与佛教的维摩（维摩诘，Vimalakīrti）无涉。史君的长子毗沙，无疑也是从佛教译名貌似接近的 Vairavana 毗沙门化出，但其名在墓志粟特语部分却是 *βrʾyšmnβntk*。吉田丰也表示，“我尚不清楚为何选用这两个佛教名词来转写他们的名字”（吉田 2004, 30）。有关这两个粟特人名中“盘陀”部分省略的可能原因，请见下文九小结部分。

附考二：*prwtβntk* 的省略音译名

B"1. 安不六多（*puw/put luwk ta）= ***prʾwt*(*βntk*)**（**A3**, **A18**），TCW Ⅲ/301 唐保人安不六多残契。参：Yoshida & Kageyama 2005, no. 38 Parwēkht（?）; 王 2011,

237。别译“不吕多”（B”3）、“富卤多”（B”4）。

B”2. 石不六多（* puw/put luwk ta）= ***pr'wt(βntk)***（**A3，A18**），TCW IV/527《武周先漏新附部曲客女奴婢名籍》，客女文书写本作“不多六”，参以安不六多，应可确定为讹写。别译“不吕多”（B”3）、“富卤多”（B”4）。

B”3. 車不吕多（* puw/put liə̆ ta）= ***pr'wt(βntk)***（**A3，A18**），TCW I/452《高昌内藏奏得称价钱帐》。**車不六多** = ***pr'wtβntk***，TCW I/355《高昌义和六年（619）伯延等传付麦、粟、床条》。别译“不六多”（B”1，B”2）、“富卤多”（B”4）。

B”4. 史富鹵多（* puw lɔ ta）= ***'prwt(βntk)***，***pr'wt(βntk)***（**A3，A18**），义为“（'）*pr*（'）*wt* 之奴”，“富卤多”为略去未译 *βntk*/槃陀的形式，见于史君墓志，其人为史君第三子。进一步的省译有“富多”，如：康富多，均见于吐鲁番出土材料：大谷文书 2372 西州高昌县佃人文书；大谷文书 2375 西州高昌县佃人文书；吐鲁番出土砖志集注 308 号/故宫博物院藏历代墓志汇编·高昌 118 号/全唐文补遗 7/343 页。康富多夫人康氏墓志，神龙元年（705）。参：王 2011，236-237。这个名字还有“不六多”（B”1、B”2）、“不吕多”（B”3）等音译形式。

三、盘陀的汉语义译以及奴名胡人

外语词语（包括名字）的汉语义译，历史上做得比较系统的是佛教徒，早期的僧传、出经记暨经录以及佛典音义都保留了很多用汉文书写下来的古代佛教概念、事物词汇的古代印度和中亚其他语言的原语发音（略似语言学所说的“直音翻字” transliteraion）、发音方式、译音正讹、释义及反切的记录，解释人名的如：“帛尸梨蜜多罗，此云吉友，西域人也。”“竺昙摩罗刹，此云法护。”（高僧传卷一）尸梨蜜多罗即 Śrīmitra，昙摩罗刹即 Dharmarạska。这些作法为我们今天进行古代外语人名研究提供了比勘素材。

C1. 奴

βntk（A°）的义译。有关讨论，参见本文九。

史奴，北魏正光二年（521）史奴夫妇造观音像记（松原三郎中国仏教彫刻史論本文编，no. 168ab）。

C2. 奴奴

汉语叠音名字常表示昵称，与 *βnt'kk* 的后缀（*-kk*，*-kk*）造成昵称、小称（参：*UI2*，34）的功能相仿。

安奴奴，P. 3559 天宝九载（750）敦煌从化乡差科簿。

石奴奴，大谷文书 2868 西州高昌县退田文书。

史奴奴，P. 2040v1-7 净土寺面黄麻豆布等破历，945 年前后；P. 2641 丁未年（947）宴设司文书。

C3. 奴子

βnt'kk 的译义名。

安奴子，P. 3559 天宝九载（750）敦煌从化乡差科簿。

曹奴子，大谷文书 2860 西州高昌县退田文书；大谷文书 2865 西州高昌县退田文书。

曹奴子，P. 3559 天宝九载（750）敦煌从化乡差科簿，曹磨色多之子，曹大宾之弟。

曹奴子，S. 5760 社人冠齐纳苏油麦等帖，9 世纪前期。

何奴子，P. 2032v 净土寺粟利闰入历，940 年前后。

何奴子，P. 2680v 纳赠历，10 世纪中期。

何奴子，P. 3234v③惠安惠戒手下便物历，944 年。

康奴子，P. 3559 天宝九载（750）敦煌从化乡差科簿，康迦鄁之兄。

康奴子，TCW IV/549 唐乾元二年（759）康奴子卖牛契。

康奴子，北大图书馆藏 102 号敦煌文书，914 年受曹议金派遣出使甘州回鹘。

羅奴子，P. 3384 大顺二年（891）户籍。

米奴子，S. 2228 亥年丝绵部落夫丁修城使役簿。

石奴子，S. 542V 戌年（818）沙州诸寺丁壮车牛役簿。

石奴子，P. 3418v⑦慈惠乡缺枝户名目，9 世纪末 –10 世纪初。

翟奴子，TCW III/171 唐赵恶奴等户内丁口课役文书。

翟奴子，全唐文补遗 2/503—504 页，翟铣及夫人李氏墓志。铣大父，开元廿二年（734）。

支奴子，TCW IV/115 唐令狐建行等率皮名籍。

C4. 奴儿

语义与粟特语昵称、小称的 *βnt'kk* 相合。

翟奴兒，P. 5546 神沙乡人名目，900 年前后。

C5. 小奴

语义与以上“奴子”“奴儿”相同，语源仍是粟特语 *βnt'kk*。

曹小奴，S. 542v 戌年沙州诸寺丁壮车牛役簿，818 年。

康小奴，大谷文书 2377 唐天宝二年（743）瀚海军逃兵关系文书，坊正；大谷文书 3379 瀚海军逃兵关系文书。

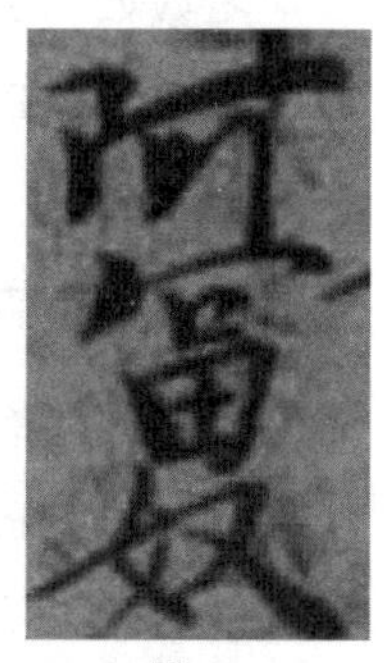
图一

C6. 富奴

为 *rywβntk*（A20）意思的完整汉译。

何富奴，P. 2032v 净土寺诸色入破历，940 年前后。

阿富奴，P. 2049v①净土寺诸色入破历计会牒，同光三年（925）。案：写本作阿富奴（图一），疑阿为何的笔误。何字是一个易错字。唐乾陵蕃王石像题名“何伏帝延”，何字误刻为河，可为佐证。

C7. 黑奴

胡姓人的汉字名为“黑奴”，在来源判断上有两种可能，一、即是汉语名。二、由胡语名译汉。粟特人名中确有表示肤色之黑的三例：*š'w*（Lurje No. 1156）、*š'wc*“Black”（hypocoristic suffix-c，Lurje No. 1158）和 *š'w'n*（*cH*）“black”（Lurje No. 1157）。最后一个名字，有音译名（安）沙俒（* ʂai/ ʂɛː ʔwaŋ，P. 3559 天宝九载敦煌从化乡差科簿）。据此可以推断，胡姓人用固有的 *š'w* 或 *š'wc* 名汉译为“黑”，并附加一个性别符号词“奴”，构成此名。

安黑奴，S. 542v 吐蕃戌年（818）六月沙州诸寺丁壮车牛役簿。

白黑奴，大谷文书 2858 西州高昌县退田文书。

何黑奴，旧唐书 8/182 页，新唐书 5/128 页，兰池州叛胡显首伪称叶护康待宾、安慕容，为多览杀大将军何黑奴，伪将军石神奴、康铁头等，据长泉县，攻陷六胡州。册府元龟 128/1533、986/11416，兰池州判胡将军，开元九年（721）。

康黑奴，TCW I/256 高昌某年永安安乐等地酢酒名簿；大谷文书 2849 唐代役制（兵役）关系文书。

康黑奴，新获 368 页武周雇高昌县人康黑奴替番上契。

C8. 三奴

恒宁曾经对唐代胡人石三奴的名字做了宗教学意义的解释，认为其语源是中古波斯语 *Sēbuχt*“为三位神祇所拯救”（“saved by Three Gods”，W. B. Henning apud Ed. Pulleyblank，“A Sogdian Colony in Inner Mongolia”，*T'oung Pao* XLI，1952，p. 340 n. 2）。Ph. Gignoux et al.，*Noms propres syriaques d'origine iranienne*，Wien 2009，375a 进一步探讨这个名字表示“为三一所拯救”的可能性（sauvé par les Trois，i. e. la Trinité des chrétiens?）。着眼于佛教在唐代时期中亚的流行程度实高于景教，同样从宗教信仰的角度看，三奴也大有可能是“三宝奴”（梵语 *Triratna-dāsa*）的省称，换言之，三奴未必与伊朗语源的 *sēbuχt* 有关。目前知见所及，隋唐五代时期胡姓人的“三宝奴”名字的实例暂时阙如。在十至十二世纪的西州回鹘王国时期，汉语名“三宝奴”为回鹘人所接受，以 Samboqdu 这样一个带有河西方言音韵特征的方式流行（Ch/U 6992v; KrIV395v，参 Zieme 1994）。汉姓人中有“三宝”之名，如：马三宝，旧唐书57/2295、2316 页本传，唐会要 79/1461 页，武德九年（626）十月，太宗始定功臣实封差第；校订本册府元龟 128/1394 页，357/4028 页；张三宝，TCW/317 高昌延昌三十四年（594）调薪文书一。以佛、法、僧各自与奴结合的名字多见，佛奴（已见前文）、法奴（*Dharma-dāsa*，如：孔法奴，P. 3234v8 某寺西仓豆破历，940 年前后）、僧奴（*Saṃgha-dāsa*，如：曹僧奴，《北史》14/526 页，乐人，曹妙达兄弟；北史 92/3055 页，能弹胡琵琶，曹妙达父；康僧奴，宁乐美术馆藏吐鲁番文书 50；竹僧奴，TCW III/537 唐神龙三年高昌县崇化乡点籍样，卫士，竹畔德之弟），是三宝奴的分别表达方式。

但是，上述两种宗教学假说都是建立在增字解经之上的，方法上有先天性弱点。其实直接的理解也是有线索可循的。有关“数词＋奴”的名字构成型，目前我们还有“二奴”“仵奴”两例胡姓人名：**康二奴**，P. 2912v 写大般若经一部施银盘子麦粟粉疏，9 世纪前期；**石仵奴**，册府元龟 139/1529 页，相州汤阴县人，孝子，受旌表，时值唐开元二十三年（735）。二奴、三奴、五奴，其实是汉文化命名习俗中民间性很强的一种作法，即将家族或家庭同辈成员按照出生顺序排列，男性成员以“大郎”“二郎”等依次冠名，女性成员则称之为“某（序数词）娘”（或“娘子”）。在此“奴”不过是“郎”的另一种表达形式，共同点在于都是男性符号词，不同处则是“奴”更为俚俗。

曹三奴，Дх. 05307v 杂写，9 世纪末—10 世纪初。S. 2214 官府杂账，兵马使。P. 3418v⑤某乡缺枝夫户名目，9 世纪末—10 世纪初。

石三奴，全唐文 342/3476 颜真卿撰康公神道碑，康阿义屈达干妻石氏父名。

C9. 神奴

粟特语人名 *βγ*（*y*）*βntk*（A8）的译义名。音译形式为“婆何畔陁”（B24）。

安神奴，P. 5038 纳磨草人名目，丙午年（886 或 946）。

何神奴，Дх. 01432＋Дх. 03110 地子仓麦历，10 世纪。

康神奴，大谷文书 2886 西州高昌县欠田文书。

羅神奴，S. 5698 社状，913 年。

石神奴，旧唐书 8/182 页，兰池州叛胡显首伪称叶护康待宾、安慕容，为多览杀大将军何黑奴，伪将军石神奴、康铁头等，据长泉县，攻陷六胡州。参：新唐书 5/128 页；册府元龟校订本 128/1533 页、986/11416 页，兰池州判胡将军。开元九年（721）。

四、盘陀名的胡汉语合璧形式

音义兼备，是翻译外来概念的一种特别追求。本文讨论的这一类名字的共同特征是对 *βntk* 的复合名形式中的 *βntk* 加以义译，对前半部分涉及信仰对象的神祇名加以音译。这是汉语对外来词汇的通常处理方式，借以将陌生概念的事类明确，同时为引进的新概念保留一定程度的陌生感，而不为所取汉字的字面义干扰，避免附会理解。

D1　阿父奴（*ʔa puǎ nɔ）

*ʾ*pβntk*“水（神）之奴”的音义合璧名？或ʾ*prwtβntk*“富卤多之奴”的缩略形式？“阿父”见于音译用法的例子：（康）阿父师（TCW II/77 高昌延寿十四年（637）兵部差人看客馆客使文书）*ʔa puǎ nɔʂi，可能来自粟特语 *ʾpšyr*“好水”。三藏法师传卷二：“阿耆尼国阿父师泉……僧教曰：吾上崖后汝等当唤阿父师，为我下水。”阿父师当为一个主“好水”的神灵。

何阿父奴，S. 766v4 平康乡百姓曹延延贷绢契，甲申年（984）。

D2 叱（*tɕʰit）奴

音义合璧名，源于粟特人名 *cytβntk*“slave of *cyt-*”（A10），如果完全义译，则为“精奴，鬼奴”（*cytk*“spirit，ghost，rākasa”，Lurje no. 408）。

安叱奴，旧唐书 62/2375，高祖拜舞人安叱奴为散骑常侍。新唐书 99/3908 页；唐会要 34/623 页，唐武德中高祖拜舞工安叱奴为散骑常侍；81/1500 页，上初受禅。以舞人安叱奴为散骑侍郎。武德元年（618）。

D3 -1 佛奴

粟特语 **pwtyβntk*，*pwttδs* < 梵语 Buddhadāsa“佛陀之奴”（LNo. 965，A'2）。与佛陀信仰有关的粟特人名还有伏帝延/*pwtyʾn*（池田 1965，63 已指出语源）；Weber 1972，201；吉田 1998，37；粟特人所使用的“佛奴”名更有可能是粟特语化的**pwtyβntk*，但是文献记录没有流传下来，不过于阗语簿籍中的 *budävaṃdai* 应该是粟特语的记音，Yoshida 1997，pp. 568 -69；蔡 1998，41 页。*pwttδʾs* 的远源为梵语 *Buddha-dāsa*（Hilka 1910，p. 29 著录了一个大约活跃于公元 339 -369 年间的 *Buddha-dāsa*；并参同书 p. 104）。

安佛奴，P. 4987 兄弟社转帖，戊子年（988）。

安仏奴，S. 2228 亥年丝绵部落夫丁修城使役簿，820 年顷。

何佛奴，S. 4703 买菜人名目。987 年；杏・羽 695 燉煌诸乡诸部落诸人等便麦历，何阿盈弟，10 世纪。

石佛奴，S. 4703 买菜人名目，丁亥年（987）。

史佛奴，S. 8660v 契残尾，癸未年（10 世纪）。

D3 -2 伏奴（* buwk nɔ）

* *pwtyβntk*“佛陀之奴”，伏，系粟特语 *pwty-* 音写“伏帝”之省略形式。粟特语人名 *pwtyprn*“Buddha's boon”，见 Weber 1972，199。其音写形式为“（康）伏帝番”“（康/何）伏帝忿”（均见 P. 3559 敦煌从化乡差科簿）；*pwty'n*，“安/曹/罗伏帝延”（均见 P. 3559 敦煌从化乡差科簿）及“（河，当作何）伏帝延”（唐乾陵蕃王石像题名，播仙城主）。参：王 2012a，78 -79。

曹伏奴，全唐文补遗 3/412 -413 唐总章二年（669）故戎副曹君（德）墓志铭，字建德，谯人，今贯河南洛汭兴化里，伏奴为曹德长子。

石伏奴，北朝佛教石刻百品第 90 号北齐武平元年（570）董洪达等造像记。

史伏奴，大谷文书 5831 周氏一族纳税文书。

D4 孤易奴（* kɔ jiǎ nɔ）

含义不详。这个名字仅见于吐鲁番文书，“孤易”也单独出现于人名：韩孤易（TCW III/532 武周驼驴帐）、阚孤易（TCW II/271 唐西州高昌县□婆祝等名籍）、马孤易（TCW IV/187 唐赵竺都等名籍；大谷文书 1201 西州高昌县户主别田籍文书；大谷文书 2893 西州高昌县欠田文书）。另一个复合名为胡姓的史孤易定（定，释读不确定。TCW III/522 武周圣历元年四角官萄所役夫名籍，698 年）。此外“作孤易”“听拙家财，平为孤易直”（TCW I/321 高昌巳岁王庆祐等三人取银钱作孤易券）等出现在文书中的语例表明，“孤易”是一个事务性名词，王素推断孤（沽）易就是买卖，“孤易奴”相当于古代人名中常见的“买奴”（王素吐鲁番所出高昌取银钱作孤易券试释，《文物》1990 年第 9 期，第 93—94 页）。按：把“孤易”看作“沽易”的通假写法，虽然在音韵上没有困难，但是这个曲折的解释本身难以成立，因为吐鲁番文书使用沽字，如“沽酒”（TCW I/283 高昌夏某寺葡萄园券）、“沽直”（TCW III/163 唐和籴青稞帐），无以孤字代替沽的实际用例。此外就“孤易”还有“土墼”说（王素《〈吐鲁番所出高昌取银钱作孤易券试释〉补说》，《文物》1993 年第 8 期，第 66—67 页驳之）、“（与工具类似的）某种事物说”（王启涛《吐鲁番出土文献词典》，巴蜀书社，2012 年，第 386 页）。着眼于孤易奴这个人名的形态特征，尤其是其三音节的构成，以汉文化的人名习俗衡量实在过长，所以，即使有三例非典型胡姓的韩/阚/马孤易，解读似仍应充分重视白（龟兹国姓）、曹（昭武九姓的曹国国姓）两位孤易奴的胡语背景。目前且阙疑俟考。

白孤易奴，TCW III/385 唐高宗某年西州高昌县贾致奴等征镇及诸色人等名籍。

曹孤易奴，TCW IV/373 唐残事目。

D5 末奴（*mat nɔ）/默奴（*mək nɔ）/莫奴（*mak nɔ）

m'xβntk（A14）的音义合璧名，音译形式为“莫畔陁”（B19）。

安末奴，TCW II/306 唐苏致德等马账；大谷文书 3026 兵役关系文书；吐鲁番考古记图版二〇/图 24，录文第 35 页安末奴等纳驼状；历史博物馆藏黄文弼文书圣历元年（698）安末奴等纳练状。中国历史博物馆藏法书大观第 11 卷晋唐写经晋唐文书，第 128 页。

翟默奴，大谷文书 2848 唐代役制（兵役）关系文书。

汉姓胡名的例子：

宋默奴，唐勘检范近武德田籍簿，中国历史博物馆藏法书大观第 11 卷《晋唐写经晋唐文书》第 134 页/唐西州浮逃户残籍，吐鲁番考古记，图版四一，图 42。

陳莫奴，大谷文书 4042 西州高昌县欠田文书（约 741 年）。

張莫奴，Pelliot Chinois Douldour Aqour 146。

D6 泥奴

nnyβntk（A16）的音义合璧名。音译形式为“遟遟槃陁”（B21）。案：（孫）泥面 *nɛj mian = 粟特语人名 **nnym'nk*（参对应阴性形式 *nnym'nch*），大谷文书 1220 吐鲁番唐开元二十九年（741）前后西州高昌县退田簿残片之一。参：王 2012a 之九粟特语的佛教人名：康浮面还是康浮图，第 79 页。

王泥奴，大谷文书 2392 西州高昌县给田文书；大谷文书 2888 西州高昌县欠田文书。

D7 婆奴

βγ(y)βntk（A8）的音义合璧名，由全译形式“婆何畔陀”（B24）减缩音节而成。义译形式为“神奴”。

白婆奴，天宝三载（744）大唐故吏部常选白府君墓志，字道顺，名、字语义相关，可见起名者对汉文化命名习俗了解之深。

康婆奴，大谷文书 3027 兵役关系文书。

D8 天奴

这个名字在巴基斯坦境内印度河谷上游岩壁行客题名有粟特语形式 *δyβδ's*（LNo. 461，A'1），来源于梵语 *devadāsa*（Hilka 1910，29），为佛教信徒的常用名。这个名字在巴基斯坦境内印度河谷上游岩壁行客题名有粟特语形式 *δyβδ's*，其人的父名 *kwš'nk'nk*“贵霜人”（LNo. 600，965），命名都属印度传统，而该地区在当时实已属巴克特里亚辖治。

安天奴，S. 542v + BD. 9606 戊年（818）沙州诸寺丁壮车牛役簿。

白天奴，大谷文书 2888 西州高昌县欠田文书；TCW I/243 高昌奇乃等粗细粮用账。

康天奴，TCW I/243 高昌奇乃等粗细粮用账。

D9 致奴（*ʈji nɔ）

由粟特人名 *ʾzβntkk*（A6）的前一节 ʾz 音译、后一节义译而成。纯音译为“阿致畔陁”（B16）。

賈致奴，TCW III/385 唐高宗某年西州高昌县贾致奴等征镇及诸色人等名籍。

張致奴，TCW II/271 唐西州高昌县□婆祝等名籍。

張徵奴，XH 302 唐某年八月西州高昌县宁泰等乡名籍。

五、女性的婢名

男称奴，女称婢，是汉语的作法。粟特语也有相同类型的对立概念。作为 *βntk* 的阴性对应形式，*δʾyH* 是一个表示“女人、婢女”的普通名词。粟特语古信中就有女性发信者自称“婢”（*δʾyyh*）的例证（参见 Sims-Williams 1991，180），639 年粟特语婢女买卖契对这个婢女的身份就用了 *δʾyyh* 这个词，“*cwyʾkkH* 家的婢女，生在突厥，名 *ʾwpʾcH*（*δʾyH cwyʾkkH kwtrʾncH ʾwyH twrkstny zʾtcwH wpcH ʾty nʾm*），原主人握廋毗，现卖与僧人延相（俗姓张）”。δyʾH 这个词也进入了粟特人名，成为名字的构成部分，组成女性名。目前所见都是复合形式的两节名：

E1　安浮㖒台（TCW III/534 唐神龙三年（707）高昌县崇化乡点籍样，安浮㖒台作为两岁黄女登录为户主，其他家庭成员情况不详）* buw ʈjiə̆ dəj = ***pwty-δʾyh***（LNo. 967）, Yoshida/Kageyama 2005, no. 41 Buti-dhāy “female servant of the Buddha”，语义上相当于汉语“佛婢”，人名例有：索佛婢，P. 2049v 同光三年（925）年净土寺诸色入破历计会牒；吴佛婢，P. 3150 癸卯年（943）吴庆顺典身契。文书中标注吴佛婢为吴庆顺的“房叔”（参见下文 E4 王默婢）。

案：麹氏高昌国晚期有一位广昌公主，名为“元台”（高昌国延和八年（608）写放光般若经题记，中村不折旧蔵禹域墨書集成卷上，59 页），或释“无台”（池田温《書道博物館藏高昌延和八年写放光般若經残卷》，《シルクロド研究》4，2004，35 - 36 页）。根据粟特语 δyh 汉字转写为台这一线索，或许可以推测元台这个名字是一个汉胡合璧名，义为“长女”（the first born daughter）？

E2　康那宁材（TCW I/453 高昌内藏奏得称价钱账）* na nɛjŋ dzəj = ***nnyδʾyH***（Ch/So14761, LNo. 790），Henning 1940，7。Weber 1972，199。康那宁材作为一个胡

妇，参与大宗贸易活动，应向高昌国官方纳税。

Lurje 还辑录了另外 3 例 *δ'yH* 名，目前未见有汉文形式，单中其中两个有对应的男性人名汉文形式，亦可相互参证：

E3 *'rwtprnδ'yH* （No. 149），“*'rwtprn* 之婢”，*'rwtprn* 为一神祇名，意义不详。此名见于巴黎写本 P. 8 粟特语写经题记，系发愿人“安 *cwr'kk*”的祖母。

E4 *m'xδ'yH* （LNo，647），对音转写应为“*莫臺/*莫材”，义为“月（神）婢”。此名见于巴黎写本 P. 8 粟特语写经题记，系“安 *cwr'kk*”的妻子。*m'xδ'yH* 的对应的男性名是 *m'xβntk*（A14），音译“莫畔陁”（B19），音义合璧译名“末奴/默奴/莫奴”（D5）。*m'xδ'yH* 的一个可能汉文形式是默婢（*mək bjiə̆'/bji'），王默婢，见于 TCW III/385 唐高宗某年西州高昌县贾致奴等征镇及诸色人等名籍；TCW III/387 唐高宗某年西州高昌县左君定等征镇及诸色人等名籍。有关汉姓胡名，见本文八。

E5 *ršt'δ'yH* （LNo，1020），对音转写应为“*阿史材/*阿史台”，对应的男性名“阿史盤陁”（B15）。此名见于巴黎写本 P. 8 粟特语写经题记，系“安 *cwr'kk*”家族的一个女性成员。

六、其他语言中的奴名

粟特语 *βntk* 并不是伊朗语支独有孤立的词，据印欧语语源研究的意见，这个词可以追溯到古巴比伦语的 *ban-dak-ku*，帕提亚语铭文中的 *bndk-*（bandag）、中古波斯语 *bndk'n*，巴克特里亚语 *βαγoβανδαγo* 即是前文讨论过的 *βγyβntk*，*βγβntk-*（暨汉文转写“婆何盘陀”）的对应形式（Schmitt，no. 129）。现代波斯语里“奴”仍然有 banda 这样一词形，如人名的 Khodabanda，义为“真主之奴”。

表达“奴、仆”这同一个思想概念的命名方式，其实在欧亚大陆很多古代文明中都有表现。古代印度的例证已如前述（如 Buddhadāsa 佛奴、Devadāsa 天奴等）。希伯来语中的 Obadiah（“servant of YHWH”，עובדיה *'Ovadyah* or עבדיהו *'Ovadyahu*，列王纪上 2 等、历代记上 16 等。参：Ernst Jenni，“Biblische Name”，in：E. Eichler et alii（eds.），*Namenforschung Name Studies Les noms propres. Ein internationales Namenbuch zur Onomastik*，2. Teilb.，Berlin-New York，1996，S. 1854），义为“雅威之奴”，汉语圣经音译为“俄巴底亚”“俄巴底”等。

突厥回鹘语中的奴名，显示了与佛教信仰的特别关系：*Toyïn Qulï* 僧奴（字面义“道人奴”，回鹘人借入汉语的道人指称佛僧），*Nom Qulï*（法奴），*Burxan Qulï*（佛奴），*Quvraγ Qulï*（众奴）。此外还有一系列从汉语转写成回鹘文的 *Tayšingdu*（大乘奴，Zieme 1978，79－80，83），*Burxan Quli Tutung*（佛奴都统，Zieme 1987，274），*Buši Quli*（布施奴，Zieme 1987，280），显示汉传佛教对回鹘佛教的深度影响达到一定的双语程度，这一语言表象体现的是人员的双向交往（参 Matsui 2010）。元代名臣卜颜忽里、普颜忽里的名字是由回鹘语 *Buyan-qulī* 借入，远源则又追溯到梵语 *Puṇyadāsa*“功德奴”（Paul Pelliot，*Notes on Marco Polo*，I，Paris 1959，66）。

表示“神之奴”这一概念的人名在阿拉伯伊斯兰文化中非常普遍，最有代表性的莫过于人们耳熟能详的“阿卜杜拉”，ʿAbdullāh，即“安拉的奴仆”，据说是真主最喜欢的两个名字之一；ʿabd“奴”的名字构成力极强，安拉的 99 个美称，个个都可以与 ʿabd 搭配构成一个名字。阿拉伯世界中除了伊斯兰教，也有其他信仰，在人名上也有表现，如 ʿAbdul Masī“基督奴”、ʿAbdualīb“十字奴”（Schimmel，pp. 71－73）。

东方景教徒也使用类似形式的名字。在中亚发现的一件石刻铭文上有叙利亚语景教人名 Abdišō“夷数（耶稣）奴”（Alexei Savchenko & Mark Dickens，“Prester John's Realm：New Light on Christianity between Merv and Turfan”，in：Erica C. D. Hunter ed.，*The Christian Heritage of Iraq*，Piscataway，2009，302，pl. 12）。

七、非胡姓的盘陀

前文第二节“汉文史料中所见的‘盘陀’音译名”部分，曾列举汉文转写的盘陀诸名共 30 个，其中胡姓，曹 5，安 4，康 4，史 4，何 2，翟 2，石 1，竹 1，无姓（炎盘陀、莫盘陀）2，缺姓（□射蜜畔陁）1，计 26 个。

另外有 4 个非胡姓人，其中 3 人为独立盘陀名，分别是敬槃陀（B6）、刘盘陀（B8）、郑盘陀（B13），复合形式名的有游埿埿槃陁（B21）。敬槃陀、刘盘陀均是北朝晚期社会动荡时期的弄潮儿，均被正统视为“贼”人（“绛郡贼”“山东旧贼”）。郑盘陀为卒于 752 年的郑岩的六世祖，推测起来，郑盘陀应是活跃于 570 年前后的人物。

游埿埿槃陁卒于武平二年（571）。据墓志（Bi -Sims-Williams － Yan 2017），游埿埿槃陁为“相州商客”，娶康纪姜为妻，夫妇去世后合葬时特地制作汉语粟特语双语墓志，说明他们生活于一个双语的环境。纪姜的名字，在粟特语墓志部分显示为 Kekan（*kyk'n*），与纪姜的中古音 ＊kɨ'/ki' kɨaŋ 非常接近，学者推断 Kekan 是一个汉语名字。墓志中提及纪姜的籍贯或出生地是“鄴城，其父名 Wankharakk”，其康姓仅见于汉文墓志部分。游埿埿槃陁的姓氏在粟特语部分没有对应部分，只说他“是 Chinakk 的儿子，生于鄴城，以经商为业”。游（＊juw）不属于目前已知的操伊朗语的胡姓国族之列，据毕波等学者考证，游埿埿槃陁的家族有可能与北朝时期河西地区的游姓望族有关。要者，游、康家庭是一个丈夫汉姓、妻子胡姓，但两人本人及父亲都有胡名的鄴城地方家族联姻。汉姓人经商本不是一桩特别奇异的事情，但是，他的胡名以及他与素以经商著名的昭武九姓中的康氏之女的婚姻，再加上妻子姓康，妻父有一个地道的粟特名，但是她本人自己却只有汉语名字，这些事实聚合起来，颇显6世纪的北周末年中原北部民族融合、汉胡文化交融已经达到不分彼此的程度。有关康纪姜的名字，可以注意包含姜字的女性名是汉文化的一个古老传统，姜训强，谓女之强者。北朝时期女性的姜字名非常普遍，例如《北魏景明三年（502）尹爱姜等造像记》，21个女供养人有3个姜字名：尹爱姜、扬丑姜、尹陵姜；《北魏正光四年（523）法义兄弟姊妹等造像记》，26个女供养人有五个姜字名：王犁姜、赵妃姜、白齐姜、赵义姜和纪姜女（参：石越婕《北魏女性佛教造像记整理及研究》，中山大学硕士论文，2016年，1.1.2 女名特点探索，“姬、姜、娥等字常用”）。

总之，这几位汉语姓氏的盘陀是六世纪中晚期的历史人物，当时北周、北齐社会与胡人有多交往，汉姓人取胡名盘陀，盖系一时风尚。

八、汉姓胡名问题

粟特女性名有 m'xδyH。我们推测汉文书写的人名“默婢”是其翻译，如王默婢（E4），见于吐鲁番军事征役文书。既然事关军事屯戍行动，王默婢自然应是男性。男性女名、女性男名是人名中的特例，但是古今中外均有，不足为怪。王默婢是一个汉姓胡语的人名，与他同时参加征行的还有若干胡姓高昌士兵：史欢达、竹父师、康善生、竹宝达、竹善德、康塠子、康辰君、白孤易奴（贾致奴等名籍）；何善智、康隆欢、何父师、白居住、康石仁、支惠义、白欢达、竹石住、石伯隆、史德义、康善生、支隆德、翟胡、白胡仁、康祐欢、康憧海等（左君定等名籍），可知当时的高昌县居民人口的有汉、胡、龟兹（白姓）、竹（天竺印度人）、支（小月氏）。默婢这个名字，正是这样一个民族杂居、语言与宗教文化交流的产物。

与王默婢同时被征发服兵役的高昌居民贾致奴，他的名字“致奴”（D9）也是胡语语源，是 *'zβntkk'*（A6）的音义合璧译法，不过较四音节的“阿致畔陁”（B16）缩减为两个音节，以适应汉语人名的惯例。贾致奴、张致奴、张儆奴均出现于吐鲁番文书，时代不出7世纪到8世纪前半期。出现于唐开元二十九年（741）前后西州高昌县退田簿残片的高昌居民孙泥面，他的名字泥面（*nεj mian）与粟特语人名 **nnym'nk*“接近那你神的”相关。王泥奴（D6）的名字来自 *nnyβntk*（A16）。至于王姓作为一个汉姓，何以会起一个具有胡语形态和文化背景的名字，因为王泥奴的家族背景没有记录，但是这一点并不难理解，地处东西交通往来孔道的高昌（今吐鲁番），中古时期本来就处在多民族混居状态，多语种多元文化乃至跨族通婚是当地的常态。另外隋季枭雄王世充虽然有一个纯粹地道的汉名，但是他本姓支（属小月氏），祖父支颓耨，当年尚在幼年的父亲支收随母改嫁仪同王粲。王世充生母情况不详，据史籍记载，因混血，世充仍保留“卷发豺声”的胡人生理特征（《北史·王世充传》）。安末奴、翟默奴的胡语语源 *m'xβntk*（A14）应无疑问，他们的高昌同城居民宋默奴、陈莫奴和龟兹居民张莫奴的同名也就顺理成章地获得了解答。

汉姓使用胡名是国史特定时代文化、语言接触的边界地带容易出现的现象。这种类型的胡汉糅合人名（hybrid name）在非胡姓人群中集中出现，能够印证解读的理据和历史背景解释（有关中亚族群中的混合语言人名，尤其是突厥人名中的伊朗语因素，可参见 Zieme 2006）。中国历史上的汉姓胡名现象是一个大问题，需要在语言学、历史学上进行更深入的研究。

九、小结

从以上的资料看，盘陀/奴名在中古早期（4—7 世纪）的中亚是一个非常流行的人名，其普及程度可以从家族、社群等角度很清楚地观察到。如印度河谷岩壁行客题名中，有如下例子：

父得悉盘陀、子那你盘陀（*nnyβntk ZK*｜*txs'ycβntk BRY*, *UI*1, No. 369）

父沃休盘陀（或译乌浒盘陀、握廋盘陀）、子得悉盘陀（*txsy*(*c*)｜*βntk ZK*｜*wx*(*wš*) *βntk*, *UI*1, No. 296）

父沃休盘陀、子得悉盘陀（*txsycβntk*｜*ZK wxwšβntky BRY*, *UI*1, No. 378）

父婆何盘陀、子畔德（*βnt'kk ZK*｜*βγβntky BRY*, *UI*2, No. 561）

父射勿盘陀、子那你盘陀（*nnyβntk ZK*｜*δrymtβntk*, *UI*2, No. 609）

父射勿盘陀、子那你盘陀（*nnyβntk ZK*｜(*δ*)*rym*(*tβn*)*tk*（*BRY*）(*š*)*y*(*rwβ*)*k*（?）, *UI*2, No. 615）

父子的名字均含 *βntk* 盘陀。进入中原的史君家族也维持这个命名偏好，其祖父名阿史盘陁/*rštβntk*，三个儿子的名字也无一例外地由盘陀构成：长子 *βr'yšmnβntk*、次子 *δrymtβntk*、三子 *pr'wtβntk*，汉文名字分别为毗沙、维摩、富卤多，将盘陀省去，也许是出自避祖父阿史盘陁名讳的意图。祖孙两代的名字不嫌有重复使用，在固有胡名范围里是一种传统之处，在汉文化中却成为应予避讳的东西。这件双语墓志为这个制度性的差异留下了一项珍贵的证据。

汉文记载中也可以看出相近似的现象。吐鲁番文书《高昌曹莫门阤等名籍》（TCW I/359）46 个人名，全部为胡姓人，33 个曹姓，7 个何姓，安姓、康姓各 2 个，穆姓 1

个，另外伽那贪旱1名，应是突厥人，无国姓。名籍因系残本，标题不存，主题不明，根据人名的整体特征和西域史的情况，姜伯勤先生称这个群体为“客胡”，并推断7世纪初为文书的时间下限（姜1994，第174—175页），荣新江先生综合写本书法和胡人进入高昌史的历程推断，名籍也许可以早到6世纪前期（荣2001，第198页）。在这个名籍中出现了三个 *βntk*：曹阿致畔阤、曹浮夜门畔阤、曹摩䫻畔阤。畔阤的写法是吐鲁番文书中特有的。另外一件相同写法的是高昌国晚期的《高昌内藏奏得称价钱账》（TCW I/453），46个胡人（取这个概念的广义，包括白氏、车氏以及突厥人）人名，全部都是音译名，其中有6个畔阤：康婆何畔阤、安那宁畔阤、何炎蜜畔阤、康乌提畔阤、射蜜畔阤、康牛何畔阤。

到了8世纪，随着唐王朝设立西州行政管辖制度，此前的胡汉生活情形已经大变，汉文化的主导性影响在居民的名字上也有所显露。以落住胡人为特点的高昌县崇化乡，在官方户籍统计文书残片《唐神龙三年（707）高昌县崇化乡点籍样》（TCW III/534）中留下名字的居民有55人，其中胡姓36人，他们的名字属于音译名类型的有19个，包含1个以 *βnt'kk* 为语源的名字：竹畔德（B14），另外有一个两岁幼女安浮𠸍台（*pw-ty-δ'yh*，E1），系“奴”名的对应“婢”名。17个非音译名（当中已出现非常纯粹的汉名，如：康恩义、康义集、安德忠、安胜娘、曹玄恪等）中，有2个可以视为属于胡名义译：竹僧奴，系竹畔德之弟；安师奴，或是佛教徒名（梵语 *ācāryadāsa*?）。

盘陀名是粟特语中使用频率很高的名字。前文将有关名字分为四大类分别著录、讨论。来自胡人本源的盘陀名，即在胡人母语背景下形成的粟特人名，男奴 *βntk*/女婢 *δ'yH* 的构成非常定型，粟特语的名例有相当数量，进入中原或进入中原人的视野的名字得到汉字转写记录，大半人名的意义可据原语勘同。最易确定的情况是音译名，在此基础上可以进一步推求音义合璧名的形态与意义，义译名的确认则需要结合更多佐证信息尝试作出。**A类 粟特语形式**，目前所知的28例含有盘陀/*βntk* 的粟特语形式——这里说的是语言形式的数量，而不是名字的持有者数量，有一些名字形式背后有不止一个人，如叫 *nnyβntk* 就有19个（Lurje no. 787 著录了18个，加上新近发现公布的游埿埿槃陁），**B类 汉文音译形式**，共30例——这部分是一名对应一人，所以是31个名为“盘陀”或“某+盘陀”的人。**D类 胡汉音义合璧名**，有9例，“佛奴”“伏奴”“天奴”“莫（默）奴”之下都有若干使用者。这类名字似乎属于表达信仰的比例比较高。

C类 义译形式，因为这种情况的胡姓奴名在语言形态上与汉姓奴名难以分辨开，在缺乏传记记载、文书断代不确定的前提下，无法确知哪个名字背后的胡姓家族有可能采用译名方式，哪些家族已经处在与汉文化的融合过程之中，判断存在很大的不确定性，所以其数量不易确切统计（目前资料搜集也尚未完成）。前文讨论 *βntk* 的义译

“奴”，在此稍作补充。虽然汉姓人名中也有使用“奴”名的情况，仅举中古时期为例，如：李奴，火内人，TCW IV/24 唐开元三年（715）《西州营牒为通当营请马料姓名事》二；宋奴，校订本《册府元龟》966/11189；解奴，TCW I/80《蔡晖等家口籍》，等等，但是胡姓之人名“奴”自有其固有的文化背景，不应与汉姓情况相混，更不宜仓猝笼统以他们受汉文化影响、“汉化”为说。毋宁说，一个本来应该叫 *βntk* 的胡人，因为在汉文化生活圈中需要一个合适的汉名，把自己的原名进行翻译，自然是一个正常的方式，以“奴”来代替 *βntk*，是一个正确的概念翻译选择，而不是接受一个跟他本来无关的新汉语名字。试举一例：明末耶稣会士熊三拔（1575—1620），意大利人，本名 Sabatino de Ursis，Ursis 意思是熊，熊为一个汉姓，这就是义译；三拔则是 Sabatino 的前两个音节的近似音译，选字颇具巧思之处还在于他的字“有纲”，根据中国命名风俗里名、字相关的传统，三拔、有纲恰好结合出“三纲”这一儒家文化重要概念，背后却映射基督教的三一说（the trinity），可谓一名之立，用心良苦，一石数鸟，形神兼备。

以“奴子”一名（C3）为例，见于吐鲁敦煌文书的胡姓“奴子”目前辑录到 17 例，曹奴子有 3 人，其一见于 7 到 8 世纪的高昌，另两位敦煌文书所记的曹奴子，一位是活跃于 750 年之际，另一位见于半个世纪以后的时期。三位康奴子、两位石奴子、两位翟奴子，情况也相类似，都属于异时异地的重名现象，绝不会是同一个人。只有何奴子，3 例均集中见于敦煌文书，而且活动年代集中于 10 世纪中叶，有可能有同名同人情况。前文推测这个名字是胡名汉译：*βntʾkk*，因为名词后缀 *-ʾkk* 表“小”义。除了这个语言学的根据，我们还有历史学的根据。P. 3559 天宝九载（750）敦煌从化乡差科簿中有两例“奴子”给我们以启发：（1）康奴子、康迦那为兄弟。（2）父亲曹磨色多，有二子：曹大宾、曹奴子。迦那（*kɨa na）已确定为粟特名 *kʾnʾk*，*kʾnʾkk*（吉田 1989，97；Yoshida 1991，242），然则奴子也为粟特名的可能性不小。磨色多（*ma ʂ̩ik ta）的语源不明，但肯定属于非汉语，那么大宾、奴子的名字从胡语汉译的角度去理解自然也是一个或然性不低的可能。

“奴子”也是一个大量出现于汉姓人群的男性人名，仅举碑志和文书的一小部分例子：

张奴子，北魏神龟二年（519）五家七十人等造像记。全北魏东魏西魏文补遗 481 页。

樊奴子，北魏太昌元年（532）樊奴子造像记。全北魏东魏西魏文补遗 534 页。

范奴子，北周天和五年（570）普屯康等造像记。全北齐北周文补遗 88 页。

胡奴子，TCW I/296 高昌延昌四十年供诸门及碑堂等处粮食账，600 年。

杨奴子，TCW IV/79 武周牒为镇果毅杨奴子等娶妻事。

宋奴子，TCW IV/187 唐赵竺都等名籍。

宋奴子，P. 4640v 官入破历。己未年（899）。

贺奴子，P. 2040v② 净土寺西仓粟破历，945 年以降。

索奴子，BD. 09318A 便物历。10 世纪。

这些奴子取名的命义不能自动化地归因于受胡人影响，认为是汉人“胡化”现象。这一点是人名研究必须注意的一个方法论原则；这类流行名（fashion name）的存在其实表现了汉文化起名中的选名制，在这种情况下家长为新生儿取名只是在当时流行的现成名字中选取一个自己认为合适、喜欢的，他们对所选名字的意义、语源未必有深入了解，所以研究者不必然能够从个别人名推论出这个人名的所有人及其家庭的文化信仰背景的实际情况。就名字的语源而言，即使是今天，也是少数学者和感兴趣的人的关心对象。

十、余论

那么，我们该怎样理解人名中的“奴”这一概念？

人名中出现“奴”字，有两种情况，一种是实际的奴仆，另一种是引申意义上的奴仆。古人有给乳儿、幼儿起小名（又称“小字”）的习俗，唐高宗李治小字雉奴（《新唐书》卷 80），高祐小字次奴，因为他有兄名祚，所以次奴这个小字的寓意就是次子（《魏书》卷 57）。如果是起名者和得名人之间是主奴关系，那么这个名字是反映奴仆的社会地位的，如唐文宗时宫人刘好奴（《旧唐书》卷 173），吐鲁番官方制作的《武周先漏新附部曲客女奴婢名籍》（TCW III/525 - 28）中登录了上百个男女奴婢，有一人名为“小奴”，等于直接将他的社会地位名称作为专名使用。虵奴（《武周阴仓子等城作名籍》，TCW III/520），想必是一个生于蛇年的人。

“奴”作为人名成分，有广义、狭义两重意义：在狭义上说，“奴”这个概念在人名中表示向神明、超自然力量的虔敬、服从，对神圣事物的谦恭、对古圣贤的顶礼。起名 Buddha-dāsa 佛奴、Dharma-dāsa 法奴、Saṃgha-dāsa 僧奴，意图在于申明对佛教三宝的信仰。从形式上说，“某神奴”是这类名字的标准型，如“射勿盘陀”（B25、B26）义为“Demeter 的奴仆”“那宁材”（E2）义为“Nanaia 的婢女”“婆何盘陀/婆奴”（B24）义为“神之奴仆”。佛教的一切佛、菩萨都可以作为奴名的对象，观音奴也许是汉传佛教中最为常见的。附属于佛教的制度、人物也出现在人名中，如师奴［安师奴，TCW III/542 唐神龙三年崇化乡点籍样；曹师奴、康师奴，TCW IV/115 唐令狐建行等率皮名籍；毛师奴，TCW I/276 高昌和婆居罗等田租簿；唐师奴，中央民族大学收藏吐鲁番出土貌阅文书；严师奴，全唐文补遗 4/401 页长安三年（703）严依仁墓志，息：师奴、师辱、弘□]、金光奴（可以取义于金光明经或金光明寺，如：张金光奴，P. 3959 贷粟麻历）等。

广义上的奴名方面，“奴”其实与“子”相似，表示男性子嗣。出现于同一件文书中的阴衍奴、阴善奴、阴清奴（S. 4121 阴家荣亲客目），显系家族成员，可惜文书没有标明他们是何关系。梁定奴、梁苟奴两人出现在《辛酉年（961）为张友子新妇丧亡后》（S. 4472v）的赠礼名单中，两人分别捐出白细褐三丈、白细褐三丈二尺，而两人的名字又前后相连，可以推论其为亲属。

本文讨论的“黑奴”（C7）是一个典型的例子，名字里的“黑奴”没有宗教性的意义，只是表达体貌特征。近义的名字还有“黑子”，如：康黑子（P. 4640v 官入破历，900 年）、罗黑子（P. 2049v 同光三年净土寺诸色入破历计会牒；P. 2040v 净土寺豆入历，940 年前后）。“黑儿”，如：安黑儿（P. 2049v 同光三年净土寺诸色入破历计会牒）、石黑儿（S. 4657 破历）、阴黑儿（TCW Ⅰ/238 高昌众保等传供粮食账，10 世纪后期），所指并无不同。

汉文化传统中有以通名（appellative）配“奴”为名的作法，即“A + 奴”。南齐宰相徐孝嗣，“父（徐聿之）被害，孝嗣在孕，母年少，欲更行，不愿有子，自床投地者无算，又以捣衣杵舂其腰，并服堕胎药，胎更坚。及生，故小字遗奴”（《南史》卷十五）。遗奴就是背生子。这样由自家人命名的“奴”，词义与近代人的小名中的“娃”“仔”“生”本质上有同样的功能。命名的取义为母亲并不愿意他成活出生的遗腹子，“奴”不过就是男性生儿的意思。广义的“A + 奴”形式表达的是生子的性质（善、欢、憨、娇、丑、残，等等），传达的是长辈对新生儿出生的喜悦、对成长寄予的希望和对产儿的先天性缺陷的认知、接受。如：安善奴（S. 2228 亥年修城夫丁使役簿）；阴善奴（S. 4121 甲午年 994 年阴家荣亲客目）；刘好奴，女，唐会要 3/37 页，“开成三年（838）二月，文宗以旱出宫人刘好奴等五百余人，送两街寺观，任归亲戚”；康欢奴（大谷文书 3474 西州天山县到来文书，别将）；安憨奴（S. 4660v 社人缺色物历；S. 4660v 兄弟社转帖，988 年）；曹憨奴（P. 2049v 净土寺诸色入破历计会牒，925 年）；穆憨奴（P. 2880 春坐局席转帖抄等诸抄，980 年）；石憨奴（P. 2032v⑯ – 4 净土寺粟利闰入历，940 年前后）；康娇奴（BD. 6359 便麦契，丑年 821 年，土肥义和《燉煌氏族人名集成》05102 读“嫡奴”）（图二）；米残奴（P. 3503v 杂写，910 年）；杨残奴［P. 4987 戊子年（988 年）兄弟社转帖］；以及张残婢［P. 3859 丙申年（936?）报恩寺常住百姓老小孙息名目］，残婢的妹妹叫张僧婢，张家为女儿起名都冠以婢字。

给新生儿起名憨奴、残奴，纵然是以状摹智力或身体状态不甚如长辈厚望的后生为本意，但也未必说明起名的长辈对无辜孩童抱有厌弃的心态。对于特定时期的特定社群，憨奴甚至有可能是一个时尚名，如菜憨奴、李憨奴、孔憨奴见于同一件文书（S. 8443 李阇梨出便黄麻历，944—946），说明他们生活在一个圈子里。古人的“小名”“小字”包含很多这类初看字眼并不美好的名字，其实是名有雅俗的问题。偶尔有人将这类在今人的感受里属于贬义的名字称作“贱名”“丑名”，或有以今况古之虞，似应慎重。

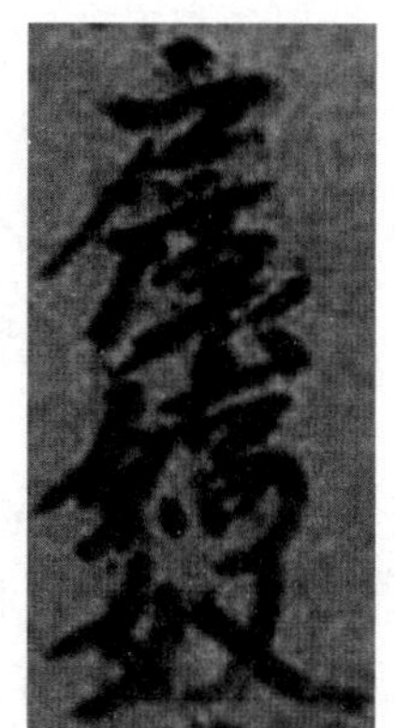

图二

本文讨论了胡名盘陀 *βntk* 进入汉文化生活的种种形态和变形。相比宗教义的奴名，世俗义的奴名要丰富、复杂很多，也存在更多的疑难问题，启发更多方面的思考。讨论至此，已经涉及人名研究的一般问题，也屡屡引起对中国历史人名学基本理论框架建立的期待。

本文引用史料文献及简称表

《北周史君墓》，文物出版社，2014 年。

Bi - Sims-Williams – Yan 2017：Bo Bi，Nicholas Sims-Williams，Yan Yan，“Another Sogdian – Chinese bilingual epitaph”，*BSOAS* 80（2）2017，pp. 1 – 14.

蔡 1998 = 蔡鸿生《唐代九姓胡与突厥文化》，中华书局，1998 年。

《册府元龟》（校订本），凤凰出版社，2006 年。

Henning 1940 = W. B. Henning，*Sogdica.* London 1940.

Henning 1946 = W. B. Henning，“The Sogdian texts of Paris”，*BSOAS*，11/4，1946，pp. 713 – 740.

Hilka 1910 = Alfons Hilka，*Beiträge zur Kenntnis der indischen Namengebung. Die altindische Personennamen.* Breslau，1910.

池田 1965 = 池田温《8 世紀中葉における敦煌のソグド人聚落》，《ユーラシャ文化研究》1，1965，第 49—92 页。

姜 1994 = 姜伯勤《敦煌吐鲁番文书与丝绸之路》，文物出版社，1994 年。

杏・羽 =《敦煌秘笈》及《目録冊》，財團法人武田科學振興財團杏雨書屋出版，大阪 2009—2013 年。

L(urje) + No. = Pavel Lurje，*Personal names in Sogdian texts*，Wien 2011.

《全唐文补遗》（1 – 9），吴钢主编，三秦出版社，1994—2007 年。

Matsui 2010 = Matsui Dai，“Uighur manuscripts related to the monks Sivšidu and Yaqšidu at ‘Abita-Cave Temple’ of Toyoq”，《吐鲁番学研究——第三届吐鲁番学研究暨欧亚游牧民族的起源与迁徙国际学术研讨会论文集》，上海古籍出版社，2010 年，第 697—714 页。

荣 2000/2001 = 荣新江《高昌王国与中西交通》，《欧亚学刊》第 2 辑，2000 年，73—83 页。收入氏著《中古中国与外来文明》，三联书店，2001 年，第 183—203 页。

Schimmel 1993 = Annemarie Schimmel，*Von Ali bis Zahra. Namen und Namengebung in der islamischen Welt.* München 1993.

Schmitt + No. = Rüdiger Schmitt, *Personennamen in parthischen epigraphischen Quellen*, Wien 2016.

Sims-Williams + No. = Nicholas Sims-Williams, *Bactrian Personal Names*, Wien 2010.

TCW =《吐鲁番出土文书》(I-IV)，文物出版社，1992—1996 年。

UI1/UI2 = N. Sims-Williams, *Sogdian and other Iranian Inscriptions of the Upper Indus*, Vol. 1, London, 1989; Vol. 2, London, 1992.

王 2011 = 王丁《中古碑志、写本中的汉胡语文札记（一）》，《丝绸之路上的考古、宗教与历史》，文物出版社，2011 年，第 241—249 页。

王 2012a = 王丁《中古碑志写本中的汉胡语文札记（二）》，《西域历史语言研究集刊》第五辑，科学出版社，2012 年，第 75—86 页。

王 2012b = 王丁《中古碑志写本中的汉胡语文札记（三）》，《语言背后的历史》，上海古籍出版社，2012 年，第 183—187 页。

Weber 1972 = Dieter Weber, "Zur soghdischen Personennamengebung". *Indogermanische Forschung* 77, pp. 191 - 208.

Weber 1993 = D. Weber, Rev. N. Sims-Williams, *UI1*, *BSOAS*, 56/3, 1993, pp. 599 - 600.

XH = 荣新江等主编《新获吐鲁番出土文献》，中华书局，2008 年。

吉田 1989 = 吉田豊《ソグド語雑録（III)》，《内陸アジア言語の研究》V，1989 年，第 91—107 页。

吉田 1990 = 吉田豊《ソグド語の人名を再構する》，《三省堂ぶっくれっと》78，1990 年，第 66—71 页。

Yoshida 1991 = Yutaka Yoshida, "Sogdian miscellany III". R. E. Emmerick & D. Weber (eds.), *Corolla Iranica*, Frankfurt, 1991, pp. 237 - 244.

Yoshida 1994 = Y. Yoshida, Rev. N. Sims-Williams, *UI2*. 1992. *BSOAS*, 1994, 57/2, pp. 391 - 392.

Yoshida 1997 = Y. Yoshida, *Rev. R. Emmerick & M. Vorob'ëva-Desjatovskaja*, *Saka documents texts Vol. III: The St. Petersburg Collection. BSOAS*, 60/3, 1997, *pp.* 567 - 569.

吉田 1998 = 吉田豊《Sino-Iranica》，《西南アジア研究》XLVIII，1998，第 33—51 页。

吉田 2004 = 吉田丰《西安新出史君墓志的粟特文部分考释》，《粟特人在中国——历史、考古、语言的新探索》(《法国汉学》第十辑)，中华书局，2004 年，第 26—42 页。

Yoshida 2005 = Y. Yoshida, "The Sogdian version of the new Xi'an inscription". E. de la Vaissière & E. Trombert (eds.), *Les Sogdiens en Chine*. Paris 2005, pp. 57 - 72.

Yoshida/Kageyama 2005 = Yoshida Yutaka/Kageyama Etsuko, "Sogdian names in Chinese characters, pinyin, reconstructed Sogdian pronunciation, and English meanings". Apud Valerie Hansen, "The impact of the Silk Road …". E. de la Vaissière & E. Trombert (eds.) *Les Sogdiens en Chine*, Paris 2005, pp. 305 - 306.

Yoshida 2006 = Y. Yoshida, "Personal names, Sogdian i in Chinese sources", *Encyclopædia Iranica*（读取于 2017 年 11 月 8 日：http://www.iranicaonline.org/articles/personal-names-sogdian-1-in-chinese-sources)

Zieme 1977/1978/1987 = Peter Zieme, „Materialien zum uigurischen Onomasticon. I ". *Türk Dili Araştırmaları Yıllı ğı - Belleten* 1977, pp. 71 - 84; 1978, PP. 81 - 94; 1987, III, ibid. pp267 - 283.

Zieme 1994 = P. Zieme, „Samboqdu et alii. Einige alttürkische Personennamen im Wandel der Zeiten ". *Journal of Turkology* 2, 1994, pp. 119 - 133.

Zieme 2006 = P. Zieme, "Hybrid names as a special device of Central Asian naming". L. Johanson, C. Bulut (eds.), *Turkic-Iranian Contact Areas, Historical and Linguistical Aspects*, Wiesbaden 2006, pp. 114 – 127.

（本文征引正史与古籍，一般使用通行本，若无重要版本异同不一一出注，以省篇幅。）

（2017 年春节初稿，2018 年 10 月 28 日改定）

8—10 世纪敦煌粟特人米氏家族研究

郑炳林　马振颖（兰州大学敦煌学研究所）

自藏经洞发现以来，随着敦煌文献的陆续刊布、莫高窟洞窟内容及其形制的研究以及出土碑刻资料等文献的深入研究，对敦煌文献中出现的世家大族的研究不仅成为学术研究的一个热点，而且涌现出丰硕的学术成果。查看先前学者的研究成果，不难发现，以往学者关注的重点，主要在敦煌的张、曹、索、李等几个大族，对于敦煌粟特家族的研究也主要集中在康、安等几个大姓。作为敦煌粟特人的米氏，其研究尚显不足。我们在《新见〈唐米钦道墓志〉考释——敦煌相关金石整理研究之一》中虽然对敦煌米氏的大致情况作了简要概述，但是限于篇幅，没有展开来讲。[①] 因此，在先前整理的基础上，有必要对米氏在敦煌的发展脉络作较为全面系统的考察。

一、敦煌粟特人米氏随商东来与著籍敦煌

生活在中亚阿姆河和锡尔河之间的泽拉夫珊河流域即粟特地区的粟特人，长期受周边强大外族势力所控制，在提高自身应变能力的同时，逐渐发展成一个商业民族。在各族统治相对较弱时，他们渐渐在粟特地区的绿洲上，聚集成大小不同的城邦国家，这中间以撒马尔干为中心的康国最大，除此之外还有弥秣贺（Maymurgh）的米国等，中国史籍中称之为昭武九姓、九姓胡、粟特胡等。后来由于经商、战乱等原因，粟特人在汉唐间沿丝绸之路移居中国，在中国北方、南方，都有其移民部落，他们的加入，对中古中国的社会生活各方面都产生了一定影响。[②] 关于入华粟特人的研究，学界如伯

① 郑炳林、马振颖：《新见〈唐米钦道墓志〉考释——敦煌相关金石整理研究之一》，《敦煌学辑刊》2018 年第 2 期。

② 参荣新江：《中古中国与外来文明》（修订版），北京：生活·读书·新知三联书店，2014 年，第 17—18 页。

希和、池田温、姜伯勤、荣新江等均有论著，[①] 其中尤以荣新江先生用力最多。

《西域粟特移民聚落考》运用新疆出土的各种伊朗语文书为我们勾勒出了粟特人在于阗、楼兰、疏勒、据史德、龟兹、焉耆等地的活动轨迹。[②]《北朝隋唐粟特人之迁徙及其聚落》中运用大量资料来说明鄯善、高昌、敦煌、武威、长安、洛阳等地中古时期粟特部落的存在，特别是该文中荣新江先生绘制的《粟特移民迁徙路线图》，[③] 更是一目了然。

米国作为粟特地区的绿洲城邦之一，也随着该区域其他城邦的商人沿着丝绸之路进行商贸往来或其他。目前已经发现了几则4—6世纪有关粟特米国人的相关记载。

其一，1979年开始，德国和巴基斯坦两国考古学者在中巴友谊公路巴基斯坦一侧沿印度河上游进行考古调查，在奇拉斯城和夏提欧村之间的河两岸，发现600余条粟特文题记，这些题记的书写年代在4—6世纪。据著名的粟特文专家辛姆斯－威廉姆斯（Sims-Williams）指出，这些题名中，就有来自弭秣贺的米国人。[④] 其二，马雍先生研究过洪扎地区发现的一则汉文题记"大魏使谷巍龙今向迷密使去"，辛姆斯－威廉姆斯认为：北魏使者可能是陪同出使北魏的米国使者回国。其三，1907年斯坦因在敦煌的长城烽燧下发现的粟特文信札，其年代当为4世纪，经过辛姆斯－威廉姆斯的解读，1号和3号信札的发件人是米薇，发出地点是敦煌，[⑤] 我们推断发件人米薇很有可能也是米国人。

由此可见，来自粟特米国的商人很早就在丝绸之路上进行经贸往来并留下了相关的文献资料。

早在粟特文古信札中即提到疑似在敦煌居住的米国人的姓名，说明早在魏晋南北朝敦煌地区已有粟特人聚居。米姓的族源，不少学者作过研究，大家公认的是，米姓来源于粟特地区康国东南的弭秣贺，即米国，入华后在著籍时"以国为姓"，取米姓。

---

① 关于入华粟特人的研究，参程越：《国内粟特研究综述》，《中国史研究动态》1995年第9期，第13—19页；车娟娟：《2000年以来国内粟特研究综述》，《中国史研究动态》2012年第1期，第24—31页；荣新江：《中古中国与外来文明》（修订版）；荣新江：《中古中国与粟特文明》，北京：生活·读书·新知三联书店，2014年；荣新江、罗丰主编：《粟特人在中国》，北京：科学出版社，2016年。

② 荣新江：《西域粟特移民聚落考》，《中古中国与外来文明》（修订版），第17—33页。

③ 荣新江：《北朝隋唐粟特人之迁徙及其聚落》，《中古中国与外来文明》（修订版），第34—105页。《粟特移民迁徙路线图》见该书第36页。

④ 荣新江：《西域粟特移民聚落补考》，《中古中国与粟特文明》，2014年，第9—10页。

⑤ ［英］辛姆斯－威廉姆斯：《粟特文古信札新刊本的进展》，Emma Wu译，载荣新江等主编：《粟特人在中国——历史、考古、语言的新探索》，北京：中华书局，2005年，第72—87页。第1、3号信札的正面彩色图版见S. Whitfield & U. Sims-Williams(ed.), *The Silk Road: Trade, Travel, War and Faith*, Chicago: Serindia Publications, 2004, pp. 248－249.

《姓解》《古今姓氏书辨证》《资治通鉴》《通志》《元和姓纂》等书中，也都记载米姓为来自西域米国的胡姓。① 那么，传世的资料中所记载的米姓到达并著籍敦煌的时间是什么时候呢，新近出土洛阳的米钦道墓志为我们解开了这一迷惑。② 现将墓志中有关信息摘录如下：

> 故正议大夫行嶲州别驾米君墓志并序
>
> 君讳钦道，敦煌人也。曾祖斌，随骠骑将军。祖琳，皇忠武将军。父刚，游击将军、左卫中郎将。咸恪居官次，竭情无私。簪绂相承，载籍详之矣。……以开［元］廿年秋七月卒于官。……以开元廿五年岁次乙丑十一月十四日甲申，合葬于洛城南原，礼也。

墓志中明确记载米钦道为“敦煌人”，并且从时间上推断，很显然在北朝时期，其曾祖之前就已到达并著籍敦煌。米钦道家族应该属于较早著籍敦煌的粟特米国人。那么，墓志中所说的“敦煌人”是不是有可能是伪托呢，经过我们研究后发现，并非如此。

米姓胡人入华以后，在追溯族源或郡望时，有些仍自称是米国人，如《米萨宝墓志》称“米国人也”。③ 西安出土《米继芬墓志》称“其先西域米国人”。④ 定州出土《罗公夫人米氏墓志》称“西域米国”。⑤ 有些著籍华地的郡望，如阿斯塔纳 221 号墓出土《唐贞观廿二年（648）庭州人米巡职辞为请给公验事》记载“庭州人米巡职”，

---

① （宋）邵思撰：《姓解》卷 2，北宋景祐年间刊本；（宋）邓名世撰：《古今姓氏书辨证》，王力平点校，南昌：江西人民出版社，2006 年，第 368 页；《资治通鉴》卷 248“武宗会昌六年春二月”条，北京：中华书局，1956 年，第 8021 页；（宋）郑樵撰：《通志二十略》卷 25，王树民点校，北京：中华书局，1992 年，第 74 页；（唐）林宝撰，岑仲勉校记：《元和姓纂（附四校记）》，郁贤皓、陶敏整理，孙望审订，北京：中华书局，1994 年，第 963 页。

② 相关研究参郑炳林、马振颖：《新见〈唐米钦道墓志〉考释——敦煌相关金石整理研究之一》，《敦煌学辑刊》2018 年第 2 期。

③ 向达：《唐代长安与西域文明》，石家庄：河北教育出版社，2001 年，第 30 页。

④ 图版参王仁波主编：《隋唐五代墓志汇编（陕西卷）》第 2 册，天津：天津古籍出版社，1991 年，第 25 页。录文参周绍良、赵超主编：《唐代墓志汇编续集》，上海：上海古籍出版社，2001 年，第 796 页；吴钢主编：《全唐文补遗》第 3 辑，西安：三秦出版社，1996 年，第 143 页。

⑤ 张海书法艺术馆编：《张海书法艺术馆馆藏石刻选》，2015 年。

其当是著籍庭州的粟特胡商。[①] 反映唐中后期姓望地理分布的敦煌文献 S. 2052《新集天下姓望氏族谱一卷》中载有米姓，出雍州京兆郡。[②] 西安出土《何德墓志》，撰文者为京兆米士炎[③]，其郡望刚好可与敦煌文献相印证。大名出土《米文辩墓志》称“米氏源流，裔分三水，因官食菜，胤起河东”，说明其也已著籍河东。[④] 扬州出土《米九娘墓志》称“其先盖□□□郡人也”，虽然不知她到底郡望何处，但显然已著籍内地。到宋以后，米姓著籍河南者更多见。如《姚奭妻米氏墓志》即称河南米氏。[⑤] 当然，敦煌作为扼守西域进入中原的门户，是东西方贸易的中心之一，自然成为许多粟特人东来聚居的地点。斯坦因发现的粟特文古信札是反映敦煌有粟特聚落的最佳材料，池田温先生根据敦煌文献 S. 613《西魏大统十三年（547）瓜州计帐》，也推断敦煌有粟特人。[⑥] 此外，荣新江先生列举了两件墓志材料，鄄城出土《康哲墓志》“君讳哲，字慧哲，其敦煌郡人也”、西安出土《曹惠琳墓志》“公讳惠琳，本望敦煌康氏也”，说明“正是因为敦煌很早就是粟特人的聚居地，所以唐朝一些落籍内地的粟特人把敦煌作为他们的郡望”[⑦]。如此看来，米钦道自称是敦煌人也是说得通的。

吐鲁番文献中也保存了部分米姓人物，共计十余人，有米憙、米文行、米禮匆、米长史、米巡职、米俊、米禄山、米昇干[⑧]、米薄鼻、高沙弥妻米氏、何七娘母米氏等，身份为长史、使者、卫士、商人、火内人等，[⑨] 他们生活的年代为唐初到天宝年

---

① 《吐鲁番出土文书》第 7 册，北京：文物出版社，1986 年，第 8—9 页。相关研究参姜伯勤：《敦煌吐鲁番文书与丝绸之路》，北京：文物出版社，1994 年，第 187—188 页；荣新江：《中古中国与外来文明》（修订版），第 45—46 页。

② 图版见中国社会科学院历史研究所等编：《英藏敦煌文献（汉文佛经以外部分）》（以下简称《英藏》）第 3 卷，成都：四川人民出版社，1990 年，第 210 页。录文参郑炳林：《敦煌地理文书汇辑校注》，兰州：甘肃教育出版社，1989 年，第 323 页。

③ 图版参王仁波主编：《隋唐五代墓志汇编（陕西卷）》第 2 册，第 141 页。

④ 图版、录文及研究参孙继民、李伦、马小青：《新出唐米文辩墓志铭试释》，《文物》2004 年第 2 期，第 88—93 页。录文参吴钢主编：《全唐文补遗》第 9 辑，西安：三秦出版社，2007 年，第 408 页。

⑤ 图版见河南省文物研究所等编：《千唐志斋藏志》，北京：文物出版社，1984 年，第 1273 页。录文参洛阳市文物管理局编：《洛阳出土少数民族墓志汇编》，郑州：河南美术出版社，2011 年，第 210—212 页。

⑥ 池田温：《8 世紀中葉における敦煌のソグド人聚落》，《ユーラシア文化研究》第 1 号，1965 年，第 19—92 页；汉译参《池田温唐研究论文选集》，北京：中国社会科学出版社，1999 年，第 3—67 页。

⑦ 荣新江：《中古中国与外来文明》（修订版），第 53 页。

⑧ 黄楼认为，米昇干极可能就是唐朝中央派往西州的送旌节使。参黄楼：《吐鲁番出土文书所见唐代宦官诸使》，《魏晋南北朝隋唐史资料》第 23 辑，上海：上海古籍出版社，2015 年，第 216 页。

⑨ 李方、王素编：《吐鲁番出土文书人名地名索引》，北京：文物出版社，1996 年，第 416—417 页。

间。按荣新江先生研究的北朝隋唐粟特人迁徙路线来看①，他们是先到达聚居在西州，然后再向东并聚居敦煌。

敦煌文献中出现的关于米氏的较早记载，当属大家所熟知的 P. 3559、3664V《天宝十载（750）敦煌县差科簿》，簿中记载了在粟特部落基础上建立的从化乡的人名，其中有米姓 10 人，分别是逃走米任职、米褐𢈔；没落米思诺；废疾米炎帝；单身土镇兵米拂躭延、米炎帝越；单身卫士米忠信；见在米胡子、米离失、米庭光，同卷还有米元礼、米贞会。很明显，这些人在此时或之前早已著籍敦煌。此外，S. 2703/2《唐天宝年代敦煌县效谷等乡名簿》有米铁山。P. 3034v《买姜布账》（武则天之后，吐蕃占领之前）有米贞。唐前期到吐蕃占领敦煌以前，米氏在敦煌以平民居多，偶有担任卫士及土镇兵者，人数相对较少。

二、粟特米氏在敦煌的发展与联姻

从天宝以后，米氏的生活区域已不仅仅限于从化乡，在其他的乡，也见到有米氏。到吐蕃占领敦煌时期，米氏人物不仅在数量上有所增加，而且出现了在僧尼部落②中担任职务者，如 S. 2729《吐蕃辰年（788）三月沙州僧尼部落米净辩牒（算使勘牌子历）》记载“辰年三月五日，算使论悉诺罗按谟勘牌子历。龙兴寺……米净辩……都计见上牌子僧尼三百一十人。内一百卌九僧，一百七十一尼。牒件状如前，谨牒。辰年三月日僧尼部落米净辩牒”③。可见，文书中所记载的米净辩，当在此部落中担任一定职务，故而向算使报告该部落所属的十三寺僧尼的情况。有参与修城的役丁，如 S. 2228《亥年六月十一日修城役丁夫名簿》有丝绵部落的米屯屯等夫丁于西面修城，还有城东某部落的米和和、米奴子等参与修城。有些人参与佛教活动，如 P3047v《僧尼布施账》有米无量、米老、米进荣，米无量这个名字也似乎与佛教有关。S. 7060《辰年都司诸色破历等》有米老。

张氏归义军时期，米氏人数增多，并且有在军队及归义军幕府任职者。敦煌有座

---

① 参荣新江：《中古中国与外来文明》（修订版）图 3《粟特移民迁徙路线图》，第 36 页。

② 吐蕃时期，共在敦煌设立了多个部落，有龙勒、效谷等乡部落和僧尼、道门表亲、丝绵、行人、阿骨萨、悉董萨、上、下、通颊等部落。有学者研究认为，丝绵部落在龙勒、神沙二乡，僧尼部落在莫高、敦煌乡一代。参陆离：《关于吐蕃统治敦煌时期部落使的几个问题》，《唐史论丛》第 19 辑，西安：三秦出版社，2014 年，第 43—59 页；杨际平等：《五—十世纪敦煌的家庭与家族关系》，长沙：岳麓书社，1997 年，第 143 页。

③ 图版参《英藏》第 4 卷，1991 年，第 217—220 页。录文参唐耕耦、陆宏基：《敦煌社会经济文献真迹释录》（以下简称《真迹》）第 4 辑，全国图书馆文献微缩复制中心，1990 年，第 194—204 页。

著名尼寺圣光寺，为吐蕃时期宰相尚乞律心儿所建，在沙州城内。[①] 据 P. 2765（Pel. tib. 1070）V（2）《大蕃敕尚书令赐大瑟瑟告身尚起律心儿圣光寺功德颂》[②] 载：

> 厥今敕尚书令公兼统六军甲兵霸国都元帅赐大瑟瑟告身尚起（纥）律心儿，和四门入贡，佳五服输琛，揆方土安人，宇圣门设教，黄金布地，白璧邀工，进直道以事君，倾真□而向佛，爰乃卜宅敦煌古郡州城内建圣光寺一所。议其□也：圣主统三光之明，无幽不照；令公承九天之宠，肱股奉隔；近沾圣德之弘，远沐恩晖之重；率宾咸服，观国之光，烛赈流沙，称圣光寺也。

以上就是建寺的缘由及经过，据马德先生研究，圣光寺的建立时间当在 823—826 年七月之间。[③] 唐五代宋初，敦煌共有尼寺五所，即灵修寺、普光寺、大乘寺、圣光寺、安国寺。在记载圣光寺尼名籍的文献中多次出现米姓，如 S. 2669《沙州大乘圣光等寺尼籍》有“胜德，沙州敦煌县慈惠乡，姓米，俗名媚子，年五十五”。[④] P. 2944《大乘圣光等寺尼名录》有圣光寺善念（大米法律）、妙志（印儿米法律），[⑤] 可见此二人也与米氏有关，当为米氏之母、妻或家族成员。到了曹氏归义军时期，有归义军节度使的家族成员在此寺出家。

在归义军幕府的文职官员中有米氏，如 P. 4640v《归义军己未至辛酉年（899—901）布纸用破历》有衙官米进晟、衙官米和儿。[⑥] 米氏有在军队作普通兵士者，如 P. 3249v《将龙光颜等队下名单》有米粪堆、米宁宁、米进达、米毛郎。[⑦] 米和儿又见于 P. 3070vb《乾宁三年（896）二月九日社人李再兴身亡转帖抄》。[⑧] 这一时期的行人转帖如 P. 3070《［乾宁三年?（896）］行人转帖》、BD5673v《行人转帖》中均提到米姓。P. 2766v《人名录》咸通十二年（871）有米文信、米黑塠。更多的还是普通百姓，如 P3418v《唐沙州诸乡欠枝夫人户名目》有米达达、米山山（此人又见于 S. 2214《官

---

① 参李正宇：《敦煌地区古代祠庙寺观简志》，《敦煌学辑刊》1988 年第 1 期，第 2 页。

② 图版参上海古籍出版社等编：《法藏敦煌西域文献》（以下简称《法藏》）第 18 册，上海：上海古籍出版社，2001 年，第 132 页。研究参邵文实：《尚乞心儿事迹考》，《敦煌学辑刊》1993 年第 2 期。

③ 参马德：《吐蕃国相尚纥心儿事迹补述——以敦煌本羽 77 号为中心》，《敦煌研究》2011 年第 4 期。

④ 图版参《英藏》第 4 卷，第 176—179 页。录文参《真迹》第 4 辑，第 227 页。

⑤ 图版参《法藏》第 20 册，2002 年，第 187 页。录文参《真迹》第 4 辑，第 251 页。

⑥ 图版参《法藏》第 32 册，2005 年，第 261、265 页。录文参《真迹》第 3 辑，1990 年，第 258、266 页。

⑦ 图版参《法藏》第 22 册，2002 年，第 304 页。录文参《真迹》第 4 辑，第 521 页。

⑧ 图版参《法藏》第 21 册，2001 年，第 223 页。录文参《真迹》第 1 辑，1986 年，第 313 页。

府杂帐》)、米纳儿、米讷悉鸡。P. 4019P2《纳草束历》有米近。罗振玉旧藏《沙州白刺头枝头名簿》有米员德、米弘定。

米氏发展的黄金时期是在曹氏归义军时期，该时期在敦煌地方大族发展的同时，庶族米氏也发展壮大，突出表现为米氏在归义军幕府及地方政权中担任官职者增多。不仅有参与佛教活动者，社邑活动中也常见米氏人物。

曹氏归义军时期，米氏有在地方州县担任长史者，即沙州长史米定兴，敦煌文献中保存了三件与此人相关的文献。分别是：S. 5945《丁亥年（987）长史米定兴于显德寺仓借回造麦评》载：

> 丁亥年四月三日，长史米定兴于显德寺仓借回造麦一百硕（印）口承二判官（签字）六月十四日又显德寺仓借回造麦十九硕，付硙户樊善友（签字）。[①]

S. 4125《宋雍熙二年（985）正月一日沙州邓永兴户受田簿》载：

> 户邓永兴，妻阿，弟章三，弟会进，弟僧会清。都受田。请千渠小第一渠上界地一段九畦共二十亩，东至杨阇梨，西至白黑儿及米定兴并杨阇梨，南至米定兴及自田，北至白黑儿及米定兴。雍熙二年乙酉岁正月一日百姓邓永兴户。[②]

此外，S. 1153《诸杂人名一本》中有米帐使，冯培红认为该文献中提到的“米帐使”，盖即米定兴。[③] 由上述几件文献，我们可以得知，米长史的权利是比较大的，他的田地是在小第一渠上界，且田亩较大。

有担任判官者，敦煌文献中共出现三处“米判官”，从时代上判断都为曹氏归义军时期，但三者是否为同一人，目前不知。且判官一职，政僧两界都有，但政界判官权利更大。因难以判断究竟是僧职还是世俗官员，现仅将有关米判官的几件文献罗列如下。P. 3396《沙州诸渠诸人粟田籍》中有“米判官粟田南半亩”。Дx2166《某社三官破斛斗历》载“又粟二斗，看薛头、米判官用”。10 世纪后期 P. 3145v《习字（节度使下官人名·乡名诸姓等杂记）》有“米判官”。

在归义军幕府武职军将中，也常见米氏人物，不少人担任押衙、兵马使、都头等

---

① 图版参《英藏》第 9 卷，1994 年，第 219 页。录文参《真迹》第 2 辑，1990 年，第 237 页。

② 图版参《英藏》第 5 卷，1992 年，第 255 页。录文参《真迹》第 2 辑，第 479 页。

③ 冯培红：《敦煌归义军职官制度——唐五代藩镇官职个案研究》，博士学位论文，兰州大学，2004 年。

职。莫高窟第98窟有米和清的供养人题记，其结衔为“节度押衙、知右五将将头、银青光禄大夫、检校太子宾客、兼监察御史”①。押衙前加“节度”二字，表示与节度使的亲信关系，使职尤重，一般处于归义军政权各重要职能部门中。P. 4975《辛未年三月沈家纳赠历》有米押衙（牙）。S. 9998《残状》（10世纪）有押衙米麴□。S. 5632《亲情社转帖》年代为丁卯年（967）二月八日，有兵马使米王三。《古典籍、古典洋书特辑目录》中有米兵马。② S. 6981《辛酉至癸亥三年间灵修寺诸色斛斗入破历计会》载“麦一石，米都头患施入”。S. 2325v《某寺诸色人破历计会》载“细丝一匹长二丈六尺，米都头施入”。羽836—837《百姓史喜苏买騍马契》有米都头。

米氏有在归义军幕府担任平水、都园官、库官者。BD09293《团头康石住米平水交付诸物评》（辛）酉年（961）十月七日，有米平水。莫高窟第98窟供养人题记中有：知南界平水王寿延，知南界平水郭汉君、知北界平水目员子。平水的级别较高，属于县级水利方面的吏职。敦煌绢画 Ch. Ivii. 004《太平兴国八年（983）观世音菩萨绢画》中有知敦煌都园官兼大行园家录事米员（延）德。此人又见于 S. 4649 + S. 4657《庚午年（970）二月十日沿寺破历》：“廿三日，粟一斗，付米延德浇园用。”都园官为管理园林的官员，属于园艺行业组织的管事者。BD14806（3）《归义军官府贷油面历［壬申年（972）十一月九日］》中有米库官。BD8992v《粟入破历［庚午年（970?）六月廿五日］》提到米库官店。库官即内库官的简称，其主要负责贮藏动物皮、大棉被子、胡床等物品。据郑炳林先生研究，P. 2049背《同光三年（925）正月沙州净土寺直岁保护手下诸色入破历算会牒》记载有罗家店、石婆店、曹留住店等酒店，这些都是胡姓居民开的酒店。③ 由此可知“米库官店”，乃是米库官所经营的酒店。此外，S. 6045《丙午年（946）正月三日张憨奴等便麦粟历》还记载“西宅米大便麦一硕，秋一硕五斗”。据有关学者研究，“西宅”一词在敦煌文献中经常出现，当指西衙，一说为归义军节度使的使衙所在地，到曹氏归义军时期仍然存在。因此米大应为在归义军节度使府中任职的官员，具体职务不详。

米氏有从事为官府管理畜群工作的牧羊人。P. 2484《戊辰年（968）十月十八日就东园算会小印子群牧驼马羊见行籍》载“牧羊人米义升，白羊大小共计二百二十口，羖羊一百一口”。P. 2155v《驼马牛羊历》载“米保富群白羊皮二十二张，羖羊皮一十六张”。S. 8848vb《紫亭羊数名目（940?)》载“米命略五口”。据姜伯勤先生研究，

---

① 敦煌研究院编：《敦煌莫高窟供养人题记》，北京：文物出版社，1986年，第36页。

② 此据［日］土肥义和：《八世纪末期～十一世纪初期敦煌氏族人名集成（氏族人名篇·人名篇）》，东京：汲古书院，2015年，第631页。

③ 郑炳林：《唐五代敦煌医学酿酒建筑业中的粟特人》，《西北第二民族学院学报》1999年第4期。

牧子是官府的隶属性人口。归义军政权设有官牧。其中，知马官、知驼官的直属畜群，当由牧子照料，而“牧牛人”“牧羊人”分管畜群，则以课纳形式进行经营。[①] 从所管的羊数来看，米义升属于牧羊人中的佼佼者。

此外，敦煌文献中还出现大量曹氏归义军时期的米氏普通百姓的人名，在此不一一赘述，其中，有大部分的人名出现在社司转帖及寺院的入破历中；有些人名出现在敦煌的绢画题记中，并可与敦煌文献相对应；在传抄的与佛教相关的文学作品中，也出现了学郎米定子等人名。

米氏在归义军时期家族地位的上升不是偶然的，除了米氏成员个人的努力之外，与敦煌世家大族的联姻，对于米氏的发展及地位的提升也不无帮助。关于米氏家族的联姻情况，文献资料记载较少，在一些和社邑有关的敦煌文献中，我们可以找到有关米氏家族联姻情况的蛛丝马迹。特别是被斯坦因从藏经洞掠走，现藏大英博物馆的一件宋代绢画为我们提供了米氏联姻状况的重要线索，在此简要分析。

《西域美术大英博物馆藏斯坦因敦煌绘画》Ⅱ收录了一件绘制于北宋太平兴国八年（983）的绢画《观世音菩萨像》（图 1），编号为 Stein painting 54（Ch. lvii. 004），高 102. 0cm，宽 75. 5cm，[②] 今据彩色图版将绢画中的题记进行录文：

图 1　太平兴国八年（983）观世音菩萨像

① 姜伯勤：《敦煌社会文书导论》，台北：新文丰出版公司，1992 年，第 158 页。

② 大英博物馆：《西域美术大英博物馆藏斯坦因敦煌绘画》，东京：讲谈社，1982 年。

【题记】

南无观世音菩萨

善童子供养　恶童子供养时

施主米延德永充一心供养。男愿昌一心供养。男愿盈一心供养。男富长一心供养。

施主新妇曹氏永充一心供养。女清婢一心供养，出适李氏。新妇阴氏一心供养。新妇王氏一心供养。

孙丑挞一心供养。孙丑定一心供养。孙丑儿、孙长兴一心供养。

新妇康氏一心供养。孙新妇张氏一心供养。孙丑子一心供养。孙长泰一心供养。

【发愿文】

施主清信佛弟子、知敦煌都园官兼大行园家录事米员（延）德，发心敬画大慈大悲梂（救）苦观世音菩萨一躯。国安仁泰，社稷恒昌，人民安药（乐），莫逢灾祸。子孙昌晟，万年千岁，富贵吉昌，香烟净灯，永充供养。于时太平兴国八年七月十七日题记。

上述绢画题记，反映了诸多米氏联姻情况的相关信息。我们可以看到的是，发愿人米延德的元配夫人为曹氏，而此时的归义军节度使为曹延禄，米延德的妻子很可能是归义军政权的家族成员，为曹延禄之姑或姊的可能性较大。能够与曹氏归义军家族联姻，这在当时的历史背景下是非常不容易的，但是却对家族的发展起到十分重要的作用。虽然目前在敦煌写卷中尚未发现曹氏归义军政权存在和米氏联姻的情况，但这幅绢画题记为我们提供了非常重要的证据。

与敦煌康氏的联姻，米延德的第二夫人为康氏。康氏与米氏同为粟特地区进入中国的胡族，他们定居中国以后，有的仍保持着内部通婚的传统，相关实例比较多。如《米继芬墓志》载“其先西域米国人……夫人米氏”。《安师墓志》载“夫人康氏”。《何文哲墓志》载“夫人康氏”等。[①] 康氏著籍敦煌的时间也比较早，邺城出土《康哲墓志》“君讳哲，字慧哲，其敦煌郡人也”、西安出土《曹惠琳墓志》“公讳惠琳，本望敦煌康氏也”。姜伯勤认为，八九至十世纪，康氏在沙州官衙及僧界，均可列入所谓“豪宗”。[②] 到曹氏归义军时期，康氏有担任兵马使等高官者，如P3501V中就有兵马使

---

① 参蔡鸿生：《唐代九姓胡与突厥文化》，北京：中华书局，1998年，第22—24页。

② 姜伯勤：《敦煌邈真赞与敦煌名族》，《敦煌邈真赞校录并研究》，台北：新文丰出版公司，1994年，第47页。

康员进。

与敦煌张氏的联姻，米延德之孙米丑挞的妻子为张氏。从唐代开始，敦煌张氏的势力就非常大，特别是 848 年张议潮收复敦煌，建立归义军政权以后，张氏家族发展迅速。现存的敦煌文献及莫高窟造像题记中多有张氏的记载。莫高窟有不少洞窟为张氏所开凿，如第 156、94、9 等窟，皆为张家窟。P. 2625《敦煌名族志》更是将张氏列在首位。到曹氏归义军时期，张氏的实力仍然非常雄厚。莫高窟第 98 窟中就有节度押衙张庆达、节度押衙张贤庆、节度押衙张行宗等多名张氏的记载。

与敦煌阴氏的联姻，米延德之子米愿昌的夫人为阴氏。敦煌阴氏源自汉代从中原内地迁徙而来的移民。在北朝时，阴氏已成为敦煌大族，积极参与莫高窟的营建。前凉时期，涌现出不少著名的人物如阴淡、阴充等。到了唐代有阴嗣监、阴守忠等借武则天登基而献祥瑞，家族势力迅速发展，在莫高窟开凿有家族窟，如第 285、96、321、217、231、138 等窟。在敦煌文献 P. 3720《河西都僧统阴海晏墓志铭》记载高僧阴海晏在曹氏归义军时期，出任河西都僧统。其侄阴善雄，成为归义军内亲从都头、守常乐县令；其孙阴子升，为曹议金第十二婿。[①] 莫高窟第 98 窟中就有节度押衙阴又明、节度押衙阴提□等多名阴氏的记载。

与敦煌李氏的联姻，米延德之女米清婢嫁给李氏。敦煌李氏源出陇西，敦煌李氏自西凉开始崛起，到了唐代再次崭露头角。莫高窟现存有李氏三碑《大周李克让修慈悲佛龛碑并序》（圣历碑）《大唐陇西李大宾修功德碑记》（大历碑）《大唐宗子陇西李氏再修功德记》（乾宁碑）。在张氏归义军时期，李弘愿曾出任归义军节度副使，位高权重。敦煌文献及莫高窟石窟中也多有关于李氏的记载。P. 3718《李绍宗（润呈）邈真赞并序》记载李绍宗的官职为节度押衙、知敦煌乡务。他在曹议金时期，曾参加过对甘州回鹘的战争。P. 3490《供养题记》载节度押衙、左马步都虞候李神好。李氏开凿有第 148、331、332 等家窟。

与敦煌王氏的联姻，米延德之子米愿盈的夫人为王氏。敦煌王氏，郡望称太原。敦煌文献中保存有多篇王氏邈真赞，如 P. 4660《王景翼邈真赞并序》、P. 4660《敦煌三藏法师王禅池图真赞》等。莫高窟第 427 窟为王氏家窟。敦煌文献中记载有都押衙王文通（P. 3757，开运二年）、王都衙（P. 2032，己亥年），押衙王义全、王保安（P. 4640），寿昌镇副使王永兴（北图 8025）等。僧官中有王僧统（P. 2638、S. 1519）、王僧政（S. 5406、P. 3037、S. 5941、S. 6981）等。[②] 莫高窟第 130 窟中有“都督夫人太原王氏一心供养”。第 281 窟有“大都督王文通供养”。第 98 窟中有节度押衙王升德、

---

① 参张景峰：《敦煌阴氏与莫高窟研究》，兰州：甘肃教育出版社，2017 年，第 507—508 页。

② 参郑炳林：《敦煌碑铭赞辑释》，兰州：甘肃教育出版社，1992 年，第 158—159 页。

节度押衙王善进、知南界平水王富延等人的题记。

此外，米氏还与赵氏有姻亲关系。P. 3964《乙未年（935）赵僧子典男苟子契》中记载“知见亲情米愿昌、知见亲情米愿盈”，可见米氏与赵氏的关系。此二人的姓名也出现在这幅绢画题记中。

曹氏归义军时期，米氏注重与大族的联姻，不仅与归义军政权曹氏家族存在联姻情况，而且与张氏、李氏、阴氏等也为姻亲。通过与大族的联姻，很大程度上提升了米氏的社会地位，无论在仕途上还是日常社会生活中，都可以得到不少便利。在曹氏归义军晚期，敦煌大族势力出现衰落，开始平民化之际，敦煌米氏的地位却在悄然发生着变化。

三、晚唐敦煌粟特人米氏家族的其他问题

关于敦煌米氏，还有几个问题需要注意。敦煌文献中现存关于米氏的资料，很大一部分是在社邑文献中所记载的，年代以归义军时期居多，一定程度上反映了米氏在谋求自身发展时所采取的一些举措。米氏男性成员不仅有加入官人社者，更多的是加入兄弟社、亲情社，女性成员也有加入女人社者。加入这些民间社邑，首先需要遵守社条的规定，当然还可以享受到一些义务，以达到相互支援的目的。

1. 参加社邑组织

敦煌文献中有件文书 P. 4975《辛未年三月八日沈家纳赠历》[①]，文书中记载了敦煌沈姓人家在办丧事时，客人的赠物清单：

> 阎社长：绯棉绫内接二丈三尺，又绯棉绫内接二丈五尺；紫棉绫内接一丈三尺，又紫棉绫二丈；绿绢内接一丈四尺。
>
> 窦社官：白棉绫故破内接一丈一尺，绿绫子内接一丈八尺，绯棉绫内接一丈五尺，又绯棉绫八尺，黄绢紫棉绫内接一丈，故破白棉绸一丈六尺，白练六尺，白棉绫一丈九尺。
>
> 邓都衙：紫棉绫一丈八尺，白棉绫二丈四尺，绯棉绫二丈，生绢一匹。
>
> 张录事：碧绸内接二丈一尺，绯棉绫内接八尺，黄画被七尺，紫棉绫内接二丈三尺，绯棉绫白棉绫内接（九尺），绯棉绫八尺。
>
> ……

---

① 图版参《法藏》第 33 册，2005 年，第 326 页。录文参孟宪实：《敦煌民间结社研究》，北京：北京大学出版社，2009 年，第 271—273 页。

米押衙：白棉绫二丈四尺，紫棉绫内接二丈三尺，白棉绫一丈三尺，楼绫一匹。

据孟宪实研究，这件纳赠历中，纳赠的人有邓都衙、张录事、邓县令、索押衙、阴押衙、米押衙等，多数人都使用官名登记，官员是这个结社的主体，可以认定这是个官人结社。[①] 官人结社在敦煌是一种比较特殊的情况，不过从现存的敦煌文献来看，确实明确提到过“官品社”，可见确实存在。

米氏有加入亲情社者，S. 5632《丁卯年（967）二月八日亲情社转帖》中有兵马使米王三，这件文书总共记载了32人，其中氾氏13人，占绝大多数，还有阴、令狐、索、张等姓，可见这是一个以氾氏为主并联合其他姻亲成立的一个社邑组织。米氏有加入兄弟社者，P. 4716《兄弟社人名录》载有米郎，另有王郎、索郎、梁郎、宋都头等，该社的姓氏较多。

不论是兄弟社还是亲情社，社员本身存在亲戚关系，或姻亲或宗亲，这两种社的出现，实际上是亲戚之间互助性下降的产物。加入社邑以后，原本亲戚之间自愿的援助，就变成一种义务，社员必须切实遵守，这对于解决贫富亲戚之间的问题提供了一种良好的方式。

2. 宗教信仰的变化

米氏最初进入中国的时候，信仰的是其本土的宗教祆教，以敦煌为例，敦煌城东一里便是祆舍所在地，P. 2005《沙州图经》记载“祆神，右在州东一里，立舍，画祆主，总有廿龛。其院周回一百步”[②]，是粟特民众精神信仰的中心，粟特部落也大多围绕祆祠聚居。

但到了唐代中后期，有些粟特人的信仰开始发生变化，如2006年，洛阳东郊出土了一件唐代元和九年（814）景教经幢《大秦景教宣元至本经幢记》，这个经幢中记载了大秦寺寺主法和玄应，俗姓米；威仪大德玄庆，俗姓米，从他们的俗姓来看，这些景教教士都是粟特人。[③] 进入中原的米氏，有些已经改信景教等其他宗教。

米氏也有信仰佛教者，S. 2729《吐蕃辰年（788）三月沙州僧尼部落米净辩牒（算使勘牌子历）》中的米净辩，此人当与佛教有关。P3047v《僧尼布施账》有米无量，恐怕也是佛教徒。最明显的例子就是P. 2944《大乘圣光等寺尼名录》有圣光寺善念（大米法律）、妙志（印儿米法律），仅这件文献便提到了四位信仰佛教的米氏人物。到了

① 孟宪实：《敦煌民间结社研究》，第273页。

② 图版参《法藏》第1册，1995年，第54页。

③ 毛汉光等：《唐宋时期黄河流域的外来文明》，北京：科学出版社，2010年，第50页。

曹氏归义军时期，米氏信仰佛教者更多，此不赘述。究其原因，除了和佛教的世俗化有关以外，粟特米氏的汉化程度加深，也与其宗教信仰的改变不无关系。

多年来，由于材料不足等原因，与张、李、曹等敦煌大族相比，对于敦煌庶族的研究进展缓慢，特别是对于敦煌米氏的研究，更是明显滞后于其他家族，敦煌米氏的历史地位及其影响一直未得到客观评价。经过对米氏资料的整理，我们发现，从唐代以来到吐蕃占领敦煌时期再到归义军时期，米氏的发展一直是呈上升的趋势，不仅参与敦煌的政治、宗教等活动，在日常社会生活中也可寻见米氏的踪影，他们不仅见证了敦煌大族的成长，而且也通过自己的方式来谋求家族的发展，通过与大族联姻、加入社邑组织等多种方式，积极参与到敦煌的发展中来，成为敦煌历史中比较重要的一分子。我们通过全面系统地梳理敦煌文献中的米氏资料，并结合传世典籍、出土碑刻的记载，力图展现8—10世纪敦煌粟特人米氏的发展轨迹，当然，由于材料的缺乏等多种原因，无法做到面面俱到，仅以此为契机，以期推动敦煌家族史的深入研究。

唐后期的淮南道与宣歙道

张金铣（安徽大学历史系）

唐朝长达八年的安史之乱，导致黄河流域经济受到重创，全国经济重心逐渐南移，朝廷对南方经济依赖日益严重。韩愈在《送陆歙州诗序》说："当今赋出于天下，江南居十九。"[①] 淮南、宣歙地区成为朝廷财赋的主要来源地，以致当时人称"国家用度，尽仰江淮"，[②]其区域地位也显著提高。

一、淮南道与宣歙道的形成

淮南是贞观十道之一。唐太宗贞观元年（627），以"山川形便"，分天下为十道：关内道、河南道、河北道、山南道、陇右道、淮南道、江南道、剑南道、岭南道。[③]十道如同汉代刺史部，朝廷不定期派遣黜陟使、按察使或观风俗使前往巡察。开元二十一年（733），唐玄宗把贞观十道细分为十五道，从关内道分出京畿道，河南道分出都畿道，又分山南道为山南东道和山南西道，分江南道为江南东道、江南西道和黔中道，这样共有十五道。各道设置采访使，至此各道始有固定的治所和常设的机构。乾元元年（758），唐肃宗改各道采访使为观察处置使，由节度使兼任，便宜处理州县事务。安史之乱结束后，由于朝廷力量削弱，节度使遂兼管军民之权，镇控一方，称作藩镇、方镇，以致"方镇相望于内地，大者连州十余，小者犹兼三四"。[④] 节度使镇戍区取代各道，凌驾诸州之上。《新唐书·方镇表》列举了四十二方镇，《元和郡县志》列举四十七镇，唐后期方镇五十多个。清吴廷燮《唐方镇年表·序》称："唐自天宝，方镇始盛，权任之重，沿自江左；节度之目，改由总管。观察、处置，本为采访；至德而后，关河诸道，多以节度使兼领观察；江湖僻远，则以观察而带团练；邕容诸管，又名经

① （清）董诰等编：《全唐文》卷555韩愈《送陆歙州诗序》，北京：中华书局，1983年，第5612页。

② 《资治通鉴》卷250"咸通元年"条，北京：中华书局，1956年，第8079页。

③ 《新唐书》卷37《地理志一》，北京：中华书局，1975年，第959页。

④ 《新唐书》卷50《兵志》，第1329页。

略。质而言之，皆方镇也。……节度治军，观察治民，各有印绶，各有幕僚。兼计度者，则重财政；处置之名，盖重司法。……专观察者，虽亦治军，权视节度，减削多矣。”①

淮南道最初范围为扬、楚、滁、和、寿、庐、舒、光、蕲、安、黄、申、沔、濠十四州之地。唐肃宗至德元年（756），设置淮南节度使，“领扬、楚、滁、和、寿、庐、舒、光、蕲、安、黄、申、沔十三州，治扬州”，② 节度使以军事职能为主，例兼扬州刺史。各道采访使改为观察处置使以后，淮南节度使兼领本道观察处置使，成为境内最高军政长官。随着形势变化和朝廷政策的调整，淮南节度使辖区也在不断变化。蕲州、安州、黄州、沔州等位于长江中游以北，很快划归鄂岳观察使管辖，申、光二州虽在淮河以南，中唐以后长期归淮西节度使节制，因而唐后期淮南节度使实际管辖仅有扬、楚、庐、寿、滁、和、舒七州，另外濠州位于淮河以南，但唐朝为控制运河沿线，自淮南节度使设置之时，濠州就不在其镇戍范围。后来一度划入淮南镇戍范围，但多数时间归徐泗节度使管辖。如加入濠州，淮南镇共有八州之地。③ 除了扬州和楚州在今江苏外，其余六州位于江淮之间，都在今安徽境内。

宣歙道，即今皖南地区，唐代设有宣州、歙州、池州。唐初隶属江南道，后来开元设置十五道，宣歙隶属江南东道。乾元元年，始设宣歙饶观察使，宣州成为区域行政中心，后来屡经改易，最后设置宣歙观察使，统领宣、歙、池等三州，成为相对稳定的经济和行政实体。至唐末，昭宗龙纪元年（889）六月，庐州刺史杨行密率军南下，消灭宣歙观察使赵锽，取得宣、池、歙三州，唐昭宗以杨行密为宣州刺史、宣歙观察使。次年三月，“唐赐宣歙军号宁国，以行密为节度使”。④景福元年（892）六月，杨行密消灭淮南节度使孙儒，夺回扬州。唐昭宗以杨行密为淮南节度使，杨行密部将田頵为宣歙观察使。

二、淮南经济的进步

唐朝前期政治稳定，社会经济发展较快。安史之乱期间，淮南境内曾有刘展之乱，但战乱时间不到一年，对江淮地区破坏不大，农业经济稳步发展。根据新旧《唐书》和《唐六典》记载，寿州贞观十三年（639）二千九百九十六户，天宝元年（742）三

---

① 吴廷燮：《唐方镇年表》，北京：中华书局，1980 年，第 1 页。

② 《新唐书》卷 68《方镇表五》，第 1092 页。

③ 《旧唐书》卷 19 下《僖宗纪》，北京：中华书局，1975 年，第 720 页。

④ （清）吴任臣：《十国春秋》卷 1《吴太祖世家》，北京：中华书局，1983 年，第 8 页。

万五百八十二户；濠州贞观十三年二千六百六十户，天宝元年二万一千八百六十四户；庐州贞观十三年五千三百五十八户，天宝元年四万三千三百二十三户；舒州贞观十三年九千三百六十一户，天宝元年三万五千三百五十三户；滁州贞观十三年四千六百八十九户，天宝元年二万六千四百八十六户；和州贞观十三年五千七百三十户，天宝元年二万四千七百九十四户；扬州贞观十三年二万三千一百九十九户，天宝元年七万七千零六十五户；楚州贞观十三年三千三百五十七户，天宝元年二万六千零六十二户。从贞观十三年到天宝元年两次户口比较来看，百余年间，人口平均增长6.22倍，而全国同时期增长率为4.13倍。

在农田水利方面，始建于楚庄王时期的芍陂，隋朝寿州总管赵轨增开三十六座水门，溉田五千多顷。唐朝前期，芍陂“溉田万顷”,[①]肃宗时期还在寿州屯田。地方豪富也在芍陂决水，围造水田，为朝廷制止。到宣宗时期，义昌军节度使浑镐派人加固芍陂堤坝，增加蓄水量，溉田面积扩大。新建水利工程有濠州钟离县南的千人塘，安丰县东北的永乐渠，以及和州乌江县的韦游沟。乌江县紧邻长江，开元年间，县丞韦尹开渠引江水到城郭。贞元十六年（800）县令游重彦疏浚水渠，时人称这条渠为“韦游沟”，溉田五百多顷。[②] 庐州城西有藏舟浦，贞观十年（636）刺史杜公修筑斗门，并与南淝河相连，灌溉西郊农田。扬州地区，贞观年间，长史李袭誉修葺雷陂、勾城塘，溉田八百余顷。[③] 贞元年间，节度使杜亚又修凿爱敬陂，“夹堤之田，旱暵得其溉，霖潦得其归，化硗薄为膏腴者，不知几千万亩”。[④]楚州山阳县有常丰堰，大历年间重新整治，宝应县修筑白水塘、羡塘、徐州泾、青州泾，淮阴县有棠梨泾等水利工程。

水利的兴建也推动了农业发展，江淮稻米通过运河漕运到都城。唐玄宗开元年间，张九龄任河南开稻田使，在陈州、许州、亳州、寿州开垦稻田。[⑤] 江淮地区水稻已出现“再熟”稻。扬州一带水稻较为著名，“淮海唯扬”，“粳稻有望”。[⑥] 李吉甫在高邮境内筑塘，蓄水灌田数千顷，“变泻卤为稻粱之壤”。[⑦] 据陈鸿《庐州同食馆记》记载，庐州每年漕运京师的粮食就有数万石，这些粮食出入巢湖、长江，经过扬州北上，“岁为风波沈溺者半”。[⑧] 后来由巢湖东岸柘皋建粮仓三十九间，漕粮经新妇江转运至白沙，

---

① 《江南通志》卷66《凤阳府》,《四库全书》第512册，台北：台湾商务印书馆景印本。

② （明）李贤：《明一统志》卷17《和州》,《四库全书》第472册，台北：台湾商务印书馆景印本。

③ （宋）王溥：《唐会要》卷89《疏凿利人》，上海：上海古籍出版社，2006年，第1921页。

④ 《全唐文》卷519梁肃《通爱敬陂水门记》，第5274页。

⑤ 《旧唐书》卷8《玄宗纪上》，第201页。

⑥ 《册府元龟》卷162《命使》，北京：中华书局，2003年，第1800页。

⑦ 《册府元龟》卷73《命相》，第791页。

⑧ 《全唐文》卷612陈鸿《庐州同食馆记》，第6181页。

才解决了问题。杜佑担任淮南节度使时，大兴水利，发展生产，“决雷陂，斥海濒，弃地为田，积米至五十万斛”。①

在手工业上，淮南发展较快的是纺织业。《唐六典》提到淮南道纺织品主要有絁、绢、绵、布。交纳赋税时除丝绵之外，还杂有包括纻、赀、火麻等各类布。每年贡品包括庐州交梭布、熟丝布、生石斛，和州纻炼，滁州麻布、赀布，舒州白苎布，寿州葛布和生石斛。《通典》中列出的广陵贡锦就有十七种之多。庐州在唐前期，“布帛疏滥”，德宗贞元年间，罗珦担任刺史，劝课农桑，“易其机杼，教令缜密”，② 提高了纺织水水平。在瓷器方面，陆羽《茶经》中就提到“寿州瓷黄”，其瓷器造型和釉色很有特色，隋代烧制青瓷，唐代以黄瓷为主，胎体厚重，釉色以黄色为主。1960 年，曾在淮南市发现大量唐代寿州窑。扬州和楚州也是唐朝重要的食盐产地。扬州又以江都、海陵二县产盐最多，楚州以盐城、涟水产盐而著名。据《元和郡县志·逸文》卷二《淮南道》记载，扬州海陵县每年煮盐六十万石，楚州盐城县每年煮盐四十万石。据日本僧人圆仁《入唐求法巡礼行记》，圆仁行至海陵县延海乡，见到“盐官船积盐，或三四船，或四五船，双结续编，不绝数十里，相随而行，乍见难记，甚为大奇”。③《新唐书·食货志》还记载，扬州、楚州都有盐廪（即盐仓）。

淮南还是重要的产茶之地，其中寿州、庐州、舒州茶叶影响较大。唐德宗在《讨吴少诚诏》特别提出保护“寿州茶园”，可见寿州茶叶已引起朝廷重视。④ 寿州“霍山茶”和“八公山茶”远近闻名。《茶经》记载，寿州盛唐县（今安徽霍山）所产茶叶，可与湖南衡山茶齐名。《唐国史补》记载，唐使臣出使到吐蕃，吐蕃赞普拿出七种名茶招待他们，其中就有寿州茶。舒州天柱峰茶也为当时名茶。晚唐诗人秦韬玉《采茶歌》云：“天柱香芽露香发，烂研瑟瑟穿荻篾。”僧人齐己在《寄敬亭清越》亦有“鼎茶天柱茗，诗硾剡溪笺。”宰相李德裕酷爱“天柱峰茶”。《中朝故事》记载其好友出任舒州刺史，李德裕托付他说：“到彼郡日，天柱峰茶，可惠三数角。”当时口语“角”，是一种三角包，意指带回几包茶叶。结果，“其人献之数十斤，李不受，退还”。⑤ 寿州、庐州每年进献的贡品中，都列有“茶”类，唐代文献“庐寿茶园”屡屡并提。当时饮茶之风盛行，《封氏闻见记》记载：“茶自江淮而来，舟车相继，所在山积，色额甚多。”⑥

---

① 《新唐书》卷 166《杜佑传》，第 5088 页。

② 《全唐文》卷 478 杨凭《唐庐州刺史本州团练使罗珦德政碑》，第 4885 页。

③ ［日］圆仁：《入唐求法巡礼行记》卷 1，上海：上海古籍出版社，1986 年，第 7 页。

④ 《全唐文》卷 53 唐德宗《讨吴少诚诏》，第 573 页。

⑤ （南唐）尉迟偓：《中朝故事》卷上，北京：中华书局，2014 年，第 219 页。

⑥ （唐）封演：《封氏闻见记校注》卷 6《饮茶》，北京：中华书局，2005 年，第 51 页。

农业与手工业发展，带来了商业发展和城市的繁荣。作为淮南地区经济、政治中心的扬州最为突出。罗隐《广陵妖乱志》说，扬州“富商大贾，动逾百数”。这里交通便利，不少王公大臣“于扬州置邸肆贸易”，[①] 唐朝诏令提到“诸道节度观察使，以广陵当南北大冲，列置邸肆，名托军用，实私其利”。大历十四年（779），德宗下诏：“王公卿士，不得与民争利，诸道节度观察使于扬州置回易邸，并罢之。”[②] 扬州还有大量胡商蕃客，朝廷在保护胡商诏令中也提到扬州，“其岭南、福建及扬州蕃客，宜委节度观察使常加存问，除舶脚收市进奉外，任其往来通流自为交易，不得重加税率。”[③] 肃宗上元年间（760—761），扬州发生刘展之乱，“商胡大食、波斯等商旅死者数千人”，[④] 可见扬州外商之多。唐诗有不少称赞扬州繁荣景象，如张祜《纵游淮南》“十里长街市井连”，韦应物《广陵遇孟九云卿》“华馆十里连”，杜牧《赠别》“春风十里扬州路”，罗隐《江都》“九里楼台牵翡翠”等等。楚州位于淮河与运河交汇处，随着运河航运的发展，城市商业也发展起来。据日本僧人圆仁《入唐求法巡礼行记》记载，楚州城内就有专供新罗人居住的新罗坊。刘禹锡《淮阴行》记载淮阴的繁荣：“簇簇淮阴市。”唐代后期，长安、苏州、杭州、成都等城市出现夜市，淮南扬州和楚州的夜市也见于文献记载。王建《夜看扬州市》和李绅《宿扬州》描绘扬州夜市的繁荣。唐人项斯《夜泊淮阴》描绘淮阴夜市：“夜入楚家烟，烟中人未眠。望尽淮河岸，坐在酒楼前。灯影半临水，筝声多在船。”温庭筠《送淮阴令之官》也写道：“鱼盐桥上市，灯火雨中船。”特别扬州在唐后期的繁荣，获得“扬一益二”的美称。《容斋随笔》解释说：“唐世盐铁转运使在扬州，尽斡利权，判官多至数十人，商贾如织。故谚语称扬一益二，谓天下之盛，扬为一而蜀（成都）次之也。”[⑤]

三、宣歙经济快速发展

唐代宣歙道，即今皖南地区，设有宣州、歙州、池州等三州，唐初隶属江南道，后改隶江南东道。乾元元年，设置宣歙饶观察使，宣州成为区域行政中心，后来屡经改易，最后设置宣歙观察使，统领宣、歙、池等三州，成为相对稳定的经济和行政实体。据《旧唐书·地理志》记载，宣州贞观十三年有二万二千户，九万五千口，天宝

① 《唐会要》卷86《市》，第1874页。

② 《旧唐书》卷11《德宗纪》，第322页。

③ 《全唐文》卷75文宗《大和八年疾愈德音》，第785页。

④ 《旧唐书》卷110《邓景山传》，第3313页。

⑤ （宋）洪迈：《容斋随笔》卷9《唐扬州之盛》，北京：中华书局，2005年，第123页。

年间增至户十二万一千，口八十八万四千；而歙州贞观十三年有六千户，口二万六千，天宝年间增至户三万八千，口二十六万九千。宣州、歙州人口增长率都在十倍左右，高于同时期全国平均人口增长。池州，始置于武德四年（621），贞观元年（627）废。随着人口增多和经济发展，永泰元年（765）复置池州，领秋浦、青阳、至德、石埭等四县，其中青阳、至德、石埭为唐增置。《旧唐书·地理志》称，池州“领县四，户一万九千，口八万七千九百六十七”。唐代宣歙地区新增之县还有太平、旌德、婺源等县。在南方诸州中，宣州、歙州都以富饶著称。李白《赠宣城宇文太守》诗云：“君从九卿来，水国有丰年。鱼盐满市井，布帛如云烟。”韩愈《送陆歙州诗序》云：“当今赋出于天下，江南居十九。宣使之所察，歙为富州。”唐德宗时期，刘赞担任宣州刺史、都团练观察使，治理宣歙十年，“宣既富饶，即厚敛，广贡奉以结恩”。[①] 宪宗元和年间（806—820），路应担任宣州刺史、宣歙观察使，在职五年，宣州仓廪储粮五十万石，积钱八十万缗。

宣歙地区河流众多，唐代还兴建了一批水利工程，如大历二年（766），观察使陈少游修建宣城德政陂，引渠溉田二百顷；南陵大农陂，元和年间修复，溉田一千多顷。水稻是宣歙地区主要粮食作物，一般一年两熟。从新罗引进的黄粒稻也在这里种植。据元陈岩《九华诗集》记载，新罗僧金乔觉不仅传播佛法，还与僧众在九华山区开田数千亩，种植黄粒稻。黄粒稻，“其芒颖，其粒肥，其色殷，其味香软，与凡稻异”。宣歙地区还是唐代重要的茶叶产地，《茶经》记载宣州、歙州盛产名茶。宣州茶出自宣城县雅山，歙州茶产自婺源县山谷。祁门县也是茶叶重要产区。唐张途《祁门县新修阊门溪记》记载，祁门县在籍五千四百户，部分农民专门从事种茶，“山多而田少，水清而地沃，山且植茗，高下无遗土。千里之内，业于茶者七八矣。由是给衣食、供赋役，悉恃此。祁之茗，色黄而香，贾客咸议，愈于诸方。每岁二三月，赍银缗缯素求市，将货他郡者，摩肩接迹而至。”[②]唐诗中也多次提到宣歙繁盛，如李频《宣州献从叔大夫》云：“万家闾井俱安寝，千里农桑竞起耕。”[③] 杜荀鹤《献池州牧》也谈到，“分开野色收新麦，惊断莺声摘嫩桑。”[④]

宣歙地区手工业相当发达。据《新唐书·地理志》记载，宣州当涂、南陵有铜矿和铁冶，南陵、宁国产银，歙州绩溪产银和铅，池州秋浦亦出产铜和银。宣州铜器还被列为贡品。《元和郡县志》卷二十八记载，南陵利国山和当涂县赤金山所产铜矿最为

① 《新唐书》卷132《刘赞传》，第4523页。

② 《全唐文》卷802张途《祁门县新修阊门溪记》，第8430—8431页。

③ 《全唐诗》卷587李频《宣州献从叔大夫》，北京：中华书局，1960年，第6811页。

④ 《全唐诗》卷692杜荀鹤《献池州牧》，第7960页。

著名，朝廷在这里设置石绿场和法门场，后来又在这里设置梅根监和宛陵监铸钱，以利国山和铜井山的铜作原料，“梅根监并宛陵监，每岁共铸钱五万贯”。五代时南唐亦置利国监铸钱，又在池州设置永宁监铸造钱币。在丝织业方面，唐前期宣歙纺织以葛布为主，兼有丝绺。在《唐六典》中，宣州所产火麻布列为一等品，贡品主要有宣州白纻布、歙州麻布和细纻布。唐朝后期，宣歙丝织业发展较快，宣州丝毯作为奢侈品进献宫廷。白居易《红线毯》写道：“红线毯，举茧缫丝清水煮，拣丝练线红蓝染。染为红线红于蓝，织作披香殿上毯。披殿广十丈余，红线织成可殿铺。彩丝茸茸香拂拂，练软花虚不胜物。美人踏上歌舞来，罗袜绣鞋随步没。太原毯涩毳缕硬，蜀都褥薄锦花冷，不如此毯温且柔，年年十月来宣州。宣城太守加样织，自谓为臣能竭力。百夫同担进宫中，线厚丝多卷不得。”诗中反映宣州丝毯奢华，质量胜过太原所产的毡毯和成都所产的锦毯。

唐代宣歙地区所产的笔墨纸砚，尤有特色。《新唐书・地理志》记载宣州、歙州土贡就有笔和纸。天宝年间（742—756），转运使韦坚向长安输运东南特产，其中包括宣城的纸和笔。耿韦《咏宣州笔》云：“寒竹惭虚受，纤毫任几重。影端缘守直，心劲懒藏锋。落纸惊风起，摇空见露浓。丹青与文事，舍此复何从。”[①] 五代王定保《唐摭言》亦载诗云：“越管宣毫始称情，红笺纸上撒花琼。”[②] 宣州紫毫笔和诸葛笔，为笔中精品，每年需进贡。白居易《紫毫笔》诗云：“紫毫笔，尖如锥兮利如刀。江南石上有老兔，吃竹饮泉生紫毫。宣城之人采为笔，千万毛中拣一毫。毫虽轻，功甚重，管勒工名充岁贡。……起居郎，侍御史，尔知紫毫不易致。每岁宣城进笔时，紫毫之价如金贵。”歙墨，后来称作徽墨，起源于唐代。唐朝末年，河北易水人奚超迁居歙州，开设作坊造墨，“丰肌腻理，光泽如漆”，[③] 传至其子廷珪时，工艺益佳，南唐还赐廷珪李姓。

宣歙地区唐代造纸业比较发达。特别是宣纸，亦称案纸，质地绵软坚韧，不易碎裂，吸墨均匀，能够长期存放，尤其适合于书写、绘画之用。唐张彦远《历代名画记》称，“好事家宜置宣纸百幅，用法蜡之，以备摹写”。可见唐代人已用宣纸临摹拓片。五代时期，歙州所产澄心堂纸也极为名贵，成为南唐皇室用纸。宣州砚台在唐代就出名，李白《草书歌行》称，“笺麻素绢排数箱，宣州石砚墨色光”。1976 年在合肥市发掘的唐开成五年（840）墓葬中出土了一枚“箕形歙砚”，表明至少在唐开成年间歙州

① 《全唐诗》卷 268 耿韦《咏宣州笔》，第 2980—2981 页。

② （宋）王定保：《唐摭言》卷 12，上海：上海古籍出版社，1978 年，第 142 页。

③ 罗愿撰，萧建新、杨国宜校著：《〈新安志〉整理与研究》卷 10《墨》，合肥：黄山书社，2008 年，第 336 页。

已经开始制砚。五代以后，歙州砚台在规模和质量超过宣州。南唐开发的歙县龙尾山砚石最为有名，《砚谱》称“歙石出于龙尾溪，其石坚劲，大抵多发墨，故前世多用之，以金星为贵”。[①] 南唐后主李煜留意翰墨，“用澄心堂纸、李廷邽墨、龙尾研，三者为天下冠”。[②] 南唐还在歙州设置砚务，管理砚台的生产。歙县李少微善于制作砚台，被南唐中主李璟任命为砚官，“令石工周全师之”，[③] 其制砚技术流传下来，并得到推广。

四、江淮地位的提升

唐代淮南、宣歙经济发展，在全国经济地位也不断提升。“江淮之间，广陵大镇，富甲天下。”[④] 扬州号称“雄富冠天下”。[⑤]宣州，号称“国之奥壤”，[⑥] “宣城重地，较缗之数，岁不下百余万”。[⑦]因而开元以后逐渐受到朝廷重视。安史之乱爆发后，朝廷对财赋的需求大大增加。时北海录事参军第五琦奏事长安，上书：“方今之急在兵，兵之强弱在赋，赋之所出，江淮居多。若假臣职任，使济军须，臣能使赏给之资，不劳圣虑。”[⑧] 玄宗大喜，以第五琦为监察御史，“勾当江淮租庸使”。随后升为殿中侍御史，加山南等五道度支使，史称第五琦“促办应卒，事无违阙”，迁司金郎中、兼御史中丞，使如故。[⑨]

安史之乱结束后，由于北方经济遭到破坏，河朔地区又陷入藩镇割据，朝廷主要依靠南方财赋支持，“天宝以后，中原释耒，辇越而衣，漕吴而食”，[⑩] “天下以江淮为国命”。[⑪]这里的“江淮”主要是指淮南道和江南道。贞元八年（792），宰相权德舆《论江淮水灾上疏》提到，“赋取所资，漕挽所出，军国大计，仰于江淮”，又称，“每

---

① （宋）欧阳修：《砚谱》，苏易简等著：《文房四谱：外十七种》，朱学博整理校点，上海：上海书店出版社，2015 年，第 171 页。

② 罗愿撰，萧建新、杨国宜校著：《〈新安志〉整理与研究》卷 10《砚》，第 332 页。

③ 唐积：《歙州砚谱》，苏易简等著：《文房四谱：外十七种》，朱学博整理校点，第 175 页。

④ 《旧唐书》卷 182《秦彦传》，第 4715 页。

⑤ 《新唐书》卷 224 下《高骈传》，第 6404 页。

⑥ 《全唐文》卷 609 刘禹锡《唐故宣歙池等州都团练观察处置使王公神道碑》，第 6157 页。

⑦ 《全唐文》卷 648 元稹《授卢萼监察里行宣州判官等制》，第 6564 页。

⑧ 《旧唐书》卷 123《第五琦传》，第 3517 页。

⑨ 《旧唐书》卷 123《第五琦传》，第 3517 页。

⑩ 《全唐文》卷 630 吕温《京兆韦府君神道碑》，第 6356 页。

⑪ 《文苑英华》卷 660 杜牧《上宰相求杭州启》，北京：中华书局，1990 年，第 3391 页。

一岁善熟，则旁资数道”。[①] 据《唐会要》卷八十四《户口数杂录》所云，“每岁县赋入倚办，于浙西、浙东、宣歙、淮南、江西、鄂岳、福建、湖南等道，合四十州，一百四十四万户，比量天宝供税之户，四分之一。”淮南、宣歙两道成为唐后期财政的主要来源地区。

唐后期，随着全国经济重心逐步南移和朝廷对东南诸道的倚重，东南地区在两税之外，还通过助军、进奉钱帛、和籴等来支持朝廷财政，协助驻军边疆和平定叛乱。兴元元年（784），德宗以“江淮之间，连岁丰稔，迫于供赋，颇亦伤农”，下诏“收其有余，济彼不足，宜令度支于淮南、浙东、浙西道，加价和籴米三五十万石，差官船运于诸处减价出籴，贵从权便，以利于人”。[②]元和五年（810），宣歙观察使卢坦“出军食缗钱四十万以代征瑶”。宪宗志在平定割据，“时朝廷以兵兴，国用不足，命盐铁副使程异乘驿谕江淮诸道，俾助军”。[③] 王遂为宣歙观察使，“进助军钱三万四千二百贯”。元和十一年（816），淮南节度使李鄘“进绢三万疋、金五百两、银三千两以助军”。次年，“又进助军绢三万疋”。宣歙观察使王遂，“进助军钱三万四千二百贯”。长庆元年（821），河北三镇叛，宣歙观察使元锡一次“进助军绫绢一万匹、弓箭器械共五万二千事”，[④] 用来支持朝廷讨伐叛军。在诸类军器中，宣州制造的弓弩比较突出。《新唐书·李吉甫传》记载：“宣、洪、蕲、鄂强弩，号天下精兵。”唐朝后期，江淮地区经常抽调兵力戍守边疆。乾符年间，庐州人杨行密“应募为州兵，戍朔方，迁队长。岁满戍还，而军吏恶之，复使还戍”。[⑤]在每岁防秋兵马中，淮南道每年抽调四千人，宣歙道抽调三千人用于戍边。

黄巢起义失败后，藩镇势力大为扩张，唐朝失去控制藩镇力量。《旧唐书·僖宗纪》称，“李昌符据凤翔，王重荣据蒲陕，诸葛爽据河阳、洛阳，孟方立据邢洺，李克用据太原、上党，朱全忠据汴滑，秦宗权据许蔡，时溥据徐泗，朱瑄据郓齐曹濮，王敬武据淄青，高骈据淮南八州，秦彦据宣歙，刘汉宏据浙东，皆自擅兵赋，迭相吞噬，朝廷不能制，江淮转运路绝，两河江淮赋不上供，但岁时献奉而已。国命所能制者，河西、山南、剑南、岭南西道数十州。大约郡将自擅，常赋殆绝，藩侯废置不自朝廷，王业于是荡然。”随着东南藩镇也走向割据，朝廷完全失去财赋上的支持，最终走向瓦解。

---

① 《全唐文》卷486权德舆《论江淮水灾上疏》，第4962页。

② 《册府元龟》卷502《邦计部·平籴》，第5701页。

③ 《册府元龟》卷485《邦计部·济军》，第5499页。

④ 《册府元龟》卷485《邦计部·济军》，第5500页。

⑤ 《新五代史》卷61《吴世家》，北京：中华书局，1977年，第747页。

唐代宦官管理制度述论*

杜文玉（陕西师范大学历史文化学院）

中外学术界对唐代宦官专权以及内诸司使制度的研究较多，但是对有关唐代宦官管理制度的研究却极少，即使对枢密院、宣徽院有所研究，也很少从宦官管理制度的角度切入。这使得有些相关问题至今说不清楚，而这些问题又比较重要，有必要将其一一论述清楚。本文只是一个初步的探讨，希望能够提到抛砖引玉的作用，引起更深入的讨论。

一、内侍省的管理职能

唐朝前期的职官制度实行的是分块管理的体制，即朝官归宰相管理，宦官归内侍省（或内坊）管理，宫人归宫官系统管理，即所谓六尚二十四司。这三个系统互不统属，平行发展。即使针对它们，监察体制也不相同，朝廷文武官员由御史台监察，宦官阶层由内寺伯负责，宫官则由宫正负责，御史台不能干预内寺伯、宫正的工作，甚至连工作指导关系都不存在。《后汉书·宦者传》载："《易》曰：'天垂象，圣人则之。'宦者四星，在皇位之侧，故《周礼》置官，亦备其数。"古人认为宦官的设置取于天象，"后世因之，才任稍广"。①因此宦官的出现与设置，自古以来就与朝官不属于同一系统，在管理上也有异于朝官。

唐内侍省在设置之初，唐太宗出于对历史经验的借鉴，防止出现宦官专权，故不为其置三品官，内侍仅为从四品上的官阶，有意使内侍省的地位低于三省六部、九寺等南衙机构，"但在阁门守御，黄衣廪食而已"。② 在这一时期由于宦官并不出宫充使，与南衙其他机构没有多少事务往来，双方长期相安无事，内侍省所属人员自然由其内部管理，也很少见士大夫们对宦官提出指责。从内侍省的管理职能看，内侍为其长官，

---

* 本文系国家社会科学基金项目《唐宋时期职官管理制度研究》（编号：12BZS032）阶段性成果之一。

① 《后汉书》卷78《宦者传》，北京：中华书局，1965年，第2507页。

② 《旧唐书》卷184《宦官传序》，北京：中华书局，1975年，第4754页。

除了维护本省的正常运转外，“总掖庭、宫闱、奚官、内仆、内府五局之官属”，即内侍省所属大小宦官皆归其管理。如果内侍省所属人员有不法之事，则由内寺伯负责纠察惩处。宦官的迁转、奖赏，亦由内侍、内常侍负责，重要的人员则要报皇帝批准。史载：“元和十五年四月，内侍省奏：应管高品品官白身，共四千六百一十八人”云云。[①] 从“应管”二字也可以看出，宦官的日常管理应在内侍省。

内侍省所属五局均分管宫中各种事务，涉及人员管理事务的主要有三个局，即掖庭局、宫闱局、奚官局。其中掖庭局涉及是有关宫人的管理事务，所谓“凡宫人名籍，司其除附”，即宫人的名籍档案归其管理，日常管理则归于六尚二十四司。此外，对宫人的文化、才艺的教育亦归掖庭局，具体由宫教博士负责。真正负有管理宦官职责的是宫闱局，不过其所管对象为低级宦官，所谓“凡宦人无官品者，称内给使；亲王府名散使。若有官及经解免应叙选者，得令长上。其小给使学生五十人。皆总其名籍，以给其粮廪”。宦官中曾经有官职，解免后重新叙选者，亦归其掌管。宫闱局不仅掌管宫中小给使，亲王府的给使即散使，亦归其管理。奚官局掌管“宫官品命”，女官及嫔御的废黜亦由奚官局管理，史籍中常有失宠嫔御被幽禁于内侍省的记载。奚官局还掌管一些事务，“凡宫人有疾病，则供其医药；死亡，则给其衣服，各视其品、命，仍于随近寺、观为之修福。虽无品，亦如之。”宦官的丧葬之事不由内侍省管理，当是归鸿胪寺掌管。[②]

内坊为太子东宫的宦官机构，设典内二人为长官，主要掌管东宫阁内之事，包括对东宫系统的宦官管理。在唐前期其与内侍省并不存在隶属关系。唐玄宗开元二十七年（739）四月二十八日敕曰：“义方之训，固在亲承。太子既绝外朝，中官自通禁省，有何殊异，别立主司！其内坊宜复内侍省为局。”[③] 因为在这一时期太子不居东宫，移住于少阳院，所以玄宗将内坊并入内侍省，成为其下属的一个局。从“有何殊异，别立主司”一句看，也说明内坊在此之前是独立于内侍省之外的另一机构。

天宝十三载（754），玄宗在内侍省增置内侍监二员，正三品，从而打破了内侍省不置三品官的祖制。唐后期宦官专权擅政，权势熏天，许多宦官在外充使，并不在内侍省供职，不过从唐朝关于宦官必须带有内侍省官衔的规定看，他们还是与内侍省有着千丝万缕的关系。

---

① （宋）王溥：《唐会要》卷65《内侍省》，上海：上海古籍出版社，2006年，第1339页。

② 以上凡未注出处的引文，皆见《唐六典》卷12《内侍省》，北京：中华书局，1992年，第358—359页。

③ 《唐会要》卷65《内侍省》，第1336页。

二、宣徽院的管理职能

唐长安大明宫内置有宣徽院，据宋人叶梦得《石林燕语》载："宣徽南北院使，唐末旧官也。置院在枢密院之北……"① 枢密院位于中书省之北，而中书省位于月华门之西，所以宣徽院的具体位置应在月华门西、枢密院北。② 宣徽院分为南、北院，"二使共院而各设厅事"。③ 宣徽院设置于何时？史书没有确切的记载，马端临说："枢密、宣徽院皆始于唐……盖因肃、代以后，特设此官以处宦者，其初亦无甚司存职业，故史所不载。"④ 有学者据此认为宣徽使当产生于唐代宗大历年间，而枢密使建立在永泰二年（766）。⑤ 实际上永泰二年所设仅是掌枢密，并未有使名，《册府元龟》载："宪宗元和中，始置枢密使二人。" 原注："刘光琦、梁守谦皆为之。"⑥ 其实是错误的。据《资治通鉴》卷二三七"元和元年（806）八月"条载，刘光琦时任"知枢密"。《梁守谦墓志铭》说他元和四年（809）才"总枢密之任"。⑦ 可见他们两人并非同时任枢密之职，也未称使。根据《资治通鉴》等有关史书看，枢密使名的出现应在长庆三年（823）至宝历二年（826）之间，并同时设置了二人。约在宣宗时出现了枢密院，至唐末枢密院机构有所扩大，并分为东、西两院，"东院为上院，西院为下院"。⑧ 从这一过程看，宣徽设使建院当在大历之后，因为上引马端临之文也说"其初亦无甚司存职业"，也就是最初其并没有相应的机构。已出土的较早的碑志资料中有"宣徽供奉官""宣徽库家"的记载，但却未见院名与使名出现，直到唐宪宗元和八年（813）才出现了宣徽院的记载，⑨ 文宗、武宗时出现了宣徽北院使，⑩ 既有北院当有南院之置。据此推断，宣徽正式建院应在宪宗时期，亦有可能在德宗贞元时期。

宣徽院除了置有宣徽使、副使外，还置有宣徽承旨、宣徽供奉、宣徽库家等官职，其中南院使地位比北院使略高。唐长孺认为唐代宣徽院统管北衙诸司，其长官地位与

---

① （宋）叶梦得：《石林燕语》卷3，北京：中华书局，1984年，第37页。

② 参见杜文玉：《大明宫研究》，北京：中国社会科学出版社，2015年，第263页。

③ （元）马端临：《文献通考》卷58《职官考十二》，北京：中华书局，2006年，第1722页。

④ 《文献通考》卷58《职官考十二》，第1723页。

⑤ 王永平：《论唐代宣徽使》，《中国史研究》1995年第1期，第74页。

⑥ （宋）王钦若：《册府元龟》卷665《内臣部·总序》，北京：中华书局，1960年，第7955页。

⑦ 周绍良等编：《唐代墓志汇编》大和012，上海：上海古籍出版社，1992年，第2103页。

⑧ 《资治通鉴》卷263"唐昭宗天复三年正月"条胡注，北京：中华书局，1956年，第8592页。

⑨ 《册府元龟》卷160《帝王部·革弊二》，第1929页。

⑩ 王永平：《论唐代宣徽使》，《中国史研究》1995年第1期，第76页。

枢密使相亚。[①] 史称："枢密、宣徽四院使，拟于四相也。"[②] 宣徽院的下属机构分为四案，"曰兵案，曰骑案，曰仓案，曰胄案"。[③] 关于其职能，宋人徐度的《却扫编》卷下有详细的记载，录之如下：

> 宣徽使本唐宦者之官，故其所掌皆琐细之事。本朝更用士人，品秩亚二府。有南北院，南院资望比北院尤优。然其职犹多因唐之旧：赐群臣新火，及诸司使至崇班内侍供奉诸司工匠兵卒名籍，及三班以下迁补、假故鞫劾、春秋及圣节大宴、节度迎授恩命、上元张灯、四时祠祭、契丹朝贡、内庭学士赴上督其供帐、内外进奉名物、教坊伶人岁给衣带、郊御殿朝谒圣容、赐酺、国忌、诸司使下别籍分产、诸司工匠休假之类。武臣多以节度使或两使留后为之，又或兼枢密。

从"然其职犹多因唐之旧"一句可知，宋代宣徽院的这些职能是沿袭唐制而来的，故可反映唐时的情况。据此可以将宣徽院的职能归结为三个方面：（一）掌管北司诸使、崇班内侍名籍，包括供奉于内廷的各种技术人员以及诸司所属之工匠、兵卒名籍，涉及整个宦官系统；（二）管理各种郊祀、朝会、宴会、典礼的供应与服务；（三）管理内外进贡物品。[④] 其中最重要就是对内诸司及三班内侍的管理，故古人在总述宣徽院职能时，只说"总内诸司及三班内侍等事。"[⑤]

宣徽院管理内诸司使的情况，史籍及政书均未有记载，一些史籍与碑志的零星记载，则可以反映出一点情况。比如内诸司使之一的五坊使，《旧唐书·裴度传》有"宣徽院五坊小使"的记载。胡三省亦曰："五坊属宣徽院"。[⑥]《册府元龟》卷一〇一《帝王部·纳谏》载：五坊，"宣徽院供奉官为其使"。内教坊使亦为内诸司使之一，《册府元龟》卷五三三《谏诤部·规谏十》有"宣徽教坊，悉令停减人数"等语。唐文宗开成（838）三月"辛未，宣徽院《法曲》乐官放归"。[⑦]《法曲》则为教坊所掌。唐内诸司使中有内酒坊使之置，在陕西耀县出土了一批唐代银器，其中一件银碗刻有"宣徽酒坊宇字号"字样。[⑧] 西安西郊鱼化寨出土的一件唐代银酒注底部共有62字，上

① 唐长孺：《唐代的内诸司使及其演变》，《山居存稿》，北京：中华书局，1989年，第246—248页。

② （唐）孙光宪：《北梦琐言》卷6《内官改创职事》，北京：中华书局，2002年，第141页。

③ 《文献通考》卷58《职官考十二》，第1722—1723页。

④ 王永平：《论唐代宣徽使》，《中国史研究》1995年第1期。

⑤ （宋）叶梦得：《石林燕语》卷3，第37页。

⑥ 《资治通鉴》卷236"唐顺宗永贞元年正月"条胡注，第7610页。

⑦ 《旧唐书》卷17下《文宗纪下》，第568页。

⑧ 陕西省博物馆：《陕西耀县柳林背阴村出土一批唐代银器》，《文物》1966年第1期。

有“宣徽酒坊……地字号”字样，为咸通十三年（872）造。[①] 据此可知酒坊使亦归宣徽院管理。唐人李磎《授内官韩坤范等加恩制》中有：“宣徽小马坊使”“宣徽含光使”等字样。[②] 前者为唐后期的另一马政管理机构，与飞龙使对掌国家马政。唐长安西内苑中有含光殿，含光使当是掌管其事的使职。此外，还有宣徽鸡坊使的记载，[③] 亦是内诸司使之一。由于史料欠缺，尚无法找出更多的例证，尽管如此，亦可证明宣徽院的确掌管内诸司事务。

宣徽院既然统管内诸司事务，地位较低的使职自然不在话下，内诸司使中的一些高级使职，如飞龙使、军器使、内弓箭库使等，是否亦归其管理呢？从制度上看，应当归于宣徽院，白居易《贺雨》诗云：“宫女出宣徽，厩马减飞龙。”[④] 此诗写于元和三年（808），由于自冬至暮春，没有降雨，宪宗为此下罪己诏，并采取赦宥囚犯，释放宫女，减少厩马等一些措施以祈雨。这句诗将宣徽院与飞龙厩相联系，说明两者之间有着密切的关系。以上这几种使职地位虽高，仍然排在宣徽使之后，他们与宣徽院的关系只是业务统属关系，其迁转奖罚自然由皇帝负责，宣徽院能决定的，只是普通宦官的迁补、假故、鞫劾。

关于宣徽院与内诸司的关系，从唐哀帝天祐二年（905）的一道敕文亦可看出一些端倪。其文云：“枢密使及宣徽南院北院并停。其枢密公事，令王殷权知。其两院人吏，并勒归中书。其诸司诸道人，并不得到宣徽院，凡有公事，并于中书论请。”[⑤] 文中所谓“诸司”，就是指内诸司，所谓“诸道人”，是指在诸道从事各种差遣的宦官（不包括监军使）。以前内诸司使及在诸道办事的宦官，凡有公事皆诣宣徽院，由于宣徽院已停废，所以这道敕令要求其到中书门下论请。

有一点需要说明，自唐后期设置宣徽院以来，内侍省虽然仍然保留，但其许多职能已被宣徽院侵削，尤其是对内给使及宫人的管理事务，已完全转移到了宣徽院。至于宣徽院所掌管的其他事务，由于与宦官管理制度无关，就不多说了。

三、枢密院的管理职能

唐代枢密院亦分为上、下两院，其长官枢密使与两神策中尉合称“四贵”，为宦官

① 朱捷元等：《西安西郊出土唐“宣徽酒坊”银酒注》，《考古与文物》1982年第1期。

② 《文苑英华》卷418，北京：中华书局，1966年，第2118页。

③ 周绍良等编：《唐代墓志汇编续集》天复001，上海：上海古籍出版社，2001年，第1167页。

④ （清）彭定求：《全唐诗》卷424，北京：中华书局，1960年，第4653页。

⑤ 《旧唐书》卷20下《哀帝纪》，第803页。

阶层的首领之一，权势极大，位在宣徽使之上，[①] 宣徽使再向上升迁，即可任枢密使。由于其地位尊贵，故任命枢密使时皆降白麻，如唐僖宗广明元年（880）五月，“以宣徽使李顺融为枢密使。皆降白麻，于阁门出案，与将相同。”胡三省注曰：“唐制，凡拜将相，先一日，中书纳案，迟明，降麻，于阁门出案。”[②] 中书省掌黄、白麻诏书，其中白麻用于任命将相大臣，唐后期由翰林学士院独掌。枢密使掌机密，可赴政事堂与宰相共同决策军国大事，甚至有决定宰相人选的权力。唐武宗拜崔铉为相，史载：“上夜召学士韦琮，以铉名授之，令草制，宰相、枢密皆不之知。时枢密使刘行深、杨钦义皆愿悫，不敢预事，老宦者尤之曰：‘此由刘、杨懦怯，堕败旧风故也。’”[③] 之所以引起老宦官的埋怨，是因为枢密使有权参与此事而没有预闻之故，可见其权力之重。有关枢密使的研究成果甚多，[④] 此不赘述。下面将其管理宦官的职能论述如下。

宪宗元和二年（807），镇海节度使李锜叛乱平定，宪宗下令将其聚敛的财富运到长安，翰林学士李绛与裴垍谏曰：

> “锜僭侈诛求，六州之人怨入骨髓。今元恶传首，若因取其财，恐非遏乱略、惠绥困穷者。愿赐本道，代贫民租赋。”制可。枢密使刘光琦议遣中人持赦令赐诸道，以裒馈饷，绛请付度支盐铁急递以遣，息取求之弊。光琦引故事以对，帝曰：“故事是耶，当守之；不然，当改。可循旧哉！”[⑤]

既称“故事”，可见是一贯的做法。遣宦官充使赴诸道是唐朝长期以来的做法，本不奇怪，问题是为什么由枢密使派出中使？而不是宣徽使，这一问题长期以来没有得到解答。还有一件事也非常令人费解。史载：“荆南监军使吕令琮从人擅入江陵县，毁骂县令韩忠，观察使韦长申状与枢密使诉之。”[⑥] 观察使韦长无法制约监军使，不向皇帝申奏，反而申状于枢密使，那么枢密使与监军使之间是什么关系？

敦煌文书 P. 3723《纪室备要》共 3 卷，[⑦] 是乡贡进士郁知言为“护军常侍太原王

---

① 《资治通鉴》卷 272“后唐庄宗同光元年四月”条胡注：“唐制，宣徽使在枢密使之下。”第 8883 页。

② 《资治通鉴》卷 253，第 8225 页。

③ 《资治通鉴》卷 247“唐武宗会昌三年五月”条，第 7985 页。

④ 王永平：《论枢密使与中晚唐政治》，《史学月刊》1991 年第 6 期；李鸿宾：《唐代枢密使考略》，《文献》1991 年第 3 期；黄洁琼：《唐代枢密使与神策中尉之比较研究》，《福建论坛》2005 年第 12 期。

⑤ 《新唐书》卷 152《李绛传》，北京：中华书局，1975 年，第 4833 页。

⑥ 《旧唐书》卷 176《魏谟传》，第 4568 页。

⑦ 参见赵和平辑校：《敦煌表状笺启书仪辑校》，南京：江苏古籍出版社，1997 年，第 76—126 页。

公”所草拟的书仪性质的文书，其中卷中专门针对担任各种官职的宦官，为首的有中尉、军容、长官、两军副使等，共计32首题目，而宣徽使排内诸司使中的第9位，显然在诸道监军使的心目中宣徽使并不十分重要。为首三位宦官，中尉即神策中尉，军容是指观军容使，都是权势显赫，不容轻视的大宦官。排在第三位的“长官”是指什么人？文书中没有点明，只是说“今者秉握璿枢，调和玉烛；九有戴勋天之德，万邦瞻捧日之荣”云云。“秉握璿枢”，指掌握中枢机要，“调和玉烛”，是指与皇帝很亲近。在唐代宦官中只有枢密使的地位与职能才与这种说法相称。另据日本僧人圆仁所记：会昌三年（843）六月三日，“以内长官、特进杨钦义任左神策护军中尉、左街功德使，当日便上任。”① 杨钦义在此之前与刘行深同任枢密使，可知在唐代枢密使也被称为内长官，所以文书中的“长官”就是指枢密使。由于枢密使是诸道监军使的顶头上司，所以监军使遂称其为长官。②

关于这一结论，还有一些旁证可以进一步证明。唐武宗会昌中讨伐昭义镇，调集诸道大军围攻，却久久不能得手。宰相李德裕分析军情后认为其弊有三：“一者，诏令下军前，日有三四，宰相多不预闻。二者，监军各以意见指挥军事，将帅不得专进退。三者，每军各有宦者为监使，悉选军中骁勇数百为牙队，其在陈战斗者，皆怯弱之士；每战，监使自有信旗，乘高立马，以牙队自卫，视军势小却，辄引旗先走，陈从而溃。”于是，“德裕乃与枢密使杨钦义、刘行深议，约敕监军不得预军政，每兵千人听监使取十人自卫，有功随例沾赏。二枢密皆以为然，白上行之。……号令既简，将帅得以施其谋略，故所向有功。”③ 李德裕之所以与两枢密使商议此事，而没有找拥有禁军兵权的神策中尉，根本原因就在于诸道监军使皆受枢密使节制。另据《新唐书》载，杨复恭任枢密使时，“以诸子为州刺史，号‘外宅郎君’；又养子六百人，监诸道军。天下威势，举归其门”。④ 说杨复恭收养600名宦官为诸道监军，当然是一种夸大之辞，然而其在诸道监军中大量地收养假子，与其任枢密使不无关系。

弄明白了这一问题，上面的疑问便迎刃而解了。需要说明的是，枢密使与诸道监军使之间虽然存在上下级之间的关系，但是监军使的迁转还是以皇帝的制敕为准的，不过以枢密使之权势，操纵此类事务不过是举手之劳，这是监军使们畏惧枢密使的根本原因。

---

① ［日］圆仁：《入唐求法巡礼行记》卷4，上海：上海古籍出版社，1986年，第171页。

② 赵和平《敦煌书仪研究》一书对此有详尽的考述，上海：上海古籍出版社，2011年，第249—253页。

③ 《资治通鉴》卷248“唐武宗会昌四年八月”条，第8009—8010页。

④ 《新唐书》卷208《宦者·杨复恭传》，第5890页。

四、南衙诸司与宦官管理

在宦官管理制度方面，唐制与宋制的最大不同，就是唐朝并没有专门针对宦官阶层另搞一套制度，即在散官、勋爵、俸禄、章服等方面，士大夫与宦官并无根本的区别。而这些方面均由南衙诸司管理，于是对宦官的管理便不能不涉及南衙诸司。

1. 入仕途径

唐代宦官入仕的途径与士大夫阶层不同，主要有：诸道进献、良胄入仕、罪犯子弟、门荫入仕、宦官养子等。有唐一代仍然存在着压良为贱的现象，如郭元振“前后掠卖所部千余人，以遗宾客，百姓苦之”。[①] 安乐、长宁、定安三公主家厮役掠民子女为奴。[②] 此外，在南方一些地区存在着严重的卖良为奴现象。这些都成为唐五代宦官的来源之一。《新唐书·宦者传》说：“是时，诸道岁进阉儿，号‘私白’，闽、岭最多，后皆任事，当时谓闽为中官区薮。咸通中，杜宣猷为观察使，每岁时遣吏致祭其先，时号‘敕使墓户’。”可见通过这种途径入宫的宦官数量之多。如高力士、金刚等大宦官，就是岭南讨击使李千里买来并进献宫中的。据不完全的统计，全国十道中有九个道皆出宦官，[③] 可见唐代宦官来源十分广泛，其中应有不少是诸道进献而来的阉儿。

唐代宦官来源表

道名	关内	陇右	河南	河东	岭南	剑南	江南	河北	淮南
百分比	52%	9%	7%	8%	5%	3%	9%	5%	1%

关于良胄入仕，这是唐五代时期补充宫中小给使的途径之一。《李辅光墓志》载：“建中岁，德宗御宇，时以内臣干国，率多纵败，思选贤妙，以正宫掖。故公特以良胄入侍，充白身内养。”[④] 李辅光的曾祖为县令，祖父为泾王府长史，其父为果毅都尉，世代为中下级官吏家庭。所谓良胄入仕就是从中小官吏子弟中选择一些人入宫。这一做法并非始于唐德宗时期，早在唐玄宗甚至更早一些时期就已经开始了。再比如刘弘规，穆宗、敬宗时任左神策军中尉，云阳人，其父祖均为中级军官，“公十有五乃应选”。[⑤] 如此年纪而能入宫，父祖又没有犯罪，只能是所谓良胄入仕了。根据碑志记载，

---

① 《旧唐书》卷97《郭元振传》，第3042页。

② 《新唐书》卷83《中宗八女传》，第3652页。

③ 表中数据来自杜文玉：《唐代宦官的籍贯分布》，《中国历史地理论丛》1998年第1期，第168页。

④ 周绍良等：《唐代墓志汇编》元和083，1992年，第2007页。

⑤ （清）董诰：《全唐文》卷711李德裕《唐故左神策军护军中尉兼左街功德使知内侍省事刘（弘规）公神道碑铭》，上海：上海古籍出版社，1990年，第3232页。

以良胄身份选入宫者，多在京畿地区，范围再大一些也不出关内道，其他诸道人数极少。这是唐代宦官中关内道和京畿地区人数较多的一个重要原因。

唐五代时期在法律上已经废除了宫刑，但是并不彻底。由于存在着将犯罪官员家属没为官奴婢的法律规定，这就为一些人上下其手提供了便利。如大宦官李辅国，“以阉奴为闲厩小儿”。[①] 再比如安禄山帐下李猪儿，“本降竖，幼事禄山谨甚，使为阉人”。[②]《旧唐书·安禄山传》说李猪儿为契丹人，“禄山持刃尽去其势，血流数升，欲死，禄山以灰火傅之，尽日而苏。因为阉人，禄山颇宠之。”显然是私阉行为。在这一时期私阉现象还不少，除了李猪儿外，史载：韦陟“门地豪华，早践清列，侍儿阉阍，列侍左右者十数”。[③] 杨国忠得势时，“珍玩狗马，阉侍歌儿，相望于道”。[④] 后唐大宦官孟汉琼，“本镇州王镕之小竖也”。[⑤] 王镕为成德节度使，说明其也是私阉的宦官。在唐代还存在一些前代被阉的宦官，如北齐尚书仆射崔季舒、给事黄门侍郎郭遵、尚书右丞封孝琰受冤而死，其三人之子“并及淫刑”，入宫成为宦官，唐太宗为其平反，“宜免内侍，褒叙以官”[⑥]，即免除其宦官身份，另行任官。唐高宗又为其子孙升官加爵，以褒扬前代直臣。

门荫入仕也是宦官来源之一。唐朝规定文武官员五品以上子孙可以通过门荫入仕，高级宦官子孙通过这一途径入仕者也不少。由于宦官收养的男性子孙有两类人，一类为正常男性，另一类为阉儿，前者通常通过充当卫官、挽郎、斋郎获得参选资格而入仕，后者通常则以养父祖官资而入宫当宦官。如“开府仪同三司、左卫上将军兼内谒者监仇士良请以开府荫其子为千牛，给事中李中敏判曰：‘开府阶诚宜荫子，谒者监何由有儿?’士良惭恚。”[⑦] 证明宦官亦可以荫子。郑薰在懿宗时任吏部侍郎，“时数大赦，阶正议光禄大夫者，得荫一子，门施戟。于是宦人用阶请荫子，薰却之不肯叙。”[⑧] 郑薰不肯给宦官用荫，并非制度不允许，而是出于对宦官的偏见。宦官荫子成功的实例也不少，如宦官张居翰，“咸通初，掖廷令张从玫养之为子，以荫入仕。”[⑨] “张承

---

① 《新唐书》卷208《宦者·李辅国传》，第5879页。

② 《新唐书》卷225上《安禄山传》，第6420页。

③ 《旧唐书》卷92《韦安石传附陟传》，第2959页。

④ 《旧唐书》卷106《杨国忠传》，第3245页。

⑤ （宋）薛居正：《旧五代史》卷72《孟汉琼传》，北京：中华书局，1976年，第955页。

⑥ 《新唐书》卷2《太宗纪》，第27页。

⑦ 《资治通鉴》卷264“唐文宗开成五年十一月”条，第7948页。

⑧ 《新唐书》卷177《郑薰传》，第5285页。

⑨ 《旧五代史》卷72《张居翰传》，第953页。

业，字继元，本姓康，同州人。咸通中，内常侍张泰畜为假子。”①

唐代宦官收养假子的数量很大，少者数人，多者甚至数十人，其中相当部分本来就是阉儿，或者收养幼儿阉后再送入宫中为小宦官，也有直接收养小给使为假子。如高力士阉后被李千里进献，从而成为小给使。不久却因犯错被赶出宫，遂又被宦官高福收为假子，再送入宫中。大量还是收养后再阉，然后送入宫中。如“杨思勖，本姓苏，罗州石城人。为内官杨氏所养，以阉，从事内侍省。”“田令孜，本姓陈。咸通中，从义父入内侍省为宦者。”杨复恭，“以父，幼为宦者，入内侍省。”② 类似事例甚多，如杨志谦本人又收养了 7 个假子，除一人非阉人外，其余 6 人均入宫当了宦官。刘弘规也收养了 5 个假子，全部入宫充当了宦官。其养子刘行深至少也收养了 5 人，宦官刘遵礼即为其第五子。刘遵礼共收养了 4 人，全都当了宦官。③

宦官来源的渠道除了以上数种外，还有一些其他途径。如民间贫穷之人因生活困苦而被迫受阉入宫者，犯罪官吏子弟被强制为奴后自愿受阉者，或出于某种原因被阉割入宫者等。“太宗时，有罗黑黑善弹琵琶，太宗阉为给使，使教宫人。”④ 则是具有某种特殊技艺的人因宫中需要而阉为宦官。唐代内教坊的供奉人员中像这类情况当不止一人。因这些原因而入宫的宦官，其原籍虽不一定是长安人，至少也是生活在京师或附近之人。

2. 散官与章服

唐后期宦官出现了官僚化的趋势，在职官管理方面与士大夫阶层无根本的不同。唐代的散官分为文武两种，职事官所带散官，称为本品，无职事官者所获散官，称为散品，散官官阶表示官员的资历与等级。对于宦官而言，亦是如此，凡从九品以上宦官皆带有散官衔。唐代宦官所带散官没有任何限制，文散官的第一阶开府仪同三司（从一品）与武散官的第一阶骠骑大将军（从一品）均给宦官授过，前者如高力士、李辅国、第五守亮、俱文珍、杨复恭，后者如杨思勖、程元振、窦文场、王守澄等。至于获得中下级文武散官阶的宦官就更多了，这一点出土的宦官墓志中有大量的记载。

唐代官员的章服是由本品决定的，贞观初规定三品以上服紫，四品、五品服绯，六品、七品服绿，八品、九品服青。高级职事官散官不及三品，可以赐紫，不及五品可以赐绯，中下级官员不及八品，可以赐绿。由于皇帝对宦官的宠信，仅唐玄宗时期

---

① 《旧五代史》卷 72《张承业传》，第 949 页。

② 以上见《旧唐书》卷 184《宦官传》，第 4755、4771、4774 页。

③ 参见杜文玉：《唐代宦官的籍贯分布》，《中国历史地理论丛》1998 年第 1 期。

④ 《资治通鉴》卷 203“武则天垂拱二年六月”条，第 6441 页。

宦官“衣朱紫者千余人”,[①] 可见高级宦官人数之多。之所以有如此之多的衣朱紫宦官，并不是宦官中真有如此之多的人拥用三品或者五品以上的散官阶，更多的则是皇帝随意赐紫、赐绯形成的。在唐后期能够获得“赐金紫”和“赐绯”的利益集团，以宦官阶层最多，而且还出现了职事官或使职与赐章服同时授予的情况。[②] 赐绿的宦官，主要是入仕不久的小宦官与高级宦官的养子，如敬宗在长庆四年（824）正月即位，在这一月内，先给白身宦官孙奉满赐绿，接着又给白身元孝思等20人赐绿，不几天又分两批给白身40人、28人赐绿，“而元孝温、刘仲孺，昨日赐绿，今日赐绯”。[③] 总之，唐代宦官在散官与章服方面与南衙朝官并无什么不同，在后期宦官势力膨胀之时，在这个方面还要优于朝官。

3. 勋爵与俸禄

在勋官方面，宦官与朝官一样均可以获得勋官。本来勋官之授以功劳以准，唐前期尚能坚持此制，甚至出现宰相仅获得低等级勋官的现象。唐后期滥授现象十分严重，不仅朝官如此，甚至有军士、乐工带上柱国衔者，在出土的墓志中就有不少这样的事例，至于宦官阶层亦是如此。如宦官孙常楷获勋官最高阶上柱国（视正二品）时，散官为朝议郎（正六品上）、职事官为内给事（从五品下）。宦官刘守义获上柱国时，职事官仍为内给事。刘奉芝获此官时，职事官为内寺伯（正七品下）。刘仕偘获此官时，任内府局丞（正九品下），散官为中散大夫（正五品上）。至于高级宦官无不有上柱国的勋官。

唐代的爵制分为九等，宦官同样亦可授爵。第一等亲王，是授给皇子或者皇帝的兄弟的，他人不能染指。从第二等郡王，至最后一等开国县男，宦官阶层都曾经获得过。如李辅国封博陆郡王，至于封国公的人就更多了，如高力士为齐国公，杨思勗为虢国公，程元振为邠国公，鱼朝恩先封郑国公，后徙封韩国公，马存亮为岐国公，仇士良为楚国公，田令孜为晋国公，杨复恭为魏国公。其他等级的爵位获得就更多了。

封爵必须同时授予相应的封户，如亲王、万户，郡王、五千户，国公、三千户，最低一等开国县男，也有三百户，这些都是虚封，没有经济方面的实惠。亲王，皇帝会授给一定数量的实封，称为食实封，其他人员必须有功才可以得到实封。宦官的爵位也是如此，如李辅国有实封八百户、高力士五百户、鱼朝恩一千户、马存亮二百户、仇士良三百户、杨复恭八百户。获得实封就可以享受这些封户租税了。至唐末五代时期，由于国家经济困难，遂罢去了实封之给。食实封的多少与爵位的高低没有关系，

---

① 《旧唐书》卷184《宦官传》，第4754页。

② 张苹、马冬：《墓志所见晚唐内侍省官员与“赐紫绯”》，《中国历史文物》2010年第6期。

③ 《册府元龟》卷665《内臣部・恩宠》，第7965页。

对宦官而言除了看功劳大小外，更多的则是视皇帝的恩宠程度。如吴承泌是开国县侯，实封仅为一百户，王公素虽为开国县男，却有三百户的实封。

在俸禄之制方面，宦官与士大夫阶层享受同等的待遇，也就是说在唐五代宦官与士大夫适用同一种俸禄制度。比如唐朝给朝官职分田，规定一品十二顷、二品十顷。据载，元和十四年（819）规定："左右神策中尉，准令式二品官，令受田一十顷。"[①] 唐初宰相为三品官，大历时升为二品，可知神策中尉的职事官品是比照宰相而确定的。唐后期官员的月料钱来自于公廨利钱，而诸司公廨本钱则由朝廷统一划拨，宦官担任的内诸司使亦是如此，史载：长庆"三年十一月，赐内园本钱一万贯、军器使三千贯"。次月，"赐五坊使钱五千贯，……以为食利"。[②]唐后期规定节度使每月给俸钱三百贯、监军使一五十贯。有些经济落后地区无力承担当地官员的俸钱，会昌六年（846）八月敕曰："夏州等四道土无丝蚕，地绝征赋……夏州、灵武、振武节度使，宜每月各给料钱、厨钱共三百贯文，监军每月一百五十贯文。……天德军使料钱、厨钱每月共给二百贯文，监军每月二百贯文。"[③]

朝官致仕者多给俸禄，通常是年龄七十岁以上，五品以上的致仕官员，可给半禄。宦官致仕亦是如此，甚至有一些深受皇帝宠信的宦官还可以拿到全俸。如大和三年（829）三月，右神策中尉梁守谦致仕，文宗下诏"仍全给俸禄"。梁守谦是壮年致仕的，按照唐制连半禄也不该享受。同年六月，左卫上将军、内侍监魏弘简致仕，也给全俸禄。[④] 有关宦官俸禄的问题，已有研究成果问世，[⑤] 可以参看。

除此之外，宦官还经常受到皇帝的各种赏赐，包括钱物、土地、宅第等，加赠或追赠父祖官爵，母妻加封邑号，卒后授予谥号，陪葬帝陵等。就这些方面而言，宦官阶层与朝官阶层并无根本的区别。

4. 南衙诸司的管理职能

唐代宦官官僚化的特点，决定了南衙诸司中有不少部门参与了对宦官阶层的管理事务。有关这方面的史料少且零散，但是仍能看得出，对宦官管理的许多方面由南衙诸司负责。一般而言，对宦官阶层的管理大都是通过诏敕进行，然具体执行者则为南衙相关部司。如内侍省人员的编制，由吏部掌管，据《唐六典》载："凡天下官吏各有常员。凡诸司置直，皆有定制。"这里是指诸司所置之直官的编制，其中"内侍省一百

① 《册府元龟》卷507《邦计部·俸禄三》，第6088页。

② 《唐会要》卷93《诸司诸色本钱下》，第1995页。

③ 《册府元龟》卷508《邦计部·俸禄四》，第6094页。颇疑天德军监军每月二百贯料钱的记载有误，"二"字极可能是"一"字之误。待考。

④ 《册府元龟》卷665《内宦官·恩宠》，第7965页。

⑤ 杜文玉：《唐代宦官俸禄与食邑》，《唐都学刊》1998年第2期。

人、内坊四人”。[①] 据此可知，内侍省人员的编制是由吏部掌管的。宦官有关人事方面的不少事务都归吏部管理，如大和四年（830）八月，“内侍省奏：‘当省官员，从掖庭局令以下至监作，并居本品之下。或注拟难于区别，伏乞请重下有司详定。’敕旨：‘宜付所司，详定闻奏。’”[②] 这里所说的“所司”，显然是指吏部，因为官员注拟之事为吏部所掌管。对内侍省所辖吏员的待遇由敕书规定，吏部执行，“景云二年（799）四月二日敕：内侍省令史资劳，宜同殿中省令史。其五局令史，同殿中省诸局。”[③] 可见内侍省人员的资历是比照南衙的一些部门确定的。此外，吏部还掌管官员的荫子之事，包括宦官亦在其内，前述的吏部侍郎郑薰抵制宦官荫子之事，说明此事仍然归吏部管理。虽然郑薰此举是出于对宦官的歧视，但从唐朝制度的角度看，这一抵制并不合法，而是出于政治偏见。

有关宦官的事务还要受到门下省的制约，前述大宦官仇士良荫子之事，被给事中李中敏驳回。说明中书省已经同意其请求，并提草了敕书，经过门下省审议时被李中敏驳回。这一切都是唐朝政事运作的正常程序，只是由于朝官对宦官的不满，有意不予执行而已。

吏部司封司与宦官的爵位管理有关，凡宦官阶层的封爵、母妻邑号的叙封等事务，无一不是通过司封司进行的。司勋司则掌管宦官所授之勋官，授与不授，授哪一级的勋官，具体规定都由其掌握。

户部也掌管一些与内侍省相关的经济事务，如内侍省人员的粮廪、衣赐等，皆由户部如数拨给。由于人员增减变化引起衣粮不足，也归其管理。贞元“十五年（799）四月诏：‘内侍省内给事，加置二员。’至元和十五年（816）四月，内侍省奏：‘应管高品品官白身，共四千六百一十八人，数内一千六百九十六人，高品诸司使并内养、诸司判官等，余并单贫，无屋室居止，须稍优恤，宜各加衣粮半分，度支据数支给。’”[④] 度支指户部度支司，主管国家财政收支之事。开元七年（719）敕：“内侍省将军、中郎、内侍、内给事，五品已上官，宜准宿卫官给酒料。”[⑤] 这些都涉及户部的职能。

内侍省设在京师长安，因此有些事务不能不涉及京兆府，如“开元三年（715）四月二十二日敕：内侍省内坊单身给使，有品无品，并免户例差科。”[⑥] 差科之事均由地

---

① 李林甫：《唐六典》卷2《尚书吏部》，第35页。
② 《唐会要》卷65《内侍省》，第1340页。
③ 《唐会要》卷65《内侍省》，第1338页。
④ 《唐会要》卷65《内侍省》，第1339—1340页。
⑤ 《唐会要》卷65《内侍省》，第1339页。
⑥ 《唐会要》卷65《内侍省》，第1339页。

方官府掌管。《唐六典》载："京畿及天下诸县令之职……年收耗实，过貌形状及差科簿，皆亲自注定，务均齐焉。"① 由于宦官多在京师任职或当差，故其差科应由京兆府所属诸县，即长安、万年县掌管，免其差科的敕令也是由当地官府执行的。

内侍省的有些事务还与中书门下（政事堂）有关，《唐六典》卷一二《内侍省》条载："凡宫人之衣服、费用，则具其品秩，计其多少，春、秋二时，宣送中书。"为什么要宣送中书呢？因为这些开支需要宰相审定，然后以诏敕通知户部执行。唐朝以比部为国家最高审计机构，其中也包括对内侍省的审计，这一点在史籍中也可以找到证据。史载：其衣物"若用府藏物所造者，每月终，门司以其出入历为二簿闻奏。一簿留内，一簿出付尚书比部勾之。"② 比部司隶属刑部，给其呈报簿书以供其"勾之"，即进行审计。据此而推，可知内侍省所有经济收支与国家其他部门一样，均由比部审计。

史载："天复三年二月敕：诸道监军使、副监、判官并停。其院印当日差人赍纳礼部销毁。"唐朝在诸道置有监军使院，贞元十一年（795），首先给河东监军使铸印，"监军有印，自兹始也"。③ 天复三年（903），时任宰相崔胤在强镇朱全忠的支持下打击宦官势力，率先罢废诸道监军使印，以限制和削弱其势力。唐内外诸司并非建立之初皆置有印，从史籍记载看，是陆续为诸司铸印的。然而此类事务归哪个部门管理，因不见于记载，一直不大明确。《唐六典》卷四《尚书礼部》条："凡内外百司皆给铜印一钮。……凡内外百官有鱼符之制。"再结合上引销毁监军使印的记载，基本可以确定此事当为礼部所掌管。此外，从《唐六典》记载看，各级宦官的章服亦归礼部管理，内侍省的廨署、公廨田归工部管理。

从现存史籍记载看，对宦官的管理更多的是通过诏敕进行的，有关这方面的记载，在《唐会要》卷六五《内侍省》中有不少，甚至包括收养假子的规定、官阶的确定、丁忧的期限、内侍人员的增减、衣粮的增减等。然而这些诏敕的执行却与南衙诸司的职能密切相关，从而将宦官的管理纳入到了国家的正常制度范围之内。

---

① 《唐六典》卷 30《京兆河南太原三府官吏》，第 753 页。

② 《唐六典》卷 12《内侍省》，第 357 页。

③ 《唐会要》卷 65《内侍省》，第 1339 页。

唐肃宗朝楚州献宝与转轮王信仰

豆兴法（中山大学历史学系）

“丝绸之路”是对沟通中西方商路的统称，又分为陆上丝绸之路与海上丝绸之路。姜伯勤先生曾指出：“唐代南海丝绸之路因为丝绸之外又有陶瓷的输出，亦称为陶瓷之路；而由于珠宝和香药的贸易，又可称为珠宝之路或香药之路。”① 姜先生又利用敦煌吐鲁番文书研究了敦煌与发自波斯的“香药之路”“珠宝之路”与“琉璃之路”。② 本文所要讨论的唐肃宗朝楚州献宝事件即与“珠宝之路”有关。

楚州是新罗、日本人员入唐的重要口岸，也是海上丝绸之路的重要港口之一。③《资治通鉴》载唐肃宗上元元年（760），田神功入楚州“杀商胡以千数”。④ 表明楚州曾有大量胡商往来贸易，而胡商又与珠宝贸易密切相关。《太平广记》中记载了多条胡人识宝、买宝、献宝的故事。⑤ 所以楚州也是“珠宝之路”的重要港口。唐肃宗元年建巳月壬子（762年四月初三），⑥ 楚州刺史崔侁进献天赐定国宝玉十三枚。《旧唐书》卷10《肃宗本纪》载：

---

① 姜伯勤：《张曲江大庾岭新路与香药之路》，王镝非主编：《张九龄研究论文选集》，广州：广东高等教育出版社，1990年，第212—224页。

② 姜伯勤：《敦煌吐鲁番文书与丝绸之路》，北京：文物出版社，1994年，第64—69页。

③ ［日］圆仁：《入唐求法巡礼行记》卷1，桂林：广西师范大学出版社，2007年，第24—25页。唐代楚州所辖区域为江苏省淮安市及盐城市北部。参见谭其骧：《中国历史地图集》第5册，北京：中国地图出版社，1982年，第54页。

④ 《资治通鉴》卷221“肃宗上元元年十二月”条，北京：中华书局，1956年，第7102页。

⑤ 参见赵纯亚、余露：《〈太平广记〉仙人赐宝小说中的胡人识宝现象》，《宜宾学院学报》2012年第1期，第44—46页；苏保华、王椰林：《从〈太平广记〉看唐代扬州的胡人活动》，《武汉大学学报》（人文科学版）2012年第4期，第69—73页。

⑥ 唐肃宗曾于上元二年（761）九月下诏去尊号、去年号、改用周正，以十一月为岁首。相关研究参见孙英刚：《无年号与改正朔：安史之乱中肃宗重塑正统的努力——兼论历法与中古政治之关系》，《人文杂志》2013年第2期，第65—76页；收入氏著《神文时代：谶纬、术数与中古政治研究》，上海：上海古籍出版社，2015年，第371—399页。

> （肃宗元年）建巳月庚戌朔。壬子，楚州刺史崔侁献定国宝玉十三枚……十三宝置于日中，皆白气连天。侁表云："楚州寺尼真如者，恍惚上升，见天帝。帝授以十三宝，曰：'中国有灾，宜以第二宝镇之。'"甲寅，太上至道圣皇天帝崩于西内神龙殿。上自仲春不豫，闻上皇登遐，不胜哀悸，因兹大渐。乙丑，诏皇太子监国。又曰："上天降宝，献自楚州，因以体元，叶乎五纪。其元年宜改为宝应，建巳月为四月，余月并依常数，仍依旧以正月一日为岁首。"①

崔侁表称，天帝授定国宝玉于楚州安宜县尼姑真如，命其转交天子以镇人间灾祸。② 乙丑（四月十六日），肃宗以楚州符瑞为由，下诏令太子（唐代宗李豫）监国并重新启用年号纪年，改元宝应。自宋代至今，有许多学者对楚州献宝的政治背景、制造者的身份与动机等问题进行过讨论。③ 近年来，学界开始关注改元宝应与肃代皇位嬗代问题，笔者也曾撰文论述。④ 从唯物主义的角度而言，所谓天帝赐宝，自然是人为制造的传说。进献的宝物也是地方官员利用楚州胡商众多的条件收集得来。但就楚州献宝问题的复杂程度而言，此次符瑞事件仍有继续讨论的空间。比如符瑞所蕴含的宗教信仰背景，就值得深入研究。本文关注的即是楚州献宝事件与佛教转轮王信仰之间的关系。

---

① 《旧唐书》卷10《肃宗本纪》，北京：中华书局，1975年，第262—263页。

② 《旧唐书》卷40《地理志三》载："肃宗上元三年建巳月，于此县（安宜）得定国宝十三枚，因改元宝应，仍改安宜为宝应。"（第1573页）唐安宜县，属淮南道楚州，今属江苏省扬州市。762年因安宜县尼姑献宝，改名宝应县，沿用至今。

③ （宋）范祖禹：《唐鉴》，上海：上海古籍出版社，1981年，第160—161页；（元）郑元祐：《题楚州尼真如十三宝记》，李修生主编：《全元文》卷1209，南京：凤凰出版社，2004年，第638页；（清）刘宝楠：《宝应图经》卷首上，台北：成文出版社，1970年，第68—70页；［日］中村裕一：《关于唐代的制书式》，刘俊文主编：《日本中青年学者论中国史·六朝隋唐卷》，上海：上海古籍出版社，1995年，第307页；王永平：《道教与唐代社会》，北京：首都师范大学出版社，2002年，第79页；胡平：《大历之政——唐代宗大历政治史的研究》，硕士学位论文，北京师范大学历史学院，2007年，第12页；胡平：《未完成的中兴：中唐前期的长安政局》，北京：商务印书馆，2018年，第45—47页。

④ 孙英刚先生针对肃宗改元宝应的疑点，提出了富有启发性的推论。参见孙英刚：《无年号与改正朔：安史之乱中肃宗重塑正统的努力——兼论历法与中古政治之关系》，《人文杂志》2013年第2期，第76页；收入氏著《神文时代：谶纬、术数与中古政治研究》，第398页。笔者认为楚州献宝是崔圆等淮南地方官员为了迎合肃宗及其应对异常天象的需求所精心策划的，此次符瑞事件在制造之初是为了彰显唐肃宗而不是太子李豫的"天命"。宝应政变后，代宗为了增强其继位的合法性，制造了肃宗改元宝应的诏书。参见豆兴法：《楚州献宝与肃代皇位嬗代研究》，硕士学位论文，武汉大学历史学院，2015年；豆兴法：《唐肃宗改元宝应事发微》，"武汉大学第四届珞珈史学博士论坛"会议论文，2017年10月，刊于《魏晋南北朝隋唐史资料》第37辑，2018年。近年来也有学者关注这一问题，参见刘海波：《楚州献宝与改元宝应——唐肃宗、代宗之际政治史探微》，《信阳师范学院学报》（哲学社会科学版）2018年第3期，第124—128页。

有关天帝赐宝的细节，以《太平广记》卷404“肃宗朝八宝”条引《杜阳杂编》所载最为详尽，文曰：

> 开元中，有李氏者，嫁于贺若氏。贺若氏卒，乃舍俗为尼，号曰真如。家于巩县孝义桥，其行高洁，远近宗推之。天宝元年，七月七日，真如于精舍户外盥濯之间，忽有五色云气，自东而来，云中引手，不见其形，徐以囊授真如曰：“宝之，慎勿言也。”真如谨守，不敢失坠。天宝末，禄山作乱，中原鼎沸，衣冠南走，真如展转流寓于楚州安宜县。肃宗元年，建子月十八日夜，真如所居，忽见二人，衣皂衣，引真如东南而行，可五六十步，值一城，楼观严饰，兵卫整肃。皂衣者指之曰：“化城也。”城有大殿，一人衣紫衣，戴宝冠，号为天帝。复有二十余人，衣冠亦如之，呼为诸天。诸天坐，命真如进。既而诸天相谓曰：“下界丧乱时久，杀戮过多，腥秽之气，达于诸天。不知何以救之?”一天曰：“莫若以神宝压之。”又一天曰：“当用第三宝。”又一天曰：“今厉气方盛，秽毒凝固，第三宝不足以胜之，须以第二宝，则兵可息，乱世可清也。”天帝曰：“然。”因出宝授真如曰：“汝往令刺史崔侁，进达于天子。”复谓真如曰：“前所授汝小囊，有宝五段，人臣可得见之。今者八宝，唯王者所宜见之。汝慎勿易也。”乃具以宝名及所用之法授真如，已而复令皂衣者送之。①

此段材料详细记述了尼姑真如的个人事迹、天帝赐宝过程、宝物作用，行文颇似小说家之言。但其核心内容与《旧唐书》《太平寰宇记》等史籍所载大致相同，应较为可信。②

尼姑真如被皂衣引入“化城”拜见“天帝”与“诸天”。“真如”是佛教用语。《成唯识论》云：“真谓真实，显非虚妄。如谓如常，表无变易。谓此真实于一切位，

---

① 《太平广记》卷404“肃宗朝八宝”条引《杜阳杂编》，北京：中华书局，1961年，第3254—3255页。需要说明的是今传本唐苏鹗所撰《杜阳杂编》并无此条。有两种可能，一是《杜阳杂编》曾有收录但此后散佚了；二是《太平广记》所注出处有误。

② 楚州进献定国宝玉一事见载于诸多史籍，诸书有关献宝时间、宝物种类和数量等细节的记载也多有异同。《太平寰宇记》卷124《淮南道二·楚州》引楚州刺史郑辂《得宝记》所载与此条高度相似，两者应有同一史源。见（宋）乐史撰，王文楚等点校：《太平寰宇记》，北京：中华书局，2007年，第2464页。相关考证，参见豆兴法：《楚州献宝与肃代皇位嬗代研究》第1章第1节《有关楚州献宝的记述及差异》，硕士学位论文，武汉大学历史学院，2015年，第6—11页。

常如其性，故曰真如。即是湛然不虚妄义。”[①] 真如即事物的真实性质。[②]“化城”是佛以法力幻化出的城市。《妙法莲华经》记载了众人欲至有珍宝处，路遇荒无人烟的恐怖之地，佛以法力化作一城让众人入城休息的故事。[③] 至于“天帝”与“诸天”，当与佛教“帝释天王”有关。[④] 南宋志磐《佛祖统纪》卷40载：

宝应元年，河南尼真如，属禄山之乱避地楚州。月夜二皂衣引东行升天，至大城见天帝（注：当是帝释天王）、诸天王（注：当是三十二天王）及四门天王。相谓曰：“下方丧乱杀戮过多，请以第二藏宝镇其国。”乃具以宝名及镇法授真如，令前二吏导其归，如以状白之州。其宝十三枚，皆白玉宝珠，置日中白光属天，夜则如月。其名曰：玄黄天符、谷璧、如意珠、玉印、碧色宝等。刺史崔侁表上之。帝谓太子曰：“上天眷佑有德者，乃克当之。汝以楚王入为太子，今楚州献宝，天将以祚汝也。”乃悉以宝授之，改元宝应，赐真如宝和太师。敕长安立宝应金轮寺。[⑤]

志磐认为此处的天帝应是帝释天王，诸天王当是三十二天王，及四门天王。文末提到“敕长安立宝应金轮寺”[⑥]，“宝应”强调的是符瑞与天子的对应关系，“金轮”则与佛教的转轮王信仰有关。玄奘《大唐西域记》载：

金轮王乃化被四天下，银轮王则政隔北拘卢，铜轮王除北拘卢及西瞿陁尼，铁轮王则唯赡部洲。夫轮王者，将即大位，随福所感，有大轮宝浮空来应，感有金银铜铁之异，境乃四三二一之差，因其先瑞，即以为号。[⑦]

---

① （唐）玄奘译：《成唯识论》卷9，［日］高楠顺次郎等编：《大正新修大藏经》第31册，台北：财团法人佛陀教育基金会出版部，1990年，第48页。

② 《佛学大辞典》解释为“真者真实之义，如者如常之义。诸法之体性离虚妄而真实，故云真；常住而不变不改，故云如”。见丁福保编纂：《佛学大辞典》，北京：文物出版社，1984年，第876页。

③ （后秦）鸠摩罗什译：《妙法莲华经》卷3《化城喻品》，《大正新修大藏经》第9册，第26页。

④ 帝释，又称帝释天、天帝释。相关研究参见项楚：《从印度走进中国——敦煌变文中的帝释》，《四川大学学报》（哲学社会科学版）2008年第1期，第5—9页；严耀中：《佛教典籍中的天帝释世界》，陈金华，孙英刚编：《神圣空间：中古宗教中的空间因素》，上海：复旦大学出版社，2014年，第174—188页。

⑤ （宋）志磐：《佛祖统纪》卷40，《大正新修大藏经》第49册，第376页。

⑥ 据《长安志》卷20《县十·三原县》载，宝应金轮寺在三原县东北。见（宋）宋敏求撰，（元）李好文撰：《长安志·长安志图》，辛德勇、郎洁点校，西安：三秦出版社，2013年，第593页。

⑦ （唐）玄奘、辩机著，季羡林等校注：《大唐西域记校注》卷1《三十四国》，北京：中华书局，1985年，第35页。

轮王将即大位时，会有大轮宝浮空来应，有金、银、铜、铁之别。《转轮圣王修行经》载，君主如果能奉行正法，轮宝就会显现空中，以证明其统治之合法性。四方有不服者，君主只要随轮宝而行即可平定。① 轮宝是转轮王七宝之一，《转轮圣王修行经》载：

> 乃往过去久远世时，有王名坚固念。刹利水浇头种，为转轮圣王，领四天下。时王自在，以法治化。人中殊特，七宝具足。一者金轮宝，二者白象宝，三者绀马宝，四者神珠宝，五者玉女宝，六者居士宝，七者主兵宝。千子具足，勇健雄猛，能伏怨敌。不用兵杖，自然太平。②

七宝依次为金轮宝、白象宝、绀马宝、神珠宝、玉女宝、居士宝、主兵宝。③ 玄奘所译《大般若波罗蜜多经》称："如转轮王若无七宝不名轮王，要具七宝乃名轮王"④。可见七宝是转轮王的重要身份标志。⑤ 唐窥基《瑜伽师地论略纂》记载了七宝的特点，文曰：

> 七宝中，五情，二非情。谓轮宝、珠宝，此二天帝所有，下应轮王。象宝，即前非天胁中，善住龙王五百子之中一子。马宝，亦是天帝龙马。女臣兵三，亦皆天帝之臣妾也。后之五宝，下生阎浮，以应轮帝。轮帝化息还死归天，余二俱从天中应下。轮宝，即腾空摧敌，千辐金成，众宝雕饰。象宝，七支犠地，轮王乘之，腾空自在。马宝，朱鬉髦尾，亦能腾空，王乘骏远。珠宝，能放光明，所求皆雨。女宝，柔软无骨，端严美丽，不生子息，生知后宫。主藏臣宝，敦信无二，能知伏藏。主兵臣宝，经纬之才，止戈之用。动身奋怒，四兵云集，所向无前，御寇警卫。⑥

---

① （后秦）佛陀耶舍共竺佛念译：《长阿含经》卷6《转轮圣王修行经》，《大正新修大藏经》第1册，第39—42页。

② 《长阿含经》卷6《转轮圣王修行经》，《大正新修大藏经》第1册，第39页。

③ 对于七宝的名称，诸经记载有所异同，如《佛说弥勒下生经》载："尔时法王出现，名曰蠰佉。正法治化，七宝成就。所谓七宝者，轮宝、象宝、马宝、珠宝、玉女宝、典兵宝、守藏之宝，是谓七宝。镇此阎浮地内，不以刀杖，自然靡伏。"见（西晋）竺法护译：《佛说弥勒下生经》，《大正新修大藏经》第14册，第421页。

④ （唐）玄奘译：《大般若波罗蜜多经》卷524，《大正新修大藏经》第7册，第684页

⑤ 相关研究参见孙英刚：《武则天的七宝——佛教转轮王的图像、符号及其政治意涵》，《世界宗教研究》2015年第2期，第43—53页。

⑥ （唐）窥基撰：《瑜伽师地论略纂》卷2，《大正新修大藏经》第43册，第26—27页。

轮宝、珠宝为天帝所有，象宝为善住龙王之子，马宝为天帝龙马，女、兵、臣三宝为天帝臣妾。七宝各有功用，能致太平。巧合的是楚州所献十三宝中的前四宝也各有功能。《旧唐书·五行志》载：

> 上元三年，楚州刺史崔侁献定国宝十三：一曰玄黄天符，形如笏，长八寸，有孔，辟人间兵疫；二曰玉鸡，毛白玉也，以孝理天下则见；三曰谷璧，白玉也，粟粒，无雕镌之迹，王者得之，五谷丰熟；四曰西王母白环二，所在处外国归伏；五曰碧色宝，圆而有光；六曰如意宝珠，大如鸡卵；七曰红靺鞨，大如巨栗；八曰琅玕珠二；九曰玉玦，形如玉环，四分缺一；十曰玉印，大如半手，理如鹿形，陷入印中；十一曰皇后采桑钩，如箸，屈其末；十二曰雷公石斧，无孔；十三缺。凡十三宝。置之日中，白气连天。初，楚州有尼曰真如，忽有人接之升天，天帝谓之曰："下方有灾，令第二宝镇之。"即以十三宝付真如。时肃宗方不豫，以为瑞，乃改元宝应，仍传位皇太子，此近白祥也。①

如材料所示，玄黄天符可辟人间兵疫，第二宝玉鸡可镇灾，谷璧可保丰收，西王母白环可令外国归伏。十三宝统称定国宝，当是安邦定国，致太平之意。《肃宗命皇太子监国制》中也称"受兹福应，伫以升平"。②

楚州十三宝的诸多特点与转轮王七宝十分相似。比如产生条件，前引《大唐西域记》云："夫轮王者，将即大位，随福所感，有大轮宝浮空来应。"肃宗因楚州献宝改元"宝应"。郭子仪上呈代宗的奏表称："若乃神告圣运，天呈宝符。陛下登极之辰，泗水见其五璧……宝以应之。"③ 宝应即宝物对天子天命的瑞应。前引《佛祖统纪》肃宗对代宗说"上天眷佑有德者，乃克当之"，也是此意。为更为直观的理解转轮王七宝与楚州十三宝之间的关系，笔者列表如下：

---

① 《旧唐书》卷37《五行志》，第1374页

② 《唐大诏令集》卷30《肃宗命皇太子监国制》，北京：商务印书馆，1959年，第112页。

③ "五璧"指天帝所赐十三宝中的前五宝，楚州即在泗水流域。《册府元龟》卷16《帝王部·尊号一》，北京：中华书局，1960年，第185—186页。

表1　转轮王七宝与楚州十三宝对照表①

名称 / 特点	转轮王七宝	楚州十三宝
产生条件	转轮王继位	天子继位
赐宝之神	天帝	天帝
对应人物	转轮王	天子
功用	致太平	致太平

如表所示，转轮王七宝与楚州十三宝的特点大致相同。所不同的两点：一是宝物数量有所差异；二是对应人物分别为转轮王、天子。如所周知，佛教的王权观对中古政治产生了巨大影响。僧侣信众常将君主比附成转轮王，君主也乐于利用转轮王信仰来论证其统治的合法性。② 孙英刚先生认为："将君主描述为转轮王的传统，贯穿整个隋唐时期，而君主也顺应潮流，在中土本有的'天子'意涵之外，又给君主加上了佛教'转轮王'的内容，形成了我们可以称之为'双重天命'的政治论述。"孙先生又举出诸多例子证明："几乎所有唐朝前期的皇帝，都与转轮王的观念紧密相关。"③ 其实唐朝中期的肃宗和代宗也曾被描述为"转轮王"。《宋高僧传》载：

> 至德初，銮驾在灵武凤翔，空常密奉表起居，肃宗亦密遣使者求秘密法。洎收京反正之日，事如所料。乾元中，帝请入内，建道场护摩法，为帝受转轮王位七宝灌顶。④

---

① 资料来源《瑜伽师地论略纂》卷2，《大正新修大藏经》第43册，第26—27页；《旧唐书》卷10《肃宗本纪》，第262—263页；《旧唐书》卷37《五行志》，第1374页；《太平广记》卷404"肃宗朝八宝"条引《杜阳杂编》，第3254—3256页。

② 学界关于转轮王与中古政治的研究众多，参见康乐：《转轮王观念与中国中古的佛教政治》，《"中研院"史语所集刊》第67本第1分，1996年，第109—143页；孙英刚：《转轮王与皇帝：佛教对中古君主概念的影响》，《社会科学战线》2013年第11期，第78—88页；吕博：《明堂建设与武周的皇帝像——从"圣母神皇"到"转轮王"》，《世界宗教研究》2015年第1期，第42—58页；孙英刚：《武则天的七宝——佛教转轮王的图像、符号及其政治意涵》，《世界宗教研究》2015年第2期，第43—53页；吕博：《转轮王"化谓四天下"与武周时期的天枢、九鼎制造》，《魏晋南北朝隋唐史资料》第31辑，2015年，第183—195页；李小荣：《上清珠：佛道文化汇流的文学趣例——兼论与玉龙子故事之异同》，《浙江大学学报》（人文社会科学版）2016年第4期，第27—36页。

③ 孙英刚：《转轮王与皇帝：佛教对中古君主概念的影响》，《社会科学战线》2013年第11期，第78—88页。

④ （宋）赞宁撰：《宋高僧传》卷1《唐京兆大兴善寺不空传》，范祥雍点校，北京：中华书局，1987年，第9页。

不空曾为肃宗进行了受转轮王位的七宝灌顶仪式。[①] 至德三年（758）正月，不空《谢恩赐香陈情表》云："得值轮王出兴，洁诚十年，累会明圣。"[②] 直接称肃宗为转轮王。代宗即位后，不空继续受到荣宠。在《进摩利支像并梵书大佛顶真言状》中，不空也将代宗称为转轮王，文曰：

> 不空幸因圣运，早奉休明。遂逢降诞之辰，更遇金轮之日。伏惟以陛下之寿延宝祚，像有威光之名。以陛下百王为首，真言有佛顶之号。谨按大佛顶经，一切如来成等正觉，皆受此真言。乃至金轮帝位莫不遵而行之。伏惟陛下承天践祚，圣政惟新，正法理国与灵合契。伏愿少修敬念缄而带之，则广至化于东户，延圣寿于南山。[③]

不空希望代宗能效仿历代金轮帝遵守并实行"大佛顶真言"。所以唐代宗既是古代传统观念中的天子，又是佛教信仰中的转轮王。七宝之于转轮王，楚州十三宝之于唐朝天子，在政治寓意方面十分相似——都是论证统治合法性的重要器物。值得注意的是，楚州所献第六宝如意宝珠的原型很可能就是转轮王七宝之中的"珠宝"。[④]《无量寿经优婆提舍愿生偈注》记载了转轮王出世得如意宝珠造福世人的故事，文曰：

> 诸佛入涅槃时，以方便力留碎身舍利，以福众生，众生福尽，此舍利变为摩尼如意宝珠。此珠多在大海中，大龙王以为首饰。若转轮圣王出世，以慈悲方便能得此珠，于阎浮提作大饶益。若须衣服、饮食、灯明、乐具，随意所欲种种物时，王便洁斋，置珠于长竿头，发愿言："若我实是转轮王者，愿宝珠雨如此之物，若遍一里、若十里、若百里随我心愿。"尔时即便于虚空中雨种种物，皆称所须满足天下一切人愿。[⑤]

---

① 天宝五载（746），不空曾为唐玄宗灌顶。《宋高僧传》卷 1《唐京兆大兴善寺不空传》，第 8 页。

② （唐）释圆照集：《代宗朝赠司空大辨正广智三藏和上表制集》卷 1，《大正新修大藏经》第 52 册，第 828 页。

③ 《代宗朝赠司空大辨正广智三藏和上表制集》卷 1，《大正新修大藏经》第 52 册，第 829—830 页。

④ 如意宝珠与上清珠、摩尼珠也有相似之处，参见李小荣：《上清珠：佛道文化汇流的文学趣例——兼论与玉龙子故事之异同》，《浙江大学学报》（人文社会科学版）2016 年第 4 期，第 31 页。对楚州所献其余十二宝的详细考证，参见豆兴法：《楚州献宝与肃代皇位嬗代研究》，硕士学位论文，武汉大学历史学院，2015 年，第 16—25 页。

⑤ （北魏）昙鸾注解：《无量寿经优婆提舍愿生偈注》卷下，《大正新修大藏经》第 40 册，第 836 页。

如意宝珠为诸佛涅槃时留下的舍利，转轮圣王出世后得到此珠。只要转轮王真诚祷告，如意宝珠就可满足天下一切人的愿望。唐慧沼《金光明最胜王经疏》也云：

> 如意宝珠是金翅鸟王心，轮王出世以为珠宝。若无轮王入海，海龙王为镇海珠。大智度论云：是佛舍利劫末之时，变成如意宝珠利益众生。依珠能出一切所须。①

如意宝珠是金翅鸟王心，轮王出世为其珠宝，可以造福众生。

小结

综上所述，楚州所献十三宝与转轮王七宝有诸多共同点。结合献宝传说中的尼姑、真如、帝释天、诸天、化城、如意宝珠等佛教因素，基本可以确定楚州献宝所蕴含的宗教信仰背景正是唐代流行的佛教转轮王与七宝信仰。这与唐代乃至中古时期，佛教转轮王信仰在政治合法性论述框架中的重要地位是相符的。

需要说明的是，楚州所献十三宝与转轮王七宝也有明显差异。首先是数量不同。其次是诸宝的名称与作用有所不同。此外，玄黄天符、玉鸡、西王母白环等宝物明显源于中国本土的天人感应、阴阳五行观念，所以并不能认为楚州献宝是对佛教转轮王七宝的完全模仿。②

本文初作于2015年
修改于2018年

---

① （唐）慧沼撰：《金光明最胜王经疏》第3本，《大正新修大藏经》第39册，第226页。

② 参见豆兴法：《楚州献宝与肃代皇位嬗代研究》第1章第3节《肃代两朝的三教并用与符瑞崇信》，硕士学位论文，武汉大学历史学院，2015年，第25—30页。

明代节妇烈女旌表程序探析

——以《罗昭谏诗集》纸背文献为中心

孙继民（河北省社会科学院）　田　琳（河北师范大学历史学院）

旌表作为一种政治褒奖方式，成为中国古代统治者教化民众，维护社会秩序的一种重要方式。目前学界对于旌表制度的研究有很多，但多是从宏观上论述整个封建社会的旌表制度。针对于明代对节妇烈女的旌表制度，目前学界未有研究专著，一些论文则多是依据传世典籍中的记载进行相关研究。[①] 上海图书馆所藏《罗昭谏诗集》纸背文献，其内容是关于明代金华府金华县旌表节烈妇女的文书。笔者拟据此并结合传世典籍，重点探讨明代对节妇烈女的旌表过程，以期丰富、完善对明代旌表制度的研究。

一

上海图书馆所藏《罗昭谏诗集》封面题："元抄本，壬戌秋搏九装"，但实际为明公文纸抄本，共两册八十九叶，其中上册四十七叶，下册四十二叶，两册页码联排。背面为文书内容仅见于上册，共四叶。这四叶文书纸虽不能缀合但内容相关，所载都为同一件事情，即浙江金华府金华县委官知县萧子楫为激励风俗，覆勘钱沚之妻孔氏守节事。为便于研究，首先将四叶有字的文书内容移录如下。

第一叶文书录文：

---

① 相关论文主要有：蔡凌虹：《明代节妇烈女旌表初探》，《福建论坛》1990 年第 6 期；王传满：《妇女节烈旌表制度的建立与沿革及其影响》，《武汉科技大学学报》（社会科学版）2008 年第 5 期；孙朝阳：《论明代旌表节烈的激励机制》，《殷都学刊》2009 年第 4 期；崔靖：《明代前期旌表制度研究》，硕士学位论文，黑龙江大学，2011 年；杜芳琴：《明清贞节的特点及其原因》，《山西师范大学学报》（社会科学版）1997 年第 4 期；杨治玉：《试述明代的旌表制度》，硕士学位论文，山东师范大学，2014 年；等等。

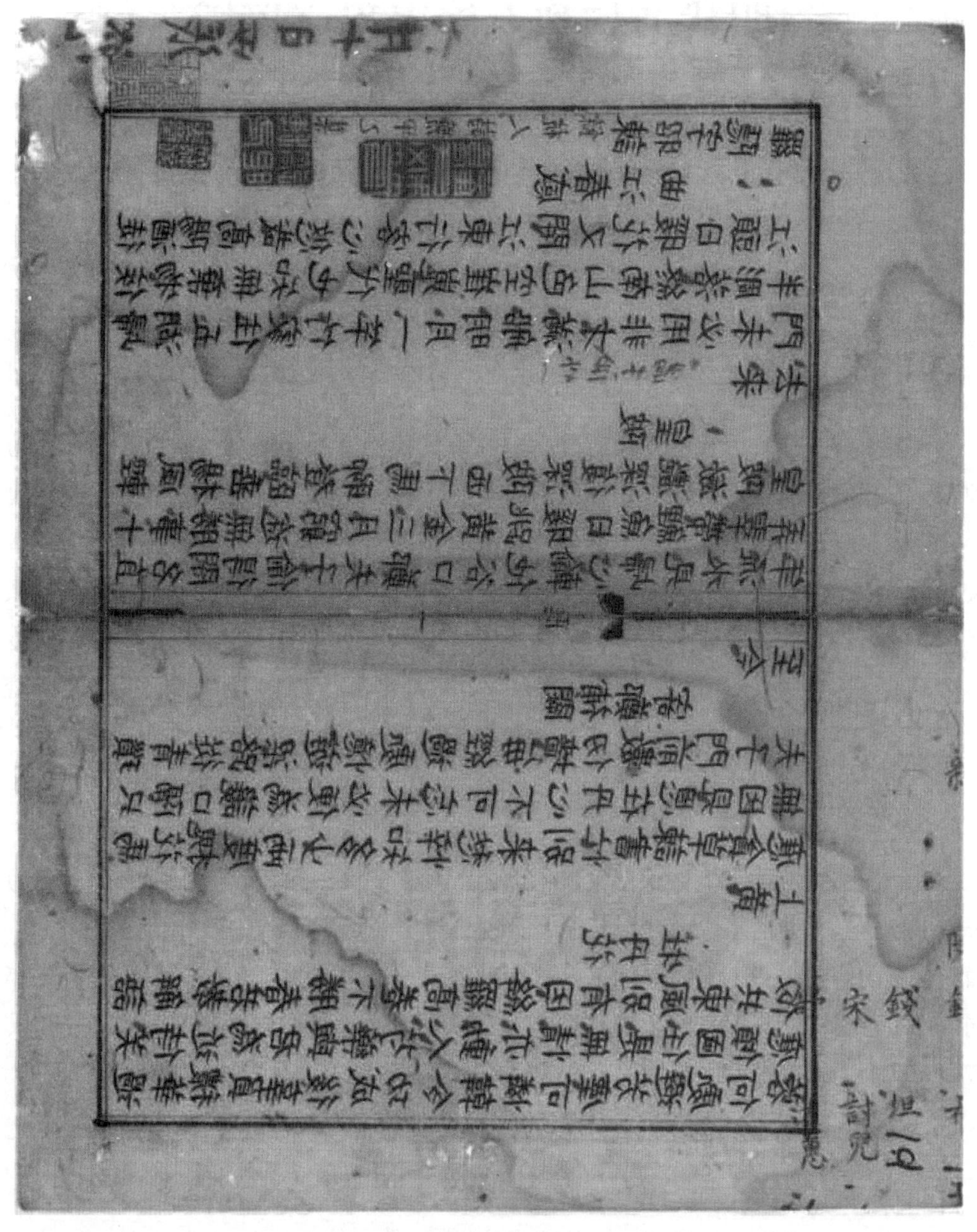

（前缺）

1.　　　　亲　　邻　　钱　　希（背面签押）

2.　　　　　　　　　　钱　　坦（背面签押）

3.　　　　　　　　　　宋　　讨儿（背面签押）

4.　　　　　　　　　　舒　　道惠（背面签押）

第二叶文书录文：

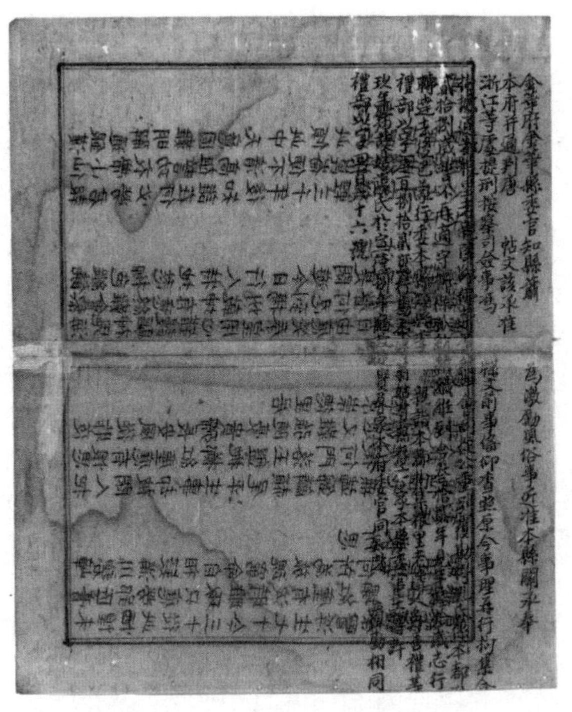

1. 金华府金华县委官知县萧　　　为激励风俗事。近准本县关，承奉

2. 本府并通判唐　　帖文该，承准

3. 浙江等处提刑按察司佥事冯　　牒文前事，备仰查照原今事理，再行拘集

   【合】▭

4. 拘据通都粮里老亲邻邵佛荣等结申，会同从公，重别覆勘得孔氏系本都

   □▭

5. 贰拾捌岁，誓不再适，守节保孤，纺绩织纴，到今叁拾贰年，见年陆拾岁，志

   行▭

6. 转达去后，已蒙行委本县知县李　　亲诣本都，拘集粮里老邻人邵善礼

   等▭

7. 礼部以字叁百捌拾贰号行勘本妇翁姑有无存亡。蒙本县委官主簿许▭

8. 玖年病故，姑薛氏于宣德捌年病故是实。及蒙本府委官同知赵　　覆勘相

   同▭

9. 礼部以字四百六十六号

（以下空白）

第三叶文书录文：

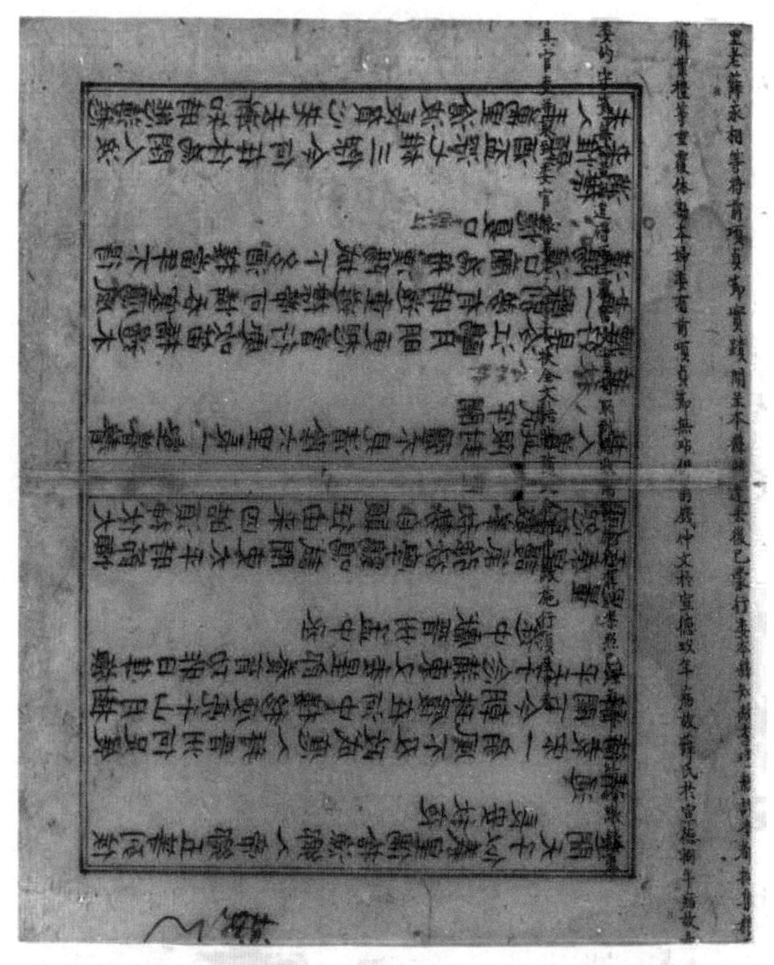

（前缺）

1. □里老薛永相等将前项贞节实迹开呈本县转达去后，已蒙行委本县知县李琦亲诣本都拘集粮□

2. □邻叶礼等重覆体勘。本妇委有前项贞节无玷，伊翁钱仲文于宣德玖年病故，姑薛氏于宣德捌年病故是□

3. □[委]的守节无玷，并无违碍，再三覆审是实，将取到结状开发施行。准此，案照已经委官勘结备缴，续奉

4. □具官吏并取到委官粮里老人等不扶全文结状，随此合行申缴施行。须至申者。

（以下空白）

第四叶文书录文：

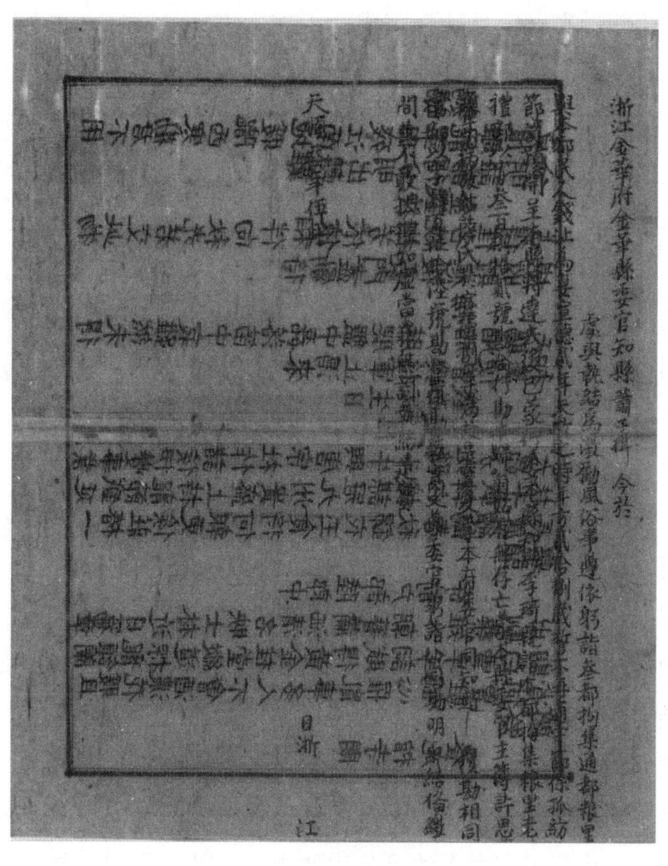

（前缺）

1. 浙江金华府金华县委官知县萧子楫　今于

2. 　　　　　　处与执结为激励风俗事。遵依躬诣叁都拘集通都粮里▭

3. 与本都民人钱沚为妻。宣德贰年夫故之时，年方贰拾捌岁，誓不再适，守节保孤，纺▭

4. 节实迹开呈本县转达去后，已蒙行委本县知县李琦亲诣本都，拘集粮里老▭

5. 礼部以字叁百捌拾贰号勘合行勘本妇翁姑有无存亡。蒙本县委官主簿许思▭

6. 玖年病故，姑薛氏于宣德捌年病故是实。及蒙本府委官同知赵　覆勘相同▭

7. 礼部以字肆百陆拾陆号勘合覆勘，覆实。又蒙委官躬诣公同勘明，取结备缴▭

8. 间并不敢扶捏，如虚当罪无词，执结是实。

9. 天顺叁年伍月　　　　　　　　　　日浙　　江▭118

以上四叶内容，都是围绕调查覆勘为旌表钱沚之妻孔氏守节事而形成的文书，其中第一叶文书和第四叶文书应是已经完成的正式文书，第二叶文书和第三叶文书则应是尚未完成的草稿文书。第一叶文书前部已经残缺，后部四行残存文字“亲邻钱希”“钱坦”“宋讨儿”和“舒道马”之下的背面均有四人的签押，因此可以推知此件应是钱沚之妻孔氏四邻的保状文书，因印书而被裁成目前所见的残件。第四叶文书首尾和上端完整，只有下端稍残，因此可知是一件内容完整的执结文书。第二叶文书在九行“礼部以字四百六十六号”以下戛然而止，且此行之后的余纸均为空白，显而易见，这是一件未完成的草稿或抄件。第三叶文书从四行“随此合行申缴施行。須至申者”看，应是一件主体内容具备的文书，但四行以后同样是满纸空白，没有年款和签押，同样也是一件未完成的草稿或抄件。

四叶文书尽管分属内容完整的正式文书和内容不完整的草件，但内容无疑都与覆勘钱沚之妻孔氏守节事有关，都有助于我们理解文书内容。下面我们就以第四叶文书内容为序展开研究。

第四叶文书大致可分为三部分。前两行为文书的行文主体和事由，最后一行表明了行文日期，中间部分可作为该文书的主体内容。由“浙江金华府金华县委官知县萧子楫……与执结为激励风俗事”可以看出这是“与执结”公文，是金华县知县萧子楫对钱沚之妻守节保孤之事进行覆勘后所做的执结状。

有明一代是奖励贞节尤为突出的一代，这是明代统治者宣扬封建礼教，倡导守节思想的直接反映。古代节妇烈女大致可分为两类，一类是贞节，指夫死不嫁（包括许有婚约）者多被旌表为贞节。如洪武二年（1369）正月，“当涂县民孙添母郑氏，黎得望妻陶氏，俱以年少夫亡守节，有司上其事，诏表其门曰贞节。”① 另一类是贞烈，为夫亡殉夫者，为恪守纲常自杀者。如正德三年（1508），“伊王奏其姊真丘郡主于其仪宾蔡升卒之日以头触壁，从夫而死，乞旌表。礼部核实具题，上嘉其贞烈，表其坊曰‘嘉贞’。”②

明太祖于洪武元年（1368）下令：“凡孝子、顺孙、义夫、节妇，志行卓异者，有司正官举名，监察御史、按察司体核，转达上司正官，族表门闾。”③ 后又令民间寡妇在三十岁之前夫亡，五十岁以后未改节者，旌表门闾，并可除免本家差役。太祖此举，正是为了激励妇女恪守贞节，维护封建礼制。在太祖朱元璋“宜在褒嘉以敦民俗”④ 的思想指导下，旌表制度不断趋于完善，自申报到审核再到批准都有一套完整而严密的

---

① 《明太祖实录》卷48，“中央研究院”历史语言研究所校印本，1962年，第957页。

② 《明武宗实录》卷41，第966页。

③ （明）李东阳等纂：《大明会典》卷79《旌表》，南京：江苏广陵古籍刻印社，1989年，第1254页。

④ 《明太祖实录》卷118，第1886页。

程序。

前文提到这件文书是天顺三年（1459）时，金华县知县萧子楫对本县钱沚之妻守节保孤之事进行覆勘后所做的执结状，从内容上看应为对旌表节妇在审核阶段的公文。而对于申报旌表，大致有两种手段，《明会典·旌表》载："（洪武）二十一年，榜示天下。本乡本里，有孝子顺孙义夫节妇，及但有一善可称者，里老人等，以其所善实迹一闻朝廷、一申有司，转闻于朝。"[①] 即一种为里老将本地孝子顺孙、义夫节妇的善行实迹直接申报给朝廷；一种为通过地方政府机构层层上报直至朝廷。从文书中第四行"节实迹开呈本县转达去后"可知，为钱沚之妻申请旌表所履行的申报程序应为第二种，即通过金华县进行逐级上报。文书第二行到第三行"遵依躬诣叁都拘集通都粮……守节保孤，纺□"为知县萧子楫依据上级下达的命令对钱沚之妻守节事进行的覆实。第二叶文书中亦有与此相关的内容，内容更为详细，"覆勘得孔氏系本都□贰拾捌岁，誓不再适，守节保孤，纺绩织纴，到今叁拾贰年，见年陆拾岁"，钱沚之妻孔氏于宣德二年（1427）夫故，当时年仅二十八岁，为夫守节不嫁，抚育幼子，以纺绩为生，到今已六十岁，守节三十二年。符合洪武年间对于旌表节妇的年龄限制"三十岁之前夫亡，五十岁以后未改节者，旌表门闾"。从第四行开始到第七行"覆实"，为知县萧子楫对钱沚之妻实迹之前审核情况的复述。从第七行"又蒙委官躬诣公同勘明……执结是实"为萧子楫所做的保证，表明已遵照指示进行了复核，中间不敢扶捏，并为此事保勘，如虚则当罪无词，对孔氏守节之事的真实性负责。

这件文书是明代旌表程序的缩影，从中我们亦可窥见在明朝英宗天顺年间对节妇烈女的实际旌表过程。关于申报前文已有阐述，在此不再赘述，申报之后下一步便是相关机构的反复审核覆勘，查证所呈之事的真伪性，这是旌表程序中最关键的环节。对于民众来说，能够得到朝廷的褒奖是莫大的光荣，既有"旌表门闾，免除本家差役"等物质奖励，也有赐匾额、立坊建祠等精神奖励，是光耀门楣之事。为了避免有人弄虚作假，勾结官员进行虚报骗取朝廷的嘉奖，从国家层面上制定严格的审核程序，严惩虚冒旌表的行为就显得尤为重要。

二

明代的旌表程序经历了由相对简单到日益严密的过程，使旌表程序不断趋于严密化、复杂化。在明朝初年"凡有孝行节义为乡里所推重者，据各地方申报，风宪官覆

① （明）李东阳等纂：《大明会典》卷79《旌表》，第1254页。

实奏闻，即与旌表。”[①] 宋濂《宋学士全集》卷三五《徐贞妇郑氏传》中记载了洪武二年为郑氏旌表的大致流程：

> 洪武二年，知县何忠，以贞妇年三十，夫亡，寡居二十八年，冰清玉洁，可以励民风，乃上其事于府；知府王珍加复核焉；浙江按察佥事张思立复廉其非诬；然后具牒上行中书，以次达之于朝；三年四月得旌表其门。[②]

从中可以看出在洪武初年的旌表程序是知县将本县节妇实迹上呈于府，知府进行复核，浙江按察司佥事核查具结，之后上报到行中书省再闻达于朝廷。从洪武二年，知县何忠上其事于府到三年四月旌表其门，前后历时一年左右。对郑氏守节之事进行复核的主体为知府和浙江按察司佥事，之后便上呈于行中书次达于朝廷，可见明朝初年已重视对旌表的审核，但是对于复核还是相对比较简单。同时，我们还应注意到在明朝建国初年，洪武时所颁布的节妇可进行旌表的条件为在三十岁之前夫亡，五十岁之后守节不改的妇女即可申请旌表。这样看来对于前元朝妇女的节烈行为仍然认可，守节时间仍然将前朝时的承继下来，有利于维护当时的新生政权。

洪武二十一年（1388）下诏“每遇监察御史及按察司分巡到来，里老人等亦要报知，以凭覆实入奏”[③]，监察御史和按察司分巡到来之时，里老人等也要向其报知，可见监察御史和按察司分巡也承担了核实的职责。

洪武二十六年（1393），规定御史对于节义的职责，要“明着实迹，结具举保，毋得举富遗贫，影弊差役，扶同作弊。”[④] 御史履行监察职责，要结具举保，避免扶同作弊之行为，保证旌表的准确性与权威性。同年，下诏关于旌表的定制：

> 礼部据各处申来孝子、顺孙、义夫、节妇、理当旌表之人，直隶府州咨都察院，差委监察御史覆实。各布政司所属，从按察司覆实。着落府州县、同里甲亲邻保勘相同，然后明白奏闻。即行移本处，旌表门闾，以励风俗。[⑤]

礼部根据各地上呈来的申报旌表之人，进行发文，要求所在的府州县以及里甲亲邻等

---

① （明）李东阳等纂：《大明会典》卷79《旌表》，第1254页。

② （明）宋濂：《宋学士全集》卷35《徐贞妇郑氏传》。

③ （明）李东阳等纂：《大明会典》卷79《旌表》，第1254页。

④ （明）李东阳等纂：《大明会典》卷210《出巡事宜》，第2804页。

⑤ （明）李东阳等纂：《大明会典》卷79《旌表》，第1254页。

进行保勘，直隶府州由都察院、差委监察御史进行覆实，由布政司所属管辖之地，按察司进行覆实，核实无误后，由礼部进行统一旌表，激励风俗。由此可见其旌表程序相较于明初更加严格，尤其是审核程序更为繁复，在上下层级之间反复进行体勘审核的过程中，势必会花去很多的时间。从徐贞妇郑氏的旌表事例中可以看到，从知县奏请为其旌表到朝廷下达旌表其门，时间大致为一年。而在旌表程序定制之后，其旌表所用时间为多少，笔者翻阅典籍未有记载，今人论文亦未有相关考证，多是寥寥带过，只说因为程序繁复，到嘉靖时期减少了审核程序“有司勘实具奏者，免其覆勘，径行风宪官覆实。”① 而《罗昭谏诗集》纸背文书内容为英宗天顺三年（1459）时的文书，能够从中推断出来的履行完整个旌表程序所用的时间，相信这可以作为旌表程序定制后普遍所用时间的一个缩影。

文书第四行“已蒙行委本县知县李琦亲诣本都，拘集粮里老□”，“蒙”为承蒙、蒙受之意，明清时期的下级机关向上级报送的文书中，凡因所请示的事情和建议得到上级批准、采纳或受到上级各种形式的奖励提职及照顾，即用此语表示。② 孔氏实迹由本县转达去后，时任本县知县的李琦亲自下访考察，召集本都的里老核实情况。光绪《金华县志》卷七《官师表》中记载李琦为景泰年间知县，但未记载何年任职。万历《金华府志》对此有更为详细的记载：“李琦，字良玉，霸州人，举人，景泰三年（1452）由训导升任知县，廉介自守，政治有方，首举孝行贞节激励风教，后以忧去任。”③ 由此可判定李琦向上级呈送为孔氏旌表的公文最早为景泰三年。在李琦以忧去任之后，继任的知县萧子楫继续依据上级命令对钱沚之妻孔氏贞节之事进行覆实，《金华府志》中记载萧子楫为泰和人，天顺元年（1457）由儒士任。文书最后呈文日期为天顺三年（1459）五月，在《金华县志》卷十《列女・右节妇传》中对孔氏亦有记载：“孔氏，钱沚妻，二十八岁夫亡，天顺四年旌。”④ 可知孔氏于天顺四年才得旌表其门，若从李琦上任之时就将旌表文书呈报的话，那么孔氏得以旌表则前后历时八年；若从李琦离任之年计算，则历时约为五年。与明朝初期洪武二年徐贞妇郑氏的一年相比，在时间上大大增加。

---

① （明）李东阳等纂：《大明会典》卷79《旌表》，第1254页。

② 刘文杰：《历史文书用语辞典》明清民国部分，成都：四川人民出版社，1988年，第169页。

③ 万历《金华府志》，台北“中央图书馆”藏本，1986年，第981页。

④ 光绪《金华县志》卷10《列女・右节妇传》，台北：成文出版社有限公司，民国二十三年（1934）铅字重印本，第608页。

三

明代对于节妇烈女的旌表有规定为已殁者不旌，但这一规定于嘉靖三年（1524）被取消，四月十九日诏："孝子、顺孙、义夫、节妇，有司开具实迹奏闻，以凭旌表。不许里书人等措勒刁难，致令无由上达。若守节年久，果有贞烈实迹，例该旌表而身故者，一体奏闻举行，钦此。"① 嘉靖十年（1531），有关覆勘制的规定也被废除。笔者认为，关于"已殁不旌"和"覆勘制"这两项规定的废除是与旌表程序日益冗杂繁琐，从里老等基层社会组织申报到最后朝廷批准给予旌表所用时间过长有直接的关系。从文书中我们可知英宗天顺年间对孔氏的旌表历经五到八年的时间，按洪武年间的诏令，在三十岁之前夫亡，五十岁之后守节不改的妇女即可申请旌表，钱沚之妻孔氏于六十一岁时才得到朝廷旌表。可见在当时乃至英宗时期之后，亦有可能会耗用更多的时间，那么在由该县将实迹转呈之后，便会有相当长时间的体核覆实。假若申报旌表之妇去世，按照之前的规定便不能为其旌表，而在此前已经进行的旌表过程便付诸东流，既耗费于人力，对于已故的贞节妇来说亦不公平。因而笔者认为在嘉靖年间政府相继将已殁者不旌和覆勘制取消是针对当时旌表时间过长，旌表程序繁复以致行政效率低下的现状所做的转变和调整。此外，笔者推测还有一个现实原因及中央和地方所存在的某种矛盾关系。从统治者教化民众维护统治的角度，国家会大力宣扬礼制教化，鼓励并倡导妇女守节，得以旌表后不光是光耀门楣获得荣誉，更重要的一点是可以免除差役和赋税；而对于地方政府从其财政角度上并非期望看到有更多的人户免税，因而反复进行审核便可理解。

洪武二十六年（1393）对于旌表程序的定制是从宏观层面上所做的规定。据笔者能力所限目前未有根据相关文书对旌表程序进行细致还原的文章，相关文章多是依据传统史料记载进行的论述。将四叶文书内容进行联系并结合传统史料大致能够还原出钱沚之妻孔氏进行旌表的整个流程。

前文已提到移录的第四叶文书从第四行开始到第七行"覆实"，为知县萧子楫对钱沚之妻实迹之前审核情况的复述。从中我们可以窥见其详细流程。首先由里老等基层社会组织将符合旌表之人向县官呈报，实迹从本县转达去后，知县李琦亲自到本都召集里老了解实况，公文经过层层上达到礼部之后，礼部要求对本妇公婆存亡情况进行勘合，指令下达之后，本县主簿进行核实，本府同知又进行覆勘，无误之后再次上报于礼部，礼部勘合无误。从"礼部以字叁百捌拾贰号勘合行勘本妇翁姑有无存亡"到

① （明）李东阳等纂：《大明会典》卷79《旌表》，第1255页。

“礼部以字肆百陆拾陆号勘合覆勘，覆实”从中我们可以了解到明代的文书行移勘合。对于礼部来说，填写勘合时要依据所属地方，编写字号，内外底簿两扇，并勘合字号纸，编写完毕，押印完备。外号底簿，去各布政司并直隶府、州收掌，内号底簿，并勘合号纸，礼部收贮。

对于申请旌表之人，不仅礼部要进行覆勘，监察御史、按察司佥事同样具有监察职责，如第二叶文书即提及按察司佥事。该叶文书背存九行，上下文皆缺，自第六行之后的内容与第四叶文书第三至七行的内容相同，从此件文书可知金华县委官知县为萧子楫，据万历《金华府志》记载本府并通判唐应为唐元。“承奉”即承命奉行之意。“承准”是平行公文中的咨文或公函中叙述对方机关来文的引叙语。“承”与“准”同义。[①] 从文书中可看出这是浙江等处提刑按察司佥事冯要查照原今事理，通过金华府转到金华县，再次拘集里老亲邻结申会同，对孔氏之事覆勘。文书中出现的按察司佥事，《明史·职官制》中记载：“提刑按察使司……佥事无定员，正五品……副使、佥事，分道巡察。”[②] 对于按察司佥事的分巡，最早应在至正十八年（1358），太祖命提刑按察司佥事分巡郡县录囚[③]，此举开了明代按察司分道巡察的先河。在地方权力机构从“三司”到“三堂”的转变过程中，按察司在全省的监察权力被代表中央都察院分省巡按的监察御史分化，按察司的监察多体现在副使和佥事的分道巡按上。浙江等处提刑按察司佥事冯对孔氏贞节之事进行覆勘即是按察司佥事进行分道巡按时的一项职责。

此外，本文书因残缺后面未有日期，前文已提孔氏宣德二年夫故，从到今三十二年可知这件文书的成文时间也为天顺三年。依据此文书的成文时间，笔者对浙江等处提刑按察司佥事冯进行了相关考证。康熙《浙江通志》卷二十二《职官》中记载的浙江按察司佥事人名当中只有二人姓冯，一是冯节，二是冯靖。《明英宗实录》载有：“景泰三年十一月……升黄玉冯节俱为浙江佥事。”成化《山西通志》卷八载：“冯节，直隶山阳人，由举人初任按察御史，天顺七年以浙江按察司佥事升本司同知卒官。”可见冯节在作为浙江按察司佥事是在景泰三年到天顺七年之间，文书中出现的可能是冯节。但在有限史籍中，也不能排除是冯靖的可能性。《英宗实录》景泰四年（1453）十月“己酉，升监察御史周鉴为云南按察司……冯靖为浙江佥事”。[④]《杭州府重修儒学记》中提到的佥事既有冯节又有冯靖，重修始于景泰癸酉（1453）成于丙子（1456）

---

① 陈文清主编：《文秘词典》，沈阳：辽宁人民出版社，1987 年，第 417 页。

② 《明史》卷 75《职官四》，北京：中华书局，1974 年，第 1840 页。

③ 《明太祖实录》卷 6“戊戌三月己酉”条，第 63 页。

④ 《明英宗实录》卷 234“景泰四年十月己酉”条，第 5116 页。

之秋。[①] 弘治《徽州府志》中只记载冯靖后升为浙江按察司副使，但未载有确切时间。[②]

综上，我们可归纳钱泚之妻孔氏旌表的整个流程：在申请阶段，是通过有司层层上报的，由里老向知县呈报，知县要亲访核实后向府呈报，府也要进行核实最后上报于礼部。需注意的是，虽然在自下而上的申报过程中，所经机构都要进行核实审查，但为了避免有人虚冒旌表，礼部需再次进行覆勘，向下发文，从里老等基层组织开始到县州府再次层层审查覆实，最后将所核查情况再次上呈于礼部。同时监察御史、按察司也承担着覆实之责。当监察御史、按察司佥事分巡到来，府县里老亦要向其报告，同时还要进行保勘，书写执结状，确保旌表之事的真实性。在反复审核无误之后，最终由礼部统一进行旌表。

从文书中我们可以看到钱泚之妻孔氏在二十八岁时夫亡，守节不改，在光绪《金华县志》中也有一些关于孔氏的相关记载，与文书中的内容恰好可以相互补充。在其中的《建置・坊表》中有为钱泚妻孔氏立的“贞节门”，位于赤松乡[③]，因而我们可以确认孔氏夫故后生活之地，位于赤松乡，文书中出现的“三都”也应是在赤松乡。而在县志《列女・右节妇传》中亦记载有孔氏“钱泚妻二十八岁夫亡，天顺四年旌”。贞节门，是为贞节妇女所立的牌坊。这也是古籍纸背文献与现存传统史料的完美结合，从地方志的对钱泚妻孔氏立“贞节门”可以佐证文书内容的真实和唯一性，同时文书中的内容又丰富和弥补了地方志中所述过于简略的问题。将文书内容与地方方志的结合，就为我们还原了钱泚之妻孔氏旌表的整个过程，因而具有重要价值。

明代大力推行旌表制度，鼓励妇女守节，宣扬“盖妇人之德，虽在于柔顺，然立节行义必在于贞烈焉”[④] 这样的思想观念，以旌表之方式激励民俗，教化人民。“使天下之为人女，为人妇，为人母者咸知违理之可羞，而一唯礼义之是慕。”[⑤] 从而维护封建礼制，并且通过旌表之人在基层社会中间树立楷模典范，在无形中号召人们学习效仿，以加强政府对人民思想和行为上的控制和引导。可以说运用旌表的形式将礼教文化逐渐推广到民众的日常生活，使之成为民众行为所遵循的规范，形成有序的社会规范秩序是旌表制度的重要价值所在。

---

① （明）陈循：《芳洲文集续编》，上海：上海古籍出版社，1995 年影印本，第 24 页。

② 弘治《徽州府志》卷 7，明弘治刻本。

③ 光绪《金华县志》卷 4，第 193 页。

④ （明）丘濬：《丘濬集》第三册，《大学衍义补》卷 83，海口：海南出版社，2006 年，第 1293 页。

⑤ （明）丘濬：《丘濬集》第三册，《大学衍义补》卷 83，第 1293 页。

结论

旌表程序是古代旌表制度中的重要环节，也是研究明代节妇烈女这一特殊群体的重要内容。《罗昭谏诗集》纸背文献内容，为我们提供了旌表节妇烈女公文的实物文献。本文通过对文书的释读分析并结合地方方志中对钱沚妻孔氏的相关记载，还原了当时为孔氏进行旌表的整个程序，显示出与明代初期相比，明中后期旌表的繁复性。同时，公文中所涉及的重复体勘内容对于研究明代的公文的行移勘合制度以及按察司分巡时的职责亦有重要意义。限笔者能力及篇幅有限，不再进行探讨，不当之处祈请方家指正。

清初粤西沿海的南明武装[*]

李庆新（广东省社会科学院）

明清易代之际，南明诸政权在清军追打下节节败退，多“短命”。永历政权及郑成功在东南沿海和海上继续与清军展开争斗。随后清朝在沿海地区实施“迁海”，以对付东南地区特别是闽粤沿海的反清复明势力。广东是南明与清朝争夺时间较长的地区，“兴复仇之甲者凡数十家”，“南明三忠”（陈邦彦、张家玉、陈子壮）在粤中地区抗清；王兴、邓耀、陈奇策、杨彦迪等相继在珠江口以西沿海及北部湾海域活动，以海洋为舞台，坚持抗清，成为大陆之外另一支反清复明的海上武装力量。这些南明海上武装被清朝称为“海盗”或“西贼”。直到康熙二十年（1681），清军攻陷南明在北部湾的最重要基地龙门，二十二年（1683）台湾郑氏降清，这批南明海上武装余部才撤出粤海，投奔安南、柬埔寨，在异国他乡另觅安身立命之所。

20 世纪 60 年代，陈荆和先生发表了长篇论文《清初郑成功残部之移殖南圻》，对郑氏残部迁移至广南、下柬埔寨的历史作了深入细致的研究，其中在粤海活动的南明海上武装首领杨彦迪、陈上川等是主要研究对象。此外张文和《越南华侨史话》、郑瑞明《清代越南的华侨》及吕士朋、周中坚、徐善福等相关专论文章对清初杨彦迪、陈上川等率部进入越南皆有涉及。[①] 本文在前人研究基础上，探讨明清鼎革之际东南沿海局势、粤西地区南明海上武装反清复明活动及其悲剧结局，希望有助于深化明清易代史、南明史及越南侨史研究。

---

* 本文曾提交由美国哈佛大学、香港中文大学、越南河内国家大学人文社会科学大学在河内联合主办的“越南与东亚交流学术研讨会”（2012 年 5 月 13—16 日），收入本文集时作了修改补充。

① 陈荆和：《清初郑成功残部之移殖南圻》（上、下），分别刊于《新亚学报》第 5 卷第 1 期，新亚书院新亚研究所，1960 年，第 433—459 页；第 8 卷第 2 期，新亚书院新亚研究所，1968 年，第 413—485 页。张文和：《越南华侨史话》，台北：黎明文化事业股份有限公司，1965 年。郑瑞明：《清代越南的华侨》，台北：台湾师范大学历史研究所，1976 年。吕士朋：《盛清时期的中越经济关系——兼述华人对南圻的开发》，《近代中国初期历史研讨会论文集》（下册），台北：“中央研究院”近代史研究所，1989 年，第 919—941 页。周中坚：《华侨移居柬埔寨史略》；徐善福：《17—19 世纪的越南南方华侨》，两文刊梁初鸿、郑民编：《华侨华人史研究集》（二），北京：海洋出版社，1989 年，第 81 页，第 193—204 页。

一、明清之际粤中地区反清复明形势

（一）绍武、永历政权与“南明三忠”抗清

崇祯十四年三月，李自成率领农民军攻陷北京，崇祯皇帝在煤山自尽。随后清兵入关，攻陷北京，明朝不少宗室大臣拥众往东南败退，时局动荡。弘光元年（隆武元年，清顺治二年，1645），清兵攻陷南京，灭南明弘光政权，所到之处烧杀抢掠，强迫人民薙发蓄辫，改服满族衣制，激起明朝官民的强烈反抗，一批朝臣、义士组织武装，抗击清兵。同年六月，鲁王朱以海在绍兴监国，建立鲁王政权。闰六月，弘光朝礼部尚书黄道周等拥立唐王朱聿键在福州称帝，建号隆武。由于南明诸政权各自为政，力量分散，难于协调，且物资匮乏，很快被清兵击破。隆武二年（清顺治三年，1646）六月，绍兴陷落，鲁王政权亡。八月，清军再下福州，隆武帝逃往汀州被杀。

清军从福建、江西两路继续向两广推进。十月，广西巡抚瞿式耜、两广总督丁魁楚、湖广总督何腾蛟等拥立万历帝唯一的嫡孙永明王朱由榔在肇庆登基，仍称隆武二年，明年改元永历。同年十二月，唐王朱聿键之弟、监国朱由𨮁、大学士苏观生等由海路逃到广州。苏观生等派兵部主事陈邦彦奉表前往肇庆朝贺，遭到丁魁楚的拒斥，乃联合广州官绅梁朝钟、关捷先等拥立朱由𨮁为皇帝，年号绍武。永历、绍武政权因争帝位而火拼，双方大战于三水、三山海口，永历水师大败，督师林佳鼎投水死。

永历虽然战败，但当时屯兵南澳的郑成功“闻永历即位，遣人间道上表，尊奉正朔”。[①] 此后一段时间，永历政权与郑氏保持海上联系，遥相呼应。关于郑成功奉永历年号原委，《台湾外纪》记载：

> ［成功屯同安］忽报辅明侯林察自广东逃回，因与苏观生等共立绍武，曾御永历于三水，后共镇虎门。广东破，不敢归永历，仍回闽，见成功，详陈瞿式耜等拥立桂王始末。成功加额曰：“吾有君矣！”遂设香案，望南而拜，尊其朔号。即修表，遣原隆武中书舍人江于灿、黄志高二人，从海道入广称贺，并条陈时势。[②]

清朝在南征过程中推行严酷的民族征服与杀戮政策，发生了“扬州十日”“嘉定屠

① （清）夏琳：《闽海纪要》卷1，丁亥顺治四年（明永历元年），福州：福建人民出版社，2008年，第10页。

② （清）江日昇：《台湾外纪》卷3，福州：福建人民出版社，1983年，第87—88页。

城”等浩劫。正当绍武政权庆祝胜利的时候，清军佟养甲、李成栋部已经顺利占领粤东潮、惠，突攻广州东门，苏观生率众抵抗，力量悬殊，城陷，朱由𨮁、苏观生等自缢死。清军诛杀南明诸王 16 人，大肆杀戮平民，死者数万人，海珠寺侧珠江血水流淌三日。女给兵丁，房屋属官。陈舜系《离乱见闻录》记载：

［乙酉顺治三年］十二月，大清兵入广州，绍武及观生俱被难。盖兵于十五日早凭文武官行香入城，一旦满城皆剃头结辫，戴红缨帽，家家贴大清顺民于门。告示晓谕，留发不留头，留袖不留手，留裙不留足等语。先是乙酉秋，海珠寺侧流血水三日，至是有屠城之变，兵民死者数万，妇女给兵丁，房屋属官。镇守广州则总督佟养甲、提督李成栋也。①

广州陷落后，永历帝仓皇逃离肇庆，经梧州抵桂林。南明兵部主事陈邦彦、监军御史张家玉、大学士陈子壮则分别起兵于顺德、东莞和增城，向广州推进，“三路联兵，势同鼎足”。② 明军与清军在广州周边激战，陈邦彦、张家玉、陈子壮战死，史称“广东三忠”或“南明三忠”。清军控制广州、肇庆等中心城市后，兵分三路，向西南推进：一路沿北江而上，与从江西南下的清军会合；一路南向高雷地区，直指海南；一路沿西江而上，追击永历帝。但是其时广东不少反清力量仍然拼死抵抗，力图匡复。清陈伯陶《胜朝粤东遗民录》记载：

吾粤当桂王时，陈文忠（陈子壮）、陈忠愍（陈邦彦）共举义师，张文烈（张家玉）起兵东莞，远近响应，海滨义民如王兴、邓耀、陈奇策等，所在拥兵，咸奉号令，遥为声援。三公既殉国难，文忠之弟子升，文烈之弟家珍，尚保余众，力谋恢复。③

（二）李成栋反正与广州“庚寅之劫”

广东抗清复明力量不断聚集，使得清朝在“会城（广州）之外，至于号令不

① 陈舜系：《离乱见闻录》卷上，中国社会科学院历史研究所明史室编：《明史资料丛刊》第三辑，南京：江苏人民出版社，1983 年，第 248—251 页。

② 屈大均：《皇朝四朝成仁录》卷 10。

③ 陈伯陶：《胜朝粤东遗民录序》，谢创志整理，上海：上海古籍出版社，2011 年，第 25 页。

行”。[1] 永历二年（顺治五年，1648）二月，清镇守江西总兵官金声桓宣布“反正”，奉永历年号。五月，清广东提督李成栋胁持两广总督兼广东巡抚佟养甲归明反清，永历政权又恢复对广东的统治，并与江西、湖南、闽浙的抗清义军相呼应，南方形势大变。七月，永历帝遣使入闽，晋封郑成功为漳国公。“是年，全粤俱奉永历正朔。”[2] 九月，永历帝回到肇庆。

永历三年（顺治七年，1650）春，清平南王尚可喜、靖南王耿继茂率清军从江西经粤北南下，绕过原明朝两广总督府治所肇庆，直逼广州，南明两广总制杜允和固守省城。十一月初二，城破，杜允和逃往海南，清军入城，明军六千余人阵亡。清军屠城，十万无辜平民被杀，是为广州“庚寅之劫”。

清初有不少文献记载这一血腥事件。陈伯陶《胜朝粤东遗民录》记载，平南王尚可喜、靖南王耿精忠攻破广州后，“屠戮甚惨，居民几无噍类”。有僧人真修，“募役购薪，聚胔于东门外焚之，累骸烬成阜，行人于二三里外，望如积雪，因筑大坎瘗焉，表曰‘共冢’”。曾任南明中书舍人的番禺人王鸣雷睹此惨状，写了一篇祭文：

> 呜呼！一治一乱，维天有道。一死一生，维人有数。在昔尉陀，南土翼翼。迄于卢循，降割邦域。杀人盈城，尸填沟洫。甲申更姓，七年讨殛。何辜生民，再遭六极。血溅天街，蝼蚁聚食。饥乌啄肠，飞上城北。北风牛溲，堆积骷髅。或如宝塔，或如山丘。便门已朽，项门未枯。欲夺其妻，先杀其夫。男多于女，野火模糊。槁老就戮，少者发奴。老多于少，野火辘轳。五行共尽，无智无愚。无贵无贱，同为一区。岂无同姓？鬼食嫌疑。生妻在傍，冥漠未知。儿尚襁褓，母已生离。骨无人收，儿在背饥。亦有弱妇，仓卒入房。暮昏晨别，未拜姑嫜。断饥委尘，粉骨埋香。生不相见，良友巾帼。如何墓门，不远咫尺。嗟呼悲哉！浩浩黄云，潇潇暮雨。谁敛魂魄？而聚比户。野狐邻穴，野葵塞路。峥嵘荒馗，白杨衰草。大小号哭，同归乡土。回首西天，勿生劫道。……[3]

一些在中国的西方人士也听闻这场劫难。意大利传教士卫匡国（Martin Martini）在《鞑靼战纪》（1654年出版）中写道：

> 大屠杀从11月24日一直进行到12月5日。他们不论男女老幼一律残酷地杀

① 陈伯陶：《胜朝粤东遗民录序》，第27页。

② （清）夏琳：《闽海纪要》卷1，第16页。

③ 陈伯陶：《胜朝粤东遗民录》卷1《王鸣雷传》，第72—73页。

> 死，他们不说别的，只说："杀！杀死这些反叛的蛮子！"但鞑靼人饶恕了一些炮手以保留技术为自己服务，又饶恕了一些强壮的男人，为他们运送从城里抢到的东西。最后，在12月6日发出布告，禁止烧杀抢掠。除去攻城期间死掉的人以外，他们已经屠杀了十万人。①

顺治十二年（1655），约翰·纽霍夫（John Nieuhoff）随荷兰使团来华，在《从联合省的东印度公司出使中国鞑靼大汉皇帝朝廷》一书（1669年出版）中记录了清军"广州屠城"的境况：鞑靼全军入城之后，全城顿时是一片凄惨景象，每个士兵开始破坏，抢走一切可以到手的东西；妇女、儿童和老人哭声震天。从十一月二十六日到十二月十五日，各处街道所听到的，全是拷打、杀戮反叛蛮子的声音；全城到处是哀号、屠杀、劫掠；凡是有足够财力者，都不惜代价以赎命，然后逃脱这些惨无人道的屠夫之手。②

（三）永历帝遇害与南明终结

清军攻陷广州后，继续向西推进，永历帝逃到南宁，并在大西军孙可望部接应下进入云南，过着寄人篱下的生活。永历六年（顺治九年，1652）一月，清军攻下琼州。

其后，李定国率领大西军由西南入岭南，曾经收复广西和广东北部、西部诸府。李定国进入雷州半岛，谋攻广州，屯兵新会，候福建郑成功援兵。吴川一带抗清力量一度达到10万余人。永历九年（1655）一月，大西军与清军大战，败退至广西南宁。

永历十年（1656）春，李定国进入云南安龙，并成功地把永历帝带到滇都，但是清朝派遣的三路大军不久就从四川、湖广、广西合击贵州，直指云南。永历十三年（1659）八月，清军进入云南，永历帝在沐国公沐天波带领下向西逃亡，进入缅甸，在缅京阿瓦以北安顿下来。永历十五年（1661），清大将军吴三桂率兵入缅甸，追击永历帝。次年（康熙元年，1662）一月，永历帝被清军带走，五月底在云南遇害，南明永历政权宣告终结。

二、清初粤西沿海的南明武装

在南明永历政权在两广、贵滇活动及其灭亡后一段时期，粤海是抗清复明的另一战场，珠江口以西沿海的汶村、川山群岛、海陵岛，雷州半岛东海、西海一带，北部

---

① 杜文凯编：《清代西人见闻录》，北京：中国人民大学出版社，1985年，第53页。

② ［美］司徒琳：《南明史》，李荣庆等译，严涛溦校，上海：上海古籍出版社，1992年，第131页。

湾龙门等濒海地区和岛屿是抗清的据点，也是南明永历政权维持与郑氏政权联系的海上交通渠道。这批武装势力在南明旗帜下与清朝展开长达30余年的海陆争战，纵横粤海，构成南明史的重要篇章。

（一）以汶村为基地、控守珠江口西岸的王兴、萧国龙

汶村，亦作文村，位于珠江口西岸广海湾畔，属新宁县，南滨海，与下川岛、上川岛隔海相望，西与阳江县为邻，群山环绕，四周为卤田，簕竹陂塘交错，易守难攻。地方志记载："文村处万山之中，四邻大洋，羊肠鸟道，一径通入，刺竹坡塘，交相间隔。兴既破之，筑寨其中。"①

王兴，字电辉。本姓萧，名嘉音。屈大均《皇明四朝成仁录》、吴梅村《鹿樵纪闻》皆作恩平人；而光绪《新宁县志》则谓王兴为番禺人。据顾铁符、顾诚先生考证，王兴祖籍福建平和，曾祖父萧琼于嘉靖二十四年任恩平县巡检，寄寓蓝坑，遂为恩平人。② 顾诚先生还认为屈大均《皇明四朝成仁录》、吴梅村《鹿樵纪闻》所记王兴"以杀仇亡命易姓名萧嘉音"是说反了。屈大均引《潮州忠逸传》谓兴为大埔人，"本姓黄，后改王兴"，亦误。③ 同治《金溪县志》卷二十二记载明广东巡按御史连城璧单骑招抚萧嘉音，"嘉音感泣，率众归附。城璧盟之神，激以忠义，改其姓名曰王兴"。而连城璧《蹇愚录》有《告关帝疏》，为永历帝即位初连城璧与王兴会盟于关帝庙的誓词，疏中仍用"萧嘉音"之名，此后在连城璧的奏疏和书信中，均称王兴。所以，顾诚先生认为连城璧为萧嘉音改名请官当在永历初年。④

王兴初为盗，短小精悍，人呼绰号"绣花针"；任侠好施，得诸恶少死力，"武力雄视一时"。清初诗人陈恭尹撰诗称其"十三学杀人，十五手博狼。三十建义旗，姓名惊一方。"⑤ 崇祯帝自尽后，王兴在恩平以勤王为任，组织义军达数千人。光绪《新宁县志》谓王兴"少为农。明亡，散家财，收纳亡命，以计恢复，四方归之"。

南明隆武二年（顺治三年，1646）冬，唐王聿鐭立，派人私下游说王兴，出梧州

---

① 何福海、郑守昌修，林国赓总纂：光绪《新宁县志》"事纪略下""建置略下"，光绪十九年刊本，第296、231页。

② 顾铁符：《明末王兴将军的生卒年及其抗清殉节史迹考》，《学术研究》1963年第1期。顾诚：《清代人物传略》，北京：中华书局，1994年；收入《顾诚文史札记·明朝没有沈万三》，北京：光明日报出版社，2012年，第225页。

③ 顾诚：《清代人物传略》"王兴"，第225页。

④ 顾诚：《清代人物传略》"王兴"，第225—229页。

⑤ （清）陈恭尹：《王将军挽歌》，《独漉堂集·增江后集》，郭培忠校点，广州：中山大学出版社，1988年，第71页。

攻永历，邀劫三宫，王兴以大义拒之。广州沦陷，唐王被杀，王兴乃奉唐王之弟聿鐭为主，“四出煽诱”，合众围攻新宁，不克，退保大塘，“坚守为持久计”；时六村、田稠、冲柴等处，俱为王兴声援。① 清将李成栋围之，王兴退走恩平山中，击退清将佟养甲。永历元年（清顺治四年，1647）七月，王兴复新宁、阳江、电白、恩平、开平，扼制珠江口以西海道及濒海地带，造成清朝无法在粤西确立稳固统治。

永历二年（1648），清广东提督李成栋反正，王兴迎永历帝移驻肇庆，获封为广、肇、会、宁、恩、阳地方总兵官，还守阳江、阳春、恩平、开平四县，扩军屯粮。其后王兴转战广州、阳江之间，清平南王尚可喜、耿继茂入粤，多次劝降，王兴拒绝，并击溃清军。七年（1653）五月，复广海卫城，升为左军大都督、虎贲将军，继而转战电白、两阳、三水、顺德沿海，最后攻占位于新宁县西南部海边的汶村，同时命副将萧国龙分据阳江永丰寨，以相策应。

明社既屋，海滨土贼蜂起，汶村举人陈王道倡建城寨。其城寨有四门，知县王嵩名其东曰“东阳”，西曰“西康”，南曰“南熏”，北曰“北拱”。② 王兴攻打汶村，遭到陈王道的殊死抵抗，战况相当惨烈。据地方志记载：

> 陈王道，海晏文村人。……王道乃倡筑垣墉如城，环乡四周以为固。当是时，有王兴者，短小精悍，号绣花针，奉永历年号，聚众至数千人，攻近海诸乡。顺治十一年春，屠大隆峒，劫货财，掳妇女，酷甚。至是来攻文村。王道率乡勇三百人御之，且为邻乡援。兴患之，攻数月不下。乃计诱之，锢居北泥，欲降之，王道骂不休，且曰：“吾为杲卿死，毋为李陵生也。”兴更厚以宴礼，而王道不屈如故。兴党谋曰：“王道所系怀者文村耳，既屠文村，彼将焉怀？”兴于是环攻益急，遂破文村。王道闻之，口占曰：“赤族无能除寇害，黄泉有路话乡愁。”即缢死，子四人，三际升，同被害。③

王兴占领汶村后，“熬海铸山，务农积粟，旁定诸屯砦”，“筑垒建仓厂为长久计”；“间遣从子茂公等行贾海南诸国，益擅富饶。并招围外诸寨数十为犄角”。④ 当地人称汶村城为“绣花针寨”。汶村成为南明在粤中反清的前沿据点。

---

① 何福海、郑守昌修，林国赓总纂：光绪《新宁县志》“事纪略下”，第 294 页。

② 何福海、郑守昌修，林国赓总纂：光绪《新宁县志》“古迹略”，第 352 页。

③ 何福海、郑守昌修，林国赓总纂：光绪《新宁县志》“人物传下”，第 429 页

④ 钱海岳：《南明史》卷66《王兴传》，北京：中华书局，2006 年，第 3157 页。

王兴虽目不知书，但“大义根乎至性，去就之际，可否断断”。[①] 当时明朝宗室唐王聿镨、郡王鄜城、兴安及缙绅朝士多投靠王兴，“兴一遇以礼，资给咸丰。欲婚者，为具羔雁。欲去者，为具行李”。[②] 王兴“奉聿镨为主，仍用永历年号”。特别是永历帝当时正在滇中，“出入海上，诏使往来，借兴为东道主”。[③] 王兴还数次派侄子茂公、黄钰假道交趾，向永历帝进贡金银布帛诸物，帝甚嘉其忠。

清朝视汶村为眼中钉，必欲去之，然不能克。吴梅村《鹿樵纪闻》记载：“时明宗室文武挈家托孥者以千数，滇中之通浙闽者，必借兴为东道主。朝中闻而恶之，屡责平南王收剿，不能克。”[④] 十年（顺治十三年，1656）三月，清平南王尚可喜以书招之，兴答曰：

> 顽民无所为，将欲存中国于一隅，全礼义于百世，岂徒惜此数茎顶上毛而已。至海涯片地，原为故物，本朝早置度外，何论新朝哉？如此欲致之，则虽死不来也。[⑤]

尚可喜知不可招，遂发兵三万围攻汶村，相持数月。王兴歼清兵7000余，凌海将军陈奇策率部自下川海上来援，清军撤退，永历帝加封王兴为广宁县伯。十一年（1657），汶村饥荒，尚可喜乘机发兵10万，分水陆两路围攻汶村。王兴固守13个月，尚可喜多次劝降，均遭王兴拒绝。守城将士，几乎全部战死。清军损兵数万，马匹590余匹。十二年（1658）八月，城将破，王兴妻妾15人自缢，王兴自焚殉国，年四十五。[⑥] 总督部院连城璧外出招兵没有罹难。吴梅村《鹿樵纪闻》述其事甚详：

---

① 吴梅村：《鹿樵纪闻》卷下《绣花针传》，《明代野史丛书》，北京：北京古籍出版社，2002年，第391—393页。

② 屈大均：《皇明四朝成仁录》卷12《广东死事三将军传》，欧初、王贵忱主编：《屈大均全集》第三册，北京：人民文学出版社，1996年，第905—907页；何福海、郑守昌修，林国赓总纂：《新宁县志》“事纪略下”，第296页。唐王聿镨，钱海岳：《南明史》卷3《昭宗纪》作聿锷。

③ 屈大均：《皇明四朝成仁录》卷12《广东死事三将军传》，欧初、王贵忱主编：《屈大均全集》第三册，第905—907页；何福海、郑守昌修、林国赓总纂：光绪《新宁县志》“事纪略下”，第296页。

④ 吴梅村：《鹿樵纪闻》卷下《绣花针传》，第392页。

⑤ 钱海岳：《南明史》卷66《王兴传》，第3158页。

⑥ 顾诚先生认为王兴自焚的时间，《鹿樵纪闻》《南疆逸史》等记载皆误；据王兴墓志云：“公万历乙卯年十二月十五日卯时生，永历己亥年八月十七日亥时卒，享年四十有五。”王兴墓志为其弟和儿子所“泣血勒石”的，是可靠的。见顾诚：《清代人物传略》“王兴”；收入《顾诚文史札记·明朝没有沈万三》，2012年，第229页。

> 顺治戊戌，文村大饥，乃筑长围困之。自七月至明年之夏，斗粟二千，一鼠五百，下无叛者。……兴谕将士严守陴，归阖门，与妻张氏盥栉，服伪赐蟒，十五妾皆盛妆，祷月后园，共拜天地，然后使张氏自拜其母，又夫妇对拜，又同受众妾之拜。拜毕，依次坐桂下石床，笑谓众妾曰："今日之事憾乎?"皆应曰："无憾!"乃命酌，三爵既周，张氏起曰："可以行矣。"即率众妾归房，兴亦徐步出，张母随而觇之。兴至中堂，陈前后伪赐诰敕，北面嵩呼谢恩，次拜祖先，次拜四方；视壁间悬所爱《虎顾彪图》，亦就拜之。随执铜叉取下，卷置敕书旁，释公服，短衣至房，则众妾皆赫然梁间矣。房中先积火药，兴升小几，下张氏尸，解缳置药上，次及众妾皆毕。复出中堂，服公服，右秉烛，左抱敕书图画，大步而入。张母方惧而走，而房中烈焰贯天。将士奔救，见十七人骸骨皑然。乃取兴平日所斫大棺，合而殓焉。①

关于清兵平定汶村，陈舜系《离乱见闻录》谓：丁酉顺治十四年（1657）十月，"奉旨征阳春贼王兴（即绣花针）。适己亥八月，兴绝粮自尽，前后斫死兵民万余人，失官数十员"。② 可见清朝为平王兴损师折将，付出了惨重的代价。光绪《新宁县志》引用樊封诗注谓：

> 先是，官军方勘定琼南，未暇及此一隅，及粤地大定，平南王亲率将佐来讨，分扼其运道，作长围困之。相持半载，王遣人招之降，不听。是年八月，寨中粮且尽，兴遣其子五人，赍明之印敕令箭，至大营约降，平王大悦，厚遣其子，归述王德义。兴是夜举家自焚死，聿镨亦吞脑片而亡。③

王兴向尚可喜"约降"，应非真降。他与朱聿镨君臣殉国，死得惨烈，颇令平南王尚可喜感动，史载"尚可喜闻而义之，迎其柩至广州，葬之城南"。粤人题碣曰："皇

---

① 吴梅村：《鹿樵纪闻》卷下《绣花针传》，第392页。钱海岳《南明史》卷66《王兴传》记载，从王兴自尽诸妾有袁氏、金氏、卢氏、冯氏、梁氏、陈氏、张氏、陈氏、林氏、谭氏、陈氏、岑氏、谢氏、余氏、卢氏。

② 陈舜系：《离乱见闻录》卷下，李龙潜点校：《明清广东稀见笔记七种》，广州：广东人民出版社，2010年，第33页。

③ 何福海、郑守昌修，林国赓总纂：光绪《新宁县志》"事纪略下"，第297页。

明虎贲将军县伯电辉王公偕同节元配一品夫人张氏十五庶夫人之墓。”① 清人樊封《明虎贲将军王兴墓》赞云：“浮江五马日纷争，剩水残山孰主盟？天步既移人事舛，伤心穷岛一田横。”②

萧国龙，字沛卿，阳江人，初为王兴副将，攻复州县，永历帝授骠骑将军，镇守阳江永丰寨，与汶村互为犄角。永历十二年（顺治十五年，1658）秋，汶村陷落，“同义尚在海上”。清军攻永丰寨，萧国龙佯降，清兵撤退后联合水陆义士亨峒陈期新、白头蓢洪彪、古城劳奏、雷岗郑雄、双水钟良等，再举义旗。尚可喜派水师总兵张国勋率水陆兵，由上下川、陡门、海陵分路进剿永丰寨，萧国龙坚持二月余，寨破，举家自焚，国龙投水殉节，前后阵亡1400余人，被执200余。③

在王兴、萧国龙阵营中，南海生员霍达芳曾为兵部司库。永历四年（1650）广州陷落，达芳走汶村、下川之间，与王兴、陈奇策相结纳，“二将军分以舟师数百人，往来海上为游兵，舟轻士锐，出没波涛三载”。一日，“以单骑护获于四沙，遇逻舟，惊其全发，执之归。尚王讯之，不语姓名，以其家有老母也。问曰：降乎？三摇其首，遂遇害”。④

（二）以龙门为基地、纵横阳电、雷廉、安南海上的陈奇策、邓耀

陈奇策，字鸿石，南海人（一作新宁汶村人）。原为县掾，由黎遂球推荐，为游击罗明受记室，继为守备。广州之陷，佟养甲得之，使管肇庆水师。李成栋反正，迁总兵，仍屯驻羚羊峡口，扼守西江，与王兴相犄角。永历四年（顺治七年，1651），广州被围，奇策率舟师救援，与诸军会三水。广州再陷，奇策退据下川，往来虎门、羊屿之间，数有战功，永历帝授凌海将军。光绪《新宁县志》谓：

> 永历初加凌海将军，与虎贲将军王兴相犄角，出入文村、下川间。永历四年十一月，广州破，南海生员霍达芳从陈邦彦起兵，为中军，授兵部司务，走投策，

---

① 屈大均：《皇明四朝成仁录》卷12《广东死事三将军传》，欧初、王贵忱主编：《屈大均全集》第三册，第907页。1952年，王兴坟墓在河南南箕村发现。为了纪念这位被清朝称为“海盗”的抗清名将，迁葬于越秀公园木壳岗，供后人凭吊，台山汶村至今仍留有王兴当年抗清城垣残址。

② 樊封：《南海百咏续编》卷4《明虎贲将军王兴墓》，香港：大东图书公司，1977年，第83页。

③ 屈大均：《皇明四朝成仁录》卷12；樊封：《南海百咏续编》卷2《庆云庵》，广州：广东人民出版社，2010年。

④ 何福海、郑守昌修，林国赓总纂：光绪《新宁县志》“杂录”，第513页。

> 厚相结纳。策与王兴分舟师数百人，使往来海上，为游兵。[①]

永历七年（顺治十年，1654）春，南明西宁王李定国兵临肇庆，攻四会、广宁，陈奇策率舟师应援，直抵三水渡军，以趋广州。清军以戈船扼大路峡口。奇策退还下川。明年五月，李定国攻高、雷、廉三郡，尽复岭西。九月进围新会，陈奇策以舟师袭击清军，斩擒清将盖一鲲、梁大力于江门，李定国任命陈奇策为水师都统，屯江门栅。九年，李定国败退还南宁，陈奇策仍还下川，与总兵冯士骝领海舟三百艘，出没阳、电、雷、廉海上。

十年（顺治十三年，1657），清军攻汶村，陈奇策往救，转围下川，大战七日，以西洋炮击毙清军数百人。陈奇策念下川弹丸之地，虽与隔水、南厅、海陵诸寨交通，然临近清军在广东的统治中心广州，难于持久抵挡尚、耿两藩王的进攻，闻靖氛将军邓耀占据钦州龙门岛，遂移师粤西，与邓耀会合。据南宁、太平、思恩等府，己亥年为清兵擒获，解送肇庆，尚可喜、耿继茂厚待之，在狱一年，不屈。永历十四年（顺治十七年，1660）五月从容就义，“市人为之堕泪，咸私焚纸钱奠之”。[②] 清人陈子升有诗咏之：

> 满城人看将军死，绛履宽衣□慨行。
> 戈折肯孤回日志，印留堪对伏波名。
> 毡裘近血甘当溅，魑魅逢魂必尽惊。
> 一木不支诚足恨，凌烟高阁后人成。[③]

邓耀，高州府吴川县梅菉人。清人吴宣崇谓：“按耀，梅菉人，其祖墓在大坡汛西半里，俗称贼王坟，今为有力者侵夺矣。”[④] 清代梅菉，茂名县占其十之六七，吴川占其十之四三。光绪《吴川县志》记载：“大坡汛，在本营东北二十五里，把总一员，分

---

① 何福海、郑守昌修，林国赓总纂：光绪《新宁县志》“人物传上”，第427页。

② 屈大均：《皇明四朝成仁录》卷12《广东死事三将军传》，欧初、王贵忱主编：《屈大均全集》第3册，第908—909页；钱海岳：《南明史》卷66《陈奇策传》，第3171—3173页。关于陈奇策、邓耀内讧及结局，钱海岳《南明史》卷4《昭宗纪》谓：“［永历八年十二月］乙亥，将军邓耀、陈奇策哄。将军陈奇策至上思，被执死之。将军邓耀、漳平伯周金汤被执，死之。”此条记载与该书《陈奇策传》及屈大均《皇明四朝成仁录》所记有抵牾，恐误。

③ 陈伯陶：《胜朝粤东遗民录》卷1，第63页。

④ 陈舜系：《离乱见闻录》卷下，第34页。

防兵二十名，拨防兵三十名。”[①] 可见邓耀家乡属于吴川县。

永历元年（1647），明吏部洪天擢在高州举起反清复明旗帜，粤西地区响应者众，与广西施尚义、叶标等相呼应，一时风起云涌，义军众至数十万，岭西震动。陈舜系《离乱见闻录》记载：

> 四五月间，乡间徒倡起义。明吏部洪天擢（歙县进士，先为岭西道，后升吏部）升授高州军门，招兵往琼崖恢复，吴川杨浮八（塘鸡村人）、姚起岩，茂名周冕等百余人，不甘剃发，同往海南。至是杨浮八子创起义兵，约六月十日起手，假扮牛客，往信宜怀乡广西岐王之李仪宾处，下书约期，并以吏部为言。于是，茂名李振玺、周冕，遂溪郑良哉，吴川北丹郑淑真子璿、山口龙泉剑与吴乾登、（吴）士机、陈其素、凌得著、唐子升、孙士戴、姚起岩、吴平之、叶书文、陈彝典、文冠伯、吴怀敬、邓耀、欧十、梁华林、钟表、黄岳开、张十等，倡乱复明。各官骇愕，乃请龙孝廉逢圣及各乡绅商议，不许出城。[②]

清人陈伯陶《胜朝粤东遗民录》谓：“永历初，［耀］起兵海上。”[③] 邓耀加入吴川的反清行列。六月丁丑，“邓耀命副总兵文冠伯等攻吴川，诸生郑淑真死之”。[④] 其时太子太保、中军都督府都督、挂武宁将军印、提督高雷廉琼李明忠联络义旅，镇高州灵山、吴川，邓耀隶属其下。七月，吴川“上自大坡营，下至公子渡，山墟塘俱属明。县分东西，水东为清，西为明”。清雷州镇黄海如带兵入吴川，亦反正，诛茫寮游击汪某，“尊洪武二百八十四年，示谕士民裹网易服，以复汉仪。至此吴川又复明”。[⑤] 不久，广东尽陷，永历帝逃到南宁，惟高州独存。

永历四年，邓耀与黄占山、杨彦迪攻占钦州龙门，将军高中正屯驻灵山。时宗室镇国将军朱统、海北道周腾凤先后进入廉州，互相呼应。永历帝授邓耀都督同知总兵，挂靖夷将军（一作靖氛将军）印。[⑥]

永历五年（1651）二月，清兵陷高州，提督李明忠走博白，再走龙门。十一月，邓耀与陈奇策、罗全斌、王之翰等守乐民所。永历六年，清军在粤西战事取得重大胜利，连取高、雷、廉、琼四府，南明势力受到沉重打击，李明忠走雷州。九月，博兴

---

① 毛昌善修、陈兰彬纂：《吴川县志》《经政兵防》，光绪十八年刻本。

② 陈舜系：《离乱见闻录》卷下，第20页。

③ 陈伯陶：《胜朝粤东遗民录》卷1，第61页。

④ 钱海岳：《南明史》卷3《昭宗纪》，第134页。

⑤ 陈舜系：《离乱见闻录》卷下，第22—23页。永历年间，吴川士民坚持反清，曾四次复明。

⑥ 陈伯陶：《胜朝粤东遗民录》卷1，谢创志整理，上海：上海古籍出版社，2011年，第61页。

侯张月以高州降清，诱执李明忠于琼州，明忠为耿继茂所害。邓耀率部下保牙山，牙山陷，乃走龙门。[①] 吴江张孝起时为高、雷、廉、琼四府巡抚，未至，四府为清兵攻陷，亦入廉州龙门，依附邓耀。

龙门位于钦州湾，钦江、渔洪江交汇处，靠近安南，山海错列，海道繁复，有七十二径相通，地理位置险要。龙门岛“中央平旷，可立营寨，为泊船操兵之地”。[②] 不仅是粤海与安南海上交通贸易的要冲，而且因为地理悬远，王法不到，常为“海盗”盘踞。

明朝于龙门设蛋总一员，驻兵108名，战舰6艘，统于涠洲游击；又于龙门江口之烟通岭设营，以相策应。《苍梧总督军门志》的《全广海图》中特别注明：“此龙门港内有七十二径，俱相通，可容千余。近议给兵船十只，设协总一员统领，泊此巡哨。属白鸽门水寨。”[③] 嘉靖《钦州志》云：

> 龙门江，在州治南海岸，去城六十里。钦州之山，自东行者，经佛子面、黄坡头至海而止，转而西向。自西而行者，经天板口、大小头口至海而止，转而东向。两山对峙，形势若门，钦江、渔洪二水会流于猫尾，出此而注入于海，故谓之龙门。外群山错列海中，凡七十二，水道随山而转，彼此相通，亦七十二，故俗呼龙门七十二径。东经牙山、乌雷头而达合浦，西经涌沧、周墩而达交趾永安州。此钦州之要害地也。[④]

万历《粤大记》所附《广东沿海图》中，龙门港是个江海相通、岛屿罗列的海港。钦州偏东南，有渔洪江注入海中，旁有白勒港；海中岛屿有鳌山、龙门山、石墩、暗沙等。龙门港“可泊北风船百艘”。明朝在钦州沿海设有西乡巡司、管界巡司。龙门以西不远，就是明朝与安南的边界，设有防城营。[⑤]

邓耀占据龙门、钦州一带海面，以安南为奥援，西联李定国，东通陈奇策、郑成功，“治舟缮甲，煮海屯田，以为恢复计”。邓耀于州江石滩东西二江之长墩“设快马

---

① 钱海岳：《南明史》卷4《昭宗纪》，第194页；卷六六《李明伯传》，第3147—3148页。

② 杜臻：《粤闽巡视纪略》卷1，康熙二十三年，上海：上海古籍书店复印本，1979年，第1册，第23页。

③ 槚辑、刘尧海重修：《苍梧总督军门志》卷5《舆图》，全国图书馆文献缩微复制中心，1991年，第88页。

④ 林希元：《钦州志》卷1《山川》，上海：中国书店影印天一阁藏嘉靖刊本，1961年。

⑤ 郭棐：《粤大记》卷32《政事类·海防》所附海图，广州：中山大学出版社，1998年，第907页。

船，断行旅，山海之利尽归于耀”。[①] 时有莆田人、漳平伯周金汤据石城，原与邓耀有误会，邓耀与之解前嫌，相互声援，并约阳江海陵岛李常荣等，同图粤西。

在屈士煤等一班谋士支持下，龙门岛军声日振，一时成为南明在粤西沿海最大之势力。《胜朝粤东遗民录》谓：

> 甲午［永历八年、顺治十一年，1654］二月，耀进据钦州，收其丁牛、船灶、渔课、山场、田谷等税，设快马船于州江之石滩、东西二江之长坡，截断行人，复取其学宫铜器千五百余斤，铸炮岛中。会屈士煤、士煌兄弟欲赴李定国军，定国以攻新会败去，乃转入化州。耀闻，遣舟迎至岛中。时诸遗臣在岛者有两郡王、一巡抚、六部监司、知府以下凡数十人。士煤为耀划策，西解周金汤之斗，东结陈奇策之援，近连交趾属国，远约延平水军，耀及诸遗臣皆以为至计。

清初屈大均说：“龙门虽边裔绝岛，独存正朔衣冠。”[②] 其时明朝避难者纷纷依附邓耀。李定国败退后，士兵多逃到海上依附邓耀，因而龙门聚集了一批明朝宗室、大臣，“郡藩宗室、部曹监司首领以下恒数十人。有赴行在上书者，耀必厚资津送，与海陵岛之李常裳皆为诏使出入东道主”。[③] 光绪《新宁县志》亦谓：“时靖氛将军邓耀屯龙门岛，所集有两郡王、一巡抚、六部监司、知府以下，策常西援之。”[④]

郑成功曾有联合孙可望、李定国等共谋“勤王中兴”之计划，龙门亦为南明各方沟通联络的海上据点。永历十年，在闽台反清的郑成功派遣太监刘九皋、内镇中营副将江玉振从海道前往广东觐见永历帝，“请会师恢复”，走的就是“龙门间道”。十一年四月，因对清军作战频频失利，郑成功再次派杨廷世、刘九皋泛海从龙门间道往粤西，联络孙可望、李定国，“集滇、黔、粤、楚之师，出洞庭而会江南，以分其势，俾天下英雄足支足相从”。九月，杨、刘二人到达粤西，永历帝大喜，封郑成功为延平王，“赐上方剑，便宜行事，又自书手诏，令其速进江南，伸大义于天下，号召英雄，勤王迎驾”；随后派遣漳平伯周金汤、太监刘国柱赍印册，同杨廷世、刘九皋从广西间道，由龙门航海至厦门。十二月抵厦门，郑成功率文武众官迎接，“拜受延平王册封”；

---

① 钱海岳：《南明史》卷66《邓耀传》，第3174页。

② 屈大均：《皇明四朝成仁录》卷12《广东死事三将军传》，欧初、王贵忱主编：《屈大均全集》第三册，第908页。

③ 屈大均：《皇明四朝成仁录》卷4《广东死事三将军传》，欧初、王贵忱主编：《屈大均全集》第三册，第908页。

④ 何福海、郑守昌修、林国赓总纂：光绪《新宁县志》“人物传上”，第427页。

事毕，成功差遣参军徐孚远、太监刘之清、刘九皋同周金汤、刘国柱航海龙门复命。[①]

其后陈奇策撤退至龙门，邓耀深表欢迎，为治营垒，准备物资，并约为婚姻。永历八年（1654）底，因尚可喜用间，陈、邓中计，互相产生嫌疑。陈奇策离开龙门往上思州，镇永淳。清军攻云南，奇策以孤军难支，返回上思，入十万大山；欲出走交趾，清将栗养志袭之，部将数百人同日战死，无一降者。永历十四年，邓耀起兵龙门，攻钦州，不克；漳平伯周金汤等起兵雷廉海上，将军李常荣起兵海陵，联合进攻雷州，均失利。

邓耀等与周金汤、李常荣据高州、廉州二府濒海岛域，“俱潜通郑成功，往来南甸，招纳流亡”，使得清朝多年无法牢固控制粤西地区。永历十五年（1661）八月，平南王尚可喜派总兵张国勋等统军进剿。至海陵岛，李常荣投降。周金汤进战被擒，部将王懋德、黄确、郑球等战死，巡抚张孝起被执，七日不食而死。[②] 二十三日，清军攻龙门，分五路合击，与邓耀大战于龙门海口。邓耀败，浮尸满海，走安南。复遭交趾逆击，被杀无算。同年九月，清平南王尚可喜疏报：“伪将军邓耀入踞海康，官兵水陆夹击，斩获甚多。耀遁走交趾。伪党梁信等就抚，巢穴平毁。”[③] 顺治十八年（1661），清广东巡抚董应魁疏报：

> 逆渠邓耀，窃踞廉州之龙门，历有年所，抚之愈骄，频寇雷阳。臣与平南、靖南二王，督臣商调水陆官兵直捣龙门，荡其巢穴，救彼难民。邓耀远遁交趾，交彝发兵逆击，杀溺贼众无算。邓耀削发窜匿粤西被获，应请正法。下部知之。[④]

关于邓耀被执遇害，究竟是在安南还是在广西，史书有多种说法。陈舜系《离乱见闻录》称邓耀被捕后，顺治十八年在广州遇害：

> 庚子顺治十七年六月十九日，官兵败邓耀于交趾，擒之。耀妻，蛋女也，先死，遍体金珠，葬龙门。至是兵挖其坟，尸不坏。冢有二鸽飞出。明年六月，按院陈涯斩耀九人于羊城。[⑤]

---

① 江日昇：《台湾外纪》卷4，第130—140页。

② 钱海岳：《南明史》卷4《昭宗纪》，第244页。

③ 《清世祖实录》卷140“顺治十七年九月丁卯”条。

④ 《清世祖实录》卷140“顺治十八年五月乙丑”条。

⑤ 陈舜系：《离乱见闻录》卷下，第33页。

光绪六年（1880），吴川人吴景崇据《廉州志》加以补证，谓：“［顺治］十七年秋七月，海北道方国栋、总兵官张伟剿龙门岛海贼，邓耀伏诛。耀盘踞龙门十年，至是击败之，逃入广西千隆山佛寺，官兵擒获，械送军门。”[①] 此外，温睿临《南疆逸史》则称邓耀逃到安南后剪发为僧，土人执之以献清朝，遇害。[②] 未知孰是，俟考。

清军击败邓耀，对两广地区南明势力是致命的一击，“岭海由是无用桂王（即永历帝）年号者”。[③] 邓耀麾下杨彦迪率众投奔台湾郑氏。

（三）据守雷州半岛西海一带的王之瀚、王之鉴兄弟

王之瀚，雷州人，是明末清初粤西著名的拥明反清首领，与弟王之鉴等占据西海地方，义不事清。其时王之瀚占北笋，弟王之鉴占丙港，陈杰据乌叫，黄占三据方家，王礼士、梁州牧、黄宽等各据一方，并与杨彦迪（杨二）、杨三等相呼应，“聚党劫杀”，造成清朝多年无法在雷州半岛一带建立稳固的统治。康熙《海康县志》记载：

> 雷人王之翰入山，不薙发，征之不能克。翰在北笋巢，翰弟之鉴丙港巢，左营陈杰乌叫巢，右营黄占三方家巢，王礼士、梁州牧、黄宽等各聚党劫杀，占据西海一带地方，垂五六年[④]。

永历六年（顺治九年，1652），清军在粤西的战事取得重大胜利，连取高、雷、廉、琼四府，南明反清力量受到沉重打击。《清实录》记载：

> 平南王尚可喜、靖南王耿继茂奏报：臣于正月整兵南下，沿途余孽敛迹，伪总兵蔡奎归顺，进抵廉州。遣吕应学等攻钦、灵，阵擒伪总兵袁胜、伪南阳侯李元水、伪镇平伯周朝等，斩伪总兵上官星拱、伪益阳王等。惟贼渠李明忠遁走雷州，伪军门杜永和、伪博兴侯张月等，同伪西平王朱聿鐭缚明忠来降，臣等即斩明忠以循。计高、雷、廉、琼四郡，前后投诚官共二百八十一员，获银印关防等物甚多。下所司。[⑤]

---

① 陈舜系：《离乱见闻录》卷下，第34页。
② 温睿临：《南疆逸史》卷51《陈奇策传》，道光十年刊本。
③ 陈伯陶：《胜朝粤东遗民录》卷1，第61—62页。
④ 郑俊：《海康县志》卷上《舆图志·事记》，康熙二十六年刻本。
⑤ 《清世祖实录》卷69“顺治九年十月庚子”条。

永历八年（顺治十一年，1654），清朝派遣御史张纯熙巡抚广东，张单骑进入雷州城，招徕流民，“宣布王仁”，两次派人前往西海招抚王之瀚。十年（顺治十三年，1656），之瀚就抚，但以病老不就仕，“哀乞老毙岩穴，尚未剃发”。[①] 其时归附男女5400余，“西海一带皆受约束，愿输纳为良民”。[②]

永历十一年（顺治十四年，1657），王之鉴复“据西海地方为乱”，遂溪南昌人郑昌从之，为头目。清朝以总兵栗养志提督高、雷、廉三府军征讨，郑昌投降，并引清兵袭之鉴，擒之。十五年（顺治十八年，1661），黄占三等率众投降，清兵夺取西海、海康一带，乘胜进击广西十二山二十八寨。[③] 南明武装大部分被逼到海上。

（四）屡据龙门、纵横闽台粤海及安南海域的杨彦迪（杨二）、杨三兄弟

杨彦迪（杨二）、杨三为兄弟，是清初著名的南明海上武装首领。关于杨彦迪的籍贯，钱海岳《南明史》谓：“彦迪，茂名人。行二，一名杨二。”[④] 陈荆和先生认为杨二就是杨彦迪。[⑤] 而据明末清初陈舜系《离乱见闻录》记载，杨彦迪为雷州人。康熙《遂溪县志》则记载：“康熙十七年春三月，祖逆复叛，额将军率师平之，雷协副将谭捷元遁西山，寻归投诚，病死。祖党土贼杨二、梁羽鹤等阻雷南渡作乱，沿海劫掠。”[⑥]

陈舜系《离乱见闻录》记载，杨彦迪追随南明总兵、高州人邓耀，接受南明朝命与官职，自粤西沿海地区坚持抗清。永历九年（顺治十二年，1655），杨彦迪入陵水，随邓耀转战钦廉一带，据龙门。屈大均《皇明四朝成仁录》谓：

> 靖氛（指靖氛将军邓耀）败后走安南，剪发为僧，土人执以献敌，被杀。……然其部将杨彦迪兄弟自靖氛死，犹拥余艎数十艘，数败敌，困巡海大人于琼海中，敌不能挫其锋。[⑦]

---

① 《巡抚御史张纯禧（熙）招抚西海疏》，见郑俊：《海康县志》卷中《艺文志》。

② 宋国用：《遂溪县志》卷3《勋烈志》，康熙二十六年，《故宫珍本丛刊·广东府州县志》，海口：海南出版社，2001年。

③ 宋国用：《遂溪县志》卷3《勋烈志》。

④ 钱海岳：《南明史》卷66《杨彦迪传》，第3174页。

⑤ 陈荆和：《清初郑成功残部之移殖南圻》（上），《新亚学报》1968年第5卷第1期。

⑥ 宋国用：《遂溪县志》卷1《舆图志·事纪》。

⑦ 屈大均：《皇明四朝成仁录》卷12《广东死事三将军传》，欧初、王贵忱主编：《屈大均全集》第三册，第910页。

康熙时马世禄《请设龙门协营议》称："我朝定鼎以来，钦廉于顺治十三年始入版图……三十余年间，海寇邓耀、杨二等攻城掠野，蹂躏四郡，荼毒不堪。"① 邓耀败后，彦迪与其弟杨三逐渐发展为粤海及北部湾地区最重要的反清首领。

永历十五年（1661），杨彦迪回师龙门，并占据钦州一带。据西方文献记载，这一年7月，龙门、钦州一带为"长发之华人"（Chinois Chevelus）控制。一艘荷兰东印度公司的帆船 Meliskerken 号经过东京（Tonkin，即北圻），后驶向龙门岛（Luban），以考察该地是否适合与公司做生意。7月23日，该船代表抵达钦州（Camtsiow），与龙门镇守见面；另外，公司会计员 Abbas 则奉命前往廉州府会见鞑靼人知府。该知府要求 Abbas 援助清军夺回"长发之华人"即明朝残党所占据之龙门港，并谓如果得荷兰人相助，清朝皇帝将予以奖赏。当荷兰船停泊龙门期间，"长发华人"攻占钦州并拿捕荷人，然不久将之释放。虽然遇到如此麻烦之事，但是荷印公司人员一致认为龙门湾颇适于公司船舶停靠与设立公司之商馆。陈荆和先生据此推想杨彦迪已经占据龙门港及其附近地区，这里的"长发之华人"，可能即指杨彦迪等人。②

永历十六年（康熙元年，1662）四月，永历帝在昆明被杀，南明亡。杨彦迪至琼州，复攻雷州白鸽寨，斩清守备房星。康熙二年（1661），攻雷州，不克，杨三则攻琼州。此后至康熙十六年（1677），杨彦迪事迹不详，龙门似亦为清军占领。陈荆和先生认为可能此时杨彦迪已归附东宁（台湾）郑氏，为礼武镇总兵。③

杨彦迪转投奉明朝正朔的台湾郑氏，在南海北部海域活动。康熙四年（1665），广东总督卢崇峻疏报："海贼杨二余党黄明标来自交趾，踞西海黄占三旧巢，扇诱迁民。地方官弁水陆夹剿，前后斩获九百余名，现在穷追搜捕，务尽根株。"④ 康熙五年（1666），圣祖遣使臣册封黎维禧为安南国王，要求安南协助擒拿南明武装。⑤ 安南对清朝的要求似乎并不理会，仅向清朝"缴送伪永历敕命一道，金印一颗"，⑥ 亦没有把杨彦迪等解送清朝。

康熙十一年（1672）十一月，"三藩之乱"爆发，东南各路反清势力纷纷乘时而起，攻城夺邑，刘进忠据潮州，李山官据新会，祖泽清据高州，张星耀据韶州，叶经

---

① 张允观：《重修北流县志》卷11《奏议志》，乾隆十三年，《故宫珍本丛刊·广西府州县志》第9册，海口：海南出版社，2001年。

② 陈荆和：《清初郑成功残部之移殖南圻》（上），《新亚学报》1960年第5卷第1期。

③ 陈荆和：《清初郑成功残部之移殖南圻》（上），《新亚学报》1960年第5卷第1期。

④ 《清圣祖实录》卷14"康熙四年三月戊戌"条。

⑤ 《清圣祖实录》卷19"康熙五年五月乙未"条。

⑥ 《清圣祖实录》卷19"康熙五年五月壬寅"条。

旗据廉州，清军顾此失彼。[①] 杨彦迪此时收编了原谢昌的部属，势力更大，频繁进攻北部湾沿海地区和海南。杜臻《粤闽巡视纪略》谓："祖泽清叛时，群盗蜂起。土人谢昌者据之，为暴钦廉之境。昌败，其部下杨二代领其众，阻险为窟，官兵莫敢谁何。"[②]

康熙十六年（1677），杨彦迪与冼彪从台湾率舟师数千人，乘船 80 艘，回师粤海，攻占龙门，"结窠作乱"，出击钦州等沿海地区。[③] 同年杨三、谢昌得到海南黎酋韩有献的响应，进攻琼州，"内外蜩起，山海猖獗，州县震动"。[④] 十二月初三日，清总兵蔡琼、琼州水师副将王珍等领水陆官兵大败杨彦迪部于山墩地方，[⑤] 并乘胜追击杨彦迪，夺取龙门。[⑥] 其后，粤西局势仍然动荡，清军顾此失彼。

康熙十九年（1680）十二月，杨彦迪、谢昌等统帅舟师艘泊转移到海南琼山铺前港，"登岸结寨，为持久之图"。二月二十八日，杨三夺取海口所，清将王珍、黄世贤投降。清朝命顺镇蔡璋、虎门协镇张瑜统水师往剿。三月初九日，闽人谢谦率船七艘先至，发炮攻击杨三所部，杨三围城军队撤退，反攻谢谦，杀之。清水师夹击杨二、谢昌，"贼众大溃"，杨、谢夺舟走脱，清军救出被掳的梅菉、吴川并海南本地子女以千数。[⑦] 杨三败走琼海，再走龙门。清将蔡璋、张瑜"率舟师自海道大破贼于海门，追至龙门，尽破诸巢。杨二遁，海贼悉平"[⑧]。

东南沿海反清复明大势已去，康熙二十年（1679）春正月，镇守龙门水陆等处地方总兵官杨彦迪率副将黄进，高雷廉总兵陈上川、副将陈安平，兵 3000 余人，战船 50 余艘开赴广南，投思容、沱瀼海口。阮氏遣杨彦迪驻扎于美湫，陈上川等进驻盘辚

---

① 2010 年 1 月 6、7 日，笔者等在钦州市博物馆苏栋馆长等带领下前往广西钦州沿海调研，发现不少地方流传杨二（杨彦迪）抗清的传说，在地方人士心目中，杨二是反清复明的英雄。在九隆镇上新墟（钦州县旧县治），传说杨二曾建有"王城"。在西坑村，从久河渡到西坑江海口，有一条长约 3－5 公里、宽约 8 米的名为"杨二滘"（或作"杨义滘"，粤语"二""义"同音）的古运河遗址，据说是杨二与清军作战时开凿的。另外该村还有"杨二坟"的传说。这些都说明杨二确实在钦州地区活动过。在广西防城港市，有一地名"皇城坳"，据称也是杨彦迪所开挖的运河遗迹；传说杨彦迪曾自称皇帝，是"皇城坳"得名之由来。

② 杜臻：《粤闽巡视纪略》卷 1，康熙二十三年，上海：上海古籍书店复印本，1979 年。

③ 董绍美：《钦州志》卷 1《历年纪》，雍正元年刊本，《故宫珍本丛刊 · 广西府州县志》，海口：海南出版社，2001 年。

④ 潘廷侯、佟世南修：《琼山县志》卷 10《海黎志》，康熙二十六年抄本，《广东历代方志集成 · 琼州府部八》，广州：岭南美术出版社，2010 年，第 625 页。

⑤ 《清圣祖实录》卷 77，康熙十七年九月丙寅。

⑥ 《清圣祖实录》卷 79，康熙十八年正月癸卯。

⑦ 潘廷侯、佟世南：康熙《琼山县志》卷 10《海黎志》，康熙二十六年抄本，第 627 页。

⑧ 宋国用：《遂溪县志》卷 1《舆图志 · 事纪》，康熙二十六年。

(今边和)。广南阮氏接纳杨彦迪，主要出自两方面考虑：一是杨彦迪等为效忠明朝的忠义之师，“穷逼奔投，忠节款陈，义不可绝”。二是高蛮为安南藩属，阮氏早有兼并之心，杨、陈诸部到来，正可以利用他们开疆拓土，经略南方。

日本《华夷变态》卷八天和癸亥三年（1683）抵达长崎的十九番暹罗船七月十七日（1683年9月4日）之申口亦有述及：

> 关于东宁秦舍所部礼武之官杨二者，谅已由先到之船（指五番暹罗船）奉告，为保护由东宁来往于各地之商船，以兵船七十余艘，兵员约三千，不时巡回广东、广南、东京及柬埔寨边海。及本年夏初，突率兵船驶入柬埔寨内地，意欲借地稍事休息云。[①]

杨彦迪等进驻东浦，耕战结合，集结各族民众，垦辟田园，建立村庄；开辟定祥、美湫等庯市，设置巡司，加强管理，使东浦地区成为农商繁荣的新开发区，美湫号称“一大都会”。康熙二十七年（1688）六月，杨部发生内讧，副将黄进发兵攻杀杨彦迪，自称“奋勇虎威将军”，并其部众。己巳年（1689）闰正月，阮氏用计击败黄进，黄进不知所终。[②] 黄进及龙门旧部或被阮氏清除，或被归并到龙门副将陈上川部下。

（五）活跃在北部湾龙门一带与安南海域的陈上川

陈上川，名胜才，号义略。生于明天启六年（1626）九月初四日。广东高州府吴川县南三都田头村人。越南郑怀德《题陈将军庙》注云：“陈，大明总兵，名胜才，广东高州府吴川人。”[③] 《大南寔录》记载，陈上川卒于乙未年（清康熙五十四年，1715）[④]，享年90岁。

陈上川家境颇为富裕，兄廷川经商，落籍海南。上川年幼即学制艺，能文善诗，崇祯十四年（1641）考试生员，入高州府学。次年父母染疫双亡，随舅父转读肇庆府学。永历政权建立后，粤西高雷廉三府与海南成为广东反清复明的主要海上战场。康熙初年，陈上川追随杨彦迪等，在北部湾、钦州龙门一带活动，曾经南渡安南。

---

① 林春盛、林信笃编，浦廉一解说：《华夷变态》卷8“天和三年癸亥（康熙二十二年，1683）”条，东京：东洋文库刊，昭和三十四年，第397—398页，

② 《大南实录前编》卷6“英宗己巳二年闰正月”条，横滨：有邻堂，昭和三十六年。

③ 郑怀德：《艮斋诗集》，转引自陈荆和：《清初郑成功残部之移殖南圻》（下），《新亚学报》1968年第8卷第2期，第468页。

④ 《大南列传前编》卷6《陈上川传》，庆应义塾大学语学研究所，横滨：有邻堂，昭和三十六年，第（280）280页。

陈上川官至镇守高、雷、廉等处地方总兵官。康熙二十年（1681）四月，与杨彦迪等南渡广南，投奔阮氏，进驻下柬埔寨仝泥，即边和镇。康熙二十七年（1688）六月，杨彦迪被副将黄进所杀害，龙门将卒由陈上川兼管，经略柬埔寨，其后屡立战功，升任总兵。陈上川坐镇柴棍，“建立铺市，招商客”，形成繁荣的农耐大铺。显宗乙未二十四年（清康熙五十四年，1715）四月，陈上川病卒，后追赠辅国将军。明命（1820—1840）、绍治（1841—1847）年间赐封上等神，立祠祀之，春秋两祭。[①]

三、余论：多角度看粤西沿海南明武装及其反清复明活动

（一）粤西沿海为东南地区南明势力的海上交通据点与反清复明的另一基地

正如美国南明史专家司徒琳（Lynn A. Strnve）教授所指出，在整个中国历史中，17 世纪是头等重要的时期之一。数十年中酝酿而成的变化浪潮在该世纪中叶达到顶峰，而后浪花四溅，散为各种事件，既令人振奋，又使系统的研究与诠释甚为困难。[②] 虽然中外学者的南明史研究取得的可观成就，不仅体现在上述通史性的著作，在某些专题——例如对郑成功及明郑政权的研究，也有相当的深度和丰厚的积淀，但是南明史研究远没有达到极限。

本文聚焦于明清之际粤西沿海南明海上武装及其反清复明活动，基本属于政治史、军事史范畴。以往的明清史研究对南明与清朝在大陆的争夺，对海上的关注，高度集中在闽台海域的郑氏政权，很少顾及粤海以及与其息息相关的东南亚地区，基本见不到本文介绍的南明海上武装及其反清复明活动，对这批南明将领和遗民最终进入越南、柬埔寨、开拓湄公河下游平原的历史更是不甚了了。实际上，明清之际许多战事是在陆地与海上同时交织展开，在江南、闽台、粤海以至北部湾海域中进行。在南明诸政权与清朝抗争中，闽台粤沿海地区及其海域的南明反清武装互相呼应，互为犄角，甚至与东南亚海外世界、西方势力相联系，这点不可不察。事实上粤西沿海的南明武装，以清朝控制不力、鞭长莫及的濒海之地、沿海岛屿、近海海域、国境边区水域为据点

① 郑怀德：《嘉定城通志》卷 6《城池志》，戴可来、杨保筠校注：《岭南摭怪等史料三种》，郑州：中州古籍出版社，1996 年；陈荆和：《清初郑成功残部之移殖南圻》（下），《新亚学报》1968 年第 8 卷第 2 期，第 468—469 页。

② 司徒琳：《南明史（1644—1662）》，李荣庆等译，英文版序言，上海：上海书店出版社，2007 年，第 003 页。

或基地，掌控海洋，虎视内陆，并建立起跨海域/区域乃至国际性的海陆联动网络，互相呼应，构成东南大陆之外另一反清复明的海上战线，长期摇撼着清朝对这些地区的统治。

清人陈伯陶评价南明历史，肯定“南明三忠”的历史功绩，特别重视“山海诸义士”对延续永历政权“残祚”的重要作用：

> 自顺治丙戌冬，李成栋、佟养甲以偏师袭广州，绍武遇害。逾年春，成栋复追桂王及于桂林，势将殆矣。而粤之陈文忠、张文烈、陈忠愍三臣振臂一呼，义兵蜂起。于时破家族者，踵相继也。养甲惧，遂令成栋旋师。及三臣败死，山海诸义士犹拥残众为复仇计。会城之外，至于号令不行，李、佟因是有反复为明之举。盖桂王所以延其残祚者，实维吾粤诸臣之力。[①]

明史专家南炳文先生指出：在明清鼎革背景下，南明诸政权多数承袭了原明朝的腐朽作风，称帝者昏庸无能者多，励精图治者少，文臣武将矛盾重重，钩心斗角，与明末农民军的合作也不默契，最终被清朝打败。[②] 南明政权最终摆脱不了灭亡的命运，但是粤海明臣义士谱写的清明清易代之际反清复明的悲壮篇章，尚未得到学界重视，相关研究更远远不够。

（二）英雄不问出身：粤西沿海南明武装首领的复杂身份与多重面相

近年来，明清海盗研究成为海洋史学的热门话题，成果颇多。美国学者安乐博（Robert J. Antony）出版了 *Like Froth Floating on the Sea: The World of Pirates and Seafarers in Late Imperial South China*（加州大学，2003 年）、*Pirates in the Age of Sail*（W. W. Norton, 2007），《海上风云：南中国海的海盗及其不法活动》（中国社会科学出版社，2013 年）等著作，新近主编 *Journal of Early Modern History* 的两期特别号（第 16、17 期）主题也是“亚洲海域的海盗”（Piracy in Asian Waters）。穆黛安（Murray，D. H.）教授的《华南海盗（1790—1810）》（*Pirates of the South Chinese Coast*, 1780－1810，中文版由刘平教授翻译，中国社会科学出版社，1997 年）也很有影响。此类研究倾向于从社会史角度观察海上人群相对于陆地人群而处在弱势边缘的社会地位和经常处在非法或无法的生存状态，按照大陆传统标准或成见将之定性为“海盗”。明初以降中国沿

① 陈伯陶：《胜朝粤东遗民录》序，第 27 页。

② 南炳文：《南明史》引言，天津：南开大学出版社，1992 年，第 2—3 页。

海倭寇、海盗以及明中叶以后加入的仗剑经商的西方商人，虽然他们的群体结构、组织形式、活动方式，因时而异，由明至清，可以划分为若干个发展阶段，但是暴力和抢劫无疑是一项基本特征。

毋庸讳言，明清易代时逢乱世，粤海反清复明势力形形色色，鱼龙混杂。这批人群大多数为沿海水上居民，出身低微，如蛋家、渔民、商贩之类，有些确实是惯匪海盗，有些是义不事清，与清朝对抗的南明武装或反清势力。很显然，对清初形形色色的所谓“海盗”群体不宜一概而论，不加区分而笼统定性。本文讨论的南明海上武装是明清鼎革特殊时代的产物，与民族存亡抗争相交织，与南明争夺生存权、清朝争夺统治权相联系。在清朝看来是势不两立、不铲除就不能维持其统治的“海盗”“西贼”，另一角度看则是带有正义色彩的反清复明的海上豪杰。这类人群呈现出多重复合的复杂面相：于明朝为义士遗民，于清朝为海贼匪类，因而不可不辨，尤其不能与明清时期一般意义上的海盗等同视之。

历史人物评价不宜以胜败论英雄，应该摒弃“胜者为王败者寇”的思维成见。以王兴、邓耀、杨彦迪等为代表的南明海上武装首领，在大明社屋之后，没有选择投靠新朝，卖身求荣，苟且偷生，而是不顾身家性命，为匡复明朝，在海上与清朝抗争数十年，其反清拥明的立场从未改变。其中有些被清朝消灭，舍生取义，有些则远走异域他乡。他们与史可法、瞿式耜、郑成功等一样是抗清英雄。清代史家言：邓耀、陈奇策等“起兵历年最久，死事亦烈，当时目为海贼……其实忠义也”。[①] 把这些南明海上武装首领视同匪类，实在不是客观公允的态度。

这些南明武装的忠义本色受到清初一批拥护明朝的士大夫的肯定和褒扬。清初与屈大均、梁佩兰并称“岭南三大家”的大诗人陈恭尹，写下长达八百字的《王将军挽歌》，记录王兴为明朝尽忠的生平志业：

> 南方有义士，姓王名曰兴。十三学杀人，十五手博狼。
> 三十建义旗，姓名惊一方。天子锡虎符，作镇鼍江阳。
> 翠华日以远，地绝军弥张。百战环冈州，九死披残疆。
> 海滨富斥卤，重林与连冈。高者掩云日，远者浮沧茫。
> 煮波致财货，铸冶成刀枪。宫室何所居？天家侯与王。
> 稿粟何所馈？从驾子与娘。心胆何所赠？海内豪与英。
> 献客合浦珠，熏客珠崖香。客处未觉寒，袄褥先盈箱。
> 客寝始觉单，妻妾忽侍旁。敌兵四面来，众士各逞强。

---

① 陈伯陶：《胜朝粤东遗民录》卷1，第61页。

将军跃上马，命客持一觞。独出挥长戈，两目流电光。
直取首来将，生挟归戎行。顾饮所持酒，昔热犹未凉。
相持及三月，敌骑皆奔亡。来时三万人，半还仍重伤。
奏功自间道，涉瘴徂昆明。黄金三千镒，玉帛各有筐。
天驷方驱驰，下臣效刍浆。臣兴昧死上，帝曰兴卿良。
赉爵列五等，高兽盘银章。其名曰虎贲，将军荡南荒。
敌人闻之惧，选士盈千骑。来者左右贤，其军督责之。
不得此弹丸，若辈何生为？上天仍助孽，其年兼荐饥。
将军察天命，命匠搜良材。以为斫巨棺，彩霎悬葳蕤。
约日出合战，敌怯不敢来。坚壁十里外，迤逦兴长围。
沟垒内外防，突援无所施。始从戊戌夏，两及中秋期。
战士饭草土，抱骨还登陴。所忧负将军，吾侪死犹归。
将军曰呜呼，共尽终何裨？我乃报深恩，汝当全宗支。
乃命幼子九，先出卑其辞。卜吉结欢会，敌将不致疑。
是夜一更终，将军诀所知。皎月当中天，千秋同此时。
语已还闭门，沐浴更裳衣。夫人翠凤冠，有母头如丝。
侍妾十五人，左右皆肩随。肃肃何雍雍，俱集园东陲。
上有古梅树，樛结垂高枝。白石为几席，月露明苍苔。
将军命夫人，拜别而慈闱。拜毕与将军，四拜中间居。
十五妾罗拜，窈窕无参差。夫人命斗酒，有脯形如圭。
深藏待今夕，各当行一卮。卮尽且先起，母与君稍须。
将军及母入，烛影何迷离。夫人十五妾，自挂临中闺。
阿母大惊呼，将军言勿悲。著我锦绣袍，麒麟当心开。
戴我七梁冠，簪缨郁崔嵬。玉带与玺书，次第皆抱怀。
置敕中堂上，花烛荣且辉。望阙遥谢恩，臣死有余辜。
下阶十二拜，天地及四隅。徘徊望西堂，有虎顾其儿。
平生爱此画，拜汝今同灰。卷图附敕下，释服趋房闱。
房中何窟窿，火药堆如山。将军踏小几，自解夫人缳。
次及妾十五，列置火药端。出户著朝衣，捧敕仍来还。
一声母急出，火烈炎贯天。鸡鸣部曲入，白骨空鄌岍。
举哀建素旒，合敛归巨棺。敌人亦流涕，况在同肺肝。

卜葬三山阳，隐约题墓门。陈子作挽歌，播之用不刊。[①]

著名学者、诗人屈大均在《皇明四朝成仁录》专门为“广东死事三将军”立传，以表彰这些南明海上武装的忠烈壮举：

屈大均曰：三将军（指王兴、陈奇策、萧国龙）之起，其地同，其事同，我不以列之于广东诸起义传中，独表而出之者，欲三将军之名易举，易举则其事易传也。自中华陷没，君父三遭大变，我广东兴复仇之甲者凡数十家，始于张文烈、陈文忠、陈岩野三公，终于虎贲王将军、凌波陈将军、骠骑肃将军、靖氛邓将军四公。盖自永历元年至今凡十余载，大小诸军所在血战，皆所谓君子之师也。岂岭南之人，独蒙我二祖列宗之恩偏厚哉？靖氛败后走安南，剪发为僧，土人执以献敌，被杀。我不曰四将军者，以其剪发之故也。然其部将杨彦迪兄弟自靖氛死，犹拥余艎数十艘，数败敌，困巡海大人于琼海中，敌不能挫其锋。其余诸将负险不屈，鼓嘴、牙山则有符德义等，那略则有黄国，林榻则有□□通等，大岘山则有陆顺明等，或杀或执，则众数十人或数百人同全发以死。宁不知一洲半岛之不足以抗敌之广土全疆，白棓棘矜之不足以当敌之强弓劲矢哉？人而尽敌，则天下无人矣。人何在？在于一洲半岛，在于白棓棘矜，死则人，而生则敌也噫！[②]

20 世纪 30 年代，钱海岳先生在修纂百卷纪传体通史《南明史》（修订后为一百二十卷）时，肯定这批南明海上武装首领在南明史上的重要地位，为这批人树碑立传，他们的事功成为南明史的组成部分。

（三）反清复明势力的海外归宿

这一类海上豪杰以海洋为舞台，以其非凡的政治军事才能，改变了南明史进程，某种程度上影响了清代中国的历史以及东南亚某些国家的历史。16 世纪以降，东亚的海洋形势也发生了巨大变化，作为中国民间海洋力量强有力的代表，相当程度上也改变了东亚海洋的历史，这是前所未见的变局。

乘桴浮于海。这些投奔安南、柬埔寨的南明武装首领和明遗民，带着对故国的情结，维持明朝香火、延续明朝文化，自称“明香人”，后来改称“明乡人”，同时为了

① 陈恭尹：《王将军挽歌》，收入《独漉堂集·增江后集》，第 71—73 页。

② 屈大均：《皇明四朝成仁录》卷 12《广东死事三将军传》，欧初、王贵忱主编：《屈大均全集》第三册，第 910 页。

生存与发展，适应越南统治需要，在某些方面主动或被动地改变自己的文化传统，接受越南管治以至本土文化，融入本土社会，内化成为越南的富有特色的民族（华族）文化，成为越南众多民族中的一分子。这种大规模的海上人群流动与人口迁移，在东亚海洋史以及东南亚华侨史上也是前所未见的。

杨彦迪、陈上川等南明武装进驻湄公河入海口的柬埔寨东浦地区，为下游三角洲地区经济开发做出了积极贡献，得到越南官方的正面评价。维新八年（民国三年，1914）黄高起著《越史要》，述及“阮之经理于南”一节，谓：

> 是时，明失国，其臣杨彦迪等义不臣清，引兵三千，船五十，潜至沱瀼思贤汛口，自请归附，帝既轸念逋播臣，又触起拓地之思想，特谕真腊国王，使之容纳，而以彦迪、黄进守嘉定，陈尚川、陈安平守边和，此后街衢屋铺，日日壮阔，外国商船，亦渐凫集于南圻之海面。①

对下柬埔寨地区社会经济发展也作出重大贡献的陈上川，官至阮朝都督，去世后受到越南朝野的广泛尊崇。人们在永清镇后江大洲、藩镇之新安社、镇边之新邻村、平阳省从政村、高绵铁垒等处建立祠庙，奉为保护神（城隍），纪念在历史上功勋卓著的“陈将军”。②

确实如日本学者藤原利一郎所指出，下柬埔寨地区在17世纪开发过程中，阮氏借华侨之力而不断兴盛，陈上川、大定父子对阮氏贡献最大，这同其后河仙华侨莫（鄚）氏，均是考察阮氏与华侨关系史上不应疏漏的重要人物。③

（四）贬清崇明潜流与中国近代民主革命

已经有专家指出，17世纪中叶以后中外朝贡体系与东亚国际关系悄然发生一系列变化，这些变化一方面来自中国改朝换代的冲击，另一方面则是原来朝贡体系内的东亚国家在传承宋明正统文化意识上的主体觉醒以及对清朝统治下的“中华文化”认同的变异。中国周边国家在感受中国大地上的明清鼎革的强烈震撼之余，很快意识到这是宋元更替之后又一场“华夷变态”。

---

① 黄高起：《越史要》卷3，维新甲寅刻本，越南国家图书馆藏。

② 郑怀德：《嘉定城通志》卷3《疆域志·永清镇》，戴可来、杨保筠校注：《岭南摭怪等史料三种》，郑州：中州古籍出版社，1996年，第225页。

③ 藤原利一郎：《廣南王阮氏ご華僑——特に阮氏の對華僑方針について》，《東洋史研究》第10卷第5期，1949年。

明清鼎革以后，贬清崇明的政治文化一直在东亚、南亚地区潜伏暗流。越南阮朝与朝鲜、日本等东亚国家一样推崇明朝，以“中华”“中国”自居，大兴“汉风”，自视为“中华文化”的“正宗”，同时大肆贬抑清朝，向“属国”推广“汉服衣冠”。东南亚不少华侨为表示其不忘明朝故国与不承认清朝的立场，仍然使用南明年号，有些自创年号，配以干支，以为纪年，例如“龙飞”“天运”，而不采用居住国或清朝的纪年。越南明香人保持对明朝文化的认同，杨彦迪、陈上川曾经控制的美湫、边和地区，鄚玖、鄚天赐统治下的河仙地区是明香人的聚居区，维持着明朝制度与文化遗风。《大南寔录》记载：杨彦迪、陈上川等进驻东浦，“辟闲地，构铺舍，清人及西洋、日本、阇婆诸国商船凑集，由是汉风渐渍于东浦矣。”①

至清末民初，随着海外华人群体民族主义与国家政治认同的出现，反清复明暗流成为革命党人鼓动反清起义、激发民族情感、推翻清朝统治的政治思想源泉，华侨华人众多的东南亚等地成为革命党人在华南沿海地区开展反清活动的海外奥援，孙中山先生等多次发动的武装起义，均得到东南亚、美加华侨华人在人力、财力上的支持。正如孙中山先生所说：“我海外同志，昔与文艰苦相共，或输财以充军实，或奋袂而杀国贼，其对革命之奋斗，历十余年如一日，故革命史上，无不有华侨二字，以长流于国人之脑际。”② 粤西沿海众多打着“反清复明”旗号或“不清不明”的武装力量，也一直与东南亚华人反清势力或革命党人保持着海上联系，成为近代中国革命不可忽视的一股社会力量。

① 《大南寔录前编》卷5“太宗孝哲皇帝己未三十一年正月”条。

② 中山大学历史系孙中山研究室等编：《孙中山全集》第6卷，北京：中华书局，1986年，第52页。

佛教与道教

汉代道教定期斋戒制度及其渊源论考*

——以《太平经》为中心的考察

王承文（中山大学历史学系）

一、引言

道教斋戒制度是道教仪式最重要的表现形式，也是道教仪式史研究的起点。道教定期斋戒制度既是一个复杂而完整的体系，也是道教作为一种“制度性的宗教”① 的重要组成部分。由于汉魏道教资料阙佚严重，长期以来，国内外研究者一般都将道教定期斋戒制度的起源，直接归结为早期印度佛教“布萨”（upāvasatha）制度的影响。②近年来，吕鹏志博士则更明确地提出，道教定期斋戒制度均开始于东晋末年的古灵宝

---

* 本文系提交《历史研究》编辑部于 2016 年 12 月在福州举办的第十届历史学前沿论坛文章，原文题为《神灵考校与早期道教定期斋戒制度论考——以〈太平经〉为中心的考察》。此次发表，从题目到内容均有较大修改。

① “制度性的宗教”，是美籍华人学者杨庆堃在其《中国社会中的宗教》一书中所提出的最重要概念，“制度性的宗教”（institutional religion）是相对于“分散性宗教”（diffused religion）来说的。所谓“制度性的宗教”就是指标准化的宗教，指有系统的教义和严格的教会组织（杨庆堃：《中国社会中的宗教》，范丽珠等译，上海：上海人民出版社，2007 年，第 35 页）。

② Michel Soymié, “*Les dix jours de jeûne du taoïsme*,”《吉冈博士还历纪念道教研究论集》，东京：国书刊行会，1977，pp. 1 - 21. ［法］苏远鸣：《道教的十日斋》，辛岩译，《法国汉学》第 2 辑，北京：清华大学出版社，1997 年，第 28—49 页；［法］苏远鸣：《敦煌写本中的地藏十日斋》，耿昇译：《法国学者敦煌学论文集》，北京：中华书局，1993 年，第 391—429 页；刘淑芬：《“年三月十”——中古后期的断屠与斋戒》，载《大陆杂志》第 104 卷第 1、2 期（2002 年）；严耀中：《八关斋戒与中古时代的门阀》，收入《黎虎教授古稀纪念中国古代史论丛》，北京：世界知识出版社，2006 年，第 289—295 页；尹富：《十斋日补说》，《世界宗教研究》2007 年第 1 期，第 26—34 页；尹富：《〈地藏菩萨本愿经〉综考》，《四川大学学报》2007 年第 6 期，第 48—52 页；王皓月：《析经求真——陆修静与灵宝经关系新探》，北京：中华书局，2017 年，第 55—61 页、第 113—140 页；刘屹：《六朝道教古灵宝经的历史学考察》，上海：上海古籍出版社，2018 年，第 424—425 页。

经——《元始五老赤书玉篇真文天书经》。① 而该经中的定期斋戒，则又源于其对公元397年汉译佛教《增一阿含经》中“布萨”制度的直接模仿。②

我们认为道教定期斋戒制度的形成，与东汉末年道教创立应该是同时的。《太平经》作为现存最早的道教经典，除其“甲部”之外，国内外学术界一般都认为其成书时间，不会晚于东汉中后期。而该书其实对定期斋戒制度作了极为重要的论述。然而迄今为止，国内外学术界对此却一直未见有人关注和讨论。究其原因：一是前人对早期道教定期斋戒制度的研究，基本上停留在只对佛道两教定期斋戒某些具体日期或某些经典出世先后的比较上，比较缺乏对早期道教定期斋戒制度的内涵作完整的理解；二是源于《太平经》相关论述非常隐晦和分散，特别是该书本身极少使用“斋戒”这一概念。正因为如此，只有对早期道教定期斋戒的内涵作完整和充分的理解，才有可能将该书中这些隐晦分散的内容发掘出来加以讨论。

《太平经》有关道教定期斋戒制度的论述，主要包含三个方面：一是斋戒期间来自天界或人体内部的神灵对世人功过进行定期考校，并以此决定世人的祸福和寿命长短；二是斋戒期间修道者必须在特定的斋戒场所——“静室”内斋戒，检视和忏悔自己的罪过，以此求得神灵的赦宥并得道成仙；三是特定的具有周期性的斋戒日期最终确立。其中又以神灵定期考校具有最重要的意义。究其渊源，乃与汉朝中央对官员的定期考核制度密切相关。因此，《太平经》既为近两千年来道教定期斋戒制度的发展演变奠定了最重要的制度基础和思想基础，也深刻地影响了六朝以来汉译佛经中定期斋戒制度的形成和发展，并对汉民族的文化心理和精神信仰世界的构建产生了重要影响。而研究《太平经》与道教定期斋戒制度的渊源，对于我们重新认识早期儒道释三教关系以及汉代道教发展水平等问题，也具有重要意义。

---

① 东晋末年古灵宝经《元始五老赤书玉篇真文天书经》有关定期斋戒的类型，主要包括：（1）“八节日斋”，即立春、春分、立夏、夏至、立秋、秋分、立冬、冬至八个节日的斋戒；（2）“三元斋”，即每年正月十五日、七月十五日、十月十五日的斋戒；（3）“甲子日斋”；（4）“本命日斋”；（5）“庚申日斋”；（6）“月十斋”，即每月一日、八日、十四日、十五日、十八日、二十三日、二十四日、二十八日、二十九日、三十日的斋戒；（7）“岁六斋”，即每年正月、三月、五月、七月、九月、十一月的斋戒（《道藏》第1册，北京：文物出版社等，1987年，第793—799页）。

② Lü Pengzhi（吕鹏志）& Patrick Sigwalt，“Les textes du Lingbao ancient dans L'histoire du taoïsme，”T'oung－pao 91.1－3（2005），PP.183－209. 吕鹏志：《天师道授箓科仪——敦煌写本S.203考论》，《“中央研究院”历史语言研究所集刊》，第77本，第1册，2006年，第79—166页；《唐前道教仪式史纲》，北京：中华书局，2008年；《天师道旨教斋考》（上篇），载《“中央研究院”历史语言研究所集刊》，第80本第3分，2009年，第355—401页；《天师道旨教斋考》（下篇），载《“中央研究院”历史语言研究所集刊》，第80本第4分，2009年，第507—552页；《灵宝六斋考》，《文史》2011年第3辑，第85—125页；《灵宝三元斋和道教中元节》，《文史》2013年第1辑，第151—174页。

二、《太平经》与道教神灵定期考校及其思想来源

在道教定期斋戒制度所包含的内容中，来自天界和人体内部神灵对世人的定期考校，具有最重要和决定性的意义。然而，由于六朝隋唐大批汉译佛经中也有佛教神灵在相关斋日定期考校的内容，因此，早期道教中的相关内容究竟是中国本土宗教固有的观念，还是来自外来佛教的影响，就成为我们讨论道教定期斋戒制度来源最为关键的问题。《太平经》既有非常完整发达的神灵定期考校思想，同时又清楚地证明了这种思想与汉朝中央对官员的定期考核制度密切相关。

（一）神灵定期考校与汉朝官员考核中的“上计”和“拘校”

汉朝中央有对官员的各种定期考核制度。《后汉书·百官志》记载，太尉掌“四方兵事功课，岁尽即奏其殿最而行赏罚”；司徒掌“凡四方民事功课，岁尽则奏其殿最而行赏罚”；司空掌“凡四方水土功课，岁尽则奏其殿最而行赏罚”。[①]“上计”即属于汉朝定期考核制度中最重要也是影响最大的制度。《太平经》也非常明确地提到了“上计”，并以此为基础进一步构建了来自天界神灵世界的考校制度。《太平经》称：

> 大神为上主领群神，各有所部，宜服明之，勿使有疑。令寿命长借，宜当谛之。圣明有心，宜以白日所有生，复而以簿书筹算相明，可在计曹，主领钱数珍宝之物。诸当上计之者，悉先时告白，并计曹者，正谓奏司农。当大月三十日，小月二十九日，集上大神明堂，勿失期，如天君教，皆不得失平旦三刻之间也。明堂大神上承五刻集奏，如天君旧令从事。大神受君之敕，部下司农，司农受敕，使下所部州郡国，言所部领所主，当上簿入司农委输者，各以所出送书到。如懈惰不时送者，司农辄上明堂大神，上白天君出教，下司农，令郡国催促，不失后。书置时日漏刻，相授各有分别，勿有所乱。皆令同文，各有所副文。……天君教出告大神，卿相中二千石文书，群僚在职之神务尽其忠，务尽其行，上称天君之心。天君与诸师化之，当得升度者，就而正，各使成神，光景随其尊卑。所化之神，皆随有职位次第官属。天君敕大神常化成之，人各自度量，志意日高，贪慕上升。其化生，光耀日中，所见洞彻，正神相随，浮游八表。观天所施为，知其

① 《后汉书》志第24《百官志一》，北京：中华书局，1965年，第3557—3562页。

动摇，各从其宜。①

以上内容对于我们探讨早期道教神灵定期考校制度的来源及其本质极其重要。《太平经》根据人间社会从中央到地方的官僚体制，在天庭也构建了一套完整的神灵监察考核系统。其中天君是天界至高无上的主宰，其下有大神，由大神掌领“司农”等各部诸神，而“司农”则统领州和郡国等地方小神。众神各自都有其归属的部门和机构，对上级特别是对天君必须绝对服从，都要“务尽其忠，务尽其行”，以“上称天君之心”。

以上最值得注意的是其所称“诸当上计之者”，表明其天界神灵考校制度，其直接来源就是汉朝“上计”制度。“计”是指“计簿”，汉朝要求地方行政长官每年年终，都要将其施政情况编成簿籍，呈交中央，中央则依据簿籍情况对地方官吏进行奖惩和任免。严耕望先生认为上计制度最早的渊源，可以追溯至“古者封建时代，天子巡狩，诸侯述职，以考绩效”，在此基础上，“至迟战国时有岁计之政”。②《荀子·王霸》即称“岁终奉其成功，以效于君。当则可，不当则废”。可见，这一制度其实早在战国时期就已经相当成熟。《周礼·天官·宰夫》记载其职掌云：“岁终，则令群吏正岁会；月终，则令正月要；旬终，则令正日成。而以考其治。治不以时举者，以告而诛之。”《周礼·天官·司会》亦记载其职掌云：“以参互考日成，以月要考月成，以岁会考岁成。”③ 即官员每十天都要做一次总结和考核，称之为日成；每月都要做总结和考察，称为月要；年底又需要做全年的总结，称为岁会。其日成、月要、岁会，又称为日记、月计、岁计，或称为日成、月成、岁成。

汉朝将“岁会”称为“上计”。西汉时期，地方官每年年初都要亲自到京师向朝廷汇报其管辖地的政治、经济等方面的情况。从东汉初年开始，这一制度发生了重要变化，即州郡和藩国的长官不需要亲自至京城，改由“上计吏”代表他们向朝廷汇报情况。上计者就被称为“上计吏”。至于“上计”制度的具体内容，《后汉书·百官志》注引胡广曰：

---

① 王明：《太平经合校》卷137至153，北京：中华书局，1960年，第710—711页；标点参见杨寄林：《太平经译注》，北京：中华书局，2013年，第2368—2373页。本文有关《太平经》部分引文的标点和解说，参考了杨寄林先生《太平经译注》，特此说明。

② 严耕望：《中国地方行政制度史——秦汉地方行政制度》第8章《上计》，上海：上海古籍出版社，2007年，第257—268页；另参见侯旭东：《丞相、皇帝与郡国计吏：两汉上计制度变迁探微》，《中国史研究》2014年第4期，第99—120页。

③（东汉）郑玄注，（唐）贾公彦疏：《周礼注疏》卷3、卷6，（清）阮元校刻：《十三经注疏》，北京：中华书局，1980年，第656页、第679页。

> 秋冬岁尽，各计县户口垦田，钱谷入出，盗贼多少，上其集簿。丞尉以下，岁诣郡，课校其功。功多尤为最者，于廷尉劳勉之，以劝其后。负多尤为殿者，于后曹别责，以纠怠慢也。诸对辞穷尤困，收主者，掾史关白太守，使取法，丞尉缚责，以明下转相督敕，为民除害也。[①]

据此可见，地方官吏需要在每年年底向朝廷呈报钱粮等计簿（统计表），以接受政绩考核。上计的内容包括农桑、刑狱、举贤、风俗等等。其运作的基本程序是，县至郡，郡国至中央。中央一般是由丞相、御史大夫二府主持受理郡国上计。县一级，一般是由县令、长、丞亲自至郡上计。而郡则由郡丞或长史代行。来自州郡和藩国的上计吏一般是地方长官最主要的助手，如长史、司马、诸王国卿、诸州别驾等僚佐。州郡和藩国每年年终派员到中央汇报全年政绩，并参加朝会，包括接受考察询问，带回中央的指示。

上计制度是汉朝对地方郡国进行考课最重要的方式。《上计律》也属于官员考核最主要的法律之一。沈家本《历代刑法考》之《汉律摭遗》有辑佚，其中包括“上计吏”“上计簿”“尚书主大计”“岁尽遣吏上计”“计文书断于九月”“正月旦朝贺见属郡计吏”“受计”“陈属车于庭”“御史大夫敕上计丞长史”“郡国计吏会陵”“计偕”“月计日计”等条。[②] 相关规定非常详尽。所谓“计簿”，指官吏之考核文书。而“上计之日”，就是指上交计簿之日。由东汉创设的“上计吏”制度，魏晋南北朝时期一直在沿用。上计制度一方面使最高统治者能够及时而准确地了解全国各州郡县的土地、人口、赋税以及社会治安等情况；另一方面又为考察各级地方官吏的政绩提供了重要依据，因而具有非常重要的意义。而作为汉朝强大国家机器重要组成部分的官员定期考核制度，也必然会对汉民族的文化心理和精神信仰产生深刻影响。

《太平经》对于天界神灵世界的“上计”制度作了详尽的说明。《太平经》认为，各种神灵按规定，也应当在年终向天庭报送钱粮统计表，而且都要提前作禀告，连同天庭计曹在内，正式通知它们奏报到天庭大司农那里。每逢大月三十日、小月二十九日，汇集上奏到大神掌领的天庭明堂，不可超过期限，按照天君的教令，都不准超过凌晨三刻。掌领明堂的大神延至五刻时分，就集中各处的奏报事项，遵照天君旧有的教令进行处理。大神领受天君的命令，将其下达到大司农那里；大司农又将其传达到相关州和郡、国那里。强调各个神灵所辖地方应向大司农报送钱粮统计表等资料。如有不按期报送的，大司农就奏报给天庭明堂的大神，大神再禀告天君，请天君颁布教

① 《后汉书》志第28《百官志五》，第3623页。

② 沈家本：《历代刑法考》卷18《汉律摭遗》，北京：中华书局，1985年，第1709—1715页。

令，转发给大司农，责成各郡国加紧报送。表册的报送和接收都有具体时间规定，不可出现混乱。都要求使用统一的填报格式，分别备好副本。法令森严。天君出示教令，嘱告大神，要让人间朝廷上的九卿、王国辅相等高级官员在同天庭众神的文书往来上，还有那些生前就被注定会供职天庭、化作神灵的众官吏，务必竭尽自己的忠诚，恪守本职，往上切合天君的心意。天君和各个充当师长的神灵就化度你们，本该超凡升天的人，各自会就任本人在天庭的正位，分别使你们成神，成神的规格依从人间原有的尊卑地位而定。《太平经》是最早将"上计"引入道教的经典，"上计"和神灵考校也随之成为道教中一种具有重大意义的观念。

除了"上计"制度之外，《太平经》还提到来自天界的"拘校"制度。其《天神考过拘校三合诀》对此有专门的论述。所谓"天神考过"，是指皇天任用群神以记录世人的大小过恶，在汇总后给予惩治。至于"拘校"一词，"拘"意为检验。《淮南子·泛论训》称："夫圣人作法而万物制焉，贤者立礼而不肖者拘焉。"高诱注："拘，犹检也。"[①]"校"就是核查。因此，"拘校"意即检校、核查。20世纪在甘肃居延等地区发现了大量汉代简牍，其中"拘校"一词就非常常见。[②]其"拘校"主要用于对钱、粮、兵械器备等财物的钩稽、审核，近似于后世的审计。拘校的时间有定期和不定期两种，其方法主要是将实物与账簿核对，会计凭证与会计账簿核对，还包括调查、询问等方式。大量资料证明，汉朝由于官府对拘校的执行力度很大，因此查出了不少"计簿不实"、贪污受贿等经济犯罪和吏员渎职行为，并根据情节轻重分别给予惩处。[③]至于《天神考过拘校三合诀》标题中的"拘校三合"，在其正文中又称"拘校前后三合"[④]，都是指天界对于世人功过的核查以及所作出的处分极其慎重。而《天神考过拘校三合诀》对于天神"拘校"的内容也有说明，其文曰：

> 常好杀伤者，天甚咎之，地甚恶之，群神甚非之。今恐小人积愚，不可复禁，共淹污乱洞皇平气，故今天之大急，部诸神共记之，日随其行，小小共记而考之。三年与闰并，一中考，五年一大考。过重者则坐，小过者减年夺算。三世一大治，五世一灭之，故今天上集三道行文书，群神共记过，断好杀伤刑罚也。[⑤]

---

① 刘文典，冯逸、乔华点校：《淮南鸿烈集解》卷一三《泛论训》，北京：中华书局，1989年，第431页。

② 《居延汉简甲乙编》，北京：中华书局，1980年；《居延新简》，北京：文物出版社，1990年。

③ 黄今言：《居延汉简所见西北边塞的财物"拘校"》，《史学月刊》2006年第10期，第18—24页。

④ 《太平经合校》卷118《天神考过拘校三合诀》，第672—673页。

⑤ 《太平经合校》卷118《天神考过拘校三合诀》，第672页。

《太平经》认为，皇天、大地和众神都非常憎恨和厌恶喜好杀伤的人。为了防范小人因愚昧而无法禁止，共同败坏玷污太平之气，因此皇天对于杀伤的行径采取严厉的惩治措施，责成所有神灵共同记录下这些人的姓名，每天都跟踪并记录他们的罪恶，到年底进行一次小型验核勘问。以上所称“小小共记而考之”，其实是指每年一次的考核。此即与汉朝每年年底对官员的考核——上计制度密切相关。又称每隔三年连同一次闰月，进行一次中型的验核勘问；每隔五年又进行一次大型验核勘问。其中罪过深重的，就按其杀伤数量予以同样的处罚；对于罪过较轻的，就缩减其应享有的寿命。历经三代人，就进行一次大惩治；还要向上推到五代人，让其家族灭绝掉。《太平经》称天上正在汇集由三种途径呈报上来的举报书，要让所有神灵共同记录世人的罪过，以此断绝掉喜好杀伤的行径和刑罚。

（二）汉代朝会制度对神灵定期考校的影响

汉代朝会制度对于《太平经》神灵考校制度的形成也有重要影响。汉代的朝会主要有两种。首先是每年元旦（又称元日，即正月初一），汉朝皇帝都要在正殿举行朝会大礼，一方面接受文武百官的朝贺，另一方面还要接见“属郡计吏”。因此，每年年初的朝会也是对地方官员政绩一次重要的考校。皇帝于元旦朝会群臣又称为正会。《后汉书·礼仪志》记载：“每岁首〔正月〕，为大朝受贺。其仪：夜漏未尽七刻，钟鸣，受贺。”“夜漏”一词出自《周礼·春官·鸡人》。古代以漏壶计时，一昼夜分为一百刻。蔡质《汉仪》也记载：

> 正月旦，天子幸德阳殿，临轩。公、卿、将、大夫、百官各陪〔位〕朝贺。蛮、貊、胡、羌朝贡毕，见属郡计吏，皆〔陛〕觐，庭燎。宗室诸刘（杂）〔亲〕会，万人以上，立西面。位既定，上寿。〔群〕计吏中庭北面立，太官上食，赐群臣酒食……谒者引公卿群臣以次拜，微行出，罢。卑官在前，尊官在后。德阳殿周旋容万人。①

《文献通考》也记载“汉制”称：“光武中兴，岁终遣吏上计，遂为定制。正月旦，天子幸德阳殿，临轩，受贺。而属郡计吏皆在列，置大司农掌之。”②

其次，汉朝还有每月初一举行的朝会。《后汉书·礼仪志》记载：“每月朔岁首〔正月〕为大朝受贺。其仪：夜漏未尽七刻，钟鸣，受贺……百官受赐宴飨，大作乐。

① 《后汉书》志第5《礼仪志中》（唐）李贤注引，第3131页。

② （南宋）马端临：《文献通考》卷24，北京：中华书局，1986年，第235页。

其每朔，唯十月旦从故事者，高祖定秦之月，元年岁首也。”东汉胡广也记载：“公卿以下每月常朝，先帝以其频，故省，唯六月、十月朔朝。后复以六月朔盛暑，省之。”①可见，最初是公卿每月初一的朝会，后来因为过于频繁而有所变化，改为只在每年六月、十月朔日（初一）朝见。其后又因为六月盛暑亦省免，唯有十月朔朝会维持不变。

而前引《太平经》则称“诸当上计之者”，“当大月三十日，小月二十九日，集上大神明堂”，就是以汉朝最初规定的每月一次朝会作为依据的。而其基本程序为：“大神受君之敕，部下司农，司农受敕，使下所部州郡国，言所部领所主，当上簿入司农委输者，各以所出送书到。”就是说大神接受天君有关“上计”的勅令后，将其传达给大司农，大司农再将其发布给天下各州、郡和封国。可见，前引《太平经》在“月月尽朔旦”日对“三恶行”的考校，与“月晦”日的“上计”是相辅相成的。而《太平经》之《六极六竟孝顺忠诀》又记载“月尽”即每月月末（大月三十日，小月二十九日）、“朔旦”即每月月初、每月十五日，以及“岁尽”即年底等日期的神灵定期考校，认为世人都要受到天界神灵的勘验审问。②

《太平经》对天庭朝会以及神灵考校制度的运作还有更加专门的阐述，其文称：

> 朝天谒见，自有常日。当以月初建，大神小神自相差次，铨次尊卑。朝大臣，不过平旦。朝会群神，各明部署。案行无期，务明其文书。督责有职之人，先坐其事，当如天君教令。有所白，辄开明堂，乃得所言，各有所明，各有所带，不得无有功效。天君敕大神，群僚集会，各正其仪，勿使有过差。以法令各察所部，天上觉知，其过不除。各慎所职，无为诸神所得短。天君敕大神曰，郡国之中有圣智，志意常念贪生之术，愿与生神同行，与天合思。欲布恩于人，思惟生成，助天理生，助地养形，慕仁善化，上其姓名于大神。使曹有文辞，数上功，有信可任。曹白其意，天君当自有数，众神所举各令保。是郡国选择，务取尤善。③

以上所称天庭“朝大臣，不过平旦。朝会群神，各明部署”，与前引《后汉书·礼仪志》所载每年元旦的朝会“夜漏未尽七刻，钟鸣，受贺”，是完全一致的，都是指凌晨。所谓“月建”，古代把北斗星斗柄的运转作为确定季节的标准，将十二地支和十二个月份相配合用以纪月。因此，所谓“月初建”就是指每月初一。而其称“朝天谒见，自有常日。当以月初建，大神小神自相差次，铨次尊卑”等，与前引蔡质《汉官仪》

---

① 《后汉书》志第5《礼仪志中·朝会》以及李贤注，第3130—3131页。

② 《太平经合校》卷96《六极六竟孝顺忠诀》，第405、406、407页；《太平译注》，第1378—1379页。

③ 《太平经合校》卷137至153，第711—712页；《太平经译注》，第2374—2376页。

汉代朝会中“卑官在前，尊官在后”的记载也是一致的。

按照《太平经》的说法，各种神灵到天庭去朝会觐见，原本就有固定的日期。在每月的初一，大神小神自行划分出等级和班次来，排列好尊卑顺序。让大臣朝见，不超过凌晨时分。朝会众神灵，各自对它们安排好位置。考查巡视并不定期进行，需要仔细核查它们所呈报的文书簿册，督责那些生前就注定要登仙成神的世人，如果不得力，神灵自身亦将首先受到天庭的惩处。应当完全遵照天君的教令去做。神灵有所禀告，就敞开天庭的明堂予以受理，各自要有奏明的事情，各自要有带来的物品，不准没有功绩和成效。天君命令大神，众神聚集到一起讨论政事，必须各自端正礼节仪态。又按照礼法去分别察视各个神灵辖区，如天庭发现违礼行径，其罪过就死有余辜。每位神灵都要恪守职责，避免被其他众神揭发举报。天君命令大神要在人间郡国中发现圣明睿智的人，这些人热衷于长生道术，向世人布施恩惠，协助皇天大地治理万物和养护万物。如果天庭所派遣的神灵多次禀报其功劳，确实可以任用，那么天君就有固定的安排和任命，并且让神灵充当他们的担保人。而对郡国中登仙成神者的选择，必须要做到优中择优。

（三）汉朝每年八月对官员的考核与神灵定期考校

汉晋道经往往把每年八月，看成是神灵定期考校的一个重要时间。而这种观念的形成，首先与汉武帝开创的十三部州刺史和司隶校尉每年八月巡察地方的考核制度有关。《后汉书·百官志五》记载：“诸州常以八月巡行所部郡国，录囚徒，考殿最。”①该书又注引胡广曰：

> 县邑囚徒，皆阅录视，参考辞状，实其真伪。有侵冤者，即时平理也。课第长吏不称职者为殿，举免之。其有治能者为最。察上尤异州，又状州中吏民茂才异等，岁举一人。所察有条应绳异者，辄覆问之，不茹柔吐刚也。②

可见，每年八月汉朝州刺史代表中央巡察地方，以监察诸侯王和地方高官，检阅刑狱，考核官员的政绩，发现并推举贤能。所谓“考殿最”，指考核政绩或军功的等级，下等称为“殿”，上等称为“最”。

其次，汉朝在每年八月举行的祭祀皇陵的“酎祭”，往往也包含对地方官员的考

① 《后汉书》志第28《百官志五》，第3617页、第3621页。

② 《后汉书》志第28《百官志五》，第3618页。

校。东汉卫宏所撰《汉旧仪》记载："皇帝惟八月酎，车驾夕牲，牛以绛衣之。"[①] 而在"酹祭"礼后，皇帝和相关人员要上陵祭拜，其仪式为：

西都旧有上陵。东都之仪，百官、四姓亲家妇女、公主、诸王大夫、外国朝者侍子、郡国计吏会陵。昼漏上水，大鸿胪设九宾，随立寝殿前。钟鸣，谒者治礼引客，群臣就位如仪……〔群〕臣受赐食毕，郡国上计吏以次前，当神轩占其郡〔国〕谷价，民所疾苦，欲神知其动静。孝子事亲尽礼，敬爱之心也。周遍如礼。最后亲陵，遣计吏，赐之带佩。八月饮酎，上陵，礼亦如之。[②]

可见，每年八月酹祭往往也是召见郡国"上计吏"的时间。皇帝借此了解郡国的物价和民生疾苦等各方面情形，因而也是一种对官员的考校。而所谓"欲神知其动静"，意即其目的也是为了让祖先神灵知道皇帝勤于政事。

而《太平经》之《大功益年书出岁月戒》就特别提到了每年八月末的神灵考校，其文称：

大神言：已算计诸神所假稟，常以八月晦日，录诸山海陵池、通水河梁、淮济江湖所受出入之簿，各分明。天君有所劳赐，有簿署。天君前自复数通，藏金室。署有心之人，令主天君所问，辄当承所教，宜日夜不解。属主室之人，勿失所索部别，令可知，应得有心之人，须以定录簿。当有使神，主为计名。诸当上下，先时百日皆文上，勿有失脱。如有文书不相应，计曹不举者并坐。[③]

以上记载大神人说：已查验过各路神灵暂先奏报的考核文书，按常规在八月月末这一天，又正式核定所接收到的山海津梁江河湖泊等各处神灵前后与天庭往来的全部文书簿册。天君有慰劳赏赐的对象，也有对登仙成神者所作出的委任和安排。天君先前已有好几份神仙簿册，收藏在金室。还有人专在掌管金室簿册的神灵手下供职，不可遗漏或弄错各神灵辖区内追求长生的那些人的姓名。各个应当届时升天或贬退的人，都要提前一百天把文书奏报上来。如果所奏报的文书和天庭预先掌握的事实不一致，那么负责监察审计的神灵和前去施化的神灵将被一同治罪。而汉代《老子中经》以及

① 《后汉书》志第4《礼仪志上》，第3104页。

② 《后汉书》志第4《礼仪志上》，第3103页。

③ 《太平经合校》卷110《大功益年书出岁月戒》，第533—534页；《太平经译注》，第1709—1711页。

东晋上清经等，也都特别强调每年农历八月“秋分”之日在各种周期性神灵考校中的重要性和神圣性。①

（四）体内神灵考校及其对道教的影响

《太平经》认为人体内部的神灵亦直接参与对世人的监察和考校。《太平经》已经构建起非常完整的身神体系，认为由宇宙中五行之气所凝化而成的神灵，在人体五脏六腑中驻守。其《斋戒思神救死诀》即称“四时五行之气来入人腹中，为人五藏精神”，“四时五行精神，入为人五藏神，出为四时五行神精”②。而其《七十二色死尸诫》称：

> 一身之内，神光自生，内外为一，动作言顺，无失诚信。五神在内，知之短长，不可轻犯，辄有文章。小有过失，上白明堂，形神拘系，考问所为，重者不失，轻者减年。神不白举，后坐其人，亦有法刑。非但生人所为，精神鬼物亦如是。③

以上所谓“五神”，就是指五脏神，即肝神、心神、脾神、肺神、肾神。以上是说在世人的身躯内，神明的光华会自动地焕发出来。神明要求人们内外保持一致，言行恭顺诚信。而五脏神寄居在人体内，了解世人的短长，不可轻率冒犯。世人一旦冒犯，就会在其脸上显现出颜色来。即使小有过失，五脏神亦会到天庭明堂去禀报。其形体和魂神届时都将被囚禁和审问，严重的将按天法惩治，轻微的也要缩减寿命。神灵如果不做禀告和举报，那么事后也要被天界按法令条文来处罚。也就是说，除了世人之外，精灵、神灵和鬼物也同样如此。其《大圣上章诀》又称：

> 天君日夜预知天上、地下、中和之间大小乙密事，悉自知之，诸神何得自在乎？故记首尾善恶，使神疏记。天君亲随月建斗纲传治不失，常意皆修正，不敢犯之。故言天遣心神在人腹中，与天遥相见，音声相闻，安得不知人民善恶乎？④

---

① 王承文：《古代国家祭祀与汉唐道教“八节斋”的渊源论考》（上、下篇），《宗教学研究》2016 年第 2 期、第 3 期。

② 《太平经合校》卷 72《斋戒思神救死诀》，第 292 页。

③ 《太平经合校》卷 112《七十二色死尸诫》第 569 页；《太平经译注》，第 1829—1830 页。

④ 《太平经合校》卷 111《大圣上章诀》，第 544—545 页；《太平经译注》，第 1742—1743 页。

以上是说，天君日夜都预先知道天上、地下和人间各种大小机密事，对每件事都亲加了解，各类神灵也不可能无拘无束，所以要从头到尾分条逐项地记录世人的善恶表现。天君还亲自随同北斗星斗柄运转所标示的月份宣明治理，不会放掉任何一个。特别是皇天派遣“心神”寄居在人体内，并与皇天远远看得见，对世人的任何善恶表现其实都一清二楚。

在《太平经》负责监察的身神体系中，又以“心神”和“司命神”最为重要。《太平经》称“心则五藏之王，神之本根，一身之至也”①；“心神去，则死亡矣”②。即人如果积累罪恶，身体内的心神就会逃离，死亡也就不可避免。汉代人普遍认为来自天界的司命监视着世人的言行，而其向天界神灵的报告，也决定了世人的罪福或寿命的长短。班固《白虎通·寿命篇》即称“司命举过”。郑玄则称“司命”，“小神，居人之间，司察小过，作谴告者”，“主督察三命”③。而《太平经》则将汉代社会中普遍信奉的司命神改造成人体内的神灵。其《见诫不触恶诀》称：

> 故天下有圣心大和之人，使语其意，令知过之所由从来，各令自改。乃为人寿从中出，不在他人。故言司命，近在胸心，不离人远，司人是非，有过辄退，何有失时，辄减人年命。④

以上是说皇天派遣神人宣达天意，让人们弄清罪过的由来并各自改正。每个人的寿命其实都是从自己内心中产生出来，并非由别人决定。因此强调司命神近在胸心，它伺察世人言行的对错，出现过失就把他从善人名籍上撤下来，而且动辄就缩减人的寿命。六朝著名天师道经典《赤松子章历》亦称：“禁律曰：人身中常有司过之神，随时上下，曰以善恶。过满百二十为一刻。刻者令人多害少利。”⑤ 这种思想也应与《太平经》有关。

因此，《太平经》构建了一个完整的从天界到人体内在的神灵考校体系，时刻监察世人的言行举止，记录世人的功过，并最终决定人的祸福和夭寿。而这种思想对于道教的发展有极其深远的影响。东汉《太上老君中经》又简称《老子中经》，该经有关人体内在神灵世界的结构以及神灵考校制度的论述，对道教定期斋戒制度的发展也有

---

① 《太平经合校》卷120至136，第687页。

② 《太平经合校》卷92《万二千国始火始气诀》，第374页。

③ （东汉）郑玄注、（唐）孔颖达疏：《礼记正义》卷46《祭法》，（清）阮元校刻：《十三经注疏》，第1590页。

④ 《太平经合校》卷114《见诫不触恶诀》，第600页。

⑤ 《赤松子章历》卷2《禁戒》，《道藏》第11册，第191页。

重要影响。例如，其《第十四神仙》称：

> 脐者，人之命也……一名五城……五城之外有八吏者，八卦神也，并太一为九卿。八卦之外有十二楼者，十二太子，十二大夫也，并三焦神合为二十七大夫。四支神为八十一元士。故五城真人主四时上计，八神主八节日上计，十二大夫主十二月，以晦日上计。月月不得懈怠，即免计上事。常当存念留之，即长生矣。故太一常以晦朔、八节日夜半时，五城击鼓，集召诸神，校定功德，谋议善恶。有录者延命，众神共举；无录者终亡，司命绝去生籍。①

该经论述了人体内部多种神灵的“上计”制度，而且分工非常明确。包括：（1）“八卦神”或称“八吏”所主持的“八节日”（即立春、春分、立夏、夏至、立秋、秋分、立冬、冬至）的上计；（2）“五真人”所主持的四时（春、夏、秋、冬）上计；(3)“十二大夫”所主持的十二月每个“月晦”日（即大月三十日、小月二十九日）的上计。而世人之所以需要在这些特定日子里虔诚斋戒，就缘于这些神灵的上计以及考校结果将决定修道者的祸福夭寿。

《元始五老赤书玉篇真文天书经》是东晋末年古灵宝经中最重要的经典，对自中古以来道教定期斋戒制度的发展影响极其深远。吕鹏志博士将该经所有定期斋戒制度，都归结为是对汉译佛教《增一阿含经》中“布萨”制度的直接模仿。这种认识其实是对早期道教定期斋戒制度本身的一种误解。我们试以该经“本命日”的定期斋戒为例。该经称：“凡人本命之日，身中吏兵上计功过，三天监察，下考得失。常以本命日摄斋烧香，太一使者皆录善功，奏上三天，上帝则除为监天真人。”② 其称“身中吏兵上计功过”等与汉朝“上计”制度以及《太平经》《老子中经》、天师道有关天界或人体中神灵的定期考校直接相关。而“本命日”也是一种纯粹的本土宗教观念。因而古灵宝经中的定期斋戒制度，其实也完全源于《太平经》以来道教斋戒制度本身的发展。③

中国古代对天神的崇拜由来已久。至商代，已经初步形成了以至上神——上帝为核心的天神崇拜体系，主宰天地人间，对人类进行赏罚。至西周，“上帝”逐渐变为“天”；“帝令”也转化为“天命”。至两汉之际的谶纬学说，特别是《太平经》，则进一步发展出鬼神伺察和夺算减年的思想，从而使由神灵监督下的善恶报应体系得到发

---

① 《太上老君中经》，《道藏》第27册，第145页。

② 《无上秘要》卷九《众圣会议品》引《洞玄元始五老赤书玉篇经》（《道藏》第25册，第29页）。按《正统道藏》本《元始五老赤书玉篇真文天书经》已阙佚这一部分内容。

③ 王承文：《古代国家祭祀与汉唐道教“八节斋”的渊源论考》上篇、下篇。

展和完善。《太平经》认为“天”是有意志的神灵，时刻都对人的行为和过失进行监察，称：“天遣神往记之。过无大小，天皆知之。”① “天地睹人有道德为善，则大喜；见人为恶，则大怒忿忿。”② 其《天咎四人辱道诫》又称：“天之为形，比若明镜。比若人之有两目洞照，不欲见污辱也。”③ 而《太平经》所构建的来自神灵世界的定期考校，在极大程度上就是直接以汉朝对官员的定期考核制度为基础发展起来的。正如马克思所指出的：“要知道，宗教本身是没有内容的，它的根源不是在天上，而是在人间。”④ “人创造了宗教，而不是宗教创造了人。就是说，宗教是那些还没有获得自己或是再度丧失了自己的人的自我意识和自我感觉……国家、社会产生了宗教即颠倒了的世界观，因为它们本身就是颠倒了的世界。”⑤ 正因为如此，我们只有弄清了道教神灵定期考校思想的真正来源及其本质，才能对早期道教和佛教定期斋戒制度的形成和发展作出合乎实际的说明。

三、《太平经》与神灵定期考校的内容以及斋戒悔过的方法

（一）神灵定期考校的内容

在《太平经》中，每月“月尽”（又称“月晦”，即农历大月三十日，小月二十九日）、“朔旦”（即每月初一凌晨）和“月中”（即每月十五日）以及“岁尽”（即年底）等一些特定的日子，已经被正式确定为天界神灵考校和神灵集会的日期。其《六极六竟孝顺忠诀》详尽地论述了神灵考校的主要内容，其记载“真人”对“天师”称：

> 愚生闻：子不孝，则不能尽力养其亲；弟子不顺，则不能尽力修明其师道；臣不忠，则不能尽力共敬事其君。为此三行而不善，罪名不可除也。天地憎之，鬼神害之，人共恶之，死尚有余责于地下，名为三行不顺善之子也。常以月尽朔旦，见对于天，主正理阴阳、是尊卑之神吏，魂魄为之愁，至灭乃已。……比三

① 《太平经合校》卷110《大功益年书出岁月戒》，第526页。

② 《太平经合校》卷92《万二千国始火始气诀》，第374页。

③ 《太平经合校》卷117《天咎四人辱道诫》，第660页。

④ 《马克思恩格斯全集》第27卷，北京：人民出版社，1972年，第436页。

⑤ 《马克思恩格斯全集》第1卷，北京：人民出版社，1965年，第452页。

事者：子不孝，弟子不顺，臣不忠，罪皆不与于赦，令天甚疾之，地甚恶之……然所以月尽、岁尽见对，非独生时不孝、不顺、不忠、大逆恶人魂神也，天地神皆然。①

以上是借“真人”说，做儿子的如不孝顺，就不能竭尽全力侍养其父母；做弟子的如不谨顺，就不能竭尽全力来修明其师长的道法；做臣子的如不忠诚，就不能竭尽全力敬奉其君主。在此三方面如表现不良就死有余辜，天地、鬼神和世人都共同厌弃和憎恶，死后在阴间也还有抵不完的罪责。每到月底和初一这两天，在以上三方面有严重缺失的人，都将会受到皇天所派神吏的勘验审问，而其魂魄亦将为此发愁，直至死灭才算结束。除了世人每逢月底和年终都要受到神灵的勘验审问之外，天界地上的神灵也都是如此。

神灵对世人的考校，最首要的就是能否遵守孝道，即是否“尽力养其亲”。在《不孝不可久生诫》中，其所称的“不孝”，主要是指不赡养双亲，反而为恶招祸，使其父母忧愁至极，老而无所依靠，终生不能回报哺乳之恩。所谓“不可久生”，是指为官府抓捕而被绳之以法，或为鬼神所害。该篇列举了五种恶子之行，包括：轻口易言，不务正业，盗卖家中物什，酒家歌舞作乐，结伙攻取劫盗。该篇又称：“自以长年，复见白首。不知天遣候神，居其左右，入其身内，促其所为。令使凶，当断其年，不可令久，其扬声为恶，不欲止。上至县官，捕得正法，不得久生。与死为比，安得复生？或为鬼神所害。”② 以上是说，这些不孝的“恶子”，自以为能活到看到自己满头白发的时候。却不知道皇天已经派遣负责监察的神灵，紧随其身边，并进入其体内，促使其胡作非为，使其凶险并断绝其寿命。于是这些“恶子”就会上传到官府，最终被逮捕处以死刑，或者被鬼神所殃害。

《太平经》还将天曹分为善曹和恶曹两种，其簿籍文书也分生簿和死簿，善曹掌握生簿，恶曹掌握死簿。人所为善功即被善曹记入生簿而得以益寿延筭，所为恶行被恶曹记入死簿而被减年除筭。其《见诫不触恶诀》称，虽然“天有生籍，亦可贪也；地有死籍，亦甚可恶也。生死之间，不可比也”，意即皇天立有长生簿，值得去追求。地下设有死亡簿，非常让人厌恶，生死之间，二者完全无法比拟。然而，世人只要多作善行，天神亦“可易命籍，转在长寿之曹”，意即天神也可以替人更换命籍，转到长寿

① 《太平经合校》卷96《六极六竟孝顺忠诀》，第405、406、407、408页；《太平经译注》，第1378—1379页。

② 《太平经合校》卷114《不孝不可久生诫》，第598页；《太平经译注》，第1936—1937页。

天曹那里。因此，世人“宜复各修身正行，无忘天之所施”[①]。即世人应该各自端正内心和品行，不能忘记皇天的施予。其《善仁人自贵年在寿曹诀》称：“寿算增减，转相付授。故言四时五行、日月星宿皆持命，善者增加，恶者自退去，计过大小，自有法常。案法如行，有何脱者?”[②] 意即天界对于世人寿命或增或减，都转相交代示知。四时五行和日月星宿全都操持着世人的本命，对做善事的人就为其增寿，对做坏事的人就斥退勾销，核对罪过的大小，自然都有处置的法则。其《为父母不易诀》又称：“行善之人，无恶文辞，天见善，使神随之，移其命籍，著长寿之曹。”[③] 以上是说对于那些专做善事的人，神灵根本不会有举报其恶行的文书，皇天看到了他的善良，还专门派遣神灵跟随保护，改换他的命籍，登录在天庭寿曹中。

《太平经》的这种神灵定期考校的思想，对道教定期斋戒制度的确立具有极为深远的影响。我们仍然以东晋末年古灵宝经《元始五老赤书玉篇真文天书经》来说明。该经记载“月十斋”中每月初一日的斋戒，称元始（天尊）和众神灵：

> 常以月一日，上会灵宝玄都西北玉山紫微上宫，奉斋朝《天文》，校地上人鬼功过。其日敕北斗，下与三官考召、四部刺奸，周行天下，纠察兆民，条列善恶，轻重上言。其日有奉修斋直，不犯科律，三官除罪，列名玄都，万神卫护，得为种民。犯恶为非，移名地官。[④]

如果将以上内容与《太平经》相比较，就会发现这部古灵宝经虽然增加了灵宝经所特有的内容，然而其最核心的思想却并未改变，一是都强调天界神灵定期考校世人的功过，并派遣神灵对世人的善恶等进行监督；二是都强调对于表现优异者给予迁升奖励，对于表现恶劣者则给予严厉惩处。总之，汉魏六朝道经以及汉译佛经有关定期斋戒之日来自天界神灵的所有考校内容，其最重要的根源亦均在于此。

（二）修道者在“静室”的斋戒及悔过

《太平经》既详细地阐述了在特定的日期天界神灵的降临以及对人间功过的监察、考校和赏罚，然而却也为世人设计了一种通过悔过自责以求得除罪的方法，而这种方法就是通过在“静室”内进行斋戒来实现的。为此，我们有必要对早期道教“静室”

---

① 《太平经合校》卷 114《见诫不触恶诀》，第 602 页。

② 《太平经合校》卷 111《善仁人自贵年在寿曹诀》，第 552 页。

③ 《太平经合校》卷 114《为父母不易诀》，第 625 页。

④ 《元始五老赤书玉篇真文天书经》卷下，《道藏》第 1 册，第 794 页。

的来源和性质作说明。早期道教的“静室”是一种非常重要的宗教性建筑设施，也是道教徒日常宗教生活的神圣空间。1987 年，日本道教学者吉川忠夫发表了《静室考》一文，认为道教“静室”最早发源于西汉时期具有“请罪”性质的“请室”，即一种囚禁大臣的监狱。[①] 我们研究认为，早期道教“静室”其实是由先秦至两汉祭祀礼制中的“斋宫”“斋室”和“静室”等建筑设施发展而来的。由于古代国家祭祀前的斋戒本身分为“散斋”和“致斋”两部分，而祭祀礼制中常见的“斋宫”“斋室”和“静室”等，就是专门用于“致斋”的场所。《太平经》虽然极少直接使用“斋戒”这一概念，但是对斋戒所不可或缺的“静室”却有大量论述，而且其“静室”有多种名称，包括“斋室”“闲处”“静处”“闲静处”“清静处”“闲善靖处”“幽室”“空室”“靖舍”“香室”“茅室”（或“茆室”）、“闲室”，等等。另外，《太平经》乃至整部《正统道藏》中大量使用的“入室”一词，在绝大多数情况下其实都是指进入“静室”中进行斋戒。因此，《太平经》中“静室”的各种名称以及大量“入室”，就是“斋戒”的代名词。[②] 如果不了解这一点，就无法理解和讨论《太平经》中的定期斋戒制度。

先秦秦汉祭祀礼制中的斋戒，本身就有通过自责悔罪以求得上天神灵宽宥并赐福降休的功能。[③] 而《太平经》与此恰恰一脉相承。根据其《大功益年书出岁月戒》的记载，作为天界最高统治者的“天君”，一方面让作为人体“五藏神”之一的“心神”严密监察人的行为，但是，另一方面又要求犯有过失的人自责悔过。其文称：

> 天君遣大神下言：“此人有自责悔过，不犯所禁，假之假之。后有不善，取之

---

① 吉川忠夫：《“静室”考》，《东方学报》59（1987），第 125—162 页；吉川忠夫：《静室考》，许洋主译，刘俊文主编：《日本学者研究中国史论著选译》第 7 卷《思想宗教》，北京：中华书局，1993 年，第 446—477 页。

② 王承文：《汉晋の道教における‘静室’と斋戒制度の渊源に关する考察》，《中国史の时代区分の现在》，东京：汲古书院，2015 年 8 月，第 145—224 页；《从斋戒规范论古代国家祭祀对汉晋道教的影响》，《中山大学学报》2016 年第 2 期，第 77—102 页；《汉晋道经所见“静室”各种名称及其与斋戒制度的关系》，《魏晋南北朝隋唐史资料》第 34 辑，上海：上海古籍出版社，2016 年，第 1—43 页；《论汉晋道教“静室”的性质和来源》，《学术研究》2017 年第 2 期，第 109—123 页。

③ 古代普遍认为人间一切疾病灾祸等，往往都与人的罪过有关，因此需要通过斋戒向掌握人间祸福的上天神灵忏悔罪过，以祈求宽恕。例如，秦末宦官赵高专权，秦二世召太卜，令卦之，太卜曰：“陛下春秋郊祀，奉宗庙鬼神，斋戒不明，故至于此。可依盛德而明斋戒。”秦二世于是“乃入上林斋戒”（《史记》卷八七《李斯列传》，北京：中华书局，1959 年，第 2562 页）。《墨子》称“天子为善，天能赏之；天子为暴，天能罚之；天子有疾病祸祟，必斋戒沐浴，洁为酒醴粢盛，以祭祀天鬼，则天能除去之”（孙诒让、孙启治点校：《墨子间诂》卷七《天志中》，北京：中华书局，2001 年，第 196 页）。

未晚。”见神言，日夜长息，恐身过未悉除，久不与太阳气通，而在死伍之部，益复笃，不知而何也。受敕未能通达，静于闲处自省，责过所负，以谢天地四时五行诸所部神。天君聆听，令自思。①

以上所谓“静于闲处自省”，实际上就是指在“静室”内斋戒并进行自我反省。这段材料是说，天君派遣大神人下去说，这个人有自责悔过的表现，先作宽恕，如有重犯，再加以收取。而犯过之人听见神的话，日夜叹息，担心因自己的罪过尚未完全解除，最后被打入死鬼的圈子中，于是其态度愈发恳切，安安静静地在“静室”中反省，痛责自己的过错所承负的罪责，以此向天地和四时五行等各路神灵忏悔谢罪。而天君也能听到他的忏悔谢罪，让他自行深思。

而其《善仁人自贵年在寿曹诀》，则说明了修道者究竟是如何通过在“静室”中斋戒忏悔自责，终于得以解除罪负并得以成神的。其文称：

窥见大德之人，延命久长在，问之，言此但行应天心，合地意，是故得寿耳。还归靖舍念之，如太上德人之言，以故自省也。使神见自责悔人，还上天道言，有悔过人啼泪而行，未曾有止时，恐见不活，以故自责。大神闻知，言天君常敕诸神曰，有功善之人，为忠孝，顺所言，进独其人也。因白天君，天君言：“闻知此人自责悔过，有岁数也。此本俗人耳，而自责过无解已，更为上善人也。大神数往占视之，知行何如。有善意欲进者，且着命年在寿曹，观其所为，乃得复补不足。”大神言：“此人自责大久，承负除解，请须有阙上补，名为太上善人，可以报下不及者。”②

以上“靖舍”的含义与“静室”完全相同，都是指修道者斋戒忏悔罪过的场所。以上是说，修道者看见大德之人寿命长久，便询问其原因，被告知因其行为顺应天地之心的缘故。修道者于是就回到自己的“靖舍”中深刻地自我反省。由天庭大神人派出的神灵看到了这个人诚恳地自责悔过，于是就返回天庭报告。而大神人称天君时常训敕诸神，对于那些有功德、良善、忠孝并顺从天庭的人，应该让其登仙成神。而大神人也向天君禀报，天君称此人自责悔过已有年头了。此人虽然只是个凡夫俗子，然而却能不停地责备自己的过失，要把他改成非常良善之人。大神人亦称此人自责太久，其承负的罪责已被解除，等天上的神职神位出现空缺，就将其召到天上加以补授。而

① 《太平经合校》卷110《大功益年书出岁月戒》，第528页；《太平经译注》，第1691—1693页。

② 《太平经合校》卷111《善仁人自贵年在寿曹诀》，第551页；《太平经译注》，第1767—1769页。

天界将这种人称之为太上善人，也是为了让人间还有差距的人可以看到希望。其《大圣上章诀》还对斋戒者自责悔过的内容也有论述，其文称：

> 当白日升天之人，求生有籍，著文北极，天君内簿有数通……强学之人学之，得天腹心者，可竟天年。殊能思尽力有功効者，转死籍之文，复得小生，何时当得驾乘精气，为天行事乎？是为可知：得书感心，泣出自责……天上诸神闻知，言此人自责自悔，不避昼夜，积有岁数，其人可原，白之天君。天君言：人能自责悔过者，令有生。录籍之神移在寿曹，百二十，使有续世者。[①]

《太平经》认为命里注定该白日升天的人，其追求长生的原因，缘于天庭名册本来就有其姓名，并登录在北极昆仑山，天君收藏在金室的名册，具有正、副本好几份。而那些勉力学道之人，能获取皇天的心意，就能享尽天年。至于那些特别想尽全力并取得功效的人，也可以把自己的姓名从死鬼簿上转移出来，多活一段时日，但在什么时候真能驾乘精气，专为皇天办事呢？而由此可以明白：得见这篇书文，内心便应感悟，流泪自责，天上众神灵知道此人能够如此自责和忏悔，日夜不停且积有年头，对此人可以体谅，于是就禀报天君。天君就称：世人能够自责和忏悔的，就让他享有生存的待遇。掌管生死簿的神灵要将其姓名转移到寿曹中去，其寿命要归入一百二十岁当中，还要让他养育能传宗接代的后嗣。《太平经》与此相关的论述还有很多。

《太平经》以天界神灵的定期考校为前提和基础，构造了一个在“静室”内斋戒并自责忏悔自己罪过的系统。众所周知，汉末天师道亦非常强调在“静室”内的斋戒和忏悔。根据《三国志·张鲁传》注引三国时魏人鱼豢《典略》记载，汉末汉中天师道的教法，即包括“加施静室，使病者处其中思过”，而天师道鬼吏“主为病者请祷。请祷之法，书病人姓名，说服罪之意”[②]。所谓“思其过”，即寻找自己生病的原因并忏悔自己的罪过。汉代《老子中经》、东晋上清经和古灵宝经等，也都强调在特定的斋戒日期，天界神灵将考校世人的功罪，因此要求世人在“静室”内斋戒并向神灵忏悔自己的罪过。而《太平经》的这种思想，也对本土佛教定期斋戒制度的形成有直接影响。汤用彤先生论述六朝《四天王经》等汉译佛经中之定期斋戒与早期道教的关系称：“又悔过自责，得除罪增寿，固早为道教《太平经》之要义。汉末黄巾亦教人自首过失。人之功过常有天神下降按巡记录，为中国道教之一中心理论。此亦早载于《太平

---

① 《太平经合校》卷111《大圣上章诀》，第546页；《太平经译注》，第1743—1746页。

② 《三国志》卷8《张鲁传》引《典略》，北京：中华书局，1959年，第264页。

经》中。”① 也正因为如此，自汉末以来道教和佛教所有定期斋戒中的神灵考校以及斋戒和忏悔，其实都与《太平经》所确立的核心观念密切相关。

四、道教“晦朔弦望”定期斋戒的渊源

（一）上博简中“弦望斋宿”与道教“月十斋”渊源

长期以来，中外很多研究者之所以强调佛教“布萨”制度对道教定期斋戒的影响，主要缘于二者每月的斋戒日期中有数天相同。六朝汉译佛经中的“六斋日”，是指每月八日、十四日、十五日、二十三日、二十九日、三十日的斋戒。而道教“十日斋”，是指一日、八日、十四日、十五日、十八日、二十三日、二十四日、二十八日、二十九日、三十日的斋戒。根据我们的研究，其实印度佛教出家僧尼自始至终都实行“半月半月布萨”，即每半个月一次的“布萨”制度。而且无论是从内容还是形式来看，印度佛教出家僧尼所遵行的以集体性公开说戒为核心内容的“半月半月布萨”制度，既与先秦秦汉时期本土“斋戒”的含义存在根本性区别，也与汉魏六朝时期中国佛教在家信徒所奉行的“月六斋”存在重大差别。②

中国本土佛教“六日斋”和道教“十日斋”作为两种不同的定期斋戒制度，其日期的选定其实都与中国传统历法中“晦朔弦望”的观念直接相关。而其最深层的原因，则是古代阴阳五行观念的影响。从现有资料来看，每月数天的定期斋戒制度，其渊源至少可以上溯到战国时期。上海博物馆藏战国楚简中即有明确的“弦朔斋宿”的规定。其《三德》篇共二十二支简，主要论述对“天常”“天命”“天”“帝”“皇”与“后”权威的尊崇。其文曰：

> 卉木须时而后奋，天恶毋忻，平旦毋哭，晦毋歌，弦望斋宿，是谓顺天之常。（简一）敬者得之，怠者失之，是谓天常。（简二）③

所谓“卉木须时而后奋”，是指应该了解并尊重生物生长的时序与状况。至于“天

① 汤用彤：《汉魏两晋南北朝佛教史》，北京：北京大学出版社，1997 年，第 582 页。

② 王承文：《汉晋道教定期斋戒与佛教布萨制度关系论考》，《中山大学学报》2017 年第 1 期，第 99—124 页。

③ 马承源主编：《上海博物馆藏战国楚竹书》（5），上海：上海古籍出版社，2005 年。引文参见陈丽桂：《上博（五）〈三德〉的义理》，收入陈丽桂：《近四十年出土简帛文献思想研究》，北京：中华书局，2015 年，第 367 页。

恶毋忻，平旦毋哭，晦毋歌"，"忻"假借为"欣"，是说当天气恶劣时人就绝不可表现出很愉快的样子；"平旦毋哭，晦毋歌"，"平旦"又称寅时，即凌晨不能哭泣，夜晚不能唱歌。而以上最具有关键意义的是其"弦望斋宿"的论述。"弦"是指上弦日和下弦日，其具体时间，六朝天师道《赤松子章历》卷二《弦望式》称："上弦八日、九日，下弦二十二日、二十三日。大月八日、二十二日，小月九日、二十三日。"① "望"则是指每月十五日。"斋宿"这一概念在古代国家祭祀礼制中十分常见。而"斋宿"又可称为"宿斋"。

何谓"斋宿"？如前所述，古代国家祭祀斋戒一般分为"散斋"和"致斋"两个阶段。而"斋宿"或"宿"其实就是对"致斋"的专称。② "宿"代表宿于"斋宫"或"斋室"。《黄帝内经》大约成书于战国、秦汉时期，其《灵枢·禁服》记载黄帝向雷公传授经法，雷公"乃斋宿三日"，而且"黄帝乃与俱入斋室"。③ 因此，所谓雷公"斋宿三日"，实际上就是"致斋"三天。而"斋室"就是其用于"致斋"的场所。古代"斋宿"或"致斋"，必定是在专门用于斋戒的宗教性建筑设施——"斋宫"或"斋室"内进行。而后世大量历史资料也充分证明了这一点。④ 我们还要特别强调的是，自汉晋以来道教的各种定期斋戒，恰恰就是在专门用于斋戒的"静室"或"斋室"中进行的，因而与古代国家祭祀斋戒制度具有一脉相承的关系。

以上战国楚简要求人们必须恭敬地遵守人间各种禁忌以及礼俗、礼度等以行事，切不可以违背天道和常规，其中就包括"弦望斋宿"，即在每月上弦、下弦和望日等日子进行"致斋"。现存战国《楚帛书》亦与此有关。1942 年，湖南长沙子弹库楚墓出土的公元前 4 世纪末《楚帛书》的第二组（乙篇）13 行，内容涉及作为上天惩罚下土标志的自然秩序的混乱，文中劝告人们必须了解岁时的运行，要崇奉神灵，敬守四时。如果人们按岁历行事，驯顺于"五正"和"群神"的治理，就可以降祸赐福。法国汉学家马克认为先秦岁历文化与早期宇宙生成论关系密切，称"《楚帛书》的最大价值在于，它表明一种宗教式的程式业已盛行于公元前 4 世纪的中国社会。在这个程式中，人类与自然、与神的交往是建立在对祭祀活动和时令规则的严格奉行之上的。近年来从公元前 4 至 2 世纪墓葬中出土的多种《日书》类简同样可以证实，此类时令选择活动曾在当时的社会上一度广为盛行"。⑤

---

① 《赤松子章历》卷 2《弦望式》，《道藏》第 11 册，第 184 页。

② 《周礼注疏》卷 26《大史》贾公彦疏曰："戒谓散齐七日，宿谓致齐三日。"（《十三经注疏》，第 817 页）

③ 史崧校释：《黄帝素问灵枢集注》卷 25，《道藏》第 21 册，第 431 页。

④ 王承文：《汉晋の道教における'静室'と斋戒制度の渊源に关する考察》。

⑤ 马克：《先秦岁历文化及其在早期宇宙生成论中的功用》，《文史》2006 年第 2 辑，第 21 页。

总之，以上战国楚简证明早在春秋战国时代，在“晦朔弦望”等每月数天的定期斋戒，就是人们所应该遵守的重要礼俗传统。而这一珍贵资料也证明，无论是本土佛教在家信徒的“月六斋”，还是汉晋道教的“十日斋”，其斋戒日期的选定，在本质上其实都是对本土宗教文化传统中“晦朔弦望”观念的发展。值得我们进一步探讨的是，先秦秦汉历法中的“晦朔弦望”等日期，为什么会成为早期道教和佛教的定期斋戒日期呢?

（二）先秦秦汉历法中的“晦朔弦望”与早期道教斋戒日期的关系

中国古代“晦朔弦望”的概念均与月相的变化有关。周代历法即以月相记时，并已形成了比较固定的模式。其月相术语包括初吉、既生霸、既望、既死霸，等等。王国维在周代青铜铭文等材料的基础上提出了“四分说”，其文称：

> 古者盖分一月之日为四分：一曰初吉，谓自一日至七、八日也；二曰既生霸，谓自八、九日以降至十四、五日也；三曰既望，谓十五、六日以后至二十二、三日；四曰既死霸，谓自二十三日以后至于晦也。八、九日以降，月虽未满，而未盛之明则生已久。二十三日以降，月虽未晦，然始生之明固已死矣。盖月受日光之处，虽同此一面，然自地观之，则二十三日以后月无光之处，正八日以前月有光之处，此即后世上弦、下弦之由分。以始生之明既死，故谓之既死霸。此生霸、死霸之确解，亦即古代一月四分之术也。①

可见，周代根据月相变化而形成的“一月四分之术”，就是古代历法中“晦朔弦望”观念最重要的来源。② 汉代《说文解字》称：“朔，月一日始苏也。从月。”又称：“晦，月尽也。”刘熙《释名·释天》称：“晦，月尽之名也。晦，灰也，火死为灰，月光尽似之也。朔，月初之名也。朔，苏也，月死复苏生也。弦，月半之名也。其形一旁曲，一旁直，若张弓施弦也。望，月满之名也。月大十六日，小十五日，日在东，月在西，遥相望也。”③ 这种按月相计时的观念又直接影响了古代宗教和民俗的发展。

---

① 王国维:《观堂集林》卷1《生霸死霸考》，石家庄：河北教育出版社，2003年，第7页。

② 《后汉书》志第2《律历志下》称：“日月相推，日舒月速，当其同〔所〕，谓之合朔。舒先速后，近一远三，谓之弦。相与为衡，分天之中，谓之望。以速及舒，光尽体伏，谓之晦。晦朔合离，斗建移辰，谓之〔月〕。”(第3055页)

③ （东汉）刘熙撰，（清）毕沅疏证，王先谦补:《释名疏证补》卷1《释天第一》，北京：中华书局，2008年，第19—20页。

根据相关研究，早在春秋战国时，岁首（一年开始的时候，一般指正月）、朔（每月的第一天）、望、既望（近在望后的日子）、晦（每月的最后一天）等日子，已经同常日相区别而且被突出出来，而作为节俗主要内容的各种祭典、庆贺、占卜等活动，多集中在这些时日举行。[①] 大量资料也能够证明先秦秦汉时期，人们对与月相相关日期的禁忌非常多，并想方设法避凶逢吉。《左传·成公十六年》记载："蛮军而不陈，陈不违晦。"西晋杜预注称："晦，月终，阴之尽，故兵家以为忌。"唐孔颖达疏曰："日为阳精，月为阴精，兵尚杀害，阴之道也。行兵贵月盛之时。晦是月终，阴之尽也。故兵家以晦为忌，不用晦日陈兵也。昭二十三年七月戊辰晦，吴败楚师于鸡父，吴犯兵忌而战胜者。"[②] 可见，人们认为月相的变化与阴阳之气的运行密切相关。西汉司马谈《论六家要旨》称"夫阴阳四时、八位、十二度、二十四节各有教令，顺之者昌，逆之者不死则亡"，并称"使人拘而多畏"[③]。古代《日书》属于古代一种以时、日推断吉凶祸福的占验书，它把日月星辰的运行以及四季的变化等与人间的祸福吉凶直接联系在一起。1975 年在湖北省云梦县睡虎地秦墓所出土的秦简中的《日书》甲种规定："弦望及五辰不可以兴乐□。"[④] 此是说在弦望之日以及五辰日不能奏乐。东汉王充（27—97）批评社会中的日辰禁忌称：

> 世俗防禁，竟无经也。月之晦也，日月合宿，纪为一月。犹八日，月中分谓之弦；十五日，日月相望谓之望；三十日，日月合宿谓之晦。晦与弦望一实也，非月晦日月光气与月朔异也，何故逾月谓之吉乎？如实凶，逾月未可谓吉；如实吉，虽未逾月，犹为可也。[⑤]

虽然王充并不认同以日期定吉凶，但是却证明了与月相相关的禁忌为秦汉社会的普遍风尚。《太平经》之《写书不用徒自苦诫》称："或当怀妊之时，雷电霹雳，弦望朔晦，血忌反支，以合阴阳。生子不遂，必有祸殃。"[⑥] 因为"弦望朔晦"之日一般多与斋戒有关，所以在这些日子必须绝对禁止男女性行为，否则就有灾祸。而这种观念对早期道教的修炼方法也产生了深远影响。根据汉代《周易参同契》的记载，在人体内在修炼过程中，所有具有关键性的时间均与月相有关，包括：朔旦（初一）、三日

---

① 陈绍棣：《中国风俗通史·两周卷》，上海：上海文艺出版社，2003 年，第 535 页。

② 《春秋左传正义》卷 28《成公十六年》，《十三经注疏》，第 1918 页。

③ 《史记》卷 130《太史公自序》，第 3290 页。

④ 吴小强：《秦简日书集释》，长沙：岳麓书社，2000 年，第 42 页。

⑤ 黄晖：《论衡校释》卷 23《四讳篇》，北京：中华书局，1990 年，第 977 页。

⑥ 《太平经合校》卷 102《写书不用徒自苦诫》，第 572 页。

（魄日）、八日（上弦）、十五（望）、十六（既望）、二十三（下弦）、三十日。阴长生注解《周易参同契》亦称："月八日为上弦，二十三日为下弦，十五日为望。望者日月相望见也。月有盈缩度数，不明则难知金水之期。悔吝过度，则咎生矣。"①

而"晦朔弦望"等特定日子也逐渐成为天界神灵定期考校的日期。秦汉时期的灶神和司命神均属于与人们日常生活息息相关的职能神，相关祭祀非常兴盛。② 西汉刘安所撰《淮南万毕术》称灶神"晦日归天，白人罪"③。就是说在每个月的月底（大月三十日、小月二十九日），灶神都要升天报告其对人监察的结果。葛洪《抱朴子内篇·微旨》称：

> 按《易内戒》及《赤松子经》及《河图纪命符》皆云，天地有司过之神，随人所犯轻重，以夺其算……又言身中有三尸（神）……是以每到庚申之日，辄上天白司命，道人所为过失。又月晦之夜，灶神亦上天白人罪状。大者夺纪。纪者，三百日也。小者夺算。算者，三日也。④

以上《易内戒》和《河图纪命符》均与汉代谶纬有关。而其称"月晦之夜，灶神亦上天白人罪状"，其思想与刘安《淮南万毕术》完全一致。"庚申日"等都是早期道教神灵定期考校和斋戒之日。我们在前面讨论了汉代"司命"神的信仰。《抱朴子内篇·对俗》也称："行恶事大者，司命夺纪，小过夺算，随所犯轻重，故所夺有多少也。"⑤

正是在先秦秦汉宗教文化传统的基础上，《太平经》将与"晦朔弦望"有关的日期确定为天界神灵考校和集会的具体日期。我们再来看看其中一些最有代表性的论述：(1)《太平经》称："诸当上计之者，悉先时告白，并计曹者，正谓奏司农。当大月三十日，小月二十九日，集上大神明堂。"⑥(2) 其《六极六竟孝顺忠诀》称"常以月尽朔旦，见对于天"，"所以月尽、岁尽见对"；"故随天为法，常以月十五日而小上对，一月而中上对，一岁而大对。故有大功者赐迁举之，其无功者退去之。或击治此乱治者专邪恶之神也"；⑦ "天以十五日为一小界，故月到十五日而折小还也，以一月为中

---

① 《周易参同契》卷上，《道藏》第20册，第73页。

② 彭卫、杨振红：《中国风俗通史·秦汉卷》，上海：上海文艺出版社，2002年，第572—574页。

③ 《太平御览》卷185引《淮南万毕术》，北京：中华书局，1960年，第903页。

④ 《抱朴子内篇》卷6《微旨》，第125页。

⑤ 《抱朴子内篇》卷3《对俗》，第53页。

⑥ 《太平经合校》卷137至153，第710页；《太平经译注》，第2370页。

⑦ 《太平经合校》卷96《六极六竟孝顺忠诀》，第406、407、408页。

部，以一岁为大部"。(3) 其《大功益年书出岁月戒》称"已算计诸神所假禀，常以八月晦日，录诸山海陵池、通水河梁、淮济江湖所受出入之簿，各分明"。[①] (4)《太平经》称神灵"朝天谒见，自有常日。当以月初建，大神小神自相差次，铨次尊卑"。[②] 如前所述，所谓"月建初"就是指每月初一。(5)《太平经》称："月始生于西，长而东行，至十五日名为阳，过十五日消，名为阴。各出半力，乃成一月也。"[③] 所谓"月始生"等六句，都属于对月相变化的描写。以满月为界标，月渐盈即属于阳，月渐亏即属于阴。因而，宇宙中阴阳之气的盛衰消涨，都是与"月相"即月亮的盈亏密不可分的。六朝道经《洞真太上太霄琅书》之《习学禁忌·晦半诵戒诀》亦称："月十五日，阴极将亏。月尽之日，阴灭方生。阴炁主恶，恶缘阴兴，所以其夜，并加清严，独及有信，人定登堂，烧香同静，静竟诵之。"[④] 在这些特定的日子里，所谓"人定登堂，烧香同静"，就是指修道者必须进入"静室"中进行斋戒。

总之，早期道教定期斋戒制度并不是一种单纯的斋戒日期的选择，而是从一开始就贯穿着传统天道观和阴阳五行等宇宙论思想。在《太平经》中，与月相和阴阳之气变化有关的每月"月末""月初"和"月中"等一些特定日子，都已经被正式确定为天界神灵考校和斋戒的日期。而汉代《老子中经》、东晋上清经等则将"晦朔弦望"等定期斋戒制度加以进一步发展和完善，并使之成为东晋末年古灵宝经"十日斋"等最重要的来源。[⑤]

五、结论

根据以上讨论，我们认为《太平经》对道教定期斋戒制度的核心内容作了极为重要的论述：一是以汉朝对官员的定期考核制度为基础，从而构建了完整而严密的道教神灵定期考校体系。认为来自天界和人体内部的神灵负责监察世人的言行，对世人的功过加以定期考校，并以此决定世人的祸福和寿命长短；二是规定修道者在神灵考校期间，必须在特定的斋戒场所——"静室"内斋戒，以检视和忏悔自己的罪过，以此求得上天神灵的赦宥并得道成仙；三是将每个月月初（一日）、月中（十五）、月晦（大月三十日、小月二十九日）等与"晦朔弦望"有关的日期，都确定为神灵定期考

① 《太平经合校》卷110，第533页。

② 《太平经合校》卷137至153，第711页；《太平经译注》，第2374—2376页。

③ 《太平经合校》卷137至卷153，第715页。

④ 《洞真太上太霄琅书》卷7《习学禁忌·晦半诵戒诀》，《道藏》第33册，第685页。

⑤ 王承文：《古代国家祭祀与汉唐道教"八节斋"的渊源论考》(上、下篇)。

校和斋戒之日。正因为如此，《太平经》已经建立起道教定期斋戒制度。这一制度在本质上是对先秦秦汉政治制度、阴阳五行思想和宗教礼俗等的直接继承、模仿和创造性发展。正如饶宗颐先生所称："道教之创立，其渊源颇远，而实以《太平经》为其理论之中心。"① 在《太平经》的基础上，汉魏两晋时期的道经和道派又促使道教定期斋戒制度不断发展完善，并且在不同历史时期又不断赋予其新的内涵。与此几乎同时，一批汉译佛经则通过吸收借鉴中国本土祭祀制度和早期道教的相关内容，也最终确立了汉传佛教在家信徒的定期斋戒制度②。道教学者酒井忠夫先生研究明清时期民众宗教意识中影响极大的"功过格""生死簿"等问题，他将其中与神灵考校有关的思想追溯到汉代，认为"判定功过殿最与善不善的，不是行为者自身，而是君主和天、鬼。天、鬼的赏善罚恶，完全同于君主的赏功罚过"，"阳世与阴间、王法与阴法的相即相似关系，早见于汉代。因此，后世功过格的思想以及随之而来的民间信仰的萌芽亦当溯于汉代"。③ 以上论断堪称卓识。不过，他未注意到《太平经》其实已经构建起非常完整严密的神灵考校制度。在《太平经》中，神灵世界的考校和人间世界的定期斋戒二者相辅相成，共同成为道教核心教义思想的组成部分，并且对古代中国人精神和信仰世界的构建产生了广泛而深远的影响。

---

① 饶宗颐：《老子想尔注校证》，上海：上海古籍出版社，1991 年，第 107 页。

② 王承文：《古代国家祭祀与汉唐道教"八节斋"的渊源论考》（上、下篇）；《从斋戒规范论古代国家祭祀对汉晋道教的影响》；《汉晋道教定期斋戒与佛教布萨制度关系论考》。

③ 酒井忠夫：《功过格的研究》，许洋主译，刘俊文主编：《日本学者研究中国史论著选译》第 7 卷《思想宗教》，北京：中华书局，1993 年，第 497—542 页。

六朝唐宋黄箓斋仪择吉的整合与变迁

——从元代通书中的记载展开

吴羽（华南师范大学历史文化学院）

一、引言

犹忆2001年下半学期，我有幸追随王承文先生攻读硕士研究生，针对我浑噩懵懂的状态，姜伯勤先生教导我要抓住一些历史文化研究的基本范畴进行学习并展开研究，指出可以去研读前苏联著名中世纪学专家A·古列维奇的名著《中世纪文化范畴》[①]，该书单列“时间是什么?”一章，印象深刻。三年后，我有幸追随姜先生攻读博士学位，一次，在先生家中，我向先生汇报自己对时间不敏感的缺陷，姜先生立刻坐直身体，目光炯炯地看着我说：“历史学可是一门关于时间的学问!”这对我是一个极具震撼性的启示。自那以后，虽然由于种种原因，我有几年没有专门关注时间问题，但先生的话一直珍藏在心底。2011年年末，我又有幸到武汉大学追随冻国栋先生作博士后研究，在冻先生教导下开始认真地阅读石刻文献，发现其中记载的一些时间很有意思，姜先生早前的教导又一次从心底涌出，激励我开始专门关注六朝唐宋的时间问题。近年来，我在时间问题研究上尽管步履蹒跚，却没有放弃尝试。时值姜先生八十华诞，谨撰此文，借机向先生汇报学步的情况，以表驽钝学生从未忘记业师教诲之意，敬为先生颂寿。

道教在发展过程中，构建出众多具有特定神学意涵的时间，成为汉代以降中国古代时间观念的重要组成部分，既是理解道教本身及其与社会互动关系的重要途径，也是了解中国古代时间观念不宜回避的课题。我们想考察的是在中古时期具有广泛影响的黄箓斋仪的择吉。

《道藏》中有许多关于黄箓斋仪的记载，张泽洪先生曾在其大著《道教斋醮科仪研

① ［苏］A·古列维奇著：《中世纪文化范畴》，庞玉洁、李学智译，庞卓恒校，杭州：浙江人民出版社，1992年。

究》中设《黄箓斋仪》专节，敏锐地指出，唐宋时期的黄箓斋仪，“建斋时日的确定，应卜选三元八节、五腊三会，并选择庚申、甲子、四始、十直等建斋良日”①，对我们有重要的启发。

我们思考问题是，唐宋时期黄箓斋仪的用日用时理论渊源或者经典依据是什么？是来自一种或一类经典，还是整合六朝道教各种经典的结果？唐宋时期，尤其是宋代，有没有新加的内容？如所周知，中国择吉行事的传统源远流长，在社会上流行的一些神煞择日观念有没有影响到道教黄箓斋仪的择日？黄箓斋仪的择吉用日观念是道门秘传，抑或广为人知？在实际举行的黄箓斋仪中，有没有落实道教经典的规定？

探讨这些问题，有助于我们理解唐宋时期黄箓斋仪用时所蕴道教时间观念的变迁及其影响，也有助于我们理解这一时期中国社会上流行的各种时间观念的互动。

我们在元代《新编阴阳宝鉴克择通书》《类编通书大全》中找到了举行黄箓斋仪的择日规定，这两部书记载的内容基本相同，虽然后者有个别明人掺入的内容，但总体上还是元人所作，反映元代的情况。书中有明人添加的内容，说明此书在明代还有重要影响。两书记载内容相近，某种程度上说明这些内容在元代是被广泛接受的，成为当时时间观念世界里的一个不宜忽略部分，从而在某种程度上暗示了这些黄箓斋仪的吉日在元代是普及性知识。

《新编阴阳宝鉴克择通书》残缺错讹较多，《类编历法通书大全》相对好得多，我们将以《类编历法通书大全》中的记载为线索，考察其史源，追踪这些吉日更远的理论来源，力所能及地结合黄箓斋仪举行的实例，探讨我们上面关心的问题。

二、《类编历法通书大全》中所见举行黄箓斋仪吉日的史源

《类编历法通书大全》是一部集合了元宋鲁珍、何士泰与明熊宗立成果的通书，供当时社会生活择吉参考，该书卷八中的月将选时、黄箓立成仪择日法与元代佚名《新编阴阳宝鉴克择通书》相同，因此这是元代的内容。为便于后面讨论，现将相关内容分述并追查其史源如下。

《类编历法通书大全》卷八“月将选时”曰：“选时法取阴阳日直大吉、小吉、传送、功曹时为佳，如祈福、荐拔、关发文字亦依月将选时用，见黄箓立成仪。”书中有表格如下：

---

① 张泽洪：《道教斋醮科仪研究》，成都：巴蜀书社，1999 年，第 153 页。按，张先生实据《无上黄箓大斋立成仪》卷一，《道藏》第 9 册，北京：文物出版社、上海：上海书店、天津：天津古籍出版社，1988 年，第 380 页。

	阳日					阴日						
	子	寅	辰	午	申	戌	丑	卯	巳	未	酉	亥
天罡	卯	巳	未	酉	亥	丑	辰	午	申	戌	子	寅
太乙	辰	午	申	戌	子	寅	卯	巳	未	酉	亥	丑
胜光	巳	未	酉	亥	丑	卯	寅	辰	午	申	戌	子
小吉	午	申	戌	子	寅	辰	丑	卯	巳	未	酉	亥
传送	未	酉	亥	丑	卯	巳	子	寅	辰	午	申	戌
从魁	申	戌	子	寅	辰	午	亥	丑	卯	巳	未	酉
河魁	酉	亥	丑	卯	巳	未	戌	子	寅	辰	午	申
登明	戌	子	寅	辰	午	申	酉	亥	丑	卯	巳	未
神后	亥	丑	卯	巳	未	酉	申	戌	子	寅	辰	午
大吉	子	寅	辰	午	申	戌	未	酉	亥	丑	卯	巳
功曹	丑	卯	巳	未	酉	亥	午	申	戌	子	寅	辰
太冲	寅	辰	午	申	戌	子	巳	未	酉	亥	丑	卯

为什么如此对应，本书也有解释，曰："月将选时：阳日起大吉，顺行；阴日起小吉，逆行，皆以本日支遁起，天罡、太乙、胜光、小吉、传送、从魁、河魁、登明、神后、大吉、功曹、太冲。"① 干支纪日，依地支的阴阳属性分为阴日和阳日，十二时辰和十二月将都有固定的排列顺序，阳日的地支时对应月将大吉，然后月将依次按顺序对应十二个时辰，例如子日，子时对应大吉，那么丑时就对应功曹；阴日则用该日地支的时对应小吉，然后月将按逆顺序依次对应接下来的时辰，例如丑日，丑时对应小吉，而寅时则对应胜光。

这里所见的月将选时见于宋留用光传授，宋蒋叔舆编撰《无上黄箓大斋立成仪》卷2②，正与《类编通书大全》所云"见黄箓立成仪"相合，当为其本。南宋宁全真传授、王契真编《上清灵宝大法》卷8亦见此文。③ 留用光活跃于孝宗及之后，为龙虎山宗师；宁全真则活跃于高宗朝，之后其法流行浙东天台一带。④ 很难坐实谁影响谁，然而可以肯定的是，月将选时在南宋及元时的江南影响甚大。

《类编历法通书大全》卷8又有"黄箓立成仪择日法"，自注云"依信州龙虎山刊

① 《续修四库全书》第1062册，上海：上海古籍出版社，2002年，第293—295页。

② 《道藏》第9册，第389—390页。

③ 《道藏》第30册，第717页。

④ 陈文龙：《王契真〈上清灵宝大法〉研究》，济南：齐鲁书社，2015年，第105—116页。

本”①，其文曰：

崇建大斋要择节会日开坛（谓宿启日及正斋第一日），散坛更值良日尤佳。虽得吉辰，仍避丙寅、丁卯、丙申、丁酉、戊戌、戊辰及受死、龙虎为善，惟三会日无避忌。若启斋已得吉日，而以后日分或值当避之日，则不须忌。拜章忌六戊日，以天门不开故也。关发文字（避截路、空亡时，值大吉、小吉、传送、功曹为佳）。

节、会日是指：

三会日，正月七日（天曹举迁赏会）、七月七日（地府庆生中会）、十月十五日（水府建生天［当为大］会）。

八节日，立春、春分、立夏、夏至、立秋、秋分、立冬、冬至。

五腊日，正月一日（天腊）、五月五日（地腊）、七月七日（道德腊）、十月一日（民岁腊）、十二月（王侯腊，逢腊日是王真人授赵真人）。

小三会日，庚申（尸神白人罪过）、甲子（太一简阅神祇）、本命（百神朝身）。

四始日，正月一日、四月一日、七月一日、十月一日。

十天逐月下降日，明真科拔度死魂罪对上品，常以六阳月每月合十日及八节、甲子、庚申，依威仪具法开启，一日、八日、十四、十五、十八、二十三、二十四、二十八、二十九、三十日，小尽取二十七日（出《玉清经》）。

节会日，甲午日（天节）、甲申（地节）、甲子（人节）、甲辰（四时会）、甲戌（五行会）、丙午（天会）、壬午（地会）、壬子（人会）、丁卯（真仙会）、辛酉（星辰会）、庚午（日会）、庚申（月会）、月三日（斗晨）、本命日（尸神会）（出《女青鬼律》）。

另外还记载“法官奏名日：庚申、甲子，仙官言善，三元、月旦、望日（出《女青鬼律》）”。关于凶日，本书本卷记载：

受死日：正月戌、二月辰、三月亥、四月巳、五月子、六月午、七月丑、八月未、九月寅、十月申、十一月卯、十二月酉。

① 《续修四库全书》第1062册，第294—295页。

龙虎日：正月巳、二月亥、三月午、四月子、五月未、六月丑、七月申、八月寅、九月酉、十月卯、十一月戌、十二月辰。

圣忌日：丙寅、丁卯（道父忌），丙申、丁酉（道母忌），壬辰、壬戌（北帝忌），戊辰、戊戌（南帝忌）。

帝酷杀日：正月庚申（又初二日）、二月辛亥辛卯（又初九日）、三月甲戌庚戌（又初十日）、四月癸亥（又十一日）、五月壬子（又十一日）、六月癸丑（又初十日）、七月甲寅（又十二日）、八月乙卯（又十三日）、九月甲辰（又十三日）、十月丁巳（又初八日）、十一月丙午（又十五日）、十二月丁未乙未（又十三日）。

空亡时：甲己（岁为己）日（申酉）、乙庚日（午未）、丙辛日（辰巳）、丁壬日（寅卯）、戊癸日（子丑）

天门开闭时（上章用）：阳日阴时开、阳时闭（子、寅、辰、午、申、戌为阳）；阴日阳时开、阴时闭（丑、卯、巳、未、酉、亥为阴）

其中内容，亦见《新编阴阳宝鉴克择通书》[①]，以上除“法官奏名日”外均见于《无上黄箓大斋立成仪》卷2[②]。以上大多数内容亦见于《灵宝领教济度金书》卷319[③]，宁全真、王契真《上清灵宝大法》卷8[④]，金允中《上清灵宝大法》卷九[⑤]，《灵宝玉鉴》卷十七[⑥]，这些道经大都起于南宋，元明续修，足证是南宋元明时道门流行的黄箓斋仪择吉基本原则。而《类编通书大全》完整过录《无上黄箓大斋立成仪》之文，则表明这些规定已经被社会广泛接受，成为当时通行时间观念中的一个重要组成部分。

以上吉日的内容大都见于六朝的道经，而忌用日则情况较为复杂。为了解六朝至唐宋间道教斋仪吉日的整合与变化，我们下面将先考察吉日的经典，再考证忌用日的情况。

---

① 《续修四库全书》第1061册，第740—741页。

② 《道藏》第9册，第389页。

③ 《道藏》第8册，第804—806页。其中空亡时称截路空亡时，略有差别。

④ 《道藏》第30册，第715—717页。

⑤ 《道藏》第31册，第393—395页。

⑥ 《道藏》第10册，第270—271页。

三、南宋黄箓斋仪吉日的来源

黄箓斋仪与古灵宝经《太上洞玄灵宝三元威仪自然真经》有着紧密的关系，《无上黄箓大斋立成仪》等书中便有很多征引。[①] 然而，在目前该经的遗文中尚未见到完整的择日规定。上述吉日较早的渊源很多可以追溯到早期天师道的节日传统，也有一些则能在其他道经中找到渊源，下面我们就分别进行一些必要的追溯，以观察六朝隋唐道教斋仪吉日的整合与变迁。

三会日、五腊日原是五斗米道的节日，是祭祀的吉日，诚如张泽洪先生业已指出的，在三张五斗米道时期，每逢三会日（正月五日上会，七月七日中会，十月五日下会），道民齐集道治，举行上章祭祀仪式，五腊日也是五斗米道举行请祷的吉日良辰，道民也要斋戒沐浴，朝真行道[②]，见于反映五斗米道情况的《太真科》《旨教经》。[③] 值得注意的是，诚如业师王承文先生指出的，古灵宝经中却没有记载三会日，“应该与古灵宝经排斥天师道‘三会日’的大规模集会制度有关”[④]，五腊日也不见于现存的古灵宝经[⑤]。因此，三会、五腊日应该并非灵宝经初创时期的灵宝经行斋吉日，上清经中也极少见三会日，仅《洞真太上太霄琅书》卷三曰“建解用三会之日”[⑥]，在南北朝末隋唐时期，三会、五腊日成为众多经典强调的斋仪吉日，《太上洞玄灵宝业报因缘经》卷四“持斋品第七”中，三会日已经是灵宝斋的行斋吉日[⑦]；《洞玄灵宝太上六斋十直圣纪经》亦将三会、五腊日作为行斋吉日[⑧]，因此，我们似可认为，随着灵宝斋法在宗教和社会上影响的扩大并逐步成为主流斋仪，不被灵宝经重视的三会、五腊日成为了灵宝斋法的吉日，到宋代，三会、五腊日是黄箓斋仪的吉日成为普通的知识，反映出六

---

① 参见王承文：《敦煌古灵宝经与晋唐道教》，北京：中华书局，2002年，第449—629页。

② 张泽洪：《早期正一道的上章济度思想》，《宗教学研究》2000年第2期。

③ 《旨教经》记载三会五腊日，参见王承文：《敦煌古灵宝经与晋唐道教》，第371—373页。小林正美、吕鹏志、王皓月等学者对《旨教经》的成书年代有不同看法，但是三会、五腊日属早期五斗米道的节日，应以张泽洪先生、王承文先生的判断为是。诸家对《旨教经》成书时间的观点，参见王皓月：《析经求真：陆修静与灵宝经关系新探》，北京：中华书局，2017年，第115—119页。

④ 王承文：《陆修静道教信仰从天师道向灵宝经转变论考（下）——以陆修静所撰〈道门科略〉为起点的考察》，《宗教学研究》2014年第3期，收入氏著《汉晋道教仪式与古灵宝经研究》，北京：中国社会科学出版社，2017年，第685页。

⑤ 王承文：《敦煌古灵宝经与晋唐道教》，第372页。

⑥ 《道藏》第33册，第660页。

⑦ 《道藏》第6册，第101页。

⑧ 《道藏》第28册，第381页。

朝唐宋时期道教斋法用日的整合过程。

甲午天节等节会日，《类编历法通书大全》《无上黄箓大斋立成仪》均注出自《女青鬼律》，此文虽不见于今本《女青鬼律》，但《上清黄书过度仪》中有天节、地节、人节的说法[①]，故节会日应该是出自早期天师道的观念。

八节、月十斋日，直接牵涉到一系列中古道教斋法的渊源流变，学界有热烈的讨论[②]，诸家公认，八节、月十斋和庚申、本命、甲子日是斋戒吉日，在灵宝经中有明确的记载，而且也被南朝天师道经典重视，因此其成为灵宝斋法的行斋吉日是顺理成章的。不过值得注意的是，前述《类编历法通书大全》中所说十天逐月下降日的一段文字，原注云出自《玉清经》，检《太上大道玉清经》卷五曰：

> 天尊重告仙人言：夫朝礼之法，不独八节之日。月一日、八日、十四日、十五日、十八日、二十三日、二十四日、二十八日、二十九日、三十日，当此之日，修身谢过，大道遥鉴，如对目前。[③]

其中并无小尽取二十七日的说法，且无甲子、庚申，与上述文字并不密合，反倒是古灵宝经《洞玄灵宝长夜之府九幽玉匮明真科》中曰：

> 九幽玉匮拔度死魂罪对上品，常以正月、三月、五月、七月、九月、十一月，一年六月；月一日、八日、十四日、十五日、十八日、二十三日、二十四日、二十八日、二十九日、三十日，一月合十日，及八节日、甲子日、庚申日，于家中庭安一长灯……依威仪具法开启，上请……行道事竟，皆还天宫。[④]

而《无上黄箓大斋立成仪》卷一斋坛安镇经目中有《洞玄灵宝长夜之府九幽玉匮明真科》[⑤]，卷十七中都讲唱各称法位曰：

> 具法位奉行黄箓大斋事，臣某等谨同诚上启虚无自然元始天尊……三界官属

---

① 《道藏》第32册，第736页。

② 参见王承文：《汉晋道教仪式与古灵宝经研究》，第223—365页；王皓月：《析经求真：陆修静与灵宝经关系新探》，第132页。

③ 《道藏》第33册，第327页。

④ 《道藏》第34册，第384页。

⑤ 《道藏》第9册，第379页。

一切真灵。臣等夙命因缘……（已上并出《灵宝玉匮明真科》）。[①]

则《无上黄箓大斋立成仪》的作者不可能没见过《洞玄灵宝长夜之府九幽玉匮明真科》，因此十天逐月下降日一段文字后之“出《玉清经》”并不正确。再检《无上黄箓大斋立成仪》卷28节日之注有“出《玉清经》”[②]，《太上大道玉清经》卷5有八节品第十三，其中对八节有详细的论述，例如“立春之日，温气始生。云宫开东北之门，三司进朝，以定善恶”[③]。《无上黄箓大斋立成仪》卷26中所载玉清慧命启请咒、玉清云官梵唱生魂育魄咒、玉清甘露法食咒的内容均自注出于《玉清经》[④]，确实分别见于《太上大道玉清经》卷2、卷6、卷5[⑤]，足以说明《无上黄箓大斋立成仪》的作者确实熟悉《太上大道玉清经》，一般认为《太上大道玉清经》出自隋唐，这表明，南宋留用光编撰的科仪将八节日作为行斋吉日确实直接取材于《太上大道玉清经》，而非直接取材于古灵宝经。不过这并不能说明南宋时期将八节日定为行斋吉日都是取自《太上大道玉清经》，例如宁全真传授、王契真编《上清灵宝大法》卷8便引用八节日引《真诰》，诸真下降日则并未直接引用《洞玄灵宝长夜之府九幽玉匮明真科》，自注出《业报因缘经》[⑥]，是对《太上洞玄灵宝业报因缘经》卷6文字的节引。金允中《上清灵宝大法》卷9也是引用《太上洞玄灵宝业报因缘经》的文字[⑦]，而且还在卷四十一中引用“下元黄箓简文灵仙品”[⑧]，应对灵宝经很熟悉。

这表明，宋元时期各种科仪书籍对将八节、十斋日定为黄箓斋仪的吉日，其实并不注重探本溯源，而是各有自己的直接经典依据，我们也很难认为唐代的黄箓斋仪的吉日也一定全部来自某一部经典。但是可以认为，经过六朝隋唐各派经典的整合，不同道经对行斋吉日逐渐有了共识，其中早期天师道的相关规定具有深远的影响，具有底色的作用，灵宝经在其中也有重要影响。

四始日，道经中少有记载，目前仅见约成书于唐代的《太极真人说二十四门戒经》

---

① 《道藏》第9册，第483页。
② 《道藏》第9册，第389页。
③ 《道藏》第33册，第326页。
④ 《道藏》第9册，第543页；
⑤ 《道藏》第9册，第303、336、326页。
⑥ 《道藏》第30册，第716页。
⑦ 《道藏》第31册，第394页。
⑧ 《道藏》第31册，第626页。

记载："正月一日、四月一日、七月一日、十月一日，此名四始斋日。"① 《赤松子章历》卷一中明确指出"三元、八节、甲子、庚申、三会、五腊、十直、本命、行年、四始"日修斋大吉②，鉴于今本《赤松子章历》中的内容复杂，非一时一地一人的作品，唐之前不见道经明确记载四始日为斋醮吉日，我们倾向认为可能是唐代才将四始日当成是斋醮吉日。杜光庭《广成集》卷14《王宗瑑等下会醮六甲箓词》曰："三元四始之辰，香灯或阙；五腊六阳之会，存注莫专。"③ 说明四始日至迟在晚唐时已经是公认的斋醮吉日，被宋元沿袭，四始日之所以与成为斋醮吉日既与这是春夏秋冬四季之始有关，也与传统上认为其富有信仰、宗教意涵有关。

除《赤松子章历》中记载了所有上述吉日外，只有《太极真人说二十四门戒经》中同时记载了十直、八节、三元、三会、四始日应斋。④ 因此虽然《无上黄箓大斋立成仪》中所载是常见的吉日，却是六朝隋唐道教仪式和时间观念不断整合的结晶。

四、宋元黄箓斋仪忌用日考原

前述《类编历法通书大全》《无上黄箓大斋仪》中有忌用之日，此不重复引用，下面我们将探讨其经典或理论来源，鉴于丙寅至戊戌已包含在圣忌日中，下面只讨论圣忌日。

受死日，应是出自五代宋初文献《万通历》⑤，虽然《赤松子章历》卷2中也有记载⑥，但《赤松子章历》该段文字中很多神煞如敬心、普护、福生等皆不见于唐代及之前文献，而见于宋代历日（详后），因此很难认为是唐代或之前的凶日。

龙虎日，较早见于庆历三年（1043）十月始修，庆历六年（1046）八月至庆历八年（1048）四月编成进奏仁宗皇帝的《武经总要》后集卷20，其文曰"凡龙虎日凶，

---

① 《道藏》第3册，第412页。该经年代，参见Kristofer Schipper and Franciscus Verellen，*The Taoist canon*：*A Historical Companion to the Daozang*，p545，Chicago & London：the university of Chicago Press，2005，p. 545.

② 《道藏》第11册，第180页。

③ （五代）杜光庭撰，董恩林点校：《广成集》，北京：中华书局，2011年，第202页。

④ 《道藏》第3册，第412页。

⑤ 吴羽：《日本国会图书馆藏〈新雕广济阴阳百忌历〉成书时代考》，《文献》2013年第5期。

⑥ 《道藏》第11册，第189页。

正巳、二亥、三午、四子、五未、六丑、七申、八寅、九酉、十卯、十一戌、十二辰”①。《钦定协纪辨方书》卷6《九神总论》对之有解释：

> 右要安以下九神，皆以对冲，两两相比，或阳月阳、阴月阴，或阳月阴、阴月阳，从寅月寅起，至寅月丑止。取其九位，而去其寅月巳、午、戌三位不用。或又以寅月从巳、午、戌起，如《例历》十二辰者，为龙虎、为罪至、为受死，皆为凶神。而以此九位为吉神，虽有其例，而莫名其物，众说纷然，皆不明确……此九神与堪舆、建除、五行、历家之旨俱不符合，意者其丛辰等家之遗绪欤？而传之最久，历代相沿不废，用于祷祠鬼神，而亦为建造等事之吉日。唯《历神原始》则曰此九神专为祈禳而设……而《枢要历》所言上表章、修造诸事者并不复用，若夫龙虎、罪至、受死三辰，并仍旧历从删……又按《神煞起例》以龙虎、罪至为天地争雄日。②

按，此“要安以下九神”是指要安、玉宇、金堂、敬安、普护、福生、圣心、益后、续世，《钦定协纪辨方书》记载了每一种神的解释，均沿自元曹震圭的《历事明原》卷2，云出《枢要历》③，既然龙虎与受死日与此九神为同一组，则龙虎、受死、最至亦当出《枢要历》，《宋史》卷206《艺文志》有《选日枢要历》四卷④，当即此书。鉴于龙虎日在仁宗庆历年间已收入官修《武经总要》，此九神迄今未见任何唐代及之前的文献记载，亦不见于现存敦煌、吐鲁番所出唐五代宋初历日，因此我们将《枢要历》的成书年代定在五代宋初应无大误。其中普护、圣心、续世、要安、金堂、敬安见于黑水城出土《嘉定四年辛未岁（1211）具注历日》残片⑤，因此《枢要历》中的内容至迟南宋时已经进入历日，成为普及性知识，只是其中的龙虎日和受死日并未进入历日，而行于民间和道教中。

《无上黄箓大斋立成仪》中的圣忌日是指道父母忌、北帝忌、南帝忌。

---

① 《武经总要》，《景印文渊阁四库全书》第726册，台北：台湾商务印书馆，1982年，第946页。《武经总要》的编修与成书时间参见孙继民：《〈武经总要〉的编撰和版本》，《魏晋南北朝隋唐史数据》第6辑，1984年，第66页。

② 《景印文渊阁四库全书》第811册，第328—329页。

③ 《历事明原》卷2，第12—13页，韩国奎章阁藏本。

④ 《宋史》卷206，北京：中华书局，1977年，第5248页。

⑤ 邓文宽：《邓文宽敦煌天文历法考索》，上海：上海古籍出版社，2010年，第279—280、282、289、290、291页。

六朝隋唐道经中已经有道父、道母的说法，例如《上清黄书过度仪》中已经提到[①]，《上清太上开天龙蹻经》："吾为上首，作生人父也。从道父母，寄备因缘，托化阴阳，而成有体"[②]。《洞玄灵宝千真科》曰："建斋，为道真、为道种、道父、道母、真人、神人、仙人、圣人，或同为道，同共饮食，长生无极。"[③]《太上大道玉清经》："道足而导众生，常以道父而子众生，常以道母而育众生。"[④] 然而，目前尚未见六朝道经记载道父母忌、南帝忌日的专名，不过这并不一定意味着六朝时期没有忌被称为道父母忌日、南帝忌日的那些日子，唐前期张万福《洞玄灵宝道士受三洞经诫法箓择日历》云："靖忌、道父母忌不入靖烧香，愚人景慕，用为奇诀。其道父母、靖忌上禁祭酒、奏章设醮，元不及三洞上法。"[⑤] 说明唐初天师道章醮已经忌讳用道父母忌。有迹象表明唐以前的天师道中已经开始忌这些日，《要修科仪戒律钞》卷10引《玄都律》曰："丙寅、丁卯、丙申、丁酉、丙戌、甲戌，皆不入治。违律，罚筭四十五。"[⑥] 前四日正是后来被称作道父母忌的日子。《三洞珠囊》卷6《（玄都律）入治律第二十》云："戊辰、戊戌不入治，禁忌之日不得入治，请吏兵。丙寅、丁卯、丙申、丁酉、戊申、戊戌皆不入治。"[⑦] 戊辰、戊戌正是后来被称为南帝忌的子日。《云笈七签》卷41引《朝真仪》云："每月一日……本命等日，并须朝礼。若与戊辰、戊戌、天父、天母、杀害、日常、日杀同者，即不可为之。"卷45引《朝真仪》曰："若其日遇值戊辰、戊戌、戊寅，即不须朝真，道家忌此日辰。"[⑧]《朝真仪》年代待考，当在宋以前。

当然，可能六朝时期仅天师道系统的经典有此忌，《洞真上清开天三图七星移度经》卷上曰："当以壬寅、丙寅、甲子、甲午、辛未、辛丑，此是天之六会日，高上值合之时也……是其日，有勤志上彻，感启玉皇者，即命北帝酆都六宫断绝死录之根，记生录于人门。"[⑨]《太上洞渊神呪经》卷10曰："道言：道士悉奉三洞之人，不得与黄赤之道士俱游也。奉经道士、三洞法师当入山远避浊世。若在人间，男女黄赤道士，自别立治舍。若欲同之，取求良日，……丁卯、……合日也。"[⑩]《洞真上清神州七转七

① 《道藏》第32册，第737页。
② 《道藏》第33册，第746页。
③ 《道藏》第34册，第376页。
④ 《道藏》第33册，第355页。
⑤ 《道藏》第32册，第184页。
⑥ 《道藏》第6册，第967页。
⑦ 《道藏》第25册，第329页。
⑧ 张君房撰，李永晟点校：《云笈七签》，北京：中华书局，2003年，第901、1012页。
⑨ 《道藏》第33册，第450页。
⑩ 《道藏》第6册，第37页。

变舞天经》曰："常以甲午、丙午、戊午、庚午、乙卯、丁卯、己卯、辛卯之日，入室烧香。"①《太上洞玄灵宝飞行三界通微内思妙经》："太极真人曰：修灵宝飞行三界之道，当以丙寅……丁卯……丁巳之日，入斋堂，南向叩齿，心存曰：……寿均二仪，所期万多。"②《斋戒录》："又丁卯日日出时、丁丑时、鸡鸣时，已上天皇真官下日；又丁酉日日入时，丁亥日人定时，已上地皇真官下日。……其日修斋，五岳真人各遣五神营卫，记名仙箓。"③《太上洞玄灵宝诸天内音自然玉字》："天真皇人曰：修飞仙之道，当以戊辰、戊戌之日，朱书玉完天中第一、第二二字，向西北方服之，呪如法。皆得随运生死，劫劫化生，位齐飞天。"④《太上洞玄灵宝赤书玉诀妙经》卷下："当以春分、夏节、秋分、冬节后戊辰、戊戌、己丑、己未之日，沐浴清斋，日映入室，向王十二拜，平坐叩齿十二通，关启身神。"⑤《洞神八帝妙精经》："常以鸡鸣、食时、日昳、黄昏，戊辰、戊戌、己未、己丑之日，呼之曰：中极玄坚太一君，某欲得真人黄庭神仙之道。因瞑目念黄炁满胸中，脾上有一人，五十息顷止。"⑥这大概就是唐初张万福所云"元不及三洞上法"，但张万福批评别人，可能正表明当时这些忌日已经被广泛接受。而壬辰、壬戌起于何时，尚待考证。北帝忌、南帝忌之名，迄今未见在唐代文献中有记载，当是宋人给原来的天师道禁忌之日重新起了一些名字。

帝酷杀日，前揭二月、三月、十二月均有两个干支日，与其他月不同，根据《赤松子章历》卷2称为月忌，二月辛酉，三月甲戌、十二月癸未⑦；南宋金允中《上清灵宝大法》卷9称为帝煞日，二月辛卯、三月庚戌、十二月乙未⑧，《道法会元》卷187记载二月辛卯、三月庚戌……十二月乙未⑨，前揭宁全真传授、王契真传授《上清灵宝大法》卷八"二月辛亥（一云辛卯）、三月甲戌庚戌、十二月丁未（一云乙未）"⑩。《真诰》卷十八云上帝煞害日，二月辛酉、三月庚戌、十二月丁未，其他月均同《类编历法通书大全》《无上黄箓大斋立成仪》⑪，《三洞珠囊》卷6引《真诰》曰"二月辛

① 《道藏》第33册，第548页。

② 《道藏》第24册，第687页。

③ 《道藏》第6册，第1008页。

④ 《道藏》第2册，第537页。

⑤ 《道藏》第6册，第199页。

⑥ 《道藏》第11册，第386页。

⑦ 《道藏》第11册，第184页。

⑧ 《道藏》第31册，第395页。

⑨ 《道藏》第30册，第187页。

⑩ 《道藏》第30册，第717页。

⑪ 陶弘景撰，吉川忠夫、麦谷邦夫编：《真诰校注》，朱越利译，北京：中国社会科学出版社，2006年，第548页。

酉、三月庚戌……十二月丁未”[①]，《要修科仪戒律钞》卷十曰“二月辛酉、三月甲戌……十二月癸未”为上章杀害之日[②]。可见所谓帝酷杀日源自《真诰》或更早的文献，而在唐代，传写已经有异文，宋代这三个月传写又有异文，《无上黄箓大斋立成仪》则兼取当时流行的说法。

空亡时，道教经典中，目前除《无上黄箓大斋仪》外，仅见《灵宝领教济度金书》卷三百十九载截路空亡时：“甲日申时，乙日未时，丙日辰时，丁日卯时，戊日戌时，己日酉时，庚日午时，辛日巳时，壬日寅时，癸日亥时”[③]。《道法会元》卷187：“甲巳日申酉，乙庚日午未，丙辛日辰巳，丁壬日寅卯，戊癸日子丑。”[④] 后者与《无上黄箓大斋立成仪》同。《新刊阴阳宝鉴克择通书》后集卷5记“论截路空亡时”对之有解释：

> 截路空亡者，历书云出行最忌此时，离门犯之，凡事不宜。盖是天干带水，故名截路，假如甲巳（当为己）日将五子元，遁起甲子时，至申酉得壬癸，属水，不宜陆路，只宜行舟。《三车一览》云，如人在路途间，遇水则不可济。《禽书》云，如截路空亡，是天干带壬癸字，看直日，禽宿值氐、房、心、虚、室、奎、娄、昴、觜、参、鬼、柳，此十二宿遇水则截其路，但忌行军，出行阻滞，若修造葬埋则亦不忌。[⑤]

这是用遁甲结合纪日天干推演的凶日。

天门开闭时，《赤松子章历》卷1载十二支日天门开闭时，例如“子日，卯、巳、未、酉、亥、丑开。丑日，辰、午、申、戌、子、寅开”[⑥]，确系阳日阴时、阴日阳时开，然而这一记述方式与《无上黄箓大斋立成仪》等书并不相同，因此可以排除直接引用。由于今本《赤松子章历》并非成于一时、一人，目前又没有找到六朝隋唐道教经典与之印证，我们难以判断这段文字是何时人的记载，南宋吕元素《道门定制》卷1曰：“古人写年月日下，止云天门开时，盖别有法，谓阳日（子、寅、辰、午、申、戌日也），当阴时，天门开（谓酉、亥时之类）；阴日（丑、卯、巳、未、酉、亥日

① 《道藏》第25册，第327页。

② 《道藏》第6册，第970页。

③ 《道藏》第8册，第806页。

④ 《道藏》第30册，第188页。

⑤ 《续修四库全书》第1062册，第202页；《类编历法通书大全》卷29亦载此文，《续修四库全书》第1062册，第670页。

⑥ 《道藏》第11册，第179页。

也），当阳时，天门开（谓子、戌时之类）。吾侪不可不知。”[①] 则至迟宋代天门开闭时的说法已经广为流行。我们倾向认为，天门开闭时的说法可能不早于唐。

总之宋元黄箓斋仪的忌用日吸收了天师道的禁忌，同时掺杂了五代宋代以来社会上流行却不见于六朝隋唐道经的一些新凶日。

五、唐代斋醮用日实例举隅

以上道教黄箓斋的吉凶日，在唐宋时期实际的道教斋醮仪式中的使用状况如何，需要通过实例进行检视，虽然我们找到的实例数量很少，但是仍能说明一些问题。

道教的三元、八节重要吉日，至迟在唐初已经进入国家的斋醮仪式，在社会上广为人知。三元节的普及性很高，不必赘引史料。《岱岳观碑》中所载高宗武则天时期的不少斋仪便在八节日举行，“显庆六年（661）二月廿二日敕使东岳先生郭行真、弟子陈兰茂、杜知古、马知止，奉为皇帝、皇后七日行道”[②]，二月廿二日当是行道结束时，上推七天，是二月十五，此日恰是春分[③]。《金台观主马元贞投龙记》：“天授二年，岁次辛卯，四月壬寅朔，一日壬寅，金台观主马元贞奉敕，大周革命，为圣神皇帝五岳四渎投龙，做功德于此淮渎，为国章醮。”此日立夏。《马元贞投龙记》载：“天授三年岁次壬辰，正月戊辰朔，廿四日辛卯，大周圣神皇帝缘大周革命，奉敕遣金台观主马元贞往五岳四渎投龙功德。十六日至奉仙观，沐浴□斋，行道忏悔。廿一日于济渎庙中行道上神衣……廿四日，章醮讫投龙。”[④] 廿四日冬至。《岱岳观碑》：“大唐景龙三年，岁次己酉，三月戊午朔，十九日景子，奉敕令虢州龙兴观主杜太素……于此太山岱岳观建金箓大斋……七日七夜转经行道”[⑤]，二十日立夏。足以证明在初唐八节日已经是国家承认的斋醮吉日。

武则天时期也重视正旦举行道教仪式。《岱岳观碑》：“久视二年太岁辛丑正月乙亥朔二日丙子，神都青元观主麻慈力亲承圣旨……诣此观中，斋醮功毕。”[⑥] 当是用正旦，二日是帝酷杀日。

地会日似乎也受到选用。《岱岳观碑》：“大唐景龙二年，岁在戊申，二月甲子朔，

---

① 《道藏》第31册，第657页。

② 陈垣编撰，陈智超、曾庆瑛校补：《道家金石略》，北京：文物出版社，1988年，第56页。

③ 此据张培瑜：《三千五百年历日天象》，郑州：大象出版社，1997年，第205页。本文所查节气日均据张先生此书，不另出注。

④ 陈垣编撰，陈智超、曾庆瑛校补：《道家金石略》，第80页。

⑤ 陈垣编撰，陈智超、曾庆瑛校补：《道家金石略》，第99页。

⑥ 陈垣编撰，陈智超、曾庆瑛校补：《道家金石略》，第93页。

十二日乙亥，大龙兴观□□□□敕往东岳陈章醮荐龙璧，以其月廿七日辛卯于岱岳观并□□□□□设金箓行道九日九夜……德事毕。”① 十九日壬午开始是《无上黄箓大斋立成仪》中的地会日。

十斋直日，《岱岳观碑》：“大周圣历元年（698）岁次戊戌，腊月癸巳朔，贰日甲午，大弘道观主桓道彦，弟子晁自揣，奉敕于此东岳设金箓宝斋河图大醮，漆日行道，两度投龙。”七日行道，则始于正月廿四日戊子，廿四日是十斋直日之一。“景云二年（711）六月二十三日，皇帝敬凭太清观道士杨太希，于名山斫烧香供养。”② 二十三日是十斋直日。

唐玄宗时期三元八节已经是国家的正式制度，《唐六典》卷 4 即专门记载有三元斋和八节斋，又载：“凡道观三元日、千秋节日，凡修金录、明真等斋及僧寺别敕设斋，应行道官给料……凡国忌日，两京定大观、寺各二散斋。”③ 说明唐代国家制度中的道教斋醮仪式，一方面是遵行当时道教经典中的重要节日，另一方面则加上了皇帝的生日和忌日。当然，皇帝皇后的生日和忌日未必全是道教经典中规定的吉日。在社会上，五腊、二直、八节、三元作为道教的斋醮节日也广为人知，李商隐《樊南文集补编》卷 11《为荥阳公黄箓斋文》曰“故五腊二直、八节三元，咸开忏拔之科”④，可为其证。

唐前期国家修斋吉日并不局限于八节，也与目前所见道教经典常见的节日和前揭《无上黄箓大斋立成仪》有重要差别，这从唐代《岱岳观碑》等史料中看得非常清楚。

唐前期很重视在节气日附近举行道教仪式，却不局限于八节。《岱岳观碑》：“大周天授二年，岁次辛卯，二月癸卯朔，十日壬子，金台观主中岳先生马元贞将弟子杨景初、郭希玄，内品官杨君尚、欧阳智琮奉神皇帝敕，缘大周革命，令元贞往五岳四渎投龙，作功德。元贞于此东岳行道，章醮投龙，作功德一十二日夜。”⑤ 按二月十日上推十二日，是一月廿九日，为惊蛰二月节。武则天《中岳投金简文》上言：“大周国主武曌，好乐真道，长生神仙，谨诣中岳嵩高山门投金简一通，乞三官九府除武曌罪名。太岁庚子七月甲申朔七日甲寅小使臣胡昭稽首再拜谨奏。”⑥ 按，投龙经常是七日行道，斋仪之后投龙，则斋仪开始时是六月二十九日，六月廿九日大暑。而此日是帝酷杀日，说明唐前期并未顾忌帝酷杀日。《岱岳观碑》：“大周长安四年，岁次甲辰，十一月癸未

① 陈垣编撰，陈智超、曾庆瑛校补：《道家金石略》，第 99 页。

② 陈垣编撰，陈智超、曾庆瑛校补：《道家金石略》，第 83、100 页。

③ （唐）李林甫撰，陈仲夫点校：《唐六典》，北京：中华书局，1992 年，第 125—127 页。

④ 《续修四库全书》第 1312 册，2002 年，第 703 页。

⑤ 陈垣编撰，陈智超、曾庆瑛校补：《道家金石略》，第 79 页。

⑥ 陈垣编撰，陈智超、曾庆瑛校补：《道家金石略》，第 93 页。

朔，十五日丁酉，大□□观威仪师邢虚应……等，奉敕于东岳岱岳观中建金箓大斋卌九日，行道设醮，奏表投龙荐璧……斋醮既终，勒文于石。”① 按，设斋四十九日，则九月十五日戊戌始斋，此日霜降。“大唐神龙元年，岁次乙巳，三月庚辰朔，廿八日丁未，大弘道观法师阮孝波……等，奉敕于岱岳观建金箓宝斋，卌九人九日九夜行道，并设醮投龙，功德既毕。”② 三月廿一日庚子谷雨。

还有一些日子使用的是《无上黄箓大斋立成仪》并不突出的吉日，这些日子虽然见于个别道教经典，但未必在后世流行甚广。例如《岱岳观碑》：“仪凤三年三月三日，大洞三景法师叶法善等奉敕于此敬□修斋，设河图大醮一□，敕敬造壁画元始天尊、万福天尊像两铺，功德既毕，勒石纪年。”③ 三月三日是不少道教经典中的吉日，例如《无上秘要》卷9《众圣会议品》引《洞真七圣元纪经》载：“高圣帝君曰：正月一日、三月三日、五月五日、七月七日、九月九日、十一月十一日，此一年六日是天德值合之时，七圣定简，五帝记名。”④《无上秘要》卷74《启志愿品》引《洞真天关三图七星移度经》曰：“帝君五愿求仙上法，常以九月九日、十月五日、三月三日、四月八日、七月七日，此五愿十会之时也。”⑤ 虽然前揭《类编历法通书大全》中月三日已经包含三月三日，但并不突出三月三日，我们认为这里很可能是用上清经中的吉日。

唐初也有一些斋醮用日不见于前揭《无上黄箓大斋立成仪》，而见于其他经典。《岱岳观碑》：“长安元年，岁次辛丑，十二月己亥朔，廿三日辛酉，道士金台观主赵敬同侍者道士刘守贞、王怀亮等，奉十一月七日敕，于此太山岱岳观灵坛修金录宝斋三日三夜，又□观侧灵场之所设五岳一百廿盘醮礼，金龙玉璧并投山讫。”⑥ 不确定始于廿日还是廿一日，廿日戊午见于前揭《洞真上清神州七转七变舞天经》，廿一日己未，则是前揭《太上洞玄灵宝赤书玉诀妙经》卷下、《洞神八帝妙精经》中的修道吉日。“大周长安肆年，岁次甲辰，玖月甲申朔，捌日辛卯，敕使内供奉、襄州神武县云表观主、玄都大洞叁景弟子中岳先生周玄都，并将第子贰人，金州西城县玄宫观道士梁悟玄奉叁月贰拾玖日敕令，自于名山大川投龙璧，修无上高元金玄玉清九转金房度命斋叁日叁夜行道，陈设醮礼。”⑦ 不确定是九月五日戊子还是九月六日己丑，若五日则不

---

① 陈垣编撰，陈智超、曾庆瑛校补：《道家金石略》，第95页。

② 陈垣编撰，陈智超、曾庆瑛校补：《道家金石略》，第95页。

③ 陈垣编撰，陈智超、曾庆瑛校补：《道家金石略》，第67页

④ 《道藏》第25册，第26页。

⑤ 《道藏》第25册，第223页。《洞真上清开天三图七星移度经》今存，卷下有此文，见《道藏》第33册，第456页。

⑥ 陈垣编撰，陈智超、曾庆瑛校补：《道家金石略》，第94页。

⑦ 陈垣编撰，陈智超、曾庆瑛校补：《道家金石略》，第94页。

详所出，己丑是前揭《太上洞玄灵宝赤书玉诀妙经》卷下、《洞神八帝妙精经》中的修道吉日。“大唐景云二年，岁次辛亥，八月癸卯朔，十四日景辰，蒲州丹崖观上坐吕晧仙，奉今年闰六月十九日敕，往东岳及莱州东海投龙，并道次灵迹修功德……于此三日三夜，卌九人金箓行道，设斋醮并投龙。”[①] 十二日甲寅，甲寅是前揭《云笈七签》卷41引《朝真仪》中的朝礼吉日。

有些时间虽然在六朝隋唐道教经典中有特别的神学意义，而在宋代，其含义已经发生了变化，例如三月三日，在前揭《无上秘要》卷9《众圣会议品》引《洞真七圣元纪经》中是“天德值合之时，七圣定简，五帝记名”，而在南宋某些地方，则被认为是真武的生日而举行大型的黄箓斋仪。[②]

必须特别指出的是，黄箓斋仪在唐代介入了人的生命中许多重要的时间，也介入了很多公私礼仪，个人生命中具有特别意义的时间与公私礼仪时间当然不可能全在道教经典规定的吉日，所以黄箓斋仪的用日自然就随着介入社会程度的加深而有灵活变通的一面，例如前揭《唐六典》已经规定皇帝的生日要设斋，之后相沿成例，社会上在生日时举行斋醮仪式的例子也不少，例如杜光庭《广成集》八有《蜀州宗夔为太师于丈人山生日醮词》[③]，宋代的记载也很多，广为学界所知，此不赘引史料。至于黄箓斋仪介入其他政治、社会时间的问题，我们将另文探讨，此不枝蔓。

六、结语

道教在创立之始便借鉴中国社会中原有的时间观念，赋予了一些特别时间以神学意涵，例如八节、五腊等日，也根据教义需要创立了一些新的节日与吉日。在六朝时期，各派经典中的吉日不尽相同，但早期天师道创立的重要节日具有重要的影响，有很多是各派道教经典公认的吉日，例如三元日等。这种复杂的情况直接导致唐代举行道教仪式的时间呈现出复杂的状况，既重视道经中规定的吉日，又不执于某一类经典。

随着道教仪式的规范与整合，道教仪式择日也进行了整合，至迟在南宋时，尽管诸家黄箓斋仪有细微差别，但用日已经达成了基本共识，并进入通书，成为社会上的普遍的时间性观念之一。

而宋代道教经典中所载黄箓斋仪须避忌之日，虽有继承六朝隋唐道教的内容，但更多的则是吸收了社会上其他择吉理论与文献，五代宋新出的一些神煞成为黄箓斋仪

---

① 陈垣编撰，陈智超、曾庆瑛校补：《道家金石略》，第101页

② （南宋）洪迈：《夷坚志》支志戊卷6“婺州两会首”，北京：中华书局，1981年，第1100页。

③ 杜光庭撰，董恩林点校：《广成集》，第116页。

择吉的理论来源便是明证。这意味着，随着道教介入社会程度的加深，不得不采纳社会上其他的时间观念进入道教。

特别需要强调的是，见于黄箓斋仪介入了公私礼仪与信仰的诸多方面，其举行时间并不完全执着于择吉，展现出很强的灵活性。

六朝唐宋黄箓斋仪择吉理论和用日的变化，一方面是道教仪式与理论不断整合变化的表征，同时也是道教介入社会程度的加深以及整个社会时间观念发展演变的表征。

当然，要更深入全面的了解六朝唐宋道教乃至社会时间观念的实践与变迁，还有很多工作要做。

道教《升玄内教经》中的“真一昔教”与“真一今教”

万毅（中山大学历史学系）

一、引言

“真一”是魏晋南北朝隋唐时期的道教中常见的一个最为根本性的观念。1994年，业师姜伯勤先生在《〈本际经〉与敦煌道教》[①] 一文中率先揭示出隋唐之际的道教“真一之教”，正经历着一个由“昔教”向“新说”的转变。1995年，在《论敦煌本〈本际经〉的道性论》一文中，又将这种转变追溯到南北朝末期成书的道教《升玄内教经》中。先生指出：

> 在《升玄经》中，对“真一”的解说，正经历着重大的改变。从以服御之术、阴阳妙道为“真一道”，转变为以清静道气、“非有亦复非无”的大智慧作为真一境界。[②]

先生的这一论断，对于我们探讨当时道教所流行的“真一之教”有着重要的启迪意义。

卢国龙先生在《中国重玄学》一书中，对道教《升玄内教经》由飞仙向升玄的旨趣转化进行了论述。[③] 山田俊先生在围绕《太玄真一本际经》所做的《唐初道教思想史研究》中也对《升玄内教经》的“真一”思想进行了探讨。[④] 这些研究都对我们认识《升玄内教经》所提出的“真一昔教”与“真一今教”有着极大帮助。

---

① 姜伯勤师：《〈本际经〉与敦煌道教》，载《敦煌研究》1994年第3期，后收入《敦煌艺术宗教与礼乐文明》，北京：中国社会科学出版社，1996年，第225—252页。

② 姜伯勤师：《敦煌艺术宗教与礼乐文明》，北京：中国社会科学出版社，1996年，第211页。

③ 卢国龙：《中国重玄学——理想与现实的殊途与同归》，北京：人民中国出版社，1993年，第83—96页。

④ ［日］山田俊：《唐初道教思想史研究》，京都：平乐寺书店，1999年，第317—326页。

二、“向道初门，未入真境”：《升玄内教经》中的“三一论”

现行道教类书《云笈七签》卷49“秘要诀法”所收《玄门大论·三一诀》云：

> 《升玄经》：太上告道陵云：“汝昔所行，名为真一道者，是则阴阳之妙道，服御之至术耳，非吾所问真一，此昔教也。”下文云：“汝以堪受吾至真平等要诀无上妙经。”乃至第四辩不一之一，此之教也。[①]

此《玄门大论·三一诀》所引《升玄经》经文，不见于《升玄内教经》敦煌写卷。而敦煌本《升玄内教经》亦非完帙。此段文句，应属《玄门大论》所引《升玄内教经》佚文。《玄门大论》今已佚失，现行明代《正统道藏》所收《道藏阙经目录》中著录有《玄门大论》二十卷。[②] 又收入《洞玄灵宝玄门大义》1卷。[③] 砂山稔先生指出，《玄门大论》亦即《玄门大义》，成书于隋代，宋代为避其祖赵玄朗讳，又改称《道门大论》，现行明代《正统道藏》所收《洞玄灵宝玄门大义》为其残存本。[④] 则此《玄门大论》所引文句，应为隋代所行《升玄内教经》文本。从《玄门大论·三一诀》的引述中，我们得知，《升玄内教经》中的“真一之道”与当时道教中的“三一”观念有着密切的联系。

早在半个多世纪以前，法国汉学大家马伯乐（Henri Maspero）就对早期道教信仰，特别是上清派经典中的“守一”观念进行过探讨，认为“守一”和“三一 ”即保守和存思人体内部的三元身神观念，反映了当时道教的最高神信仰与沉思玄想的修行方法，而在后来的道教中，这种古老的三元身神虽然没有完全消失，但已经失去了他们的至高地位。在灵宝派经典中，三元身神虽然还被引称，但已经不扮演什么角色。汇聚着民众信仰的实践趋向，并受到佛教影响的灵宝派，其对长生永恒的追求已经从内部转向了外部，不再追求从自己体内寻找身神，而是从自身以外去寻求与三位新的最高神

---

① （宋）张君房：《云笈七签》，北京：书目文献出版社，1992年，第361页下。

② 《道藏》第34册，北京：文物出版社、上海：上海书店、天津：天津古籍出版社，1988年，第508页中。

③ 《道藏》第24册，第734页中—740页下。

④ ［日］砂山稔：《隋唐道教思想史研究》，东京：平河出版社，1990年，第193—194页。

尊的沟通。[①]《云笈七签》卷四九所收《玄门大论·三一诀》又详细开列了洞真、洞玄、洞神、皇人、太清、太平、太玄、正一、自然等道教各派九种不同的“三一”观念，指出：

> 合有九经所明三一，并治三宫。其条守礼仪，具如彼经所辩。然洞神所出三一之变，亦云精、神、气，虚、无、空等，具如彼经第十三卷所明也。今三者，神、气、精，希、微、夷，虚、无、空，所以知此为三一者，以其明义圆极故也。昔正一三一等，是以其明义浅迹故也。[②]

可见，当时道教“三一 ”的观念也被分为“今昔”。《玄门大论》肯定了“明义圆极”的“神、气、精”，“希、微、夷”，“虚、无、空”混三为一的“三一”今说，而否定了正一等派“明义浅迹”的“三一旧说”。

《玄门大论·三一诀》中肯定了孟法师对于“三一”关系的论述。此孟法师，一般认为是南北朝时齐梁间的著名道士孟智周。对于“三一”的体义，《玄门大论·三一诀》罗列了大孟法师、宋法师、徐素法师和玄靖法师四家说法。大孟法师为孟景翼，南北朝时齐梁间道士，著有《正一论》，曾在梁武帝时任大道正；宋法师为宋文明，南北朝萧梁时道士，曾于梁简文帝在位时著《灵宝经义疏》（《通门论》）、《道德义渊》，又有《灵宝杂问》《四非》等著述；玄靖法师为臧矜，南北朝梁陈间著名道士。对此，砂山稔和卢国龙先生均有详考，[③] 兹不赘述。

对于四家所解“三一”体义，《玄门大论·三一诀》认为，大孟法师解“妙有”为“三一”之体，“非未形之妙”；宋法师“总体、别体”之解，只是“判三一之殊，非定三一之体”；徐素法师“妙极之理，大智慧源”，“兼三为义，即一为体”之解，只讲出了“极理大智”的境界，而“未的示体”。独有玄靖法师之解，“以圆智为体”一既圆，故同以精智为体，三义并圆，而取精者，名殊胜也。”玄靖法师解云：

> 夫妙一之本，绝乎言相，非质非空，且应且寂。[④]

---

① ［法］Henri Maspero, The Taoism and Chinese Religions. tr. by Frank A. Kierman. Jr. The Universty of Massachusets Press, Amherst, 1981, pp. 346 – 373.

② 《云笈七签》，第 361 页中下。

③ ［日］砂山稔：《隋唐道教思想史研究》，第 204—207 页；卢国龙：《中国重玄学——理想与现实的殊途与同归》，第 55—67 页。

④ 《云笈七签》，第 360 页中。

玄靖法师此解认为，“三一”之体，乃是以“妙一”为本，“非质非空，且应且寂”，是不能用言相来解说的，这种解说表现出一种圆融“三一”体义、本迹的境界，所以《玄门大论·三一诀》称许此解“名殊胜也”。

从《玄门大论·三一诀》中可以看出，其所肯定的“三一”希、夷、微，精、气、神，虚、无、空之说，乃是太玄部之说与洞神部的新说，而“其外六经所辩三一，既不彰辩空，而但为气观”①。其下进一步解释云：

> 若言三气三色并是界外之事，三洞三一本意皆为入空，此则摄属于今也。能伦圣教，本不有无，何曾今昔？故九经所辩，皆不有无，并非今昔。但逐物情，不了滞教为昔物情，若悟晓，教成今也。②

这里透露了如下信息，即，昔教所言“三一”，仅仅是气观，为不了滞教；今教所言“三一”，为彰言辩空，为悟晓不滞之教。又云：

> 更二义往分今昔。一就大小乘分；二就因果义分。
>
> 大小乘分，凡有三义。一、约定有分；二、约偏并分；三、约待绝分：
>
> 一、定有者：昔小乘以三一为定境，义极于有；今大乘以三一为智慧，义在于空。何者？昔小乘入定，则舍于有，故在空之时，无复三一也。今大乘为观，群色是空，故虽于空，不失三一也。故《洞神经》释“守三一”云：知守虚无空者为大乘也；守神练形为中乘；守气含和为小乘也。
>
> 二、偏并者：昔小乘学偏，今大乘能并。小乘舍色入空，故不能并；大乘即色辩空，故能并也。
>
> 三、绝待者：昔因三一以入于无，得无之时，谓为“真一”，此之无一，犹对于有之无，是为挟二，故为待也；今之三一 ，既体非有，亦复非无。非有非无，故无所携。既无所携，故为绝也。
>
> 二就因果义分，亦有三义。一约近、远别，二约方便、究竟别；三约常、无常别：
>
> 一约近远者：昔以三为气观，果则近极三有；今以一为神观，果则远极道场。故极果圆智，成今三一，义如前也。
>
> 二约方便究竟者：昔开方便，果极三界；今开究竟，果极常一。故《升玄经》

---

① 《云笈七签》，第 361 页下。

② 《云笈七签》，第 361 页下—362 页上。

> 云：是为究竟，究竟者，功业成，罪行毕，则常一也。
>
> 三约常无常者：昔三有之果，为灾所成，故是无常；今一常之果，嶷然不动，故为常也。①

据此分析，今昔“三一”之教，得失判然。昔教通过调伏气息以入定来存思察见“三一”，是偏执于空的方便教法，以得有待之“无”为指归，并以此作为其“真一境界”，这种果报，只是无常，有失“真一”，所以仍是说方便因的小乘之教；今教则为神观，即通过心识智慧来思察大道之“一”，是能够即色辩空的究竟教法，所得果报，非有非无，并以此作为“真一”境界，所以恒常不动，不失“三一”，故为说究竟果的大乘之教。《玄门大论·三一诀》对“三一今教”的这种解释，很显然受到了鸠摩罗什所传大乘佛教的龙树中观学说不执两边而取中道与僧肇据此与老庄玄学相契会而发挥的“非有非无”“不偏不二”思想的影响。而且在空色性相的问题上，《玄门大论·三一诀》又发展出并摄空色性相的论点，也可看作道教《玄门大论》秉承“大道无所不包”的中国传统并吸纳借鉴大乘佛教空色性相说之后的理论创造。

《云笈七签》卷49“秘要诀法”《三一诀》云：

> 《升玄经》曰：仙人窦子明问云：“向闻法师咨请真一、太一，未闻三一之诀，当复云何。既为一而复言三，为一有三耶？为三有一耶？昔虽奉行，未能晓了。愿为究尽，使后来末学得知真要。”法师曰：“三一者，正一而已。三处授名，故名三一。所以一名三一者，一此而三彼也。虽三常一，故名三一。三一者，向道初门，未入真境，得见一分，未能舍三全一，是未离三。虽未离三，少能见一，故名三一。分言三不离一，故名三一。”子明曰：“此一者，何所有也？”答曰：“无所有而有。”问曰：“无所有而有，何名为有？”答曰：“以无为有。”又曰：“无何而有？”答曰：“得无为有。”又问：“得而无为者，何所义？”答曰：“形声虚伪故。”又问：“何为虚伪？”答曰：“不住故。”又问：“云何不住？”答曰：“速变异故。”又问：“虽速变异，非无所有。既云变异，果是有物可变，安得云无邪？”答曰：“向曰变异者，亦不言都无，如虚空故。但言一切皆有伪非真，生者必死，有者必无，成者必坏，盛者必衰，少者必老，向有今无，寒暑推变，恍惚无常也。”②

---

① 《云笈七签》，第362页上、中。

② 《云笈七签》，第359页中、下。

此段《升玄经》经文，亦不见于《升玄内教经》敦煌写卷。根据现行《道藏阙经目录》的著录，10 卷本《升玄内教经》在元世祖至元十八年（1281）焚毁《道藏》经版之前一直流行，《云笈七签》上于北宋仁宗天圣八年（1030），故可得见《升玄内教经》全本。此处所引经文必为 10 卷本《升玄内教经》经文无疑。此段经文起首即云：仙人窦子明问云：“向闻法师咨请真一、太一”云云，又云法师曰云云。按英藏 S. 107 号不明卷次之《升玄内教经》教煌写卷即记有三天法师张道陵为仙人窦子明分别人法二相事。则此处作答之法师可能亦为张道陵。此处经文中记载窦子明云：“向闻法师咨请真一”云云，罗振玉《贞松堂藏西陲秘笈丛残》所收敦煌写卷《大道通玄要》卷 14 “真一品”所引《升玄经》第 4 卷内容正为张道陵咨请，天尊为答“真一”之义，并辩“真一之一，不能不一”；而前录《云笈七签》卷 49 “秘要诀法”所收《玄门大论・三一诀》所引《升玄经》经文中有言“乃至第四辩不一之一”，此处所谓“第四”当指《升玄内教经》之第 4 卷；此后现存《升玄内教经》文本自卷 5《善胜还国品》起至卷 10《道陵还国品》则叙述张道陵于他方自天尊、太上或“道”处接受教示，未再见有仙人窦子明出现，故我们认为，《云笈七签》卷 49《三一诀》所引此段《升玄经》经文从行文顺序而言，应在卷 4 所述张道陵咨请“真一”之后，而在卷 5《善胜还国品》起首所记张道陵跟随善胜大士前往东方多喜国礼赞天尊之前，亦即此段内容可能也应属于《升玄内教经》卷 4。

依据《云笈七签》所录《玄门大论・三一诀》中所引诸家对“三一 ”的论述来分析《升玄内教经》此段“三一”之论的义旨，我们发现其应属于所谓“三一 ”今教。“三一”今教之“三”，为“精、神、气”，“虚、空、无”或“希、夷、微，”之义，而“一”则为“道”，“道”之一与“精、神、气”或“希、微、夷”之三，应是“非一非三，而一而三”的不舍不离的关系。《升玄内教经》此段论议指出：“三一者，向道初门，未入真境。得见一分，未能舍三全一，是未离三。虽未离三，少能见一，故名三一。”这段论议包涵了以下几层含意：“三一 ”之说，只是“向道初门”，即对于“道”的初步认识，“未人真境”，即还未达到得道的境界；二、“得见一分，未能舍三全一，是未离三”，也就是说，“三一”之说，还只停留在对“道”的具体性相的讨论，尚未达到对“道”的总体把握；“虽未离三，少能见一，故名三一 ”，即“三一”之说虽然尚未脱离“道”的具体性相，但由于“三一”为“非一非三，而一而三 ”，即整体与局部，抽象与具体，是不一不异，不可分割的关系，所以对局部与具体的“三”，即“精、神、气”，“希、夷、微”与“虚、空、无”的讨论，实际上也触及了“一”即“道”的内容。应该说，“精、神、气”，“希、夷、微”与“虚、空、无”分别是对“道”某一层面的描述。就“道”的质体而言，为“精、神、气”；就“道”的象状而言，为“希、夷、微”；就“道”的性相而言，为“虚、空、无”，正是这些质体，象状，性相构成了“道”的本体。而“道”本体又分别表现为“精、神、气”，“希、夷、微”或“虚、无、空”。可以说，“三一”说表现了南北朝末期隋唐之际道教的一种解释或分析。而这种新的“三一说”又反映了“道生一、一生二、二生三”和“天、地、人三才”等中国传统观念从汉代探讨宇宙生成的本源论哲学到魏晋玄学和外来文化大乘佛教追求事物本来存在的本体论哲学的转换。

三、“阴阳之妙道，服御之至术”：《升玄内教经》中的“真一昔教”

上引《升玄内教经》的前段论议中又提出了所谓“真境”。前引《玄门大论・三一诀》在解释“三一 ”昔教为“有待”“小乘”时有云，“昔因三一以入于无，得无之时，谓为‘真一’”。同时又指出，昔教的“三一”是一种“气观”，是以人定的方法舍有在空。“人无”亦即“在空”，所得为绝对的“空无”，昔教将此境界称为“真一”。在这里，《玄门大论・三一诀》所否定的，只是小乘“三一昔教”将“得无”作为“真一”，而未否定“真一”本身。因此，我们认为《升玄内教经》所谓的“真境”，即指得道的境界得道亦即得“一”，此“一”为“三”之“一”，亦可谓为“真一”。“真一”既可谓所得之“一”，即“道”，亦可谓为“得一”的得道之境界，即“真一”之境或“真境”。

又如上引《升玄内教经》此段论议所云“三一”者，“向道初门，未入真境”，也表明了《升玄内教经》对于“三一”与“真一”两者之间关系的看法。在《升玄内教经》看来，“三一”为“向道初门”，亦即为通向得道之门径。既为门径，也就属于“方便”说法。“未入真境”，则说明，“三一”仅仅作为通向旨归的门径，还未达到旨归所要求的境界。其旨归的“真境”，应即为得道的“真一”境界。前引《玄门大论・三一诀》亦云：“昔者小乘以三一为定境，义极于有；今大乘以三一为智慧，义在于空。”也就是说，小乘昔教之失，在于将“三一”作为一种入定的境界，这是一种偏滞于“有”的教法。而大乘今教则以“三一 ”为智慧，亦即作为一种认知能力，表现出“空”的意趣。这当然是一种以“空”遣“有”的说法。但说明，小乘昔教作为追求目标的“三一”教理，在大乘今教中已降格为手段，二者教理中旨趣地位的高下，从哲学意义上讲是不判自明的。这也反映了大乘今教对小乘昔教的超越。前引《玄门大论・三一诀》又云：“昔以三为气观，果则近极三有；今以一为神观，果则远极道场。”又引《洞神经》释“守三一”有云：“知虚无空者为大乘，守神练形为中乘，守气含和者为小乘。”则“以三为气观”之昔教，亦即“守气含和者”，是为小乘。按道教之前方士所行道术中，有吐纳养气导引一派，后为道教所吸纳；东汉末季所传佛教禅法则有持息念者；东晋初年葛洪《抱朴子》中又记有胎息之法，俱与呼吸练气有关，盖此固然即应属于“以三为气观”之“守气含和”的小乘昔数。“以一为神观”之今教，则又分为高下两类。其中一类“守神练形为中乘”。道教之前的神仙家欲“保性命之真”，固需精神内守；而东汉末季之太平道又有吸收佛教禅法的“守一”之法；后来的道教上清派又有思神存真之术。虽都与“守一”或“神观”有关，但目的均为“守神练形”，所得究竟不脱“近极三有”之果。就其形式而言，此类貌似大乘，就其旨归而言，则实为中乘；就其境界而言，并未超出小乘的极致。另一类“以三一为智慧”，能“即色辩空”，故可“知虚无空者”，所得之果，“远极道场”，亦即达到得道之“真一”境界，这才是大乘今教“以一为神观”的“三一”之说的真正含义。而这也从另一方面证实，《升玄内教经》中所云与“真一”之间的关系，仍然是以“三一”之法追求“真一”境界的手段与目的的关系。只不过在大乘今教看来，这种手段与目的的关系是一种“不一不异”，即矛盾双方相互循环否定，并超越任何偏执的中道统一。这也反映出当时道教流行的重玄思潮的理论旨趣。

在讨论了《升玄内教经》中“三一”与“真一”的关系之后，我们再来看《升玄内教经》中对于“真一”今昔两教的论述。前录《云笈七签》卷49《玄门大论·三一诀》所引《升玄内教经》佚文记太上告道陵云：“汝昔所行，名为真一道者，是则阴阳之妙道，服御之至术耳。非吾所问真一，此昔教也。”这也就是说，“真一”之教也有今昔之说。张道陵昔日所传行的道法，虽以“真一道”为名，但其内容与实质，则不过是“阴阳之妙道，服御之至术”，属于“真一昔教”。

首先，张道陵昔日所行为“真一道”的说法，与道教正一部经典有关。现行道教类书唐代《道教义枢》与宋代《云笈七签》俱云“正一者，真一为宗”①。已有的研究指出，《道教义枢》与《云笈七签》对于道教经教体系的论述均源于今已散佚的隋代道教类书《玄门大论》，故二者所论约略相同，而以《云笈七签》稍详。《云笈七签》卷6“三洞经教部”之“四辅”条，在“第四，正一者，真一为宗”目下释云：

> 太上所说。《正一经》天师自云：“我受于太上老君教以正一新出道法。”谓之新者，物厌故旧，盛新新出。名异实同，学正除邪。仍用旧文，承先经教，无所改造。亦教人学仙，皆用上古之法。王长虑后改易师法，故撰传录文，为《正一新出仪》。②

① 《道教义枢》卷2“七部义”，《道藏》第24册，第815页上；《云笈七签》卷6“四辅”，第38页中。

② 《云笈七签》，第48页中、下。

这里指出，虽然在《正一经》中天师张道陵自称“受于太上老君教以正一新出之法”，但其内容“仍用旧文，承先经教，无所改造”，所以“名异实同”，只不过是对以前“学正除邪”教法的重申。又指出，“亦教人学仙，皆用上古之法”，则“新出道法”中又增入了以往神仙家的学说与方法。

下文又引《玉纬》述其源流云：

> 汉末有天师张道陵，精思西山。太上亲降。汉安元年五月一日，授以《三天正法》，命为天师。又授《正一科术要道法文》。其年七月七日，又授《正一盟威妙经》三业六通之诀，重为三天法师、正一真人。按《正一经治化品目录》云：正目经九百三十卷，符图七十卷，合千卷。付天师《正一》百卷，即在其内。后会教重，自当具显。《道本尊卑经》云：真经要妙，其文无变。三十六万四千，正言无数，不离正一。演气布化，《五千》为宗；真要精妙，三洞为最也。然此法虽复久远，论其所盛，起自汉朝。天师既升天后，以此法降于子孙、弟子，嗣师、系师及诸天人一切内外至信者，修行传习。屡有传道之人，今不具载。此文因此行矣。①

按其所述经典源流，此派应与汉末三张所传五斗米道有密切关系。五斗米道在魏晋时期因其奉天师张道陵为教主而被称为天师道。至南北朝时期，又因其自称宗奉太上付予张道陵的“正一明威之道，新出老君之制”，而被称为正一道。据前引《云笈七签》对此“正一明威之道，新出老君之制”亦即太上老君所教“正一新出之法”的分析，乃是在继承并重申三张五斗米道或天师道教法的基础上，又增益了神仙家思想与学说的新教法。这也反映了五斗米道或天师道在南北朝时期的新发展。

《云笈七签》卷6“七部并序”对“正一”之义解释云：

> 正一者，《盟威经》云：正以治邪，一以统万。又言：法文者，法以合离，文以分理。此言众生离本，所以言离。故下文云：反离还本，合真舍伪，由法乃成。言统万者，总摄一切，令得还真。故下文云：一切学士，觉悟少欲，欲少近乎道宗，宗道在乎戒也。治邪，文云：众生根尘，去道赊邈。大道慈悲，立法训治，趣令心开。两半成一，一成无败，与常道合真。故曰“正一法文”也。通言部者，以部别为义。三部通名太，正一既独称正者，以三部辅于三洞大法，故言太；正

---

① 《云笈七签》，第38页下—39页上。

一遍陈三乘，简异邪道，故称为正也。[①]

这里对“正一”之义的解析透露出如下两方面的含义：一，从判教立场上来说，作为道教“三洞四辅”七部分类法中“四辅”之一的“正一部”，与其他分别辅成洞真、洞玄、洞神“三洞”的太玄、太平、太清“三辅”相比，其作用为“遍称三乘，简异邪道”。所谓“乘”，是相对于道教内部“三洞”的等级而言，其余“三辅”也应与各自辅成之洞的等级相应，而“正一”则“遍陈三乘”，融会贯通“三洞”之教。对于道教之外的其他教法，“正一”则有“简异邪道”的作用。这是站在判教角度的“正一”“治邪统万”之意。二、从其所言宗旨的角度来看，由于众生“离本”，“根尘去道赊邈”，此即是邪伪；所以要求众生“反离还本，合真舍伪”，此乃是正。“令得还真”，亦即“与常道合真”。此常道即为“统万”之一，亦即“真一”境界。故《道教义枢》与《云笈七签》皆判其宗旨云“正一者，真一为宗”。卢国龙先生认为《正一经》对道教经典“三洞四辅”七部分类的经教体系，源于南北朝时期齐梁间道士孟景翼的《正一论》，指出这种体制的建构包含的思想是：三洞和三太的经书各自有其经德，依次修持可由仙而真而圣，但最终必归于“正一”道场，《正一部》是对各部各派道法的总结和概括，也是各家派学说殊流同归的最终融通，并做了详尽论证。[②] 我们认为，这种论述是相当合理的。

前述《玄门大论·三一诀》所引《升玄内教经》佚文称张道陵昔日所行“真一道”为“阴阳之妙道，服御之至术”。在五斗米道或天师道中，将男女房中之术称为“阴阳之道”。饶宗颐先生考订为依托汉末五斗米道天师张道陵，由系师张鲁所定的《老子想尔注》“绵绵若存，用之不勤”句注云：

阴阳之道，以若结精为生。年以知命，当名自止。年少之时，虽有，当闲省之。绵绵者微也，从其微少，若少年则长存矣。今此乃为大害，道造之何？道重继祠，种类不绝。欲令合精产生，故教之年少。微省不绝，不教之勤力也。勤力之计，出愚人之心耳，岂可怨道乎？上德之人，志操坚强，能不恋结产生，少时便绝。又善神早成，言此者道精也；故令天地无祠，龙无子，仙人妻，玉女无夫，其大信也。

能用此者，应得仙寿，不可不勤也。[③]

① 《云笈七签》，第37页。

② 卢国龙：《中国重玄学——理想与现实的殊途同归》，第42—50页。

③ 饶宗颐：《老子想尔注校证》，上海：上海古籍出版社，1991年，第9页。

此“阴阳之道”的房中术，在其后“正一盟威之道”中又被称为“黄老赤录以修长生”之术。在正一派以外，亦被称为“黄赤之道，混气之法”或“混成及黄书赤界之法”，“三五七九长生大道”“男女合气之术”及“黄书合气三五七九男女交接之道”等等，不一而足。对此，陈国符先生有详尽考述，[①] 兹不赘言。现行《无上秘要》卷65“山居品”引《升玄内教经》卷1所记“太上曰居山有十事”条，第一事云“一不得领户化民”，这是对汉末五斗米道和魏晋天师道祭天酒领户治民制度的否定。第五事云“五当与人物有隔，不得与世间儿妇”“赤祭酒同床席坐”；我们拟定为《升玄内教经》卷2的法藏P. 2445号敦煌写卷又云：“此经玄妙，非世间黄赤祭酒所能阶及”，反映出自称为“真一”今教的《升玄内教经》对以三张为代表的汉末五斗米道和魏晋天师道教法的贬抑。

所谓“服御之术”则与讲述神丹金液的太清部有关。《云笈七签》卷6“七部并序”云：

> 太清者，孟法师云：“大道气之所结，清虚体大，故曰太清。以境目经也。”今谓此经是从所辅之境得名。何者？此经既辅洞神，洞境是太清故也。此经既明金丹之术，服御之者，远升太清，故言太清也。[②]

此段引文之末句，《道教义枢》卷2“七部义第六”作“故言泰清也”。[③] 则所谓“服御之术”，当指服食金丹之术。据陈国符先生考证，太清部经典亦与张道陵有关，云东晋葛洪《神仙传》谓汉末张（道）陵得《九鼎丹法（经）》，以授弟子王长赵升。[④] 又现行明代《正统道藏》收有《太清金液神丹经》3卷，被归人“洞神部众术类”，卷上有正一天师张道陵序产我们拟定为《升玄内教经》卷2的法藏P. 2445号敦煌写卷云：

> 道陵曰：“若道由行业，服御神丹、茹芝炼石、水玉云□、吐纳导养等，岂都无益耶?”太上曰：“吾今□欲明□汝。服药道养，有二利益，然不能得离苦难。一可延年益寿，二可遇制淫色，使不放逸。虽有此利，而假非真。譬如假借他物，非我久宝。亦如金银涂铜，假色不久。何以故？内非真故。当知道养之法，是小乘之行。小乘之人，俗气强盛，不能内达大志，心合道真，断绝五苦八难之行，道登上仙。而假托外助，阶级渐进，譬如婴儿须人扶将，然后能行。人若舍之，便至蹎顿，不能得前。服药延年，亦复如是。虽寿百千万岁，犹复轮转，还生五

---

① 陈国符：《道藏源流考》下册，北京：中华书局，1963年，第365—369页。

② 《道藏》第24册，第814页中。

③ 《道藏》第24册，第814页中。

④ 陈国符：《道藏源流考》下册，第365—369页。

> 苦八难之世，终不能得升入无形，与道合德。道陵当知，世人学道者不可称计，至得真一自然道者，千亿万中，时有一耳。得至道者，皆是内行具足，非为药也。若药能令人得道者，世人学仙者莫不服药，而不尽得道者，皆是内行不足故。”

这里也对“服御神丹、茹芝炼石、水玉云英、吐纳导养”等种种以往的道教修行方术进行了批评，指出这样修行“虽有利益”，但不能“内达大志”“升入无形”“心合道真”“与道合德”，只能是小乘之行，并指出之所以如此，“皆是内行不足故”也。因此，在《无上秘要》卷65“山居品”中所引的《升玄内教经》卷一太上所说的“居山十事”中也对这些方法表示了明确的禁止，其第三事为“不得复行邪咒禁术”，第7事为“中后不得食谷炁物，有谷炁者不得以近口。水玉、芝石、松术、黄精、云英、灵飞散、枸杞等药食，无时不在禁例”。

前述《云笈七签》卷49《玄门大论·三一诀》所引《升玄内教经》佚文中，太上在指出张道陵以往所行为“阴阳之妙道，服御之至术”的“真一”昔教之后，又云：“汝以堪受吾至真平等要设无上妙经”，并称“乃至第四辩不一之一，此之教也”。

也就是说，《升玄内教经》为太上所说的“至真平等要设无上妙经。”“至真”盖指此经所说为得道境界。“平等”盖指此所说观法，乃为“于一切法不取不舍，不动不住，入一妙门”之平等正观，此平等以无等为等，等无所等，故《升玄内教经》亦称《太上灵宝无等升玄内教经》；“要设”则不知究指，疑就此经自称为“无始天尊秘密宝藏”［见 P. 2343 号卷 10《道陵还国品》（拟）］立言；“无上”则指此经在诸派道教经典中地位最为崇高，乃自署经德之意。“第四辩不一之一，此之教也。”也就是说，《升玄内教经》卷 4 对于“不一之一”的辨析，也就是本经所要宣讲的“真一今教”之意。10 卷本《升玄内教经》今已散佚，现行《道藏》所收，仅为其卷 7 的议疏本；在敦煌吐鲁番出土文献中，我们也未能够确认出《升玄内教经》卷 4 的写卷；在现行诸家典籍所引的《升玄内教经》佚文中，亦较少见卷 4 内容。幸而在敦煌写卷唐代《大道通玄要》残本中，我们得见有《升玄内教经》卷 4 关于“真一”之辩的引文，虽然引文稍嫌简略，不能得其全豹，但亦可从中窥见《升玄内教经》关于“真一”今教论述之一斑。

四、“不一之一”：《升玄内教经》的“真一今教”

罗振玉《贞松堂藏西陲秘笈丛残》所收敦煌写卷《大道通玄要》卷 14“真一品”云：

> 《升玄经》第四卷
>
> 道陵又问：“向者天尊云，‘道不二念’，不审为二是一也，为非一也?”答

曰："不一之一。"又问："不一之一，是真一非？"答曰："真一之一，不能不一。不能不一，则有二，有二非一之谓。不一之一，以不见二，故则无一。无一者，是无二义。"道陵又曰："若真一不能不二者，非一之谓，安得复谓为真一者也？"答曰："夫物在一，不能不一。心既存一，已为兼二。兼二之心存，则谓不一虽心不一用，用不兼二。用不兼二，故守一而已。终不变二，故名真一。未能忘故，知有挟二之心，皎然可见。"道陵又曰："若尔者，真一之一，便是止一，不能忘一。忘一存一，觉然可了。未审念之与一，为是一也，为是二也？"答曰："名有内外。念者，念此一也；一者，一此念也。"又曰："念一其实不殊，而念有何差别？"答曰："念一者，想不散；一念者，心得定。心定在一，万伪不能迁，群邪不能动，故谓真一。"

此处对于"真一"今说的讨论，是由"道不二念"所引出的。"念"为思念、想念之意。法藏敦煌写卷 P. 2466 号《大道通玄要》卷 5《反俗品》所引《升玄内教经》卷 3 佚文中有"思道五念"；P. 2920 号《升玄内教经》卷 5《善胜还国品》中又有"十想念"。"念"为道教的一种修行方法。法藏敦煌写卷 P. 2861 号《无上秘要》目录"义类品例册九科"之第科有"发心念品"，其释义云："德立行修，所念非忘"；英藏敦煌写卷 S. 3839 号《大道通玄要》中又有"念品"。这种修行方法的道教传统，盖源于《太平经》的"守一"与上清派的"存思"；而同一时期在北方的佛教净土教法中，也流行着以念佛为主的禅定修行方法。据此段引文所云"念一者，想不散；一念者，心得定"，则说明这种修行方法是使思想集中于"一"并使心神定住于此"一"。这种思想集中，心神人定的方法，又与《道教义枢》与《云笈七签》所云的"气、神"二观有关。按照《道教义枢》卷 5"二观义"的说法，气观是通过人定以察思诸法实相为空，而神观则通过智慧以解此空性。而据《云笈七签》卷 49《玄门大论三一诀》的说法大乘神观可并摄小乘气观。

引文所云"道不二念"，P. 2990 号《升玄内教经》卷 5《善胜还国品》敦煌写卷所记太上告曰的"十想念"中，有"一者思念道法无有差别，大小深浅，犹如虚空，无分别想。"所谓"不二念"，即"无分别想"，这显然受到了大乘佛教般若学说"无分别"观念的影响。鸠摩罗什译《摩诃般若波罗蜜经》卷 22 有云："众生但住名相虚妄忆想分别中，是故菩萨行般若波罗蜜，于名相虚妄中拔出众生。"又云："诸众生是名，但有空名，虚妄忆想分别中生，汝等莫著虚妄忆想。"① 而此处所云"道不二念"，则将般若"无分别"的大乘佛教观念与在道教传统"思存"方法基础上发展而来的"想念""思念"修行方法融贯在一起，是一种对认识论的创造性发展，显然与《云笈七签》对所谓"神观"的描述相合，这也反映了"大乘今教"的义趣。在《升玄内教

---

① （后秦）鸠摩罗什译：《摩诃般若波罗蜜经》卷 22，《大正新修大藏经》第 223 册，第 398 页中。

经》中，我们看到，对道体的论述往往采用肯定与否定相即的方式，这正是“无分别”思想的具体体现。

此段引文多采用循环否定的方法来进行论述，故给我们的理解造成了较大的困难。从引文起首道陵发问，到“忘一存一，觉然可了”，我们推测，这应该是一个论题的结束。这个论题，应该包括了对“忘一”和“存一”的论述，其中又涉及“守一”“真一”等道教的基本观念，由于《大道通玄要》系为其“真一品”择取素材，故仅引称了其中对于“真一”直接阐述的部分，从而可能对整个论题的讨论背景有所省略。“真一”作为一种“与道合真”的得道境界，实质上包含了“存一”与“忘一”的对待，这里又牵涉“守一”与“止一”两个观念。达到“真一”境界的逻辑顺序应该是通过气观入定以见“一”，再通过神观智慧以解“一”，当然，两种观法应该是同时并举，相即不离的，这是“无分别”观念的逻辑要求，也与《升玄内教经》的旨趣相吻合。见“一”解“一”，即是“得一”，“得一”之后，又要“守一”，这是道教的根本要求。从“分别”的观点来看，既要“守一”，就需“存一”；而从庄玄“得鱼忘筌”的要求，又需“忘一”，这样就又产生了矛盾对待。于是道陵有“不审为二，是一也，为非一也”的问题。张道陵此问是站在“无分别”的立场上提出的，这也反映了《升玄内教经》在揉合道教传统、魏晋玄学和大乘佛教般若学说时产生的矛盾。此处“为二”似乎应指神观气观或存一忘一而言。气观是以入定观诸法实相。按照玄学和般若学的观念，诸法实相应该是“无”或“空”，此“空”或“无”仍然是对一种存在状态的表述，故需“存一”；而神观则以智慧解此“空相”或“无相”是真空而假名有，故需“忘一”。

上述引文从天尊“答曰：‘不一之一’”至“故知有挟二之心，皎然可见”，则是天尊以“无分别”观念向道陵宣示所谓“真一不二法门”。这里最值得注意者，是“不一之一”和“真一之一，不能不一”两组概念和论述。如果我们仔细区分，就会发现：“不一之一”其实是“无分别”地讨论“不二”之意，是对所得之道性相的解析，从“境智”的层面来理解，反映的是“慧”的一方面，这反映出“重玄之道”中玄学化和大乘般若智慧学说的旨趣；而“真一之一，不能不一”则从肯定的角度来解析“真一”的得道境界，反映的是“境”的一方面，这是道教“守一”长生的对于生命永恒价值的理想追求的旨趣。而这两种旨趣，在《升玄内教经》的重玄之道中又是相即的。我们先从文本本身来分析：

道陵又问：“不一之一，是真一非?”答曰：“真一之一，不能不一。”这是从“真一不二”法门中首先对“不二”之“二”加以分别，有“不一之一”的“智”与“不能不一”的境。接下来又运用重玄双遣的相对主义循环逻辑和“无分别”的相即观念，从“不能不一”和“不一之一”各自相对待的角度进行相即的否定：“不能不一，则有二。有二，非一之谓”。即是说，“不能不一”，也就是“非一”，是非非与非的相即；“不一之一，以不见二，故则无一”，“不一之一”是否定了“一”的“一”，所以是“无一”，下文说，“无一者，是无二义”，“无一”即是“无二”，是非与是的相即。也就是说，“不能不一”与“不一之一”，乃是是非、非是非非的相对主义逻辑否定的相即。故大渊忍尔先生所拟定为《升玄内教经》卷9《道陵还国品》的英藏S.6241号敦煌写卷有云“□二法者，即非不二法”，又云“□非真一，是名真一”。此写卷下部被割裂无存，我们无法据以了解其论述的全貌，从现存文字来看，“二”与“非不二”表现出一种是与非非是的相即，“非真一，是名真一”，则是非与是的相即。而“不一之一”与“不能不一”的智境相即，则表现为如下的教法——英藏S.107号不明卷次的《升玄内教经》敦煌写卷有云：“思惟分别，得其真性；虚无淡泊，守一安神”，思惟分别得其真性反映了智慧的作用，虚无淡泊守一安神则表现了得道的真一境界。

其下道陵又问曰：“若真一不能不二者，非一之谓，安得复谓为真一也?”也就是说，真一“不能不一”，从无分别的相即不二观念来看，“不能不一”也就是“不能不二”，不能不二也就是“二”，又怎么称真一呢？天尊回答说：“夫物在一，不能不一。心既存一，已为兼二。兼二之心存，则谓不一。虽心不一用，用不兼二，故守一而已，终不变二，故名真一。”“未能忘一，故知有挟二之心，皎然可见”。物在一，不能不一，即谓解了真性的得道境界即是真一。心既存一，已为兼二，兼二之心存，则谓不一。这就是“存一”与“真一”的境界进行解释。真一固然即是得道境界，但心中却不能存有此境。因为所谓“得道”“真一”都是对一种事物或境界强立的假名，即诸法；而事物的真实面貌即实相，本来是空无的。心中一但存一，就有了对待，有了对待，就仍未得一，所以“不一”实际上是从“诸法虚伪”的“无分别”角度论述存一。心不一用，用不兼二，故守一而已。这是从心之能观，即心的功能与作用的角度进行解析。心要专注，定着于一，但又不对此一发生“有得”的“执”的作用，这种心的作用就不会对其所观之境产生相分别的对待，这就是守一。终不变二，故称真一，能够保持这种既专一又不对一产生分别的定着状态，就是称为“真一”的得道境界。所以天尊接着又说“未能忘一，故知有挟二之心，”要求忘一，而忘记所得之一，这样才是“真一”能所双亡，智境俱化的境界。道陵又说“真一之一，便是止一”，也就是他明晓了“真一”的境界，就是止于此一，即虚无淡泊，心与道契的得道境界。

心与道合，仍然未能解决心之能观的作用，即心所起之念与所观境法的关系。所以道陵又问“念”之与“一”的关系。天尊仍以相即不二的“无分别”观念作答：既然心与道契，心之能观的作用，即念与所念之境也就合而为一，故名异实同，念即对境之念，即心对境的作用，这是从体道者本人出发的，所以是从内而说；一即所念之境，这本身也是体道者所得之境，所以是自外而说。两者是混同于得道境界的，所以说其实不殊。

最后，道陵又提出“一念”与“念一”有何差别的问题。天尊回答说，“念一”就是思想集中于“一”，做到精神专注；一念即是使身心定于此“一”之上，亦即与

“道”契合，这样就能达到“万伪不能迁，群邪不能动”的湛然常存的“真一”境界。所以我们拟定为《升玄内教经》卷 2 的法藏 P. 2445 号敦煌写卷亦云：“真一妙术，发自内心，行善得道，非从外来”，“道岂云远，近在尔身”。

五、《升玄内教经》未明卷次文本的逻辑顺序

以上我们对罗振玉《贞松堂藏西陲秘笈丛残》所收的教煌写卷《大道通玄要》卷 14“真一品”中引录的《升玄内教经》卷 4 佚文做了分析，应该说，这段文字基本上反映出了《升玄内教经》对于“真一”这个道教基本观念所做的重新界说。这段佚文的重要性就在于，它是对于《升玄内教经》所主张的“真一”今教中“真一”概念的直接解析，而这种直接从理论上进行的解析在现已发现的《升玄内教经》其他文本中我们并未见到。这段引文的起首部分“道陵又问：‘向者天尊云：道不二念’云云”，为我们寻找这段引文与其他写卷的关系提供了线索。在尚不明了卷次的《升玄内教经》敦煌写卷中，有 1 件为俄藏 Dx. 2768 号，该件写卷首尾残阙大渊忍尔先生曾怀疑其内容可能为《升玄内教经》卷 3。[①] 该件结尾部分云：

> 太上曰：“此经有多种义，得兼摄众经而为第一。何以故？此经等一切法中无分别故。”道陵曰：“何无分别？”答曰：“至真故无分别。”又问：“至真何无分别？”答曰：“不二念故。”又问：“不二念，何所念？”答曰：“道不二念”。又问“道有念耶？”答曰：“念不念。”
>
> 又问：“念不念，何所念？”答曰：“不念。”（下阙）

从两段文本的内容中，我们发现尽管二者在文字上无法衔接，但在内容上，却有前后呼应之处，我们认为 Dx. 2768 号写卷，顺序应在前引《升玄内教经》之前。而且，我们可以做一个更大胆的推测，此段俄藏写卷的经文也应该是《升玄内教经》卷 4 的内容，因为这段经文从文意上也揭出了《升玄内教经》所谓“大乘今教”经法中“无分别”的观念，同时又开始对念道的修行方法展开论述，到《大道通玄要》卷 14“真一品”所引的佚文中则论述通过念道的观法修行所达到的“体道”的真一境界，从而完成了对一个论题的完整阐述，但由于没有其他相关证据，因此，还难以遽下定论，但这种可能性应该是很大的。

《升玄内教经》所宣扬的“真一”观念，是一种“思惟分别，得其真性；虚无淡泊，守一安神”的得道境界，这又包括了得一与守一两方面的内容。得一为“思惟分别，得其真性”，即达到“真一”境界的状态；守一为“虚无淡泊，守一安神”，即保

① ［日］大渊忍尔：《敦煌道经目录编》，东京：福武书店，1977 年，第 128 页。

持“真一”境界的状态，是止一与忘一的统一。得一要求“得其真性”，而“得其真性”的方法是“思惟分别”。而《升玄内教经》中又称“真一妙术，发自内心；行善得道，非从外来”，则此“思惟分别”又是“发自内心”的“真一”之术，故《升玄内教经》又将以此方法修道之人称为“内真道士”，以此修行称为“内行”。

这种“思惟分别”的一个重要内容便是思念之法。法藏敦煌写卷 P. 2466 号《大道通玄要》卷 5 所引《升玄内教经》卷 3 佚文之“思道五念”云：“太上曰：道陵，汝今以信心听之，当为汝说。勿怀听莹，疑惑江海。先当作思道五念，尔乃悟道。”又云：“道陵，汝既已破契立盟，便善思五念。五念既立，则见道相。更能信法，自得道真。”这种思念之法的前题是“破契立盟”。法藏敦煌写卷 P. 2445 号《升玄内教经》卷 2（拟）所记张道陵破契立盟后，“太上”咒曰有云：“是善男子道陵，于无上道，不负恩者，今以建意，于将来世，作大法师，护度一切。”契，即契信，盟为盟誓，破契、立盟为道教传经仪式中的两个步骤，而从“内教”的意义上讲，破契盟誓的进行是为了表达“建意”，即建立对“道”的信仰。“建意”之后，即为行思念之法，也就是“思惟分别”。当然这种“思惟分别”是“无分别”的，故前述罗振玉贞松堂藏敦煌写卷《大道通玄要》卷 14“真一品”所引《升玄内教经》卷 4 佚文云“道不二念”。“五念既立，则见道相”，即说明，思念之法的作用，为用来解明“道”的性相，故法藏 P. 2446 号《大道通玄要》卷 5 所引《升玄内教经》卷 3 此段佚文其下又云：“陵于是受教伏思，良久乃起，更整衣巾，长跪启曰：‘臣以愚鄙，伏思五教，于臣可了。’”解了道的性相，也就能够“得其真性”或“自得道真”。

尽管 10 卷本《升玄内教经》内容残阙，而前面 4 卷的文本更是如此，但根据我们的认识，似可做如下推测：卷 2 的内容应该主要是围绕破契立盟的“建意”教法来展开论述，文本主要有法藏 P. 2445 号敦煌写卷；卷 3 的内容应该主要是围绕立念即建立“思惟分别”的“思念”教法来展开论述，文本有法藏 P. 2391 号敦煌写卷，P. 2456 号敦煌写卷《大道通玄要》卷 1“道生一品”所引佚文；P. 2466 号敦煌写卷《大道通玄要》卷 5“反俗品”所引佚文，以及现行道教类书《上清道类事相》卷 3 和《三洞珠囊》卷 4 所引佚文；卷 4 的内容应该主要是围绕得道的“真一”境界展开论述。文本主要有罗振玉《贞松堂藏西陲秘笈存残》收敦煌写卷《大道通玄要》卷 14“真一品”所引佚文。此外我们还怀疑俄藏敦煌写卷 Dx. 2768 号《升玄内教经》残卷也可能为卷 4 内容。又现行道教类书《云笈七签》卷 49《秘要诀法》之“三一诀”所引《升玄内教经》佚文与卷 95《仙籍语论要记》之“真假”条所引《升玄内教经》佚文内容衔接，二者衔接后的内容结尾部分又可与不明卷次的英藏敦煌写卷 S. 107 号《升玄内教经》起首部分衔接，《云笈七签》卷 49“三一诀””所引《升玄内教经》起首部分云：“子明曰：‘向闻法师咨请真一、太一，未闻三一之诀，当复云何’”云云，则这部分内容从经文顺序上应在罗振玉《贞松堂藏西陲秘笈丛残》收敦煌写卷《大道通玄要》卷 14“真一品”所引《升玄内教经》卷 4 内容之后，或亦有可能属于《升玄内教经》

卷4。而卷1的内容，从法藏敦煌写卷P. 2466号《大道通玄要》卷5“入道初门品”所引佚文太上曰“夫入道登位有廿事为灵宝初门德行之阶梯”与现行《无上秘要》卷65“所引太上曰“居山有十事”来看，应该属于对《升玄内教经》之前各道教派别的判教。则前4卷的内容主要为讲述张道陵在此土盟受《升玄内教经》，并由此土太上来宣讲“升玄”“内教”的新义。故法藏敦煌写卷P. 2990号《升玄内教经》卷5《善胜还国品》起首即云：“尔则善胜大士语道陵曰：神尊说经，大刚（纲）已举。”卷5《善胜还国品》所存内容则主要讲述道陵随善胜大士返回东方多喜国土，其土天尊赞其得道与功德，并说受持《升玄内教经》“成就现世十种功德”；隐含有得道后的证道之意；卷6《开缘品》所存内容则讲述道为道陵等“开道因缘由”，故名《开缘品》；卷7《中和品》讲述道为张道陵演说“修道明诀，得道源由，次第品格，谨敬之法，中和之科，长生之教，禁戒之仪”，主要就俗世修道而言，理论性稍弱；卷8《显真戒品》所存内容则讲述道本道气和善恶罪福之报，本卷的受众为以太极真人徐来勒为首的诸天真大仙，地点为蓬莱仙境宝林之下；卷9《无极九诫品》讲述“太上太一九诫”，地点在昆仑治、天首大治；所拟卷10《道陵还国品》所存内容则讲述天尊为道陵宣示演说大道真空假有等无差别并提出“元始天尊秘密宝藏”的观念，以及太上向道陵宣说“真一不二”法并提出了“无相道”的观念。

如果我们的这种推测可以成立的话，将对我们认识《升玄内教经》的文本结构和教理体系给予极大的帮助。我们认为，10卷本《升玄内教经》的文本结构和教理体系应该分为三个部分：即卷1为判教，应该是对南北朝以前的天师道等派所行法术的扬弃与对南北朝时期流行的道教派别，如灵宝派和上清派教法的继承与发展；卷2到卷4应该有相当篇幅的内容是从“发自内心”的内教角度对信受、修行与得道的论述；卷5到卷10则是对东晋末以后出现的新道教教派，特别是其中灵宝派的功德、因缘、罪福、道气、道本、道性、道体等观念和科仪、戒律等教法的论述。

六、结语

从《升玄内教经》对“真一”今教的论说中，我们看到，它对所奉之“道”的论述，显然反映了魏晋玄学注重对事物有无、体用、本末等问题进行探讨的本体论哲学特点，同时又融合了老子思想中的本源论因素；在论述方法上又受到了外来大乘佛教般若学说的启迪，特别是表现在“无分别”的不二观念和“空”观之上，其修行方法一方面继承了道教，特别是上清派的存思之术，另一方面又受到南北朝时期的佛道论衡中来自佛教一方诘难的激发，而将存思的对象由有形的身神转化成了无形的大道，旨趣也由练形转变为炼形；同时，在真一今教中还保存了道教追求长生永恒的生命理想的传统。如英藏敦煌写卷S. 107号云：“唯贤人道士知此非真，是虚伪法。思惟分别，得其真性；虚无淡泊，守一安神。见诸虚伪，无真实法，深解世间无所有性。得此相者，能弃俗法，守道念真；安神无为，得不死之术，升仙度世，到长寿宫，是名得无所得。”这是将“思惟”分别，得其真性；虚无淡泊，守一安神的得道境界与“得不死之术，升仙度世，到长寿宫”的追求长生不死，成仙升度的生命理想结合在了一起。这里又提出了得无所得的“无得”观念。

此外，《升玄内教经》的现存文本中，虽然还没有明确提出“神观”“气观”的概念，但它要求保守体内中和气性和定心念一的理想，并用“无分别”的不二观念给予解释，已经明显具有了隋代道教类书《玄门大论・三一诀》中所云的“大乘神观”的特点；而此念又为“不念（念)”，这就与“不学为学，不求为求，不行为行”和“得无所得”的“无得道”“无相道”观念一样，在佛教中这是一种将小乘禅观与大乘般若空观结合起来的大乘禅观，而在道教中，这就是一种将道教传统的存思之术与借鉴而来的大乘佛教空观结合起来的“大乘神观”。

天津图书馆藏敦煌文献《照明菩萨方便譬喻治病经》解说

胡艳杰（天津图书馆历史文献部）　王惠民（敦煌研究院考古所）

《照明菩萨方便譬喻治病经》，乃中国人所撰佛经。一卷，作者不详。本经最早著录于开皇十四年（594）法经等编《大隋众经目录》（《法经录》《众经目录》，7卷），卷二“众经伪妄”类著录80部疑伪经，第14、15部为“《照明菩萨经》一卷、《照明菩萨方便譬喻治病经》一卷”。仁寿二年（602）彦琮等编《众经目录》5卷（《彦琮录》《仁寿录》），卷四“五分疑伪”类著录209部疑伪经，第72、73部为“《照明菩萨经》一卷、《照明菩萨方便譬喻治病经》一卷”。其后道宣《大唐内典录》卷十、明佺《大周录》卷十五、智升《开元录》卷十八、圆照《贞元录》卷二十八均著录为伪经，故该经全文未为历代大藏经所收。这些佛经《目录》通常依据《法经录》将《照明菩萨经》《照明菩萨方便譬喻治病经》列在一起，但明佺《大周录》卷十五“伪经目录”列出228部伪经，第30部是《照明菩萨方便譬喻治病经》、第67部是《照明菩萨经》。《照明菩萨经》又称《照明菩萨头陀经》，《大唐内典录》卷十记：“《照明菩萨经》，一加‘头陀’字。《照明菩萨方便譬喻治病经》。”即《照明菩萨经》与《照明菩萨方便譬喻治病经》是两种经，敦煌遗书各有一件。

《照明菩萨经》原为李盛铎（1858—1937）旧藏，1935年夏，白坚（1883—?）受李盛铎幼子李滂（1907—?）委托，到京都寻找生母、希望羽田亨购藏李盛铎旧藏，羽田亨（1882—1955）在1928年在天津考察过李盛铎藏书，药商武田长兵卫以8万日元购得敦煌遗书432件，1936年2月运抵日本，交京都大学羽田亨编目与研究，日本京都大学羽田亨纪念馆存有照片，现在收藏在武田财团杏雨书屋。[①] 1935年12月15日、21日《中央时报周报》刊有《德化李氏出售敦煌写本目录》。[②]

2000年，日本学者落合俊典在“纪念敦煌藏经洞发现一百周年国际学术研讨会”上宣读论文《羽田亨稿〈敦煌秘笈目录〉简介》，介绍了日本京都大学羽田亨纪念馆所藏《羽田亨博士收集西域出土文献写真》中收录的《佛说照明菩萨经》，指出本经

① ［日］高田时雄：《羽田亨与敦煌写本》，牛源译，《敦煌研究》2014年第3期。

② 此据《中国敦煌学百年文库·文献卷》第1卷，兰州：甘肃文化出版社，1999年，第140—149页。

是中国撰述经典，撰于五世纪初到六世纪后半期之间，是净土教思想史上的重要文献。从构成看，本经无流通分，估计也没有序分，不符合传统经典序分、正宗分、流通分的三段结构。从思想看，本经属于忏悔罪障、严守戒律、求福生天的人天教范畴。[①]此后，落合俊典还于 2001 年发表《李盛铎旧藏照明菩萨经探赜》[②]。2004 年，林敏发表《李盛铎旧藏〈照明菩萨经〉解题・翻刻》，则将该文献全部录出[③]。2009—2013 年，日本大阪武田财团杏雨书屋出版《敦煌秘笈》10 册，刊布该馆藏羽田亨收集的敦煌遗书 758 件，第 1 册第 84 号即为《照明菩萨经》。[④]

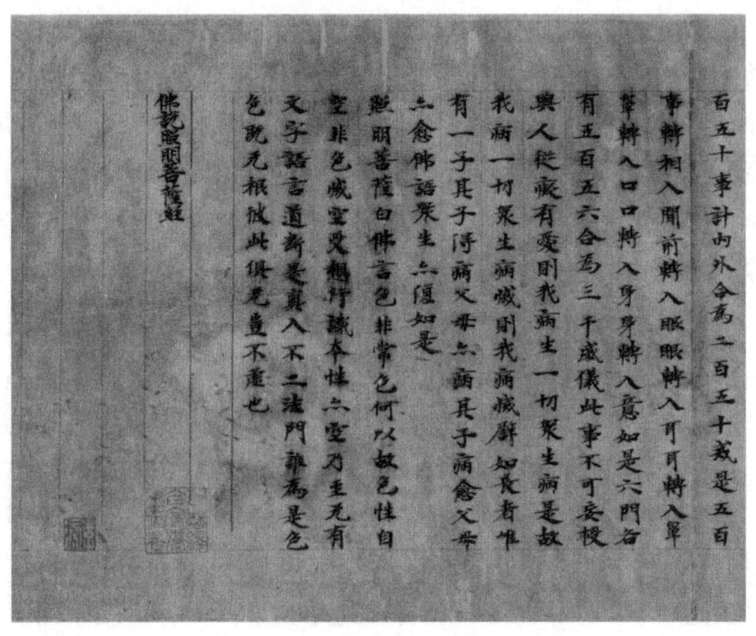
百五十事計內外合為二百五十戒是五百
事轉相入聞前轉入眼眼轉入耳耳轉入鼻
鼻轉入口口轉入身身轉入意如是六門合
有五百五六合為三千威儀此事不可妄授
與人從癡有愛則我病生一切衆生病是故
我病一切衆生病滅則我病滅譬如長者唯
有一子其子得病父母亦病其子病愈父母
亦愈佛語衆生亦復如是
照明菩薩白佛言色非常色何以故色性自
空非色滅空受想行識本性亦空乃至无有
文字語言道斷是真入不二法門離為是色
色既无根彼此俱无豈不違也
佛說照明菩薩經

图 1 《照明菩萨经》 杏雨书屋藏

该遗书为卷轴装，首残尾全，首行“烧香请道人”，尾题“佛说照明菩萨经”（图 1），全卷存 10 纸 207 行。卷首钤有“敦煌石室秘笈”印，卷末钤有“李盛铎合家眷属供养”“李滂”方印两枚。虽然这件《照明菩萨经》首缺尾全，但从第一行“烧香请道人”句看，可能是篇首文字，如此推测不误，则所缺不多。日本良忠《观经序文义传通记》曾引用《照明菩萨经》中的“未生怨”故事。[⑤]

① 郝春文主编：《敦煌文献论集》，沈阳：辽宁人民出版社，2001 年，第 91—101 页。

② 《香川孝雄博士古稀記念論集：佛教學淨土學研究》，京都：永田文昌堂，2001 年。

③ 日本国际佛教学大学院大学：《仙石山论集》第 1 卷，2004 年。林敏《照明菩萨经》录文又见方广錩主编：《藏外佛教文献》总第 10 辑，北京：中国人民大学出版社，2008 年。

④ 《敦煌秘笈》第 1 册第 84 号，大阪：杏雨书屋，2009 年，第 491—497 页。

⑤ 《大正藏》第 57 册，第 576 页。

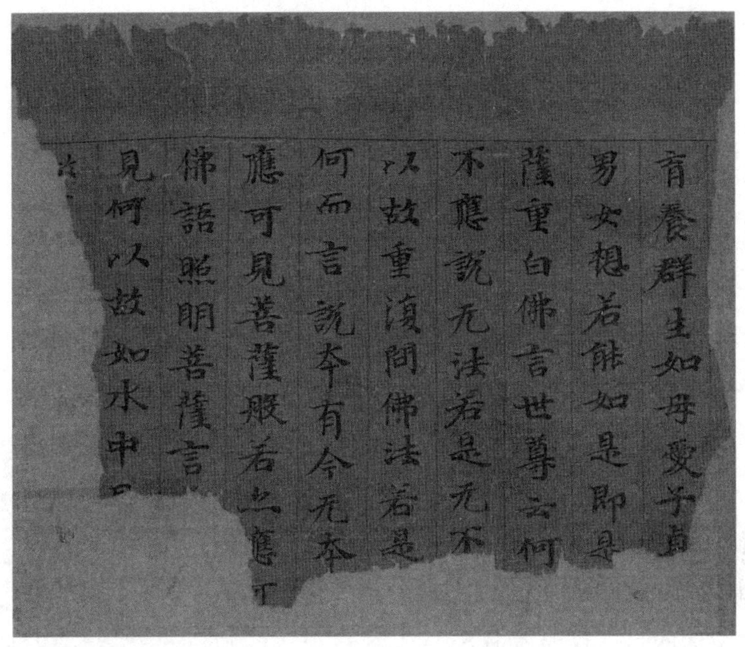
育養群生如母愛子貞
男女想若能如是即是
薩重白佛言世尊云何
不應說无法若是无不
以故重復問佛法若是
何而言說本有今无本
應可見菩薩
佛語照明菩薩言
見何以故如水中
故

图 2 《照明菩萨方便譬喻治病经》 天津图书馆藏

《照明菩萨方便譬喻治病经》是另一种经名含有照明菩萨名的疑伪经，《大藏经》未收，我们认为天津图书馆藏敦煌遗书 008 号即为此经（图 2）。该馆藏有敦煌遗书 177 件，第 008 号（《唐人写经残卷》第一册，馆藏号 Z145 –1，此册共 34 件，此为第 8 件，略称津图 008 号），残存 10 行 79 字，首尾缺，下部缺，唐写本，楷书，天津图书馆历史文献部《天津图书馆藏敦煌遗书目录》记录为："待考佛经""19. 8 * 15. 7 厘米；1 纸；9 行。卷轴装。首尾均残。通卷下残。有乌丝栏。""说明：本文献未为我国历代大藏经所收。疑为疑伪经。7—8 世纪。唐写本。"并录出全文。①

《天津图书馆古籍善本图录 · 鉴赏图录》刊布了全部该馆藏敦煌遗书的照片，"鉴赏图录"第 271 页即为此写本图版，称"待考佛经"，同书"释文"第 46 页注记与《天津图书馆藏敦煌遗书目录》同，唯称有 10 行，无录文。②经与图版核对，《天津图书馆藏敦煌遗书目录》的录文存在若干漏字（如《目录》没有录出第 1 行的"贞"字，第 10 行仅存的"故"字），现予重录如下：

1. 育养群生，如母爱子，贞……

① 叙录与录文见天津图书馆历史文献部：《天津图书馆藏敦煌遗书目录》，季羡林、饶宗颐主编：《敦煌吐鲁番研究》第 8 卷，北京：中华书局，2005 年，第 314 页。

② 天津图书馆编：《天津图书馆古籍善本图录 · 鉴赏图录》，天津：天津古籍出版社，2009 年。

2. 男女想，若能如是，即是……

3. 萨重白佛言：世尊，云何……

4. 不应说无，法若是无，不……

5. 以故重复问佛：法若是……

6. 何而言说本有今无，本……

7. 应可见菩萨般若，亦应[可]……

8. 佛语照明菩萨言：……

9. 见，何以故？如水中[月]……

10. 故……

这件“待考佛经”内有“佛语照明菩萨言”句，可以初步判定为《照明菩萨经》或《照明菩萨方便譬喻治病经》。非常幸运的是，敦煌遗书S. 2551释慧观《药师经疏》用《照明菩萨方便经》来解释《药师经》中的“善男子”“善女人”：“《照明菩萨方便经》说，能化恶有善，上下无怨，无彼无此，名善男子。若能慈念养育（据津图，应为‘育养’）群生，如母养（据津图，应为‘爱’）子，贞洁远色，无男女相（据津图，应为‘想’），名善女人。”[①]（图3）这段文字见于津图008号第1—2行，于此可以确定津图008号即为《照明菩萨方便经》。由于含有“方便”两字，推测《照明菩萨方便经》即《照明菩萨方便譬喻治病经》。由于S. 2551释慧观《药师经疏》引用《照明菩萨方便经》的文字太少，我们无法进一步分析两经之间的关联。

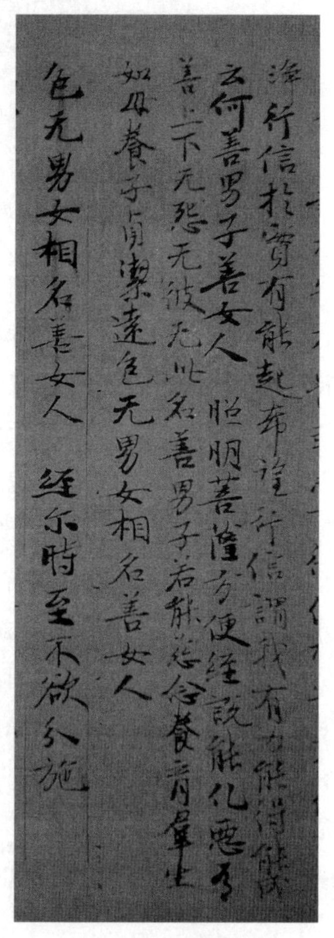

图3　2551《药师经疏》

S. 2551慧观《药师经疏》末尾题记：“慧观昔因问道，得履京华，备践讲筵，十有余载。遂逢永淳饥馁，杖锡旋归。疑痼膏肓，罔知析滞，每玩味兹典，常讽诵受持。然粗薄通，粗得文意，不量暗短，辄述所闻，据

① 曹凌：《中国佛教疑伪经综录》第070号为该经，并依据《大正藏》第85册录出该段文字，但却云该《药师经疏》为“佚名”，误，也未注明《大正藏》第85册所引《药师经疏》出自敦煌遗书S. 2551，上海：上海古籍出版社，2011年，第165页。

摭群□，□□疏例，岂敢传诸学，私将□□，□□披寻，时闻示过。”永淳年号仅一年，即682年。慧观“昔因问道，得履京华，备践讲筵，十有余载。遂逢永淳饥馑，杖锡旋归。”则此疏即作于永淳元年之后不久。此《药师经疏》不见佛经目录，亦敦煌遗书之一珍宝。

照明菩萨，见于西晋竺法护译《佛说如幻三昧经》、失译者名《佛说佛名经》、姚秦竺佛念译《菩萨璎珞经》、后秦鸠摩罗什译《佛说华手经》、后秦鸠摩罗什译《十住毗婆沙论》等多部佛经，但多数只是菩萨名，没有该菩萨事迹，最为详细的是《菩萨璎珞经》卷七“光明品第二十”的相关记载，全品内容是佛与照明菩萨的对话，相当于“照明菩萨品”，提到“照明菩萨”凡十余次，如：“尔时有菩萨名曰照明，即从座起，偏露右臂，长跪叉手，白佛言……尔时世尊已知彼意，便告照明菩萨曰……”大约南北朝时期有人据《菩萨璎珞经》而编造《照明菩萨经》与《照明菩萨方便譬喻治病经》。

津图008号《照明菩萨方便譬喻治病经》楷体，乌丝栏，为标准的写经体，书法极佳，典型的初唐书法风格，《天津图书馆藏敦煌遗书目录》判定在“7—8世纪”是可靠的。S.2551慧观《药师经疏》末尾题记显示，慧观在撰写《药师经疏》时参考了《照明菩萨方便譬喻治病经》，一个大胆一点的推测是，敦煌文献中的《照明菩萨方便譬喻治病经》有可能是敦煌僧人慧观从中原带回敦煌的。慧观在中原留学十余年，而后于永淳元年（682）返回敦煌，慧观的中原留学说明初唐时期敦煌佛教与佛教艺术的发展受到中原的直接影响。

津图008号《照明菩萨方便譬喻治病经》与李盛铎旧藏《照明菩萨经》写本属于初唐，是研究初唐佛教史的重要材料，需要进一步研究。

敦煌草书本义忠《大乘百法明门论疏卷下》初识

马　德（敦煌研究院）

敦煌博物馆藏敦煌写本083号为一草书残卷，首尾俱残。单层白皮纸。卷长86.8厘米，卷高29.7厘米。天头2.3厘米，地脚2.2厘米，乌丝栏宽1.61厘米。单纸长43.4厘米、书27行，行20至23字不等，共2纸，总存54行，焦墨书写。经文原经校兑，卷中有倒乙符。此前出版的目录和图录都拟名为《佛论》①。相同内容者还有上海博物馆藏上博60号写卷，残存96行，出版时拟名《百法述》②；与敦博083号出自同一人手笔。遗憾的是，不仅两卷均为残卷，且中间的缺失致使内容被割裂而不能衔接。

经笔者检索考证，二残卷内容为署名“唐·义忠述”之《大乘百法明门论疏卷下》的一部分，收入《洪武南藏》第205册。在佛教界和学术界，广为流通者为《大正新修大藏经》（简称《大正藏》）；而《洪武南藏》一般很少使用。本写卷作为早期佛典，在近代没有受到广泛的关注，故凸显其珍贵。为此，本文在提供二残卷校注本的基础上，就其中相关问题作些简略说明，以求教方家。

一、原文校注

［说明：校注以写卷为底本（原本），以《洪武南藏》本为主校本，并参照《大正藏》中的有关章节、段落（如窥基撰《大乘法苑义林章卷第五·法处色义林》，见《大正藏》第45册，等）互校互证。］

敦博083号

（前缺）

① 施萍婷、邵国秀、荣恩奇：《甘肃藏敦煌文献》第六卷，兰州：甘肃人民出版社，1999年。

② 上海古籍出版社、上海博物馆：《上海博物馆馆藏敦煌吐鲁番文献》2，上海：上海古籍出版社，1993年。

能缘体虽相离，为质能起，内所虑托。应知彼是疎所缘缘。此五种色虽多是假，彼能缘心[1]，亲所缘相，决定皆有。故彼复[2]说亲所缘缘，能缘皆有，离内所虑托，必不能生[3]。性是依他，从因所起，诸非实色，即能缘等。种子所生，无色用故。或无别种，或与本质[4]。同一种起，然无实用；若实有[5]者，有色用故，别从种生，非与能缘，同一种起。如枢要说，或变似色，或有色用，依此二理，亲所缘缘故[6]。五皆名色，依集量论[7]说：疎所缘缘，一切心生决定皆有。佛地论[8]说：无分别智，缘真如时，亦变影像缘[9]。故诸心起，定有本质，即依此义。五中四色必有本质。初极略色，以色欲界[10]十有色处，及[11]色无色，定果实色，以为本质。论说极微有十五故，次极迥色以欲色界色处[12]为质体[13]，[14] 无色界无别处所故。此中不说[15]，故说皆由析麁[16]所生，故以为质。[17] 受所引色，既非心变，非影像故。不说本质，遍计所起。[18] 以欲、色界十有色处，及上界[19]中定所起色，以为本质，皆可托彼变影缘故。定所生色，以欲、色界诸根境

---

① 心，洪武南藏本、大正藏本均作等。
② 复，洪武南藏本、大正藏本均作论。
③ 必不能生，洪武南藏本作必不生故。
④ 或与本质，大正藏本作成本质故。
⑤ 有实，原作实有，右有倒乙符。
⑥ 缘缘故，洪武南藏本作缘缘，大正藏本作缘故。
⑦ 论，大正藏本原阙。
⑧ 论，大正藏本作等，误。
⑨ 缘，大正藏本原阙。
⑩ 色欲界，洪武南藏本、大正藏本均作欲色界。
⑪ 及，大正藏本作以。
⑫ 色处，大正藏本同，洪武南藏本作空处色。
⑬ 体，大正藏本及洪武南藏本均阙。
⑭ 洪武南藏本此处衍一然字。
⑮ 所说，写本作不说故说，洪武南藏本作不说，依大正藏本改。
⑯ 折麁，洪武南藏本同，大正藏本作折彼麁色。
⑰ 大正藏本此处有“非有彼类说为本质”句。
⑱ 洪武南藏本此处衍一色字。
⑲ 界，大正藏本作二界。

一六　色而[1]为本质。五十四说，胜定果色。然从缘彼种类影像，三
一七　摩地发说彼大造故，用二界大造[2]诸色为质。若有[3]质
一八　色，若无本[4]境，皆用名教以为本质。许识行相通见及影，故知
一九　所缘定有影质。由此四色本质成故[5]，故唯识论[6]说：疎所缘缘
二〇　能缘或有，离外所虑[7]托亦得生故。第八、第六此诸心品所杖[8]
二一　本质，或有或无疎所缘缘，有无不定。若依此义，极略极逈，
二二　遍计所[9]起色。析缘诸色，由名教者，本质如前。依自寻思[10]，计
二三　诸我法，空花凫角。过去、未来，劫尽常有[11]。不因他教，皆
二四　无本质。又定果色，有变有化，有缘他起，有定力生。若
二五　变缘他，定有本质，其化定力及自在位，不假他生，故此本
二六　质有无不定。虽说行相通见及影，虽复许遍[12]一切定[13]心。正智
二七　缘如，所缘一故。若缘如智，亦有影像，虽能照彼知有真如，即
二八　根[14]本后智[15]亦应无别。又诸菩萨虽入灭定，常[16]起威仪，游诸净
二九　土，此由定前意乐；击发本识相，分现诸威仪，后虽灭心，威
三〇　仪不灭。由第八识持缘彼故，此位威仪依何本质，不尔八地。已
三一　上菩萨入灭定位，无前意识，发起威仪，即应不成，念念入定，
三二　亦非不起，现诸威仪。如是便违处处经典。有[17]梵王等，变
三三　本形类，佛前听法，谈论语言，前能变心，意识已灭，非定通识，时

① 而，大正藏本作以。
② 大造，洪武南藏本同，大正藏本原阙。
③ 洪武南藏本此处衍一本字。
④ 洪武南藏本此处衍一质字。
⑤ 成故，洪武南藏本同，大正藏本作皆成。
⑥ 论，大正藏本及洪武南藏本均阙。
⑦ 虑，大正藏本阙，误。
⑧ 杖，大正藏本同，洪武南藏本作仗。
⑨ 所，洪武南藏本同，大正藏本原阙，误。
⑩ 思，大正藏本同，洪武南藏本作伺，误。
⑪ 有，洪武南藏本同，大正藏本作微，误。
⑫ 遍，大正藏本同，洪武南藏本作通，误。
⑬ 定，洪武南藏本同，大正藏本阙，误。
⑭ 根，洪武南藏本同，大正藏本阙，误。
⑮ 智，大正藏本同，洪武南藏本作得，误。
⑯ 常，洪武南藏本同，大正藏本作尚。
⑰ 有，大正藏本作又。

三四　现在前，此所变形，非①第八境，彼以何法为本质耶。第八所缘

三五　亦定果故，由斯定果，所杖②本质有无不定。故唯识说：

三六　启③当深宗，集量未行，且依现教。性境不随心，独影唯

三七　从见。带质通情本，性种等随应。论：第四不相应行

三八　法略有廿四种。述曰：第四分位建立门分二，此即是初，文二同

三九　前。论：一得至不和合性。述曰：第二文也，然此得等略以五门分

四〇　别：一释名字，二显差别，三诸教不同，四弁假相，五二谛分别。

四一　初释名者，解云：获成就者，名之为得，此无六释，依业所引。

四二　第八识种，令色心不断，名为命根。命即是根，持业释也。或

四三　种实命，假业为命，因皆依主④释类相似，故名为⑤同分，众

四四　即同分。众之同分，持业依主。二释如次由二障种，令趣

四五　差别，名异生性。异生之性，或异圣之生。依主依士，⑥ 如

四六　次皆得。由出离想，不恒心戚，名无想定，由止息想，恒不恒⑦

四七　灭，名灭尽定。此上二种或依士⑧，或持业释也⑨，今存后解。

四八　由欲界修，感彼天果，名无想报。无想之报，依士释也。有本

四九　云：无想异熟无想事，亦依士释。又异熟有三义：一变异

五〇　而熟，要因成熟，方能招果，名为异熟。二异时而熟，过去

五一　造因，今现得果；现在造业，招未来果，名为异熟。由此二义，故

五二　经颂言：作恶不即受等。三异类而熟，由善恶因感，无记

五三　果名，为异熟义⑩。若异属因，熟属于果，或异即熟，并属

五四　于果，依士持业，二释如次。一名、二名、多名，能诠自性，名曰名身。一句、

① 非，洪武南藏本同，大正藏本作唯。

② 杖，大正藏本同，洪武南藏本作仗。

③ 启，大正藏本、洪武南藏本均作契，误。

④ 主，大正藏本作士。

⑤ 为，大正藏本作众。

⑥ 依主依士，洪武南藏本作依士依主。

⑦ 洪武南藏本此处衍一心字。

⑧ 洪武南藏本此处多一释字。

⑨ 也，洪武南藏本无。

⑩ 义，右有删除符。

（中间缺失。以下上博 60）

一　等亦是异生性之差别也。依已离遍[①]，净贪未离，上贪出离，
二　想作意为先，名灭分位，建立无想定。此复[②]三种，谓[③]：一自性者
三　唯是善[④]，二补特伽罗者在异生相续，三起者先于此起，复于
四　色界，第四静虑当受彼果。依已离无所有处，贪止息想，作
五　意为先，名灭分位，建立灭尽定。此复三种，谓[⑤]一自性者唯是
六　善[⑥]，二补特伽罗者在圣相续，通学无学；三起者先于此起，复
七　于色界重现在前，托色所依，方现前故。此据未建立阿赖耶
八　识教，若已建立，于一切处皆得现前。依已生无想有情，天中名
九　灭分位，建立无想报[⑦]。此亦[⑧]三种，谓[⑨]一自性者无覆无记，二补
一〇　特伽罗者唯异生生[⑩]，彼非诸圣者，三起者谓能引发无想定
一一　思，能感彼天异熟果，复想生已是诸有情，便从彼没，依
一二　假言说，分位建立名身。此复三种，谓一[⑪]假施设名身，二实物
一三　名身，三世所共了不了名身。如名身、句身、文身，当知亦尔。此中差
一四　别者，谓标句、释句，音所摄、字所摄。依现在分位建立生。此
一五　复三种，谓[⑫]一刹那生，二相续生，三分位生。依前后分位建立老，
一六　此复三种，谓[⑬]一异性老，二转变老，三受用老。依生分位建立住，

---

① 自此行“依已离遍”至第一一行“便从彼没”一段，主要内容又见于《瑜伽师地论》卷第五十六《摄决择分中五识身相应地意地之六》（载《大正藏》第30册，第607页）。

② 复，洪武南藏本作后，后同。

③ 谓，洪武南藏本阙。

④ 洪武南藏本此处衍一性字。

⑤ 谓，洪武南藏本阙。

⑥ 洪武南藏本此处衍一性字。

⑦ 报，大正藏本阙。

⑧ 亦，洪武南藏本作复，

⑨ 谓，洪武南藏本阙。

⑩ 生生，洪武南藏本同，大正藏本作生性。

⑪ 谓一，洪武南藏本作二。

⑫ 谓，洪武南藏本阙。

⑬ 谓，洪武南藏本阙。

一七　此复三种，谓[1]一刹那住，二相续住，三立制住。依生已坏威分位建

一八　立无常，此复三种，谓一坏威无常，二转变无常，三别离无常。依

一九　因果相续分位建立流转，此复三种，谓一刹那展转、染转，二生

二〇　展转、染转，三染污清净展转、染转。依[2]差别相分位建立定

二一　异，此复三种，谓一相定异，二因[3]定异，三果定异。依因果相

二二　称分位建立相应，此复三种，谓一和合相应，二方便相应，

二三　称可道理所作相应。依迅疾染转分位建立势速，此

二四　此[4]三种，谓一诸行势速，二士用势速，三神通势速。依一一行

二五　染转分位建立次第，此复三种，谓一刹那染转次第，二内身

二六　染转次第，三成立所作流转次第。依[5]行相续不断分位建立

二七　时，此复三种，谓一过去，二未来，三现在。依行所摄受诸色分

二八　位建立方，此复三种，谓一上，二下，三傍。依诸商量表了分

二九　位建立数，此复三种，谓一一数，二二数，三多数。今助一解或小数、中

三〇　数、大数，亦是所依，所作支无阙分位建立和合，此复三

三一　种，谓一集意和合，二义和合，三圆满和合[6]。与和合相违[7]

三二　应知不和合[8]。若分位，若差别，依彼全无一二三字，余

三三　皆并用[9]。第三，诸教不同者，然依诸论数各不同。杂集论

三四　中有廿三，若依五蕴、唯识，有初十四、无流转等十数，依此

三五　论中有廿四。所以然者，五蕴、唯识为顺小乘，且明十四非大乘

三六　宗，无余十种，又置等言等，复十数亦无有失。杂集论中阙

三七　不和合，亦有等言，具摄无妨。或不和合易，故不说。或依

三八　异生性摄，故不说此论，约通诸法不和合性，故别开之。

---

① 谓，洪武南藏本阙。

② 洪武南藏本此处有诸法二字。

③ 二因，原作因二，右有倒乙符。

④ 此，据文义就为复。

⑤ 洪武南藏本此处添一诸字。

⑥ 和合，原作合和，右有倒乙符。

⑦ 违，洪武南藏本作返，误。

⑧ 洪武南藏本此处衍一性字。

⑨ 用，洪武南藏本作同。

三九　第四，弁假相者，依杂集论，勒为八位。[1] 彼论云：如是等
四〇　心[2]不相应行法，唯依分位差别建立，当知皆是假有。一于
四一　善不善[3]增减，分位建立一种子[4]者，解云：[5] 此即是得，即依
四二　有情，可成诸法。假立为得。此即通色及心，心所有法上假
四三　二于心，心所[6]灭。分位差别，建立三种者，解云：当知即是二
四四　无心定，无想报，是此等三种，即不依色分位立也。三于住[7]分
四五　位。建立一种者，解云：即是命根，即依先业所引异熟，种
四六　子住时决定分位立之。此即于心上假四，于根形相似。分位
四七　建立一种[8]者，解云：即是众同分，即依如是。如是有情，自
四八　体相似，[9] 立众同分。瑜伽论云：依诸有情相似，分位其中[10]。
四九　此通于色心，心所上假五于相。分位建立四种者，即是四
五〇　相，依有为诸法始起，转变蹔用，即灭相上，如次立生等
五一　四，此通色心，心所上假六于言说。分位建立三种者，解者[11]
五二　云：当知即是名句文三。此通色心，心所上假，问名等，声屈
五三　曲容[12]，可[13]色上立[14]名等，非心位应，非心上假，答名等声处假。
五四　唯依此界，淡[15]若依[16]他世[17]论，何妨心上假。故经言：或有佛土，
五五　意思为佛事，七于未得[18]。分位建立一种者，解云：当知即是

---

① 洪武南藏本此处衍一故字。
② 心，洪武南藏本阙。
③ 洪武南藏本此处添一等字。
④ 子，洪武南藏本阙。
⑤ 洪武南藏本此处有当知二字。
⑥ 洪武南藏本此处添一名字。
⑦ 洪武南藏本此处添一世字。
⑧ 原卷此处衍一子字，右有删除符。
⑨ 洪武南藏本此处加分位建三字。
⑩ 其中，洪武南藏本作立也。
⑪ 者字右有删除符。
⑫ 容，洪武南藏本阙。
⑬ 洪武南藏本此处添一于字。
⑭ 立，洪武南藏本作假
⑮ 淡，洪武南藏本作谈。
⑯ 依，洪武南藏本作约。
⑰ 世，洪武南藏本作土。
⑱ 洪武南藏本此处衍一圣字。

五六　异生性，于未得见道。已来前二障，种子亦[1]假立此性，唯于
五七　心所上假有。论本云：非得者名，虽有殊义，意无别八因果。分
五八　位差别建立余种者，解云：当知即是流转等十，此十并
五九　通色心，心所上假。总而言之，当知三[2]通心，心所上假。谓二无心[3]
六〇　定，无想异熟。一唯心上假，谓[4]命根。一唯心所上假，谓异生性。
六一　余十九种[5]通色心，心所上假。第五：二谛分别者，初[6]俗谛有四种：
六二　一假名无实谛，谓瓶盆车乘等是。二随事差别谛，谓蕴
六三　处界等十善巧是。劣于四谛，故名为俗。三方便安，立谛谓苦
六四　等四谛是。此约二乘近观，唯有生空不及，依一故名为俗[7]，四
六五　依一[8]显实谛，谓二空门是。望其[9]一真法界，犹未亡诠，故名为
六六　俗[10]。第二胜义谛，亦有四种：一体用显现谛，第二俗是过初
六七　俗，故名[11]胜义。二因果差别谛。第三俗是过，第二俗故名[12]
六八　胜义谛[13]。第[14]三证得胜义谛，第四俗是过第三俗，故名为[15]义
六九　四胜义。胜义谛谓一真法界是。又此二谛八重差别者，应作
七〇　四句分别：一唯俗非真，初一俗是；二唯真非俗，第四真是；三
七一　亦真亦俗，中间六谛是；四非真非俗，此一句阙，然此得等是。
七二　俗谛中第二俗收亦是。真中初谛所摄色及无为二谛，分
七三　别如理应思。论第五：无为略有六种。述曰：第五显示

---

[1] 亦，洪武南藏本作上，误。

[2] 洪武南藏本此处加一种字。

[3] 无心，原作心无，右有倒乙符。

[4] 即，原阙，据洪武南藏本补。

[5] 洪武南藏本此处加一种字。

[6] 洪武南藏本此处衍一世字。

[7] 依一故名为俗，洪武南藏本作依门故说名俗。

[8] 一，洪武南藏本作门。

[9] 其，洪武南藏本阙。

[10] 故名为俗，洪武南藏本作故说名俗。

[11] 洪武南藏本此处衍一为字。

[12] 洪武南藏本此处衍一为字。

[13] 谛，洪武南藏本阙。

[14] 第，洪武南藏本阙。

[15] 洪武南藏本此处衍一胜字。

七四　实性门分二，此即是初，文二同前。论：一虚空[1]无为，至真
七五　如无为。述曰：第二文[2]。然此无为略以二门分别：一释名义，一出体
七六　性。[3] 释名义有二：初总复别，初总名者，此[4]之六种□名无
七七　为，为之言作即是。一切有生威法，皆有造作，称之曰为，今
七八　此[5]空等寂寞，冲虚湛然，常住无彼造作，故名无为。亦
七九　无六释。复别名者，离诸障碍，无物所显，名曰虚空。以虚
八〇　望空[6]，亦无六释。若望无为，即持业释也。择谓简择，灭
八一　谓断染，无漏智起，断诸障染，所显真理，名择灭无为。
八二　□□[7]灭名灭择，即是灭择灭之无为。二释如次，若所灭
八三　名，灭择之与灭唯[8]相违。释而望无为同前。依士若灭，性
八四　名灭，灭即无[9]为，持业释也。无为[10]望择亦依士释，不由择力。本
八五　性清净，或缘阙所显，故名非择灭。若非择名灭，所灭名
八六　灭，灭性名灭，持业相违。依士三释如次俱得，依前持业相
八七　违。[11] 释非择灭，而望无为，但依士释。依前依士，灭即无为，
八八　如理应思。若淡[12]真理，不由择力。即但持业，亦应思准 第
八九　□[13]禅中出八灾违[14]，便显无为，名不动无为。不动两字全
九〇　□[15]八[16]释。不动之无为，依士释也[17]。无所有处[18]想受，不行所

① 虚空，原作空虚，右有倒乙符。
② 洪武南藏本此处添一也字。
③ 洪武南藏本初此处添一初字。
④ 此，洪武南藏本作比，误。
⑤ 洪武南藏本此处原有六种二字。
⑥ 望空，原作空望，右有倒乙符。
⑦ 此处原阙二字，据洪武南藏本，应为若能二字。
⑧ 唯，洪武南藏本作即。
⑨ 无，原漏，填加于右。
⑩ 无为，原作为无，右有倒乙符。
⑪ 洪武南藏本此处原衍一二字
⑫ 淡，洪武南藏本作谈。
⑬ 此处原阙一字，揣洪武南藏本，应为四字。
⑭ 违，据洪武南藏本，应为患。
⑮ 此处原残缺一字，据洪武南藏本，为无字。
⑯ 八，据洪武南藏本，不为六字的下半部。
⑰ 也，洪武南藏本阙。
⑱ 有处，原作处有，右有倒乙符。

九一　显真如名想受，灭无为想受，即灭持业释也。想受灭之
九二　无为，依士释也。或灭[①]定中想受，不行就胜而说名想受，灭
九三　无为理非妄倒，故名真如。真简于妄如，简于倒遍计。依
九四　□[②]如次，应知又真如者，显实常义。真即是如，真如即无为，俱
九五　持业释。　第二出体性者，略有二体：一依识处假施设有，
九六　……[③]别有虚空等，解变为

（后缺）

二、几点说明

（一）关于《大乘百法明门论》

《大乘百法明门论》全一卷，属印度大乘宗经论部，又称《大乘百法明门论略录》《百法明门论》《百法论》《略陈名数论》，天亲菩萨造，唐代玄奘译，收于《大正藏》第三十一册。其内容系摘自《瑜伽师地论·本地分》中之百法名数。瑜伽师地论略称瑜伽论，弥勒讲述，无著记，汉译本多种中亦以玄奘所译之瑜伽论一百卷为最，收于《大正藏》第三十册。其内容记录作者闻弥勒自兜率天降至中天竺阿逾陀国之讲堂说法之经过，其中详述瑜伽行观法，主张客观物件乃人类根本心识之阿赖耶识所假现之现象，须远离有与无、存在与非存在等对立之观念，始能悟入中道，为研究小乘与大乘佛教思想之一大宝库。由于本论广释瑜伽师所依所行之十七地，故又称十七地论。又十七地之中，尤以“菩萨地”为重要。全书分为五分：（一）本地分，广说瑜伽禅观境界十七地之义，为百卷中之前五十卷，乃本论之主体。（二）摄决择分，显扬十七地之深义，为其次之三十卷。（三）摄释分，解释诸经之仪则，为卷八十一、卷八十二。（四）摄异门分，阐释经中所有诸法之名义差别，为卷八十三、卷八十四。（五）摄事分，明释三藏之要义，为最后之十六卷。除玄奘所译之外，本论之异译本有北凉昙无谶之菩萨地持经（十卷）、刘宋求那跋摩之菩萨善戒经（九卷）、梁真谛之决定藏论（三卷），三本均为节译本。汉译本外，另有藏译本。瑜珈论之注疏极多，敦煌写本中也有较尤多遗存。此已超出本文范围，兹不赘。

---

① 洪武南藏本此处添一尽字。

② 此处缺字，据洪武南藏本，应为他字。

③ 据洪武南藏本，此处所残阙应为“谓第六识，曾闻说虚空等名，随分”诸字。

《大乘百法明门论》译出以后，仅玄奘门下从窥基开始，制疏者即有好几家。唐五代就有许多以专讲这部论名家的。如唐长安青龙寺释道氤，“为众推许，乃登首座，于《瑜伽》《唯识》《因明》《百法》等论，竖立大义六科”。又后梁滑州明福寺释彦晖，对《因明》《百法》二论各讲百许遍，著《滑台钞》，盛行于世。又后唐会稽郡大善寺释虚受，对《百法论》有别行义章，汉洛阳天宫寺释从隐，进具后讲《百法论》，周魏府观音院释智佺，前后讲《百法论》可百许遍。殆至当下，诸多高僧大德仍广为注疏和宣讲《大乘百法明门论》。

（二）关于本《大乘百法明门论疏卷下》的作者

《宋高僧传》对义忠一生的事迹有较详细的记述：

> 释义忠，姓尹氏，潞府襄垣人也。年始九岁宿殖之性志愿出家，得淄州沼阇梨为师，若凤巢中之生鹓雏也，少秉奇操慧解不伦。沼授与大涅槃经，时十三岁矣，相次诵彻四十卷，众皆惊骇，号“空门奇童也”。二十登戒学四分律义理淹通，旁习十二门论，二本即当讲演。沼师知是千里之骏，学恐失时，闻长安基师新造疏章门生填委声振天下，乃师资相将同就基之讲肆。未极五年，又通二经五论。则法华、无垢称及百法、因明、俱舍、成唯识、唯识道等也。由兹开奖弟子繁多，讲树别茂于枝修。义门旁开于关窍，乃著成《唯识论纂要》《成唯识论钞》三十卷，《法华经钞》二十卷，《无垢称经钞》二十卷。《百法论疏》最为要当：移解二无我归后，是以掩慈恩之繁，于今盛行勿过忠本，所谓列群玉贯众花，王装琼树之林，花缀蜀机之锦，辈流首伏声彩悠扬。况基师正照于太阳，忠也旁衔于龙烛，四方美誉、千里归心者不可胜算矣。传持靡怠仅五十余年，计讲诸教七十许遍。至年七十二，忽起怀土之心。归于昭义。示同初夏诵戒行道。每一坐时，面向西北。仰视兜率天宫，冥心内院。愿舍寿时得见天主，永离凡浊终得转依。一日晨兴澡洗讫，整肃容仪望空礼拜。如有哀告之状，少顷结加趺坐。嘱付流通教法之意毕，忽异香满室彩云垂空。忠合掌仰视曰。秽弱比丘何烦大圣躬来引接。言尽而化。乡人道俗建塔供养。全身不坏。至今河东乡里高风存焉。①

《百法论疏》为其二十岁后与慧沼就学于慈恩时所作，因为它文义安排得当，不象窥基等疏文那样繁琐，所以一直盛行到宋代不衰。而且由于义忠《疏》的盛行，各家

① （北宋）赞宁撰，范详雍点校：《宋高僧传》卷第4《义忠传》，北京：中华书局，1987年，第77—78页。

热烈地学习。就提高此论的地位到与唯识、因明并驾。[①] 义忠之后，有唐京师西明寺释乘恩重撰《百法论疏》并《百法论疏钞》流行于西土，其疏“祖慈恩而宗潞府”[②]，终后弟子传布。可见义忠之疏影响之大。

义忠有云：“天亲降迹造论时代，正显第三非空有教、初陈百法明遣执空，后答无我为除有执。若但科文明法中无我者，虽除有病，空执仍存。”[③] 则可视作《百法明门论疏》基本精神的高度概括。

（三）内容来源与异同

敦煌博物馆本残卷第1—37行所抄义忠所述实为窥基撰《大乘法苑义林章卷第五·法处色义林》的后半段（收在《大正新修大藏经》第四十五册。推测前面残缺部分移录内容更多）《大乘法苑义林章》七卷，略称法苑义林章、义林章、法苑，别称七卷章，窥基所著，收于《大正藏》第四十五册。书中对于唯识教义之组织及基本内容，如判教、唯识义理、修行理论、果位等，均详加阐释，内容分为二十九章，即（1）总料简，（2）五心，（3）唯识，（4）诸乘（卷一），（5）诸藏，（6）十二分，（7）断障，（8）二谛（卷二），（9）大种造色，（10）五根，（11）表无表色（卷三），（12）归敬，（13）四食，（14）六十二见，（15）八解脱，（16）二执（卷四），（17）二十七贤圣，（18）三科，（19）极微，（20）胜定果色，（21）十因，（22）五果，（23）法处色（卷五），（24）三宝，（25）破魔罗，（26）三慧，（27）三轮（卷六），（28）三身，（29）佛土（卷七）。其中，总料简章为本书之最重要部分。相传另有八卷三十三章之异本，系在原有二十九章外，另加得非得、诸空、十二观、三根等四章。本书之后又有诸多注释书，较重要者有：《义林章决择记》（智周）、《义林章补阙》（慧沼）、《义林章狮子吼章》（基辨）、《义林章纂注》（普寂）等。（《新编诸宗教藏总录》卷三、《法相宗章疏》《东域传灯目录》）等。法苑在这里指法义之庭苑，佛教范围法义丛在；林在这里指汇集：“大乘法苑义林章”即佛学（主要是唯识学）各类法义的汇聚解释。法苑或义林一般专指《大乘法苑义林章》。可见此书在唯识学信佛教文献、佛教史方面的重要的价值意义。所以，义忠在《大乘百法明门论疏》大段征引窥基此书。敦博083号残卷前半部（第1—37行）为第五卷第二十三章《法处色义林》，从佛教角度解释对人间万象（色）的认识（意）。通俗一点说，就是讲为人处世的道理。

上海博物馆本上博60号自第1行“依已离遍”至第14行“字所摄”一段，主要

---

① 《大唐内典录》卷5，《开元释教录》卷8、卷14，《新编诸宗教藏总录》卷3等均有记载。

② （北宋）赞宁撰，范详雍点校：《宋高僧传》卷第6《乘恩传》，第128页。

③ （唐）义忠：《大乘百法明门论疏》卷上，见《洪武南藏》第205册，第234页。

内容又见于《瑜伽师地论》卷第五十六“摄决择分中五识身相应地意地之六”。

同其他佛经的疏释类作品一样，义忠的《大乘百法明门论疏（下）》是对大乘佛教理义的阐述。为了说明问题，就需要广证博引包括对所疏佛典之外的其他佛教文献的征引。这也就是我们在佛教文献中相互重复现象的原因。如义忠在本述中，较大篇幅地征引了《瑜珈师地论》的段落，因为本论所述“百法”实即瑜珈论之名数。

（四）敦煌本的文献价值意义

首先是文献价值：在传世的佛教史籍中，义忠的《大乘百法明门论疏》只有在《洪武南藏》中得以保存。《洪武南藏》为明代刻造的三个官版中的最初版本，又名《初刻南藏》，明洪武五年（1372）敕令于金陵（今江苏南京）蒋山寺开始点校，至洪武三十一年刻完；全藏六百七十八函，千字文编次天字至鱼字，一千六百部，七千多卷；永乐六年（1408）遭火焚毁，保留下来的唯一印本直到1934年才在四川省崇庆县上古寺发现，但已略有残缺，并杂有部分补抄本和坊刻本在内。但义忠的《大乘百法明门论疏》无疑是原刻本。即使是这样，敦煌写卷作为唯一传世的义忠疏的手抄本，虽然没有留下抄写年代的记录，但从书体上看，应该属于盛唐时代或之前的抄本。比《洪武南藏》早问世六百年左右。其价值意义不言而喻。

其次是书法史价值。敦博083号与上博60号两份残卷原为同一件，书写也是出自同出一人之手，精湛绝伦的书法让人叹为观止。

本卷所用这唐代觉的普通写经纸，有淡墨色的乌丝栏，行距整齐；而每行中字与字之间的距离则相对紧凑，字距灵活，字体大小搭配合理。从型上看，结字规矩，功底扎实，字体端庄规范、圆劲秀润，运笔流畅自如，纯熟，具有浓厚怡人的书卷气息和文人气韵。

本卷在书写方面展示了浓郁的时代风格，为唐代的标准草书今草，同时蕴含了章草风骨，可见当时用字的实际情况，具有智永千字文和风格特点。智永为王羲之的七世孙，他的书法造诣极高，精于草书与楷书；《真草千字文》是智永的传世代表作，也是中国书法史上流传的千古名迹。据载，智永曾书《真草千字文》八百本，散布江东诸寺，一时间流布甚广，成为寺院僧人和民间写经生临习的模板。敦煌遗书中的P. 3561蒋善进临本《真草千字文》，有题记“贞观十五年（641）七月临出此本，蒋善进记”；正文共三十四行、一百七十余字；从其运笔、结体等方面来看，功力深厚，牵丝连带平稳自然，酷似智永《真草千字文》之原貌。而此写卷的书体书风，即是智永书法的发挥与创新，唐代标准草书写法，是草书中书法的精品，不仅可以作为临摹模板，同时也为我们准确释读敦煌草书写卷文字提供了宝贵的样品。

最后，有必要说明一下的是：敦煌草书写本的整理研究，实际上在国内还是一块有待开垦的处女地。1900 年敦煌莫高窟藏经洞出土的汉文文书有近六万件，其中草书写本五百件左右，内容大多属于听讲记录和随笔，系古代高僧对佛教经典的诠释和批注，和一部分佛典摘要类的学习笔记。虽然数量有限，但却体现出文献学、佛教史、社会史、书法史等方面的重要价值，对中华民族优秀传统文化的传承和创新方面，具有深远的历史意义和重大的现实意义。在国内，无论是学界，还是教界，对敦煌草书写本重视不够。相反，曾有日本学者对部分敦煌草书佛典做过释文，收入近代大藏经。但日本学者的释文讹误甚多，好多工作还等着我们去做。因此，敦煌草书写本的整理研究不仅可以填补中国书法史的研究的国内空白，而且也丰富了佛教古籍、中国佛教史的研究，从一定程度上讲也是开拓敦煌文献与敦煌佛教研究的新领域。①

① 参见马德、马高强：《敦煌本〈诸经杂辑〉刍探——兼议敦煌草书写本研究的有关问题》，《敦煌研究》2018 年第 2 期。

唐代长安西明寺与西明藏

湛　如（北京大学外国语学院）

西明寺是唐代长安的佛教文化中心，也是唐代的译经中心。高宗显庆年间诏令西明寺写经一部，号称“一切经”，即后来的“西明藏”。本文通过希望通过对该藏经收录内容、保存方式、流传情况等进行讨论。

一、引言

唐代长安是当时东方的文化中心，可以说几乎每一位唐代高僧都和长安有过因缘。西明寺是长安的主要寺院之一，位于延康坊西南隅右街（在今西安市白庙村一带），与同在右街的大庄严寺及位于左街的慈恩寺、荐福寺齐名。自落成之日起，西明寺不仅是长安的佛教文化中心，而且也是整个东亚地区的佛教文化中心之一，日常还承担着皇室的礼仪祷告活动。同时，西明寺也是唐代的译经中心，寺中高僧辈出。玄奘等人在此翻译佛经，为西明寺留下大量的典籍。高宗显庆年间诏令西明寺写经一部，号称“一切经”。据静泰《大唐东京大敬爱寺一切经论目序》中说“显庆年际，西明寺成御造藏经，更令隐炼，区格尽尔，无所间然。律师道宣又为录序”[①]。此藏经后来被称为“西明藏”，随着时间流逝，这部藏经消失在历史中，无法得窥其全貌，有一些问题令后人十分疑惑：首先是新经被不断译出，这部藏经收录了什么内容？其次众多的藏经如何保存？最后是这部藏经的流传情况如何？本文以这部藏经为基点，试图对当时西明寺在丝绸古道上所起的作用进行一些简单的论述。

对唐代藏经的研究，首推2006年方广锠先生的《中国写本大藏经研究》，该书对8—10世纪大藏经的形成、结构、分布做了详细的研究。[②] 2009年吴福秀先生《〈法苑

---

① 《众经目录》卷1“显庆年际西明寺成御造藏经”，《大正藏》，55册，第181页。

② 方广锠：《中国写本大藏经研究》，上海：上海古籍出版社，2006年。

珠林〉分类思想研究》，梳理出《法苑珠林》所征引的大量文献。[①] 对于藏经的储存，2000 年安家瑶先生《唐长安西明寺遗址考古发现》一文提及经台所在[②]，2011 年森下和贵子女士发表《作为一切经和六宗的经藏橱子及其形状》，一文，考察藏经储存的橱柜形状[③]。2013 年张春雷先生《“经台”辨考》指出“经台”是寺院储存藏经的重要场所。[④] 王翔先生在《唐长安长安西明寺经藏考》——这些研究，为本文能进一步研究西明藏奠定了重要基础。

一、搜古纳今成杂藏

这部藏经的原貌已湮没在历史长河中，只能借助一些零星的记载管中窥豹。静泰《众经目录》卷 1 中说：“于三例外，附申杂藏。即法苑法集、高僧僧史之流是也，颇以毘赞有功，故载之云尔。”[⑤] 在传统的经律论外，又增加了中国编撰的种种著作。西明寺藏的总数，《大唐内典录》卷 10 载：“唐京师西明寺，所写王翻经律论集传等（显庆三年），入藏正录，合七百九十九部三千三百六十一卷，五万六千一百七十五纸。”[⑥] 道宣只录了正藏，说存有经文 3361 卷，《西明寺录》已经散佚，不能得知西明藏内容，慧琳的《慧琳音义》在西明寺撰写完成，极可能依据西明藏目录编纂，诠释的一千三百部佛经大致上反映了中唐时入藏佛经的概貌。[⑦] 慧琳所录远超道宣所录，是因西明藏的编修并非一时之功，如在贞元十四年（798）圆照就“书写此新译经，填续西明寺菩提院东阁，一切经阙本”[⑧]，西明寺僧人在不断地收录新译经典，令西明藏的佛经部分越来越庞大。

对于杂藏部分，以道世在编撰《法苑珠林》时所记，中土著作应有 3000 多卷，他

---

① 吴福秀：《〈法苑珠林〉分类思想研究》，博士学位论文，华中师范大学，2009 年。

② 安家瑶：《唐长安西明寺遗址考古发现》，《唐研究》第 6 卷，北京：北京大学出版社，2000 年，第 337—352 页。

③ ［日］森下和貴子：《一切経の経蔵厨子としての六宗厨子とその形状 》，南都仏教，2011 年，第 43—45 页。

④ 张春雷：《经台辨考》，《佛学研究》2013 年 03 期，第 102—105 页。

⑤ 《众经目录》卷 1，第 181 页。

⑥ 《大唐内典录》卷 10，《大正藏》，55 册第 337 页。

⑦ 方广錩：《中国写本大藏经研究》，第 295 页。

⑧ 《大方广佛华严经》卷 40《入不思议解脱境界普贤行愿品》，《大正藏》10 册，第 849 页。

当时尚能在长安找到千卷[①]，这千卷，想必大部分都是杂藏中的内容。对于道宣不收录杂藏内容，方广錩认为杂藏是高宗要求，佛教传统不录，所以道宣不提及此事[②]，到了静泰修藏经之时就有“请祛杂藏”的要求[③]。此种说法值得讨论，西明藏之前，已有别藏的传统，并非自西明藏始创[④]，杂藏的编修若是遭到传统僧人抵抗，当时玄奘为何不提出异议？玄奘早在慈恩寺之时，以原有的藏经进行讲习，《大唐大慈恩寺三藏法师传》卷7：“复有内使遣营功德，前后造一切经十部，夹纻宝装像二百余躯，亦令取法师进止。”[⑤] 玄奘曾为此上表谢恩，至显庆年间在西明寺造藏之时，玄奘若对杂藏不满，可以上表抗议，但在玄奘传中，并未提及此事，可见玄奘默认杂藏的组成，并且藏经的编撰与收集，并非随着玄奘的圆寂而结束，《大唐大慈恩寺三藏法师传》卷10中提及乾封年间（666—668），道宣与天人感应之事也存于西明寺藏[⑥]，显庆到乾封，中间经历十余年，还有人继续将中土著述编入杂藏当中，应是僧人在自愿编修西明寺藏，此事只能反映当时入藏的标准不统一。因此，西明杂藏部分，道宣未曾入藏，直接分散到《大唐内典录》中，如卷九中收西明寺真懿律师《历代众经举要转读录》并为之序[⑦]。

杂藏由法苑法集、高僧僧史构成。法苑法集是指中土僧人著述，高僧僧史指中土僧人历史，二者具体组成难以了知，但可从后期的著作中窥见一二。道世的《法苑珠林》在西明寺写成，其中所引用的文献应是西明寺原有藏书。据吴福秀《〈法苑珠林〉分类思想研究》统计过《法苑珠林》所引用的外典[⑧]，分析其中佛教部分，可分为三大类：首先是寺志类，如《洛阳伽蓝记》《梁京寺记》等；其次是僧人传记类，如慧皎、道宣所著的僧传等；最后是感应事迹类，如道宣的《三宝感通录》等。这些典籍

---

① 《法苑珠林》卷100：“时经六百，翻译方言，卷数五千，英俊道俗，依傍圣宗，所出文记三千余卷，庄严佛法，显扬圣教，文华旨奥，殊妙可观。历代隐显，部帙散落。虽有大数，不足者多，寻访长安，减向千卷。”《大正藏》53册，第1020页。

② 方广錩：《中国写本大藏经研究》，第110—111页。

③ 《众经目录》卷1：“三章久布，画一承风，明诫古人，请祛杂藏。”第181页。

④ 《法苑珠林》卷100：“晋时慧远法师所造伽蓝，纲维住持一切诸经，及以杂集，各造别藏，安置并足。”第1020页。

⑤ 《大唐大慈恩寺三藏法师传》卷七：“复有内使，遣营功德，前后造一切经十部，夹纻宝装像二百余躯，亦令取法师进止。”《大正藏》50册，第260页。

⑥ 《大唐大慈恩寺三藏法师传》卷10：“宣因录入着记数卷，见在西明寺藏矣。”《大正藏》50册，第277页。

⑦ 《大唐内典录》卷9“历代众经举要转读录”，《大正藏》55册，第312页。

⑧ 吴福秀：《〈法苑珠林〉分类思想研究》，第215—222页。

证明静泰所记不虚，高僧僧史的确被列入杂藏当中。除了僧史之类，西明寺中还有大量藏书，《新书写请来法门等目录》卷一中说："右杂书等，虽非法门，世者所要也，大唐咸通六年，从六月迄于十月，于长安城右街西明寺，日本留学僧圆载法师院求，写杂法门等，目录具如右也。"① 这些杂书虽未能入藏，却体现当时西明寺藏书之多，且不局限于佛教。

西明寺藏的杂藏组成结构无疑是一种巨大的革命，将中土著述引入到藏经中，这种方式在之前虽出现过，如隋代智果编撰的官藏中就有中土著述的存在②，但是后继无人，西明杂藏在刚出现的一段时期内也并未造成太大影响，《大唐内典录》《大周刊定众经目录》的贤圣集当中，所收还是印度的著述，至《开元释教录》沿袭西明藏结构，卷二十贤圣集开始收录中土撰述③，《贞元释教录》在《开元释教录》中土撰述的基础上有所增加，《开元录》作者智升，暂无资料显示其与西明寺有关，《贞元录》作者圆照则是西明寺沙门。此后收录中土著作入藏，所收多少不一，到宋代大中祥符五年（1012）编撰《大中祥符法宝录》时，由僧人施护、惟净等人上书，将中土著述入藏一事定为定式，形成东土贤圣集：

> 自余名臣开士所述，起贞元之后，迄于圣朝。或讨寻经论之微言，或纪录龙象之大行；或吟咏法性，或演畅宗风。今并采当世之高奇，因前录之次序，附二圣之作，以为东土圣贤集。亦犹轲雄谈道，俱为阙里之徒；公谷授经，并列春秋之学。期永传于后代，庶有补于将来云尔。

这一次所收录的内容，明显偏向禅宗语录，这与惟净自身的身份有关，《佛祖统纪》中说他是李煜之侄④，李煜奉法眼宗文益禅师为师⑤，所以惟净偏重禅宗语录不足为奇，尽管如此，其纲目仍不离西明杂藏，由此可知，虽西明杂藏湮没于历史，但因西明寺高僧汇聚，随着数代人的努力，杂藏变为中土藏经的一部分。

---

① 《新书写请来法门等目录》卷 1，《大正藏》55 册，第 1111 页。

② 汤用彤：《隋唐佛教史稿》，北京：北京大学出版社，2010 年，第 64 页。

③ 《开元释教录》卷 20，大正藏，55 册，第 720 页。

④ 《佛祖统纪》卷 43："惟净者，江南李煜之侄。"《大正藏》49 册，第 398 页。

⑤ 《佛法金汤编》卷 10"尝请文益禅师住报恩禅院"，《卍续藏》87 册，第 413 页。

二、高阁楼台供经卷

《三藏法师传》卷十中说西明寺“凡有十院，屋四千余间”。如此之多的建筑，藏经放置于何处？唐代的经本以手写而成，一纸二十五行一行十七字①，写完卷轴装裱，一轴即称一卷。佛教藏经众多，西明藏佛经就有3361卷，此外还有杂藏及杂书内容，如此之多的典籍，西明寺如何分类储存？这是研究西明藏必须面对的问题。

今人张春雷在《“经台”辨考》一文中，指出经台即经楼，用于贮存藏经②，西明寺经台位于何处？安家瑶曾对西明寺和日本的大安寺进行对比：

> 在第二次发掘中最令我们百思不得一解的是中殿左右两侧南伸的部分现在的中国古建筑中没有这种形制。奈良寺院金堂之北讲堂之南的庭院中西侧有钟楼，东侧有经楼，特别是大安寺和兴福寺的钟楼和鼓楼都不是孤立的建筑而是用廊子与讲堂相接，这种建筑形制与我们在西明寺第二次发掘的中殿南伸部分非常相似，所以我们大胆推测，中殿堂的左右南伸部分很可能为钟楼和经楼，在《关中戒台图经》中称之为经台和钟台。③

龚国强的《隋唐长安佛寺研究》也持此看法④，可以确认西明寺经台位于中央大殿右前方，以日本法隆寺藏所藏西明寺图和大安寺图相比，则清晰可见（下图分别为西明寺与大安寺，标记处即为经台位置）⑤。

---

① 《佛说弥勒下生经》卷1：“古德分经，皆用纸数者，一纸有二十五行，一行十七字。”《大正藏》14册，423页。

② 张春雷：《经台辨考》，105页。

③ 安家瑶：《唐长安西明寺的考古发现》，343页

④ 龚国强：《隋唐长安佛寺研究》，博士学位论文，中国社会科学院研究生院，2002年，85页。

⑤ 图片来源：西明寺图来源于刘克明《中国建筑图学文化源流》，武汉：湖北教育出版社，2006年，第156页。大安寺图片来源于宿白：《试论唐代长安佛教寺院的等级问题》，《文物》2009年01期。

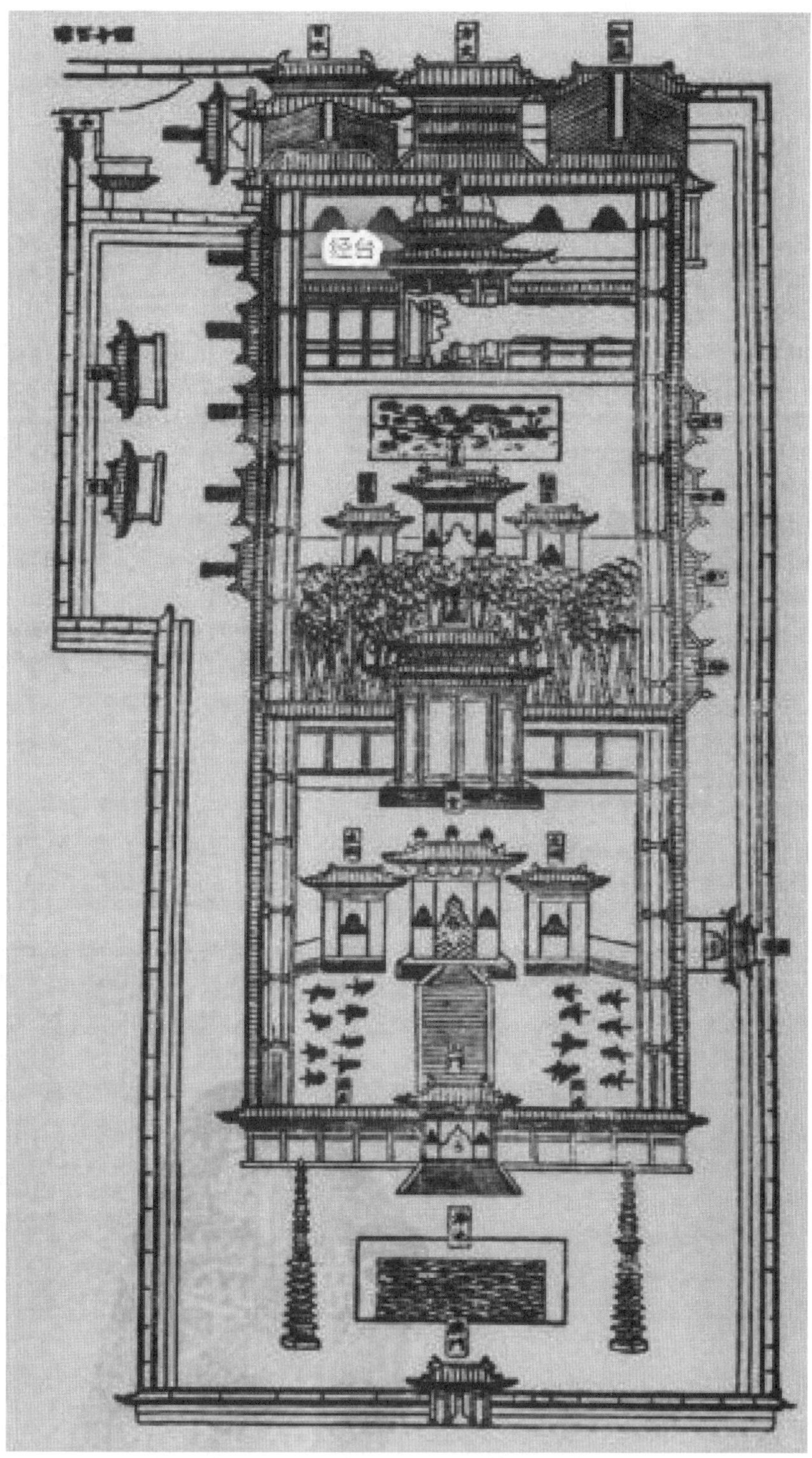

西明寺

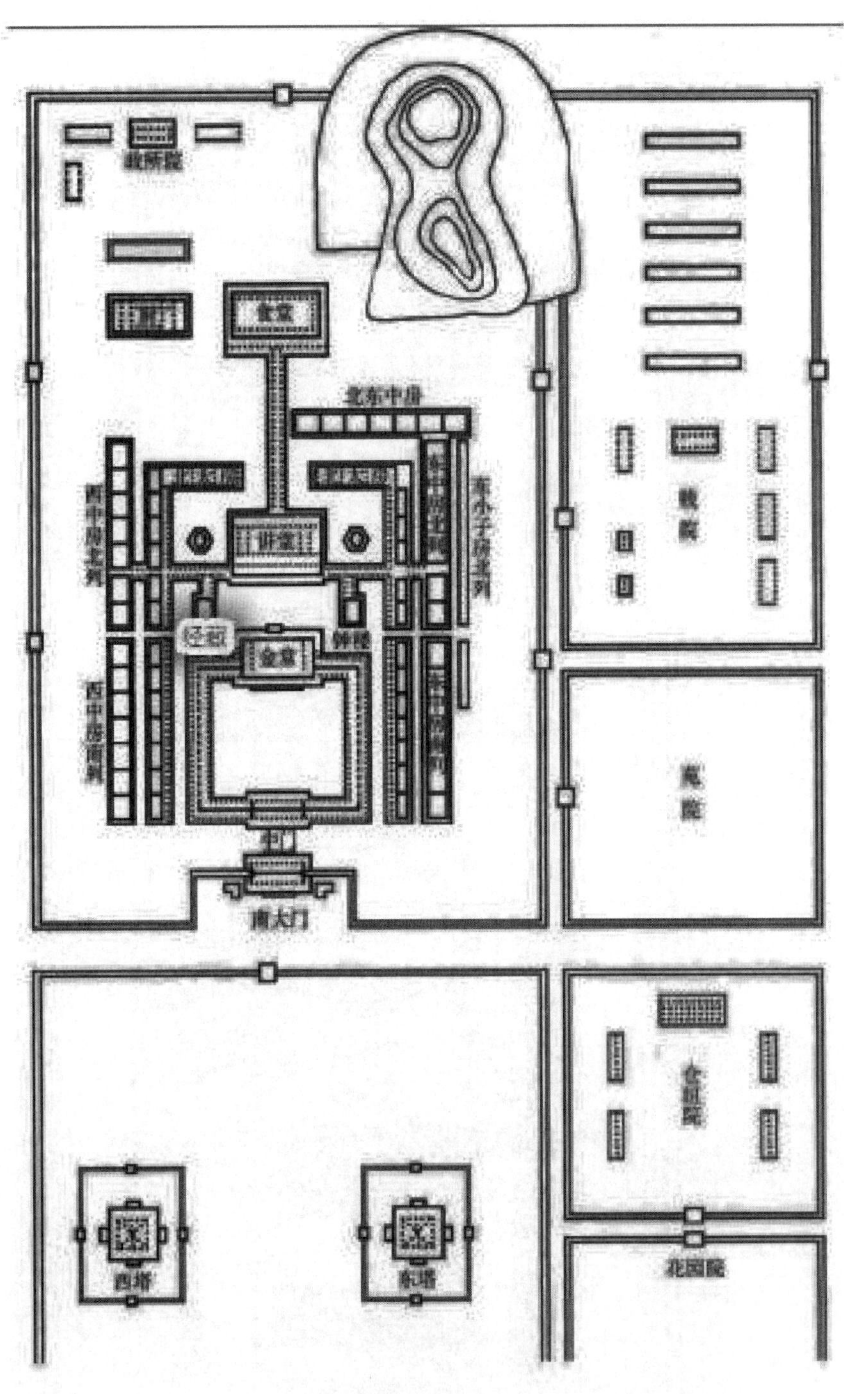

大安寺

该发现填补了西明藏储存的缺失，同时也出现新的问题：前文提及，沙门圆照于贞元年间写《华严经》本收入西明藏时，明确说“菩提院东阁”，圆照离建寺已一百余年，菩提院自开元五年（717）善无畏在此译经开始，一直作为译经场所存在。道宣的《关中创立戒坛图经》表明“院”一般位于佛殿两侧，由廊与院墙围成，龚国强的考证也说明这一点[1]，方广錩也指出敦煌的龙兴寺有上藏、下藏之分，一个是官藏，一个是日常流通的大藏。[2] 因此西明寺存在多个藏经的可能性非常大，以佛教供奉经典的传统，一部用于供奉，一部用于阅读是完全可能的。《宋高僧传》卷14云供奉藏经的记载：“院中置以经藏，严以香灯。”[3] 可见有被供奉的藏经。此外，笔者曾以《禅苑清规》为例考察宋代佛教，其中有藏主一职，专伺僧众阅经一事[4]，此段记载中，经文分类十分详细贮存在经函内，僧众取经之时，目的明确。同为禅宗规约的《敕修百丈清规》中有排经柜图[5]，《禅林象器笺》卷28中注释说经柜是因众寮是看经之所，所以名经柜[6]，僧人有专门看经的地方。依此而言，则经台是用于供奉藏经的建筑，而非阅经场所。

繁多的藏经由专门的建筑存放，房内则以经橱或经柜存放。道宣在《广弘明集》卷16中说：“或十尊五圣共处一厨，或大士如来俱藏一柜。”[7] 《四分比丘尼钞》卷3又记有：“供养具，经架、佛床、机案、拂等，及衬香炉、衣香炉、经柜等。”[8] 经柜用于阅经，经橱用于供经，王翔《唐长安西明寺经藏考》一文中，以日本镰仓时代的“大般若经橱子”为例，参考河北正定龙兴寺的转轮藏认为是相当大的一件木作[9]，这个结论值得进一步深究。前文提及，寺院内存有多部藏经，转轮藏等大型木作用于供奉尚可，用于阅读则非常不方便。方广錩根据《大唐内典录》复原西明藏的贮存方法：

> 大立橱一个，竖向分为左、中、右三大间，每间又分九个横隔，共成27个隔间，其中左边第六隔层与右边第二层、第四两层横隔又分成二个小隔间。这样大小总共有30个隔间，存放经卷时，大体按照先中间，后左右，先上面后下面的次序按隔间存放。每一帙存放于哪一格中固定不变，每一隔间所放经典的内容均用

---

① 《关中创立戒坛图经》卷一，《大正藏》45册，第811页。龚国强：《隋唐长安佛寺研究》，第86页。

② 方广錩：《中国写本大藏经研究》，第135页。

③ 《宋高僧传》卷14，《大正藏》50册，第796页。

④ 湛如：《〈禅苑清规〉研究》，北京：商务印书馆，2014年，第108页。

⑤ 《敕修百丈清规》卷7，《大正藏》48册，第1150页。

⑥ 《禅林象器笺》卷28：“忠曰：众寮是看经之所，故曰经柜。”《大藏经补编》19册，第765页。

⑦ 《广弘明集》卷16，《大正藏》52册，第210页。

⑧ 《四分比丘尼钞》卷3，《卍续藏》40册，第771页。

⑨ 王翔：《唐长安西明寺经藏考》，佛教在线，2009年11月11日。

榜书标示。[①]

隔间之中，五到十卷为一帙，卷轴的放法是平放在架子上，外侧写有书签，或者以丝线在轴尾悬牙签方便查找[②]，这样一来，便可达到《大唐内典录》记载“依别入藏，架阁相持。帙、轴、签、榜标显名目，须便抽检，绝于纷乱”[③] 的要求。该说法符合具体的存放方式，虽无唐代资料说明经书的存放，但是从明清的一些记载中可以反推当时的经橱样式。吴承恩的《西游记》记载玄奘取经之时：“经柜上，宝箧外，都贴了红签，楷书著经卷名目。”[④] 四库全书的藏书方法，以若干部为一橱，以若干橱为一号。皆与方广錩所说相符。

至此，可以对西明藏的储存做出大致的结论：西明寺内至少有两部藏经，一部用于宗教供奉，放置在经台，一部用于僧人阅读，放置在经橱。

三、西来东去法水流

西明藏的所存数量之多，储存结构之精密，已经逐步厘清，它的传播也不容小觑，传播路径有向东与向西两条。主要可以从两方面来考察：一是从西明寺的弘法高僧，二是流传的典籍。

西明寺作为一个佛教文化中心，吸引了众多高僧前来学习，向东一路，以《全唐文》为例，其中卷 257《唐河南龙门天竺寺碑》记载，宝思维法师曾在西明寺有译经，后前往河南龙门建立天竺寺，卷 587《龙安海禅师碑》中提及海禅师曾在西明寺学法，后迁至龙安寺；卷 621《沙门般刺若翻译经成进上表》有般刺若在西明寺翻译《大乘理趣六波罗密经》之事；卷 731《扬州华林寺大悲禅师碑铭》则说继承大悲禅师衣钵的只有西明寺全证禅师；卷 913《白鹤寺记》说惟谦、继南二位法师在西明寺，被命内殿讲新译《仁王》等经。[⑤] 众多高僧曾经在西明寺或译经，为西明藏增加新内容，或学习，将西明藏的内容带往全国。此外，还有众多的日韩僧人，如空海、圆测等人，到西明寺学习，将西明寺的学风向世界传播。

向西一路，代表人物则是在敦煌的昙旷、乘恩。他们二人因战乱避入敦煌，在敦

---

① 方广錩：《中国写本大藏经研究》，第 435 页。

② 方广錩：《中国写本大藏经研究》，第 420—421 页。

③ 《大唐内典录》卷 8，《大正藏》55 册，第 302 页。

④ 吴承恩：《西游记》，北京：人民文学出版社，2005 年，第 1172 页。

⑤ 《全唐文》卷 257，卷 587，卷 621，卷 731，卷 913，北京：中华书局影印本，1983 年。第 2601、5937、6269、7547、9310 页。

煌传播唯识学。昙旷在《大乘百法明门论开宗义决》中自序“切俱舍唯识”，另撰有《大乘入道次第开决》《大乘百法明门论开宗义决》《大乘百法明门论开宗义记》等唯识著述。乘恩在敦煌沙洲担任“都教授”。“他们一起代表了八世纪末在沙洲兴起的来自长安西明寺的唯识学潮流。”① 自此之后唯识系僧人层出不穷，如法成、洪辩、法荣等，大量的唯识著作在敦煌出现。

虽然西明藏的传播离不开人，典籍的流传也不可或缺。一部藏经造好之后，首先要做的是传抄天下，善无畏翻译的经典入藏之后，代宗下令：“所翻经典，皆洞精微，受命施行，式传惠照，寰示颁寓”②，西明藏做为皇家修藏，自然也有这样的待遇。经本传抄大体相似，西明寺最具史料价值的杂藏是否也传抄出去？向东一路，有日韩的求法目录可以经对照。向西一路，S. 4640 号卷《沙洲乞经状》显示敦煌曾经获得御赐大藏经，虽不明了所赐是何藏，却反映出当时敦煌的藏经不少。对于西明藏的具体流传，难以确切考证，只能以西明藏曾经出现过的典籍进行考察。

《开元释教录》所收的贤圣传有中土撰述著作 40 部，《贞元释教录》增加 4 部 52 卷。《慧琳音义》在西明寺编撰完成，所依据的典籍应是西明寺藏书，因此取三部目录中相同部分，为西明寺杂藏的可能性最大。与《敦煌遗书总目索引新编》《智证大师请来目录》（简称智证目录）、《东域传灯目录》（简称永超目录）、《御请来目录》（简称空海目录）、《注进法相宗章疏》（简称藏俊目录）、《律宗章疏》《高丽国新雕大藏校正别录》（简称高丽别录）进行粗略比较，显示杂藏流通情况，列兹如下（只考察存在与否，不考察出现次数）：

	文献名称	敦煌写本	日本	高丽
1.	《释迦谱》十卷			
2.	《弘明集》十四卷			
3.	《释迦氏略谱》一卷			
4.	《释迦方志》二卷			
5.	《大唐内典录》十卷	P. 3807		
6.	《集古今佛道论衡》四卷		智证目录③	高丽别录④
7.	《东夏三宝感通录》三卷		智证目录	高丽别录

① 姜伯勤：《敦煌本乘恩贴考证》，出自《敦煌的艺术宗教与礼乐文明》，北京：中国社会科学出版社，1996 年，第 387 页。

② 《代宗朝赠司空大辨正广智三藏和上表制集》卷 3《大正藏》52 册，第 840 页。

③ 《智证大师请来目录》，《大正藏》55 册。

④ 《高丽国新雕大藏校正别录》，《大正藏》，《高丽藏》38 册。

续上表

	文献名称	敦煌写本	日本	高丽
8.	《续高僧传》三十卷		永超目录①	
9.	《广弘明集》三十卷			
10.	《经律异相》五十卷	北 8696		
11.	《比丘尼传》四卷		永超目录	
12.	《开皇三宝录》十五卷		智证目录	
13.	《众经目录》五卷			高丽别录
14.	《续大唐内典录》一卷			
15.	《续古今译经图纪》一卷		永超目录	
16.	《开元释教录》二十卷	P. 2840		
17.	《续集古今佛道论衡》一卷			
18.	《古今译经图纪》四卷		空海目录②	
19.	《大周刊定众经目录》十五卷			
20.	《大唐西域记》十二卷	P. 3814	藏俊目录③	
21.	《集沙门不拜俗仪》六卷		永超目录	
22.	《大唐慈恩寺三藏法师传》十卷		藏俊目录	
23.	《大唐西域求法高僧传》二卷		永超目录	
24.	《大唐南海寄归内法传》四卷		律宗章疏④	
25.	《别说罪要行法》一卷		永超目录	
26.	《受用三水要法》一卷		永超目录	
27.	《护命放生仪轨》一卷		永超目录	
28.	《法显传》一卷			高丽别录
29.	《梁高僧传》十四卷	S. 3074	永超目录	
30.	《辩正论》八卷	P. 3766		高丽别录
31.	《破邪论》二卷	P. 3617		
32.	《甄正论》三卷			
33.	《十门辩惑论》二卷			

① 《东域传灯目录》,《大正藏》55 册。

② 《御请来目录》,《大正藏》55 册。

③ 《注进法相宗章疏》,《大正藏》,55 册。

④ 《律宗章疏》,《大正藏》55 册。

以上所列书卷，日本对中国的众多著述都有求取，敦煌和高丽则较少，据此，敦煌和高丽侧重义理部分，对僧史和经集类的传播并不大。

四、后论

西明藏编修之时，对中土著述的僧史、经集进行收录，此前虽有人进行过此项工作，但是因后继无人不能发展，西明寺高僧云集，将西明藏的编修方式传往各地，当时有不接受者，至玄宗时期朝廷正式将中土著述入藏，宋朝起始对禅宗的语录也加以收录，西明藏为后世藏经收录体系的里程碑。

西明藏的储存，则是有两大类，一是用于供奉的藏经，应放置在经台中，一是用于僧众阅读的藏经，此类藏经的存放，以方便实用为主。丰富的藏书吸引众多高僧，僧人又将西明学风带往他方，形成一个良性的循环。西明藏中别藏的内容，经对比众多日、韩、敦煌文献，发现僧史、经集传播力度不大，但是唯识部分流布八方。

会昌毁佛和李德裕的政治改革

袁　刚（北京大学政府管理学院）

会昌毁佛不仅是中国佛教史上的一件大事，也是唐代政治史上的一件大事。但是，以往的研究往往忽视考察事件的政治背景，尤其是唐后期佛教和宦官以及毁佛实际主持者李德裕与宦官之间错综复杂的关系，因而，对事件的原委及其意义未能作出令人满意的解答。本文拟从唐代政治史的角度，对毁佛再作考察，不当之处，恳请批评指正。

一、唐后期佛教僧侣和宦官势力的勾结

唐代佛教繁荣是与皇帝的大力扶植分不开的。安史之乱后，唐朝由盛而衰，为使佛教不致随着皇权的衰落而衰落，僧侣们除继续依恃皇权外，还转而寻找新的政治靠山。宦官则出于本身利益的需要，也竭力拉拢佛徒。于是，两者一拍即合，结成一股新的政治势力。

早在玄宗朝，宦官和僧侣的结合就已开始，当时，著名的宦官高力士以及稍后的鱼朝恩都曾举办佛事，兴修佛寺[①]，而后来由宦官头目兼任功德使，其关系就更加密切了。

功德使是中唐时期大量出现的差遣使职之一，最早大抵出现于玄宗晚年。《佛祖统记》第54“僧籍免丁”条载：“天宝六载（747），敕僧尼属两街功德使。”[②] 起初，功德使或由沙门担任，《册府元龟》卷五四《帝王·崇释氏》载：大历四年（769）正

① 《旧唐书·高力士传》记力士“于来庭坊造宝寿佛寺……宝寿寺钟（建）成，力士斋庆之，举朝毕至。凡击钟者，一击百千；有规其意者，击至二十杵，少尚十杵”（见《旧唐书》卷184，北京：中华书局，1975年，第4758页）。又《资治通鉴》卷224大历二年，记鱼朝恩将代宗赐给他的一处庄园，改建为章敬寺，“穷壮极丽，尽都市之财不足用……费逾万亿”（见《资治通鉴》卷224，北京：中华书局，1956年，第7195页）。

② 《佛祖统记》卷五四，《大正藏》第49册。

月，“以修功德使大济禅师廓清检校殿中监”[①]。但不久，便改由宦官兼领，代宗时宦官李宪诚和刘崇训曾相继除任此职[②]，极端佞佛的唐代宗曾对李宪诚充当修功德使时“监修功德”，“护持释教，精勤久著，诚效颇章”[③]，大加赞赏。这一制度的创置也获得了僧侣的欢心，当时著名的和尚惠朗说：“自国家特置功德使以来，众福日滋，群凶时灭，皇帝起崇高之祐，缁门绝挫辱之虞”[④]。

宦官兼任功德使，使这一职官的地位和权力也相应得到了扩张。“贞元四年(778)，崇玄馆罢大学士，置左右街功德使、东都功德使、修功德使，总僧尼之籍及功役”。[⑤] 宪宗元和二年（807）二月，又“诏僧尼道士全隶左右街功德使，自是祠部司封不复关奏”[⑥]。于是，宦官取代朝廷省寺机构，接管了佛道事务，这是宦官侵夺南衙大权，专制朝政的一个重要方面。京城长安的左右街功德使更专由宦官首领左右神策军中尉兼领，并逐渐成为定制。据《大宋僧史略》中“僧籍弛张”条载：宦官吐突承璀因“累立军功，故有此授，僧道属焉。宝历中，护军中尉刘（宏）规亦充此使”[⑦]。又据日本学者塚本善隆考证：中唐以后兼任过长安左右街功德使的著名宦官还有元从兴、王希迁、窦文场、霍仙鸣、申志廉、孙荣义、第五守亮、马存亮、杨承和、梁守谦等人。[⑧] 会昌年间先后兼领此职的则是显赫一时的大宦官仇士良和杨钦义。

掌握禁军的大宦官为何对兼领长安两街功德使感兴趣呢？其中的奥妙是耐人寻味的。

功德使的职责是“总僧尼之籍及功役”。当时，许多豪富之家为逃避国家的赋役，将田地、资产寄托于寺院，或行贿私买“度牒”，取得僧籍，王公贵戚贪求“超度”来世，也施舍大量钱财以“积功德”。僧侣们还利用各种手段，搜刮民脂民膏，用百姓“卖儿贴妇”钱立寺建塔。当时京城长安，寺庙林立，僧尼数万，佛教寺院积聚了无数的财产。对于僧侣来说，“积功德”就是“积钱财”；对于宦官来说，“功德使”就是“捞钱使”了。功德使通过监修“功德”，私卖“度牒”，接收贿赂等方式，容易捞取大量钱财，这样功德使之职也就成为肥差美缺，而为最有权势的宦官所专有。《新唐

---

① 《册府元龟》卷52《帝王部》，南京：凤凰出版社，2006年，第547页。

② 《大唐贞元续开元释教录》卷中，《大正藏》第55册。

③ 《不空三藏表制集》卷5、6，《大正藏》第52册。

④ 《惠朗请续置功德使表》，《大正藏》第52册。

⑤ 《资治通鉴》卷237元和四年胡注，第7661页。

⑥ 《旧唐书》卷14《宪宗纪上》，第420页。

⑦ （宋）赞宁撰，富世平校注：《大宋僧史略校注》卷中《管属僧尼》，北京：中华书局，2015年，第126页。

⑧ ［日］塚本善隆：《唐中期以来の长安功德使》，参见《东方学报》京都四。

书·高力士传》云：宦官“修功德，市鸟兽，皆为之使，使还，所裒获，动巨万计”。[①] 无怪乎吐突承璀“累立军功故有此授”，实际上是朝廷赏给他一个捞钱发财的大好机会，不用说，这比直接赏赐钱物更使人垂涎。文宗朝和武宗朝连任左街功德使二十多年的大宦官仇士良就积聚了惊人的财富，他死后，武宗“收纳家中钱物，象牙满屋，珠玉金银等皆满库，钱帛匹段不知数。每日卅（三十）乘车般（搬）入内库，一月之内般（搬）运不尽，自余宝珮奇异之物不可计数”，连武宗也拍手怪云：“朕库不曾有此等物”。[②] 这批不义之财，当有不少来自佛教的“功德”。

宦官和佛徒勾结起来疯狂地掠夺人民的财产，甚至朝廷的达官也不能幸免。《旧唐书·马畅传》载：“（马）燧资货甲天下，燧既卒，畅承旧业，屡为豪幸邀取。贞元末，中尉申志廉讽畅令献田园第宅，顺宗复赐畅……中贵又逼取，仍指使施于佛寺，畅不敢吝，晚年财产并尽。”[③] 马畅的田园第宅全部落入佛寺，美名曰“施”，实际上是宦官勾结僧侣所进行的变相掠夺，主谋宦官神策军中尉申（《新唐书》称杨）志廉当时正兼任功德使。[④] 马畅依靠皇帝不能保其产业，佛寺依仗宦官却能尽劫其财，佛教僧侣和宦官相互勾结，沆瀣一气，巧取豪夺的凶态于此可见一斑。

宦官还和僧侣在政治上相互勾结。宪宗时，“迎佛骨”的丑剧就是由双方共同导演的。据《唐会要》卷四七《议释教上》载：“元和十三年（818），功德使奏凤翔府法门寺有护国真身塔，塔内有释迦牟尼佛指骨一节。”[⑤] 宪宗立即“命中使领禁兵，与僧徒迎护”[⑥] 至京，以致朝野惊动，“王公士庶，瞻礼舍施，如恐不及，百姓有废业竭产，烧顶灼臂，而云供养者……农人多废东作，奔走京城。”[⑦] 闹得乌烟瘴气，给整个社会带来了深重灾难。

佛教僧侣和宦官狼狈为奸，紧密勾结，是唐后期政治腐败的一个缩影。而对佛教势力的扩张，当时凡关心国计民生的有识之士，都主张禁断佛教，甚至连崇信佛教的皇帝唐文宗也感叹：“其间吾民尤困于佛”[⑧]。在翰林学士李训的策划下，文宗曾试图限佛废佛，并采取了一些措施。《佛祖统记》第四二载：“文宗大和九年（835），翰林学

---

① 《新唐书》卷207《高力士传》，北京：中华书局，1975年，第5858页。

② ［日］圆仁撰，白化文等校注：《入唐求法巡礼行记校注》卷4，周一良审阅，石家庄：花山文艺出版社，1992年，第451页。

③ 《旧唐书》卷134《马畅传》，第3701页。

④ ［日］塚本善隆：《唐中期以来の长安功德使》，参见《东方学报》京都四。

⑤ 《唐会要》卷47《议释教上》，上海：上海古籍出版社，2006年，第981页。

⑥ 《册府元龟》卷52《帝王部》，第549页。

⑦ 《册府元龟》卷546《谏诤部》，第6250页。

⑧ 《全唐文》卷753杜牧《杭州新造南亭子记》，北京：中华书局，1983年，第7810页。

士李训请罢长生殿内道场，沙汰僧尼伪滥者。……七月，李训请令天下僧尼试经业不中格者罢之。”① 但这些措施仅仅初步试行就遭到了宦官的阻止。李训虽有“欲先诛宦官，乃复河湟，攘夷狄，归河朔诸镇”的远大抱负，并“尝建言天下浮屠避徭赋，耗国衣食，请行业不如令者还为民”②，有一套积极的改革政治的计划，但由于谋诛宦官失败，在“甘露之变”中为宦官仇士良所杀，文宗皇帝也被囚禁。在宦官的庇护下，佛教势力愈益发展，无所忌惮。

二、毁佛和李德裕的政治改革

唐后期敢于毁佛并取得成功的唯有会昌朝宰相李德裕。会昌毁佛是在唐武宗的支持下，由李德裕具体组织进行的。

李德裕是唐后期一位杰出的政治家，他“幼有壮志”，入仕后曾任翰林学士，又历任地方官多年，具有丰富的政治经验。在地方官任上，他就推行了不少改革，并多次废毁佛寺。唐武宗即位后，李德裕被召入朝为相，使他得以施展抱负和才华。李德裕深得武宗信任，在会昌朝短短五年时间，推行了一系列改革，如澄清吏治、整饬军防、清理户口、整理财政，以及抗回鹘、平泽潞和毁佛等，取得了显著成绩，使唐“王室几中兴”③，这在晚唐历史上是绝无仅有的。

李德裕入相时，唐政治的各方面腐败已极，其时，“纪纲日紊，国祚日衰，奸宄日强，黎元日困”④。皇帝“受制于家奴”⑤，“宰相行文书而已”。“甘露之变”后，中央行政机构陷于瘫痪，“中书惟有空垣破屋，百物皆阙”⑥。李德裕入朝后，首先要求恢复宰相权力，他上疏武宗说：“常令政事皆出中书，推心委任，坚定不移，则天下何忧不理”⑦。李德裕又拉络了部分宦官，劝说枢密使杨钦义和刘行深“自非中书进诏意，更无他诏自中出者”⑧。这样，李德裕得以确实握有相权，以强有力的手段推行政治改革。

佛教势力的恶性膨胀早已严重危及唐朝的统治，李德裕要复兴唐室，革新政治，就不能不向佛教寺院开刀。会昌二年（842）三月三日，唐政府发布了第一道限制佛教

① 《佛祖统记》卷42，《大正藏》第49册。
② 《新唐书》卷179《李训传》，第5311页。
③ 《新唐书》卷180《李德裕传》，第5342页。
④ 《旧唐书》卷190下《刘蕡传》，第5072页。
⑤ 《资治通鉴》卷246开成四年，第7942页。
⑥ 《资治通鉴》卷245大和九年，第7920页。
⑦ 《资治通鉴》卷246开成四年，第7946页。
⑧ 《资治通鉴》卷248会昌四年，第8010页。

的诏令："发遣保外无名僧，不许置童子、沙弥"。[①] 五月后，又接连发布了一系列废佛制令。据当时正在长安的日本僧人圆仁所著《入唐求法巡礼行记》记载："十月九日敕下：天下所有僧尼解烧炼咒术禁气、背军身上杖痕鸟文、杂工巧，曾犯淫养妻不修戒行者，并勒还俗。……宛（充）入两税徭役。"[②] 会昌三年（843）正月，又下令限制僧尼私蓄奴婢，"其僧尼所留奴婢，如有武艺及解诸药诸术等，并不得留"[③]。至会昌五年（845），毁佛逐渐达于高潮，开始了全面毁佛。

在李德裕的主持下，朝廷先于这年三月下令"勘检天下寺舍奴婢多少，兼钱物斛斗疋段，一一指实，具录，令闻奏"[④]。讫后，紧接着即于四月份下令全国僧尼分批还俗，并在全国范围内拆毁佛寺，没收寺院财产。于是，一场轰轰烈烈的拆毁佛寺的运动在全国上下全面展开。李德裕还奏请"僧尼名籍便令系主客，不隶祠部及鸿胪寺"[⑤]，获得武宗的批准，废除了功德使制度。从这年八月武宗所下《制》文公布的统计材料来看，毁佛取得了辉煌的成果："天下所拆寺四千六百余所，还俗僧尼二十六万五百人，收充两税户，拆招提、兰若四万余所，收膏腴上田数千万顷，收奴婢为两税户十五万人"[⑥]。又据杜牧记载：毁佛时还括出了大批依托于佛寺，逃避国家赋役的"良人枝（投）附为使令者"，其数之多，"倍笄冠之数"[⑦]。如果将还俗僧尼、寺院奴婢和括出的"良人投附为使令者"加起来，其数当不下百万。据《新唐书·食货二》载：武宗即位时有户二百一十一万四千九百六十；会昌末户数增为四百九十五万五千一百五十一。在短短五年间户门增加了一倍多，这新增的二百八十多万人户，很大一部分就是从寺院括出来的。这批人这时大都成了为国家提供两税的编户。同时，收夺的大批园田和寺产也都使之发挥经济效益，以利国计民生，"寺材以葺廨驿，金银像以付度支，铁像以铸农器，铜像钟磬以铸钱"[⑧]。

毁佛和李德裕在会昌年间推行的其他改革措施密切相关，会昌三、四年（843、844），朝廷连续大规模用兵，讨伐侵犯边境的回鹘残部和泽潞藩镇刘稹的反叛，军费开支浩大。据圆仁记载：攻打潞府时，供军"每日用二十万贯钱，诸州般（搬）载不及。又京城官库物欲尽。有敕分欠百司判钱。随官尊卑，纳钱多少，用宛（充）打潞

① 《入唐求法巡礼行记校注》卷3，第397页。

② 《入唐求法巡礼行记校注》卷3，第408页。

③ 《入唐求法巡礼行记校注》卷3，第409页。

④ 《入唐求法巡礼行记校注》卷4，第458页。

⑤ 《资治通鉴》卷248会昌五年胡注，第8018页。

⑥ 《旧唐书》卷18上《武宗纪》，第606页。按：所载收寺田数目，似有夸张。

⑦ 《全唐文》卷753杜牧《杭州新造南亭子记》，第7810页。

⑧ 《佛祖统记》卷42，《大正藏》第49册。

府兵粮。诸道州府官皆同此例”①。时唐国库空虚，虽扣欠百官薪禄，也难供军，不少朝臣竟因“国力不支”而主张息兵。② 要解决庞大的军费开支，除加紧搜刮人民外，当时最捷便、最有效的办法莫过于收夺寺院的财产了。毁佛就是向寺院要钱、要人，寺院的土地、僧众、奴婢、佛像及寺产早就是朝廷的觊觎之物。特别是在对回鹘、泽潞用兵之时，寺院奴婢和僧徒中“有军身”“有武艺”者及“杂工巧”“解诸药诸术”者更是朝廷急需的后补兵员和工役。寺庙长年积累的大量铜佛金像、钟磬釜铛稍加鎔铸便是货币，朝廷用政治手段加以没收，对于解决当时朝廷紧迫的财政危机具有立竿见影的特效，是推行政治改革的一项强有力的措施。

三、毁佛期间李德裕与宦官集团的斗争

李德裕推行毁佛，并非易事，其中，主要的阻力来自庇护佛教的宦官。

当时兼任左街功德使的宦官首领左神策军中尉仇士良，俨然以佛教的保护者自居。仇士良自“甘露之变”后，“迫胁天子，下视宰相，陵暴朝士如草芥”③，骄横不可一世。文宗死后，他“定策”拥立武宗，权势更加显赫，武宗对他虽“内实嫌之”，也不得不“阳示尊宠”，加官晋爵。仇士良对李德裕改革政治，特别是禁毁佛教极端仇视，武宗信重德裕，更使他感到不安，史称：“李德裕得君，士良愈恐”④。会昌二年四月，仇士良就“减禁军衣粮及马刍粟”之事，煽动神策军闹事，企图发动政变，驱除德裕。但唐武宗态度鲜明，出面保护李德裕，“遣中使宣谕两军”，安定了神策士兵的情绪，仇士良无奈，只得“惶愧称谢”⑤。

会昌二年十月九日，《条流僧尼敕》发布后，许多伪滥僧尼寻求宦官的保护，企图逃避条流，躲进了“两街功德使帖诸寺”。为了贯彻诏令，不使伪滥僧尼漏网，李德裕派人把“敕文别在城中两街功德使帖诸寺，不放出僧尼，长闭寺门”，勒令受到宦官直接庇护的僧尼遵令还俗。但是，仇士良却公开“拒敕，不欲条流”。而武宗和李德裕态度坚决，“敕意不许”，其间，也相应作了些许让步，“且许请权停一百日内，帖诸寺不放僧尼出寺”。最后，仇士良只好“奏准敕条流僧尼”。⑥

会昌三年正月十七日，“权停百日”期限已到，李德裕毫不姑息，不许拖延，“并

---

① 《入唐求法巡礼行记校注》卷4，第445页。

② 《资治通鉴》卷247会昌三年，第7980页。

③ 《资治通鉴》卷245大和九年，第7919页。

④ 《新唐书》卷207《仇士良传》，第5874页。

⑤ 《资治通鉴》卷246会昌二年，第7961页。

⑥ 《入唐求法巡礼行记校注》卷3，第408页。

令还俗”，结果，这批受到宦官直接庇护的伪滥僧尼只好遵令全部还俗。然而，仇士良还不死心，继续以佛教的保护人自居。正月二十七日，他又把日僧圆仁、南天竺三藏宝月及新罗、龟兹等外国僧人二十一人请到“左神策军军容衙院”，吃茶后，“亲慰安存”。[①] 但仇士良往日的威风已一去不复返，他既无力抗拒毁佛，也无力庇护僧徒，自身也觉难保，“遂以老病求散秩”[②]，至六月三日，获准“辞官归宅”。在送归私宅的路上，仇士良神情沮丧地向送行的下辈宦官传授“固权宠之术”：“勿使之（皇帝）读书，亲近儒生”“常宜以奢靡娱其耳目”[③]，充分暴露了宦官集团害君误国的丑恶面目。

值得注意的是，仇士良辞官归宅后没几天，至六月二十三日便暴亡，二十五日，朝廷“敕斩仇军容孔目官”四人，“尽杀，破家”[④]，又“诏削其官爵，籍没家资”[⑤]。对于仇士良的死，学界似未详加考证，《资治通鉴》卷二四七会昌四年（844）载：“宦官有发仇士良宿恶，于其家得兵仗数千”[⑥]。又据圆仁记载，六月三日仇士良辞官归宅的当天，武宗即敕除新中尉，以内长官特进杨钦义任左神策军中尉、左街功德使，“当日便上任”[⑦]。看来，武宗君相是充分利用了宦官之间的矛盾，联络亲善李德裕的宦官杨钦义等置仇士良于死地的。除掉仇士良，无疑是清除了拦路虎，清人王夫之评论说：“德裕之相也，首请政事皆出中书，仇士良挟定策之功，而不能不引身谢病以去。唐自肃宗以来，内竖之不得专政者，仅见于会昌。……唐之相臣能大有为者，狄仁杰而外，德裕而已。”[⑧] 对李德裕抑制宦官，恢复宰相权力以极高的评价。仇士良死后，李德裕的政治改革得以大张旗鼓地推行起来。

四、毁佛的失败及其原因

会昌毁佛虽然沉重地打击了佛教恶势力及其帮凶宦官的嚣张气焰，但尚未触及宦官的根本利益，况且，李德裕施展相权，也是利用了宦官内部的矛盾，争取了部分宦官的支持。当李德裕要继续深入改革，触及到宦官根本利益时，整个宦官集团就对他进行了猛烈反击。

---

① 《入唐求法巡礼行记校注》卷3，第413页。

② 《资治通鉴》卷246会昌二年，第7983页。

③ 《资治通鉴》卷247会昌三年，第7985页。

④ 《入唐求法巡礼行记校注》卷4，第424页。

⑤ 《资治通鉴》卷247会昌四年，第8001页。

⑥ 《资治通鉴》卷247会昌四年，第8001页。

⑦ 《入唐求法巡礼行记校注》卷4，第419页。

⑧ 王夫之撰：《读通鉴论》卷26，舒士彦点校，北京：中华书局，1975年，第799—806页。

李德裕清醒地认识到，宦官所以“迫胁天子”，骄横不可一世，关键是掌握了兵权，李德裕在改革之初曾使“监军不得预军政”①，其进一步行动，就是要夺取由宦官长期控制的神策军权了。关于李德裕谋夺宦官兵权一事，国内史书皆缺载，唯日僧圆仁有翔实可靠的记录，其《入唐求法巡礼行记》卷四记曰：

今年（会昌五年）四月初，有敕索两军印，中尉不肯纳印，有敕再三索。敕意：索护军印付中书门下，令宰相管。两军事，一切拟令取（宰）相处分也。左军中尉即许纳印，而右军中尉不肯纳印，遂奏云：“迎印之日，出兵马迎之；纳印之日，亦须动兵马纳之。”中尉意：敕若许，即因此便动兵马，起异事也。便仰所司暗排比兵马。人君怕，且纵不索。②

武宗君相虽能雷厉风行地推行包括毁佛在内的各项政治改革，但在收夺宦官兵权这个最关键的问题上却不能越雷池一步。同时，这一举动无疑震动了整个宦官集团。左军中尉杨钦义和德裕有旧，起先“即许纳印”，这可能与德裕事先大量的劝导、说服有关，也正因为如此，德裕才敢“再三索”印。但待杨钦义醒悟过来后，其态度立即转变，因为李德裕这一行动触犯了宦官的根本利益，整个宦官集团因此都站到了李德裕的对立面，并开始了对李德裕的全面反击。

宦官勾结朝官中一贯和李德裕作对的牛党势力，攻击李德裕专制朝政。史称：“李德裕秉政日久，好徇爱憎，人多怨之……宦官左右言其太专，上亦不悦。”③ 牛党人物，御史中丞白敏中也唆使给事中韦弘质上疏：“言宰相权重，不应更领三司钱谷”，以致“众怒愈甚”④。李德裕的政治地位动摇了。

在此关键时刻，支持李德裕改革的唐武宗却瞒着大臣，服食道士赵归真烧炼的丹药，致“性加躁急，喜怒不常”，连“宰相奏事者亦不敢久留”。⑤ 到会昌六年（846）正月，武宗已卧床不起，不能视事，李德裕和皇帝的联系也就被最后切断。宦官趁此时机，发动宫廷改变。《资治通鉴》卷二四八会昌六年载：“及上疾笃，旬日不能言。诸宦官密于禁中定策，辛酉，下诏称：‘皇子冲幼，须选贤德，光王怡可立为皇太叔……’”⑥ 不几日，武宗崩，宦官即拥立这位皇太叔即位，是为唐宣宗。

---

① 《资治通鉴》卷248会昌四年，第8010页。

② 《入唐求法巡礼行记校注》卷4，第461页。

③ 《资治通鉴》卷248会昌五年，第8020—8021页。

④ 《资治通鉴》卷248会昌五年，第8021页。

⑤ 《资治通鉴》卷248会昌五年，第8020—8021页。

⑥ 《资治通鉴》卷248会昌六年，第8023页。

宦官选择唐文宗和武宗的叔父光王怡当皇帝，史家多以为是“宦官贪其有不慧之迹”①，其论似乎过于简单，殊不知这其中包藏着宦官极其恶毒的政治阴谋。我们认为，宣宗之所以为宦官拥立，他雅信佛教，对武宗深怀不满当是重要原因。《宋高僧传》卷一一《齐安传》载：

帝本宪宗第四子，穆宗异母弟也，武宗恒惮忌之，沉之于宫厕。宦者仇公武（士良）潜施拯护，俾髡发为僧，纵之而逸，周游天下，险阻备尝。……武宗崩，左神策军中尉杨（钦义）公讽宰臣百官迎而立之。②

这条史料，与韦昭度《续皇天宝运録》、尉迟偓《中朝故事》、令狐澄《贞陵遗事》所记略同，《通鉴考异》认为“皆鄙妄无稽”③。岑仲勉先生也认为：“大抵武宗毁佛，僧人恨之极深，故不惜造为诡说，以遂其诬揑。”④ 我们认为，宣宗“髡发为僧，周游天下”，虽不足为信，但为文宗、武宗兄弟所不礼，其在藩时曾受到宦官和僧侣保护恐怕不是虚构。《旧唐书·宣宗纪》云：“帝严重寡言……群居游处，未尝有言。文宗、武宗幸十六宅宴集，强诱其言，以为戏剧，谓之‘光叔’，武宗气豪，尤不为礼。”⑤ 这位“光叔”倒霉时，寻求宦官的保护并与之勾结是可以理解的。又同上书“史臣曰”：“臣尝闻黎老言大中故事，（宣宗）久历艰难，备知人间疾苦。”⑥ 宣宗在“久历艰难”，“险阻备尝”之时依托佛教，接受僧侣的保护也是可能的。宦官矫诏拥立曾受过佛教和宦官保护的“光叔”为帝，实际上是导演了一场宫廷政变，因为拥立“光叔”，就为打倒李德裕，推翻会昌新政和复兴佛教创造了政治前提。这段史实长期不为人所注意，我们参照佛教史料，得以再现历史的真相。果然，宣宗一即位，便立即贬逐了宰相李德裕，用德裕的政敌白敏中为相，这正是秉承宦官的旨意。以往史家多以为李德裕遭贬的原因起于吴湘案，败于牛党。其实，这只是一个表面现象，实际上，李德裕的失败起始于收夺宦官兵权，最后是宦官一脚把德裕踢翻在地。宣宗君相这时仰宦官之鼻息，“务反会昌之政，故僧、尼之弊皆复其旧”⑦，李德裕的改革事业遭到了失败。

---

① （清）王夫之撰：《读通鉴论》卷26，舒士彦点校，第808页。

② （宋）赞宁撰：《宋高僧传》卷11《齐安传》，范祥雍点校，北京：中华书局，1987年，第262页。

③ 《资治通鉴》卷248会昌六年，第8023页。

④ 岑仲勉：《唐史余沛》卷3《宣宗》，上海：上海古籍出版社，1960年，第190页。

⑤ 《旧唐书》卷18下《宣宗纪》，第613页。

⑥ 《旧唐书》卷18下《宣宗纪》，第645页。

⑦ 《资治通鉴》卷248大中元年，第8030页。

宣宗即位后，宦官又成了复兴佛教的急先锋，《佛祖统记》第四二载：“统左禁军杨汉公（钦义）以策定功请复佛教，乞访求知玄法师，于是复僧，入居宝应寺。”[①] 曾支持李德裕入相掌政的大宦官杨钦义，这时成了毁灭会昌之政，扼杀李德裕政治生命的首恶。而那个名知玄的僧人早在会昌五年毁佛高潮时就曾受到杨钦义等人的暗中保护[②]，这时，杨钦义又把他找来，“署三教首座”，连唐宣宗也献宅为其修寺[③]。

这年五月五日，宣宗下诏大赦天下，并下令“僧尼依前隶功德使，不隶主客，所度僧、尼仍令祠部给牒”[④]。被李德裕废除的功德使制度重新恢复，并仍由宦官头目杨钦义兼领。[⑤] 杨钦义复职后，更大力恢复佛教。到大中三年（849）三月，宣宗又下诏：“应会昌五年四月所废寺宇，有宿旧名僧，复能修创，一任住持，有司不得禁止。”[⑥] 这样，佛教在唐宣宗和宦官的重新扶植下又复兴了，会昌毁佛最后失败，李德裕一贬再贬，于大中三年死于崖州。

由于正史记载不详，论者多以“德裕亦不免由宦官以入相”[⑦]，误会了李德裕和宦官集团的对立关系。通过佛教史料以及对会昌毁佛的考察，使我们清楚地看到：李德裕的政治改革是继“二王八司马”事件和“甘露之变”后，又一次反对宦官专政的重大政治斗争，李德裕的改革，不论就其规模还是其成效都远较“二王八司马”及李训等人为大，其与宦官集团斗争的策略运用也较前人略胜一筹，意义也更为深远。但是，由于宦官牢牢掌握着禁军兵柄，把持禁宫，能轻易废立皇帝，李德裕的改革与毁佛最后仍不免失败。宦官集团的势力伸入到社会的各个方面，说明腐朽的唐王朝已不可救药，只能待农民起义的浪潮去将其推翻了。

附记：本文是姜伯勤老师出题并指导我写的大学本科毕业论文。初稿撰写于1981年，后在《中国史研究》1988年第4期刊发。1977年恢复高考，我得以首届考入中山大学历史系就读，大一、大二上完中外古今通史课后，大三选修课我选了姜师开的

---

① 《佛祖统记》卷42，《大正藏》第49册。

② 《宋高僧传》卷6《唐彭州丹景山知玄传》载：武宗“诏玄与道门敌言，神仙为可学不可学耶？……（知玄）辞河下倾，辩海横注，凡数千言，闻者为之股慄，大忤上旨，左右莫不色沮。……内枢密杨钦义惜其才辩，恐将有斥逐之命，乃密讽贡《祝尧诗》……帝览诗微解”。（宋）赞宁撰：《宋高僧传》，范祥雍点校，第130页]。

③ 《佛祖统记》卷42，《大正藏》第49册。

④ 《资治通鉴》卷248会昌六年，第8024页。

⑤ 《佛祖统记》卷42，《大正藏》第49册。

⑥ 《旧唐书》卷18下《宣宗纪》，第617页。

⑦ 《资治通鉴》卷246开成五年胡注，第7946页。

"敦煌吐鲁番文书"，并被举为课代表，受课堂内容感染，自后即追随先生治隋唐史。大四撰写毕业论文，得姜师指导，但写作过程困难重重，时日僧圆仁《入唐求法巡礼行记》国内尚未出版，姜师从北京图书馆"馆借"来日本版的影印本，使我能掌握到第一手资料。姜师的悉心指导使我茅塞顿开，受到了最初步的严格古史考证训练，最后考研究生也得到姜师关键性指点，得以步入学术殿堂。恩师80大寿纪念之际，将当年老师指导写作的毕业论文再次呈现，也真是别有一番感慨，30多年前老师授业解惑的场景历历在目，感恩之情难以言表。而如今我也65岁退休了，因参加工作后与所学中国古代史专业相去渐远，一时竟写不出专业论文赴会。还好有恩师指导的毕业论文能拿出手，希望能再获姜老师指点。祝老师福寿康健，80大寿快乐！

墓葬、图像艺术中的历史

上渭桥

——汉画中部分车马过桥图像所集中显现的语义关联

李清泉（广州美术学院艺术与人文学院）

记得在2000前后，业师姜伯勤先生给我们博士班讲授“在华祆教美术”课程时曾讲到：按索罗亚斯特教教义，人死之后必须在钦瓦特（cinwat）桥上经受一次最后的审判，恶人将被推到桥下让怪兽吞噬，善人将被迎接到天堂里永驻。①

2003年，北周时期入华粟特商人史君墓的发现，印证了这个事实。该墓所出彩绘浮雕房形石椁的东壁外立面上，就刻有一座形如彩虹的拱桥（图1－1）。虹桥图像跨越了整个画面的中间和北侧两段，桥的一端坐落于地面，另一端仿佛悬浮于山腰或半空，桥下是滚滚的波涛和头部浮出水面的怪兽。走在桥上的，是一个看似游牧民族的队列，前方是一个胡人状貌的主人及其夫人随行者，后面尾随着马、牛、

图1－1　西安北周史君墓石室东壁浮雕画像线图

图1－2　西安北周史君墓石室东壁浮雕画像线图（局部）

① 相关讲述内容，还可参看姜伯勤：《中国祆教艺术史》第9章之“密特拉神于钦瓦特桥接引义人”一节，北京：生活·读书·新知三联书店，2004年，第163—164页。

羊、驼等一群动物，队伍的最后是站在桥尾的两名面戴口罩、手持火棍的祭祀；在这个过桥队伍的右上方，分别刻画着身带圆光、手持三叉戟状法器的神人（或为审判之神密特拉）及其部众，和前来迎接死者的天人与两匹虚位以待的翼马；位于左侧的那个画面，则刻画着男女主人各乘一匹翼马，在神兽和伎乐天人的扈从下飞往天上的情形（图1－2）①。

史君墓石椁“钦瓦特桥”图像的发现，一方面证实了先生所论前述祆教丧葬习俗在中古时期的延续，另一方面也激起笔者对“桥”这一图像符号象征意味的兴趣和好奇——对中国丧葬文化当中究竟有无这类以“桥”象征生死转折之图像话语系统的好奇。今年时值先生八秩华诞，为志念先生当年的这一启示，笔者试就汉代画像当中为数不多的图像遗迹，先对相关材料与相关问题作一粗浅的梳理和分析，希望有抛砖引玉之益。

一

桥，本是现实当中用以渡水的一种设施，古亦谓之“隄”，或“梁”。如《尔雅注疏》：“隄谓之梁。（注：即桥也；或曰：石绝水者为梁。）”②可以说，它的出现和存在，本身就体现了人对克服、跨越空间地理环境中所存在的阈限和隔阂的一种努力。然而，古人对于“桥”的想象并未止于现实生活的范畴。而且早有资料表明，在中国古人的视知觉经验中，基于现实的“桥”的图像，同时也被视为一种可以引起各种超现实幻想的媒介符号——一种可以用来象征某一现实空间与某一非现实空间之间、两个非现实世界之间，乃至不同观念或思想之间的连接和跨越的“符号学”工具。

汉代画像中，包含桥梁图像的场景和画面出现了不少，其主题，据不完全统计，大体有单纯表现车马过桥的、表现泗水捞鼎的、表现七女为父报仇的，还有表现胡汉交兵场面的。不过，这类带有桥的画像，其主题有时互有交错，难以截然分开，其中尤以表现车马过桥与胡汉交战相结合的场面较为多见，有的还夹杂着羽人、神兽、星座、射猎、百戏等看似与车马过桥主题不甚相干的内容。可以说，内容涉及现实生活、

① 杨军凯：《北周史君墓发掘报告》，北京：文物出版社，2014年，第135—153页。

② 《尔雅注疏》卷4，《景印文渊阁四库全书》，第221册，台北：台湾商务印书馆，1983年，第87页。

历史故实、战争场面以及神怪天象等多个方面。[①] 而画中之桥，则皆是上述事件和活动发生的场所。如：

山东苍山向城镇前姚村出土的一件东汉车马过桥画像石，刻主人乘轺车行于桥上，桥拱下方有人撑船，轺车后面有手持兵器的汉人骑吏和车驾随行，轺车前方则有步兵与头戴尖帽的胡人交战（图 2）[②]。从画中两个胡人跪地求饶的姿态来看，显然是桥上的汉人一方胜出。这是车马过桥与胡汉交兵题材相结合的例子。

图 2　山东苍山向城镇前姚村出土东汉车马过桥画像石拓本

四川彭县出土的一件车马过桥画像砖，表现二人乘一驾骖车奔突于拱桥之上，车前两人惊走，桥头有亭阁，拱桥下方以圆点和直线连成星象图，星象两侧浮雕青龙与白虎（图 3）[③]。这里似乎并没有发生争战，但桥下的星图和神兽仿佛在暗示：这座桥并不在地上，而是在天上。这是车马过桥与天象和方位神题材结合的例子，或许象征着由东向西的旅行。

图 3　四川彭县三界乡出土东汉画像石拓本

① 相关的问题，参见巫鸿：《九鼎传说与中国古代美术中的“纪念碑性”》，见氏著《礼仪中的美术》，北京：生活 · 读书 · 新知三联书店，2005 年，第 45—69 页；信立祥：《汉代画像石综合研究》，北京：文物出版社，2000 年，第 331—334 页；邢义田：《画为心声——画像石、画像砖与壁画》，北京：中华书局，2011 年，第 92—135 页；邢义田：《汉代画像胡汉战争图的构成、类型与意义》，《美术史研究集刊》2005 年第 19 期，第 63—116 页；李亚利、藤铭宇：《汉画像中桥梁图像的象征意义研究》，《华夏考古》2015 年第 1 期。

② 中国画像石全集编辑委员会编：《中国画像石全集》（2），济南：山东美术出版社、郑州：河南美术出版社，2000 年，第 100—101 页。

③ 袁曙光：《四川彭县等地新收集到一批画像砖》，《考古》1987 年第 6 期。

还要特别提到的，是分别出自内蒙古和林格尔和山东苍山东汉墓的车马过桥画面，其题记文字中出现了桥的名称。其中：

出自和林格尔汉墓壁画的车马过桥图共有两幅：一幅位于中室东壁的甬道券门上方，画面上题有“使君从繁阳迁度（居庸）关时”（图4），显然是表现墓主人生前仕宦经历中的一个片段。另一幅位于中室西壁甬道券门上方的壁面，画面分为三层：上层绘几名女子，有“七女为父报仇”榜题文字；中层绘两辆辇车和一列骑从行于桥上，有“长安令”榜题文字；下层绘两船行于水面，行船人物的上方则书有三个醒目的榜题文字——“渭水桥”（图5）[①]。

图4　和林格尔汉墓“使君从繁阳迁度居庸关时”壁画线描图（中室东壁）

图5　和林格尔汉墓“七女为父报仇”壁画线描图（邢义田绘）

汉画中的“七女为父报仇”题材，山东嘉祥、莒县、肥城、临沂和安徽宿县一带都有发现。据杨爱国和邢义田先生的研究，这个故事于史无考，应是一个失传的忠烈孝义故事。[②] 黄剑华先生以《水经注·沔水》记陕西城固县北有“七女冢”，推测汉画

---

① 内蒙古自治区编：《和林格尔汉墓壁画》，北京：文物出版社，1978年，第42页。关于这幅壁画的分层，本人比较赞同黄盛璋先生的见解，见黄盛璋：《和林格尔汉墓壁画与历史地理问题》，《文物》1974年第1期。

② 杨爱国：《不为观赏的画作——汉画像石和画像砖》，成都：四川教育出版社，1998年，第221页；邢义田：《格套、榜题、文献与画像解释：以一个失传的“七女为父报仇”汉画故事为例》，收入颜娟英主编：《美术与考古》（上册），北京：中国大百科全书出版社，2005年，第175—215页。

中的“七女”故事应系《史记》《汉书》所记“鸿门宴事件”前后，暗中帮助刘邦的项伯——后或为长安令所害、或为仇家所杀——死后其七个女儿为父造冢于城固县北，或有可能又为父寻仇于渭水桥畔的情况。[①] 如果这个推断可以成立，那么，汉画中的“七女为父报仇”故事就极有可能是当时流行的孝义题材中的一种，而且“渭水桥”的题记也正有可能是为了进一步提示这个孝义故事的具体内容和发生场所。但，如按黄盛璋先生的见解，这个“七女为父报仇”题材与其下方的车马过桥画面并非一事，那么，结合“长安令”和“渭水桥”，以及前述“使君从繁阳迁度（居庸）关时”等题记文字来看，这里的车马过桥图的确不排除表现墓主人生前曾南渡渭水赴长安做官的可能。[②]

然而，出自苍山汉墓的车马过桥图（图6）以及与之相关的题记文字，却将问题引向了另一个方向。在这个画面中，一座中段平正、两端坡斜的杆栏式栱架桥横跨左右，桥下亦有人行船，桥上的行进队列为三个骑吏和三驾轺车；桥左端的上方部位有

图6　山东苍山东汉元嘉元年墓前室西壁横额画像拓本

一名头戴尖帽的骑马胡人，正张弓拉箭，欲转身射向过桥队列。有趣的是，墓中的一则题记文字，恰好描述了这个画面的内容：“上卫（渭）桥，尉车马，前者功曹后主薄，亭长骑左（佐）胡使弩。下有深水多鱼者，从儿刺舟，渡诸母。”[③]题记文字明确指出这座桥叫“卫桥”。

① 黄剑华：《汉代画像中的“七女报仇”图》，《上海文博论丛》2007 年第 9 期。

② 黄盛璋：《和林格尔汉墓壁画与历史地理问题》，《文物》1974 年第 1 期。

③ 此处题记文字从杨爱国先生的释读。见氏著《山东苍山县城前村画像石墓二题》，《华夏考古》2004 年第 1 期。

二

学者们普遍认为，这里的所谓“卫桥”即指“渭桥”[①]。但与和林格尔汉墓壁画不同，苍山汉墓的这个画面当中既无“七女为父报仇”的相关内容，其题记当中也不含有墓主人仕宦经历的任何信息。相反，这里更像是一个为墓主人送行的队伍，正如杨爱国先生所言：“上卫（渭）桥”，与其前文的“前有白虎青龙车，后即被轮雷公君”的文句刚好相接，显然带有死后登天之旅的象征意味。[②]

古人对河道山川的地理知识，向来与天文常识密切相关。如，汉代纬书《河图》，即将包括渭河在内的地上河流、山脉及其地理方位，与天文星座对应得极为密切：

> 河导昆仑山，名地首，上为权势星。东流千里，至规其山，名地契，上为距楼星。北流千里，至积石山，名地肩，上为别符星。邠南千里，入陇首山，间抵龙门首，名地根，上为营室星。龙门上为王良星，为天桥，神马出河跃。南流千里，抵龙首。[③]

其中所言邠南千里的“陇首山”，恰在长安与咸阳之间，是渭河与泾河的分水岭。具体到渭河和渭桥，据《三辅黄图·咸阳故城》：

> 始皇穷极奢侈，筑咸阳宫，因北陵营殿，端门四达，以制紫宫，象帝居。引渭水灌都，以象天汉；横桥南渡，以法牵牛。[④]

此中所谓“横桥”，即是渭河桥。倘果如该记载所言，始皇帝筑咸阳宫时“渭水灌

---

① 参见李发林：《山东苍山元嘉元年画像石墓题记试释》，《中原文物》1985年第1期；王恩田：《山东苍山元嘉元年画像石墓考》，《四川文物》1989年第4期；Wu Hung, “Beyond the Great Boundary: Funerary Narrative in Early Chinese Art”, *Boundaries in China*, ed. John Hay, London: Reaktion Books, 1994, pp. 81 – 104；杨爱国：《山东苍山县城前村画像石墓二题》，《华夏考古》2004年第1期。

② 杨爱国：《不为观赏的画作——汉画像石和画像砖》，成都：四川教育出版社，1998年，第221页；邢义田：《格套、榜题、文献与画像解释：以一个失传的“七女为父报仇”汉画故事为例》，收入颜娟英主编：《美术与考古》（上册），北京：中国大百科全书出版社，2005年，第175—215页。

③ ［日］安居香山、中村璋八辑：《纬书集成》下册，石家庄：河北人民出版社，1994年，第1215页。

④ 《三辅黄图》卷1，《景印文渊阁四库全书》，第468册，台北：台湾商务印书馆，1983年，第4页。

都，以象天汉；横桥南渡，以法牵牛”，渭桥在象征意义层面，显然是直接对应牛郎与织女相会的天桥的。《晋书·天文志》中说：“天津九星，横河中，一曰天汉，一曰天江，主四渎津梁，所以度神通四方也。一星不备，津关道不通。……王良五星，在奎北，居河中，天子奉车御官也。……亦曰梁，为天桥，主御风雨水道，故或占车骑，或占津梁。”①可见在古人的普遍认知当中，天汉、天江是主四渎津梁以供神人通往四方的。所谓“一星不备，津关道不通”，或许可以解释许多画像为什么于桥下刻绘青龙白虎和相关星座星宿——即意在使其合于天象以确保旅行的通畅（图7）。

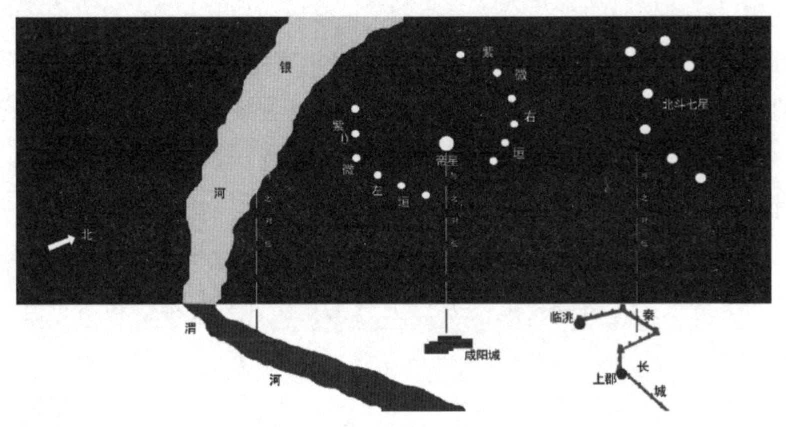

图7　渭水、咸阳、长城与天象的对应（来源：陈春红、张玉坤，2011）

除此之外，横桥的象征意义恐怕还与其南侧的极庙有关。极庙是秦朝规格最高的庙。据《史记·秦始皇本纪》：“二十七年（前220），始皇巡陇西、北地，出鸡头山，过回中。焉作信宫渭南，已更命信宫为极庙，象天极。（司马贞索隐曰：‘为宫庙象天极，故曰极庙。’）”②据张鸿杰先生研究，秦咸阳宫东侧的兰池宫，与紫宫东侧的咸池星对应；横桥南侧之极庙，与阁道星南侧之娄宿（古代天文典籍中将娄宿视为牧养牺牲以供祭祀之处）对应。③ 可见秦之极庙之所以设在渭桥的南侧，就因为这里是与阁道星南侧之娄宿相对应的祭祀重地。

目前，考古勘探已经证明：秦咸阳宫宫城遗址南边正有一条南北大道直抵渭河，与汉长安城北城墙西端的横门遗址南北相对④；也就是说，汉长安城之横门，刚好位于

① 《晋书》卷11《天文志上》，北京：中华书局，1974年，第296—297页。

② 《史记》卷6，北京：中华书局，1959年，第241页。

③ 张鸿杰：《秦都咸阳的规划与建设》，《周秦文化研究》，太原：山西人民出版社，1998年，第593页。

④ 参见刘庆柱：《汉长安城布局结构辨析——与杨宽先生商榷》，《考古》1987年第10期；氏著《论秦咸阳城布局形制及其相关问题》，《文博》1990年第5期；氏著《汉长安城的考古发现及相关问题研究——纪念汉长安城考古工作四十年》，《考古》1996年第10期。

秦横桥的南端，所以才名之为“横门”。汉代打通西域之后，横门和横桥便成为当时从长安城去往西域的交通要道。

据《汉书》卷六十六：

> （征和三年，即前90年），贰师将军李广利将兵出击匈奴，丞相为祖道，送至渭桥，（师古曰：祖者，送行之祭，因设宴饮焉。）与广利辞决。[①]

又据《汉书·西域传上·鄯善国》：元凤四年（前77），汉朝设计杀死了叛汉归附匈奴的楼兰王安归，改立长期在长安为质子的尉屠耆（安归之弟）为王，更其国名为鄯善。临行时，也是“丞相（将军）率百官送至横门外，祖而遣之”[②]。

祖道系古代为出行者祭祀路神、设宴送别的一种隆重礼仪。燕太子丹使荆轲刺秦王时，即于易水之上为他举行了这种隆重而悲壮的送别仪式。[③] 令笔者感到饶有意味的，是这个意味深长的送别仪式所选择的地点——渭桥。固然，李广利这次出征，为的是击退入侵五原、酒泉一带的北方匈奴，征战的范围向北止于范夫人城，即今蒙古共和国境内达兰扎德嘎德一带；尉屠耆要返回的鄯善国更在范夫人城以西。而渭桥，刚好是当时从长安去往西域和北部草原地区的起始点。可是，既然渭桥南侧本就是极庙所在的祭祀重地，在此举行送行之祭，也就格外显得隆重而庄严了。至于后来离此不远的灞桥成为都人送客折柳赠别之处，乃至因为人们至此而生的别离愁绪而谓其为“销魂桥”[④]，恐怕也难说不带有渭桥桥头行祖道仪式的遗痕。

---

① 《汉书》卷66，北京：中华书局，1962年，第2883页。

② 《汉书》卷96上《西域传第六十六上》，第3878页。

③ 如，《战国策》所记荆轲刺秦王故事中的“易水诀别”一节即叙述到：“太子及宾客知其事者，皆白衣冠以送之。至易水上，既祖，取道。高渐离击筑，荆轲和而歌，为变徵之声，士皆垂泪涕泣。又前而为歌曰：‘风萧萧兮易水寒，壮士一去兮不复还！’……于是荆轲遂就车而去，终已不顾。”（《战国策·燕策三·燕太子丹质于秦亡归》卷31，《景印文渊阁四库全书》，第406册，台北：台湾商务印书馆，1983年，第456—457页。）文中的“既祖”，即是行祖道之祭以送别荆轲的仪式（有关“既祖”二字的解释，可参看李翔翥：《〈战国策〉“既祖，取道”句“既祖”新解》，2013年04月03日10：17，来源：中国社会科学网。）

④ 见《三辅黄图》卷6，第33页；（五代）王仁裕撰，曾贻芬点校：《开元天宝遗事》卷下：“长安东灞陵有桥，来迎去送，皆至此桥，为离别之地，故人呼之为‘销魂桥’。”北京：中华书局，2006年，第45页。

三

苍山汉墓的车马过桥图中还有一个不容忽略的细节是，桥左端的上方部位有一名头戴尖帽的骑马胡人，正张弓拉箭，欲转身射向过桥队列，也就是题记中所描述的“胡使弩”。邢义田先生在讨论汉画中的胡汉交兵问题时曾论到：“地上的胡汉之界在汉人看来和天上星宿的方位相对应。西方毕、昴二宿之间的天街正当胡汉华夷之界，其分野相当赵地或冀州。昴又称髦头或胡星。《史记·天官书》正义：‘天街星北为夷狄之国，则昴星主之，阴也。’《晋书·天文志》进一步说：‘昴西二星曰天街，三光之道，主伺候关梁中外之境。’由此不难看出胡汉战争图，尤其是以桥或立柱为背景的，有可能是汉人想象中天界的投射。桥和立柱象征着渡越阴阳、胡汉或中外之界的关和梁。”[①]诚如邢先生所言，汉画中的胡人形象很容易令人回想起经常在中国边境为患汉朝的北方匈奴民族，以及长期为他们所侵扰、控制的广大西域地区。

古代的交通多寻水道而行。《汉书·地理志》引《尚书·禹贡》，记大禹治水所行经的路线和到达的地点说：

> 浮于积石，至于龙门西河（师古曰：积石山在金城西南，龙门山在河东之西界，皆河水所经。），会于渭汭。（师古曰：逆流曰会。自渭北涯逆水西上。）织皮昆崙、析支、渠叟，西戎即叙。（师古曰：昆崙、析支、渠叟，三国名也。言此诸国皆织皮毛，各得其业。而西方远戎，并就次叙也。）[②]

说禹之功及于戎狄，显然不足信；足信的是，早在秦汉以前，人们即认为沿着渭水北岸西上，可以到达戎狄所在的昆仑山一带。而在汉代，渭桥既然是当时从长安城去往西域的起始地点，这条路线显然未有大的变动（图8）。所以说，前述汉画车马过桥图像中出现的胡人形象，相当程度上可能与其所控制的西域地区有关；尤其是，鉴于西汉以降昆仑山神话和西王母信仰已在朝野之间广泛流行，这种关联也就更加不容忽视。

---

① 见邢义田：《汉代画像胡汉战争图的构成、类型与意义》，《美术史研究集刊》2005年第19期，第63—116页。

② 《汉书》卷28上，第1532—1533页。

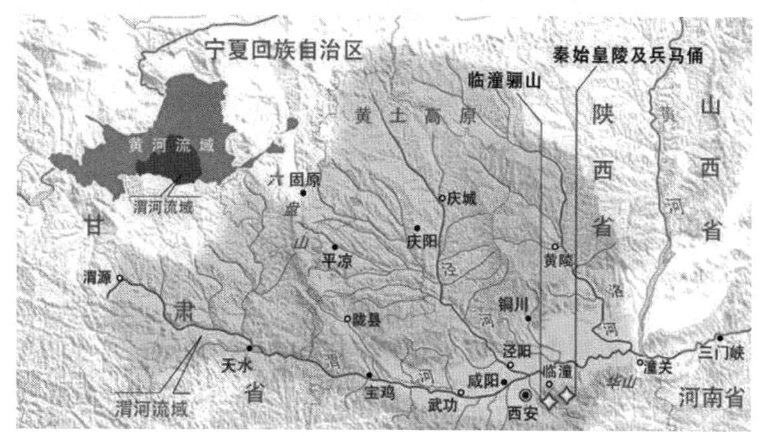

图8　渭河流域图

《汉书·西域传》这样记述西域一带的语言和人种情况：

自宛以西至安息国，虽颇异言，然大同，自相晓知也。其人皆深目，多须髯。①

《史记·大宛列传》记：

条枝在安息西数千里，临西海。……安息长老传闻条枝有弱水、西王母，而未尝见。②

《后汉书·西域传》记：

大秦国一名犁鞬，以在海西，亦云海西国。……或云其国西有弱水、流沙，近西王母所居处，几于日所入也。③

虽说以当时人的地理知识，对西王母的具体所在究竟是中亚还是地中海一带并不十分明确，但大体上认为是在大宛、安息以西的胡人居住区。所以，车马过桥汉画中深目高鼻、头戴尖帽的胡人形象，很有可能是代表西王母所在的地理空间范围的——

① 《汉书》卷96上，第3896页。

② 《史记》卷123，第3163—3164页。

③ 《后汉书》卷88，北京：中华书局，1965年，第2919—2920页。

也就是说，他们被视为西行路上可能会遇到的凶险和障碍，否则无法解释为什么这类过桥场面总是在着重表现汉人车架与骑从队列的安然行进，而极少见有与胡人之间的大规模格斗与厮杀。事实上，上述的分析与推测已有相关的画像实例可资证明。

如发现于山东沂南的一座东汉墓葬，墓门门楣石的外立面上就刻有一幅场面宏大的车马过桥图。整幅画像的中央刻一桥梁，桥上有无数手持兵刃和遁甲的汉兵自右向左挺身行进，兵士之后有四名骑士前后夹护着一辆载有主人的轺车，车驾的上方还飞着一对祥鸟；桥的左方，有连绵起伏的山峦和一队头戴尖帽、正张弓搭箭企图阻挠汉兵行进的胡骑；桥下则有人划船过河、有人涉水捕鱼（图 9－1）[①]。单看门楣石上的这幅画像，我们或许还难以有超出“胡汉交兵”以外的见解。可是，刻在门楣石下方三个门柱石上的画像内容——西边柱和东边柱表面分别刻有坐在昆仑山上的西王母和东王公等（图 9－2、9－4），中柱石的表面则刻有厥张、神兽和羽人（图 9－3）。也就是说，胡汉交兵的场面，被安排在有神仙和瑞兽出现的昆仑山之上。由此可见，位于桥左的山峦，应该正是昆仑山脉；而桥上的整个车马行进队列，无疑是在表现墓主人在

图 9－1　山东沂南汉墓墓门门楣画像拓本

汉兵的保护下，战胜西域的匈奴或恶灵，去到昆仑山的情形。这样，画中的车马，就代表着死者；胡人，可代表西域；昆仑山，代表不死的世界；而桥，则象征着由此世向彼世、从死亡向重生的转变与过渡。

而且，王煜先生新近亦有研究表明：汉代画像艺术中，经常出现胡人形象的车马出行场面可分两类，一类为胡人导引，一类为胡汉交战。两类画像的意图皆是去往西王母所在的仙境，只不过前者是希望以居于西域的胡人为导引，后者是希望打败胡人以破除行进途中的阻碍。[②] 这是十分敏锐而富于见地的。其实，以笔者个人的观察，有些无法界定为“胡汉交兵”的车马过桥画面，也不见得与去往仙境的意义无关。如山

① 曾昭燏、蒋宝庚、黎忠义合著：《沂南古画像石墓发掘报告》，北京：文化部文武管理局，1956 年，第 12—13 页，图版 24。

② 见王煜：《“车马出行——胡人”画像试探——兼谈汉代丧葬艺术中胡人形象的意义》，《考古与文物》2012 年第 1 期。

图 9－2　沂南汉墓墓门西边柱画像拓本

图 9－3　沂南汉墓墓门中柱石画像拓本

图 9－4　沂南汉墓墓门东边柱画像拓本

东肥城孝堂山石室西壁的七女为父报仇画面（图 10）[①]，上方有彩虹和西王母，表明这个故事与桥乃至“渭桥”所代表的阴阳两界、以车驾为代表的死后旅行、以西王母所代表的升仙信仰之间，依然存有目前尚难深解的逻辑关联。[②]

---

① 罗哲文：《孝堂山郭氏墓石祠》，《文物》1961 年第 4、5 期；《孝堂山郭氏墓石祠补正》，《文物》1962 年第 10 期。

② 邢义田先生认为：这类桥在不同画像的文脉当中可以有不同的实质或象征上的意义，或者二者兼具，所以应当分别看待（见前引邢义田《汉代画象胡汉战争图的构成、类型与意义》一文）。本人赞同这一见解。但仍然不能回避的是，前述画像中那些看似与主题不甚相干的次要内容，却在较大程度上透露出与当时人观念中之不死世界的一致性关联。

图10　山东肥城孝堂山郭氏石祠“七女为父报仇”画像线描图（邢义田绘）

以上所举的汉代画像实例虽然不多，但应该足以说明现实中的渭河桥，是如何被想象成一个从生到死、从此世到另世、从现实到仙境的一个连接符号的。因为在当时人的心目中，它是能“度神通四方”的天桥——阁道星在地上的投射，是由娄宿而决定的祭祀重地和举行祖道仪式的一个重要场所，同时更是当时通往西域的唯一重要交通要道。此外，巫鸿先生还曾指出：早在西汉时，景帝和武帝都曾在渭河上修过桥，用以连接长安和位于渭水北岸的帝陵，由于皇家丧葬的队伍总要经过渭河，久而久之，渭桥也便成了通行其后的死亡符号。① 这无疑也是铸成渭桥象征意义的一个重要因素。

四

然而，一个值得注意的现象是，东汉以后，墓葬艺术中所显示的对“桥”的兴趣似乎骤然减淡了。除了前述史君墓那类在华粟特人的石椁、石床画像以外，目前发现的魏晋至隋唐墓葬装饰中几乎再也见不到桥的身影。这一现象，仿佛也在预示着中古生死观的一场变动。

众所周知：魏晋以降，伴着佛教在中国的广泛传布与蔓延，印度佛教文化中的天堂地狱说和六道轮回说，因其与中国传统的灵魂观念以及仙界、鬼域信仰的某些契合，也便不断深入人心，最终成为唐宋时期的主流生死观。并有迹象表明：具有象征符号意味的“桥”，在发现于河南、山西和四川等地的几座宋金墓葬中再次出现，而且明显带着浓重的佛教文化——奈河桥元素。如：1998 年发现的河南新密平陌宋墓，墓顶东北方壁面，就描绘了一对双手合十的老夫妇，在手抱经箱、肩荷幢幡的数名天女的引领扈从下，通过云桥的情形（图11）；而与这个画面紧紧相邻的北方壁面，则绘有浮在

---

① Wu Hung, “Beyond the Great Boundary: Funerary Narrative in Early Chinese Art”, *Boundaries in China*, ed. John Hay, London: Reaktion Books, 1994, pp. 81 – 104.

图11 河南新密平陌宋墓墓室东北壁上部墓主夫妇过桥图

云空之上、四周闪烁着彩色光焰的一组天宫楼阁，以表示死者的往生之处。[①] 简而言之，透过这类频繁出现于宋金墓葬装饰中的墓主人过桥图以及与之相关的其他类型的往生图像，我们不仅可以了解到这一视觉符号在当时丧葬美术中的特定意涵，同时更可以窥察到中古以降在佛教天堂地狱观念影响下，中国人丧葬习俗与生死观念的一次重大变迁。相关问题，笔者已有专文讨论。[②]

从汉代画像中的“上渭桥”，到宋金墓葬壁画中的过“往生桥”——准确说是“奈河桥”的改造版，围绕于中国墓葬美术中的两度“过桥”，其间所暗含的文化变迁、人的生死观念变迁，以及最终导致“桥”的符号学意义的演化与变迁等问题，显然还大有研究的意义和空间在。然行文至此，笔者再次回想恩师有关“钦瓦特桥”的讲述，不免对相关传说是否曾在中古中国人的心中留下过痕迹而感到好奇，对“钦瓦特桥”究竟有没有在这前后两种“过桥”图像之间提供过图式的参考和观念的支持问题感到好奇。

最后，惟愿恩师龙体常泰，文思常健，指导我等不断深入地探索新知！

---

① 郑州市文物考古研究所、新密市博物馆：《河南新密市平陌宋代壁画墓》，《文物》1998年第12期。

② 李清泉：《往生之桥：宋金墓葬美术中的一个“连接”符号及其所承载的一段心史》（待刊稿）。另，反映在墓葬美术中的这一总体变迁趋势问题，可参看拙文《佛教改变了什么——来自五代宋辽金墓葬美术的观察》，收入巫鸿、朱青生、郑岩主编：《古代墓葬美术研究》第四辑，长沙：湖南美术出版社，2017年，第242—277页。

忻州九原岗北朝壁画墓军事内容窥探

张庆捷（山西省考古研究所）

九原岗北朝壁画墓位于山西省忻州市忻府区兰村乡下社村东北约600米处，该墓为带斜坡墓道的单室砖墓，坐北朝南，由墓道、甬道、墓室三部分组成，南北总长41.5米。墓室上方有封土堆。①

该墓壁画分布于墓道东、西、北三壁和墓室，墓道壁画自上而下各分为四层，左右两侧题材和结构一样，具体内容有别。墓道壁画第一层的内容是活动于流云中的奇禽畏兽、龙鹤仙人、雷公风伯等；第二层是马匹交易图以及至今中国所发现的最大的狩猎图；第三层壁画是将士出行图；第四层是将士归营图。经对壁画与出土器物的认定，该墓年代应是北朝后半期，即东魏北齐（约公元534—577年）。本文主要探索解读第二、第三、第四层壁画的军事内容图像，希冀对北朝军队训练及其常用兵器加深了解。

该墓壁画军事活动图分两个题材：一者是军士狩猎，分布在墓道东西壁的第二层；另一者是将士出行图或归营图，分布在墓道东西壁的第三和第四层（图1）。

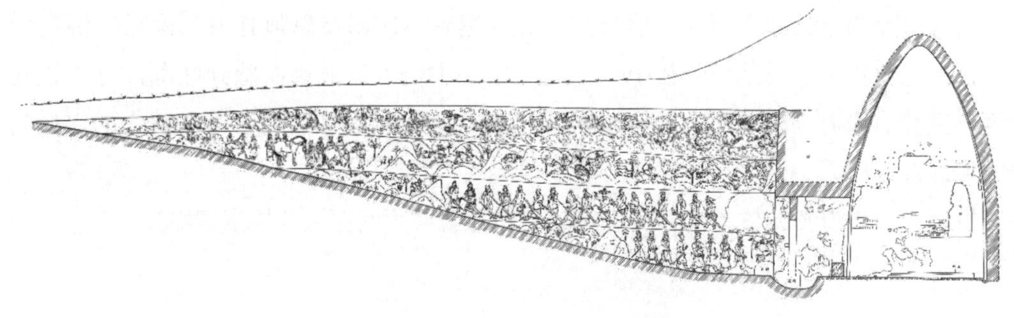

① 山西省考古研究所、忻州市文物管理处：《山西忻州九原岗北朝壁画墓》，《考古》2015年第7期，第51—74页。

图1 墓道东（上）、西（下）壁画布局。亦见山西省考古研究所、忻州市文物管理处：《山西忻州九原岗北朝壁画墓》，《考古》2015年第7期，图34、45。

（1）墓道西壁第二层狩猎图

西壁第二层壁画长15.5—27米，完整高度1.5米。内容主要分两部分：前一部分为马匹贸易图，[①] 后一部分为军士狩猎图。马匹贸易图有三组，靠近墓道口；狩猎图也是三组，位在马匹贸易图之后（图2），另有一组狩猎图，位于第三层靠近墓道口处。

图2 西壁第二层壁画狩猎部分

狩猎图面积大，远超过马匹贸易图，场面宏伟。画面背景是高低起伏的山丘，山丘之间有低矮稀疏的草木。整个壁画有三组人物，围绕狩猎题材展开。第一组是两个骑马猎者，手持长矛弓箭，追逐群鹿（图3）。两骑首尾相衔接，前一人为中年男子，椭圆形脸庞，浓眉大眼，胡须清晰，头戴黑色宽沿笠帽，身穿窄袖红袍，脚蹬黑色短靿皮靴。腰部左侧挂一个白色深紫边的箭囊，内插三支箭。下骑一匹黄色骏马，鞍鞯缰蹬齐全。他左足尖踏于环形马镫中，右手持一张大弓，左手拉弦，箭搭弓上，瞄准前方的奔鹿，气定神闲，目不转睛，肘平臂直，引弓欲射。后一骑紧随其后，头扎绸巾，较为清瘦，粗眉大眼，胡须浓密，穿白色窄袖长袍，右手牵缰，左手握一杆黄白色相间的旗帜，旗头有一矛头，旗帜朝下，旗杆朝上。腰左挂一黄色深紫口沿的弓囊，内插未挂弦的长弓。下骑一匹白色骏马，也是鞍鞯蹬缰齐全，脚未踏入马镫。两骑士均只带弓箭，不见刀剑长矛。从画面的布局角度分析，前面戴笠帽者特别醒目，而后面紧随者仅执旗，因此推测，前者可能是这支狩猎队伍的指挥，后面骑者所执旗帜应

① 山西省考古研究所、忻州市文物管理处：《山西忻州九原岗北朝壁画墓》，《考古》2015年第7期，第51—74页。

为传达号令的工具。因为有旗帜，可见这不是一个普通的民间狩猎团体，而是一群军士，这也不是一场普通的狩猎，而是一场带有军训性质的狩猎活动。为什么这样讲？此与北朝特定的民族和习俗有关，将在下文详述。

图 3　西壁第一组狩猎图

狩猎对象是当地的各种大小野生动物。西壁第一组图中最前面的动物是鹿，鹿普遍存在于北方各地，是自古以来民众日常生活中最主要的狩猎目标，考古出土的北魏狩猎图中，鹿作为狩猎对象，出现频率也最高。而猎鹿之事，频见史籍，例如《魏书·尔朱兆传》载：

> 尔朱兆，字万仁，荣从子也。少骁猛，善骑射，手格猛兽，跻捷过人。数从荣游猎，至于穷岩绝涧人所不能升降者，兆先之。荣以此特加赏爱，任为爪牙。荣曾送台使，见二鹿，乃命兆前，止授二箭，曰："可取此鹿供今食也。"遂停马构火以待之。俄然兆获其一。荣欲矜夸，使人责兆曰："何不尽取？"杖之五十。①

本文所载的尔朱部族，正是忻州以北的游牧大部落。

诚如前所言，该图表现的应是狩猎形式的军事训练。这种军事训练在北朝历史中屡见不鲜。如《北史·尔朱荣传》载：尔朱荣"及长，好射猎，每设围誓众，便为军阵之法，号令严肃，众莫敢犯"②。这段尔朱荣部落借狩猎行军阵之文字，可当作对该壁画最恰当的注释。这种习俗至晚形成于鲜卑定都平城时期，也是北魏以来的传统。北魏定都平城期间（398—494），就常以狩猎或田猎形式训练军队，例如明元帝永兴五

① 《魏书》卷75《尔朱兆传》，北京：中华书局，1974年，第1661页。

② 《北史》卷48《尔朱荣传》，北京：中华书局，1974年，第1752页。

年（413）六月，“西幸五原，校猎于骨罗山，获兽十万”①。太武帝拓跋焘神䴥元年（428）十一月，“行幸河西，大校猎”②。在大同富乔发电厂北魏M9的墓壁画中，就有大型的狩猎场面。③ 在其他大同北魏墓葬出土棺板上，也有跪射图、骑马刺兽图、骑马射兽图、逐兽图等狩猎内容。④ 狩猎不仅锻炼个人的胆略和骑射技能，而且更重要的是，通过团体围猎，能够培养临敌时互相配合进退冲杀的能力。军队出猎，场面壮观，如唐三藏西往印度途中曾目睹突厥可汗出猎“至素叶城，逢突厥叶护可汗方事畋游，戎马甚盛。可汗身着绿绫袍，露发，以一丈许帛练裹额后垂。达官二百余人皆锦袍编发，围绕左右。自余军众皆裘褐毳毛，槊纛端弓，驼马之骑，极目不知其表”⑤。可汗畋游，犹如北魏皇帝畋猎，场面无与伦比。可证明狩猎和军事演习相结合的训练方式，并非仅存在于尔朱部落，而是游牧民族特有的传统训练方式，其由来已久，源远流长，区别仅在于规模大小和布阵简繁。

墓道壁画第二组是在山林之间，两人正在骑马猎虎（图4）。两骑一前一后，前一人为中年男子，头扎淡黑色绸巾，椭圆形脸庞，眉毛浓黑，眼睛明亮，双鬓弯曲上卷，

图4　西壁第二组猎虎图

---

① 《魏书》卷3《太宗纪》，第53页。

② 《魏书》卷4上《世祖纪》，第74页。

③ 山西省考古研究所、大同市考古研究所：《山西大同南郊仝家湾北魏墓（M7、M9）发掘简报》，《文物》2015年第12期，第4—22页。

④ 张庆捷：《鲜卑生活的真实写照——北魏墓葬中的狩猎壁画》，收录于中国考古学会编：《中国考古学会第十四次年会论文集》，北京：文物出版社，2012年，第203—217页。

⑤ （唐）慧立、彦悰撰：《大慈恩寺三藏法师传》卷2，孙毓棠、谢方点校，北京：中华书局，2000年，第27页。

脸颊两侧有修理整齐的髯须，唇上有髭，颏下有三绺胡子，身穿白色窄袖长袍，脚蹬黑色短鞠皮靴。腰部左侧挂一紫褐色弓囊，腰部右侧悬佩一箭囊（亦称箭袋、箭壶、胡禄、箭筒、箭菔等），箭囊上沿，露出一排箭羽。下骑一匹白色骏马，鞍鞯蹬缰齐全，但马鞍桥不明显，脚悬于马镫之外。他左手持一张拉满的大弓，五指握弓，食指与小指仅是虚靠弓祔，可以看出，劲道集中在掌心，意气安闲，弓上搭一支带羽长箭，指向后方一头扑向马背的猛虎，正欲射箭。后一骑紧随其后，头扎浅黑色绸巾，较为清瘦，粗眉大眼，胡须浓密，穿红色窄袖长袍，双手紧握一柄带矛头的黄色长条旗帜。下骑一匹白色骏马，鞍辔蹬缰齐全，急追上来，将旗帜倒过来，矛尖直刺虎背。两马之间的猛虎，黄色斑斓，呈站立状，虎尾倒卷，挥舞着前爪，已经抓住前骑马尾。

图5　熊虎搏斗图

两骑前面还有三熊一虎，三熊为一大两小，其中一虎一熊正在搏斗（图5）。画面中出现虎熊，说明此地古代有虎熊出没。《北史·尔朱荣传》载：尔朱荣“继为酋长。代勤，太武敬哀皇后舅也。既以外亲，兼数征伐有功，给复百年，除立义将军。曾围山而猎，部人射虎，误中其髀”①。如前所云，尔朱氏居于山西北部之北秀容，可证山西北部地区古代确有猛虎。古文献中猎虎记载较多，可相互参证，如《魏书·来大千传》曰：“大千骁果，善骑射……尝从太宗校猎，见虎在高岩上，大千持槊直前刺之，应手而死。”②《宋书》卷七十四《臧质传》：“臧质，字含文，东莞莒人。父熹，字义和……尝至溧阳，溧阳令阮崇与熹共猎，值虎突围，猎徒并奔散，熹直前射之，应弦而倒。”③ 从忻州墓射虎图看，猎者手中之弓足有四五尺长，弓身粗壮，应是一具强弓。

---

① 《北史》卷48，第1751页。

② 《魏书》卷30，第725页。

③ 《宋书》卷74，北京：中华书局，1974年，第1909页。

射虎有技巧，必须逆向射之，明代谢肇淛（约1567—1624）《五杂俎》曰："胡人射虎，惟以二壮士彀弓两头射之。射虎，逆毛则入，顺毛则不入。前者引马走避，而后者射之，虎回则后者复然，虎虽多，可立尽也。中国马见虎，则便溺下不能行，惟胡马不惧。猎犬亦然。"① 观此幅壁画，是返身射虎，两骑前后夹击一虎，一个使用长枪，一个射箭，箭指虎额或颈部。在太原隋代虞弘墓图像和波斯银盘中，曾见返身射狮的图像，在西方，这种射法是技艺高超的表现，被称为"安息射"。原以为仅是表现猎者的勇敢无畏，现在看来，还有"逆毛则入"的道理。

虎虽然凶猛，却是容易猎杀的动物，明代朱国祯（约1558—1632）《涌幢小品》记载："百兽难杀，惟虎易杀。盖它兽，见人奔走，逐之或不能及。虎恃勇，见人，负嵎振威，磨牙掉尾，欲扑人而食之。"② 文中指的仅是少数猎人狩猎的情况，遇上军队狩猎，军士满山遍野，马嘶人喊，声震山川，百兽惊恐逃窜，虽猛虎也不例外，此处壁画中就有虎熊逃奔的画面。

壁画中第二位骑者的弓仍在弓囊（也称弓套）中，给我们提供了一个观看弓在弓囊的图景。弓囊多以软皮革制造，宽窄不等，内侧有皮带或带扣，可以将弓囊固定或悬挂于腰带上。

墓道壁画第三组是四个猎人骑马疾冲，追赶大群动物（图6）。第一骑为中年男子，坐于马鞍上，头戴方顶小帽，帽有细带，扎结于下颌。浓眉大眼，须髯适中，身穿浅灰色窄袖长袍，白色长裤，脚蹬皮靴，右手持一张大弓，左手拉满弓弦，弓上搭一支带羽长箭，瞄准前方奔跑的野羊和野猪，准备放箭。腰部左侧挂有箭囊，内插五六支长箭，下骑一匹红色骏马，四蹄飞腾。其后又是慌张奔逃的两头鹿，其中一鹿背侧中箭，血流不止。其后一白马骑士紧追不舍，骑者头扎淡灰色绸巾，椭圆形脸庞，眉浓眼亮，神情淡定，胡须整齐，身穿红色窄袖长袍，左手握弓，右手拉弦，箭在弦上，箭镞为三角形，骑者上身略倾，准备放箭。腰部左侧挂一个弓囊，右侧挂一个箭囊，仅露出一排箭羽。

图6　西壁第三组狩猎图

① （明）谢肇淛：《五杂俎》卷9，北京：中华书局，1959年，第242页。

② （明）朱国祯：《涌幢小品》卷31，北京：中华书局，1959年，第736页。

马后紧跟一骑，骑者头戴红黄色小帽，帽子有细带，系在下颌。骑着脸庞清瘦，留有胡须，身穿浅灰褐色窄袖翻领长袍，左手握弓，弓上无箭，右手牵缰，似乎已射出一箭。下骑一匹白色骏马，脚踏马镫。在其侧后，还有一骑，骑者头扎淡灰色绸巾，椭圆形脸庞，眉浓眼亮，神情淡定，胡须整齐，身穿红色窄袖翻领长袍，策马前行。腰部左侧挂一弓囊，弓仍插在囊内，右侧从箭囊中露出一排灰色箭羽。骑一匹白色骏马，马步较小，展现的是还没有投入狩猎的状态。

野猪也是北朝狩猎对象之一。《北齐书·皮景和传》："景和少通敏，善骑射。……高祖尝令景和射一野豕，一箭而获之，深见嗟赏。"①

第四组狩猎图位于墓道壁画第三层靠近墓道口处，描绘的是丘林之间，一位骑士放鹰逐兔（图7）。骑士年轻，面容清秀，头扎黑色长巾，身穿红色翻领窄袖长袍，腰束黑带；左手牵缰，右手前伸，身上无任何兵器；骑一匹黄色骏马，脚尖蹬着马镫。马的前方及远处有奔跑的野兽，近处地下是一只挣扎着的白色兔子，一头黄褐色大雕一爪紧按在兔子背上，一爪撑地，回首望着主人。

图7　西壁第四组狩猎图

猎兔之事，在北朝史书中不乏记载，如《北史·李远传》记载，李远"尝猎于莎栅，见石于丛薄中，以为伏兔，射之，镞入寸余，视之乃石"②。《北史·尉迟纲传》："纲兄迥伐蜀，从周文送之于城西，见一走兔，周文命纲射之。誓曰：'若获此兔，必当破蜀。'俄而纲获兔而返。周文喜曰：'事平，当赏汝佳口。'及克蜀，赐纲侍婢二人。又尝从周文北狩云阳，见五鹿俱走，纲获其三。每从游宴，周文以珍异之物令诸

① 《北齐书》卷41，北京：中华书局，1972年，第537页。

② 《北史》卷59，第2112页。

功臣射而取之，纲所获辄多。”①

北朝常载射鹰和雕之事，《北史·斛律光传》：“以库直事文襄。从出野，见雁双飞来，文襄使光驰射之，以二矢俱落焉。……尝从文襄于洹桥校猎。云表见一大鸟，射之正中其颈，形如车轮，旋转而下，乃雕也。丞相属邢子高叹曰：‘此射雕手也。’当时号落雕都督。”②

《周书·窦炽传》：“魏孝武即位，茹茹等诸番并遣使朝贡，帝临轩宴之。有鸱飞鸣于殿前，帝素知炽善射，因欲示远人，乃给炽御箭两只，命射之。鸱乃应弦而落，诸番人咸叹异焉。……天和五年，出为宜州刺史。先是，太祖田于渭北，令炽与晋公护分射走兔，炽一日获十七头，护获十一头。”③

《北史·长孙晟传》记载：摄图“独爱晟，每共游猎，留之竟岁。尝有二雕，飞而争肉，因以箭两只与晟，请射取之。晟驰往，遇雕相玃，遂一发双贯焉。”④

北朝以鹰助猎的记载见《北齐书》：“刘贵尝得一白鹰，与神武及尉景、蔡俊、子如、贾显智等猎于沃野。见一赤兔，每搏辄逸，遂至迴泽。泽中有茅屋，将奔入，有狗自屋中出，噬之，鹰兔俱死。神武怒，以鸣镝射之，狗毙。”⑤ 由此记载看，自北魏晚期，北朝人在狩猎中已使用猎鹰。寻根溯源，在河西魏晋墓葬砖画中，已有不少训鹰猎兔的内容。⑥

但是在北朝诸史中尚不见贡鹰的记录。翻检史书，最早贡鹰的记载，见于唐代。如宋代王钦若编著的《册府元龟》卷九百七十一记载：开元十年“十一月，渤海遣其大臣味勃计来朝，并献鹰”。十七年（729）“二月，渤海靺鞨遣使献鹰”。二十五年“四月，渤海遗其臣公伯计来献鹰鹘”。二十七年（739）二月“渤海王遣使献鹰”。开元二十九年（741）四月，“渤海遣使进鹰及鹘”⑦。唐咸通七年（866）“七月，沙州节度使张义潮进甘峻山青骹鹰四联、延庆节马二匹、吐蕃女子二人”⑧。文献记载，早在北朝，渤海国多次朝贡，却没记载朝贡何物。隋炀帝大业四年（608）曾“征天下鹰师

---

① 《北史》卷62，第2214页。

② 《北史》卷54，第1167—1168页。

③ 《周书》卷30，北京：中华书局，1971年，第518页。

④ 《北史》卷22，第817页。

⑤ 《北齐书》卷1，第2页。

⑥ 郑志刚：《嘉峪关魏晋古墓砖画中的训鹰狩猎图像研究》，收录于兰州大学敦煌学研究所编：《敦煌学辑刊》2007年02期，第60—64页。

⑦ 《册府元龟》卷971，江苏：凤凰出版社，2006年，第11238—11242页。

⑧ 《旧唐书》卷19上，北京：中华书局，1975年，第660页。

悉集东京，至者万余人”①。这说明古代训鹰非常盛行。由唐代贡鹰、隋代“鹰师悉集东京”和魏晋壁画鹰抓兔之图像推析，也许在北朝，渤海国已经开始贡鹰。

上述几组狩猎图，表现了狩猎过程中不同阶段的场面，有弯弓射箭的，有箭未上弦的，也有弓在弓囊的，还有放鹰逐兔的。但是画面的组合搭配，各种动物的交替出现，共同显示了激烈的追猎场面，给观者留下深刻的印象。

（2）墓道东壁第二层狩猎图

图8　东壁狩猎图

墓道东壁第二层壁画长度与西壁第二层相同，画面分两部分，前面约三分之一为马匹贸易图，后面约三分之二为狩猎图（图8）。依旧从前到后（从右到左）叙述狩猎图。第一组狩猎图是三个壮年骑士，均胡须浓密，前后相继，手持弓箭，追逐着虎和鹿（图9）。其中第一人骑匹白马，脚踏马镫，头扎黑色便帽，帽下有带，在下颌下结扎。身穿白色窄袖翻领长袍，左手持弓，右手拉满弓弦，箭在弦上，腰部右侧悬挂一个箭囊，内插一排黑羽长箭。值得注意的是，在箭囊下方有一个平行的细长囊袋，内插一物，似为鞭杆。骑士后面紧随两骑，一骑者身穿白衣，骑一匹红马，左手前伸，手腕处挂着马鞭。身体与右手因壁画剥落，动作看不清。另一骑士头戴红帽，身穿红色窄袖长袍，腰部右侧悬一个箭囊，右脚悬空，马镫吊在前面，骑着一匹黄色骏马。

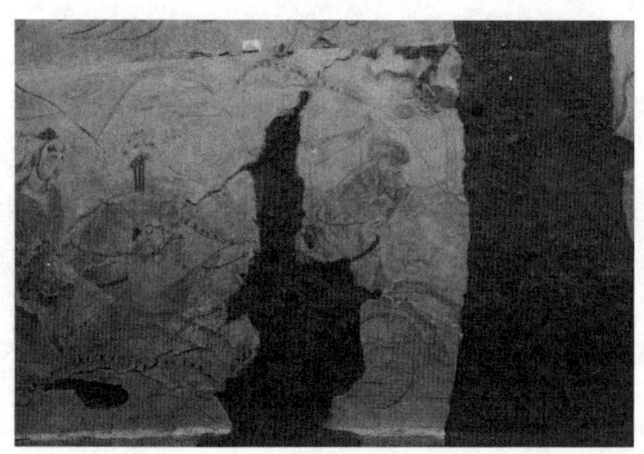

图9　东壁第一组狩猎图

第二组狩猎图是在山脚一片空地，三个徒步猎人正在围杀一头熊（图10）。左一人身穿窄袖圆领长袍，腰部右侧挂一箭囊，左侧挂一弓囊，双手持一杆带缨长矛，刺向在地上翻滚的一头大熊。中间一人，身穿黄色翻领窄袖长袍，没悬挂弓箭，双手持长

① 《隋书》卷3，北京：中华书局，1973年，第71页。

矛，盯着大熊。右侧一人，身穿白色长袍，腰佩黄色刀鞘（就外形观察，似乎为一宽体佩刀）和黑色短剑，弯腰迈步，举刀劈熊。三位猎人戴着不同颜色不同式样的小帽，均穿无靿便鞋。

图10　东壁第二组狩猎图

忻州九原岗北朝墓壁画中惟见直刀（隋代称横刀），不见弯刀。古代刀有数种，据《唐六典·卫尉寺·武库令》载："刀之制有四：一曰仪刀，二曰鄣刀，三曰横刀，四曰陌刀。(《释名》曰："刀末曰'锋'，其本曰'环'。"今仪刀盖古班剑之类，晋、宋已来谓之御刀，后魏曰长刀，皆施龙凤环；至隋，谓之仪刀，装以金银，羽仪所执。鄣刀盖用鄣身以御敌。横刀，佩刀也，兵士所佩，名亦起于隋。陌刀，长刀也，步兵所持，盖古之断马剑。）枪之制有四：一曰漆枪，二曰木枪，三曰白干枪，四曰朴头枪。"（《释名》曰："矛，冒也，刃下冒矜也。长八尺曰'槊'，马上所执。盖今之漆枪短，骑兵用之；木枪长，步兵用之；白干枪，羽林所执；朴头枪，金吾所执也。"）①由此记载看，狩猎者所用刀当为横刀，矛为木枪。

第三组狩猎图是三个猎人骑马疾冲，个个张弓搭箭，带着猎犬，追逐一群虎、熊和野羊（图11）。第一人骑一匹红马，脚踏马镫，头扎黑色便帽，帽下有带，在下颌下结扎。身穿白色窄袖翻领长袍，左手持弓，右手拉满弓弦，箭在弦上，腰部右侧悬挂一个箭囊，内插一排白羽长箭。其后一骑者，身穿红色翻领窄袖长袍，骑一匹白马，追赶三头惊慌失措的大鹿，左手持弓，右手正把一支箭搭在弓弦，准备拉弓放箭。腰部右侧，挂一个白色箭囊。后面还有一个骑者，白衣白马，红色小帽，左手握弓，右

① 《唐六典》卷16，北京：中华书局，1992年，第460页。

手伸向悬挂在腰部右侧的箭囊，信手抓住一支长箭，抽出一半。在此人的箭囊下，也有一个小囊袋，内插一杆状物，尾部是三根黑色的长羽毛，不像是马鞭，怀疑是鸣镝或其他特殊箭矢。

图11　东壁第三组狩猎图

第四组狩猎图是两个骑马猎者，一前一后，夹击一头站立的大熊（图12）。前者穿棕袍，骑红马，右侧挂一箭囊，双手握一杆旗矛，回身刺向马后大熊。马后有三头熊和一头小兽，一只猎狗追在后面。群熊后面，后者身穿窄袖红袍，头戴风帽，骑一匹白马，左手举弓，右手拉弦，箭在弦上，直指群熊。骑者右侧挂一箭囊，内插一排长箭。

图12　东壁第四组狩猎图

从上面狩猎图可以看到，狩猎工具主要是弓箭，其次是刀或长矛。通过以上描述各种弓的形态，如囊中之弓、放箭之弓、上箭之弓，可以得知，这些弓的最宽厚处不在弓中心（付，也称弓弝），而在弓臂（弓渊），弓梢处变窄，弓弭处最为扁细，弭头系弦（图13.1 -6）。弓不使用时，就要卸弦，弓身便弹回原型，恢复直形弓身（图13.7 -8），装入弓衣。

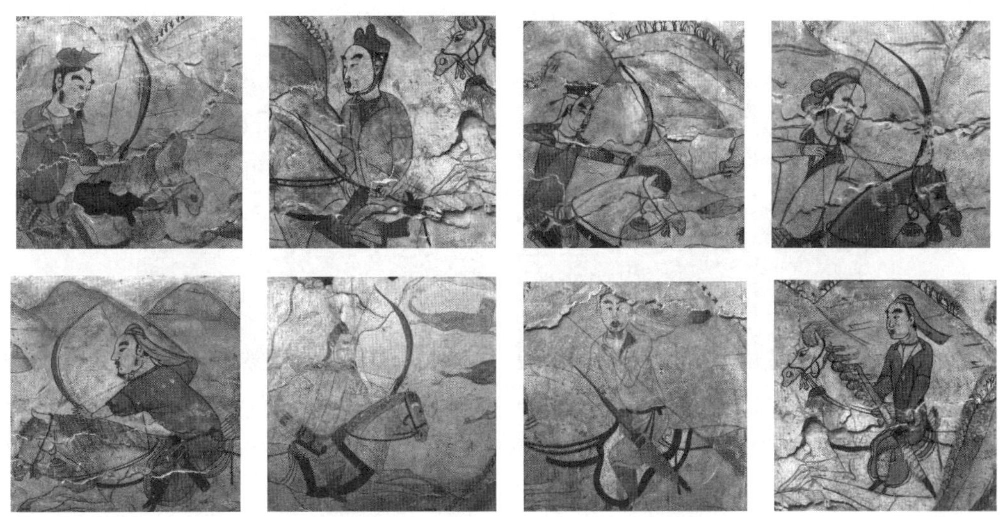

图13　(1、2、3、4、5、6、7、8) 忻州北朝壁画墓墓道狩猎图中的弓

直形弓身在北朝壁画多次出现，如太原北齐娄睿墓壁画、[①] 太原王家峰北齐徐显秀墓壁画、[②] 朔州水泉梁北齐墓壁画[③]等（图14）。图中看到的直弓两头各见有绳环，显然是为方便上弦。弓的材料必须有弹性，好弓使用精选木材。弦的材料，首选牛筋，牛筋具有高度弹力和耐拉力。弓两端的弓弭多采用骨角一类材质。[④] 弓身用多种材料组合制成，称为复合弓。

忻州壁画中狩猎者所持弓箭有不同形制，有的弓较细，有的弓较粗，可能与弓的张力以及射击远近有关。北朝就有不少人使用强弓，如《北史·奚康生传》记载："康生少骁武，弯弓十石，矢异常箭，为当时所服。……时梁闻康生能引强弓，故特作大弓两张，长八尺，把中围尺有二寸，箭粗殆如今之长笛，送与康生。康生便集文武，用之平射，犹有余力。观者以为绝伦。"[⑤] 文中提到的弓长八尺，北魏一尺，合今30.9厘米，八尺即为247.2厘米。这种特制长弓少见，从忻州九原岗壁画看，大部分的弓，弦绷满时，弓长约1.2米到1.3米，松弦后，弓长当在1.5—1.7米。成书于春秋战国

① 山西省考古研究所、太原市文物管理委员会：《太原市北齐娄叡墓发掘简报》，《文物》1983年第10期，第1—23页。

② 山西省考古研究所、太原市文物考古研究所：《太原北齐徐显秀墓发掘简报》，《文物》2003年第10期，第4—21页。

③ 山西省考古研究所、山西博物院、朔州市文物局、崇福寺文物管理所：《山西朔州水泉梁北齐壁画墓发掘简报》，《文物》2010年第12期，第26—42页。

④ 《周礼注疏》卷41《考工记·弓人》，阮元校刻：《十三经注疏》，北京：中华书局，1980年，第934—936页。

⑤ 《北史》卷37，第1359—1360页。

图 14 娄叡墓墓道西壁（山西省考古研究所、太原市文物考古研究所：《北齐东安王娄叡墓》，北京：文物出版社，2006 年，第 36—37 页，图版 30）、徐显秀墓墓道东壁（山西省考古研究所、太原市文物考古研究所：《太原北齐徐显秀墓发掘简报》，《文物》2003 年第 10 期，第 37 页，图 21）、水泉梁北齐墓室东壁画中的弓（山西省考古研究所、山西博物院、朔州市文物局、崇福寺文物管理所：《山西朔州水泉梁北齐壁画墓发掘简报》，《文物》2010 年第 12 期，第 34 页，图 16）

时期的《考工记》有弓的记载，将弓定为上、中、下制三种，“弓长六尺有六寸，谓之上制，上士服之；弓长六尺有三寸，谓之中制，中士服之；弓长六尺，谓之下制，下士服之”①。如以一尺当今 23 厘米计算，六尺六寸约为 152 厘米，六尺三寸约为 145 厘米，六尺约为 138 厘米。杨泓先生做过统计，楚墓出土竹制或木制的先秦弓，长约 1. 38 米至 2. 15 米。② 考古也出土过汉晋以后的弓，如新疆民丰县尼雅墓地 M8 出土复合弓，长 132 厘米，弓体已稍变形，以木、角作骨架，结合处用筋绳绑结。弦以动物筋腱制成。还出土弓袋一件。袋身用三块鞣制皮革缝制而成，上缝出菱格纹，格内填云纹，袋尾为红色革面，压花。通长 104 厘米、袋口宽 18 厘米。③ 弓上弦后为 1. 32 米，卸弦后弓身伸直，应长 1. 5 至 1. 7 米，和壁画所见弓长度基本相同。

弓有优劣，箭矢也是多种多样，许多方外小国也有贡箭矢者，如勿吉，“在高句丽北，旧肃慎国也”。盛产楛矢，北朝期间，贡使相寻，“至于武定不绝”④。

围猎骑乘的马，都是经过训练的军马，能自觉配合主人，听令进退，遇兽敢冲。古人对军马有专门要求，明代高颖撰《武经射学正宗指迷集》，其卷二载：“凡马，须要平日适饲养，调度踪蹲，听令进止，触物不惊，驰道不削，前两足从耳下齐出，后

---

① 《周礼注疏》卷 41《考工记 · 弓人》，阮元校刻：《十三经注疏》，第 936 页。

② 杨泓：《中国古兵器论丛》（增订本），北京：文物出版社，1980 年，第 204 页。

③ 新疆考古研究所：《新疆民丰县尼雅遗址 95MNI 号墓地 M8 发掘简报》，《文物》2000 年第 1 期，第 4—40 页。

④ 《魏书》卷 100，第 2219 页。

两足向前倍之，则疾且稳，而人可用器矣。故马者，战阵时人命定所寄也。胡马惯战，数倍中国，岂特风气使然，亦居常调度之功也。”①

北朝善射猎者比比皆是，翻阅《魏书》《北史》可知，射猎成为日常生活内容之一，特别是出自代北的诸游牧民族成员，“弓无虚发”“便弓马”“善骑射”的记载不绝如缕。忻州北朝壁画墓狩猎图正是北朝骑马民族喜好狩猎的真实写照，对研究北朝军队训练方式和装备有重要价值。

观察墓道狩猎壁画可知，狩猎基本方式是围歼，往往是成组进行，或两人或三人一组，或前后夹击或围而阻杀，对小动物则以追杀为主。每组成员互相照应，有引诱的，有攻击的，体现了协同作战的特点。

从佩戴弓箭和张弓射箭图像看，或在左，或在右，可能是构图需要：面向右的骑者右边配箭，面向左的骑者左边配箭，如前图所示。还有少数人，左右皆可以射，如《北史》记载：贺拔岳，“初为太学生。及长，能左右驰射，骁果绝人”②。《北史》又载：“（虞）庆则幼雄毅，性倜傥，身长八尺，有胆智，善鲜卑语，身被重铠，带两鞬，左右驰射，本州豪侠皆敬惮之。”③

（3）墓道西壁第三层将士出行图

墓道西壁第三层壁画，长12.1—15.5米，高1.65米。共绘有十七人，均为步行壮年武士，腰挎弓箭，排队前行，诸人装扮各异，甚至有以兽皮为衣者（图15）。因人物由墓室向墓道口行进，象征由内到外，于是暂名为出行图。

图15　墓道西壁壁画第三、第四层壁画将士出行图

下面根据图片依次（从左到右，从上排到下排）叙述（图16）。

① （明）高颖：《武经射学正宗暨武经射学正宗指迷集》卷2，林忠民编：“中华民国”射箭协会丛书之三，台北：出版者不详，1985年，第81页。

② 《北史》卷49，第1800页。

③ 《北史》卷73，第2516页。

图16　将士出行图

第一位头戴黑色风帽，脸庞较瘦，尖下巴，胡须稀少，上穿白色翻红领窄袖长袍，腰系棕色腰带，下穿白裤，脚蹬黑色软鞋，一边前行一边回顾，腰部左侧挂一红色弓囊，内插未弯曲的黄色长弓，左手握长弓中部，右臂向上弯曲。腰部右侧挂一箭箙，内插一排白羽长箭。

第二位身材粗壮，浓眉大眼，头戴黑色风帽，上穿圆领虎皮半袖长袍，腰系黄色腰带，下穿白色裤子，脚蹬黑靴，腰部左侧挂一黄色弓囊，内插未弯曲的白色长弓，左手握长弓中部，右手扶于长弓头部。

第三位深目高鼻，胡须浓密，似为胡人，头戴黑色风帽，上穿浅红色半臂长袍，腰系白色腰带，下着白色裤子，脚蹬黑色软鞋，一边前行一边扭头，腰部左侧挂一红色弓囊，内插未弯曲的白色长弓，左手握长弓中部，右手弯曲在胸前，右侧挂一白色箭箙。

第四位头戴黄红色搭配的卷沿风帽，身材中等，一双剑眉，胡须稀少，上穿白色翻领窄袖长袍，内套红色圆领内衣，腰系红色腰带，下着白裤，脚蹬棕色软鞋，腰部左侧挂一红色弓囊，内插黄色长弓，左手着长弓中部，右臂向上弯曲，五指叉开。

第五位头戴黑色风帽，身材中等，山羊胡，身穿白色圆领内衣，似将白色长袍上部脱下，系在腰部。白色长袍下半部露出虎皮裤腿，脚蹬棕色软鞋，腰部左侧挂一红色箭箙，内插一排羽翎长箭。腰部右侧挂一黄色弓囊，内插一支黄色长弓，似加包裹，粗壮醒目。左手握着箭箙上部，右臂前伸。

第六位也似胡人，头戴胡帽，上穿黄色翻领窄袖长袍，腰系黑色腰带，下穿白裤，脚蹬棕色靴子，腰部左侧挂一豹皮弓囊，内插白色长弓，左手甩在后面，右手扶右侧的箭箙，迈步前行。

第七位头戴黑色风帽，上穿翻领窄袖红色长袍，腰系黑色腰带，下穿白色裤子，脚蹬黑色软鞋，腰部左侧挂一虎皮弓囊，内插未弯曲的白色长弓。左手上伸，打着手势，扭身与后边之人交谈，右手甩臂向前。腰部右侧挂一箭箙，内排列十余枝带白色翎羽长箭。

第八位头戴黑色风帽，上穿红色长袍，却脱下左袖，亮出左膀，缠在腰间。下穿白色裤子，脚蹬黑色软鞋，一边走一边交谈。腰部左侧挂一豹皮弓囊，内插黄色长弓，左手前伸，右手上举，似握一鞭杆。腰部右侧挂一黑色箭箙，内排列十余枝白翎长箭。

第九位头戴黑色风帽，瘦脸，尖下巴，络腮胡，上穿白色翻领窄袖长袍，腰系棕色腰带，下穿虎皮裤，脚蹬黑色软鞋，边行边看，腰部左侧挂一红色弓囊，内插未弯曲的黄色长弓，左手握着长弓中部，右臂自然下垂。腰部右侧挂一箭箙，内插密密一排白羽长箭。

第十位头戴黑色笠帽，沿边有穗，帽下系带。瘦长脸，留胡须，上穿白色翻领窄袖长袍，领口露出里面红色内衣。腰系棕色腰带，下穿白裤，脚蹬棕色黄沿靴子，边行边看，腰部左侧挂一黄色弓囊，内插白色长弓，左手握长弓上部，右臂前伸。腰部右侧似挂一刀鞘，口部露出黄色刀穗。

第十一位头戴黑色风帽，上穿红色翻领长袍，腰系黑色腰带，下穿白色裤子，脚蹬黑色软鞋，边行走边回头，腰部左侧挂一红色弓囊，内插白色长弓，左手握长弓中部，右手甩臂向前。右侧挂一箭箙，内排列十余枝长箭，头部似有一套罩着羽翎。

第十二位身材强壮，头戴黑色风帽，上穿圆领豹皮半袖长袍，腰系灰色腰带，下穿黄色裤子，脚蹬黑靴，腰部左侧挂一黄色弓囊，内插黄色长弓，左手握长弓中部，右手扶腰部右侧的箭箙边沿。

第十三位头戴黑色风帽，上穿红色翻领窄袖长袍，腰系棕色腰带，下穿虎皮裤，脚蹬黑色软鞋，腰部左侧挂一红色弓囊，内插白色长弓，左手握着长弓中部，右手甩臂向前。右侧挂一箭箙，内排列十余枝带白色翎羽长箭。

第十四位头戴白色卷沿风帽，胡须飘起，上穿黄色翻领窄袖长袍，腰系棕色腰带，下穿虎皮裤，脚蹬黑色软鞋，腰部左侧挂一红色弓囊，内插白色长弓，左手握长弓中部，右手扶在腰部右侧的箭箙边沿。

第十五位头戴黑色风帽，身材高瘦，深目高鼻，似为胡人，留着胡须，上穿白色翻领长袍，棕色腰带，下穿黄色裤子，脚蹬黑色靴子。腰部左侧挂一黄紫弓囊，内插黄色长弓，腰部右侧挂一箭箙，露出一排白色羽翎长箭。左手垂在箭箙上部，右臂前伸。

第十六位头戴山字形黑色风帽，身材高瘦，留着胡须，上穿红色翻领长袍，棕色腰带。下穿黄色裤子，脚蹬黑鞋。腰部左侧挂一豹皮弓囊，内插白色长弓，腰部右侧挂一箭箙。左手自然下垂，右手放在箭箙上部。

第十七位头戴黑色风帽，身材瘦高，低首垂目，山羊胡子前翘，上穿黄色翻领长袍，内着红色内衣，棕黄色腰带。下穿白色裤子，脚蹬黄色靴子。腰部左侧挂一紫色弓囊，内插黄色长弓，腰部右侧挂一箭箙，内插一排羽翎长箭。右手自然下垂，左手放在弓囊上部。

（4）墓道东壁第三层将士出行图

东壁第三层壁画长度与西壁第三层相同，因壁画被破坏，仅残留人物图像 14 位，高 1.65 米，均为男性壮年武士，装扮各异，腰挂弓箭，由内向外，鱼贯而行，边走边谈（图 17）。

图 17　东壁第三层将士出行图

按顺序从前到后（从右到左，从上排到下排）叙述如下（图 18）。

图 18　东壁第三层将士出行图

第一位人物画像遭严重破坏，仅留存半个头部和右脚，据残留壁画看，该男子个子较高，头戴黑色风帽，身穿红色长袍，面向西壁，浓眉大眼，有胡须，足蹬红色靴子。

第二位腿部被破坏，据残留壁画看，头戴黑色风帽，系带扎结于颌下。山羊胡子向前飘扬。身穿白色翻领窄袖长袍，内着红色内衣。身材低瘦，下穿白色裤子，着黑色软鞋。身体一侧挂着一个弓囊，内装一张白色长弓。

第三位也是腿部被破坏，据残留壁画看，头戴黑色风帽，胡须稀少，回首交谈。身穿红色翻领窄袖长袍，内着白色内衣，腰系黑色腰带。身体左侧挂着一个弓囊，内装一张粗壮白色长弓。

第四位人物遭严重破坏，仅留存头部和上身肩部，据残留壁画看，该男子头戴黑色风帽，身穿白翻领色长袍，面上有稀疏山羊胡子。

第五位身高体壮，头戴红色卷沿帽，帽上有红色系带，浓眉大眼，唇留两撇八字胡。身穿翻领虎皮长袍，内着红色内衣。左手在胸前，五指张开。

第六位腿部被破坏，据残留壁画看，头戴黑色风帽，两目前视，胡须稀少。身穿红色翻领窄袖长袍，内着黄色内衣，腰系棕色腰带。身体左侧挂着一个弓囊，装一张黄色长弓。腰部右侧挂一红色箭箙，内排一列黑色羽翎长箭。左手扶弓囊，右手下垂至箭箙。

第七位头戴黑色风帽，胡须稀少，扭身回顾，身穿白色翻领长袍，内着白色内衣，下穿虎皮裤子，足蹬棕色软鞋。身体左侧挂一弓囊，装一白色长弓。腰部右侧似挂一红色箭菔和黑色刀鞘，黄色刀穗露在外面。左手扶弓囊，右手自然下垂。

第八位头戴黑色风帽，目视前人，身穿黄色翻领窄袖长袍，内着灰色内衣，下穿白色裤子，足蹬棕色靴子。身体左侧挂一弓囊，装一灰色长弓。腰部右侧似挂一宽体红色箭箙，内插七枝黑色带羽长箭。

第九位身体瘦高，头戴黑色风帽，胡须较多，身穿红色圆领窄袖长袍，下穿白色裤子，足蹬棕色软鞋。身体左侧挂一红色弓囊，装一灰色长弓。腰部右侧挂一精美的红边箭箙，内插七枝黑色带羽长箭。左手自然在前，右手下扶箭箙。

第十位头戴黑色风帽，胡须不多，侧身回顾，身穿白色圆领窄袖长袍，下穿白色裤子，足蹬黄色靴子。身体左侧挂一红色弓囊，内装一白色长弓。腰部右侧挂着一个暗红色的箭箙，口部中空，不见内插长箭。左手扶弓囊，右手向下抓箭箙上部。

第十一位头戴黑色风帽，络腮胡子，目视前方，似与前一人交谈。身穿白色翻领窄袖长袍，下穿白色裤子，足蹬黑色靴子。身体左侧挂一红色弓囊，内装一白色长弓。腰部右侧挂一个精美箭箙，内插五支羽翎长箭。左手扶弓囊，右手在下。

第十二位头戴黑色卷沿风帽，头侧向后，络腮胡子。身穿红色圆领窄袖长袍，下穿白色裤子，足蹬黑色软鞋。腰部右侧挂着一个黑色精美刀鞘，口部露着黄色刀穗。身体左侧挂一黄色弓囊，内装一白色长弓。左手下垂，右手搭在刀鞘口部。

第十三位头戴黑色风帽，目视前方，胡子稀少，正与前面之人交谈。身穿红色翻领窄袖长袍，下穿白色裤子，足蹬黑色软鞋。身体左侧挂一豹皮弓囊，装一黄色长弓。腰部右侧挂着一个精美箭箙，内插羽翎长箭，口部有套罩着。左手下垂，右手在胸前。

第十四位头戴黑色卷沿风帽，头侧一旁，八字胡浓密。身穿白色圆领窄袖长袍，下穿白色裤子，足蹬黑色软鞋。身体左侧挂一虎皮弓囊，装一黄色长弓。腰部右侧挂一个精美箭箙，内插羽翎长箭，口部有套罩着。左手下搭箭箙，右臂弯曲在胸前。

（5）墓道西壁第四层将士归营图

该图见于墓道西壁第四层壁画，西壁四层壁画长 9.2—12.1 米，高 1.65 米。共有人物八个，畏兽一个。画面分两部分，前面一部分是山丘树林，其间隐约可见一些旗帜营寨。后面一部分，绘八位步行的壮年武士，腰佩长刀，左腿前，右腿后，由外向墓室方向行进。在墓室口，站立一个手挥长刀的畏兽，面向武士队伍。由于此层壁画人物行进方向与第三层人物相反，故名为归营图（图19）。

图19　西壁第四层将士归营图

按队伍行进方向，从前到后（从右到左）依次叙述（图20）。

图20　西壁第四层将士归营图

第一人头戴黑色折上巾，面带微笑，身穿红色翻领窄袖长袍，内着灰色内衣，下穿黄色裤子，身体微躬，双手下垂，腰系黑色革带，腰部左侧佩带一把黑色刀鞘，长三尺有余，末端露着白色刀柄，刀柄上部有一圆孔，系着红色皮环。腰部左后侧插一马鞭，梢部斜下插入革带，鞭柄朝上，尾部系一绳环。该画面中的武器究竟是刀还是剑？笔者认为是刀。理由如下：一是古代骑兵多用刀，借助马的速度顺势砍杀，杀伤力远大于剑刺。二是北朝刀沿袭汉魏环首刀，多是直刀，装进刀鞘不易分别，但看刀身则有不同。基本区别是，剑是两边开刃，前端两侧向中部收回，为直尖形。而刀是单边开刃，前端为开刃沿向刀背沿收回。前述东壁狩猎图的三个步行狩猎者中，其中一个就是用直柄刀，劈向挣扎着的大熊。由此依据，推测归营图军士携带武器均为长刀。

第二人头戴黑色折上巾，该巾下有白色发罩，遮住头发，后面垂在肩部。面部损坏，身穿白色翻领窄袖长袍，内着黄色内衣，下穿白色裤子，足蹬黑色软鞋。腰系黑色革带，腰部左侧佩带一把刀鞘，长三尺有余，末端露白色刀柄，刀柄上部有一圆孔，系红色皮环。腰部右侧插一马鞭。左手握刀柄，右手甩在胸前。

第三人头戴黑色折上巾，面朝右侧，山羊胡子，身穿黄色翻领窄袖长袍，内着白色内衣，下穿白色裤子，足蹬黑色靴子。腰系黑色革带，腰部左侧佩带一把黑色刀鞘。左手握刀柄，右手自然下垂。

第四人头戴黑色折上巾，胡须较少，身穿白色翻领窄袖长袍，内着黄色内衣，下穿黄色裤子，足蹬黑色软鞋。腰系黑色革带，腰部左侧佩带一把黑色刀鞘，长三尺有余，末端露白色刀柄，刀柄上部有一圆孔，系有红色皮环。腰部右侧插一马鞭。左臂弯曲胸前，右手垂在腹部。

第五人头戴黑色折上巾。目视前面，几绺胡须向前飘拂，身穿红色圆领窄袖长袍，下穿白色裤子，脚蹬黄色靴子。腰系黑色革带，腰部右侧佩带一把黑色刀鞘，可见用细绳系在腰部革带上，长三尺有余，尾部系一黄色皮环。左臂向前弯曲，右手握刀柄，边走边与前者交谈。

第六人头戴黑色折上巾，该巾下有白色发罩，遮住头发。面朝前方，胡须不多，身穿黄色翻领窄袖长袍，内着白色内衣，下穿白色裤子。腰系棕色革带，腰部左侧佩带一把黑色刀鞘。左手握刀柄，右手甩在前面。

第七人头戴黑色折上巾，面有忧色，胡须不多，身穿红色翻领窄袖长袍，内着白色内衣，下穿白色裤子，足蹬黑色靴子。腰系棕色革带，腰部左侧佩带一把黑色刀鞘，腰部右后插一鞭杆。左手握刀柄，右手下垂。

第八人头戴黑色折上巾，面孔清瘦，面朝前方，山羊胡子，身穿黄色翻领窄袖长袍，内着白色内衣，下穿白色裤子，足蹬黑色软鞋。腰系棕色革带，腰部右侧佩带一把黑色刀鞘，鞘上部有两环，细绳穿过两环，系在革带。刀柄也是黑色，上系红色皮环。两手握于腹部。

（6）墓道东壁第四层将士归营图

该图位于墓道东壁第四层，长高与墓道西侧第四层相等。画面内容可分两部分，前面部分是连绵起伏的丘林，其间依稀可见旗帜营寨。后面一部分，绘着八个身穿长袍、佩带武器的步行者，由外向墓室方向行进。被盗墓者破坏，仅残余腿部。足蹬靴子或软鞋，由画面刀鞘下半部可以知道，每人腰佩长刀，其中仅有第五人残留半个头部，叙述如下（图21）。

图21　东壁第四层将士归营图

第五人头戴黑巾，双目前视，小山羊胡子，身穿白色长袍，下着白裤，足蹬黑色靴子，腰佩红色刀鞘（如图22）。

图22　东壁第四层归营图

如上述所见，出行图将士携带武器主要为弓箭，归营图将士携带的武器为直柄刀。弓箭和刀俱是北方游牧民族的主要兵器，北方骑兵号称“控弦之士”，指的就是善用弓箭。弓箭有许多种类，《卫尉寺·武库令》：“弓之制有四：一曰长弓，二曰角弓，三曰稍弓，四曰格弓。（《释名》曰：“弓，穹也，张之穹然。其末曰‘肃’，言肃邪也；以骨为之曰‘弭’。中央曰‘柎’，所抚持也。今长弓以桑柘，步兵用之；角弓以筋角，骑兵用之；稍弓，短弓也，利于近射；格弓，彩饰之弓，羽仪所执。）……箭之制有四：一曰竹箭，二曰木箭，三曰兵箭，四曰弩箭。……《方言》曰：‘自关而东谓之矢，江、淮之间谓之镞。关西谓之箭。’其本曰‘镝’，体曰‘干’，其旁曰‘羽’，其矢末曰‘栝’，其栝旁曰‘义’。又《通俗文》曰：‘骨镞曰骲，铁镞曰镝；鸣箭曰骹，霍叶曰鈚，皆古之制也。竹箭以竹为笴，诸箭亦通用；木箭以木为笴，唯利射猎；兵箭刚镞而长，用之射甲；弩箭皮羽而短，用之陷坚也。’”[①] 新疆尼雅墓地8号墓也出土有弓箭和箭箙，箭长80—81厘米。[②]

由归营图军士佩刀又有马鞭来看，他们是骑兵。骑兵喜用刀，因为刀比剑更合适，借助马的冲击力，可以上下劈砍挥杀。剑主要是刺，力道和效果皆不如刀。另外从习惯上讲，北方游牧民族也是以刀为主要兵器。这些壁画上的刀，由于插在刀鞘中，难以详查其形状。但是在西壁归营图最前面有一个镇墓武士手中拿着一把刀，根据刀柄

---

① 《唐六典》卷16，第460—461页。

② 新疆考古研究所：《新疆民丰县尼雅遗址95MNI号墓地M8发掘简报》，《文物》2000年第1期，第4—40页。

看，与归营武士的刀柄相同，推测刀身也相同（如图23）。2005年我们发掘过一座北魏墓葬，就出土过一把直刀（如图24）。[①] 汉代以来多用环首直刀，长的一米多，短的六七十公分。北魏墓出土的直刀也有小环首。东魏北齐出了一个著名的制刀专家，即綦毋怀文（公元6世纪），《北史·綦毋怀文传》记载："綦母怀文，不知何许人也，以道术事齐神武。……怀文造宿铁刀，其法，烧生铁精以重柔铤，数宿则成刚。以柔铁为刀脊，浴以五牲之溺，淬以五牲之脂，斩甲过三十札。"[②] 他改造了灌钢技术，制出的刀可以斩断三十札铁甲。隋代仍然见直柄刀，如太原隋斛律彻墓中出土陶俑，就佩戴这种直柄刀（图25），[③] 刀首无环，刀鞘中间箍环上的附耳清晰可见。

图23　忻州九原岗北朝壁画墓所绘直柄刀

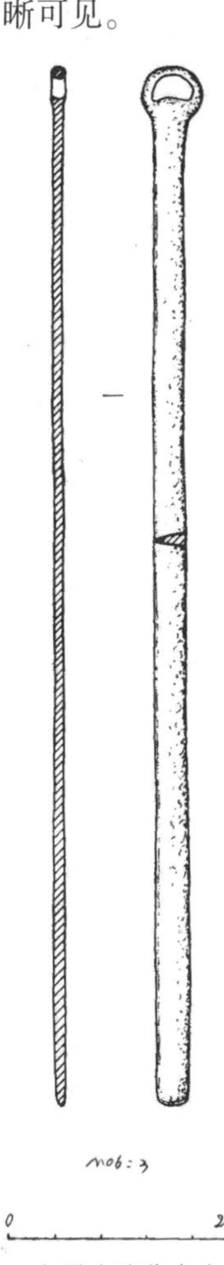

图24　大同北魏墓出土的长刀

图25　太原隋斛律彻墓中出土陶俑佩戴的直柄刀

① 出土于大同湖东北魏墓地，发掘报告正在整理中。

② 《北史》卷89，第2940页。

③ 山西省考古研究所、太原市文物管理委员会：《太原隋斛律彻墓清理简报》，《文物》1992年第10期，第1—14页。

在狩猎图、出行图和归营图中，军士的服装因为其各种样式，显得格外醒目，冠饰有风帽、笠帽、卷沿帽、长巾数种。长袍有翻领长袍、圆领长袍，半袖兽皮长袍，裤子有普通长裤，也有兽皮裤等。此外每人腰系皮革腰带（不似蹀躞带），佩挂弓箭刀鞘。足下有靴子、软鞋等。与娄叡墓、徐显秀墓壁画所见军士相比，此墓的服装不统一、不整齐，差异很大，究其原因，可能与其带有更多的当地部落服饰特点有关。

喜爱裘皮服装，应该是北方民族的共性，虽然史书没有明确记载，但是从地理环境分析，北方严寒，狩猎获得虎皮、豹皮等兽皮，自然可以加工成很好的保暖服装。在徐显秀墓壁画中，墓主人也是穿有带貂皮领子的大氅。此地将士则在皮毛使用上表现得更为突出和普及，毛皮不仅用在长袍上，也用在裤子上，特别是，在许多弓囊上也使用毛皮，成为这支军队的一个特色，透露出更多的民族性和部落军队的信息。

北方有些民族有使用毛皮的习俗和传统，如《隋书·室韦传》记载，他们“射猎为务，食肉衣皮”①。《旧唐书·霫传》：“霫，匈奴之别种也，居于潢水北，亦鲜卑之故地，……人多善射猎，好以赤皮为衣缘。”② 根据这些记载，可见在忻州出现喜好皮毛的部落，也是情理中事。

忻州壁画中所见数量最多的冠饰是风帽，风帽在娄叡墓壁画③、徐显秀墓壁画④和朔州南泉梁北齐墓壁画⑤中也占了主要地位。该冠帽顶较小，或为馒头状，或为“山”形状，后面带垂裙，掩盖脖颈，避免风吹后颈，帽子两边各有一带，顺脸颊垂落，可以系在下颔下，防止被风吹落。这种冠本源于北魏时期的鲜卑帽，在大同智家堡北魏石椁图像⑥和大同北魏司马金龙墓⑦出土陶俑头上，都可见到鲜卑帽（图 26）。鲜卑帽与北齐风帽的区别是，其顶部呈高顶圆形，帽的前沿位于额部，体积较大，较饱满，多为黑色，脑后及两侧有垂至肩部的垂裙，有的垂裙还能遮住双耳。帽附垂裙是北方民族的特点，甚至在一些突厥人的帽子上，也可以看到垂裙。带垂裙的帽子，是北地

---

① 《隋书》卷 84，第 1883 页。

② 《旧唐书》卷 199 下，第 5363 页。

③ 山西省考古研究所、太原市文物管理委员会：《太原市北齐娄叡墓发掘简报》，《文物》1983 年第 10 期，第 1—23 页。

④ 山西省考古研究所、太原市文物考古研究所：《太原北齐徐显秀墓发掘简报》，《文物》2003 年第 10 期，第 4—21 页。

⑤ 山西省考古研究所、山西博物院、朔州市文物局、崇福寺文物管理所：《山西朔州水泉梁北齐壁画墓发掘简报》，《文物》2010 年第 12 期，第 26—42 页

⑥ 王银田、刘俊喜：《大同智家堡北魏墓石椁壁画》，《文物》2001 年第 7 期，第 40—51 页。

⑦ 山西省大同市博物馆、山西省文物工作委员会：《山西大同石家寨北魏司马金龙墓》，《文物》1972 年第 3 期，第 20—64 页。

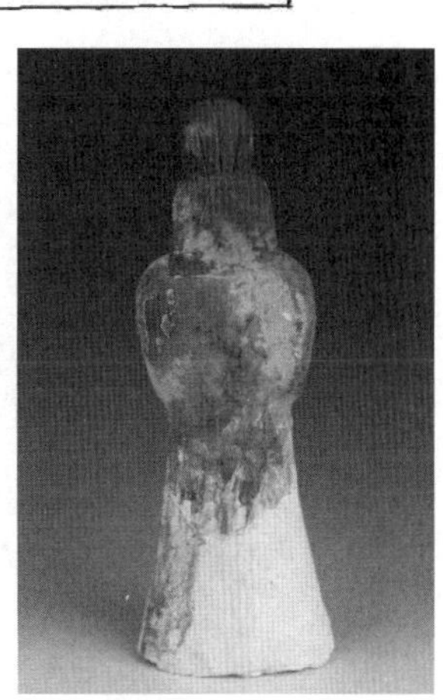

图 26　大同智家堡北魏石椁图像与司马金龙墓陶俑所见风帽

特有气候与地理环境的产物，能够有效的保暖和抵御风沙，适宜风疾沙多的寒冷地区。与鲜卑帽相比，北齐风帽要轻薄许多，帽顶变小，前沿也退到头顶，不再包着前额，形状略有改变，但是帽后垂裙依然存在，功能没有改变。此外鲜卑帽男女帽有别，男帽顶部饱满，甚至突起，女帽顶部中部低凹，皆带垂裙。北齐风帽仅见于男子，女子甚少戴帽，而妇女的各种发式增多。《隋书·礼仪志七》所说“后周之时，咸着突骑帽，如今胡帽，垂裙覆带，盖束发之遗象也”①。《旧唐书·舆服志》所说“爰至北齐，有长帽短靴，合袴袄子，朱紫玄黄，各任所好”②。两书记载的“突骑帽”或“长帽”，应该就是在壁画中频频出现的北齐风帽。从下图北魏、东魏、北齐帽子的形象看，很清楚显示出其演变轨迹。不过北齐时依然有“鲜卑帽”出现，如《太平御览》记载：“《北齐书》曰：后主武平中，特进侍中崔季舒宅中池内，莲茎皆作胡人面，仍着鲜卑

① 《隋书》卷 12，第 266 页。

② 《旧唐书》卷 45，第 1951 页。

帽，俄而季舒见杀”[①]。从“仍着鲜卑帽”分析，说明当时人已经不戴鲜卑帽，间接反映出传统的鲜卑帽已经退出历史舞台，让位于普遍流行起来的北齐风帽（图27）。

图27　河北磁县东陈村东魏墓风帽俑（磁县文化馆：《河北磁县东陈村东魏墓》，《考古》1977年第6期，第393页，图3。）、北齐娄叡墓陶俑（山西省考古研究所、太原市文物管理委员会：《太原市北齐娄叡发掘简报》，《文物》1983年第10期，第5页，图7.2）、北齐徐显秀墓陶俑（山西省考古研究所、太原市文物考古研究所：《太原北齐徐显秀墓发掘简报》，《文物》2003年第10期，页14，图16.2）、与北齐娄叡墓壁画所见风帽（山西省考古研究所、太原市文物考古研究所：《太原北齐徐显秀墓发掘简报》，《文物》2006年第10期，页15，图7）

① 《太平御览》卷975，石家庄：河北教育出版社，2000年，第815页。

根据上述，可以得出以下几点认识：

一、忻州距太原约八十公里，素有“晋北锁钥”之称。北邻大同、朔州，南毗太原，西隔黄河与陕西、内蒙古相望，东以太行山与河北接壤。地貌以山地丘陵为主，平原仅占百分之十左右。北朝时期，这里林树葱茏，草甸遍布，虎狼豹熊时有出没；牛羊马群漫山遍野，自古是放牧畋猎的理想之地，在此活动着许多游牧部落，九原岗北朝墓葬的狩猎图当就是此地北朝情况的缩影。中国中古时代图像中常可见到狩猎图像，尤其是在北魏定都平城期间，墓葬壁画或棺板画中反复出现狩猎画面，反映出狩猎既是传统的延续，也是现实生活和地理环境的自然产物。

二、九原岗墓道壁画反映的是游牧部落组成的军队，狩猎既是生产活动，也是古代游牧部落军队练兵的一种形式，也是该墓壁画的主要内容，印证了北朝“射猎为军阵之法”的记载。狩猎时，步卒与骑兵共阵，交替使用刀、箭、长矛等兵器，不断变换指挥调动，实施布阵、设围、格斗、驱逐、围歼等战术，阵法与战术与在实际战场上相通，既可以培养战士的体能、速度、胆量和勇气，又在与野兽你死我活的拼斗中，培养了面对强敌的必胜斗志、尚武精神和协同作战经验。北朝军队号称勇猛善战，这与严酷的围猎野兽训练、优胜劣汰的客观事实是分不开的。

三、通过前面狩猎图可见北朝骑兵的作用非常突出，即使在第三第四层的步行将士图中，也可以从携带的马鞭看出，这些步行者都是骑兵。这显示出，骑兵是北朝军队的主力。北朝骑兵分重轻两种，重骑兵具备甲骑具装，史书中称为铠马，即身披铠甲之马，长于平地上冲锋陷阵，不适宜狩猎，因此在狩猎图中，只见轻骑兵。对于游牧部落来说，主要战斗力集中于轻骑兵上。轻骑兵快速机动，来去如风，战斗力猛，冲击力强，善于长途奔袭，包抄追歼，尤其利于平原旷野和一般山地、丘陵的机动作战。他们配有弓箭快刀，远攻近杀皆可，战斗力远大于步卒，自古就有很高评价。成书于战国的《六韬·犬韬·均兵篇》中即论述了骑兵对步兵的作战优势：“十骑败百人，百骑走千人。”[①] 浏览北朝史书，常可见北朝“精骑（劲骑）”的记载，如《魏书·尔朱荣传》载：“荣率精骑七千，马皆有副，倍道兼行。”[②]《北齐书·孙搴传》也载：“搴曰：‘我精骑三千，足敌君羸卒数万。’[③] 所谓精骑或劲骑，指的就是这种训练有素的轻骑兵，仔细观察墓道壁画狩猎图，能够体悟到北朝骑兵的上述特征。

需要说明的是，该墓道壁画所反映的只是北朝军队的部分训练方式，北朝骑兵和步兵训练还有其他形式，在北魏墓葬壁画也有反映，由于超出本文范围，有待以后另文论述。

---

① （周）吕尚：《六韬》卷6，北京：中华书局，2007年，第218页。

② 《魏书》卷74，第1649页。

③ 《北齐书》卷24，第342页。

从犍陀罗到敦煌

——古代西域美术考古的研究与回顾

刘　波［哈尔滨工业大学（深圳）人文与社会科学学院］

古代中亚地区（包括中国西北地区在内）的美术考古发掘及研究活动，在19世纪末期就已经开始，犍陀罗佛教美术品的重新发现属于最初的成绩。这种具有明显西方古典艺术特征的佛教美术品的发现极大地刺激了鼓吹“西方文明中心论”的一些学者，他们试图从多个角度论述西方古典文化与艺术对世界其他文化的影响。时至今日，人们早已认识到必须重新以各种文明相互交流的视角来观察这些激动人心的发现。

进入20世纪初期，以斯坦因、伯希和等为代表的一些西方探险家和学者开始在古代西域地区包括今新疆以及河西走廊进行考古调查活动，掀起了研究佛教美术东渐历史的高潮。与此同时，以J·哈金、D·施留姆别尔等为代表的考古学家，也对古代中亚阿富汗、巴基斯坦等地区进行了考古调查活动，在确定了一些佛教遗址的同时，对古代中亚地区的美术风格，尤其是伊朗系的美术风格的地位提出了新的看法和观点。

二战以后，由于前苏联考古学家们对苏联中亚地区展开的大规模的考古调查活动以及日本等国的考古调查队对于阿富汗、巴基斯坦等地的再次发掘和调查，新发现的遗址和出土文物，极大地推动了学者们的研究工作，使重新构建古代中亚的美术传统成为可能。进入新世纪以来，中国学者也开始参与到古代中亚地区的考古活动中，并将最新的考古成果引入到学术研究中，在古代中亚美术考古领域也开始占有一席之地，学术研究有了显著的发展。本文将从四个时期，回顾19世纪末以来中外学者们对于古代中亚、西域地区的美术考古活动及研究成果。

一、19世纪末至20世纪初期犍陀罗佛教美术品的重新发现及研究

19世纪上半叶，随着英国在印度殖民活动的加强，印度学和美术考古学取得了新的进展，其中最引人注目的便是犍陀罗佛教美术品的重新发现。这种采用西方古典艺术的技巧和形式来表现佛教思想的艺术品引起了西方学者的极大兴趣。从19世纪80年

代开始，欧洲的学者们开始了对犍陀罗佛教美术品的理论研究工作。1893年德国的东方学家A·格林威尔德出版了世界上第一部研究犍陀罗佛教美术的专著《印度的佛教美术》①；随后，在1905年至1923年之间，法国东方学家A·福舍陆续出版了《犍陀罗希腊式佛教艺术》三卷本②，这也是世界上最大的一部研究犍陀罗佛教艺术的专著，作者采用图像学的方法研究犍陀罗造像的题材和构图形式等要素。而集大成者则是英国的东方学家马歇尔，他于1951年发表了考古报告《塔克西拉》，反响巨大；在他去世后，牛津大学出版社在1960年出版了他的《犍陀罗佛教艺术》③，该书从年代学、考古学等角度对犍陀罗佛教美术进行了重新的研究，试图建立考古年代与艺术风格的关系。但总的来说，对于犍陀罗佛教美术，大多数学者侧重的是西方古典艺术对其的影响。其中以B·罗兰德、R·E·M·维尔为代表的学者认为，影响犍陀罗佛教美术的主要是古代罗马艺术，而不是希腊艺术。④

二、20世纪上半期古代中亚及西域地区的考古发现及研究成果

（一）中国新疆、河西地区

犍陀罗佛教美术品的发现促进了西方学者和探险家们继续东进，寻找佛教美术东渐的遗迹。其中收获最大的是英国的斯坦因、法国的伯希和、德国的A·格林威德尔和勒科克等人。

1900—1916年间，斯坦因在我国新疆、河西地区先后进行了三次探险考察活动，首次对中国西北地区的佛教遗址情况作了比较详细的调查，其论述颇多，其中最有参

① A. Grunwedel, *Buddhistische Kunst in Indien*, Mit 76 Abbildungen, Berlin: W. Spemann, 1893, VIII.（《印度的佛教美术》）

② A. Foucher, L'Art greco—bouddhique du Gandhara. 3vols, Pairs: Editions Ernest Leroux, 1905—1923（《犍陀罗希腊式佛教艺术》），又参见［法］A·福舍：《佛教艺术的早期阶段》，王平先、魏文捷译，王冀青审校，兰州：甘肃人民出版社，2008年。

③ Sir John Marshall, *The Buddhist Art of Gandhara*, Published for the Department of Archaeology in Pakistan by Cambridge U. P , 1960. 参见王冀青译：《犍陀罗佛教艺术》，兰州：甘肃教育出版社，1989年。又参见秦立彦等译：《塔克西拉》，昆明：云南人民出版社，2002年。

④ B. Rowland, *The Art and Architecture of India*, New York: Penguin Books, 1977（《印度的艺术与建筑》）. R. E. M. Wheeler, "Roman Contacts with India, Pakistan and Afghanistan"（《罗马与印度、巴基斯坦、阿富汗的关系》）, in W. F. Grimes, ed. , *Aspects of Archaeology in Britain and Beyond*, London: H. W. Edwards, 1951.

考价值的便是五卷本的《西域考古记》(1932)①。

1905—1907 年，普鲁士皇家考查队在 A·格林威德尔和勒科克等人的率领下先后三次考察了我国新疆地区，对新疆地区的佛教美术做了早期的研究，并出版了相关论著，为后来的研究提供了第一手资料。②

而较早对敦煌美术进行了引人注目研究的是法国的汉学家伯希和。1920—1926 年间，由伯希和编著的《敦煌石窟图录》六卷本先后出版。由于该书是莫高窟早期的一部照相记录，因而对于研究者极具价值。另外，20 世纪 80 年代以后，又陆续出版了六卷本的《伯希和敦煌石窟记录》(1920—1924)，亦是研究敦煌学的重要资料③。

除此以外，美国人华尔纳、日本的大谷探险队、瑞典的斯文·赫定探险队以及俄国的探险队也参与了 20 世纪初期对中国新疆河西地区的考古调查活动，并出版了相关论著④。

---

① Sir Aurel Stei, *Ancient Khotan Detailed report of Archaeological explorations in Chinese Turkestan*, 2vols, London & Oxford: Clarendon Press, 1907 (《古代和田》); *Serindia: Detailed report of explorations in Central Asia and Westernmost China*, 5vols, London & Oxford: Clarendon Press, 1921 (《塞林地亚》); *Innermost Asia: Detailed report of explorations in Central Asia , Kan-su and Eastern-Iran*, 4vols, London & Oxford: Clarendon Press, 1928 (《亚洲腹地考古记》); *On Ancient -Asian Tracks: Brief narrative of three expeditions in Innermost Asia and North - west China*, London & Oxford, Clarendon Press, 1932. 参见向达译:《斯坦因西域考古记》, 上海: 中华书局, 1936 年。

② 德国人的研究成果主要有: A. Grunwedel, *Altbuddhistische Kultstatten in Chinesisch - Turkistan (3. Expedition)*, Berlin: De Gruyter, 1912 (《新疆古代佛寺》); *Bericht uber die archaologischen Arbeiten in Idikutschari und Umrebung*, Munich, 1906 (《亦都护城及其附近考古发掘报告》); *Altkutscha: Archaologische und religions geschichtliche Farschungen an Tempera—Gemalden aus Buddhistischen Hohlch der ersten acht Jahrhunderte nach Chirsti Geburt*, Berlin, 1920 (《古代库车》)。A. von Le Coq, *Chotscho: Facsimile—Wiedergaben der wichtigeren Funde der ersten Koniglichen preussischen Expeditions nach Turfan in Ost—Tuikestan*, Berlin: Akademische Druck - u. Verlagsanstalt, 1913 (《高昌图录》)。A. von Le Coq and E. Waldschmidt, *Die buddhistische Spatantike in Mittelasien*, 7vols., Berlin: Verlag Dietrich Reimer / Ernst Vohsen, 1922 - 23 (《中亚晚期佛教艺术》).

③ P. Pelliot, *Les grottes de Touen - houang*, 6vols, Of plates, Paris: Librairie Paul Geuthner, 1920 - 24 (《敦煌石窟图录》); *Grottes de Touen - houang, Carnet de notes de Paul Pelliot*, Paris: Jean Maisonneuve edition, 6vols, 1981 (《伯希和敦煌石窟记录》). 另参见卢秀文:《敦煌石窟瑰宝的早期记录——伯希和〈敦煌图录〉简评》,《敦煌研究》1997 年第 4 期。又，日本学者松本荣一所著《敦煌画的研究》(京都: 同朋社, 1937 年初版), 亦是根据伯希和图录而著。

④ 美国人华尔纳在华探险及考察主要侧重于中国早期的佛教美术，试图致力于敦煌壁画的研究，参见: L. Warner, *The Long Old Road in China Doubleday*, NweYork: Page & company, 1926 (《中国西北考察记》); *Buddhist Wall - paintings: A Study of a Ninth Century Grotto at Wan Fo Hsia*, Harvard University Press, 1938 (《佛教壁画》). [日] 掘贤雄著, 水野勉校阅:《大谷探险队—西域旅行日记》, 东京: 白水社, 1987 年。[瑞典] 斯文·赫定:《亚洲腹地探险八年》, 徐十周等译, 乌鲁木齐: 新疆人民出版社, 1995 年。[瑞典] 斯文·赫定:《丝绸之路》, 江红、李佩娟译, 乌鲁木齐: 新疆人民出版社, 1996 年。关于俄国学者的活动, 参见姜伯勤:《沙皇俄国对敦煌及新疆文书的劫夺》,《中山大学学报》(社会科学版) 1980 年第 3 期。

（二）以阿富汗为中心的中亚地区

20 世纪 20 至 50 年代，由法国独自领导的考古调查队对阿富汗及周边地区进行了长达 30 年的考古调查活动。在著名的考古学家 A·福舍、J·哈金、D·施留姆别尔等人的领导下，确定了哈达、贝格拉姆、丰都基斯坦、巴米扬等佛教遗址，并发表了系列考古报告和相关专著。（事实上，除了二战期间的中断，法国驻阿富汗考古代表团直到 1982 年之前从未停止过挖掘。2003 年，法国考古队又重新开始了在阿富汗的考古发掘活动。）出土的文物使学者们认识到古代中亚美术中并存着多种美术流派，对于佛教美术的产生及发展有了新的认识。

1937 年，J·哈金发表了《从巴米扬到吐鲁番》一文，从多个角度论述了中亚佛教美术的特点①；1960 年，D·施留姆别尔发表了《希腊艺术中的非地中海遗产》② 一文，通过对 Surkhkotal 遗址的发掘，详细地论述了犍陀罗、巴克特里亚、叙利亚艺术中的西方古典艺术的影响，以及在安息和贵霜美术中的古典艺术的影响和成分，并指出贵霜时期出现了一些具有混合特征的美术流派，如希腊—巴克特里亚风格，希腊—伊朗风格等，并将贵霜美术分为王朝美术和佛教美术两种类型。该书不仅是研究贵霜美术的经典之作，也对深入研究古代中亚美术具有重要的启发。在此基础上，1967 年，J·M·罗森菲尔德出版了《贵霜王朝艺术》一书③，详细地论述了贵霜时期的王朝艺术及其与古代印度及近东造像的关系。

中国新疆西北和中亚地区考古的发现，使得越来越多的学者开始从文化艺术双向交流及其影响的角度论证古代艺术史上东方和西方的关系。

三、二战以后中亚地区考古的新发现

二战以后，英、美、德、意、日等国的考古调查队也进入阿富汗、巴基斯坦、印度等地区进行考古发掘活动。其中日本京都大学考古队在樋口隆康、水野清一等领导下，对巴米扬石窟进行了重新勘测和调查，并确定了巴基斯坦北部、印度等地的一些

---

① J. Hackin, "Buddhist Art in Centrl Asia, Indian, Iranian and Chinese Influences (From Bamiyan to Turfan)", J. Hackin, Osvald Sirén, Langdon Warner, Paul Pelliot, *Studies in Chinese Art and some Indian Influence*, London: The Indian Society, 1937.（《从巴米扬到吐鲁番——中亚佛教艺术印度、伊朗和中国的影响》）

② D. Schlumberger, "Descendants non-meiterraneens de l'art Grec", *Syria* 37, nos. 1 and 2, 1960, pp. 131-66 and pp. 253-318.（《希腊艺术中的非地中海遗产》）

③ John M. Rosenfield, *The Dynastic Arts of the Kushans*, Berkeley and Los Angeles: University of California Press, 1967. 又见刘波：《〈贵霜王朝艺术〉英文本述评》，中山大学艺术史研究中心编：《艺术史研究》第一辑，广州：中山大学出版社，2000 年。

佛教遗址，收获颇丰，发表了系列考古调查报告和专著，拓展了二战前法国考古队的工作。[①] 樋口隆康在1969年发表的《西域美术史上的阿姆河流派》一文[②]，首次提出了中亚美术史上存在着“阿姆河流派美术”的倡导。他在文中指出：“中亚美术史上，中国新疆以西直至印度河上游的犍陀罗地区之间是一片空白，缺乏连接犍陀罗美术和新疆美术的充分资料，这个中间地带是由苏联的西突厥斯坦和北阿富汗两个地区组成的。”并指出，这一中间区域便是古代中亚阿姆河流域，在这一区域存在一种独立的美术流派，即阿姆河流派美术。

与此同时，1966年在阿姆河上游阿富汗法罗尔丘地发现了金银器等文物，加之20世纪七八十年代在这一地区的系列考古发现，也使得学者们渐渐认识到法罗尔丘地的文物可能属于一个非常发达的绿洲城市文明，这个文明被法国的考古学家称之为“乌浒河文明”，亦可称之为“阿姆河文明”[③]。

而前苏联考古学家对这一区域进行的大规模考古调查活动，终于使得学者们有机会全面地了解古代中亚的佛教及非佛教的考古遗址情况。

事实上，前苏联中亚地区的考古调查早从俄国十月革命以后的20年代就已经开始了。1926—1928年，B·P·邓立克及M·I·马尚主持的考古队开展了呾密考古，1928年在呾密附近的卡拉佩切发现了三个石窟遗址。A·C·斯塔列尔科夫提出了这是佛教石窟遗址的观点。1936年，M·I·马尚及B·M·马尚先发表了专著论述呾密石窟[④]。二战以后，在几代考古学家的领导下，对乌兹别克斯坦、土库曼斯坦、塔吉克斯坦、吉尔吉斯斯坦等地区展开了大规模的考古调查活动，确定了呾密、阿伊尔塔姆、哈尔恰扬、卡拉切佩、达里维尔津切佩、托普拉克－卡拉、阿弗拉西阿甫、片治肯特等佛教遗址或世俗宫殿遗址。尤其是在1978年，阿富汗—苏联联合考古队在阿富汗北部的蒂拉丘地（Tillya－tepe）发现了6个游牧部落墓葬，发掘出21618件黄金制品，数量之多世所罕见！堪称是20世纪最伟大的考古发现。由于种种原因，这批文物直至2003年才公之于世，并于2005年开始在世界巡展。

在几代考古学家的共同努力下，二战以后，前苏联中亚地区的考古发掘工作取得了丰硕的成果。其中，G·A·普加琴科娃、B·LA·斯塔维斯基对希腊－大夏及贵霜

---

① ［日］水野清一：《京都大学メハサンダパキスタンにおける仏教寺院の調查》，京都大学，1969年；水野清一：《京都大学イラン・アフガニスタン・パキスタン学術調查隊共編》，京都大学，1970年。

② ［日］樋口隆康：《西域美术史上的阿姆河流派》，译文见《新疆文物》1989年第4期。

③ 郭物：《世界古老文明的共鸣——法罗尔丘地与阿姆河文明》，《丝路艺术》第三期，桂林：漓江出版社，2017年。

④ ［俄］M·I马尚：《呾密古城城址及其研究》（1936年）；［俄］B·M·马尚：《千城之国》（1966年），参见姜伯勤：《论呾密古城与西域佛教美术中的乌浒河流派》，《敦煌艺术宗教与礼乐文明》，北京：中国社会科学出版社，1996年，第96页。

时期的美术研究做出了杰出的贡献。G·A·普加琴科娃出版了《乌兹别克斯坦造型艺术文物精华》（1960），《贵霜时代的大夏艺术》（1979）；B·LA·斯塔维斯发表了《卡拉切佩：古咀密城佛教石窟寺》（1964），《卡拉切佩：1—3世纪佛教石窟寺》三卷本（1964—1972），《贵霜大夏：历史与文化问题》（1977）等专著或论文。L·I·阿尔巴乌姆则对粟特美术做出了重要的研究，出版了《阿弗拉西阿甫绘画》（1975）[①]。20世纪90年代，B·LA·斯塔维斯基又从考古学的角度对20世纪以来中亚地区的佛教遗址的发掘情况做出了评述。[②]

经过各国学者近两个世纪坚持不懈的努力，人们对古代中亚包括中国新疆西北在内的广大地区的考古学成果有了进展性的了解。在此基础上，对古代中亚历史、文化与艺术各个角度的研究均有了长足的进步。在艺术史研究领域，除了我们以上介绍的在不同时期随着考古的发现而发表的相关论著，还有学者从整体上对古代中亚的艺术进行专门的论述。如法国著名的东方文化研究专家格鲁塞在20世纪二三十年代陆续出版的“东方的文明丛书”及考查性的报告《从希腊到中国》，前苏联学者G·A·普加琴科娃所著的《中亚古代艺术》，B·LA·斯塔维斯基的《古代中亚艺术》，弗鲁姆金的《苏联中亚考古》，意大利学者马里奥·布萨格里的《中亚绘画》，英国艺术史家韦陀的《西域美术》，日本学者宫治昭的《犍陀罗美术寻踪》，以及巴基斯坦学者穆罕默德·瓦利乌拉·汗用乌尔都文所著《犍陀罗》等专著，极大地推进了古代中亚地区的美术考古和研究工作。近些年大部分专著都已经被翻译成中文出版。[③]

最近20年里，更多的国家开始参与到古代中亚地区的考古发掘活动中来。1999—

① 以上资料转引自姜伯勤：《论咀密古城与西域佛教美术中的乌浒河流派》，《敦煌艺术宗教与礼乐文明》，第95—98页。

② B. J. Stavisky, “The Fate of Buddhism in Middle Asia in the Light of Archaeological Date”, In: *Silk Road Art and Archaeology*, vol. 3, Journal of the Institute of Silk Road Studies, Kamakura, Japan, 1992.

③［法］雷奈·格鲁塞：《近东与中东的文明》，常任侠等译，上海：上海人民美术出版社，1981年。［法］雷奈·格鲁塞：《印度的文明》，常任侠等译，北京：商务印书馆，1965年。［法］雷奈·格鲁塞：《从希腊到中国》，常书鸿译，杭州：浙江人民美术出版社，1985年。［俄］普加琴科娃、列穆佩：《中亚古代艺术》，陈继周、李琪译，乌鲁木齐：新疆美术摄影出版社，1994年。［俄］斯塔维斯基：《古代中亚艺术》，路遥译，西安：陕西旅游出版社，1992年。［埃及］尼阿马特：《中东艺术史——希腊入侵至伊斯兰时期》，朱威烈译，上海：上海人民出版社，1992年。［英］马歇尔：《犍陀罗佛教艺术》，王冀青译，兰州：甘肃教育出版社，1989年。［巴基斯坦］默罕默德·瓦利乌拉·汗：《犍陀罗艺术》，陆水林译，北京：商务印书馆，1997年。又参见：［巴基斯坦］穆罕默德·瓦利乌拉·汗：《犍陀罗》，陆水林译，北京：五洲传播出版社，2009年。［美］H·因伐尔特：《犍陀罗艺术》，李铁译，上海：上海人民美术出版社，1991年。［日］宫治昭：《犍陀罗美术寻踪》，李萍译，北京：人民美术出版社，2006年。［英］渥德尔：《印度佛教史》，王世安译，北京：商务印书馆，1995年。［英］韦陀：《西域美术》，东京：讲谈社，1982年。［苏］弗鲁姆金：《苏联中亚考古》，黄振华译，乌鲁木齐：新疆博物馆，1981年。

2007 年间，法国—乌兹别克考古队在撒马尔罕，乌兹别克和俄国联合考古队在乌兹别克南部、阿富汗北部的阿姆河流域，意大利—阿富汗考古队在阿富汗境内，俄罗斯冬宫考古队和塔吉克联合考古队在塔吉克斯坦境内，这些由多国学者组成的联合考古队在中亚五国和北印度“玄奘之路”上先后收获了重大的考古发现，取得了不俗的成绩，而新的考古发现也推进了学术研究的向前进展。根据这些最新的考古发现，英国学者瑞秋・梅尔斯在 2014 年出版了《远东希腊化：希腊人统治时期中亚考古、语言和认同》一书①，是近几年里比较有影响的专著。作者以“族群认同”的理论为基础，利用丰富的文献资料、考古材料和现有研究成果，探讨了希腊化时期中亚地区的文化和族群认同问题。意大利学者康马泰则对阿富汗的卡克拉克的佛教遗址进行了再研究。②如此丰富的考古学及中亚艺术的研究成果使得我们重新构建古代中亚的美术传统成为可能。③

四、20 世纪以来中国学者对于中亚、新疆、敦煌美术的研究成果

（一）20 世纪 40 年代以来的研究成果

长期以来，我国学者展开了国内佛教遗址的考古调查活动，1949 年以后，中国学者针对西北以及内地的佛教遗址进行了更加全面而详细的调查活动。④

---

① Rachel. Mairs, *The Hellenistic Far East Archaeology*, *Language and Identity in Greek Central Asia*, Oakland, California : University of California Press, 2014. 又见齐小艳：《评瑞秋・梅尔斯〈远东希腊化：希腊人统治时期中亚考古、语言和认同〉》，《全球史评论》第 11 辑，北京：商务印书馆，2016 年。

② 康马泰、周天宇：《阿富汗卡克拉克“狩猎王”壁画——国王画像还是神祇图像》，《西域研究》2017 年第 4 期。

③ 更多西方学者关于中亚地区美术考古的最新研究成果，参见《丝路艺术》第一至五卷，桂林：漓江出版社，2016—2017 年。

④ 这里主要介绍一下我国学者对新疆石窟的调查情况：黄文弼参加了 1928—1929 年的中国与瑞典联合组织的西北科学考察团并出版《塔里木盆地考古记》（北京：科学出版社，1948 年），介绍了新疆地区的洞窟情况；朝鲜族画家韩乐然两次调查了克孜尔洞窟并对洞窟进行了编号，但由于飞机失事的意外，使得这些宝贵的资料未得以刊布。20 世纪 50 年代，西北文化局组织新疆文物调查组对石窟进行了重点调查，参加这次工作的常书鸿撰写了《新疆石窟艺术》（北京：中共中央党校出版社，1996 年）；1961 年，阎文儒主持石窟调查组对丝路南道的石窟进行了考古调查，并发表了《新疆天山以南的石窟》（《文物》1962 年第 7、8 期）；70 年代，宿白率领研究生对克孜尔石窟进行了详细的调查，其成果收录在《中国石窟克孜尔石窟》（1 –3 卷）（北京：文物出版社，1996 年）。

对于敦煌美术的研究工作，贺昌群的《敦煌佛教的艺术系统》[①] 是我国学者比较早的美术研究成果，该文主要是根据伯希和《敦煌图录》一书进行研究的。20世纪40年代，以张大千、谢稚柳、王子云、董希文等为代表的一批画家先后来到敦煌，对莫高窟壁画进行了临摹工作，并从中国绘画史的角度高度评价了敦煌艺术。[②] 1942—1943年，谢稚柳在敦煌实地考察，后来发表了《敦煌艺术叙录》一书[③]，比较全面地记录了包括莫高窟在内的敦煌地区的佛教洞窟在20世纪40年代的实际情况，至今仍然是研究敦煌艺术必不可少的参考资料。向达在1951年先后发表了《敦煌艺术概论》和《莫高—榆林二窟杂考》，从中西交通史、考古学乃至美术史的角度论述了莫高窟和榆林窟。[④]

中华人民共和国成立以后，敦煌研究院正式成立，在常书鸿、段文杰、樊锦诗等几代学人的领导下，敦煌研究院工作走上正轨，尤其是在20世纪70年代以后，我国学者在敦煌学研究领域成绩斐然，为国际敦煌学的研究工作做出了重要的贡献。

段文杰对敦煌美术进行了较为全面的研究，发表的系列论著，对我们深入研究敦煌美术具有重要的指导意义。霍熙亮、史苇湘、李其琼、万庚育、贺世哲、孙修身、欧阳琳等学者也从不同角度对敦煌美术做出了经典性的研究，至今仍具有开拓性的学术指导意义。[⑤]

宿白从考古学的角度论述了敦煌早期洞窟的分期问题，对敦煌莫高窟密教题材的壁画作了综合性的研究，并比较了莫高窟与四川石窟中的密教造像。[⑥] 金维诺则从中国美术史研究的角度论述了敦煌美术的地位。[⑦]

---

① 贺昌群：《敦煌佛教的艺术系统》，《风土杂志》1931年一月号。又见兰州大学敦煌研究室编：《敦煌学文选》（上），1983年。

② 李永翘：《张大千画语录》，海口：海南摄影出版社，1992年。

③ 谢稚柳：《敦煌艺术叙录》，上海：上海古籍出版社，1996年。

④ 向达：《敦煌艺术概论》和《莫高—榆林二窟杂考》，《文物参考资料》第二卷第四、五期，1951年。

⑤ 段文杰：《段文杰敦煌艺术论文集》，兰州：甘肃人民出版社，1994年。霍熙亮：《莫高窟第72窟及其南壁刘萨诃与凉州圣容佛教瑞像史迹考》，《文物》1993年第2期。史苇湘：《敦煌佛教艺术产生的历史依据》，《敦煌研究》试刊第一期，1981年；《丝绸之路上的敦煌与莫高窟》，敦煌文物研究所编：《敦煌研究文集》，兰州：甘肃人民出版社，1982年。李其琼：《隋代的莫高窟艺术》，《中国石窟·敦煌莫高窟（二）》，北京：文物出版社，1988年。万庚育：《莫高窟、榆林窟的西夏艺术》，敦煌文物研究所编：《敦煌研究文集》，1982年。贺世哲：《关于十六国南北朝时期的三世佛与三佛造像诸问题》，《敦煌研究》1992年第4期、1993年第1期。

⑥ 宿白：《敦煌莫高窟密教遗迹札记》，《文物》1989年第9、10期。

⑦ 金维诺：《敦煌艺术在美术史研究上的地位》，《中国石窟·敦煌莫高窟（五）》，北京：文物出版社，1988年。

与此同时，不少学者还对敦煌艺术进行了个案研究。如：饶宗颐对敦煌白画的研究[①]，是一项有着重大国际影响的工作；萧默对敦煌建筑的研究[②]；常沙娜对敦煌美术中的服饰的研究[③]；马世长、关友惠、薄小莹等对敦煌艺术中的图案的研究[④]；巫鸿对敦煌美术中的经变画的研究[⑤]；赵声良对敦煌壁画中的山水画的研究[⑥]；王惠民对水月观音的研究[⑦]等等。

另外，以宿白、樊锦诗、马世长、马德、刘玉权等为代表的学者对洞窟的营建及分期问题做了大量的研究工作。[⑧]

进入21世纪以来，国内敦煌学者对敦煌美术的研究取得了更为丰硕的成果，几代敦煌学人先后出版了多部重量级的研究成果[⑨]，彰显了我国学者在敦煌美术研究领域取得的巨大进步。

关于敦煌美术与新疆佛教美术的研究与探讨，孙修身、张广达、荣新江著文论述

---

① 饶宗颐：《敦煌白画》，《法国远东学院考古学刊》1987年。

② 萧默：《敦煌建筑研究》，北京：文物出版社，1989年。

③ 常沙娜：《敦煌历代服饰图案》，香港：万里书店，1986年。

④ 马世长编：《敦煌图案》，乌鲁木齐：新疆美术摄影出版社，1993年。

⑤ Wu Hung, "What is Bianxiang - On the Relationship Between Dunhuang Art and Dunhuang Literature", *Harvard Journal of Asia Studies*, Vol. 52, 1992.

⑥ 参见赵声良发表于《敦煌研究》系列文章。

⑦ 王惠民：《敦煌水月观音像》，《敦煌研究》1987年第1期。

⑧ 宿白：《敦煌莫高窟早期洞窟杂考》，《大公报在香港复刊30周年纪念文集》（上），香港：香港大公报出版社，1978年；《两汉魏晋南北朝时期的敦煌》，《丝路访古》，兰州：甘肃人民出版社，1982年；《敦煌莫高窟现存早期洞窟的年代问题》，《中国文化研究所学报》第20卷，香港：香港中文大学出版社，1989年。阎文儒：《莫高窟的创建与藏经洞的开凿及其封闭》，《文物》1980年第6期。樊锦诗、马世长、关友惠：《敦煌莫高窟北朝洞窟的分期》，敦煌文物研究所编：《敦煌研究文集》，兰州：甘肃人民出版社，1982年。樊锦诗、马世长、关友惠、刘玉权：《莫高窟隋代石窟分期》，《中国石窟敦煌莫高窟》第二卷，北京：文物出版社，1984年。刘玉权：《关于沙州回鹘洞窟的划分》，《1987年敦煌石窟研究国际讨论会文集石窟考古编》，沈阳：辽宁美术出版社，1990年。马德：《敦煌莫高窟史研究》，兰州：甘肃教育出版社，1996年。

⑨ 史苇湘：《敦煌历史与莫高窟艺术研究》，兰州：甘肃教育出版社，2002年。贺世哲：《敦煌图像研究——十六国北朝卷》，兰州：甘肃教育出版社，2006年。马德：《敦煌古代工匠研究》，北京：文物出版社，2018年。赵声良：《敦煌壁画风景研究》，北京：中华书局，2005年；《敦煌艺术十讲》，上海：上海古籍出版社，2007年；《敦煌石窟艺术简史》，北京：中国青年出版社，2016年。沙武田：《敦煌画稿研究》，北京：民族出版社，2005年。

了敦煌佛教史迹画与于阗的关系。[①] 贾应逸著文论述了印度佛教美术与中国新疆佛教美术的渊源，以及克孜尔美术与敦煌美术的关系。[②] 满盈盈探讨了克孜尔石窟中的犍陀罗艺术风格的痕迹。[③]

而从比较研究的角度论述敦煌美术与古代中亚美术的关系早在20世纪90年代就已经成为敦煌美术研究的一个重点。这其中，姜伯勤发表的系列文章，通过比较研究，论述了敦煌美术与粟特美术、乌浒河流派（即阿姆河流派）美术等中亚诸种美术流派和美术传统的关系，如《论呾密石窟寺与西域佛教美术中的乌浒河流派》（1990）、《敦煌壁画与粟特壁画的比较研究》（1996）等文章[④]，为我们在古代中亚美术的整体背景下研究敦煌的佛教美术提供了重要启发。

近20年来，随着安伽、史君、虞弘等墓葬的发掘，粟特美术、祆教艺术[⑤]与中原美术的关系，一直是学界的热点问题。姜伯勤通过对十六国至隋唐时期山西、河南、陕西等地六组祆教画像石，指出中国的礼制艺术，能够吸纳外来的祆教艺术，反映了中国文明与伊朗文明及中亚文明的互动；[⑥] 葛承雍从图像学的角度对中国国家博物馆收藏的一具北朝石椁进行了分析；[⑦] 郭萍将粟特美术分成本土和移民两部分进行了探讨；[⑧] 张帅、陈梅梳理了20世纪以来黄河流域发现的近20座粟特人的墓葬中所发现的石刻壁画；[⑨] 马彩虹对宁夏固原出土的粟特人墓葬壁画进行了研究；[⑩] 张瑞哲通过对入华粟特

---

① 孙修身：《敦煌佛教艺术和古代于阗》，《新疆社会科学》1986年第1期。张广达、荣新江合著：《敦煌瑞像记、瑞像图及其反映的于阗》，《敦煌吐鲁番文献研究论文集》第三期，北京：北京大学出版社，1986年。

② 贾应逸、祁小山：《印度到中国新疆的佛教艺术》，兰州：甘肃教育出版社，2002年；贾应逸：《克孜尔与敦煌莫高窟的涅槃经变比较研究》，《1990年敦煌国际研讨会文集石窟考古编》，沈阳：辽宁美术出版社，1995年。

③ 满盈盈：《克孜尔石窟中犍陀罗艺术元素嬗变考》，《北京理工大学学报》（社会科学版）2011年第2期；《犍陀罗艺术及其东传龟兹考》，《西北民族大学学报》（哲学社会科学版）2013年第3期。

④ 姜伯勤：《论呾密石窟寺与西域佛教美术中的乌浒河流派》《敦煌壁画与粟特壁画的比较研究》，见《敦煌艺术宗教与礼乐文明》，北京：中国社会科学出版社，1996年。

⑤ 姜伯勤：《中国祆教艺术史研究》，北京：生活·读书·新知三联书店，2004年。

⑥ 姜伯勤：《中国祆教画像石在艺术史上的意义》，《中山大学学报》（社会科学版）2004年第1期。

⑦ 葛承雍：《北朝粟特人大会中祆教色彩的新图像——中国国家博物馆藏北朝石堂解析》，《文物》2016年第1期。

⑧ 郭萍：《粟特美术研究的回顾与思考》，《中国美术》2013年第3期。

⑨ 张帅、陈梅：《北朝石刻壁画中粟特人物形象探析》，《赤峰学院学报》（汉文哲学社会科学版）2017年第9期。

⑩ 马彩虹：《宁夏固原史姓粟特人墓葬壁画研究》，《名族艺林》2014年。

人石质葬具来探讨祆教艺术和中原礼制艺术的关系[①]。这些文章，一方面使得我们对粟特美术、祆教艺术与汉地中原的礼制和美术传统的关系有所了解，另一方面也帮助我们还原了粟特美术和祆教艺术在中亚本土的原貌。

与此同时，1999—2007 年间，由多国学者组成的联合考古队在中亚五国和北印度“玄奘之路”上收获了重大发掘成果，包括数百尊佛造像，两万平方米壁画等遗存，这些发现与在安伽、史君、虞弘等墓葬出土的文物遥相呼应。在近些年敦煌与丝绸之路国际会议上，各国学者纷纷把上述两批文物糅合分析，取得了里程碑式的学术突破。由毛铭等翻译、漓江出版社出版的《丝路译丛》第一辑“玄奘之路”就是对这些学术突破的集中展示。[②] 此外，由漓江出版社出版发行的中文期刊《丝路艺术》（*Serindia*）是近年来以介绍丝绸之路艺术相关的艺术研究的重要学刊，目前已经出版五期，先后集中介绍了犍陀罗艺术、希腊—犍陀罗艺术、阿富汗艺术、粟特艺术、大夏艺术的研究情况，内容包括对研究史的回顾以及最新的考古发掘活动及研究成果。[③]

此外，荣新江则从更广阔的视角，对丝绸之路及东西文化艺术交流做了许多深入的研究和探讨，并出版了多部专著[④]，极大地启发了学者们的进一步研究工作。罗宏才主编的西部美术考古丛书《从中亚到长安》[⑤]，以丝绸之路为轴线，对西部地区的考古遗存进行了专题研究。

（二）最近 20 年来中国学者对古代中亚地区考古发掘活动的参与及取得的成果

进入新世纪以来，中国考古开始逐渐走出国门，参与国际联合考古和文物保护项目，并发表和出版了相关的考古报告。2002 年 10 月，由新疆文物局、新疆考古研究所、日本佛教大学尼雅遗迹学术研究机构共同组成考察队，首次探索了消失千年的唐

---

① 张哲瑞：《入华粟特人石质葬具反映的深刻意义——祆教艺术和中原礼制艺术之间的互动与交融》，《敦煌学辑刊》2014 年第 1 期。

② ［意］康马泰：《唐风吹拂撒马尔罕：粟特艺术与中国、波斯、印度、拜占庭》，毛铭译，桂林：漓江出版社，2016 年；［俄］马尔夏克：《突厥人、粟特人与娜娜女神》，毛铭译，桂林：漓江出版社，2016 年；［法］葛乐耐：《驶向撒马尔罕的金色旅程》，毛铭译，桂林：漓江出版社，2016 年；［美］乐仲迪：《从波斯波利斯到长安西市》，毛铭译，桂林：漓江出版社，2017 年；［乌兹别克斯坦］瑞德维拉扎：《张骞探险之地》，高原译，桂林：漓江出版社，2017 年。

③ 《丝路艺术》第一至第五辑，桂林：漓江出版社。

④ 荣新江、华澜、张志清：《粟特人在中国》，北京：中华书局，2005 年。荣新江：《中古中国与外来文明》，北京：生活·读书·新知三联书店，2001 年；《中古中国与粟特文明》，北京：生活·读书·新知三联书店，2014 年；《丝绸之路与东西文化交流》，北京：北京大学出版社，2015 年。

⑤ 罗宏才主编：《从中亚到长安》，上海：上海大学出版社，2011 年。

代古城丹丹乌里克并出版了考察报告和专著[①]，李翎对在丹丹乌里克发掘出的壁画残片进行了释读[②]；2002 年，在联合国教科文组织和统筹下，阿富汗巴米扬遗址考古工作再次启动，中国学者邵学成参加此次考古活动，并发表了系列文章介绍巴米扬遗址考古发掘的最新成果。[③] 尤其值得一提的是，2017 年，由中国人民对外友好协会、中国文物交流中心、阿富汗国家博物馆等联合主办的“文明的回响：来自阿富汗的古代珍宝展”在国内多个城市展出，很多中国学者们得以首次见到来自阿富汗四处考古遗址法罗尔丘地（Tepe Fullol）、阿伊哈努姆（AïKhanum）、蒂拉丘地（TillaTepe）、贝格拉姆（Begram）出土的文物，这对深入地研究和探讨中亚美术势必有巨大的帮助。[④]（2018 年 8 月 26 日，笔者有幸在自己所在的城市深圳市南山博物馆里看到了这批来自阿富汗的文物。）

2003 年开始，中国学者毛民参加了法国—乌兹别克联合考古队，参与了对中亚古城铁尔梅兹的考古挖掘活动[⑤]，也是在这次考古发掘中，发现了大型佛龛和寺院遗址，并挖掘出巨大的寺庙群。[⑥] 2011 年 5—6 月和 9—10 月，西北大学、中国国家博物馆、陕西省考古研究院组织联合考察队，先后对塔吉克斯坦和乌兹别克斯坦两个中亚国家的 24 个重要文化遗产点和 13 个博物馆进行了考察，并发表相关考察报告。[⑦] 已有的考古资料表明，塔吉克斯坦的阿吉纳·切佩遗址是目前中亚为数不多的保存完整、布局清晰的早期佛教寺院遗址之一，具有极高的历史文化价值和学术研究价值。前苏联时期虽然开展过考古发掘与研究工作，但由于文化的差异，未能全面深入地揭示该遗址的价值内涵。

2011 年，中国社科院考古研究所与乌兹别克斯坦科学院考古研究所正式签署合作协议，开始了在费尔干纳盆地的联合考古工作，其中，由西北大学丝绸之路研究院首

---

① 新疆考古研究所：《2002 年丹丹乌里克遗址佛寺清理简报》，《新疆文物》2005 年第 3 期；又《丹丹乌里克——中日共同考察研究报告》，北京：文物出版社，2009 年。

② 李翎：《“八天神”图像之误读》，《西域研究》2011 年第 2 期。

③ 邵学成：《阿富汗巴米扬遗址研究的复兴》，《文汇报》2017 年 07 月 21 日；《巴米扬大佛是如何建造的》，《大众考古》2017 年第 1 期。

④ 余琛填：《巴克特里亚—贵霜的王朝旅程：来自阿富汗文物的解读》，《丝路艺术》第五期，桂林：漓江出版社，2017 年。

⑤ 毛民：《重寻玄奘之路——中亚古城铁尔梅兹考古札记》，《内蒙古大学艺术学院学报》2005 年第 12 期。

⑥ 毛铭：《阿富汗山崖下的希腊化佛寺》，《丝路艺术》第三期，桂林：漓江出版社，2017 年，第 205 页。

⑦ 任萌：《塔吉克斯坦、乌兹别克斯坦考古调查——铜石并用时代至希腊化时代》，《文物》2014 年第 7 期；《塔吉克斯坦、乌兹别克斯坦考古调查——前贵霜时代至后贵霜时代》，《文物》2015 年第 6 期。

席考古学家王建新带领的考古队在乌兹别克斯坦，经过发掘和调查，确定了大月氏考古学文化遗存的坐标；除了“寻找大月氏”，中国考古人在乌兹别克斯坦还承担了费尔干纳盆地明铁佩遗址发掘和花剌子模州历史文化遗迹修复两个项目。[①] 自2012年起，中乌联合考古队先后四次对明铁佩遗址进行考古发掘工作，对遗址的时代、性质、演变等有了初步认识，取得了一系列重要收获。

2017年，中国西北大学中亚联合考古队对乌兹别克斯坦共和国撒马尔罕市西南23公里的撒扎干遗址大型墓葬进行了发掘，发现金器80件，包括项坠、耳坠、管饰等。[②]

随着这些考古的新发现以及对国外最新研究成果的翻译和介绍，中国学者们获得了更多的资料，可以展开对古代中亚和新疆的地域性美术流派，如贵霜美术、于阗美术的深入探讨，并有可能将敦煌美术与古代中亚地区的美术风格进行比较，使得研究的视野更为广阔，近些年来取得了不俗的研究成果。

陈晓露对2003年在楼兰发现的大型壁画墓中的《饮酒图》进行了专题研究，认为楼兰壁画墓是侨居在楼兰的中亚贵霜人的墓葬；[③] 张健波、李钦曾从图像的角度，研究了尼雅遗址中的木雕艺术，试图找寻其中包含的中亚贵霜文化和造型艺术；[④] 朱浒从贵霜钱币上的神祇的图像与汉画像关联的五个案例入手，探讨了贵霜美术对汉代佛教与早期道教美术的影响，并指出，东汉入华的贵霜胡僧是这一影响的主要传播者；[⑤] 庞霄骁通过对贵霜时期的多元文化与艺术并存与融合的角度，重新探索了犍陀罗艺术的起源与发展[⑥]。

越来越多的中国学者已经认识到，贵霜艺术作为一种多元化混合艺术的代表，在古代中亚艺术的研究中占有重要的地位。2017年，上海博物馆举办了“欧亚衢地：贵霜王朝的信仰与艺术”特展，展出30余件贵霜王朝的钱币、雕塑、配饰等珍贵文物，体现出处于丝绸之路“通衢之地”的贵霜王朝所独具的特点及其所包含的最重要的文

---

① 谢亚宏、曲松：《联合考古，寻觅尘封千年的历史遗迹》，《人民日报》2016年7月4日第22版。又，关于大月氏的历史背景，参见余太山：《贵霜史研究》，北京：商务印书馆，2015年；［日］小古仲男：《大月氏——寻找中亚谜一样的民族》，王仲涛译，北京：商务印书馆，2017年。

② 田进：《中乌联合考古在撒扎干遗址大型墓葬发现金器80件》，中新网西安2017年1月19日电。

③ 陈晓露：《楼兰壁画墓所见贵霜文化因素》，《考古与文物》2012年第2期。

④ 张健波、李钦曾：《于阗木雕与中亚贵霜文化渊源考释》，《石河子大学学报》（哲学社会科学版）2015年第4期。

⑤ 朱浒：《论贵霜钱币与汉画像的宗教艺术关联》，《民族艺术》2017年第。又见朱浒：《汉画像胡人图像研究》，北京：生活·读书·新知三联书店，2017年。

⑥ 庞霄骁：《多元文化与犍陀罗艺术：再论贵霜时代佛教和佛教艺术的发展》，《四川大学学报》（哲学社会科学版）2017年第6期。

化精神——开放与包容。[①]

此外，刘韬利用德国柏林亚洲艺术博物馆提供的馆藏壁画资料与德国、法国探险队20世纪初年在库木吐喇石窟拍摄的历史照片资料，结合前人的记录，释读并考析了库木吐喇石窟第16窟壁画；[②] 李维琨、陈粟裕、梁加诚等学者对汉唐时期的于阗佛教遗址进行了解读，并对于阗画派进行了探讨；[③] 李永康讨论了于阗的佛教雕塑艺术；[④] 巫新华对近十年来在新疆搭玛沟发现的数十座佛教遗址进行了研究；[⑤] 刘波、李国、沙武田、祁晓庆等学者则将敦煌美术与古代中亚区域性的美术风格进行了比较和研究[⑥]。

还有学者根据早期的中亚考古报告做出了新的研究成果，如邵学成根据1922—1952年法国独占阿富汗考古发掘时期的成果，梳理了巴米扬初期佛教美术研究中的各种影响因素，试图还原一个国际视野中的巴米扬研究史。[⑦] 王美艳以片治肯特壁画遗存的内容为切入点，探讨了中亚城市作为欧亚经济交流和文化沟通的地位。[⑧] 2018年，学者孙英刚与犍陀罗艺术文化收藏家何平联手推出《犍陀罗文明史》[⑨]，试图通过文字和图像的结合，勾勒出这个曾经在中外贸易、文化交流中扮演重要角色的文明的轮廓和发展脉络。这亦是国内第一本有关犍陀罗历史、艺术的综合性中文专著。

---

① 上海博物馆，《欧亚衢地：贵霜王朝的信仰与艺术》，上海：上海书画出版社，2017年。又见王樾：《丝绸之路上的贵霜——关于"通衢之地"的几个关键词》，文汇学人公众号，2018年4月23日。

② 刘韬：《胡地尚唐风——库木吐喇石窟第16窟壁画复原与塑绘内容考析》，《美术研究》2016年第6期。

③ 李维琨：《"于阗画派"与西域梵像——观和田达玛沟出土壁画札记》，上海博物馆编：《于阗六篇：丝绸之路上的考古学案例》，北京：北京大学出版社，2014年。陈粟裕：《于阗佛教图像的发现与研究》，《美术文献》2014年第1期。梁加诚：《浅议汉唐时期于阗佛教美术的演变》，《大众文艺》2015年第11期；《历史的荣耀与辉煌——于阗画派考》，《齐鲁艺苑》2016年06期

④ 李永康：《古代于阗佛教雕塑艺术》，《雕塑》2011年04期 。

⑤ 巫新华：《中国的早期"东亚佛教建筑"——达玛沟佛寺遗址研究与相关历史文化概说》，《科技导报》2012年31期。

⑥ 刘波：《敦煌美术与古代中亚阿姆河流派美术的比较研究》，台北：佛光山出版社，2003年；沙武田：《敦煌石窟于阗国王画像研究》，《新疆师范大学学报》（哲学社会科学版）2006第12期；李国、沙武田：《粟特人及其美术影响下的敦煌壁画艺术成分》，《丝绸之路》2012年第20期。祁晓庆：《敦煌石窟艺术与中外石窟艺术关系研究综述》，郝春文主编：《2015敦煌学国际联络委员会通讯》，上海：上海古籍出版社，2015年。

⑦ 邵学成：《巴米扬佛教美术的早期研究探讨——以法国独占阿富汗考古时期的调查经纬为中心(1922—1952)》，《美术研究》2016年第6期。

⑧ 王美艳：《唐代丝绸之路上中亚地区粟特人城市遗址壁画研究》，《设计艺术研究》2016年第2期。

⑨ 孙英刚、何平：《犍陀罗文明史》，北京：生活·读书·新知三联书店，2018年。

五、结论

通过对近两个世纪以来，中外学者在古代中亚和西域地区的考古活动及研究成果的回顾，从中我们可以梳理出学术研究的一个走向和脉络。从最初犍陀罗佛教艺术品的发现，进而引发了探寻佛教艺术东传的路线；而古代中亚地区更多具有地方美术风格和流派的艺术品的发现，使得学者们对犍陀罗佛教美术风格的来源有了更多的思考。无论是早期的大夏美术、阿姆河流派美术和贵霜美术，还是稍晚的粟特美术，都对中国新疆和敦煌的佛教美术有着一定的影响。近 20 年以来，很多中国学者积极参与到中亚地区的考古发掘活动中，通过对研究方法的革新，对史料的重新梳理和再挖掘，以及对研究领域的拓展，努力将中国古代史与这一地区的历史脉络连接起来，而对于佛教与佛教美术东传的研究则为我们找寻这种脉络提供了历史依据。

近些年来，随着“一带一路”倡议的提出，中国学者掀起了一股对古代中亚佛教美术研究的热潮。目前，学者们对于犍陀罗美术、大夏美术、贵霜美术、粟特美术以及祆教艺术的研究都取得了不俗的成果，但对于古代中亚地域性的美术，如阿姆河流派、伊朗系的美术风格等的研究仍有很大的空白。事实上，从 19 世纪上半叶犍陀罗佛教美术品发现至今，中国学界对这一地区的研究工作在很长一段时间内基本是以翻译与介绍国外的研究成果为主，自主性的研究远远不够，很多领域亦是刚刚开始和介入。相信随着中国学人更多地参与丝绸之路沿线中亚地区的考古调查活动，中国的学者将会有更多的机会获得第一手的研究材料，为我们继续深入探讨佛教美术的东传，探讨敦煌美术与古代中亚美术的关系提供更为便利的条件和可能，从而推进整个领域的研究工作和学术发展。

后记：1994 至 1998 的五年，因为一种机缘，我很幸运地成为姜先生的学生，在先生的指导下，学习中国古代史和敦煌学，收获之大之多，一两句话不足以表达。攻读博士期间，姜先生不但帮我制定论文选题，而且把他多年搜集整理的相关资料，全部慷慨无私地提供给我。在先生的悉心指导和引领下，我才得以进入古代中亚地区的美术研究领域，并最终完成博士论文《敦煌美术与古代中亚阿姆河流派美术的比较研究》(该论文已于 2003 年在中国台湾出版)。本文的前三部分，就是在我博士论文第一章的基础之上做了新的修改和添加而成。2016 年，我又重新回到大学，开始教书育人工作，也重新拾起我的研究工作，再次进入古代中亚地区的美术考古与研究领域。在整理和查找资料重新梳理研究史的过程中，我惊奇地发现，姜先生帮我制定的博士论文选题，至今仍然是学界探讨和研究的焦点和热点问题，尤其是最近十年，随着更多西文相关资料的翻译出版，以及中国考古人对中亚地区考古活动的参与，越来越多的学者开始关注古代中亚地区的考古活动及出土美术品的研究工作，并试图将之与中国的美术传统做出比较和研究。本文的第四部分就是对这些最新研究成果的梳理。时值先生八十大寿，我非常愿意将我重回学术圈后完成的第一篇论文献给先生作为生日礼物。感谢先生高屋建瓴的学术视野，让我在重回学术圈后，仍然有信心在年近半百的时候继续我的研究工作！

莫高窟隋朝菩萨样式研究

赵声良（敦煌研究院）

莫高窟隋朝彩塑菩萨像大部分都有不同程度的损毁，因而完整保存头冠及衣饰部分的较少。但在壁画中相对保存完整。一般来说，同一时期的彩塑与壁画的形象基本是一致的。当然，由于表现手法不同，壁画往往描绘更为详细，而彩塑对一些细部难以表现，但彩塑也会形成自身的表现特点，与壁画有别。总的来说，彩塑与壁画是互补的关系，泥塑成形之后，免不了要经过彩绘，如菩萨的服饰图案，就通过细致的彩绘而表现出来。因此，彩塑与壁画是一致的。我们研究菩萨样式，是在全面调查彩塑与壁画之后，综合进行研究，彩塑不足的以壁画资料补充。通过对菩萨的头冠、飘带、璎珞、服饰等方面的考察之后，兼顾彩塑与壁画中的形象，来探讨菩萨的样式。

一、头冠的样式

经过十六国、北朝的发展，隋朝菩萨的头冠并不是更加多样化，反而越来越集中在几种类型上，似乎反映着大一统时代的特点。隋代早期的菩萨往往延续着北周时代的花蔓冠、莲花冠形式（如第 304 窟）。而几乎是同时，三珠宝冠成为了最流行的形式，在三珠宝冠上装饰日月，或称日月冠，三珠宝冠上有化佛的，或称化佛冠，这两类可看作是三珠冠的延伸形式。

（一）花蔓冠

花蔓冠，或作“花鬘冠”，前人也多用“花鬘冠”一词[①]。若按佛经原意，“花鬘”一词多指以花连成串如花环一样装饰于颈部的形式，而莫高窟彩塑或壁画中的菩萨，仅在头冠部分装饰以植物草叶形，则用“花蔓”更切合实际，因而笔者在研究敦煌早期菩萨头冠时，即改用“花蔓”一词，以示区分。[②] 花蔓冠是指在头冠上装饰植物草叶

---

① 《敦煌学大辞典》，上海：上海辞书出版社，1998 年。

② 参见笔者《敦煌北朝石窟中菩萨的头冠》，《敦煌研究》2005 年 3 期 。

形的装饰，这种头冠的形式在莫高窟最早出现在北周洞窟中，如第290窟的菩萨即头戴花蔓冠。

北朝时期的花蔓冠，是指头冠上装饰了花卉或叶，具体来看，则是在主体以莲瓣装饰，在莲瓣之间则装饰有草叶的形式，如隋代第304窟的菩萨像（图1－1）。大体与北周时期的同类头冠一致，但在隋朝中期彩塑中制作更加精致。这类冠饰在彩塑菩萨头冠中占了绝大多数，如第二期的第419、427窟（图1－2）。第三期的第244窟头戴三珠宝冠，但也在衬托着宝珠的莲瓣形装饰之间加了草叶装饰。说明这一传统形式的影响深刻。

1－1　花蔓冠　第304窟　　1－2　花蔓冠　第427窟

（二）莲花冠

第419窟的彩塑菩萨，头冠的中部是一朵大莲花，两侧各一个莲瓣装饰（图2－1）。这样以莲花为主的头冠可称为莲花冠。在彩塑中似乎仅见于此窟，更多的菩萨头冠表现为并列一些莲花瓣，使头冠整体看起来像一朵大莲花。通常正面的一个花瓣较大（或在其中镶嵌宝石），其他的较小。如第425窟彩塑菩萨就是这样一种形式（图2－2），壁画中的菩萨戴莲花冠的相对较少，但也有一些洞窟可见，如第420窟（图2－3）等。

2－1　莲花冠　第419窟　　2－2　莲花冠　第425窟　　2－3　莲花冠　第420窟

（三）三珠冠

北朝时期的菩萨像流行三面宝冠，也有人称之为三珠宝冠，因为三个面上往往镶嵌着宝珠。但因其结构主要体现了三个圆盘形，故称为三面冠。到了隋代，菩萨宝冠并没有较大的圆盘形，而仅仅是装饰了三个宝珠，因而称为三珠宝冠。北朝时期菩萨像的三面冠是由三个圆盘形成一个较大的桶形，扣在头上而具有了冠的意义。而到了隋代，头冠的结构发生了变化。大多数菩萨的头冠并不是一个完整的冠形，而仅在头发的下沿有一个圆圈托住上部的装饰物。有的甚至只是用带饰将装饰物系在头发上。而所用的系带也具有装饰意义，从头发两端垂下的冠缯也有一些装饰性的结构，丰富而华丽。

隋朝彩塑菩萨像的头冠较多地采用花蔓冠，但在第三期的彩塑中也出现了较多的三珠宝冠。而壁画中的菩萨，在第二期和第三期洞窟中都是三珠冠占了主导地位。壁画的表现较为丰富，体现在三珠宝冠上，用以衬托宝珠的形式大体有四种形式。①树叶形：通常在头冠上有三个类似树叶形的装饰物托着宝珠，这是较常见的形式（图3－1）；②牌扣形：有三个装饰牌装饰在头冠上，其中可见穿过叶片相连系的带饰。如扣在带子上的三个牌子一样（图3－2）。在壁画中可以看出部分菩萨宝冠以三个花瓣形式相连，在花瓣的尖上还有较小的花形，则整体看来如一个较大的果实（石榴形）。这种形式的花瓣往往敷以金色，十分华丽（图3－3）。但由于壁画大多变色或褪色，也有相当多的菩萨头冠无法区分颜色。③火焰形：以火焰形装饰托着宝珠，通常敷以金色（图3－4）。④花形，如三朵花装饰在头冠上，在花心部分镶嵌宝珠（图3－5）。

三珠冠往往几个类型同时采用，常见的如中央部分用火焰形装饰，两侧以树叶形（图3－6）。或者中间一个为花形，两侧为火焰形；或者中央为花形，两侧仍以树叶形装饰等等。部分菩萨的头冠上除了表现三珠形式外，往往在中央装饰有一支含苞欲放的莲花（图3－7、图3－8）。这一形式通常只在壁画中出现。

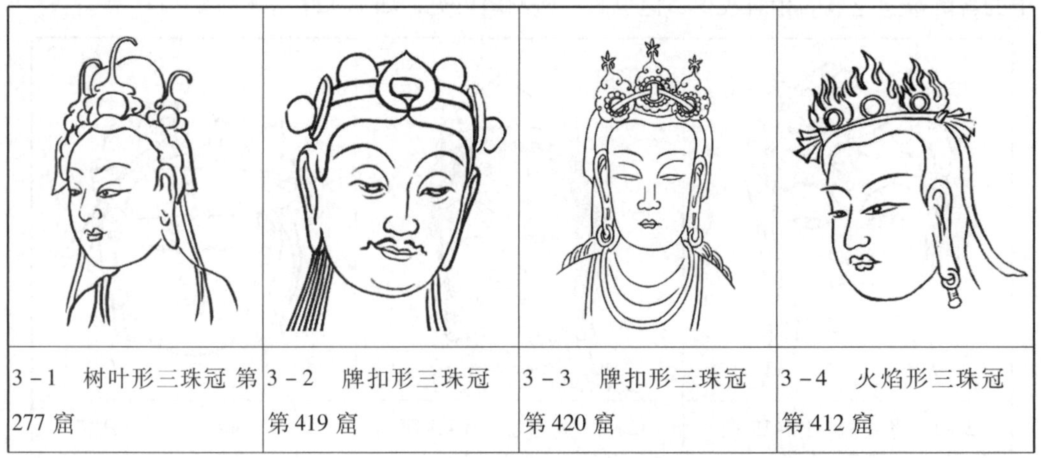

3－1　树叶形三珠冠 第277窟	3－2　牌扣形三珠冠 第419窟	3－3　牌扣形三珠冠 第420窟	3－4　火焰形三珠冠 第412窟

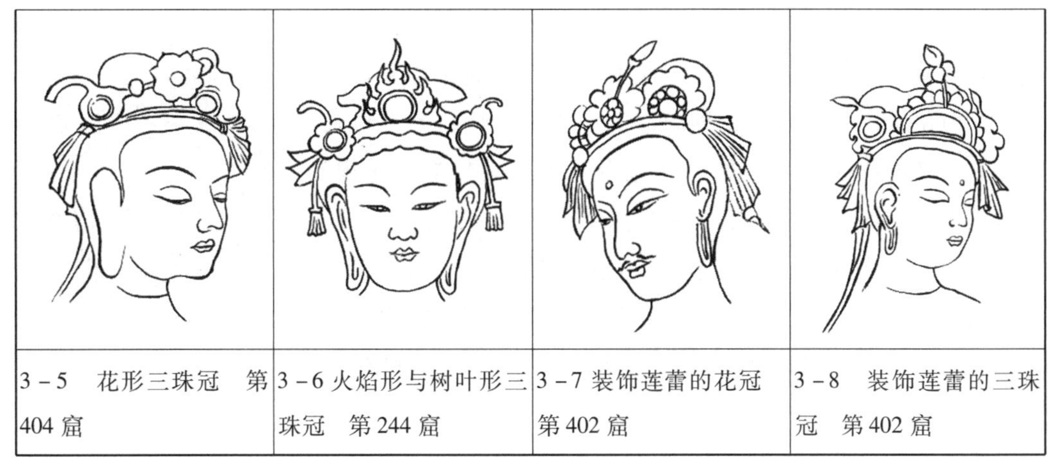

3－5　花形三珠冠　第404窟

3－6 火焰形与树叶形三珠冠　第244窟

3－7 装饰莲蕾的花冠　第402窟

3－8　装饰莲蕾的三珠冠　第402窟

（四）鸟头冠

冠上饰鸟头。这类头冠在北魏已出现，隋代沿袭这样的形式（主要在壁画菩萨像中），但仅仅在头冠上绘出大体的鸟头形，鸟喙、鸟眼等具体形象都没有绘出。若不比较北朝出现的鸟头形冠，就不一定判定为鸟头冠。早期鸟头冠形通常鸟嘴衔有物，如巾带垂下（图4－1）。隋代鸟头冠上也会在鸟头部分垂下巾带状物，仿佛是鸟嘴中所衔。如第276窟西壁文殊菩萨戴的头冠，鸟头未衔物，旁边还有翼状纹饰（图4－2）。第389窟西壁一尊菩萨头冠中央饰鸟头，衔有带饰垂下。鸟头冠也往往与三珠冠的形式相结合，在三个宝珠中伸出鸟头形式（图4－3）。

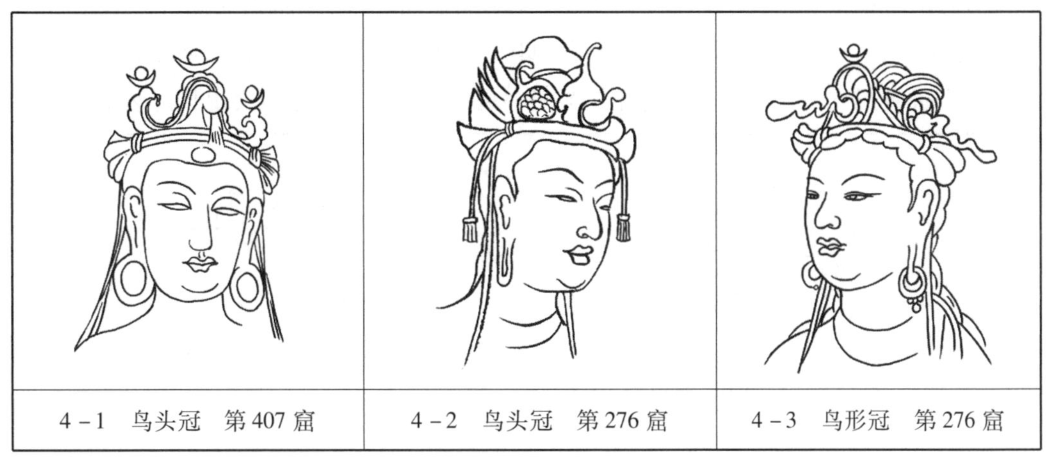

4－1　鸟头冠　第407窟

4－2　鸟头冠　第276窟

4－3　鸟形冠　第276窟

（五）化佛冠

化佛冠指在正面装饰佛像的头冠。印度和犍陀罗佛像中，观音和弥勒都有可能戴化佛冠，中国佛教艺术中，北朝时期弥勒和观音都有戴化佛冠的作例，隋唐及以后的作品中，观音戴化佛冠的情况更多一些。特别是在净土思想影响下，阿弥陀佛、观世音、大势至三尊像组合即“西方三圣”的形象流行，化佛冠成为观音菩萨的象征之物，与宝冠上装饰宝瓶的大势至菩萨相对。但化佛冠并非只有一种固定的形式，往往在各类形式的头冠上增加化佛形象。如三珠冠中，在正面装饰了化佛，两旁仍各有一颗宝珠。如第 276 窟南壁观音菩萨头冠正中一尊佛像，佛像背景有火焰纹装饰，两旁宝珠镶于火焰纹中，宝珠中垂下穗带，脑后有飘带（图 5）。第 390 窟北壁说法图中主尊弥勒菩萨头戴化佛冠，头冠两侧也是有火焰纹宝珠，两侧垂宝缯飘带。

5　化佛冠　第 276 窟

头冠上的日月装饰

宝冠中饰日月装饰，或称为日月冠。但日月装饰可以装饰在上述各类头冠之中，因此，无法把日月冠作为一个单独的类型，因为在上述的几种头冠上都有可能装饰了日月形。日月装饰为萨珊波斯风格的装饰，称为三日月形，在早期壁画彩塑中就已出现，北魏的菩萨头冠，包括云冈等地的石窟都很流行。日月装饰在中国常常有一些变化，较多的是仅有仰月而无上面表现太阳的圆形。或改变为山形。但由于其来源一样，均可归入日月冠。现存隋朝彩塑菩萨形象中，基本上没有日月装饰，也有可能是时代久远而毁坏了。现在所能见到的装饰日月形的头冠都是壁画中的。隋朝初期菩萨的花蔓冠及中期流行的莲花冠大多不饰日月形，而在中期以后流行的三珠冠和鸟头冠往往装饰日月形。如第 62 窟、401 窟、394 窟、419 窟、420 窟等窟都可见到日月装饰（图 6－1）。通常在三珠冠上装饰三个日月形，即每个珠上部有日月装饰。但也有只在中央装饰一个日月形（图 6－2），这时往往会把中央的宝珠画得较小以突出日月装饰。

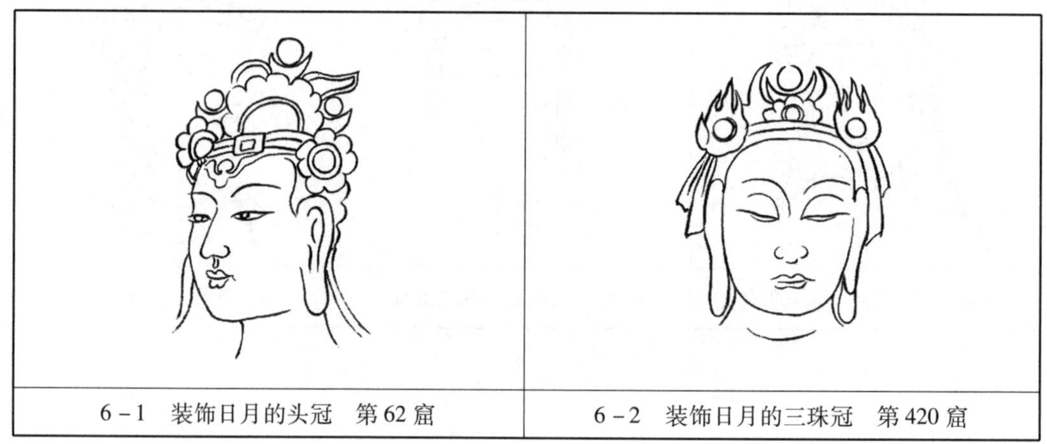

6－1　装饰日月的头冠　第 62 窟	6－2　装饰日月的三珠冠　第 420 窟

二、菩萨的璎珞与飘带

（一）璎珞

璎珞为菩萨的装饰物。《佛说维摩诘经》《妙法莲华经》等很多佛经都曾记载璎珞与诸宝物的情况。如《妙法莲华经》卷第五《分别功德品第七》记载：

> 佛说是诸菩萨摩诃萨得大法利时，于虚空中，雨曼陀罗华、摩诃曼陀罗华……又雨千种天衣，垂诸璎珞、真珠璎珞、摩尼珠璎珞、如意珠璎珞，遍于九方①。

可知璎珞用真珠（即珍珠）等宝物制成，常常与金、银、琉璃、砗磲、玛瑙等宝物相提并论，为菩萨身上的装饰物。璎珞作为菩萨的饰物，随着菩萨像从印度和中亚传入敦煌。因此，璎珞的样式应源于外来的造型，但在中国流行的过程中不免进行一些相应的改变，而产生了不同的形式。隋朝菩萨的璎珞的形式比起前代有了更为多样的表现，大体可分为以下三个类型。

第Ⅰ式：隋朝初期的菩萨像往往沿用早期流行的一种项饰，即较宽的一种项饰，中央下部垂下尖角，形状如玉璧一般。这类项饰在北魏以后多用于装饰菩萨的颈部，然后有简单的璎珞垂到腹部，在第304等窟中可见（图7－1）。其中中部有下垂尖角的项饰在北魏时期菩萨像中就十分流行。这种装饰物可能并非从印度或中亚传入，而与中国传统的装饰物有关。

第Ⅱ式：这种形式包括两重装饰物，在靠近脖子的部位有宽沿的装饰物（无下垂尖角），在其下方璎珞是在两道装饰线上镶嵌一块或三块宝石，以第420窟菩萨为代表（图7－2）。第56窟、425窟的菩萨，则以花形饰物缀在璎珞上（图7－3）。

第Ⅲ式：项饰是较细而精致的项链，往往在中央垂下一朵花形。璎珞较长，仿佛由珠子连缀而成，由两肩下垂至腹前交接，又分从两侧绕过双腿外侧从身后部向上收回。在腹前交接处，有长方形锁的形状连接。这种形式是隋代中后期较长时间流行的样式，以第427窟菩萨像为代表（图7－4），第412窟、244窟等窟的菩萨璎珞均为这个类型。只是其中连缀的宝珠大小及精粗有所不同。第282窟菩萨较为特别，在项饰上采用样式Ⅰ的宽沿装饰物，而璎珞则是样式Ⅲ的形式。

---

① 《大正藏》第9册《妙法莲华经·分别功德品第七》，第44页。

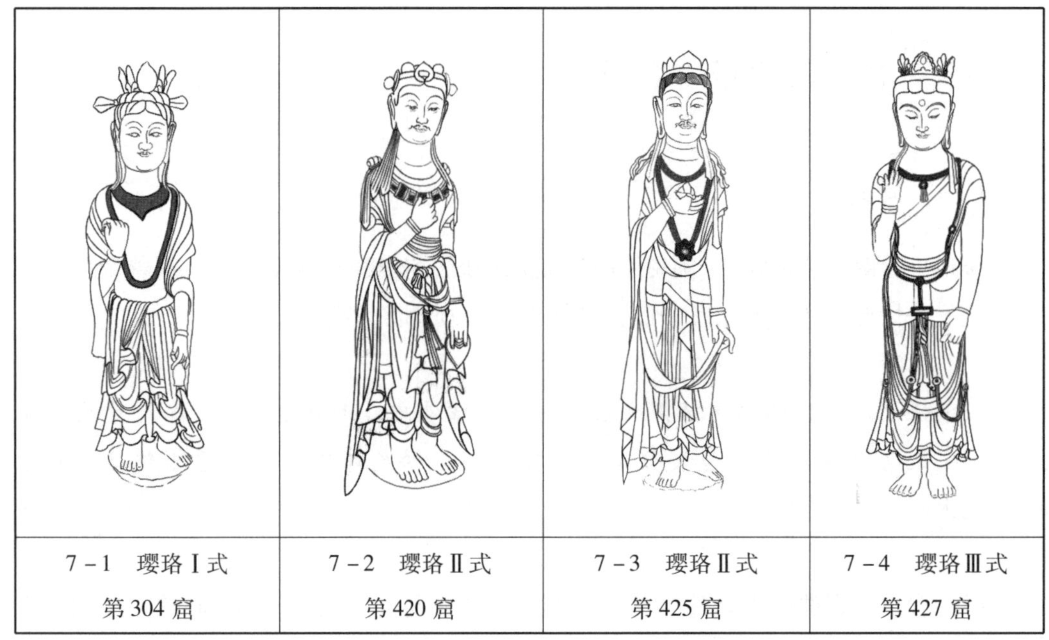

7－1　瓔珞Ⅰ式 第304窟	7－2　瓔珞Ⅱ式 第420窟	7－3　瓔珞Ⅱ式 第425窟	7－4　瓔珞Ⅲ式 第427窟

（二）飘带

菩萨的飘带即天衣，是菩萨身上必不可少的装饰物。比起北朝的菩萨形象，飘带的形式似乎在简化，这一点与瓔珞的形式正好相反。从某种意义上看，大约是为了衬托瓔珞的丰富性而简化了飘带的形式吧。在隋洞窟中主要有两类飘带的形式。

（1）菩萨的天衣从两肩分别沿双臂缠绕，在身体两侧垂下。如第304窟菩萨即是如此（图7－1）。这类天衣样式出现较少，仅在隋初的部分洞窟中。

（2）天衣环绕身体，身体前面形成上下两道弧线，最后分别从菩萨左右臂部向外垂下。有的表现为飘带的一端由菩萨的一只手拿着，如第425窟菩萨（图7－2），但大部分还是由飘带自然垂下。

上述（1）类飘带形式极少，大部分都采用（2）类形式。不仅在雕塑中，在壁画中也是如此。也有一些菩萨并无飘带，主要是身着袈裟。

三、菩萨的衣裙

（一）上衣

早期的菩萨通常是没有上衣的，上半身为裸体几乎是菩萨的基本特征。西魏以后，由于中原风格的影响，加宽了天衣，使菩萨身体裸露的部分看起来不那么明显。但基本上还是可看作是上身裸露的。但在隋代，菩萨像着上衣的情况就比较多了。我们按着衣的不同情况分为几类。

（1）上身裸露的，如第304窟（图7－1）、417窟、419窟、433窟（图8－1）等，均为上身裸露的菩萨。

（2）上身着僧祇支的。僧祇支为僧衣的内衣部分，其穿法类似偏袒右肩袈裟，只是其缠绕的部分仅仅是上半身，所以呈斜向披挂，而露出右肩①，以第412窟、427窟（图8－2）为代表。关于僧祇支的问题，前人多有争议。通常我们把缠绕左肩而露出右肩的内衣看做是僧祇支，这在早期的佛像中有较多的例证，但也有学者认为僧祇支仅仅是环绕两腋，而未覆于左肩上。② 但这样的例证在早期佛像中很难找到。由于偏衫一词在学术界存在较大的分歧，日本学者吉村怜不用僧祇支或偏衫之说，而称之为右袒衫。③ 但如果单从右袒衫这个角度来看，隋代菩萨就存在两种形式。本文认为内衣沿右腋缠绕至左肩，覆盖左肩的，按传统习惯仍作僧祇支看待。而把以带子挎于左肩者称为右袒衫。

8－1　上身裸 第433窟	8－2　僧只支 第427窟	8－3　右袒衫 第244窟	8－4　袈裟 第420窟

① 第56窟佛龛北侧的菩萨则露出左肩，显然不符合实际。可能是当时的塑匠为了使之与右侧的菩萨相对应而塑出。在壁画中也往往有类似的情况。

② 费泳：《中国佛教艺术中的佛衣样式研究》，北京：中华书局，2012年，第59—69页。

③ ［日］吉村怜：《关于古代比丘像的衣着及名称——僧祇支·汗衫·偏衫·直裰》，《MUSEUM》，2003年第587号；《古代佛、菩萨的衣服及其名称》，《2005年云冈国际学术研讨会论文集·研究篇》，北京：文物出版社，2006年，第157页。

（3）右袒衫的形式。作为僧衣的内衣，僧袛支在缠绕身体时存在诸多不便，便直接以短上衣的形式缝制，左侧有带子直接挂在左肩上以防止脱落，右肩则全部露出。这一形式在隋代后期的彩塑中较多出现，如第244窟（图8-3）即是如此。壁画中从隋代第二期就已出现。右袒衫，顾名思义应在右侧裸露，左侧有带，但也有的壁画中菩萨的上衣为右侧有带，左侧袒露，成了“左袒衫”。这种情况往往是当佛龛（或佛像）两边各有一身菩萨像相对画出时，两侧的菩萨上衣一为右袒衫，一为左袒衫，如第394窟西壁佛龛两侧即是如此。这是因为画家有意为了画面对称而画的，还是实际生活中左袒与右袒衫同时存在，尚未明确。[①] 但总的来说还是右袒衫（挎带在左侧者）出现的较多，如第390窟北壁部分说法图中有菩萨右袒衫与左袒衫对应画出的情况，但在大部分说法图中仍是以右袒衫为主，如北壁中央的大说法图中，三尊菩萨像均为右袒衫。

（4）着袈裟的形式。菩萨着袈裟的形式比较少，但在隋代壁画中也有多例。如第412窟龛内，第420窟（图8-4）西壁龛外南侧，均出现了身着通肩袈裟的菩萨像。

（二）裙

菩萨的裙样式大多沿袭了北朝以来的形式，但也有一些新出现的样式。在文献中很难找到对于各类裙的具体名称，我们只好采用类型分析的办法，分为四种形式：

第Ⅰ式：是传统的菩萨裙饰，裙子在腰间用带子系住，带子打结后垂下。笔者研究敦煌早期菩萨的裙饰中，把这一类归入第Ⅰ型的第二式。[②] 早期这一类型的裙饰往往腰带打结的形式和垂下的位置有所不同，但在隋朝石窟中，彩塑菩萨着这类裙饰的较少，主要出现于隋初壁画中，且多为说法图中胁侍菩萨，腰带大体都在中央部分打结。如第302窟、304窟（图9-1）、305窟等。

① 吉村怜先生谈到僧人的汗衫有三种：1. 单挎左肩的，2. 单挎右肩的，3. 双肩覆盖的。把袒露了右肩的称之为右袒衫，袒露左肩的则称为左袒衫。费泳认为这几类汗衫在中国佛像中是否出现尚无法肯定（费泳：《中国佛教艺术中的佛衣样式研究》，第67页）。右袒衫与左袒衫的情况，隋代敦煌菩萨像为吉村怜先生所说提供了例证。而第三种双肩覆盖的汗衫虽然在菩萨像身上没有出现过，却在佛弟子像中出现了，如第407窟东壁说法图中的佛弟子即是这个类型。

② 赵声良等著：《敦煌石窟美术史（十六国北朝）》下卷，北京：高等教育出版社，2014年，第130页。

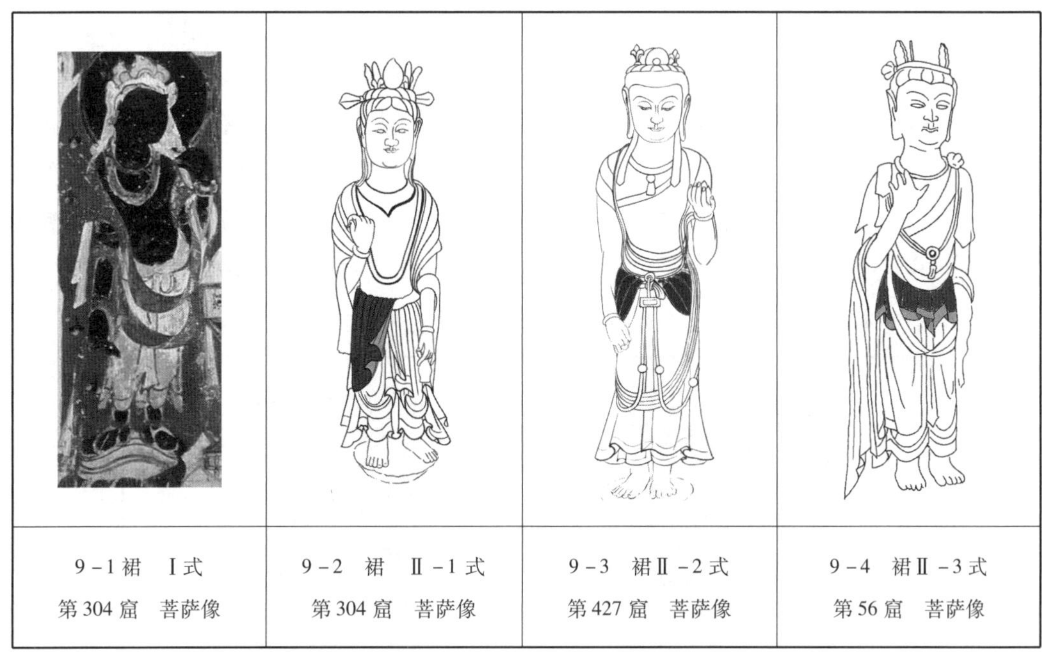

9－1 裙 Ⅰ式 第304窟 菩萨像

9－2 裙 Ⅱ－1式 第304窟 菩萨像

9－3 裙Ⅱ－2式 第427窟 菩萨像

9－4 裙Ⅱ－3式 第56窟 菩萨像

第Ⅱ式：为裙子在腰部沿腰带外翻出一部分或全部外翻出来形成一个装饰，在早期较为流行，笔者对北朝菩萨裙饰分析中，归入第Ⅱ型的[①]，与早期的菩萨裙饰同样可分为几种情况：

（1）裙腰部分从腰带处翻，搭出一片作为装饰，大多呈三角形。有的是从左侧翻出，有的是在右侧。北魏第259窟、西魏第432窟、北周第290窟等窟的菩萨像均有这类裙饰。在隋朝初期的洞窟中也较多出现。如第304窟（图9－2）龛两侧菩萨、433窟龛内北侧菩萨等。从第56窟的菩萨情况看，翻出的三角状装饰布不一定是裙的里子翻出来的，而是另外有一块布装饰上去的。

（2）翻出的部分在胯部两侧呈两个半圆形对称分布。还有是一侧搭出来较长一些，另一侧相对较短，也是为了装饰效果，从服装结构上看是一致的。这个类型在隋朝洞窟中延续时间较长，数量也较多。如第419窟、427窟（图9－3）等窟中均可见到。有的菩萨裙饰看起来像是在裙腰部位另外装饰了两块布料，而非直接把裙子长出的部分翻出来的样子。从北周以来菩萨裙饰的情况看，是有这种形式的。但隋代菩萨的裙饰与北周如第428窟、290窟还是存在较大的差异。

（3）裙子在腰部翻搭出来的部分呈环状，围绕腰身，形成一种装饰效果。这样的做法与第一式相关，虽然形态上有差异，但从腰带处翻搭出来的原理是完全一致的（图9－4）。一者是部分翻出，一者是完全翻出来。

① 赵声良等著：《敦煌石窟美术史（十六国北朝）》下卷，第135页。

第Ⅲ式：裙子分为两层，外层可以是第Ⅱ式的几个类型，而内层裙腰较高，覆盖了腹部，并与上部的右袒衫相连。内层的裙子在中央系带，带子打结处并不很长，内层裙的质地华丽，往往有艳丽的花纹。穿这个类型的裙子，上身没有裸露，一定是穿僧祇支或者是右袒衫，形成上身与两层裙饰组合的“三件套”形式。这一类型在隋代中后期十分流行，隋代后期的彩塑菩萨基本上都采用了这种裙式，如第 244 窟彩塑菩萨像（图 9－5），壁画中虽然也有其他形式共存，但“三件套”裙饰逐渐成了主流。如第 276 窟壁画中的菩萨像（图 9－6）大部分都是这种裙式。

9－5 裙Ⅲ　第 244 窟菩萨	9－6 裙Ⅲ　第 276 窟菩萨

小结

综合以上的分析，隋代菩萨像从外在的衣冠服饰来看形成了这个时代的一些特点。彩塑菩萨的头冠大体沿袭着北朝晚期的一些形式，以花蔓冠为主。而壁画中则大量流行三珠宝冠，代替了北朝时期一度流行的三面宝冠。隋代莫高窟菩萨的三珠宝冠具有自身特色，这个类型与中原无论是山东还是河北的菩萨形象都不同。三珠冠的来源，可以从克孜尔石窟等中国西部地区找到相似的例证，我们也可以从印度笈多时代的阿旃陀石窟、埃洛拉石窟的壁画、雕刻中找到例证（图 10、11）。说明这一时期印度对敦煌的影响仍然存在。联系起隋朝菩萨造型特征：身体较直、造型深厚，较有力量感。与隋朝佛陀造像同样，应该是源于印度笈多艺术风格的影响。

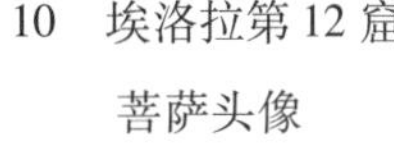10　埃洛拉第12窟 菩萨头像	11　埃洛拉第12窟 菩萨头像（线描）	12　阿旃陀石窟第9窟壁画

璎珞、飘带及服装的样式，与北朝的情况相比较，显然，璎珞的样式变得丰富起来，但飘带却相应地简化了。由于隋朝的统一，再次开通与西域的交流，印度、中亚的样式大规模影响到中原，而中原地区在南朝与北齐交汇影响下，也出现了大量的新因素，形成了隋朝各地佛教艺术风格纷呈的局面。流行于中原的X形的璎珞，在隋代中期以后广泛出现于敦煌菩萨的身上。当然比起同时期山东、河北一带菩萨璎珞的丰富变化，敦煌菩萨的璎珞显得不够丰富。同样缺少变化的是菩萨的飘带，除了极少数形成X状交叉外，隋朝菩萨的飘带基本上是两道U形结构，而没有更多的变化。这一点可以从隋朝造像总的倾向来看，单纯、简约似乎是隋朝佛像的一个大趋势，菩萨的飘带相对来说就较为简单。另外，也有一些菩萨由于璎珞的装饰较为丰富，飘带简约也可以映衬璎珞的精美。

从服装上看，隋代敦煌菩萨的内衣形式出现了新的因素，僧祇支虽然是传统的僧衣，但在菩萨身上较多出现，也是从隋朝开始的。右袒衫（包括左袒衫）的出现，无疑是来自中原佛教艺术的影响，而裙饰出现的新的因素，特别是两层裙饰（三件套）的结构，反映了来自中原的影响正不断加强。

综合以上几个方面，敦煌处在丝绸之路上的交通要道，在隋朝这一特殊的时代，东西方文化正在发生着剧烈的变化，很多新的因素在影响着敦煌的佛教造像。但同时也应看到敦煌本地经过魏晋南北朝数百年佛教文化的发展，已形成了自身的特色。隋朝的艺术家们尽管在不断地吸取西方和中原的因素，但同时他们也在努力按照敦煌本地的风格特色来进行雕塑和绘画创作，所以我们会感受到敦煌的佛教造像（包括菩萨像）在隋朝中、后期正在逐渐形成一个雄浑、厚重而不乏精致、秀丽的风格特点。这是一种强有力的有别于中原的艺术特色。

后记：本文曾在“2016 敦煌论坛：交融与创新，纪念莫高窟创建 1650 周年国际学术讨论会”上口头发表，后因工作太忙，一直没有完稿。适逢中山大学《姜伯勤先生八十华诞颂寿文集》编辑组约稿，想起姜伯勤先生昔年多方教导，犹在耳旁。自己虽非姜先生入室弟子，但每次先生到莫高窟，总能有机会向先生求教。特别是 1997 年姜先生到东京东洋文库作研究工作期间，其时我正在日本留学，得以跟随姜先生前后，时时得到先生指点迷津，永世难忘。想到姜先生的教诲，怎能不令人奋发努力。于是勉力修改旧作，奉上此小文，也是向姜先生作一汇报吧！

清中后期罗汉唐卡或其仿制品

——大阪汉和堂藏《三藏法师像》之我见

梅　林（广州美术学院）

2014 年，孙英刚教授发表《〈三藏法师像〉初探—— 一件珍贵的图像文献》一文①，首次向国内公布了一张大阪汉和堂收藏的中国古代挂幅画，名之曰“三藏法师像”（图 1、图 2）。该文还被多家网站平台转载，迄今无人回应。

图 1　达摩多罗与二天王 清中后期 大阪汉和堂藏

图 2　达摩多罗尊者 前图局部

我是偶然看到孙文的，当时觉得画作甚晚，未予理睬。后来因为从事相关课题的研究，又想起了大阪的这张画，于是重读孙文及画。不读不要紧，一读吓一跳，不但此画的年代晚之又晚，其真伪也大成问题。这么说吧，如系真品，它应该是一幅清中

① 孙英刚：《〈三藏法师像〉初探—— 一件珍贵的图像文献》，《中国民族博览》2014 年 Z1 期。

后期的破旧唐卡，根本不值钱，民国 20 年代流入日本后，在西域探险热中被误读成了敦煌古画。如系赝品，其构图明显移植于清代罗汉唐卡，画面故意做旧，以冒充题材相似的行脚僧图。真伪两存，试论如下。

一、作品年代：清中后期

古画鉴定，首要的功夫是读图，但也要看什么专业出身的人来读。如果是做明清藏传佛教艺术的行家，这幅画稀松平常，不值一顾。可如果是做中古的，那就糟了，十有八九会陷进去。孙英刚正是这样。

我看这幅画的第一感觉是元明之后的东西。为什么呢？天王持物暴露了年代。先看画面下方左侧，北方毗沙门天王左手持鼠，右手执持长柄伞幢。根据相关研究，毗沙门天王同时执幢持鼠始于西夏元时期，到元明之际幢柄开始加长，不再是先前的短柄小摇旗了，“幢类持物在汉地传播的过程中最大的改变是幢柄的加长，居庸关云台与北京法海寺毗沙门天王所持幢均几乎成长柄拄地状，这似乎是为了向之前的长戟靠拢”①。居庸关云台完工于元末至正二年（1342），其四天王浮雕（图 3）具有明确的图像断代意义，凭此一条，此画早不过元，可谓铁板钉钉。

图 3　居庸关云台北方天王元至正二年

再看他旁边的另外一身天王，右手举塔——藏式喇嘛塔（俗称大肚子白塔），年代则更晚了。孙英刚沿袭唐宋知识，仍然判其为北方毗沙门天王，十足的泥古不化。他不知道，这身天王左手还有东西，虽然图像模糊，理应执蛇——因为手举蛇、塔是 18 世纪西方广目天王始有的特征。关于明清西方天王持物的变化，以前完全被忽视了。仍以前举居庸关云台为例、参以明成化九年（1473）北京的正觉

图 4　居庸关云台西方天王元至正二年

① 张聪：《毗沙门天王持物考》第五章第二节，硕士学位论文，南京艺术学院，2014 年，第 43 页。

寺金刚宝座塔例，西方广目天王均持蛇、珠（图 4、图 5），而至清代中叶以后，蛇、珠纷纷变成了蛇、塔。同样列举两个代表性实例，一个是呼和浩特市五塔寺（图6），建于 1727 年。另一个是乾隆裕陵地宫（图 7），下限在 1799 年。呼市五塔寺是不是最早变化的例子，目前尚不能确认，但不管怎样，到乾隆朝时，西方广目天王手持蛇、塔已经是广泛流行的新样了。所以本处天王，既然一手举塔，另一手必然“执蛇”，其为西方广目天王，毫无疑问。

图 5　北京正觉寺金刚宝座塔西方天王　明成化九年

这般说来，我们讨论的作品，年代还得往后推，必在 18 世纪及其以后，即清中后期也。

图 6　呼市五塔寺西方天王　1727 年

图 7　乾隆帝陵·裕陵地宫西方天王　1799 年

二、图像再正误：女性化的达摩多罗尊者

摁住清中后期这个年代层，回过头来审视整幅画面的图像构成，就不会被人牵着鼻子走了。

这幅画纵长条形，人物上下平行构图或者说呈三角形分布，从体量来看，下部两身天王（均为坐像）分明盖过了上部的行脚僧。这个行脚僧模样的人物，负笈、携虎、手持白拂和净瓶，行进于花野之中，前进方向之上靠近人物头部，云端里坐一佛像，黄衣、短勃、肉髻低平，乃典型的缅藏式小佛像。再进一步仔细观察：1. 其人头顶上有束髻用的固发套圈、脑后插发用的簪子等红色残痕，可知其人戴发修行，不是和尚而是居士；2. 面短、鼻勾、长凤眼，神情安静，颇似女相，手部女性特征更加分明。合此两项观之，这位背负经笈的人物，不是汉地的行脚僧，而是藏传佛教中的达摩多罗尊者。

达摩多罗尊者的人物原型成谜。按照17世纪五世达赖喇嘛的看法，他是观音化现的居士，宁夏贺兰山人，专职侍奉十六罗汉。① 历史真相究竟如何，值得进一步讨论。这里不予纠缠，只想指出两个事实：

第一，达摩多罗跟布袋和尚一起，经常出现在明清藏传寺庙壁画和唐卡当中，构成十八罗汉图中的两位。

图8　仙桃弥勒　故宫博物院藏

第二，他们的基本造型特征都来自汉地，亦随汉地的变化而变化。达摩多罗借鉴了五代北宋以来的行脚僧形象，布袋和尚则效仿汉地笑口常开的大肚弥勒佛。大约从南宋、元朝开始，汉地弥勒像的身边开始点缀童子②，至明清又跟生育神鬼子母（送子娘娘）配享在了一起，再后来受到寿星图、麻姑献寿图的影响，弥勒佛居然手持仙桃（图8），分明仙翁化了。藏传壁画和唐卡敏感地、选择性地吸收了内地弥勒佛仙翁化的新形象，在此背景下，达摩多罗的女性化、麻姑化历程（图9、图10）

图9　达摩多罗尊者坐像　西藏　17、18世纪　漆金木

图10　十八罗汉唐卡之达摩多罗　19世纪

① 转引自谢继胜：《伏虎罗汉、行脚僧、宝胜如来与达摩多罗——11至13世纪中国多民族美术关系个案分析》，《故宫博物院院刊》2009年第1期。

② 参见常青：《福清市瑞岩山布袋和尚像之信仰与图相源流》，《福建文博》2014年第4期。

就是不可避免的了，逻辑上也顺理成章，本来观音现身就是可男可女的。至于何时开始女相化，不易判断，只能说与布袋和尚仙翁化同步，早不过18世纪。

总之，本画出现女相化的达摩多罗尊者形象是可以理解的。

三、为画正名：《达摩多罗尊者与二天王（北方毗沙门天王、西方广目天王）》

第二点未见前贤之解读，属于私见，第一点则是常识。循此常识，我们很快便找到了眼前这幅画的构图原型——《达摩多罗尊者与二天王》，在清代藏传系十八罗汉图中，它常常和《布袋和尚与二天王》相对出现。

按照唐卡分期，继元明及其以前之后，清代中期迈入第三期，也是唐卡制作的鼎盛期。这一时期流派众多，绘画题材多样化，其中释迦十八罗汉图（图11）特别流行，蔚为大观，通常由释迦牟尼佛、十六罗汉、布袋和尚、达摩多罗尊者、护法四天王构成。这种罗汉图要么制作成一张巨幅画，要么分别制作合成一套。如果是前者，画面最下方往上，至中心佛座前，必是四天王与布袋和尚、达摩多罗尊者的左右分搭。这跟佛寺或石窟里的罗汉堂结构如出一辙：佛为主尊，左右两壁各置罗汉九身，布袋和尚和达摩多罗尊者分别在前，靠近入口的四大天王（图12）。有人说，唐卡是“移动的庙宇”，此话不假。

图11　释迦十八罗汉唐卡
18世纪　美国鲁宾艺术博物馆藏

图12　故宫佛日楼二层内景三世佛+十八罗汉+四天王

设若是套装组画，就看如何切割了。目力所见，受制于空间、财力大小，十八罗汉有一画一僧、一画二僧、一画四僧等多种切割形式，而在一画二僧的情况下，达摩多罗尊者和布袋和尚势必会被挤出来，跟四天王合成，又根据对称原则，于是出现达摩多罗尊者（上）与二天王（下），布袋和尚（上）与二天王（下）的构图形式。四川博物院收藏的一套十八世纪罗汉图组画（图13、14、15、16）即为典型的好例。①

图13　川博藏清代十八罗汉组画之一

图14　川博藏清代十八罗汉组画之二

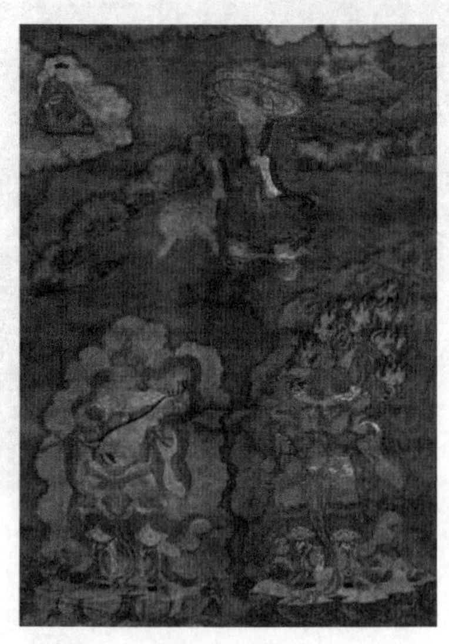

图15　达摩多罗尊者与东、南方二天王　前图局部

图16　布袋和尚与西、北方二天王　前图局部

① 赖菲：《四川博物院藏十八罗汉唐卡组画》，《中华书法家》2017年第2期。

据清宫档案记载，乾隆皇帝对十八罗汉图情有独钟，不断请活佛认看宫中制造或藏地进献的罗汉唐卡，“乾隆二十八年钦命阿嘉胡土克图认看的两幅藏画，其一为达摩多罗尊者与两天王，另一为布袋和尚与两天王。”①可见此种构图流行之一斑。

四、小结

大阪汉和堂收藏的这幅画作，如系真品，应该是清中后期制作的十八罗汉唐卡组画之一件，习惯上定名为《达摩多罗尊者与二天王（北方毗沙门天王、西方广目天王)》。

五、赝品之疑

但是，从样式、风格观察，此唐卡令人生疑。一般来说，明清唐卡色彩绚丽，不太容易掉色，即或褪色暗淡，也很难呈现出本画那种寡素的味道。截至目前，我没找到一例风格与之接近的唐卡。

唐卡之所以不易掉色，是因为它仿照了壁画的制作方法，先在布、绢之上涂抹一层地仗，然后用矿物质颜料作画，为防止悬挂时画面脱落，矿物质颜料里面往往掺胶。舍胶不足以固定，但胶也有负面作用，时间长了，会导致变色。

如果使用频率过高，反复卷挂，唐卡自会破损。破损的情况也跟壁画病害相仿：龟裂、起甲、地仗层崩脱、灰尘油渍合成暗斑。但这幅画的破损情况显著不同，集中体现在掉色褪色现象上，且诸处不合理：

1）上部青绿山水颜色不正，不像是大面积矿物颜料脱落所致，更像是当初使用了植物颜料、染色太薄招致的后果。

2）左右天王头部大致在一条平行线上，一个面部粉红，另一个面部完全脱色（不是褪色)，反差太大。唐卡中的天王四脸染色各不相同，但如果同样使用矿物质颜料，则平行部位应该要落同落。

3）达摩多罗尊者的红色外衣也是这样，左侧可见点花图案，右侧了无花痕。同一件衣服，染色不过两种，落差如此，令人费解。

可以肯定，此画染色时使用了植物颜料，所以褪色严重，不是我们寻常看到的唐卡。而疑窦丛生的掉色褪色，使之难逃故意做旧的嫌疑。

要说，判断真赝也不难，按照明清唐卡的基本元素核定其绘画材质（绢、布、

---

① 转引自何芳：《乾隆朝清宫十八罗汉唐卡名相解析》，《故宫博物院院刊》2003年第4期。

纸）、地仗层、天干地干是否有字（清宫用白绫签，满蒙汉藏四体并书，标明主题、张挂的方位、顺序）等，如果不符合唐卡制作规范，必为赝品。可惜，在孙教授的文章里，藏品的基本情况一概付诸阙如，我们甚至不知道该画的尺幅大小。尝试联系藏家咨询，未料对方如临大敌，一副很不待见的样子。我觉得藏家可笑，既然无自信，何苦找人出来晒画呢？怎么就不想想，一旦公之于众，藏品就具备了公共属性，众口悠悠，谁人躲得过去？

藏家越遮掩，越证明我的怀疑有理。但在目前，只能真伪两存以待来者。收藏家总想击鼓传花，不读书的接盘侠未必绝迹，未来有没有水落石出的那一天，只有上帝知道。

六、误读之由

立足于真，此作不过是清代极不起眼的唐卡，然而在孙英刚教授的眼里，它却成了“一件珍贵的图像文献”！原因无他，20 世纪初头敦煌藏经洞出土了一批五代北宋时期的行脚僧图，孙跟前人一样，将这两类作品混为一谈了。

据网络和孙文介绍，大阪汉和堂的堂主叫陆宗润，一位旅日的书画修复专家，早年供职于上海博物馆，近年来频频回国，兼职、讲学、发文，忙得不亦乐乎。陆氏以书画修复起家，兼搞收藏。据云他手上的这幅画流传有绪，本是泽村专太郎转给永观文库的东西。查永观文库，附设于京都禅林寺（永观堂），后者为镰仓时代以来的古寺，存有大名鼎鼎的回头阿弥陀佛像。泽村专太郎何许人也？日本大正、昭和早期（1884—1930）的东洋美术史家、京大教授，民国十年（1921）前后跟中国北方学界关系密切，尤其跟留日派的鲁迅兄弟打得火热。此公曾在北京呆过，喜欢收集中国文物资料，前程无限，不幸英年早逝，于日中两国学术界影响都不太大。特别需要指出的是，泽村专太郎临摹过印度阿旃陀壁画，也指导他人临过英藏敦煌绘画品。[①] 总之，他熟知印度、西域、敦煌、云冈等地的佛教美术。

这幅清代唐卡怎么到了泽村专太郎的手里呢？孙英刚说：“以泽村专太郎的学术背景，或是其在中国讲学考察时搜集，或有其他的渠道获得”，所谓“其他的渠道”，是指大谷探险队 1911 年 10 月第三次中亚探险、从敦煌王道士那里购买了 38 件完整品，运到京都后流散不明，亦无目录存世。“考虑到泽村之背景和其搜罗古画的不遗余力，获得其中数件或一件也甚有可能。”大谷搜集品的说法特别诱人，果若如是，其价不

---

① 参见陆庆夫、王冀青主编：《中外敦煌学家评传》第二卷“日本的敦煌学家 · 泷精一”，兰州：甘肃教育出版社，2002 年，第 163—165 页。

菲，一介书生的泽村能否买得起要划个大问号。我个人觉得，与其盯着大谷探险队，不如把目光移至民初北京的古玩街——琉璃厂、荣宝斋，在那里，清代的破旧唐卡不值钱，泽村可以捡漏。

泽村误读清代唐卡是个大概率事件（也不排除他通过荣宝斋订购西域伪画的嫌疑），到了他的下家永观文库，真真切切就是误读。据孙英刚公布的照片，此画装在一个桐木盒里，盒外除永观文库保存印外，另有三行说明文字：

> 西域画　五代（右起第一行）；
> 三藏法师像（中间行，字体最大，原文库以此定名）；
> 毗沙门天　眷属（末行）。

现在看来，除了“毗沙门天”的指认一条，上述说明全部错光。

20世纪30年代以前，敦煌遗画散藏于世界各地，获知行脚僧图的全貌殊非易事，泽村所知限在英藏。在此背景之下，学人、藏家误判误读在所难免。可是将近一个世纪过去了，英藏、法藏、俄藏、日藏的行脚僧图早已全部公刊发表，连敦煌晚期石窟、宋代寺塔、宋画上的同类形象资料也被一网打尽，里面没有一件作品跟天王相连！稍有一点读图经验，就不会喝前人的洗脚水。令人遗憾的是，孙英刚仍然指唐卡为西域画，盲目为藏家站台背书，实在太不应该了！

七、谁在造假？

立足于假，谁是此画的造假者？我先前一度怀疑是溥新畬，现在更怀疑现任藏家。

敦煌假画出现于20世纪20—30年代，最早流入日本敦煌学的发源地——关西地区。1925年7月发行的《国华》杂志总第416号上，泷精一发表了一篇题为《关于敦煌出大业三年佛画》的文章，介绍了当时刚刚流入日本的两幅号称出自敦煌的佛画，一幅佛名为《南无大德佛》，另一幅佛名为《南无功德佛》，题记均为“大业三年四月大庄严寺沙门智果敬为敦煌守御令狐押衙敬画贰百佛普劝众生供养受持”。这是此类佛画的第一次亮相，也是敦煌假画在日本冒头的年代上限。又据池田温先生的介绍，大阪梅士堂收藏了10余件敦煌假画，其中含有李盛铎的题记及钤印。[①] 通观这批假画，主题混乱，稚拙可笑，作伪者缺乏起码的造型能力。它们跟敦煌伪卷一样，应该是李盛

① ［日］池田温：《敦煌写本伪造问题管见》，《中国史研究》2009年第3期。

铎的外甥、天津的陈益安[①]所为。

在40年代张大千涉假以前，敦煌艺术的国际出版物不多，有机会见到的国人更少，不是什么人都能造假的。但是，如果一个国画高手，受到域外行家的指点或笔单订购，情况就变了。我这里拈出一个人——溥新畬（1896—1963），他是恭亲王奕䜣的孙子、末代皇帝溥仪的堂兄，民国以后号称旧王孙，长期隐居北京西山戒台寺读书习画，30年代暴得画名，与张大千并称“南张北溥”，又与吴湖帆并称“南吴北溥”。溥新畬作画有个特点：摹古出新，构图不走样，启功说他作画往往把别人现成的稿子拿过来就描，连搬动搬动都懒，还说他动笔之前常把一些画拿来比较，本上印的，画册上印的，他就照抄稿子，照画一幅。[②] 他也是个能造假画的高手，1930年代前后，颐和园的听鹂馆被称为“溥家作坊”，众多门生在那里为他批量生产画作。1927年他应大仓商行的邀请东渡日本讲学，到过京都。在后来的学历自述中，他声称被京都大学聘为教授。是真是假搞不清楚，但为何偏偏是泽村专太郎所在的京大，而不是别的大学？颇耐人寻味。我想，如果大阪汉和堂收藏的清代唐卡真是赝品的话，溥新畬恐怕要列为头一个值得怀疑的对象！

第二个值得怀疑的对象是现任藏家陆宗润。是的，永观文库的收藏盒子和保存说明我们都看到图片了，但里面的东西是否被掉了包？天晓得！临摹一份，留住母本——不良藏家常常这么干，我们这些研究者不得不防啊！

附记：故宫博物院藏传佛教艺术专家——我的老友罗文华研究员，对于本文亦有贡献，志此鸣谢。另文内插图，图1－2选自孙英刚文，图13－16选自赖菲文，其余选自网络，恕不一一注明。

---

① 关于陈益安，参见荣新江、刘涛二氏论文的相关介绍，荣新江：《李盛铎藏卷的真与伪》，《敦煌学辑刊》1997年第2期；刘涛：《伪造敦煌写卷的起始时间和造假人——兼举疑伪的敦煌写卷》，《收藏家》2004年03期。

② 启功：《溥新畬的艺术与生活》，载《雄狮美术》1993年10月。

中国“以书入画”的绘画简史

——从古代“以书入画”的理论到近现代任伯年、吴昌硕、王一亭、杨柋、饶宗颐等等

郑炜明（香港大学饶宗颐学术馆）

一、引言

20世纪中国画的历史，该怎么写？有发言权者包括：画家、艺术评论家、艺术史学者、博物馆专家、收藏家、艺术品商人、拍卖行专家、艺术商品投资顾问、艺术爱好者等等。

但论述和书写的角度可以非常多元化；可说是名家如云、流派林立、风格多样、技法纷呈……而笔者认为，其中一个最重要的角度是“以书入画”。

个人认为，20世纪的中国画史，是一部中华艺术家以书入画的绘画艺术史，也是一部点与线、艺术家个人襟抱境界与中华文化精神交织融会的艺术史。

以书入画必然会涉及另外两个概念：书画同源、文人画。已有学者认为前者可追溯至史前岩画等作品，后者可追溯至汉代。[①] 郑昶的追本溯源是正确的。但由画家有意识地主张以书画同源为理论基础，从而鼓吹和推动以书入画为绘画的主要艺术技巧，这两点实应自金、元两代开始。至于文人画，作为中国画史中的主流，应亦始自金，然后兴盛于元、明。

本文将集中讨论从古代“以书入画”的理论到20世纪以来中国画“以书入画”的历史。本文以任伯年、吴昌硕、王一亭、杨柋和饶宗颐为纲，是因为他们之间在人脉上其实有一定的渊源，而且他们都曾明确主张，或在实践的时候以书入画。论述过程中亦会涉及20世纪其他名家。

---

① 郑昶：（案：即郑午昌，1894—1952）《中国画学全史·自序》，见《民国沪上初版书·复制版》，上海三联书店据中华书局民国十八年五月印刷版复制，2014年，第1页。

二、古代“以书入画”理论

唐代张彦远（815—907）《历代名画记·论画六法》：议论南朝齐梁间谢赫（479—502）的“画有六法”中的第二法“骨法用笔”，认为画是讲线条的艺术，因此工画者多善书。[①] 但谢赫和张彦远所讲的，主要指重人物画的画法。[②]

而他在《论顾陆张吴用笔》也说道：

> 书画用笔同法。[③]

北宋郭熙（约 1000—约 1087 后），北宋神宗熙宁至元丰时的宫廷画师之首，他曾说：

> 故说者谓王右军喜鹅，意在取其转项，如人之执笔。转腕以结字，似正与论画用笔同。故世之人多谓：善书者往往善画，盖由其转腕用笔之不滞也。[④]

北宋苏轼（1037—1101）反对纯粹的形似：

> 论画以形似，见与儿童邻。[⑤]

又主张“诗画本一律”：

> 诗不能尽，溢而为书，变而为画。[⑥]

苏轼个人的绘画，题材多为枯木竹石，也是变而为画的一种诗书画合一的表现。

---

① （唐）张彦远：《历代名画记》，见栾保群编：《画论汇要》，北京：故宫出版社，2014 年，第 94 页。

② 宿白：《张彦远和〈历代名画记〉》，北京：文物出版社，2008 年，第 24—25 页。

③ （唐）张彦远：《历代名画记》，见栾保群编：《画论汇要》，第 99 页。

④ （宋）郭熙、郭思：《林泉高致集·画诀》，见栾保群编：《画论汇要》，第 272 页。

⑤ 《书鄢陵王主簿所画折枝二首》其一，见（宋）苏轼著，杨家骆主编：《东坡全集》（上），台北：世界书局，1996 年，第 194 页。

⑥ （宋）苏轼：《文与可墨竹屏风赞》，见《东坡集》第二十卷，日本公文馆藏南宋杭州刊本，第十四叶。

苏轼《枯木竹石图卷》北宋　纸本墨笔　尺寸失记　日本收藏

苏门四学士之一的晁补之（1053—1110）在《跋董元画》亦论及绘画之用笔，以书法喻画艺。①

北宋米芾（1051—1107）《画史》，屡屡讨论前代名家画中之“笔”，间亦议及用墨：

> 章友直，字伯益。善画龟虵，以篆笔画，亦有意；又能以篆笔画棋盘，笔相似。②

又论砚与笔的关系：

> （晋唐）用凹砚也，一援笔，因凹势，锋已圆，书画安得不圜。本朝砚始心平如砥，一援笔则褊，故字亦褊。……镦心凸砚，云宜看墨色，每援笔即三角字，安得圜哉。③

米氏之论以书入画，可谓已落实到具体而微。

而在画史上明显将以书入画的线条性自我表现艺术，融入绘画中，并以之取代形似式的重现艺术，要到金元间始渐次盛行起来。

金代王庭筠（1151—1202），诗、墨竹画学苏轼，书法山水师米芾④。王庭筠的画，

---

① （宋）晁补之：《鸡肋集》卷33，《景印文渊阁四库全书》，第1193册，第618页。

② （宋）米芾：《画史》，见《四库全书·艺术类·书画史》，北京：中国书店，2014年，第43页。

③ 同上，第47页。

④ 谈昇广：《从王庭筠〈墨竹枯槎图〉看宋金元初苏轼体系墨竹的传承》，硕士学位论文，南京师范大学，2003年。

对整个元代的影响极大。金元间的鲜于枢（1246—1302）跋王庭筠《幽竹枯槎图》：

> 窃尝谓古之善书者必善画，盖书画同一关捩，未有能此而不能彼者也，然鲜能并行于世者。……唯米元章书画皆精，故并存于世，元章之后，黄华先生一人而已。详观此卷，画中有书，书中有画，天真烂漫，元气淋漓，对之嗒然，不复知有笔矣，二百年无此作也。①

王庭筠　幽竹枯槎图卷　金　纸本墨笔　纵38厘米　横69.7厘米　日本京都藤井有邻馆藏

鲜于枢也是一位大书法家。有说其书法传承自王庭筠父子②。他是元初第一位明确提出以书入画主张的文人。

宋末元初钱选（1239—1299或1301），是元明清三代文人画的宗师。③ 宋亡入元不仕，以遗民隐居终老。自我放逐为职业画师，以花鸟画谋生，以山水画为寄托。④ 他由宋代宫廷院体画风格，成功过渡至以书入画的文人画风格。是由状物形至表我意的艺术转型的关键人物。

---

① 题跋转录自谈晟广：《浮玉山居——宋元画史演变脉络中的钱选》，北京：中华书局，2013年，第332页。

② 解缙（1369—1415）：《书学传授》，见（清）孙岳颁：《御定佩文斋书画谱》卷37。

③ 李亚农：《论钱舜举在中国美术史上的地位》，见《中华文史论丛》第二辑，北京：中华书局，1962年，第1—30页。

④ Shou - Chien Shih, "Introduction", *Eremitism in Landscape Paintings by Ch'ien Hsüan* (*Ca. 1235 - before 1307*), Ph. D. diss., Princeton University, June 1984, p. 1.

钱选　浮玉山居图卷　元　纸本设色　纵29.6厘米　横98.7厘米　上海博物馆藏

钱选也是一位学者，著有《论语说》《春秋余论》《易说考》《衡泌间览》，另有诗集《习懒斋稿》。赵孟頫与钱选论士夫画时，钱氏曾有“隶体”之说①，另一元末明初《格古要论》中的较早版本则作“戾家”或“隶家”。启功释作外行②，徐书城则理解为书法之隶法③。

赵孟頫以书入画的理论与实践，对钱选与鲜于枢影响深远。赵孟頫（1254—1322）以书入画的理论是：

> 石如飞白木如籀，写竹还与八法通。若也有人能会此，方知书画本来同。④

1310年，赵孟頫作《双松平远图》，以中锋圆笔绘画山水树木。赵孟頫对后来的元四大家、明董其昌，乃至于晚明清初诸家，都影响深远。

赵孟頫　鹊华秋色图卷　元　纸本设色　纵29厘米　横605厘米　台北故宫博物院藏

① 谈晟广：《浮玉山居——宋元画史演变脉络中的钱选·引言》，北京：中华书局，2013年，第29页。

② 启功：《戾家考——谈绘画史的一个问题》，见《启功丛稿》，北京：中华书局，1981年，第139页。

③ 徐书城：《钱选画艺解读——元代文人画的别格》，见上海博物馆编：《千年遗珍国际学术研讨会论文集》，上海：上海书画出版社，2006年，第339—341页。

④ 赵孟頫：《秀石疏林》图卷自题诗，北京故宫藏。

赵孟頫—古木竹石图轴　绢本墨笔　纵108.2厘米　横48.8厘米　故宫博物院藏

柯九思—双竹图轴　纸本墨笔　纵86厘米　横44厘米　上海博物馆藏

汤垕（？—1328），元代画论家，曾在《古今画鉴》中论赵孟坚（1199—1264或1267）竹石：

作石用笔轻拂，如飞白书状，前人无此作也。①

论韦偃（约活动于8世纪）画马：

笔力劲健，鬃尾可数，如颜鲁公书法。②

又评北宋白描道释人物画大家武宗元（约980—1050）《朝元仙杖图》：

---

① 王伯敏、任道斌主编：《画学集成·古今画鉴》（上），石家庄：河北美术出版社，2002年，第707页。

② 同上，第693页。

人物仙杖背项相倚，大抵如写草书然。[①]

元柯九思（1290—1343），元代著名画家，擅写墨竹，曾说：

写竹干用篆法，枝用草书法，写叶用八分法，或用鲁公撇笔法，木石用折钗股、屋漏痕之遗意。[②]

元末明初朱同（1339—1385）亦继承钱选、赵孟頫，推广以书入画的理论：

画之与书，非二道也……徒取乎形似者，固不足言画矣，一从事乎书法，而不屑乎形似者，于画亦何取哉？斯不可以偏废也。[③]

朱同接着论钱选的画，认为其笔法出自小李将军。不可以没骨法概括钱选的画[④]。

明徐渭（1521—1593）认为：

迨草书盛行，乃始有写意画。[⑤]

徐渭楷书取法钟繇（151—230）《荐季直表》、王羲之（303—361）《黄庭经》《乐毅论》《兰亭序》。章草学索靖（239—303）《急就章》《月仪帖》《出师颂》《七月帖》。行书宗黄庭坚（1045—1105）、米芾、苏轼、蔡襄（1012—1067）。徐渭擅以草书入画。尝自谓：

徐渭　拟鸢图卷　明　纸本墨笔　纵32.4厘米　横160.8厘米　上海博物馆藏

① 同上，第703页。

② （清）秦祖永评辑：《画学心印》卷2，光绪四年朱墨套印本，第三十四叶。

③ 俞剑华编：《中国画论类编》（上），北京：人民美术出版社，1957年，第97页。

④ （明）朱同：《覆瓿集》，《景印文渊阁四库全书》，第1227册，第713页。

⑤ （明）徐渭：《书八渊明卷后》，见《徐文长三集》卷20，台湾“国立中央图书馆”藏明万历二十八年会稽商濬刊本，第4—5页。

> 吾书第一，诗次之，文次之，画又次之。①

自称其画为“张颠狂草书”。[张颠即张旭（675—约750）]

徐渭　三友图轴　明　纸本墨笔　纵142.4厘米　横79.4厘米　南京博物院藏

董其昌　山水图册（之八）　明　纸本设色　纵26.1厘米　横16厘米　故宫博物馆藏

明董其昌（1555—1636）论中国画的空间问题，亦借用书法中的“章法”概念。②董氏另有一段著名的文字，论书法的章法：

> 古人论书以章法为一大事，盖所谓行间茂密是也。余见米痴小楷，作《西园雅集图记》，是纨扇，其直如弦，此必非有他道，乃平日留意章法耳。③

---

① 《明史》卷288《徐渭传》，清乾隆武英殿刻本，第3024页。

② 赵孟頫：《洞庭东山图》题跋，上海博物馆藏。

③ （明）董其昌：《书禅室随笔·评法书》，叶子卿点校，杭州：浙江人民美术出版社，2016年，第4页。

此外，王绂①、刘珏②、姚绶③、史忠（1438—?）、郭诩（1456—1532）、陈淳④、沈周（1427—1509）、文徵明⑤、唐寅（1470—1524）、徐霖⑥、莫是龙⑦、邹之麟（生卒年不详）等明代艺术家的画笔皆出自书法。饶师宗颐先生在《从明画论书风与画笔的关联性》这篇大文章里已有详细论述，于兹不赘。

清代画坛各家，除宫廷画师外，几乎一致重视以书入画。即使民间以画画谋生的名家，其实都各有书法根柢。如四僧、四王、龚贤（1618—1689）、恽寿平（1633—1690）、扬州八怪等。

至清中叶嘉道间起，画家开始以金石碑版所现之书画艺术为养分，再一次丰富了以书入画的内涵。例如：黄易（1744—1802）、奚冈（1746—1803）、陈鸿寿（1768—1822）等，即以碑碣中的书法及砖石刻画，融入自己的绘画之中。

晚清时期，曾于北京居住三十年的英国汉学家卜士礼（Stephen Wootton Bushell，1844－1908）已在著作中指出：

> 中国绘画之发达变迁，及其门户派别之异，亦至分歧矣。然分歧之中，有相同者在焉。……其相同最甚者，则为书画用笔同法。故中国善画之人，多皆善书者也。……中国各家之论书画者，皆谓二者同出于一源……中国人教绘画之法，与书法同。教书者自永字八法始，取各法一一而练习

倪瓒　六君子图轴　纸本墨笔　纵 64.3 厘米　横 46.6 厘米　上海博物馆藏

---

① 王绂（1362—1416）：工写竹。谓以篆书写干、以草书写枝、以真书写叶、以隶书写节。

② 刘珏（1410—1472）：以草书为画笔。

③ 姚绶（1422—1495）：以行草书山水、竹石。

④ 陈淳（1483—1544）：书画之法得自米海岳，以行书写雨景。

⑤ 文徵明（1470—1559）：以狂草写兰竹。

⑥ 徐霖（1462—1538）：以行草为画笔，写兰石及双钩竹，全以书法作画。

⑦ 莫是龙（1537—1587）：工小楷、行草，以之为画笔。

> 之；既善既精，然后兼筹其全体，备善其间架。教画亦然。……中国人之绘画，最重视描线……①

下面举两个实例，以进一步阐明古代名画家是如何以书入画的：

1. 元倪瓒（1301—1374）早年书法追慕钟繇《荐季直表》、二王，中晚年取法杨羲（330—386、一说卒年不详）《黄庭内景经》。用笔以隶法之中锋为主。风格古而媚，疏而密。

倪瓒　竹枝图卷　元　纸本墨笔　纵34厘米　横76.4厘米　故宫博物院藏

文徵明　仿倪瓒山水图卷（之一、之二）　明　纸本墨笔　纵24.7厘米　横498.8厘米　重庆市博物馆藏

---

① S. W. Bushell：《中国美术》卷下，戴岳译述、蔡元培校订，上海：商务印书馆，1934年，第197—199页。

2. 明代文徵明（1470—1559）书法植基智永（生卒年不详，南朝陈至隋间人）《千字文》，后又练习王羲之《圣教序》、王献之《十三行》及颜真卿《争座位帖》。又尝借鉴赵孟頫《汲黯传》。大字行书学黄庭坚《伏波祠帖》。隶书宗三国魏《受禅表碑》。画受吴门画派影响，追求逸韵，故亦以“引书入画”为法。

我们从上述的介绍和例子，可以明白中国古代著名画家其实很多是主张以书入画并付之实践的。我们在研究中国绘画史的时候，必须非常重视这一点。

三、任伯年、吴昌硕、王一亭、杨栻、饶宗颐与“以书入画”

任颐（字伯年，1840—1895），以宋人双钩法画花卉；兼擅山水，论者以为其沉思独往，气象万千；人物画，白描尤其传神，近陈老莲一派，为晚清海派画坛之领袖人物之一。仇十洲之后中国画家第一人。其意笔人物画中有诗，任乃抒情诗人[①]。

论者认为，任伯年之白描水墨写真，草草勾勒，独辟蹊径，笔墨格趣，高超洒落，非晚清以来中西折中诸派可以望尘而及[②]，为写真人物后起之健者，惜后继无人。

潘天寿评任颐画作：

> 他摹八大山人和华喦，大写意主要学八大的一路，学得很到家，表现了大气磅礴、沉雄健拔的气派，惜不多画。因卖画关系，他只得画兼工带写的一路，画雅俗共赏的东西。……他有许多作品的格调是很高雅的，如画八大山人一路的东西，其气魄和意趣是很高的，没有甚么可以指责的。[③]

---

① 徐悲鸿：《任伯年评传》，载任伯年绘、陈之初编：《任伯年画集》，香港：东雅出版社，1950年，第1页。

② 潘天寿：《中国绘画史》，北京：东方出版社，2012年，第215页。

③ 潘天寿：《任伯年的绘画艺术》，见《潘天寿论画笔录》，杭州：浙江人民美术出版社，2015年，第126页。

书法亦参画意，此点尚待深入研究。程十发说，他的书法是向胡公寿（1823—1886）学的。[①]（按：胡氏书法宗唐人颜真卿、李邕之行楷，或任颐之书法亦学此路。）但有资料显示，任氏极重视以书法为绘画之根柢，并以之影响吴昌硕、王一亭等。任颐曾对吴昌硕说：

> 子工书，不妨以篆籀写花，草书作干，变化贯通，不难得其奥诀也。[②]

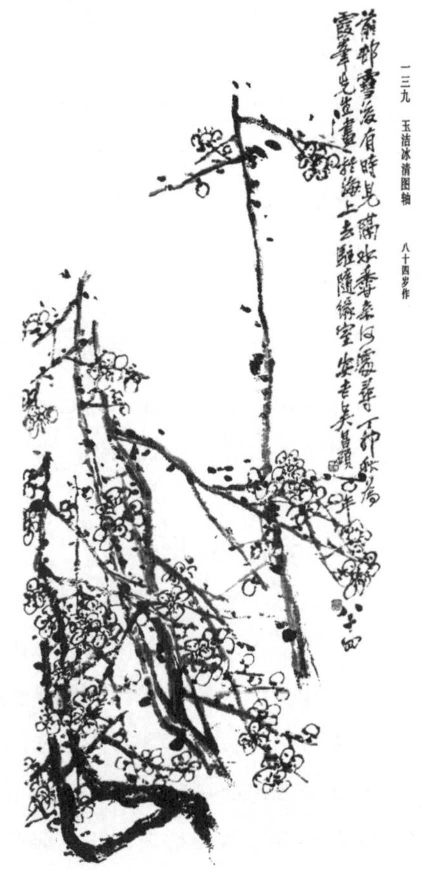

一三九 玉洁冰清图轴 八十四岁作

吴昌硕（1844—1927），出身文人之家，在晚清曾中秀才，能诗。自言五十学画。1883 年结识任伯年之后（初欲拜任氏为师，任氏以吴书法极佳，可自参悟，不必拜师，从此两人过从甚密，砥砺切磋画艺），始浸淫于绘事。继任伯年之后主海派画坛。其画得力于书法、篆刻。书法尤其得力于篆书、石鼓文，故尔风格苍劲茂实、浑厚朴素。为海派以金石（书法）入画艺术之佼佼者。[③] 同时为清末民初一代书法、篆刻大师，西泠印社第一任社长。善用篆、隶、狂草笔意入画，如以篆笔写梅兰，狂草写葡萄；又创以草篆书作大写意画。书法始学颜真卿楷书，隶书以《汉祀三公山碑》《张迁碑》《石门颂》《嵩山石刻》为主，篆书学石鼓文，行书学黄庭坚、王铎。晚年书法极具开创性，隶书融入篆意，又以篆隶笔法创作草书，加上其金石学的学问，完全以书意演画意。

陈师曾（1876—1923）论吴昌硕云：

> 古味盎然，不守绳墨。初问道于任伯年，后乃自参己意。金石篆籀之趣皆寓之于画，故能兀傲不群。然学之者往往务

① 程十发著、程助编：《程十发中国画要诀》，上海：上海人民美术出版社，2012 年，第 81 页

② 龚产兴编：《任伯年研究》，天津：天津人民美术出版社，1982 年，第 18 页。

③ 杜哲森：《中国传统绘画史纲——画脉文心两征录》，北京：人民美术出版社，2015 年，第 532 页。

为丑怪，则亦可以不必矣。[①]

王一亭（1867—1938），初拜任伯年弟子徐小仓（1840—1896）为师，后拜任伯年为师。结识吴昌硕之后，亦以书入画。书法宗颜真卿，兼得篆籀笔意。

杨栻（1886—1966），其父为任伯年挚交，家藏任氏画作百数十幅。

杨栻书法初学王羲之，后兼学篆隶及各碑帖，晚年以篆书入画，故其山水画浑厚苍古。

饶宗颐（1917—2018），西泠印社第七任社长。年十二随金陵杨栻学画，得遍临杨氏家藏任伯年百数十幅各类画作；少年时已能为擘窠书，能站立抵壁作大字及山水大画。及长，师法元代钱选，故其字选堂有三义，其一即为师钱选，盖慕钱选之学艺双携；主张以学养艺。六七十年代，饶宗颐数次远赴法国，观摩法藏敦煌白画画稿，在学术研究上写成《敦煌白画》一书；在绘画实践上，亦因而吸收了唐人白描人物画的技法，在任伯年人物画的基础上，丰富了自己在人物画方面的艺术。关于学艺双携，饶宗颐曾说：

《雏鸡》（1895 年）

> 学与艺是互相为用的。学是知识的累积，艺是某种知识的自我体会；学，达到某个程度后，对于艺，自然有所推进。学养好像泥土，创作的成果，要靠它来培养的。[②]

他并主张以书入画：

> 书与画是同源，我认为画是形貌，书是画的质，而学问又是书画的质。[③]

又曾说：

---

① 陈师曾：《中国绘画史》，杭州：浙江人民美术出版社，2013 年，第 158 页。

② 《访问中文系饶宗颐教授》，载《中文大学校刊》，1977 年，第 5—10 页。

③ 同上。

书道与画通，贵以线条挥写，临漓痛快。笔欲饱，其锋方能开展，然后肆焉，可以纵意所如，故以羊毫为长。①

书品亦重体势，中郎之于篆、隶二势，一比黍稷之垂颠，一譬星云之布阵，泱莽无极，庭燎飞烟，画也何以异是。苍润生笺，冰丝缘露，然后可以睹墨心惊，披图目炫矣！②

引自《杨栻画集》，香港：华夏文艺出版社，2004年，第13页

饶先生是20世纪的一位书法大家，众体皆擅：甲骨、篆、隶、楷、行、草等各体，皆有建树。③

饶宗颐先生20世纪80年代开始酝酿西北宗山水画之理论与技法，至新世纪初渐趋成熟，终开创中国山水画之西北宗。主张西北宗山水画之结构，应为从高处俯瞰之三度空间：④

平远 → 旷远（渺无人烟）
高远 → 穹远（莽莽万重）
深远 → 荒远（大漠荒凉）

而西北宗山水的皴法如下：

笔：乱柴皴 + 杂斧劈皴 + 长披麻皴，以定山势

墨：泼墨定阴阳

---

① 饶宗颐：《论书十要》，载《饶宗颐二十世纪学术文集》卷13·艺术（上），北京：中国人民大学出版社，2004年，第98—99页。

② 饶宗颐：《诗画通义·度势章》，载《饶宗颐二十世纪学术文集》13·艺术（上），第268—269页。

③ 《爨宝子碑》（晋隶 楷）、《爨龙颜碑》（南朝宋 楷而带隶）、《虢季子白盘铭》（西周 钟鼎文）、《韩仁铭》（东汉 隶）、《杨大眼造像》（北魏 楷）、《石门铭》（北魏 楷而带汉隶）、《唐三藏圣教序》（唐 行）、《前后赤壁赋》（宋元 行）、《张猛龙碑》（北魏 楷）、《大字麻姑仙坛》（唐 颜楷）、《唐拓化度寺碑》（唐 欧楷）、《温泉铭》（唐 行）、《金刚经》[泰山石刻、柳、董 隶楷（行）]、简帛（如流沙坠简等等）、敦煌写卷及历代名家（如苏、黄及明诸家）各体书法等等。

④ 饶宗颐：《中国西北宗山水画说》，见《敦煌研究》2006年第6期。

水墨荷花巨幅，水墨纸本，240×600cm，2001 年

用笔：焦、干、重、拙

皴法纯以气行

又或可以茅芝笔+ 一笔皴，又或加重墨雄浑之笔取势，又或以金银和色，以勾勒轮廓。

楼兰遗址，设色纸本，34×132cm，2006 年

北敦煌写生，设色纸本，34×138cm，2006 年

高昌残垒，设色纸本，138×68cm，2005 年　高昌残垒。乙酉夏，选堂乙写西北游踪

四、20 世纪“以书入画”的中国画史

除了上一段提及的几位大家之外，20 世纪中国仍有许多名家主张以书入画。如黄宾虹（1865—1955）[①] 就曾说：

① 黄宾虹（1865—1955）：九岁起习篆刻，后习书画。书法擅长钟鼎，故其画用笔如作篆籀。南社最早期成员。书法初练魏碑《郑文公碑》《石门铭》等等，其后又习篆书《师𩰫簋》《大盂鼎》《免盘》等三代钟鼎篆籀。行书得力于颜真卿《争座位帖》及唐太宗之《温泉铭》。

考书画之本源，必当参究籀篆，上窥钟鼎款式。①

黄宾虹很重视以金石学入画：

用笔之法，书画既是同源，最高层当以金石文字为根据。②

曾著有总论笔法之文，其中说：

古画笔法，三代以来，迄于明清，其最远者，莫如书契。……笔法之分，约有两种：一、杵书，笔法浑厚者；二、刀书，笔法清刚者。……③

又说：

太极图是书画秘诀。向左行者为勒，向右行者为勾。……一波三折，隶体明。画笔之中，腰须肥而圆，要转而有力。起笔须锋，锋有八面。……笔贵遒练，……书法无不一波三折。画树之笔法亦要笔笔变，须多中锋。恽南田、华新罗树法无一笔不圆润。文徵明山水皴石及点苔，皆三折，如褚河南书法。山石用侧锋，有飞白法，旁须界线分明。……房屋用中锋，舟车亦

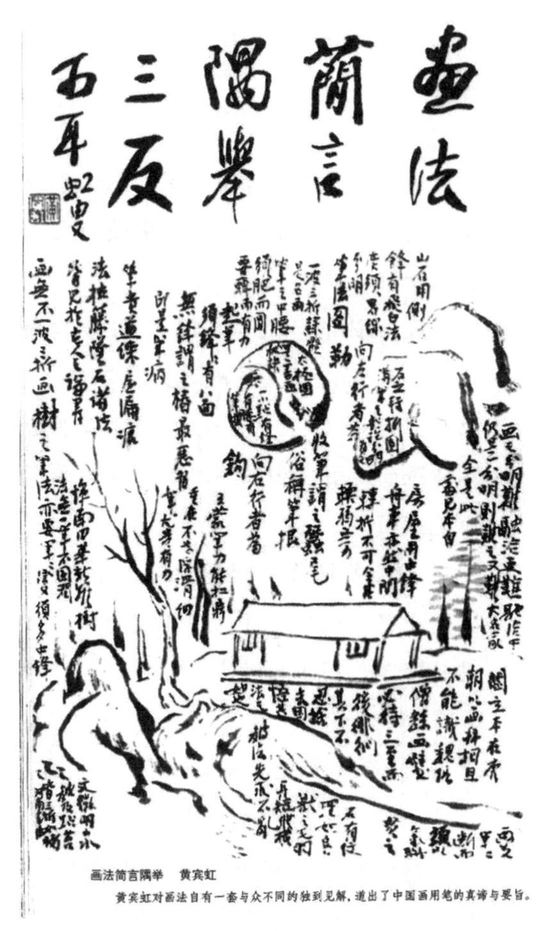

水墨荷花巨幅，水墨纸本，240×600cm，2001年

---

① 黄宾虹著，上海书画出版社、浙江省博物馆编：《黄宾虹文集·金石编》，上海：上海书画出版社，1996年，第492页。

② 黄宾虹：《琴书都在翠微中——黄宾虹自述》第四辑，北京：文化艺术出版社，2015年，第211页。

③ 《国画分期学法·总论笔法》，见叶子编：《黄宾虹山水画论稿》（新版），上海：上海人民美术出版社，2015年，第72页。

然，中间转折不可令其软弱无力。[①]

溥濡（1896—1963）也是强力主张以书入画的，有理论文字如下：

用笔必曰中锋。中锋者何？锋自中出也。如逆下之笔，折转其锋，使中而后出焉，所谓导之则泉注。或骤收其锋，截然而断，如勒临崖之马，所谓顿之则山安。……笔锋不可拖曳，不可挥抹，拖曳、挥抹谓之任笔。……

溥濡续说：

用笔中枢之力皆出于臂，而达于腕。运臂动腕，而指不知，此运笔使力之法。画出于书，非二本也。

或松针木叶之类，虽短至一二分，亦必以肘为进退，腕随之，指不动。善书者，画必工，即此理也。不工书者，不能悬腕运臂，但以指挑拨，笔力薄弱，画无蕴藏。

古人或横波树屋，无不藏锋领笔。寒林出锋，如锥脱囊。飞瀑则悬针下扫。丛竹葭苇，则出锋劲直。[②]

溥儒　柳塘聚禽图　本幅　71×28.5 公分
全幅　82.5×43.3 公分　台北故宫博物院藏

溥濡又说过：

画云水，草书法也，笔须圆转而无棱角。画沙坡山脚须平直，以肘为进退，不可低昂。

画惊涛断壁、长松修竹，一笔或引长数尺，刚而健劲，曲而有直，体侧逆

① 同上。

② 溥濡：《寒玉堂画论·论用笔》，杭州：浙江人民美术出版社，2015 年，第 65—67 页。

圆转，而笔锋变化，循环无端，非攻书法必不能至。①

溥濡亦擅画法，始学篆隶，写《泰山》《峄山》秦碑、石鼓文，后写《曹全》《礼器》《史晨》；为临写《韩仁碑》而有成者。又习颜真卿《中兴颂》、柳公权大楷，后取法成亲王，专写裴休《圭峰禅师碑》，前后四十余年；行书又曾临写王羲之《兰亭》《圣教》及米南宫书法二十余年。论者以为其楷书为文徵明以来第一。②

潘天寿（1897—1971），书法植根于《瘗鹤铭》、柳公权《玄秘塔》；师事经亨颐、李叔同，并曾取法吴昌硕，因此潘氏亦擅长书法、篆刻。他曾说：

古人习字，很讲究用笔用墨，有“锥画沙”“屋漏痕”“折钗股”的要求，并做到入木三分，力透纸背，直中有曲，方中有圆。这些方法与画法互相沟通，所以书画相通、书画同源之说。③

潘天寿又说过：

骨法归之于用笔，是用笔的结果，就是说骨气、骨相的表现方法在于用笔。……也就是说，通过用笔，表现出对象的外形、结构，并刻划对象的精神状态。因此，有成就的画家，不仅在艺术上的修养是多方面的，而且在书法上也有很高的笔墨水平。……用笔也指线的应用。中国画表现形式不外乎点、线、面……三者中以线为主，为基础，线表现对象，最明确，最强烈，这是中国画特点所在。……

……画法与书法有共同之处，……画家工书法，是为借鉴书法的用笔用线之法。……书法中讲折钗股、屋漏痕、锥画沙、虫蚀木、高峰坠石、万岁枯藤、力透纸背等等，都是指书法中用笔用线的方法和功力。董其昌提出“无垂不缩”“无往不复”，言下之意动的力量中都含有缩的力量，去的力量中都含有回复的力量。黄宾虹说的“留”，即笔线处处有留阻之力，留得住，放得开。④

张大千（1899—1983），书法师承曾熙（1861—1930）、李瑞清（1867—1920）。行

① 溥濡：《寒玉堂论书画·论画》，杭州：浙江人民美术出版社，2015 年，第 90—95 页。

② 王琼馨：《溥心畬诗书画研究》，台北：文津出版社，2013 年，第 229—237 页。

③ 叶尚青记录整理：《潘天寿论画笔录》，杭州：浙江人民美术出版社，2013 年，第 59 页。

④ 同上，第 129—133 页。

书宗苏、王。曾、李二氏晚年皆主张以书入画，大千亦然。他曾对大风堂弟子丁翰源说：

> 作为一个绘画专业者，要忠实于艺术，不能妄图名利；不应只学“文人画”的墨戏，而要学“画家之画”，打下各方面的扎实功底。首先须具有书法功力，才善于掌握骨法用笔，这是中国画特有的基础。

张大千又曾说：

> 笔法也有方式做准则。所谓：要平、要重、要圆、要转、要绝、要秀、要润，……湿笔要重而秀，渴笔要苍而润，……
>
> 用笔拿中锋做中干，侧锋去帮助它。中锋把体势建立起来，侧锋来增加它的意趣。中锋要质直，侧锋要姿媚。勾勒必定用中锋，皴擦那就用侧锋。点戳是用中锋，渲染则是中锋、侧锋都要。①
>
> ……画竹是等于写字一样，用笔要完全合乎书法。②

张大千　松　画心尺寸：137.5×69cm

（台湾）中国文化大学华冈博物馆藏

陆俨少（1909—1993），书法初学魏碑《杨大眼》《张猛龙》等，后写《兰亭》，又曾习五代杨凝式《卢鸿草堂十志图跋》，旁参苏轼、米芾等等。其画论云：

> 我认为画画应该功夫在画外……现在的美术院校……招中国画学生不强调书法和文学修养。……笔性不好，悟性不高，今后不可能画得好。……我认为有点

---

① 张大千著，叶子编：《张大千画诀要论》，上海：上海人民美术出版社，2013 年，第 31 页。

② 同上，第 70 页。

> 基础的人学书法要从行书学起，学行书上可及草书，下可及楷书，比较灵活适用，提高也快。……画家写字很重要，一个画家连字也写不好，画肯定好不到哪里去。[①]

陆俨少又曾论学画时间：

> 以我个人的学习经验，全部精力是十分的话，三分写字，读书……倒要占去四分，作画却仅仅是三分。……以我个人的经历，认为是行之有效的。这三种学问，也就是时常讲的“诗、书、画”。[②]

这些从古代至近现代的中国绘画大家其实理论与实践结合，早已清楚地强调了以书入画乃中国画史上最重要的一个方面，可惜现代以来西学大兴，不知何故现在年轻一辈所谓专业的中国画画家，大多不重视以书法打好中国画的技法基础，只见块、面而没有点和线，说得极端一点，很多已非中国画了，我就不一一举例了。

五、余论

上述提及过的中国画大家，虽各自的成就有异，笔者认为是因为他们的书法根柢和造诣有所不同，但都是殊途同归的。

我们可以论证自古代以至于晚清以来的近现代，文人画家乃至所谓的中国画职业画家，凡大家、名家、有成就者，无不以书入画为宗、为法门。

因此，20世纪中国画史在画人分类上，不能简单强分为文人或专业两大类。我们必须考虑到两者皆有因“以书入画”而得大成就者此一极重要的角度。

---

① 陆俨少著，陆亨编：《陆俨少山水画刍议》，上海：上海人民美术出版社，2013年，第21—22页。

② 同上，第105页。

附录一

南乡少年行（1944.11—1945.9）

姜伯勤

一、马家湖，远山青青

我们上船，进了马家湖。

苇草远去了，水是一片汪洋，看不到边。

这是我人生中第一次对浩瀚的体验。

远处有如一抹淡淡的青烟。

小船终于到了岸边。上岸，一抹青黛仍在远处。

走了一里又一小里，青色逐渐幻作绿色。青色，原来是一抹远山。

这马家湖，或许就是今武汉市汉阳一侧蔡甸区的马家咀。那是1944年旧历十月二十六日，我们从汉口兰陵路老家出发，前往汉阳蔡甸附近的小集场许家大湾。

这是一个突然的决定。出发前一天晚上，空袭警报，然后是紧急警报，轰炸和燃烧的火光，自东、南、西三面围过来。父亲看着大火对母亲说："非走不可了。"于是决定去到汉阳南乡许家大湾许先生家（商店管事先生）暂避。姜雨亭哥哥，这位青年人带着我，一个六岁的孩子，跟队伍走一程，背一程，越过汉水，沿着大水塘和众多的湖泊，走过汉阳医院，一路向西行。

到了马家湖，我们坐船，日暮时分，到达小集许家大房开设的阔大的药材铺借宿一夜，次日前往许家大湾二房许先生家，是一幢相当洁净的大房子，大门整洁，堂屋有红色水磨石地面。

父亲是一个谦让的人，李直哉叔叔家人口多，住在朝南开的大门边的长条厢房里。刘藩奎叔叔家人口次之，住在堂屋后的房间里。我家孩子少些，年纪小些，就住在刘家旁边一间虽然较小但却既暖和又风凉的房间里。

我们住下来后，在村里设在天王庙中的小学读书。

不久，父亲的姨妈陈太一家亦从汉口法租界首善里的住宅迁来，父亲立即把我们全家住的虽然小巧但都干净的房间让给了陈太。全家搬到15分钟路程远的小集场去住。我们租住了小集场东头街尾的房子，与一位张姓裁缝一家人做邻居。房东是两位寡母，大房老人和二婶，二婶是翠（一个约九岁的女孩）的母亲。我们在这里度过了冬天。

二、“开湖啦！”

寒冬腊月，村边水塘冰封。只有远处的大湖中央，未结冰处仍见波光。

父亲一大早带我参加“开湖”去。“开湖”，那是水乡渔家在冬日收获季节的盛典。

开敞的大湖，小孩子觉得望不到对岸，岸这边湖冰上，一字儿排开开湖用的渔网，网的一端用船拉向湖中深处……戴着黄色头巾、扎着红色绒球的壮士，矗立在渔网的两边。

“开湖啦!”这是司礼的宣告，是庄严的湖上捕鱼的仪典。在南乡，在节庆，在轰烈的行动中总是伴着庄严的典礼。号子声，吆喝声，浩大的开湖队伍把长长的渔网拉上岸来，尽是二三尺长的大鱼。这种大鱼专供村民制作春节节会食品“烘鱼”使用。父亲从中捡得鲜活的一条，捧回供母亲制作“腊鱼”。妈妈、邬婆和姐姐，脸上都绽开了笑容。

我们的心中，总是要保存最后的一些神圣。以一种庄严的开湖仪式去捕鱼，是要把日常的劳动，上升为一种神圣。这是对劳动的礼赞，禁止偷捕，“开湖”时期以外不得在此捕鱼，这样才能将鱼养得如此之大。这种仪典，也是对神圣劳动的一种无止欢悦！大哉神圣与庄严!

有了烘鱼腊肉，父亲就可以请借住在行家大湾东头的两位下江朋友小酌，二位先生是原在浙江兴业银行任职员的刘正杨先生和陈来徐先生。一晚，陈先生在我家吃完酒回住处时，怎么也走不回去了，村民说这是“鬼下了罩子”。其实是酒后夜行之迷路。

仲勤弟三岁，牙牙学语，喜欢把村镇上所学的词汇串起来作他自制的儿歌，他自言自语地唱道：

一个灯笼，
掉到粪塘里去了。

哥哥吃了草，
刘之扬，
牛耕田。

“灯笼”，是冬日所见。“粪塘”，是村头积肥处所。“哥哥吃了草”，是对我这位“大哥”的一种“调侃”。一个三岁的孩子居然说他大哥是个“吃草”动物，真是伶牙俐齿。同样是这个三岁的孩子，听到下江刘正扬先生的大名，他把这名字念作“刘之扬”，竟由“刘”先生联想起村头屋外的“牛”耕田。

当母亲每天给他里三层外三层地穿着冬装时，他就叨念着这自制的儿歌。听者或者捧腹大笑，或者发出会心的微笑。

三、高龙舞太平

小集场西头的小庙，供奉着保佑集市平安的多辟天神的小庙，正在为一帧“高龙”开光。

“高龙”高约四米，弯曲地扎制在一竿巨大的竹竿上，“舞”龙时由两位壮汉持稳竹竿舞动着。高龙就在我家斜对面的南货店门口扎制，今日终于迎来了开光的喜庆日子。

我持着一件孩子玩的小小的龙头纸灯，上面是一个纸灯龙头，下有一条长竹杆以供把持。前往庙门。我爬上庙的东墙的南窗边，瞻仰庙内为高龙开光的庄严仪典。礼成时，我却沮丧地发现，当我只顾爬窗观礼时，却不慎弄破了自己的小龙头灯笼。

高龙上街巡游，后面跟着化装的高跷队，又跟了一队孩子们手持着各种扎成字的字灯，如“天”“下”“太”“平”等字灯，表达了百姓对太平的渴望。

正月十五前后，有一晚我跟着父亲，在许先生带领下，跟着龙灯队，到邻村中去吃灯酒。尽管那是一个艰难的战乱年代，但“玩灯”的晚上，村子里的乡亲仍力所能及地准备了糍粑、豆丝等年宵食品，招待邻村来的客人。中国普通百姓中的好客和对太平世界、大同世界的向往，在这种艰难的战时的年夜，显得更是特别珍贵。

四、荠菜春——“挑地菜”闯禁园

春节后清明时节，田间野处铺缀出“地米菜”（“地菜”）——荠菜。妈妈用地菜作馅制作的春卷，这是我们的至爱！

那天，豆腐坊里的大女孩平姐姐，带领着福民表姐、大姐、二姐和我，在春日的田埂上挑“地菜”，不经意间走入了红脸大伯家的菜园。大伙正在兴冲冲地挑地菜，偶尔也“挑”了一两个大伯菜园中鲜嫩的萝卜。

忽然，一声狮吼，红脸大伯出现在菜园的跟前，吼出了严厉的禁止令。

四个女孩和一个男孩顿作鸟兽散，气喘吁吁地奔跑。除了攥紧手中的小铁铲，手上抓的野菜，一一散尽。

打这以后，我更加喜爱地米菜。此后，再也不会私闯禁园，免得搅乱了“荠菜春”的好兴致。

五、楝树下的新郎官

苦楝树，高高地，向上挺拔。乔木枝头，缀着点点楝树果子，女人们时时用来做洗衣服的清洗剂。

那天，姑娘们在搜集天井里那棵楝树的果子。

远处有喜庆乐曲的吹打声。邻家出了新郎官，娶来了新嫂子。新郎官挨家向邻人致礼，而姑娘们则把存积好的楝树果子向新郎官身上飞掷过去，一路飞扬着欢笑声。

南乡的民俗淳厚，洋溢着诗情。

新郎官被楝树果子追打，而新下田的新嫂子，则被一起插秧的姐妹们往身上飞掷喜庆的田泥，带来嬉笑声声。

现在，我仿佛悟到：苦楝树就是苦恋树。“楝树”果子，就是“恋树”果子。

六、桑青桃红天王诞

走过桑林，我们采集嫩桑叶，为的是去侍候蚕宝宝。

蚕儿一天天长大，身上穿的厚重衣服也穿不住了。一天，经过一片桃红的树丛，浑身暖和得不得了，去到陈太家，终于脱去了厚重的衣服。

吃桑枣的日子到来了，每个小人都吃得满嘴通红。

初夏的清晨，我们踏着露水去上学，姐姐们哼着“五月的风”……

我们的小学设在许家大湾的天王庙，小学用著名的苏格兰民歌《过去的好日光》填词，如第一句是：

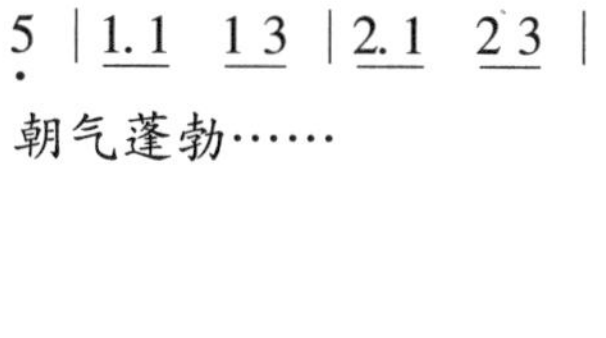

5 | 1.1　1 3 | 2.1　2 3 |

朝气蓬勃……

清晨，在庙门外的操场举行朝会，然后是主任训话。天王庙中似有一名庙祝，天王为一多臂神，在大殿中央，农历五月主办天王庙庙会，热闹异常……四乡来了许多乡亲，货郎担，琳琅满目。

新麦登场，用新磨的面粉做成疙瘩汤，人们叫做“蛤蟆下河”，吃在碗里，喜在心头。

七、菩萨善过

1944 年在兰陵路老家住时，每当飞机轰炸紧急警报时，我们几个孩子就躲在大案板下，据说房子炸垮时，有大案板遮挡人不至于被压坏。记得一次躲警报时，大姐在黑暗中叨念着“菩萨善过”，“ 菩萨善过”！

于是，这句话请菩萨保佑度过灾厄的话语，就成了我们几个孩子在紧急时分的口头禅。

1945 年 5 月，母亲生三弟时“急性循环虚脱”，大姐回忆道：

> 正当三弟叔勤出生时，母亲却昏了过去。这一下可把大家都吓坏了，表姐和邻居急得团团转，当地又没有医务人员，只好求助于当地农民所用的一些迷信方法来处理。只见他们在床顶蚊帐上沿挂了一把镰刀，又买一些香和纸钱来烧一烧，将家里的饭碗不断地摔打，以及找一个男人坐在母亲的床边等等办法来驱走邪气。

记得当时母亲在西边厢房中难产，我们几个年纪小些的妹妹弟弟，就焦急地坐东边厢房即翠和她母亲住的房子里，我们的口中都念着“菩萨善过”！

三弟出生后，大姐、福明姐姐、二姐，带着我到东头的给“高龙”开光的那座庙中还愿，南北两廊均只有牌位而无塑像，我们在北廊的一位“娘娘”即女神的牌位前烧了香还了愿。

这年夏天，邬婆也大病了一场。大约属于传染病“时疫”之类，邬婆一人住在厨房对面的小厢房内，病了好多天。终于有一天，爸爸从蔡甸请来在汉口时常来我们家出诊的王仲翔医生（记得有一次父亲带我去蔡甸街上时去王医生住处拜望过），邬婆终于得救了。

这是一种充满着战时苦难的岁月，善良的邬婆在此次大病前，有次去池塘洗东西，也险些因为头昏掉进水里，真是大难不死！

八、“天狗”吃月

夜空暗中发红，月亮被黑影遮住。邻家的妇人在户外敲击着铜盆，吆喝着“天狗吃月了”。

一些村人坐在小板凳上，看着天上的月，正在被“天狗”啃食。

——大姐说：月食了。

我心紧得发慌。老人们说：大声叫唤，敲击铜锣和铜盆，是要赶走“天狗”，垂获月白风清。

此时此刻，倒是特别想念平日清风中朗朗的夏月，从远处的莲塘里，飘来阵阵清香。

战乱时节，又遇上了“天狗”，心里呼唤着平和和安宁。“天狗”终于退去了，夏月重新朗照，终于看得见莲叶上晶莹滚动的水珠，叫你不得不深吸一口莲的香气。

九、祈雨、拜狗、祆祭

烈日当空，禾田龟裂。1945 年夏季。

从小集场西边的小庙中，即给高龙开光的那间小庙，走出一队祈雨的队伍。

堂屋中使用的大四方凳反过来，变成一乘临时的“乘舆”，前后二人抬着，中间蹬着一只雄武的洋狗。

“乘舆”和洋狗的后面，是两位穿着唱戏戏服的英俊青年，其中一位是我的大朋友——小集场街上药铺主人的儿子，我的夏家哥哥，装扮得十分俊秀。

二位美男子后面，是一位身穿雨衣，装扮着的“管水人”，手持田间引水工具——橇。行经每家门口，都有人泼出一盆水，由“管水人”用橇拨往两边——这是一种庄严的祈雨仪式。听我的梅芙珍表姐后来说，那天上午，街上通知每家派一人至西头小庙参加求雨祭典，母亲给她换上一件紫色的新衣，以示隆重。到得小庙，始知这祈雨仪典，就是要拜祭那只后来游行时抬着的洋狗。

小庙离小集场西头约二百米，独立一座，庙门朝东，门外有两个圆形的小水潭。

大门进去的正殿，有一天王式的多臂神。

两廊没有塑制的神像，只有纸上写的牌位。母亲在生育三弟时难产，其后我跟着姐姐们到此庙廊中一位娘娘的牌位前烧香还愿。这娘娘牌位所奉的当是一女神。

小庙由一位身着黑色道服的道人主持。夏天的晚上，和父亲常来此庙乘凉，并与道人交谈。一次我和父亲去蔡甸繁盛的商业街时，在路上也见到这位道人。

唐朝的杜佑记载说："祆者，西域国天神，佛经所谓摩醯首罗。"其实是说，从波斯传来的祆教即拜火教，所奉祀的"祆"神即西域国的天神，其形象与佛教中的摩醯首罗即多臂的天王相似。而此小庙正殿所奉多臂天王式神袛，或即此种天神。祆教史专家玛丽·博依斯在《祆教徒——他们的宗教信仰与实践》一书中写道："祆教非常尊崇狗。"因此，我们推想这座抬狗求雨的小庙，或即祆庙。

宋代著名的书画家，落籍湖北省襄阳的米芾（1051—1108）有一方印，其印文"火正后人芾印"，"火正"即祆教祭司，这说明湖北襄阳在宋代住有祆教祭司的后人。因此，在湖北省汉阳南乡小集场存留下的这座庙，是祆庙也并不为怪的。总之，我们从以上记事也就可以提出一个问题，在南乡小集场，以化装游行和祭狗来求雨的这一风习，是否与唐宋中亚及伊朗传来湖北襄阳等地区的祆教风习有关呢？

十、重返江滨

1945 年旧历七八月的一天傍晚，一位从武汉返回的路人，兴奋地向大家说："在日本的上空投下两个鸡蛋大小的原子弹，日本人投降了。"说着就往前走了。大家高兴得很。

在过去十个月中，从汉口搬来的行李越来越多，已不是去年旧历十月廿六日随手带的几个布包袱。

雇了一条船，停靠在小集场不远的小河上。全家人和行李，载满了一条小船。上午十时许开船，经过数不清的小河和湖泊，千转万转，终于从汉水转到长江，在傍晚七时左右到达兰陵路尽头的江边。

我们终于回到了家。当时，合昌已被伪警察大队洗劫一空。

暂时没有电灯，点煤油灯。所幸是还有自来水。

往时满街拉风的东洋兵，如今是一幅战败者的群像。对门的防空洞上，有被解除了武装的日本兵在做杂工——清除堆积的余土。小学校里也临时成了等待遣返的日本军人的临时住地，还有零散的几个日本人，穿着旧军装，脖子上挂着一个木托盘，出卖手制的日本糯米制的点心，口里叫着："两十块，两十块"，即 20 元一件点心，这时的货币早已贬值。

春节到了，龙灯、高跷、采莲船、蚌壳精、玩火球的，盛大的游行队伍，热闹极了，人们兴高采烈地欢庆这来之不易的胜利。

勤勤谨记

2005 年五一黄金周

附录二

姜伯勤教授已刊论著目录编年

姜伯勤编　刘昭沂补充整理

1957 年

［1］《试论张衡反图谶的必然性及其意义》，载《中山大学学生科学研究》1957 年 2 月 28 日。

1963 年

［2］《论窦建德——兼论“长乐王”政权与“大夏”国》，载《学术研究》1963 年第 3 期。

［3］《隋末奴军起义试探》，载《历史研究》1963 年第 4 期。

1964 年

［4］《向达教授来校作敦煌学六十年学术报告》，载《中山大学学报》（社会科学版）1964 年第 2 期。

1976 年

［5］《论隋末农民反孔思潮与反投降斗争》，载《中山大学学报》（社会科学版）1976 年第 1 期。

1978 年

［6］《隋末农民战争与反佛浪潮》，载《历史研究》1978 年第 2 期。

［7］《一件反映唐初农民抗交“地子”的文书——牛定相辞》，载《考古》1978 年第 3 期。

1979 年

［8］《国外敦煌学研究简介》，载《中国史研究动态》1979 年第 3 期。

［9］《敦煌文书中的唐五代行人》，载《中国史研究》1979 年第 2 期。

1980 年

［10］《敦煌寺院文书中“梁户”的性质》，载《中国史研究》1980 年第 3 期；又见何兹全主编：《五十年来汉唐佛教寺院经济研究（1934—1984）》，北京：北京师范大学出版社，1986 年。

［11］《沙皇俄国对敦煌及新疆文书的劫夺》，载《中山大学学报》（社会科学版）1980 年第 3 期。

1981 年

［12］《唐敦煌〈书仪〉写本中所见的沙州玉关驿户起义》，载《中华文史论丛》1981 年第 1 辑。

1982 年

［13］《论敦煌寺院的“常住百姓”》，载《敦煌研究》1982 年第 1 期；又见：《中国社会经济史参考文献》，台北：华世出版社，1984 年；又见何兹全主编：《五十年宋汉唐佛教寺院经济研究（1934—1984）》，北京：北京师范大学出版社，1986 年。

［14］《唐西州寺院家人奴婢的放良》，见《中医古代史论丛》第 3 辑，福州：福建人民出版社，1982 年；又见何兹全主编：《五十年来汉唐佛教寺院经济研究》，北京：北京师范大学出版社，1986 年。

1983 年

［15］《敦煌寺院碾硙的两种经营形式》，见《历史论丛》第 3 辑，济南：齐鲁书社，1983 年；又见何兹全主编：《五十年来汉唐佛教寺院经济研究》，北京：北京师范大学出版社，1986 年。

［16］《上海藏本敦煌所出河西支度营田使文书研究》，见《敦煌吐鲁番文献研究论集》第 2 辑，北京：北京大学出版社，1983 年。

［17］《敦煌的“画行”与“画院”》，见《1983 年全国敦煌学术讨论会文集·石窟艺术编·下》，兰州：甘肃人民出版社，1983 年。

［18］《求新求实的可贵努力》，载《光明日报·史学》1983 年 1 月 12 日。

［19］《敦煌寻梦》（散文），见《当代中国游记一百篇》，广州：花城出版社，1983 年。

1984 年

［20］《突地考》，载《敦煌学辑刊》1984 年第 1 期（总第 5 期）。

［21］《中国田客制、部曲制与英国维兰制的比较研究》，载《历史研究》1984 年第 4 期。

［22］《评〈敦煌吐鲁番文书初探〉》，载《中国史研究》1984 年第 10 期。

［23］《楚古也夫斯基〈敦煌汉文文书〉述评》，载《中国史研究动态》1984 年第 10 期。

1985 年

［24］《岑仲勉》，见《中国史学家评传》下册，郑州：中州古籍出版社，1985 年。

1986 年

［25］《沙州道门亲表部落释证》，载《敦煌研究》1986 年第 3 期。

［26］《吐鲁番文书所见的波斯军》，载《中国史研究》1986 年第 1 期。

［27］《敦煌吐鲁番与丝绸之路上的粟特人》，见《东西交涉》五卷，1、2、3 号，东京：井草出版社，1986 年。

[28]《前“理学”时代的中国情怀》，载《文物天地》1986 年第 6 期。

[29]《高昌文书中所见的铁勒人》，载《文物》1986 年第 12 期。

1987 年

[30]《唐五代敦煌寺户制度》，北京：中华书局，1987 年。

[31]《乘恩帖考证》，“国际敦煌吐鲁番学术会议”论文，香港，1987 年；载《中山大学史学集刊》第一辑，1992 年。

[32]《敦煌壁画与粟特壁画的比较研究》，见《1987 年敦煌石窟研究国际讨论会文集（石窟艺术编）》，沈阳：辽宁美术出版社，1990 年。

1988 年

[33]《敦煌壁画与粟特壁画之比较研究》（摘要），《敦煌研究》1988 年第 2 期。

[34]《敦煌音声人略论》，载《敦煌研究》1988 年第 4 期。

[35]《中世“共同体”问题与中日文化的比较》，见《日本文化论集》，广州：中山大学学报编辑部，1988 年 3 月。

[36]《秋林〈三至八世纪中国依附农民的形成〉一书介绍》，载《中国史研究动态》1988 年第 6 期。

[37]《陈寅恪先生与敦煌学》，载《广东社会科学》1988 年第 3 期。

[38]《唐令舞考》，“纪念陈寅恪教授国际学术讨论会”论文，广州，1988 年；见《纪念陈寅恪教授国际学术讨论会文集》，广州：中山大学出版社，1989 年。

[39]《敦煌文书》《寺院经济》《僧道官》，见《中国大百科全书 · 中国历史 · 隋唐五代史》，北京：中国大百科全书出版社，1988 年。

1989 年

[40]《论杜国庠与河上肇》，见《杜国庠学术思想研究》，广州：广州人民出版社，1989 年。

[41]《吐鲁番敦煌文书所见突骑施》，载《文物》1989 年第 11 期。

1990 年

［42］《池田温教授在中山大学讲学论唐代的律令》，载《中山大学学报》（社会科学版）1990 年第 1 期

［43］《从判文看唐代市制的终结》，载《历史研究》1990 年第 3 期.

［44］《敦煌与波斯》，载《敦煌研究》1990 年第 3 期。

［45］《敦煌白画中的粟特神祇》，见中国敦煌吐鲁番学会编纂：《敦煌吐鲁番研究论文集》，上海：汉语大辞典出版社，1990 年。

［46］《敦煌新疆文书所记唐代行客》，见《出土文献研究续集》，北京：文物出版社，1990 年。

［47］《敦煌吐鲁番番锦胡锦考》，“敦煌学国际学术讨论会”论文，敦煌，1990 年。

［48］《高昌麴朝与东西突厥——吐鲁番所出客馆文书研究》，见《敦煌吐鲁番文献研究》（五），北京：北京大学出版社，1990 年。

［49］《张曲江大庾岭新路与香药之路》，收入王镝非主编：《张九龄研究论文选集》，广州：广东高等教育出版社，1990 年。

1991 年

［50］《敦煌社会史料论略》，“第 12 届亚洲历史家大会”论文，香港，1991 年。

［51］《唐贞元、元和间礼的变迁——兼沦唐礼的变迁与敦煌元和书仪》，“隋唐五代史研讨会”论文，香港，1991 年；见黄约瑟、刘健明合编《隋唐史论集》，香港：香港大学亚洲研究中心，1993 年。

［52］《玄都律年代及其所见道官制度》，见《魏晋南北朝史资料・第八辑・唐长孺教授八秩大寿纪念论文集》，武汉：武汉大学出版社，1991 年。

［53］《敦煌吐鲁番文书与香药之路》，见《季羡林教授八十华诞纪念论文集》下册，南昌：江西人民出版社，1991 年。

［54］《广州与海上丝绸之路上的伊兰人：论遂溪的考古新发现》，见《广州与海上丝绸之路》，广州：广东人民出版社，1991 年。

1992 年

［55］《敦煌社会文书导论》，台北：新文丰出版公司，1992 年。

［56］《论禅宗在敦煌僧俗中的流传》，载《九州学刊》1992 年 4 卷 4 期，香港。

［57］《评〈敦煌吐鲁番文书初探二编〉》，载《中国史研究动态》1992 年第 8 期。

［58］《从学术源流论饶宗颐先生的治学特色》，载《学术研究》1992 年第 8 期；又见《选堂文史论苑》，上海：上海古籍出版社，1994 年。

［59］《学兼中外，博古通今——许地山先生与金应熙老师》，“金应熙教授学术思想研讨会”论文，载《广东社会科学》1992 年第 5 期。

1993 年

［60］《敦煌毗尼藏主考》，“1992 年敦煌吐鲁番学会议”论文，载《敦煌研究》1993 年第 3 期，又见《佛学研究》2018 年 01 期。

［61］《论高昌胡天与敦煌祆寺——兼论与王朝祭礼的关系》，载《世界宗教研究》1993 年第 1 期。

［62］《天风海雨自在心——读〈饶宗颐书画〉》，见《广州日报·艺苑 125 期》1993 年 12 月 29 日。

［63］《明清之际岭南禅学与南方文化——岭南禅学之一考察》，“文化中国展望：理念与实践”讨论会论文，1993 年；见《文化中国：理论与实践》，《允晨丛刊》55，台北，1994 年。

［64］《唐礼与敦煌发见的书仪——〈大唐开元礼〉与开元间书仪》，“第 34 届亚洲北非人文科学国际会议”论文，1993 年。

［65］《论木陈道忞——潮阳大埔林莅与清初禅宗史》，见《潮学研究》第 1 辑，汕头：汕头大学出版社，1993 年。

1994 年

［66］《敦煌吐鲁番文书与丝绸之路》，北京：文物出版社，1994 年。

［67］合著《敦煌邈真赞校录并研究》（饶宗颐主编），台北：新文丰出版公司，1994 年。

［68］《汤明檖教授严谨学风的启示》，见胡守为、姜伯勤、蔡鸿生《历史研究的

学术精神与学术规范》，载《中山大学学报》（社会科学版）1994 年第 1 期。

［69］《大汕大师与禅宗在澳门及南海的流播》，载《文化杂志》中文版十三、十四期，澳门，1993 年。又见吴志良主编：《东西方文化交流》（澳门东西方文化交流国际学术讨论会），澳门，1994 年。

［70］《敦煌邈真赞与敦煌名族》，见饶宗颐主编：《敦煌邈真赞校录并研究》，台北：新文丰出版公司，1994 年。

［71］《国恩寺考》，见《中山大学史学集刊》（第二辑），广州：广东人民出版社，1994 年。

［72］《石濂大汕与方以智》，见广东炎黄文化研究会编：《岭峤春秋》，北京：中国大百科全书出版社，1994 年。

［73］《〈本际经〉与敦煌道教》，载《敦煌研究》1994 年第 3 期。

［74］《鉴赏力：学养与品味——读可居近著三种》，《广州日报》“读书”第 357 期，1994 年 4 月 2 日。

［75］《陈垣先生与明清之际岭南僧传研究》，见暨南大学编：《陈垣教授诞生百一十周年纪念文集》，广州：暨南大学出版社，1994 年。

1995 年

［76］《陈寅恪先生与心史研究——读〈柳如是别传〉》，载《新史学》第六卷第二期，台北，1995 年 6 月；又见《〈柳如是别传〉与国学研究》，杭州：浙江人民出版社。杭州，1995 年。

［77］《敦煌本〈本际经〉的道性论》，见陈鼓应主编：《道家文化研究》第七辑，上海：上海古籍出版社，1995 年。

［78］《变文的南方源头与敦煌的唱导法匠》，见《华学》第一辑，广州：中山大学出版社，1995 年。

［79］《大汕禅师的澳门南海航行与唐船贸易圈中的禅宗信仰及妈祖礼拜——兼论 17—18 世纪之交唐船海客的宗教伦理》，“澳门妈祖信俗国际学术讨论会”论文，1995 年。

［80］《沙州傩礼考》，见《卞麟锡教授花甲纪念论文集》，韩国，1995 年。

［81］《论石濂大汕与觉浪道盛》，载《澳门佛教》1995 年第 1、2、3 期。

［82］《唐“令舞”曲拍谱的再发现——兼论王朝“法度礼乐”与歌酒“乐章舞曲”的消长》。见王元化主编：《学术集林》第五辑，上海：上海远东出版社，1995 年。

［83］《大雅大俗》，载《华夏文化》1995 年 03 期。

1996 年

［84］《敦煌艺术宗教与礼乐文明》，北京：中国社会科学出版社，1996 年。

［85］合著《亚欧封建经济形态比较研究》（朱寰主编），长春：东北师范大学出版社，1996 年。

［86］《莫高窟隋说法图中龙王与象王的图像学研究》，见《敦煌吐鲁番研究》第一卷（1995 年），北京：北京大学出版社，1996 年。

［87］《论敦煌士人画家作品及画体与画样》，载《学术研究》1996 年第 5 期。

［88］《敦煌戒坛与大乘佛教》，见《华学》第二辑，广州：中山大学出版社，1996 年。

［89］《论密石窟寺与西域佛教美术中的乌浒河流派》，见《段文杰敦煌研究五十年纪念文集》，北京：世界图书出版公司，1996 年。

1997 年

［90］《灵薪火：选堂先生的诗心——读〈选堂诗词集〉》，见《饶宗颐学术研讨文集》，香港：翰墨轩出版公司，1997 年。

［91］《论饶宗颐先生的艺术史理论——以〈画𫖯〉为中心》，见《饶宗颐学术研讨文集》，香港：翰墨轩出版公司，1997 年；又见《学人》第十一辑，南京：江苏文艺出版社，1997 年。

［92］《普寂与北宗禅风西旋敦煌》，见《佛教与中国传统文化》上册，北京：宗教文化出版社，1997 年。

［93］《一部大长志气的好书——读〈广东通史〉古代上册》，载《学术研究》1997 年 06 期

［94］《敦煌道书中南朝宋文明的再发现》，载《传统文化与现代化》，1997 年 3 月号。

［95］《敦煌本宋文明〈通门论〉所见“变文”词义考释》，见《周绍良先生欣开九秩庆寿文集》，北京：中华书局，1997 年。

［96］《敦煌本〈坛经〉所见慧能在新州的说法》，见《六祖慧能思想研究》，广州：学术研究杂志社，1997 年。

［97］《论石濂大汕的绘画艺术》，载广州美术馆编：《艺海珍藏》1997 年第 1 辑。

1998年

［98］《萨宝府制度源流论略——汉文粟特人墓志考释之一》，见饶宗颐先生主编：《华学》第三辑，北京：紫禁城出版社，1998年。

［99］《王涯与中唐时期的令与礼》，见《中国古代社会研究》，厦门：厦门大学出版社，1998年。

［100］《道释相激：道教在敦煌》，见《道家文化研究》第十四辑，北京：生活·读书·新知三联书店，1998年。

［101］《澳门普济禅院藏澹归金堡日记研究》，见蔡鸿生主编：《戴裔煊教授九十诞辰纪念文集：澳门史与中西交通研究》，广州：广东高等教育出版社，1998年；又载《文化杂志》（澳门）第38期，1999年。

1999年

［102］《石濂大汕与澳门禅史——清初岭南禅学史初编》，上海：学林出版社，1999年。

［103］《澳门莲峰庙与清初鼎湖山禅宗史——新见史料〈澳门莲峰庙西天东土历代祖师菩萨莲座〉研究》、载《文化杂志》（澳门）第38期，1999年。

［104］《论池田温先生的唐研究》，见“唐研究基金会丛书”之池田温先生著：《唐研究论文选集》，北京：中国社会科学出版社，1999年。

［105］《北齐安阳石棺床画像石与粟特人美术》，见中山大学艺术史研究中心编：《艺术史研究》第1辑，广州：中山大学出版社，1999年。

［106］《山西介休祆神楼古建筑装饰的图像学考察》，载《文物》1999年第1期。

［107］《介休日祆神楼宋元明代山西日祆教》，池田温日译，载《东洋学报》80卷4号，东京，1999年。

［108］《澹归金堡与〈篇行堂集〉》，见《四库禁毁书研究》，北京：北京出版社，1999年。

［109］《石濂大汕与〈离六堂集〉》，见《四库禁毁书研究》，北京：北京出版社，1999年。

［110］《陈其年〈填词图〉研究——兼论广州博物馆藏大汕〈古梅图〉》，见《镇海楼论稿——广州博物馆成立七十周年纪念》，广州：岭南美术出版社，1999年。

［111］《再论石濂大汕的画学》，载《中山大学学报》（社会科学版）1999年第

6期。

2000年

［112］《敦煌白画中粟特神祇图像的再考察》，见中山大学艺术史研究中心编：《艺术史研究》第2辑，广州：中山大学出版社，2000年。

［113］《试论陈寅恪先生〈李义山无题诗试释〉评语与学术理性精神》，载《学术研究》2000年12期。

［114］《史与诗——读陈寅恪先生〈元白诗笺证稿〉〈论再生缘〉〈柳如是别传〉》中山大学历史系编、胡守为主编：《陈寅恪与二十世纪中国学术》，杭州：浙江人民出版社，2000年。

［115］《敦煌本宋文明道教佚书研究》，见《庆祝吴其昱先生八秩华诞敦煌学特刊》，台北：文津出版社，2000年。

［116］《日本所传“声明”与敦煌佛教“唱导”及“赞文”——一个比较研究》，“香港2000年国际敦煌学讨论会”论文。

［117］《俄国粟特研究对汉学的意义》，见北京大学中国传统文化研究中心编：《文化的馈赠：［1998］汉学研究国际会议论文集·史学卷》，北京：北京大学出版社，2000年。

［118］ Jiang Boqin ,The Pictoria 1 Program of the Reliefs on the Stone Sarcophaangus of Yu Hong. *China Archaeology and Art Digest*. Vol.4. NO.1 ,PP.33 –34. Hong Kong,2000.

［119］ Jiang Boqin , The Zoroastrian Art of the Sogdians in China. *China Archaelogy and Art Digest*. Vol.4. no.1 , pp. 35 –71. Hong Kong . 2000.

［120］ Jiang Boqin , An Iconlogical Survey of the Decoratire Elements on the Zoroastrian Tempe in Jiexiu , Shanxi. *China Archaeology and Art Digest*. pp. 85 – 101. Hong Kong . 2000.

2001年

［121］《唐敦煌城市的礼仪空间》，见《文史》2001年2辑（总55辑），北京：中华书局。

［122］《隋检校萨宝虞弘墓石椁画像石图像程序试探》，见巫鸿主编：《汉唐之间文化艺术的互动与交融》，北京：文物出版社，2001年。

［123］《敦煌科举文书的社会功能——兼论敦煌写本中的社会史料》，载《中山大

学学报》（社会科学版）2001 年 3 期。

［124］《唐安菩墓所出三彩骆驼所见“盛于皮袋”的祆神——兼论六胡州突厥人与粟特人之祆神崇拜》，见《唐研究》第七卷，北京：北京大学出版社，2001 年。

［125］《西安北周萨保安伽墓图像研究——北周安伽墓画像石图像所见伊兰文化突厥文化及其与中原文化的互动与交融》，见饶宗颐先生主编：《华学》第 5 辑，广州：中山大学出版社，2001 年。

［126］《图像证史：入华粟特人祆教艺术与中华礼制艺术的互动——MIHO 博物馆所藏北朝画像石研究》，见中山大学艺术史研究中心编：《艺术史研究》第 3 辑，广州：中山大学出版社，2001 年。

［127］《敦煌莫高窟隋供养人胡服服饰研究》，见《敦煌文献论集》，沈阳：辽宁人民出版社，2001 年。

［128］《序言“喜为不古不今之画”：试论饶宗颐先生的画格》，见《古歆今情饶宗颐教授中国历史博物馆书画展览图录》，香港：商务印书馆，2001 年。

2002 年

［129］《论艺术与生命的超越》，见《华林》第 2 卷，北京：中华书局，2002 年。

［130］《祆教画像石——中国艺术史上的波斯风》，载《文物天地》2002 年第 1 期，又见许虹、范大鹏主编：《最新中国考古大发现—中国最近 20 年 32 次考古新发现》，济南：山东画报出版社，2002 年。

［131］《澳门普济禅院所藏大汕自画像及大汕广南航行与重修普济的关连》，载《文化杂志》，中文版 42 期，2002 年春季刊，澳门。

［132］《陈寅恪先生与中国“艺术史学”》，载《新美术》第 23 卷，2002 年第 3 期。

［133］《隋检校萨定虞弘墓祆教画像石图像的再探讨》，见中山大学艺术史研究中心编：《艺术史研究》第 4 辑，广州：中山大学出版社，2002 年。

［134］《高昌世族制度的衰落与社会变迁——吐鲁番出土高昌麹氏王朝考古资料的综合研究》，见南开大学中国社会史研究中心编：《中国社会历史评论》第 4 辑，北京：商务印书馆，2002 年。

［135］《唐代城市史研究初篇序（代序）》，见程存洁：《唐代城市史研究初篇》，北京：中华书局，2002 年。

2003 年

［136］《青州傅家北齐画像石祆教图像的象征意义——与粟特壁画的比较研究》，见中山大学艺术史研究中心编：《艺术史研究》第 5 辑，广州：中山大学出版社，2003 年。

［137］《石濂大汕与澳门禅史补考》，《广东社会科学》2003 年第 2 期。

［138］《天水隋石屏风墓胡人“酒如绳”祆祭画像石图像研究》，载《敦煌研究》2003 年第 1 期。

［139］《中国祆教画像石所见胡乐图像》，见香港城市大学中国文化中心编：《九州学林》一卷二期，上海：复旦大学出版社，2003 年。

［140］《石濂大汕与澳门禅史补考》，载《广东社会科学》2003 年第 2 期；又见《明清史》2003 年第四期。

［141］《序（代序）》，见郑汝中：《敦煌壁画乐舞研究》，北京：中华书局，2002 年；又见《敦煌研究》，2003 年 4 期摘登。

2004 年

［142］《中国祆教艺术史研究》，北京：生活·读书·新知三联书店，2004 年。

［143］《寻求历史与逻辑的统一：试论唐长孺先生的史学风格》，载《魏晋南北朝隋唐史资料》第二十一辑，2004 年。

［144］《敦煌莫高窟北区新发现中的景教艺术》，见中山大学艺术史研究中心编：《艺术史研究》第 6 辑，广州：中山大学出版社，2004 年。

［145］《中国祆教画像石在艺术史上的意义》，载《中山大学学报》（社会科学版）2004 年第 1 期。

［146］《中国祆教画像石的“语境”》，见荣新江、李孝聪主编：《中外关系史：新史料与新问题》，北京：科学出版社，2004 年。

［147］《唐代礼乐文明研究与中华人文精神》，载《中山大学学报》（社会科学版）2004 年第 6 期。

［148］《唐代城市史与唐礼唐令》，载《唐研究》第十卷，2004 年。

［149］《唐会昌毁祆后的祆神祆祠与祆僧》，见《华学》第七辑，广州：中山大学出版社，2004 年

［150］《无邪的华彩与庄严——读画家梁洁华近作〈西王母〉》，载《广州艺术博

物院院刊》，2004 年第 1 辑。

2005 年

［151］《吐鲁番所出高昌“祀天”文书考》，载《敦煌吐鲁番研究》第八辑，2005 年。

［152］《北周粟特史君石堂图像考察》，见中山大学艺术史研究中心编：《艺术史研究》第 7 辑，广州：中山大学出版社，2005 年。

［153］《入华粟特人萨宝府身份体制与画像石纪念性艺术》，见荣新江、华澜、张志清主编：《粟特人在中国——历史、考古、语言的新探索》，北京：中华书局，2005 年。

2006 年

［154］《论敦煌“守庄农作”型外庄与“合种”制经营》，载《敦煌研究》2006 年第 6 期。

［155］《方以智绘画艺术略论》，见中山大学艺术史研究中心编：《艺术史研究》第 8 辑，广州：中山大学出版社，2006 年。

［156］《再论许地山先生与金应熙老师——读〈金应熙史学论文集〉》，载《广东社会科学》2006 年第 6 期；又见《历史学》2007 年第 3 期。

2007 年

［157］《学习冼子，崇敬冼姑》，收于周义主编：《冼玉清研究论文集》，北京：中国评论学术出版社，2007 年。

［158］《清代长寿寺园林雅集与广府文化及琴道：〈曾宾谷先生长寿寺后池修禊图〉初探》，载《广州文博》2007 年第 1 期。

［159］《岭南艺术史研究的新收获——读〈岭南书画考析——李焕真美术文集〉》，载《神州民俗》2007 年第 2 期。

［160］《论敦煌艺术中的古琴图像》，见中山大学艺术史研究中心编：《艺术史研究》第 9 辑，广州：中山大学出版社，2007 年。

2008 年

［161］《论周连宽先生图书馆学与西北地理之学的学术遗产——〈周连宽教授论文集〉序》，载《图书情报知识》2008 年第 1 期。

［162］《共入临川梦中梦——试论陈寅恪先生的〈牡丹亭〉之杜丽娘“至情”说》，载《学术研究》2008 年第 6 期；又见《文史知识》2008 年第 8 期

［163］《论方以智“粤难”的性质——兼论曾灿为大汕所作〈石濂上人诗序〉的文献价值》，载《中山大学学报》（社会科学版）2008 年第 6 期。

［164］《此去柳花如梦里——柳如是书画艺术考论》，见中山大学艺术史研究中心编：《艺术史研究》第 10 辑，广州：中山大学出版社，2008 年。

［165］《艺术史研究的新视野（代序）》，见李清泉：《宣化辽墓：墓葬艺术与辽代社会》，北京：文物出版社，2008 年。

2009 年

［166］《根源之美的追寻：论袁运生先生的壁画创作》，载《美术研究》2009 年第 1 期。

［167］《宿白先生论敦煌遗书研究开始于中国：读〈敦煌七讲〉》，载《中国史研究》2009 年第 3 期。

［168］《论陈寅恪先生“新方法”“新材料”之史学“试验”：陈寅恪先生〈书信集？致刘铭恕〉解析》，载《史学月刊》2009 年第 5 期。

［169］《杜国庠先生与陈寅恪先生：兼释陈寅恪先生诗“西天不住住南天”句》，载《广东社会科学》2009 年第 6 期。

［170］《陈衡恪先生中国画学与义宁陈氏之学》，见中山大学艺术史研究中心编：《艺术史研究》第 11 辑，广州：中山大学出版社，2009 年。

2010 年

［171］《长寿行者大汕〈斗蟋蟀赋〉稿清远峡山寺传抄本研究》，载《广州文博》2010 年第 1 期。

［172］《王世襄先生〈龚半千书画四种汇钞〉论略——兼论龚半千大启对石濂大汕山水画画风的影响》，见中山大学艺术史研究中心编：《艺术史研究》第 12 辑，广

州：中山大学出版社，2010 年

［173］《碧琅玕馆春长好——澳门之女碧琅玕馆馆主冼玉清教授与金明馆馆主陈寅恪教授的两代诗缘》，载《文化杂志》2010 年第 74 期。

2011 年

［174］《读宿白先生〈张彦远和〈历代名画记〉〉札记》，见中山大学艺术史研究中心编：《艺术史研究》第 13 辑，广州：中山大学出版社，2011 年。

2012 年

［175］《饶学十论》，济南：齐鲁书社，2012 年。

［176］《论宗颐琴心》，见《第二届古琴国际学术研讨会论文集：琴学荟萃》，济南：齐鲁书社，2012 年。

［177］《唐代琴道与燕乐的消长》，见《第三届古琴国际学术研讨会论文集：琴学荟萃》，济南：齐鲁书社，2012 年。

2015 年

［178］《姜伯勤自选集》，广州：中山大学出版社，2015 年。

2016 年

［179］《论城主与城人城局——唐吐鲁番文书研究》，载《广州文博》2016 年第 1 期。

［180］《盛唐气象：一个开放的时代》，载《华南师范大学学报》（社会科学版）2016 年第 1 期。

［181］《唐开元间吐鲁番文书所见的“作人”——与麴氏高昌时期与部曲相似的“作人”的比较》，见《敦煌吐鲁番文书与中古史研究——朱雷先生八秩荣诞祝寿集》，上海：上海古籍出版社，2016 年。

2017 年

［182］《日本所传“声明”与敦煌佛教“唱导”及“赞文”——一个比较研究》，《广州文博》2017 年第 1 期。

2018 年

［183］《敦煌毗尼藏主考》，《佛学研究》2018 年第 1 期。

编后记

姜伯勤教授是中国当代著名的历史学家，自 1955 年入读中山大学历史学系并在随后师承岑仲勉、董家遵先生以来，在长达半个多世纪的学术生涯中沐风栉雨，筚路篮缕，以其广博深厚的研究造诣、超越性的学术智慧，在中古史、敦煌学、宗教史、艺术史及中西交通等诸多领域建树卓越、硕果累累。其学问人品有口皆碑，向为学界所重。今岁恰逢姜师八秩华诞，经门下弟子诸君集议，遂有编纂出版本论文集之举，以为志贺及表其功业于万一。

本文集之征稿范围除姜师门下的一众弟子外，还得到了与先生素有交往的不少平生故旧、学术名家的鼎力支持，从而在很大程度上保证了论文集应有的学术水准和品质。值此文集付印之际，我们愿借此机会，对以上作者的友情付出和贡献表示由衷的敬意和感谢！

中山大学及广东省社会科学界联合会领导、中山大学历史学系的谢湜主任与胡海峰书记，广东人民出版社的柏峰副总编辑、张贤明先生对本文集的编纂和出版给予了极大的支持和帮助，特此致谢！

庄子有云："人生天地之间，如白驹过隙，忽然而已。"任何人都无法停住时光的脚步。在时间历史年轮的转动中，姜伯勤先生的学术生涯也许仅仅是电光火石般的惊鸿一瞥，但其在中国现代学术史上留下的深刻印迹却是不可磨灭的！而我们此时所能做的，就是借此祝寿文集的面世表达我们心中对先生永远的敬意与祝福！

编　者

2018 年 11 月 11 日